Homicidio

DAVID SIMON

Homicidio

Prólogo de Richard Price
Traducción de Andrés Silva

PRINCIPAL
de los LIBROS

Primera edición: Noviembre de 2010
Segunda edición: Mayo de 2011
Título original: Homicide

Diseño de cubierta: Estudio D + C

Publicado por Principal de los Libros
C/Galileu, 333, 6º 2ª
08028 Barcelona
info@principaldeloslibros.com
www.principaldeloslibros.com

ISBN: 978-84-938316-2-2
Depósito Legal: B-20681-2011
Preimpresión: Anglofort, S.A.
Impresión y encuadernación: Romanyà — Valls
Impreso en España — *Printed in Spain*

Para Linda

Si en el suelo que Yahveh tu Dios te da en posesión se descubre un hombre muerto, tendido en el campo, sin que se sepa quién lo mató, tus ancianos y tus escribas irán a medir la distancia entre la víctima y las ciudades de alrededor.

Los ancianos de la ciudad que resulte más próxima al muerto tomarán una becerra a la que no se le haya hecho todavía trabajar ni llevar el yugo. Los ancianos de esa ciudad bajarán la becerra a un torrente de agua perenne, donde no se haya arado ni siembre, y allí, en el torrente, romperán la nuca de la becerra.

Se adelantarán entonces los sacerdotes hijos de Leví; porque a ellos ha elegido Yahveh tu Dios para estar a su servicio y para dar la bendición en el nombre de Yahveh, y a su decisión corresponde resolver todo litigio y toda causa de lesiones.

Todos los ancianos de la ciudad más próxima al hombre muerto se lavarán las manos en el torrente, sobre la becerra desnucada. Y pronunciarán estas palabras: «Nuestras manos no han derramado esta sangre y nuestros ojos no han visto nada. Cubre a Israel tu pueblo, tú Yahveh que lo rescataste, y no dejes que se derrame sangre inocente en medio de tu pueblo, Israel».

Deuteronomio 21, 1-9

En las heridas de contacto, la boca del arma se apoya contra la superficie del cuerpo [...], los bordes inmediatos de la entrada están quemados por los gases calientes y ennegrecidos por el hollín. Este se incrusta en la piel quemada y no se puede eliminar ni lavándose a menudo ni frotando vigorosamente la herida.

Doctor Vincent J. M. DiMaio
Heridas de bala: aspectos prácticos de las armas de fuego, la balística y la técnica forense

ANTE MORTEM

Jimmy Breslin escribió, refiriéndose a Damon Runyon: «Hacía lo que hacen todos los buenos periodistas: estar allí». Pero en *Homicidio*, esta crónica de un año en la Unidad de Homicidios del Departamento de Policía de Baltimore, David Simon no se limitó a estar allí, sino que plantó su tienda de campaña dentro de la policía. Como periodista y como escritor, Simon siempre ha creído que Dios es un novelista excelente y que *estar allí* mientras él va escribiendo sus historias no sólo es una forma legítima, sino también honorable, de participar en el buen combate.* Simon sabe recopilar e interpretar los hechos, pero también es un adicto, y su adicción es la de prestar testimonio sobre lo que ve.

Lo digo con absoluta seguridad porque yo también lo soy. La adicción se desarrolla del siguiente modo: todo cuanto vemos en la calle —con la policía, con los traficantes en las esquinas, con la gente que simplemente trata de sobrevivir y de mantener a salvo a sus familias en un mundo sembrado con todo tipo de minas ocultas— sólo sirve para abrirnos el apetito y despertarnos el deseo de ver más, de estar allí y estar allí y estar con quien quiera que nos acepte en una búsqueda interminable de una especie de elusiva verdad absoluta urbana. Nuestra plegaria es: «Por favor, Señor, sólo un día más, sólo una noche más, déjame ver algo, oír algo que sea la clave de todo, la metáfora perfecta que lo explique todo, que, como todo ludópata sabe, está en la próxima tirada de dados». La verdad está a la vuelta de la esquina, en el siguiente fragmento oído al azar en la calle, en la siguiente llamada por radio, en la siguiente transacción de droga por dinero, en el siguiente rollo de precinto policial que se despliegue; conforme la bestia que es Baltimore, es Nueva York, es el Estados Unidos urbano, como una esfinge insaciable cuyos enigmas no son ni tan sólo comprensibles sigue engullendo una alma desgraciada tras otra.

* Referencia bíblica a «el buen combate de la fe», Primera epístola a Timoteo, 6, 12 *(N. del T.)*

O quizá sea sólo que somos incapaces de cumplir las fechas de entrega...

Conocí a Simon el 29 de abril de 1992, la noche de los disturbios de Rodney King. Ambos acabábamos de publicar libros importantes. El de Simon era el libro que tiene usted entre manos, el mío era una novela, *Clockers*. Nos presentó nuestro común editor, John Sterling. El momento resultó casi cómico: «David, este es Richard; Richard, David. Deberíais haceros amigos: tenéis mucho en común». Y, por supuesto, lo primero que hicimos fue irnos derechos al otro lado del río, a Jersey City, uno de los lugares más calientes esa noche, donde fuimos a buscar a Larry Mullane, un inspector de homicidios del condado de Hudson y mi excelente Virgilio durante los tres años anteriores de mi vida como escritor. El padre de David había crecido en Jersey City, y era muy probable que los Mullane y los Simon se hubieran cruzado por el barrio durante generaciones, así que conectaron enseguida. Los disturbios de Jersey City en sí mismos se demostraron elusivos, siempre a la vuelta de la esquina pero siempre fuera del escenario, y lo que más recuerdo de esa noche es la compulsión de Simon por *estar allí*, que para mí fue como encontrarme con mi hermano siamés perdido tiempo atrás.

Nuestro segundo encuentro se produjo años después, cuando, tras el horror de Susan Smith en Carolina del Sur, me embarqué en una especie de gira de Medea para preparar el terreno para mi novela *Freedomland*. Había habido una tragedia vagamente similar en Baltimore: una madre blanca de dos niñas birraciales había prendido fuego a su casa adosada mientras las niñas dormían dentro. Alegó que quería allanar el camino al amor para su novio, a quien dijo que no entusiasmaban las niñas (algo que luego él negó).

A base de trabajar los teléfonos, David me puso en contacto con todos los personajes principales del drama dispuestos a que les entrevistara: los inspectores que realizaron el arresto, la madre del novio, la abuela tres veces desgraciada, el árabe propietario de la tienda al otro lado de la calle, donde había huido la madre, aparentemente para llamar al 911. (Su primera llamada, dijo el tendero, fue a su madre; la segunda fue para avisar a los bomberos.) Desde un punto de vista periodístico, la historia había pasado hacía tiempo su fecha de caducidad, pero Simon, en su obcecación por conseguirme la historia, se puso en modo de trabajo. Era la primera vez en mi vida que debía seguir el ritmo de un reportero de calle, tanto mental como físicamente; además de conseguir todas las entrevistas, implicaba también tratar de abrirnos paso hasta la escena del crimen por cualquier medio y a pesar del policía que todavía la custodiaba (no lo conseguimos); descartar el ataque directo y trabajar mediante tretas; dar vueltas alrededor del objetivo y escalar las vallas de los patios traseros de las casas, hasta que, finalmente, nos encontramos dentro de la casa tiznada de hollín y, subiendo por lo que quedaba de las escaleras, alcanzamos el pequeño dormitorio donde las dos pequeñas murieron asfixiadas por el humo. Al final habíamos logrado estar allí, y era como estar de pie en el estómago de un tigre translúcido, vimos por todas partes —paredes, techo, suelo— las negras estrías que habían dejado las llamas. Un desolador fragmento de infierno.

Pero volvamos a aquella primera noche en Jersey City. En un momento de aquella tarde llegaron rumores de que los alborotadores estaban atando cuerdas de piano en las calles para decapitar a los policías que iban en moto, y Larry Mullane, un ex policía de motocicleta, tuvo que dejarnos abruptamente. Nos encontramos solos en un coche de policía sin distintivos (un oxímoron como una casa), yo al volante y Simon en el asiento del pasajero. El consejo que nos dio Mullane fue: «Estad siempre en movimiento y, si alguien se os acerca, fingid estar muy cabreados y poned cara de malos». Y eso es básicamente lo que hicimos, lo que me lleva a la pregunta que siempre me ha torturado: ¿acaso los escritores como nosotros, obsesionados con ser cronistas, sea mediante el ensayo o la ficción, de los detalles de la vida en las trincheras urbanas de Estados Unidos, escritores que dependemos en gran parte de la bondad de los policías para ver lo que necesitamos ver, acaso estamos (oh, mierda...) obsesionados con la policía?

Y la respuesta en la que creo es: no más de lo que estamos obsesionados con los criminales o los civiles. Pero sentimos hacia quien quiera que nos permita ponernos en su lugar, a este o al otro lado de la ley, una inevitable empatía. En esencia, nos «incrustamos». Pero no es tan siniestro como parece mientras tu mantra de agradecimiento sea más o menos este: «Como cronista te honraré con una descripción fiel de lo que he visto y oído mientras era un huésped en tu vida. Y, en cuanto a cómo vas a quedar, tú cavas tu propia tumba o construyes tu monumento siendo quien eres, así que buena suerte y gracias por tu tiempo».

Simon escribe con honradez y claridad sobre lo imposible que resulta el trabajo de un investigador de homicidios. El policía de homicidios sobre el terreno no debe lidiar sólo con el cadáver que tiene frente a él, sino también con lo que carga a sus espaldas: toda la jerarquía de jefes que responden a otros jefes, el inmenso peso del instinto de conservación burocrático. A pesar de lo populares que se han hecho los adelantos forenses al estilo *CSI*, a veces parece que la única ciencia en la que pueden confiar estos investigadores que están al final de la cadena alimenticia es la ley de la gravedad jerárquica, que determina, firme e invariablemente, que, siempre que un asesinato llega a los periódicos o toca algún tipo de nervio político, la mierda fluye hacia abajo. Los mejores entre ellos —aquellos que la mayor parte de las veces, aun bajo una presión tan enorme como superflua, hacen que los nombres escritos en negro en el plafón pasen a rojo— acaban con un aire de estar de vuelta de todo y con un merecidamente ganado orgullo elitista.

Homicidio es un diario de trabajo que mezcla lo mundano y lo bíblicamente atroz, y cuyas páginas contienen la voluntad, la avidez de Simon por absorber, por digerir lo que ve, por *estar allí* y transmitir el mundo que discurre ante sus ojos al universo que está más allá. Se percibe el amor hacia todo de cuanto es testigo, una fe implícita en la belleza de limitarse a decir que lo que sea que ve desarrollándose ante él en tiempo real es «la Verdad» de un mundo: así es como es, así es como funciona, así es como habla la gente, como se comporta, como exterioriza lo que siente, como se justifica; ahí es donde se defraudan a sí mismos, o trascienden sus límites, sobreviven o se hunden.

Simon demuestra tener talento para reflejar la enorme importancia de las pequeñas cosas: esa expresión de leve sorpresa que tienen los ojos de los que acaban de morir, la inefable poesía de un comentario inesperado, el ballet físico sin propósito de las esquinas, la danza inconsciente de rabia, aburrimiento y gozo. Él documenta los gestos, los términos cruelmente incorrectos, la forma en que los ojos se estrechan y los labios se estiran. Registra las inesperadas cortesías entre adversarios, el humor patibulario que se supone que le permite a uno salvar lo que queda de su cordura o humanidad o lo que sea que se ponga como excusa para hacer chistes sobre los recién asesinados, la sobrecogedora estupidez que impulsa la mayor parte de los actos homicidas, las estrategias de supervivencia que adopta la gente que vive en las circunstancias más extremas simplemente para sobrevivir un día más. Captura cómo las calles son un narcótico tanto para los soldados callejeros como para los policías (y para algún que otro escritor), que mantienen enganchados a todo el mundo al inevitable e inesperado siguiente drama que pondrá a ambos bandos en acción y enviará a los inocentes atrapados a refugiarse agachándose tras sus ventanas o escondiéndose en una bañera que se supone a prueba de balas: la familia que se pone a cubierto unida permanece unida. Y una y otra vez remacha el hecho de que hay muy poco blanco y muy poco negro ahí fuera, y muchísimo gris.

Homicidio es la historia de una guerra, y el teatro de operaciones se extiende desde las ruinosas casas adosadas de Baltimore Este y Oeste hasta las salas del Parlamento estatal en Annapolis. Revela, con no poca ironía, cómo las tácticas de supervivencia en las calles son un reflejo de las tácticas de supervivencia en el ayuntamiento y cómo todos los implicados en la guerra de la droga viven y mueren por los números: kilos, onzas, gramos, píldoras y beneficios para los de un bando; delitos, arrestos, porcentaje de casos resueltos y recortes presupuestarios para los del otro. El libro es un examen desde el punto de vista de la *realpolitik* de un municipio que vive inmerso en unos disturbios a cámara lenta, pero, a través de la persistencia de Simon, *Homicidio* nos muestra las pautas que se esconden tras el aparente caos. Baltimore es, de hecho, la encarnación más pura de la teoría del caos.

Con el éxito de la adaptación a televisión de este libro, Simon ha podido adentrarse en la ficción y nos ha brindado la brillante miniserie de seis capítulos basada en su siguiente libro, *The Corner* (coescrito con Ed Burns), y esa novela rusa disfrazada de serie de HBO que es *The Wire*. En estos últimos proyectos se ha soltado un poco y ha adaptado la realidad hasta darle una forma ligeramente artificial para que destaquen los temas sociales más polémicos e importantes. Pero incluso cuando se entrega a la libertad creativa de la ficción, su obra sigue siendo una exaltación del matiz, una exploración incansable de cómo el acto externo más insignificante puede provocar la más enorme revolución interior en la vida de una persona marginada o en el biorritmo espiritual y político de una gran ciudad de Estados Unidos.

Con todo esto quiero decir que si Edith Wharton resucitara de entre los muertos y se interesara por los cabilderos municipales, los policías, los adictos al crack y el reportaje periodístico, y no le importase lo más mínimo qué ponerse para ir a la oficina, probablemente se parecería mucho a David Simon.

RICHARD PRICE

LOS PROTAGONISTAS

Teniente Gary D'Addario
Responsable de turno

Inspector jefe Terrence McLarney
Jefe de unidad

Inspector Donald Worden
Inspector Rick James
Inspector Edward Brown
Inspector Donald Waltemeyer
Inspector David John Brown

Inspector jefe Roger Nolan
Jefe de unidad

Inspector Harry Edgerton
Inspector Richard Garvey
Inspector Robert Bowman
Inspector Donald Kincaid
Inspector Robert McAllister

Inspector jefe Jay Landsman
Jefe de unidad

Inspector Tom Pellegrini
Inspector Oscar Requer
Inspector Gary Dunnigan
Inspector Richard Fahlteich
Inspector Fred Ceruti

UNO

Martes 19 de enero

Sacando una mano del cálido refugio del bolsillo, Jay Landsman se acuclilla en el suelo, coge la barbilla del muerto y le gira la cabeza a un lado hasta que se ve la herida, un pequeño agujero ovalado que supura rojo y blanco.

—Aquí está el problema —dijo—. Tiene una pequeña fuga.

—¿Una fuga? —dice Pellegrini, siguiéndole la corriente.

—Una pequeña.

—Eso se puede arreglar.

—Pues claro que sí —dice Landsman, dándole la razón—. Ahora hay esos kits caseros de bricolaje...

—Como los de las ruedas.

—Exactamente igual que los de las ruedas —dice Landsman—. Vienen con un parche y todo lo necesario. Con una herida más grande, como la que hace un treinta y ocho, hay que cambiar la cabeza por una nueva. Pero esta se podría arreglar.

Landsman mira hacia arriba, y en la expresión de su rostro no se lee más que sincera preocupación.

Por el amor de Dios, piensa Tom Pellegrini, no hay nada como investigar asesinatos con un loco de atar. La una de la mañana, en el corazón del gueto, con media docena de agentes de uniforme contemplando cómo se les congela el aliento sobre otro cadáver: ¡el momento y lugar perfectos para el clásico humor de Landsman, recitado con absoluta seriedad hasta que incluso el responsable de turno está riéndose a carcajadas bajo el azul de las luces de emergencia estroboscópicas. Tampoco es que el turno de medianoche de un distrito del Oeste sea el público más duro del mundo; es imposible ir en un coche patrulla durante mucho tiempo en el sector 1 o el 2 y no desarrollar un sentido del humor bastante enfermo.

—¿Alguien conoce a este tipo? —pregunta Landsman.— ¿Llegó alguien a hablar con él?

—Coño, no —dice un uniforme—. Estaba diez-siete cuando llegamos.

Diez-siete. El código policial que significa «fuera de servicio», aplicado con poca gracia a una vida humana. Hermoso. Pellegrini sonríe, contento con saber que no hay nada en el mundo que pueda interponerse entre un policía y su forma de ser.

—¿Le ha registrado alguien los bolsillos? —pregunta Landsman.

—Todavía no.

—¿Dónde coño tiene los bolsillos?

—Lleva pantalones debajo del chándal.

Pellegrini mira cómo Landsman se pone a horcajadas sobre el cuerpo, con un pie a cada lado de la cadera del hombre muerto, y empieza a tirar violentamente de los pantalones del chándal. Los estrafalarios tirones mueven el cuerpo unos cuantos centímetros en la acera, dejando una fina película de sangre y materia gris apelmazadas en el trozo en que la herida de la cabeza roza con el pavimento. Landsman embute una de sus carnosas manos en uno de los bolsillos delanteros.

—Vaya con cuidado, quizá tenga agujas —dice un uniforme.

—Eh —dice Landsman—, si alguien en esta concurrencia cogiera el sida, nadie se iba a creer que se contagió con una aguja.

El sargento retira la mano del bolsillo derecho del muerto y saca quizá un dólar en calderilla, que cae sobre la acera.

—No lleva ninguna cartera en los bolsillos delanteros. Prefiero esperar a que el forense le dé la vuelta. Alguien ha llamado al forense, ¿verdad?

—Debe de estar de camino —dice un segundo uniforme, tomando apuntes para la primera página del informe—. ¿Cuántos disparos ha recibido?

Landsman señala la herida de la cabeza y luego levanta un poco el omóplato para mostrar un agujero desigual en la parte superior de la espalda de la chaqueta de cuero del hombre.

—Uno en la cabeza, otro en la espalda. —Landsman hace una pausa y Pellegrini le mira mientras adopta de nuevo su tono de absoluta seriedad—. Podrían ser más.

El uniforme se aplica con el bolígrafo y el papel.

—Existe la posibilidad —dice Landsman, esforzándose por parecer profesional—, de hecho, es muy posible, que le dispararan dos veces a través del mismo agujero de bala.

—¿En serio? —dice el uniforme, tragándoselo por completo.

Loco de atar. Le dan una pistola, una placa y los galones de inspector jefe y lo sueltan por las calles de Baltimore, una ciudad con una cantidad desproporcionada de violencia, mugre y desesperación. Luego lo rodean con un coro de hombres heterosexuales con chaquetas azules y le dejan interpretar el papel del solitario y caprichoso que se ha colado de algún modo en la baraja. Jay Landsman, el de la amplia sonrisa de soslayo y el rostro picado de viruela, que les dice a las madres de los hombres buscados por la policía que no tienen que preocuparse por todo aquel revuelo, que se trata sólo de una común y corriente orden de arresto por asesinato. Landsman, el que deja botellas de licor vacías en los escritorios de los demás inspectores jefe y nunca olvida apagar la luz del lavabo de caballeros cuando un oficial se encuentra indispuesto. Landsman, el que sube en el ascensor de la central con el comisionado de policía y, cuando llega a su planta, sale diciendo que algún hijo de puta le ha robado la cartera. Jay Landsman, el que cuando patrullaba de uniforme por el suroeste de la ciudad, aparcaba su coche patrulla en Edmondson con Hilton y utilizaba una caja de harina de avena marca Quaker forrada de papel de aluminio para simular una pistola radar.

—Esta vez le voy a dejar ir con una advertencia —le decía a los agradecidos conductores—. Recuerde: sólo usted puede evitar los incendios forestales.

Y ahora, si no fuera porque Landsman ya no puede mantener la expresión seria, podría muy bien haber un informe enviado a los Archivos Centrales por correo interno, denuncia número 88-7A37548, que dijera que la citada víctima parecía haber recibido un disparo en la cabeza y dos en la espalda a través del mismo agujero de bala.

—No, eh, es una broma —dice al fin—. No sabremos nada con seguridad hasta la autopsia, mañana.

Mira a Pellegrini.

—Eh, Phyllis, voy a dejar que sea el forense quien le dé la vuelta.

Pellegrini esboza una media sonrisa. Lleva siendo Phyllis para su inspector jefe desde aquella larga tarde en la prisión de Rikers Island en Nueva York, cuando la jefa de las guardas se negó a cumplir una orden judicial y entregar la custodia de una presa a dos inspectores de Baltimore porque el reglamento exigía que en la escolta hubiera una mujer. Después de un debate más que suficiente, Landsman agarró a Tom Pellegrini, un italiano fornido nacido en una familia de mineros de carbón de Allegheny, y le puso delante de un empujón.

—Le presento a Phyllis Pellegrini —dijo Landsman, firmando el traspaso del prisionero—, mi compañera.

—¿Cómo está usted? —dijo Pellegrini sin titubear.

—Usted no es una mujer —dijo la guarda.

—Pero lo había sido.

Con las luces estroboscópicas iluminando su pálido rostro, Tom

Pellegrini se acerca un paso para contemplar mejor lo que hasta hacía media hora había sido un traficante callejero de veintiséis años. El hombre está tirado de espaldas, con las piernas en la alcantarilla, los brazos parcialmente extendidos y la cabeza hacia el norte, cerca de una casa adosada esquinera. Los ojos, de un marrón oscuro, están fijos bajo los párpados entrecerrados, con esa expresión de vago reconocimiento tan común en los recién fallecidos violentamente. No es una mirada de horror o consternación, ni siquiera de angustia. La mayoría de las veces la última expresión del rostro de un hombre asesinado se parece a la de una colegiala nerviosa que acaba de comprender la lógica de una ecuación sencilla.

—Si aquí no hay nada más —dice Pellegrini—, voy a ir al otro lado de la calle.

—¿Por qué?

—Bueno...

Landsman se acerca y Pellegrini baja la voz, como si sugerir en voz alta que pudiera haber un testigo de ese asesinato, fuera una vergonzante muestra de optimismo.

—Hay una mujer que entró en una casa del otro lado de la calle. Alguien le dijo a uno de los primeros agentes en llegar que estaba fuera cuando empezaron los tiros.

—¿Vio lo que pasó?

—Bien, se supone que le dijo al agente que habían sido tres hombres negros vestidos con ropa oscura. Se marcharon corriendo hacia el norte después de los disparos.

No es mucho, y Pellegrini puede leer los pensamientos de su inspector jefe: tres negros vestidos de negro, una descripción que reduce la lista de sospechosos a la mitad de la población de toda la puta ciudad. Landsman asiente sin mucha convicción, y Pellegrini cruza la calle Gold, caminando con cuidado para evitar las placas de hielo que cubren buena parte de la intersección. A estas alturas ya es primera hora de la mañana, las dos y media, y la temperatura está muy por debajo de cero. Un viento frío golpea al inspector en el centro de la calzada, a pesar de su abrigo. Al otro lado de la calle Etting se han reunido los vecinos para ver qué pasa, hombres jóvenes y adolescentes dejándose ver y esforzándose por captar lo máximo de aquel inesperado espectáculo, todos tratando de ver el rostro del muerto al otro lado de la calle. Se intercambian chistes e historias, pero hasta el más joven de todos ellos sabe cómo desviar la mirada y quedarse callado en cuanto un uniforme le hace una pregunta. No hay ningún buen motivo para comportarse de otra manera, pues en media hora el muerto estará en una mesa para uno, en el pincha y corta del forense, en la calle Penn; los hombres del oeste de la ciudad estarán enfriando el café con sus cucharillas en el 7-Eleven de la calle Monroe, y los traficantes seguirán vendiendo cápsulas azules en este cruce, dejado de la mano de Dios, de Gold y Etting. Nada de lo que se diga ahora va a cambiar eso.

El grupo ve a Pellegrini cruzar la calle y lo joden con la mirada, de una forma que sólo los chavales de esquina del lado oeste saben hacer, mientras camina hacia unos escalones de entrada a una casa, los sube y llama a una puerta de madera con tres golpes rápidos. Mientras espera respuesta, el inspector mira cómo un destartalado Buick circula hacia el oeste por Gold, avanzando lentamente hacia él y luego alejándose con la misma parsimonia. Las luces de freno se encienden durante un instante cuando el coche se acerca a las luces de policía al otro lado de la calle. Pellegrini se vuelve para ver cómo el Buick se aleja unas cuantas manzanas más hacia el oeste, hasta las esquinas de la calle Brunt, donde una pequeña banda de corredores y captadores ha vuelto al trabajo, vendiendo heroína y cocaína a la mínima distancia respetable de la escena del crimen. Las luces traseras del Buick vuelven a encenderse, y una figura solitaria se escurre desde una esquina y se inclina hacia la ventana del conductor. El negocio es el negocio, y el mercado de la calle Gold no se detiene por nadie, y mucho menos por un traficante muerto en una esquina.

Pellegrini llama otra vez y se acerca más a la puerta para escuchar si hay movimiento dentro. Del piso de arriba llega un sonido apagado. El detective exhala lentamente y llama otra vez, lo que hace aparecer a una joven en una ventana del segundo piso de la casa adosada de al lado.

—Eh, hola —dice Pellegrini—. Departamento de policía.

—Ajá.

—¿Sabe usted si Katherine Thompson vive aquí al lado?

—Sí, así es.

—¿Está en casa?

—Supongo.

Los porrazos a la puerta encuentran al fin respuesta cuando se enciende una luz en el piso de arriba, donde una ventana de guillotina se abre súbita y violentamente. Una mujer corpulenta de mediana edad —totalmente vestida, observa el policía— saca cabeza y hombros más allá de la repisa y mira abajo hacia Pellegrini.

—¿Quién diablos llama a mi puerta a estas horas de la noche?

—¿Señora Thompson?

—Sí.

—Policía.

—¿Poooliiicía?

Por el amor de Dios, piensa Pellegrini, ¿qué otra cosa podría ser un hombre blanco con una gabardina pasada la medianoche en la calle Gold? Saca la placa y la muestra hacia la ventana.

—¿Puedo hablar con usted un momento?

—No, no puede —dice, expidiendo las palabras con un tono cantarín y hablando lo bastante lento y fuerte como para que la oiga la gente al otro lado de la calle—. No tengo nada que decirle. Todo el mundo intentando dormir, y usted va y aporrea mi puerta a estas horas.

—¿Estaba usted durmiendo?

—No tengo por qué contarle qué estaba haciendo.

—Necesito hablar con usted sobre el asesinato.

—Pues bueno, no tengo ni una maldita cosa que decirle.

—Ha muerto una persona...

—Lo sé.

—Lo estamos investigando.

—¿Y?

Tom Pellegrini reprime un deseo casi incontenible de ver a aquella mujer arrastrada hasta una furgoneta de la policía y rebotando dentro sobre todos y cada uno de los baches que hay desde allí hasta la comisaría. Sin embargo, mira con severidad el rostro de la mujer y pronuncia sus últimas palabras en un tono lacónico que sólo deja entrever cansancio.

—Puedo volver luego con una citación judicial.

—Entonces vuelva luego con su maldita citación. ¿Cómo se atreve a venir a estas horas de la noche a decirme que tengo que hablar con usted cuando a mí no me da la gana?

Pellegrini baja los escalones de la entrada y mira hacia el resplandor azul de las luces de emergencia. La furgoneta de la morgue, una Dodge con ventanas tintadas, acaba de detenerse junto a la acera, pero todos los chicos de todas las esquinas están mirando ahora al otro lado de la calle, mirando cómo aquella mujer le deja perfectamente claro a un inspector de policía que bajo ninguna circunstancia es una testigo viva de un asesinato por drogas.

—Es su barrio.

—Sí, desde luego —dice ella, cerrando de golpe la ventana.

Pellegrini niega con la cabeza y luego cruza de vuelta la calle. Llega a tiempo para ver cómo el equipo de la furgoneta de la morgue gira el cuerpo. De un bolsillo de la chaqueta sale un reloj de pulsera y unas llaves. Del bolsillo de atrás de los pantalones sale un carnet. Newsome, Rudolph Michael, varón, negro, fecha de nacimiento 3/5/61, dirección 2900 Allendale.

Landsman se quita los guantes de goma blancos, los tira en la alcantarilla y mira a su inspector.

—¿Ha habido suerte? —pregunta.
—No —dice Pellegrini.
Landsman se encoge de hombros.
—Me alegra que hayas sido tú quien se ha llevado este.
El cincelado rostro de Pellegrini se agrieta con una pequeña y breve sonrisa, aceptando la declaración de fe de su sargento como el premio de consolación que es. Aunque lleva menos de dos años en homicidios, se suele considerar a Tom Pellegrini el más trabajador de la brigada de cinco inspectores del inspector jefe Jay Landsman. Y eso es lo que importa, porque ambos hombres saben que el decimotercer homicidio en Baltimore de 1988, que les ha sido adjudicado durante la segunda parte del turno de medianoche en la esquina de Gold y Etting, es más fino que el papel de fumar: un asesinato por drogas sin testigos oculares, sin motivo específico y sin sospechosos. Quizá la única persona en Baltimore a la que el caso hubiera interesado mínimamente es a la que están metiendo en esos momentos en una bolsa. El hermano de Rudy Newsome identificará el cuerpo más tarde, por la mañana, frente a las puertas de un frigorífico delante de la sala de autopsias, pero tras ello la familia del chico ofrecerá poco más. El periódico matutino no dedicará ni una línea al asesinato. El barrio, o lo que queda de él a la altura del cruce de Gold con Etting, seguirá con su vida. El oeste de Baltimore es la patria de esa falta menor que se llama homicidio.

Aunque eso no quiere decir que alguno de los hombres de la brigada de Landsman no fuera a remover una o dos veces el asesinato de Rudy Newsome. Un departamento de policía se alimenta de sus propias estadísticas, y el porcentaje de resolución de homicidios —cualquier porcentaje de resolución— siempre le gana a un inspector un poco de tiempo en el tribunal y unas cuantas felicitaciones. Pero Pellegrini juega por mucho más que eso: es un inspector que sigue en la fase de demostrarse cosas a sí mismo, que está hambriento de experiencias y todavía no está quemado por el día a día. Landsman ha visto cómo construía investigaciones sobre asesinatos en los que parecía que no podía averiguarse nada. El caso Green, de las viviendas sociales de Lafayette Court. O ese asesinato frente a Odell en la avenida North, en el que Pellegrini peinó una y otra vez un callejón que parecía bombardeado, pateando basura hasta que encontró un casquillo del .38 que cerró el caso. Para Landsman, lo sorprendente es que Tom Pellegrini, un policía con diez años de experiencia en el cuerpo, llegara a homicidios directamente del equipo de seguridad del Ayuntamiento sólo semanas después de que el alcalde se convirtiera en el favorito para ganar arrolladoramente las primarias demócratas a gobernador del estado. Fue un nombramiento político, simple y llanamente, entregado por el comisionado de policía por los servicios prestados, como si el propio gobernador hubiera ungido la cabeza de Pellegrini con aceite. Todo el mundo en homicidios asumió que el nuevo tardaría unos tres meses en demostrarse un absoluto estorbo.

—Bueno —dice Pellegrini, apretándose detrás del volante de un Chevy Cavalier sin distintivos—. De momento, es lo que hay.

Landsman se ríe.

—Este no va a poder ser, Tom.

Pellegrini le devuelve una mirada que Landsman ignora. El Cavalier deja atrás manzana tras manzana de casas adosadas del gueto, recorriendo la avenida Druid Hill hasta que cruza el bulevar Martin Luther King y el distrito Oeste da paso al vacío del centro de la ciudad a primera hora de la mañana. El frío los mantiene a cubierto; han desaparecido hasta los borrachos de los bancos de la calle Howard. Pellegrini frena antes de todos los semáforos, hasta que llega a uno rojo en el cruce de Lexington y Calvert, a unas pocas manzanas de la comisaría, donde una puta solitaria, claramente un travesti, gesticula furtivamente hacia el coche desde el portal de una oficina de la esquina. Landsman se ríe. Pellegrini se pregunta cómo queda alguna prostituta en la ciudad de Baltimore que no sepa lo que significa un Chevy Cavalier con una antena de dos metros en el trasero.

—Mira ese bonito hijo de puta —dice Landsman—. Para y vamos a cachondearnos un poco.

El coche avanza por la intersección y se detiene junto a la acera. Landsman baja la ventanilla del pasajero. La cara de la puta es dura, una cara de hombre.

—¡Eh, caballero!

La puta aparta la mirada con rabia.

—¡Eh, señor! —grita Landsman

—No soy ningún señor —dice la puta, caminando de vuelta a su esquina.

—Caballero, ¿podría decirme qué hora es?

—¡Que te jodan!

Landsman se ríe malévolamente. Pellegrini sabe que cualquier día su inspector jefe dirá algo demasiado inconveniente a alguien demasiado importante y la mitad de la brigada se tendrá que pasar semanas escribiendo informes como castigo.

—Creo que has herido sus sentimientos.

—Bueno —dice Landsman, riéndose todavía—, no era mi intención.

Unos pocos minutos más tarde, los dos hombres aparcan marcha atrás en el segundo piso del garaje de la comisaría. Al final de la página en la que ha registrado los detalles de la muerte de Rudy Newsome, Pellegrini apunta el número de la plaza de parquin y el kilometraje que marca el cuentakilómetros, y luego rodea con un círculo ambas cifras. En esta ciudad asesinatos los hay a cientos, pero no quiera Dios que olvides escribir el kilometraje correcto en el informe de actividad o, peor todavía, que olvides anotar la plaza de aparcamiento en la que has dejado el coche, y el siguiente que tenga que cogerlo se pase quince minutos recorriendo el garaje de la comisaría, intentando adivinar cuál de los Chevy Cavalier arrancará con la llave que tiene en la mano.

Pellegrini sigue a Landsman por el garaje y a través de una puerta de metal por un pasillo donde están los ascensores. Landsman pulsa el botón del ascensor.

—Me pregunto qué habrá sacado Fahlteich de Gatehouse Drive.

—¿Eso fue un asesinato? —pregunta Pellegrini.

—Sí. Al menos sonaba a asesinato por la radio.

El ascensor se eleva lentamente y abre sus puertas frente a otro pasillo similar al que han dejado, con suelo de linóleo encerado y paredes de color azul hospital, y Pellegrini sigue a su sargento por él. Desde dentro de la pecera —la sala insonorizada con paredes de metal y cristal en la que los testigos esperan hasta ser interrogados— llega el sonido de chicas riéndose suavemente.

Ave Maria. He aquí testigos del asesinato de Fahlteich al otro lado de la ciudad, testigos vivos y coleando traídos por los dioses desde la escena del decimocuarto asesinato del nuevo año. ¡Qué diablos!, piensa Pellegrini, al menos alguien en la brigada ha tenido un poco de suerte esta noche.

Las voces de la pecera quedan atrás conforme los dos hombres siguen caminando por el largo pasillo. Justo antes de doblar la esquina y entrar en la sala de la brigada, Pellegrini mira hacia la puerta lateral de la pecera y distingue en el interior el brillo naranja de la brasa de un cigarrillo y la silueta de una mujer sentada cerca de la puerta. Ve un rostro duro, rasgos como de mármol marrón, una mirada que sólo ofrece experimentado desprecio. Y un cuerpo espectacular: buenos pechos, buenas piernas, minifalda amarilla. Alguien le habría entrado ya si no fuera por su actitud amenazadora.

Confundiendo este repaso casual con una auténtica oportunidad, la chica sale de la pecera hasta el línite de la oficina y llama suavemente en el marco de metal.

—¿Puedo hacer una llamada?

—¿A quién quiere llamar?

—A alguien que me venga a buscar.

—No, ahora no. Cuando termine su entrevista.

—¿Y quién me va a llevar a casa?

—Un policía de uniforme.

—Llevo aquí una hora —dice, cruzando las piernas en el umbral. La mujer tiene el rostro de un camionero, pero está echando el resto. A Pellegrini no le impresiona. Puede ver cómo Landsman le sonríe con malicia desde el otro lado de la oficina.

—Iremos con usted tan rápido como sea posible.

Abandonando toda esperanza de seducción, la mujer se marcha y vuelve con su amiga al sofá de vinilo verde de la pecera, cruza las piernas de nuevo y enciende otro cigarrillo.

La mujer está aquí porque tuvo la mala suerte de alojarse en unos apartamentos con jardín de Gatehouse Drive donde un traficante jamaicano llamado Carrington Brown recibió a un compatriota llamado Roy Johnson. Hablaron un poco, se lanzaron una serie de acusaciones con cantarín acento de las Indias Occidentales y luego se liaron a tiros el uno con el otro.

Dick Fahlteich, un veterano bajito y calvo de la brigada de Landsman, recibió la llamada minutos después de que el operador enviase a Pellegrini y a su inspector jefe a la calle Gold. Llegó y se encontró a Roy Johnson muerto en la sala de estar con más de una docena de heridas de bala que lo habían alcanzado en casi todos los puntos concebibles. Su anfitrión, Carrington Brown, iba de camino a urgencias del Hospital Universitario con cuatro heridas de bala en el pecho. Había agujeros de bala en las paredes, agujeros de bala en los muebles, casquillos de automáticas del calibre .380 y mujeres histéricas chillando dentro del apartamento. Fahlteich y dos técnicos del laboratorio forense se iban a pasar las siguientes cinco horas sacando y clasificando pruebas de aquel lugar.

Eso dejaba a Landsman y Pellegrini la labor de interrogar a los testigos que habían enviado a comisaría. Sus entrevistas empiezan de forma bastante razonable y ordenada; por turnos, los inspectores escoltan a cada testigo a una oficina distinta, rellenan una ficha y escriben una declaración de varias páginas para que el testigo la lea y la firme. Es un trabajo rutinario y repetitivo. Sólo durante el último año, Pellegrini debe de haber interrogado a un par de cientos de testigos, la mayoría de ellos unos mentirosos, y todos hostiles.

Una media hora después, el proceso entra abruptamente en su segunda fase, mucho más intensiva, cuando un Landsman furioso lanza una declaración de cuatro páginas al suelo de uno de los despachos del fondo, golpea con la palma de la mano el escritorio y le grita a la chica de la minifalda amarilla que es una mentirosa, una drogadicta y que se quite de su vista inmediatamente. Bueno, piensa Pellegrini, que lo escucha desde el otro extremo del pasillo, Landsman no ha tardado nada en ponerse manos a la obra.

—Eres una zorra mentirosa —grita Landsman, estrellando la puerta contra el tope de goma—. ¿Es que te crees que soy idiota? ¿Me tomas por un puto imbécil?

—¿Cuándo he mentido yo?

—¡Lárgate de aquí! ¡Voy a presentar cargos!

—¿Cargos por qué?

La cara de Landsman se contorsiona en una expresión de pura rabia.

—¿Te crees que todo esto es una gilipollez, verdad?

La chica no dice nada.

—Te acabas de ganar que presente un cargo contra ti, mentirosa de mierda.

—Yo no he mentido.

—Que te jodan. Te voy a acusar.

El inspector jefe indica a la mujer que vaya a la pequeña sala de interrogatorios, donde se hunde en la silla y pone las piernas encima de la mesa de formica. La minifalda le queda a la altura de la cadera, pero Landsman no está de humor para disfrutar el hecho de que la mujer no lleva nada debajo. Él deja la puerta ligeramente entreabierta y le grita a Pellegrini a través de la sala entera.

—¡Hazle lo de la activación de neutrones a esta zorra! —grita antes de cerrar la puerta insonorizada de la pequeña sala de interrogatorios, dejando a la chica preguntándose qué tipo de tortura tecnológica le espera. Una prueba balística de detección de bario y antimonio —elementos que dejan residuos al disparar un arma de fuego— sólo requiere una muestra que se toma de las manos de forma totalmente indolora, pero Landsman quiere que la mujer se recueza pensando en ello, con la esperanza de que esté dentro de aquel cubículo imaginándose que alguien va a irradiarla hasta que brille como una bombilla. El sargento. El sargento golpea la puerta metálica con la palma de la mano una última vez para dar el énfasis adecuado a sus palabras, pero la rabia se desvanece antes de regresar a la oficina de la brigada. Una actuación perfecta —de nuevo un clásico de Landsman— realizada con entusiasmo y sinceridad en exclusiva para la zorra mentirosa de la minifalda amarilla.

Pellegrini sale de la sala del café y cierra la puerta.

—¿Qué dice la tuya?

—Que ella no vio nada —dice Pellegrini—. Pero que tu chica sabe lo que pasó.

—Joder, pues claro que lo sabe.

—¿Qué quieres que hagamos?

—Toma una declaración a tu chica —dice Landsman, gorroneándole un cigarrillo a su detective—. Yo voy a dejar a esta sentada ahí dentro un rato y luego volveré y la joderé viva.

Pellegrini regresa a la sala del café y Landsman se deja caer en una silla de oficina. De la comisura de sus labios emerge humo de cigarrillo.

—A la mierda —dice Jay Landsman a nadie en particular—. No voy a tragarme dos casos abiertos en una sola noche.

Y así da comienzo un ballet nocturno y poco elegante, con los testigos deslizándose uno frente al otro bajo la luz pálida de los fluorescentes, siempre flanqueados por un inspector cansado e impasible que con una mano mece un café solo, y con la otra, un puñado de hojas de declaración en blanco para recoger la siguiente ronda de medias verdades. Se grapan, inicializan y firman las hojas, los vasos de poliestireno se rellenan y se reparten cigarrillos hasta que los detectives se reúnen de nuevo en la sala de la brigada para comparar apuntes y decidir quién miente, quién miente más y quién es el que más miente. Dentro de una hora, Fahlteich regresará de la escena del crimen y del hospital con suficientes detalles sacados de la única testigo honesta que fue enviada a la comisaría esa noche: una mujer que, al parecer, caminaba por el aparcamiento del edificio y reconoció a uno de los dos pistoleros cuando entraban en el apartamento. La mujer sabe muy bien qué conlleva hablar de un asesinato por drogas con la policía y no tarda en querer retirar todo lo que le contó a Fahlteich en la escena del crimen. Fue enviada a la comisaría inmediatamente y mantenida a una distancia prudente de los ocupantes del apartamento. Landsman y Fahlteich no la interrogan hasta que el inspector ha vuelto de Gatehouse Drive. Tiembla como una hoja al viento cuando los inspectores le dicen que tendrá que declarar frente a un jurado.

—No puedo —dice, echándose a llorar.

—No hay elección.

—Mis hijos...

—No permitiremos que les pase nada.

Landsman y Fahlteich salen de la oficina y conversan en voz baja en el pasillo.

—Está aterrorizada —dice Landsman.

—No me digas.

—Tenemos que llevarla a declarar ante el jurado mañana a primera hora, antes de que tenga oportunidad de retractarse.

—También hay que mantenerla separada de las otras —dice Fahlteich, señalando con un dedo a las testigos que hay en la pecera—. No quiero que ninguna de ellas la vea.

Por la mañana tendrán el apodo y la descripción básica del pistolero huido, y hacia finales de semana, su nombre completo, número de ficha policial, fotografía de la ficha y la dirección de los parientes de Carolina del Norte que lo están escondiendo. Otra semana y el chico está de vuelta en Baltimore, acusado de asesinato en primer grado y posesión de armas de fuego.

La historia del asesinato de Roy Johnson es brutal en su sencillez y sencilla en su brutalidad. El asesino es Stanley Gwynn, un chaval de dieciocho años con cara redonda que trabajaba como guardaespaldas de Johnson, un camello que había armado a su fiel y leal subordinado con una pistola ametralladora Ingram Mac-11 calibre .380. Johnson fue al apartamento de Gatehouse Drive porque Carrington Brown le debía dinero de la cocaína que le había comprado, y cuando Brown le dijo que no le iba a pagar, Gwynn terminó las negociaciones con una ráfaga de su Ingram, un arma capaz de disparar seis balas por segundo.

Fue un comportamiento impulsivo y extraño, del tipo que puede esperarse de un adolescente. Telegrafió con tanta claridad su intención de disparar que le concedió a Brown tiempo más que suficiente para agarrar a Roy Johnson y utilizarlo de escudo. Antes de que el cerebro de Stanley registrara correctamente la escena que se desarrollaba frente a él ya había ametrallado al hombre al que se suponía que tenía que proteger. Su objetivo inicial, Carrington Brown, quedó herido en el suelo sangrando por los cuatro balazos que de algún modo se habían abierto paso a través del muerto, y a Stanley Gwynn —que después aceptaría declararse culpable de asesinato en segundo grado y veinticinco años de cárcel— le entró el pánico y salió corriendo del edificio.

Cuando los detectives del turno de día llegan con el relevo temprano de las 6:30, el asesinato de Roy Johnson, caso H88014, está agrupado limpiamente dentro de una carpeta de anillas sobre la mesa del teniente de administración. Una hora después, Dick Fahlteich se va a casa para darse una ducha rápida antes de regresar al centro de la ciudad para asistir a la autopsia. Landsman, por su parte, estará durmiendo en su cama hacia las 8:00.

Pero cuando la luz del sol y los sonidos de la hora punta de la mañana se cuelan por las ventanas del sexto piso, el naufragio y pecio del H88013 —el asesinato en Gold con Etting— sigue esparcido frente a Tom Pellegrini, un espectro con café en lugar de sangre que repasa con la mirada vacante el informe del primer agente, los informes complementarios, las fichas de presentación de pruebas, la custodia del cuerpo y las huellas dactilares que pertenecen a Rudolph Newsome. Quince minutos arriba o abajo y habría sido Pellegrini quien habría sido enviado al asesinato de Gatehouse Drive, donde una víctima y unas testigos vivas estaban esperando a entregar en bandeja un asesinato y añadir uno más a la lista de casos resueltos. En cambio, Pellegrini fue a Gold con Etting, donde un hombre muerto de veintiséis años le miró desde el suelo con súbita y silenciosa comprensión. Puro azar.

Después de que Landsman se marche, Pellegrini trabaja los flecos de su pequeño desastre durante diez horas más —reuniendo todo el papeleo, llamando al adjunto del fiscal del Estado para que extienda una citación para la señora Thompson y presentando los efectos personales de la víctima a la unidad de control de pruebas que hay en el sótano de la comisaría—. Más tarde, esa mañana, un patrullero del distrito Oeste llama a la unidad de homicidios porque un chico de esquina que han encerrado por tráfico de drogas dice que sabe algo sobre el asesinato de la calle Gold. Parece que el chaval está dispuesto a hablar si con eso se gana una rebaja de la fianza en su juicio por drogas. Pellegrini termina su quinta taza de café antes de volver al distrito Oeste para tomar declaración al chico, que afirma haber visto a tres hombres corriendo hacia el norte desde la calle Gold después de haber oído los disparos. El chico dice que conoce a uno de los hombres, pero sólo su nombre, Joe: una declaración lo bastante específica como para encajar con el escenario real y lo bastante vaga como para resultar totalmente inútil al inspector. Pellegrini se pregunta si el chaval estuvo realmente allí o si se enteró de lo sucedido en el asesinato de la calle Gold durante la noche que pasó arrestado, y luego se las ingenió lo mejor que pudo para hacer un refrito con la información y tratar de negociar con ella para librarse del juicio por droga.

De vuelta en homicidios, el inspector desliza las notas de la entrevista dentro de la carpeta del caso H88013 y luego mete la carpeta debajo de la de Roy Johnson, en el escritorio del teniente administrativo, que se ha ido y ha vuelto en el turno de ocho a cuatro. Las buenas noticias antes que las malas. Entonces Pellegrini le da las llaves de su Cavalier a un hombre del turno de cuatro a doce y se va a casa. Es un poco más tarde de las 19:00.

Cuatro horas después ha vuelto para el turno de medianoche, revoloteando como una polilla alrededor del piloto rojo de la máquina de café. Pellegrini se lleva una taza entera a la sala de la brigada, donde Landsman empieza a jugar con él.

—Qué tal, Phyllis —dice el inspector jefe.

—Qué tal, jefe.

—Tu caso está parado, ¿verdad?

—¿Mi caso?

—Sí.

—¿A qué caso te refieres?

—Al nuevo —dice Landsman—. El de la calle Gold.

—Bueno —dice Pellegrini, con las palabras emergiendo lentamente de su boca—, estoy listo para arrestar al culpable.

—¿Ah, sí?

—Sí.

—Mmm —dice Landsman, echando el humo de su cigarrillo contra la pantalla de la televisión.

—Sólo hay un problema.

—¿Qué problema? —dice el inspector jefe, sonriendo.

—No sé quién es el culpable.

Landsman se ríe hasta que el humo del cigarrillo le hace toser.

—No te preocupes, Tom —dice al final—. El caso se resolverá.

Este es el trabajo:

Te sientas detrás de un escritorio metálico fabricado para el Gobierno en el sexto de los diez pisos de una reluciente trampa mortal de armazón de acero con mala ventilación, un aire acondicionado disfuncional y tanto amianto flotando en el aire que con él se podría forrar el traje del mismísimo diablo. Comes el especial de pizza de 2,50 dólares y fiambre italiano con extra de picante de Marco's, en la calle Exeter, mientras miras reposiciones de *Hawai 5-O* en la televisión comunal de diecinueve pulgadas con la imagen distorsionada. Respondes al teléfono al segundo o tercer balido porque Baltimore renunció a su sistema telefónico de AT&T como medida de reducción de gasto, y los nuevos terminales no suenan, sino que emiten sonidos metálicos semejantes a balidos de oveja. Si el que llama es el operador de la policía, anotas una dirección, la hora y el número de unidad del operador en un trozo de papel o en el reverso de un recibo de una casa de empeños.

Entonces o negocias para conseguirlas o suplicas que te entreguen las llaves de uno de la media docena de Chevrolet Cavaliers sin distintivos, recoges tu pistola, una libreta, una linterna y un par de guantes de goma y conduces hasta la dirección correcta, donde, con toda probabilidad, un policía de uniforme estará en pie junto a un cuerpo humano cada vez más frío.

Contemplas ese cuerpo. Miras ese cuerpo como si fuera algún tipo de obra de arte abstracta, lo miras desde todos los puntos de vista concebibles en busca de significados o texturas ocultas. ¿Por qué, te preguntas, está este cuerpo aquí? ¿Qué omitió el artista en este cuadro? ¿Qué es lo que incluyó? ¿En qué pensaba el artista? ¿Qué diablos no encaja en este cuadro?

Buscas la causa. ¿Sobredosis? ¿Ataque al corazón? ¿Heridas de bala? ¿Cortes? ¿Se hizo esas heridas en la mano izquierda al intentar defenderse? ¿Joyas? ¿Cartera? ¿Los bolsillos vueltos del revés? ¿Rígor mortis? ¿Moratones? ¿Por qué hay un rastro de sangre con gotas dispersas en un reguero que se aleja del cuerpo?

Caminas por los bordes de la escena del crimen buscando balas disparadas, casquillos o restos de sangre. Haces que un agente de uniforme peine las casas o negocios cercanos, o, si quieres hacerlo bien, vas puerta a puerta tú mismo haciendo las preguntas que a los de uniforme jamás se les ocurriría hacer.

Entonces utilizas todo lo que tienes en el arsenal con la esperanza de que algo —cualquier cosa— funcione. Los técnicos del laboratorio forense recuperan armas, balas y casquillos para sus comparaciones balísticas. Si estás bajo techo, haces que los técnicos tomen huellas de las puertas y los pomos, de los muebles y de todos los utensilios. Examinas el cuerpo y lo que lo rodea en busca de cabellos o fibras, a ver si una vez, aunque sea por casualidad, el laboratorio de pruebas es capaz de resolver un caso. Buscas señales de alteraciones, cualquier cosa que parezca no encajar con su entorno. Si algo te sorprende —una funda de almohada suelta, una lata de cerveza vacía—, ordenas que un técnico lo recoja y se lo lleve también a control de pruebas. Entonces pides que los técnicos midan todas las distancias clave y fotografíen toda la escena del crimen desde todos los ángulos. Dibujas un esbozo de la escena del crimen en tu propia libreta, usando un crudo monigote hecho con palos para representar a la víctima, y apuntando la situación original de todos los muebles y de todas las pruebas recuperadas.

Asumiendo que los uniformes, al llegar a la escena, fueran lo bastante listos como para agarrar a cuantas personas anduvieran cerca y enviarlas a la comisaría, luego tienes que regresar a tu oficina y volcar tanta psicología callejera como seas capaz de reunir sobre la gente que descubrió el cuerpo. Haces lo mismo con unos pocos más que conocían a la víctima, compartían una habitación alquilada con la víctima, habían contratado a la víctima o se habían peleado, hecho el amor o fumado droga con la víctima. ¿Mienten? Por supuesto que mienten. Todo el mundo miente. ¿Mienten más de lo habitual? Probablemente. ¿Por qué mienten? ¿Se adaptan sus medias verdades a lo que sabes de la escena del crimen o te están soltando un cuento chino? ¿A quién deberías gritarle primero? ¿A quién deberías gritarle más fuerte? ¿A quién hay que amenazar con acusarle de cómplice del asesinato? ¿Quién se va a llevar el discurso de que va a salir de esa sala o como testigo o como sospechoso? ¿A quién se le ofrece la excusa —la Salida—, la insinuación de que ese pobre bastardo se merecía que lo mataran, de que cualquiera en su situación lo habría matado, de que lo mataron porque los provocó, de que no querían hacerlo y la pistola se disparó accidentalmente, de que dispararon en defensa propia?

Si todo va bien, encierras a alguien esa misma noche. Si no va tan bien, coges lo que sabes y corres con ello en la dirección más prometedora, removiendo algunos pocos hechos sueltos más con la esperanza de que algo ceda. Si no cede nada, esperas unas pocas semanas a que el laboratorio te dé un positivo en los análisis balísticos o de fibras o de semen. Cuando los análisis de laboratorio vuelven negativos, esperas a que suene el teléfono. Y cuando el teléfono no suena, dejas que se muera una pequeña parte de ti. Entonces vuelves a tu escritorio y esperas otra llamada del operador, que más tarde o más temprano te va a enviar a mirar otro cuerpo. Porque en una ciudad con doscientos cuarenta asesinatos al año, siempre hay otro cuerpo.

La televisión nos ha dado el mito de la caza frenética, de la persecución a toda velocidad, pero en realidad no existe nada así; de lo contrario, al Cavalier le saltaría una biela al cabo de una docena de manzanas y te encontrarías rellenando un formulario 95, que presentarías a tu oficial al mando explicándole por qué habías causado la muerte prematura de un cuatro cilindros propiedad de la ciudad. Y no hay peleas a puñetazo limpio ni tiroteos: los días gloriosos en que se podía tumbar a alguien cuando se acudía a solucionar una disputa doméstica o en los que se disparaba un tiro o dos en algún atraco a alguna gasolinera terminaron cuando dejaste la patrulla y fuiste al centro de la ciudad. Los policías encargados de los asesinatos siempre llegan allí después de que los cuerpos hayan caído, y cuando un inspector de homicidios sale de la oficina, tiene que esforzarse para no dejarse su pistola en el cajón superior derecho de su mesa. Y, desde luego, no hay momentos totalmente perfectos en los que un inspector, siendo un asombroso científico con sobrenaturales poderes de observación, se inclina para ver mejor un fragmento manchado de alfombra, saca de él una fibra característica de pelo cobrizo caucasiano, reúne a sus sospechosos en un salón exquisitamente amueblado para inmediatamente decirles que el caso está resuelto. Lo cierto es que quedan muy pocos salones exquisitamente amueblados en Baltimore, e incluso, si quedasen más, los mejores inspectores de homicidios admitirán que en noventa de cada cien casos lo que salva la investigación es la abrumadora predisposición del asesino a la incompetencia o, cuando menos, al error garrafal.

La mayor parte de las veces el asesino deja testigos vivos o incluso se jacta ante terceros del crimen que ha cometido. En un número sorprendente de casos se puede manipular al asesino —especialmente si no está familiarizado con el sistema de justicia penal— para que confiese en las salas de interrogatorio. Mucho menos habitual es que una huella latente tomada de un vaso o de la empuñadura de un cuchillo encaje con alguna registrada en la base de datos del Printrak, pero la mayoría de los inspectores pueden contar con los dedos de una mano los casos que han sido resueltos por el laboratorio. Un buen policía va a la escena del crimen, reúne todas las pruebas que puede, habla con la gente con la que tiene que hablar y, con un poco de suerte, descubre los errores más evidentes que ha cometido el asesino. Y para hacer sólo eso y hacerlo bien, hace falta mucho talento e instinto.

Si las piezas del rompecabezas encajan, algún desventurado ciudadano gana un par de pulseras plateadas y un viaje gratis al hacinado pabellón de la cárcel de Baltimore. Allí aguarda mientras la fecha de su juicio se pospone ocho o nueve meses o lo que les lleve a tus testigos cambiar de dirección dos o tres veces. Entonces un adjunto del fiscal del Estado, con toda la intención de mantener un porcentaje de condenas obtenidas superior a la media para así poder, el día de mañana, recalar en un bufete penal superior a la media, te llama por teléfono. Te asegura que este es el caso de homicidio más flojo que ha tenido la desgracia de tener que llevar a juicio, que es tan débil que no puede creer que de verdad sea el trabajo de un gran jurado que si, por favor, podrías reunir ese ganado con encefalograma plano que llamas testigos y traerlos para las entrevistas previas al juicio, porque este desastre realmente va a ir a juicio el lunes. A menos, por supuesto, de que pueda convencer al abogado defensor de que se trague homicidio con toda la condena menos cinco años suspendida.

Si el caso no acaba con un acuerdo extrajudicial ni desestimado ni colocado entre las causas pendientes durante un periodo indefinido de tiempo, si, por algún perverso giro del destino, el caso acaba realmente en un juicio con jurado, entonces tendrás la oportunidad de sentarte en el estrado y recitar bajo juramento los hechos del caso, un breve momento soleado que pronto se nublará con la aparición del antes citado abogado defensor que, en el mejor de los casos, dirá que eres un perjuro que busca cometer una grave injusticia o, como mínimo, te acusará de haber llevado a cabo una investigación tan zarrapastrosa que ha permitido que el auténtico asesino siga libre.

Una vez ambas partes han voceado los hechos del caso y discutido sobre ellos, los doce hombres y mujeres del jurado, escogidos por el ordenador entre las listas de votantes registrados en una ciudad que tiene la población con uno de los niveles más bajos de educación de todo Estados Unidos, se encerrarán en una habitación y empezarán a gritarse. Si este feliz grupo de personas consigue evitar el impulso natural de evitar cualquier tipo de juicio colectivo, puede que encuentren a un ser humano culpable de asesinar a otro. Entonces puedes ir al Cher's Pub en Lexington y Guilford, donde el mismo adjunto del fiscal del Estado del que hablábamos, si le queda todavía una pizca de humanidad, te invitará a una cerveza local.

Y te la beberás. Porque en un departamento de policía que cuenta con tres mil almas que han jurado servirlo, tú eres uno de los treinta y seis investigadores a los que se ha confiado la resolución del más extraordinario de los crímenes: el robo de una vida humana. Tú hablas por el muerto. Tú vengas a aquellos que ya no están en este mundo. Puede que el cheque con tu paga venga del departamento fiscal, pero, maldita sea, después de seis cervezas puedes convencerte sin demasiados problemas de que trabajas directamente para Dios, Nuestro Señor. Si no eres tan bueno como deberías, durarás sólo un año o dos y te transferirán al departamento de fugitivos o de robos de coches o de fraude, al otro extremo del pasillo. Si eres lo bastante bueno, nunca harás otra cosa como policía que sea más importante que esta. Homicidio es primera división, la pista principal, el mayor espectáculo del mundo. Siempre lo ha sido. Cuando Caín se cargó a Abel, el Tipo de Arriba no envió abajo a una pareja de policías de uniforme para que armaran el caso de la acusación. ¡Demonios!, ni hablar: hizo llamar a un jodido inspector. Y siempre será así, porque la unidad de homicidios de cualquier fuerza policial urbana ha sido durante generaciones el hábitat natural de esa rara especie: el policía que piensa.

Va más allá de títulos académicos, formación especializada o estudios, porque toda la teoría del mundo no significa nada si no sabes leer la calle. Pero también va más allá de eso. En todas las comisarías de distrito del gueto hay policías de uniforme, con muchos años, que saben todo lo que sabe un inspector de homicidios y, sin embargo, se pasan toda su carrera en destartalados coches patrulla, luchando sus batallas en cómodos plazos de ocho horas y preocupándose por un caso sólo hasta el cambio de turno. Un buen inspector empieza como un buen policía, un soldado que ha pasado años limpiando esquinas y parando coches, irrumpiendo en disputas domésticas y comprobando las puertas de atrás de los almacenes hasta que la vida de una ciudad se convierte en algo natural para él. Y ese inspector se afina todavía más como policía de paisano, trabajando los años necesarios en robos o narcóticos o robos de coches para entender lo que significa montar una vigilancia, hasta que aprende a usar y no ser usado por sus informadores, a escribir una petición de orden de registro e incautación coherente. Y, por supuesto, está el entrenamiento especializado, una base sólida en ciencia forense, en patología, en derecho penal, en huellas, fibras, grupos sanguíneos, balística y ADN. Un buen inspector tiene también que llenarse la cabeza con suficiente información de la base de datos de la policía —historiales de arrestos, antecedentes penales, registros de armas, información sobre vehículos— como para considerarse un diplomado en informática. Y, aun así, aun teniendo todo eso, un buen policía de homicidios necesita algo más, algo que tiene que tener tan internalizado y debe surgirle de forma tan instintiva como el propio trabajo policial. Dentro de todo buen detective hay mecanismos ocultos, brújulas que le llevan de un cuerpo muerto a un sospechoso vivo en el espacio más corto posible de tiempo, giroscopios que le permiten mantener el equilibrio durante las peores tormentas.

Un inspector de Baltimore lleva nueve o diez homicidios al año como investigador principal y otra media docena como inspector secundario, aunque los reglamentos del FBI recomiendan que la carga de trabajo sea la mitad de esas cifras. Lleva de cincuenta a sesenta tiroteos, apuñalamientos y palizas graves. Investiga todas las muertes dudosas o sospechosas que no se expliquen fácilmente por la edad de la víctima o por su estado de salud. Sobredosis, apoplejías, suicidios, caídas accidentales, ahogamientos, muertes en la cuna, estrangulaciones autoeróticas, todas ellas reciben la atención del mismo inspector que, en un momento dado, tiene sobre la mesa los expedientes de tres homicidios sin resolver. En Baltimore las investigaciones de todos las muertes provocadas por disparos de la policía son investigadas por inspectores de homicidios y no por agentes del departamento de asuntos internos; se asigna a un inspector jefe y una brigada de inspectores para que remuevan cada uno de esos incidentes y presenten un informe completo a las altas esferas del departamento y a la oficina del fiscal del Estado a la mañana siguiente. Cualquier amenaza contra un oficial de policía, fiscal o cargo público se canaliza a través de la unidad de homicidios, igual que todos los informes de intentos de intimidar a un testigo.

Y todavía hay más. La probada capacidad de la unidad de homicidios para investigar cualquier incidente y luego documentar esa investigación significa que es probable que la llamen para llevar investigaciones políticamente sensibles: un ahogado en una piscina municipal que podría conllevar una indemnización, una serie de llamadas de teléfono amenazadoras al jefe de gabinete del alcalde, una larga investigación para determinar si es cierta la extraña afirmación de un senador de que fue secuestrado por unos misteriosos enemigos suyos. En Baltimore la regla general es que si algo parece una tormenta de mierda, huele como una tormenta de mierda y sabe a tormenta de mierda, hay que enviarlo a homicidios. La cadena trófica de la policía así lo exige.

Piensa en ello:

Dirigiendo los dos turnos de dieciocho inspectores e inspectores jefes de la unidad de homicidios hay un par de sufridos tenientes que responden al capitán a cargo de la sección de delitos contra las personas. El capitán, que quiere retirarse con una pensión de mayor, no quiere que su nombre se asocie con nada que no le guste al coronel a cargo de la división de investigación criminal. No es sólo porque el coronel es muy querido, inteligente y negro y tiene muchas posibilidades de ser ascendido a comisionado adjunto o todavía más arriba en una ciudad con un nuevo alcalde negro y una mayoría de población negra que tiene poca fe en su departamento de policía, al que tampoco respeta. El coronel está protegido del dolor porque cualquier cosa que le disguste está a sólo un breve trayecto en ascensor del mismo Yahveh, el comisionado adjunto de operaciones, Ronald J. Mullen, que se yergue como un coloso sobre el departamento de policía de Baltimore, exigiendo saber todo sobre cualquier cosa cinco minutos después de que haya sucedido.

Para los supervisores de nivel medio, el comisionado adjunto es simplemente el Gran Mullen Blanco, un hombre cuyo consistente ascenso de rango empezó después de una breve temporada patrullando en el distrito Suroeste y continuó implacable hasta que le llevó a aposentarse en el octavo piso de la central. Es ese lugar el que Mullen ha considerado su hogar durante casi una década como segundo al mando del departamento, firme en su puesto gracias a su perpetua cautela, su buen juicio político y sus grandes dotes como administrador, pero con el puesto de comisionado siempre fuera de su alcance porque él es blanco en una ciudad que no lo es. El resultado es que los comisionados vienen y van, pero Ronald Mullen permanece en su puesto para guardar la memoria de quien puso qué esqueletos en qué armario. Todos los eslabones de la cadena, de sargento para arriba, puede decirte que el comisionado adjunto sabe la mayor parte de lo que sucede en el departamento y puede imaginarse prácticamente todo el resto. Con una llamada puede hacer que le resuman en un memorándum lo que no sabe y no puede imaginar, y tenerlo encima de la mesa antes de comer. El comisionado adjunto Mullen es, por tanto, un grano en el culo para los policías de calle sea cual sea su misión, y un recurso muy valioso para el comisionado de policía Edward J. Tilghman, un policía veterano que pasó tres décadas amasando el capital político necesario para que el alcalde le adjudicara el cargo durante un periodo de cinco años. Y, en una ciudad de un solo partido como Baltimore, el despacho del alcalde en el Ayuntamiento es la cumbre que araña los cielos, un lugar de poder político sin restricciones ocupada ahora por un tal Kurt L. Schmoke, un hombre negro educado en Yale bendecido con una metrópolis abrumadoramente demócrata y abrumadoramente negra. Naturalmente, el comisionado no puede empezar a respirar hasta haber satisfecho todas las necesidades del alcalde, cuyas perspectivas de reelección mejoran cuando su departamento de policía no es causa de humillación ni de escándalos, le sirve de la manera que él dispone y lucha contra el delito por el bien común, aproximadamente en este orden.

Con esta majestuosa pirámide de autoridad a sus espaldas opera el inspector de homicidios, trabajando anónimamente en el caso de alguna prostituta molida a palos o traficante de drogas que han dejado como un colador a tiros, hasta que un día el teléfono bala dos veces y el cuerpo que hay en el suelo es el de una niña de once años, el de uno de los mejores atletas de la ciudad, el de un sacerdote jubilado o el de algún turista de fuera del estado que se adentró en los barrios bajos con una Nikon al cuello.

Bolas rojas. Asesinatos que importan.

En esta ciudad, un inspector vive o muere por los jodidos casos que dejan claro quién manda en la ciudad y qué quieren quienes mandan en su departamento de policía. Mayores, coroneles y comisionados adjuntos que nunca abrían la boca cuando los cuerpos caían como hojas de los árboles por todo Lexington Terrace en las guerras de drogas del 1986 están ahora mirando por encima del hombro de un inspector jefe, comprobando la letra pequeña. El comisionado adjunto quiere un informe. El alcalde necesita saber si hay novedades. Channel 11 está en la línea 2. Algún papanatas del *Evening Sun* está esperando en la otra línea para hablar con Landsman. ¿Quién es ese tipo, Pellegrini, que lleva el caso? ¿Es nuevo? ¿Se puede confiar en él? ¿Sabe lo que está haciendo? ¿Necesita usted más hombres? ¿Más horas extra? ¿Comprende que esto es prioritario, verdad?

En 1987 dos trabajadores de un aparcamiento fueron asesinados a las 4:00 en el garaje del hotel Hyatt, en el Inner Harbor —la reluciente zona de nueva construcción en la orilla en la que Baltimore ha depositado sus esperanzas de futuro—, y, a primera hora de la tarde, el gobernador de Maryland estaba ladrándole estruendosamente al comisionado de policía. William Donald Schaefer es un hombre impaciente propenso a súbitos y espectaculares histrionismos, y está considerado el gobernador que más tiempo se pasa enfadado de toda la nación. Puesto que fue elegido al cargo más importante de Maryland en buena parte por el atractivo simbólico del puerto restaurado, Schaefer dejó claro en una breve llamada telefónica que no podía haber asesinatos en el Inner Harbor sin su permiso y que este delito sería resuelto de inmediato, y, de hecho, prácticamente lo fue.

Un caso bola roja comporta jornadas de veinticuatro horas y constantes informes a toda la cadena de mando; puede convertirse en tarea de un operativo especial formado sacando inspectores de la rotación regular y poniendo otros casos en pausa indefinida. Si el esfuerzo culmina con un arresto, entonces el inspector, su inspector jefe y el teniente de su turno pueden descansar tranquilos hasta el siguiente caso importante, sabiendo que al capitán no le mordisqueará la oreja el coronel, que a su vez ya no tiene miedo de darle la espalda al comisionado adjunto, que en ese mismo momento está hablando por teléfono con el Ayuntamiento diciéndole a Hizzoner que todo está tranquilo en el puerto. Pero un caso bola roja que no se resuelve crea el impulso contrario, con coroneles maltratando a mayores que maltratan a capitanes, hasta que un inspector y su inspector jefe se encuentran poniéndose a cubierto tras informes que explican por qué alguien que el coronel cree que es un sospechoso nunca fue interrogado más sobre cierta incoherencia en su declaración, o por qué se descartó cierta pista que dio un informante de encefalograma plano, o por qué los técnicos no buscaron huellas dactilares en sus propios culos.

Un hombre de homicidios sobrevive aprendiendo a leer la cadena de mando de la misma forma que un gitano lee las hojas del té. Cuando los de arriba hacen preguntas, se hace indispensable aportando respuestas. Cuando buscan un motivo para ir a la yugular de alguien, arma un informe tan impecable que hace que piensen que duerme abrazado al reglamento. Y cuando simplemente piden un trozo de carne que colgar de la pared, aprende a hacerse invisible. Si un inspector conoce los trucos necesarios para seguir en pie tras la bola roja de turno, el departamento le concede algún crédito por haber demostrado que tiene cerebro, y le deja tranquilo para que pueda volver a contestar el teléfono y mirar cuerpos muertos.

Y hay mucho que ver, empezando con los cuerpos destrozados a golpes de palos o bates de béisbol, o aplastados con barras de hierro o bloques de hormigón. Cuerpos con heridas abiertas hechas con cuchillos de cocina o por escopetas disparadas tan de cerca que la vaina del cartucho está profundamente incrustada en la herida. Cuerpos en las escaleras de los bloques de viviendas sociales, con las jeringuillas todavía clavadas en el antebrazo y esa mirada patética de calma todavía en sus ojos; cuerpos extraídos del puerto con reticentes cangrejos azules enganchados a sus manos y pies. Cuerpos en sótanos, cuerpos en callejones, cuerpos en camas, cuerpos en el maletero de un Chrysler con matrícula de otro estado, cuerpos en camillas tras una cortina azul en emergencias del Hospital Universitario, con vías y catéteres todavía saliendo del cadáver como una burla a lo mejor que puede ofrecer la medicina. Cuerpos y partes de cuerpos que caen de balcones, de tejados, de las grúas de carga de la terminal del puerto. Cuerpos aplastados por maquinaria pesada, ahogados en monóxido de carbono o suspendidos por un par de calcetines de deporte del techo de un calabozo del distrito Central. Cuerpos sobre colchones de cuna, rodeados de peluches, pequeños cuerpos en brazos de madres destrozadas que no pueden entender que no hay ningún motivo, que el bebé simplemente dejó de respirar.

En invierno el inspector aguarda entre el agua y la ceniza mientras percibe el inconfundible olor cuando los bomberos apartan los escombros que cubren los cuerpos de niños que fueron olvidados cuando la estufa eléctrica de su habitación tuvo un cortocircuito. En verano, espera en un apartamento del tercer piso sin ventanas y mal ventilado a que los ayudantes del forense muevan el hinchado pecio de un jubilado de ochenta y seis años que murió en su cama y allí se quedó hasta que los vecinos ya no pudieron aguantar el olor. Se retira cuando giran al pobre hombre, sabiendo que el torso está maduro y listo para explotar y sabiendo, también, que el olor se va a pegar a las fibras de su ropa y a los pelos de su nariz durante el resto del día. Ve los cuerpos de los ahogados durante los primeros días cálidos de la primavera, y los asesinatos absurdos a tiros en los bares, que se han convertido en un rito durante la primera ola de calor de julio. A principios del otoño, cuando las hojas se vuelven marrones y las escuelas abren las puertas, se pasa unos pocos días en Southwestern o Lake Clifton o algún otro instituto en el que prodigios de diecisiete años acuden a clase con .357 cargadas y acaban su jornada lectiva volándole los dedos a algún compañero de clase en el aparcamiento de la escuela. Y en mañanas selectas durante todo el año, se queda cerca de la puerta en una sala embaldosada viendo cómo los patólogos desmontan a los muertos.

Por cada cuerpo da lo que puede permitirse dar y no más. Mide cuidadosamente la cantidad de emoción y energía requeridas, cierra la carpeta del caso y pasa a la siguiente llamada. E incluso después de años de llamadas y cuerpos y escenas del crimen e interrogatorios, un buen inspector sigue descolgando el teléfono con la terca e inflexible convicción de que, si hace su trabajo, la verdad es siempre cognoscible.

Un inspector de homicidios resiste.

Lunes 18 de enero

El Gran Hombre se sienta con la espalda contra la gran mampara de metal que separa las oficinas de homicidios y robos, mirando abstraídamente el perfil de los edificios de la ciudad a través de la ventana de la esquina del edificio. En la mano izquierda mece una taza de cristal en forma de globo terráqueo, llena hasta el círculo ártico con bilis marrón del mismísimo fondo de la cafetera de la oficina. Sobre la mesa frente a él hay una gruesa carpeta roja con la notación H8152 estampada en la cubierta. Se aparta de la ventana y contempla la carpeta con malevolencia. La carpeta le sostiene la mirada.

Es el turno de cuatro a doce, y para Donald Worden —el Gran Hombre, el Oso, el único inspector natural que ha sobrevivido en Estados Unidos— es el primer día de vuelta de un largo fin de semana que no hizo nada para cambiar su temperamento. El resto de la brigada lo percibe y le concede su espacio, entrando sólo en la sala del café cuando necesitan algo de allí.

—Eh, Donald —aventura Terry McLarney durante una de esas salidas—. ¿Cómo ha ido el fin de semana?

Worden se encoge de hombros frente a su jefe.

—¿Has hecho algo?

—No —dice Worden.

—Vale —dice McLarney—. Hasta aquí ha llegado la charla trivial.

El asesinato de la calle Monroe es lo que le ha hecho eso, varándole en un escritorio en la esquina de la sala del café como si fuera algún acorazado que hubiera encallado en los bajíos y, para salir, esperara una marea que puede que no llegara nunca.

Ya con cinco semanas de existencia y ni un ápice más cerca de resolverse que la mañana después del asesinato, la muerte de John Randolph Scott en un callejón de la calle Monroe sigue siendo la máxima prioridad del departamento de policía. Los informes que escribe Worden y su compañero no se copian sólo a su inspector jefe y a su teniente, como en cualquier otra investigación, sino también al teniente administrativo y al capitán al mando de delitos contra las personas. Desde allí, los informes viajan por el pasillo hasta el coronel y luego hacia el comisionado adjunto Mullen, dos pisos por encima.

Los informes no incluyen mucho que pueda calificarse de avance. Y en toda conversación con un superior es palpable cierta paranoia. Donald Worden casi puede sentir cómo la cadena de mando del departamento se agita de nervios. También en la mente de Worden el caso de la calle Monroe es un polvorín que está esperando sólo a que el activista social o predicador de escaparate adecuado lo agarre y se ponga a gritar sobre el racismo o la brutalidad policial, o que ha habido un encubrimiento lo bastante fuerte o durante el tiempo suficiente para que el alcalde o el comisionado empiecen a pedir cabezas. Worden se pregunta a menudo cómo es posible que no haya sucedido ya.

Mirando al oeste por la ventana de la sala del café, Worden contempla cómo el cielo de invierno se torna azul oscuro y la luz rosa y anaranjada del sol poniente desaparece tras los edificios. El inspector acaba su primera taza de café, se desplaza pesadamente hacia el colgador de metal y saca un puro del bolsillo interior de un abrigo beis. Su marca es Backwoods, un cigarro negro y malo que se vende en los mejores 7-Eleven.

Un fino rizo de humo acre sigue a Worden de regreso a su escritorio y le rodea cuando abre la carpeta roja.

H8152

Homicidios/Disparo de policía

John Randolph Scott B/M/22

3022 Garrison Boulevard, Apt. 3

CC# 87-7L-13281

Qué montón de mierda ha resultado ser esto, dice Worden suavemente, hojeando los informes al principio del expediente. Empujando hacia atrás su silla, pone una pierna sobre el escritorio y abre una segunda carpeta con una serie de fotografías en color grapadas de dos en dos en los separadores.

John Randolph Scott está de espaldas en el centro del callejón. Su rostro tiene un aspecto suave y descansado; parece más joven que los veintidós años que tiene. Sus ojos fijos y vacíos miran hacia la pared de ladrillo de una casa adosada. Sus ropas son las de cualquier chico de cualquier esquina: chaqueta de cuero negro, tejanos azules, camisa beis, zapatillas de tenis blancas. Otra foto muestra a la víctima girada de lado, con un inspector señalando con su mano metida en un guante de goma hacia un pequeño agujero en la espalda de la chaqueta de cuero. Una herida de entrada, con el correspondiente orificio de salida encontrado en el centro del pecho hacia la izquierda. Sobre el ojo del joven hay una contusión sangrienta que se hizo al caer al suelo.

El forense determinó luego que la bala que mató a John Randolph Scott le atravesó completamente el corazón en un ángulo ligeramente inclinado hacia abajo, coherente con la pendiente descendente del callejón en que se encontró el cuerpo. Scott murió casi instantáneamente, acordaron los patólogos, por el disparo que recibió por la espalda mientras huía de los agentes del departamento de policía de Baltimore.

Al principio, el caso de Scott no se consideró un asesinato, sino un tiroteo en que estaban implicados policías, un mal disparo que iba a necesitar un informe cuidadosamente redactado para evitar que un gran jurado descuartizara a un agente, sí, pero ni mucho menos nada que nadie pudiera calificar de asesinato.

La víctima era uno de los dos jóvenes que iban en un Dodge Colt que una patrulla de dos agentes del distrito Central identificó como robado y persiguió desde el bulevar Martin Luther King por la I-170 y luego hasta la avenida Raynor, donde Scott y un compañero de veintiún años saltaron del coche y corrieron en direcciones opuestas a través de los callejones del gueto de casas adosadas. Cuando los dos agentes del Central salieron de su coche patrulla para perseguir a los sospechosos a pie, uno de ellos, Brian Pedrick, de veintisiete años, tropezó y disparó una bala con su revólver reglamentario. Pedrick les dijo luego a los investigadores que el disparo había sido un accidente, un tiro díscolo que se le había escapado mientras salía a trompicones de su coche. Pedrick creía que su arma estaba apuntando hacia abajo y que el disparo había impactado en el asfalto frente a él; en cualquier caso, la bala pareció no tener ningún efecto en el sospechoso que perseguía, que desapareció en el laberinto de callejones. Pedrick perdió de vista al chico, pero para entonces otros coches patrulla de los distritos Central, Oeste y Sur ya vigilaban las calles y callejones de la zona.

Minutos después, un sargento del distrito Central pidió una ambulancia y una unidad de homicidios al encontrarse un cuerpo en un callejón que salía de la calle Monroe, a unas tres manzanas de donde Pedrick había disparado su bala. «¿Está algún policía implicado en el tiroteo?», preguntó el operador. «No», dijo el sargento. Pero luego el propio Pedrick llegó a la escena y admitió haber disparado su arma. El sargento volvió a apretar el botón de su micrófono. «Corrección —dijo—: sí, hay un policía implicado en el tiroteo.»

Worden y su compañero, Rick James, llegaron a la escena del crimen pocos minutos después, miraron al joven muerto, hablaron con el sargento del distrito Central y luego inspeccionaron el revólver reglamentario de Pedrick. Una bala disparada. Se le confiscó el arma al agente y se le condujo a la unidad de homicidios, donde reconoció haber disparado, pero se negó a hacer ninguna otra declaración hasta haber hablado con un abogado del sindicato de policías. Worden sabía lo que esto quería decir.

Un abogado del sindicato respondía siempre de la misma manera a la petición de un inspector de interrogar a un agente como parte de una investigación criminal. Si se le ordena hacerlo, el agente presentará un informe explicando sus acciones durante el incidente; si no es así, no ofrecerá ninguna declaración. Y eso es porque, cuando un informe de ese tipo es escrito como consecuencia de una orden directa, no se considera una declaración voluntaria y, por lo tanto, no puede usarse en un juicio contra el agente. En este caso, el fiscal del Estado que estaba de guardia esa noche se negó a ordenar el informe y, como consecuencia de ese *impasse* legal, la investigación se fijó en un curso obvio: demostrar que el agente Brian Pedrick —un veterano con cinco años de experiencia y ningún antecedente de brutalidad ni uso excesivo de fuerza—

había disparado por la espalda con su revólver reglamentario a un hombre que huía de él.

Durante doce horas, la investigación de la calle Monroe fue un ejemplo de certeza y cohesión, y hubiera seguido siéndolo de no ser por un detalle clave: el agente Pedrick no disparó a John Randolph Scott.

La mañana después del suceso, los ayudantes del forense desnudaron el cuerpo de Scott y hallaron una bala del calibre .38 todavía alojada entre la ropa ensangrentada. Se comparó esa bala en el laboratorio de balística esa misma tarde, pero no pudo relacionarse con el revólver de Pedrick. De hecho, la bala que mató a Scott fue una bala de punta redonda de 158 granos, un tipo común de munición de Smith & Wesson que no se había usado en el departamento de policía desde hacía más de una década.

Worden y varios otros inspectores regresaron entonces al escenario de la persecución y, a la luz del día, peinaron cuidadosamente el callejón donde se creía que Pedrick había disparado su arma. Removiendo la basura de ese callejón que salía de la avenida Raynor, encontraron una marca en el pavimento que parecía un residuo de plomo de una bala perdida. Los inspectores siguieron por el callejón la trayectoria más probable de la bala y llegaron a una parcela contigua donde, increíblemente, un vecino estaba limpiando su terreno de basura esa misma mañana. De todos los patios llenos de basura de todos los guetos del mundo, pensó Worden, este tío tiene que ponerse a limpiar el nuestro. Justo cuando los inspectores estaban a punto de vaciar en el suelo la media docena de bolsas de basura que había llenado el último buen samaritano del oeste de Baltimore, encontraron la bala del calibre .38, todavía parcialmente enterrada en la tierra de la parcela. Las pruebas balísticas demostraron que era una bala del arma de Brian Pedrick.

Pero si Pedrick no era el asesino, ¿quién lo era?

A Worden no le gustaba nada la respuesta obvia. Worden era un policía y había pasado su vida adulta en compañía de policías en comisarías y coches patrullas, en los pasillos de los juzgados y en calabozos de distrito. No quería creer que alguien que vestía el uniforme pudiera ser tan estúpido como para disparar a una persona y luego salir corriendo, dejando el cuerpo tirado en un callejón como cualquier otro asesino hijo de puta. Y, sin embargo, no podía negar el hecho de que John Randolph Scott había sido asesinado con una bala del calibre .38 mientras huía de hombres que tenían revólveres del calibre .38. En cualquier otra investigación no habría ninguna duda de cómo debería proceder un inspector de homicidios. En cualquier otro caso, un inspector empezaría con los hombres que tenían las armas.

Y siendo Worden quien era, eso fue precisamente lo que hizo. Ordenó a casi dos docenas de policías de tres distritos distintos que presentaran sus revólveres reglamentarios al departamento de control de pruebas, donde les suministrarían otros. Pero por cada revólver presentado por los agentes llegó un correspondiente informe de balística que indicaba que la bala letal no había procedido del arma reglamentaria de ese agente. Otro callejón sin salida.

¿Llevaba alguno de los policías una segunda pistola, también del .38, que desde entonces ya debía haber tirado desde alguno de los muelles del puerto? O quizá el chaval huía de la policía e intentó robar otro coche y algún civil enfurecido le disparó y luego desapareció en la noche. Era una carambola muy difícil, Worden debía admitirlo, pero en ese barrio nada era imposible. Un escenario más probable era que el chico hubiera palmado por un arma que él mismo llevara, un .38 que uno de los oficiales que iba arrestarlo le hubiera arrebatado durante un forcejeo. Eso explicaría por qué la bala encontrada en el cadáver no era de las que usaba el departamento, y explicaría también los botones arrancados en la ropa del cadáver.

Worden y Rick James habían recuperado cuatro de ellos en el cuerpo de la víctima o cerca de él. Uno de los botones parecía no tener nada que ver con la víctima; se demostró que otros tres procedían de la camisa del hombre muerto. Dos de aquellos botones se encontraron cerca del cuerpo y estaban ensangrentados; el tercero se encontró cerca de la boca del callejón. Tanto para Worden como para James los botones arrancados indicaban que la víctima había forcejeado con alguien, y la presencia del botón que se había encontrado en la boca del callejón sugería que la pelea había empezado a muy pocos metros de donde la víctima había caído. Más que un disparo directo de un hipotético sospechoso civil, ese escenario sugería un intento de arresto en la calle, un esfuerzo por agarrar a la víctima o detener su huida.

Para Donald Worden, la muerte de John Randolph Scott se había convertido en un asunto turbio, y cada posible resultado del caso resultaba más inquietante que el anterior.

Si el asesinato no se resolvía, parecería que el departamento tratara de encubrirlo. Pero si se acusaba a un policía, Worden y James se convertirían, como los hombres responsables del encausamiento, en auténticos parias para los agentes que patrullaban la ciudad. Los abogados del sindicato de policías ya estaban aconsejando a sus miembros que no hablaran con homicidios, que la sección de delitos contra las personas era sinónimo de la división de investigaciones internas. ¿Cómo diablos iban a poder trabajar en los asesinatos si los policías de uniforme estaban contra ellos? Para colmo, la tercera posibilidad, la mínima posibilidad de la implicación de un civil —que John Randolph Scott hubiera sido asesinado por un vecino mientras intentaba entrar en una casa o robar un segundo coche para huir de la persecución de los policías—, era, en cierta manera, la peor de todas. Worden razonaba que, si alguna vez daba con un sospechoso civil, los jefazos harían cualquier cosa para vendérselo a los líderes políticos de la ciudad, por no hablar de los poderes fácticos dentro de la comunidad negra. Bien, señor alcalde, pensábamos que quizá lo hubieran hecho los policías blancos que perseguían al señor Scott, pero ahora estamos convencidos de que un hombre negro del bloque 1000 de la calle Fulton es el responsable del asesinato.

Sí. Seguro. Por supuesto.

Veinticinco años en el departamento de policía de Baltimore y a Donald Worden se le pedía que coronara su carrera resolviendo un caso que podía enviar a policías a la cárcel. Al principio esa noción le había parecido aborrecible, pues Worden era más policía de calle que cualquier agente de uniforme. Había venido a la central después de más de una década en la unidad de operaciones del distrito Noroeste y, aun así, la había abandonado con muchas reticencias. Y ahora, por culpa de este ladronzuelo con un agujero de bala en la espalda, policías de tres distritos se reunían con sus coches patrulla en aparcamientos vacíos y hablaban en voz baja de un hombre que estaba en la calle cuando ellos todavía lanzaban bolas de papel con saliva en la escuela. ¿Quién coño es este Worden? ¿De verdad va a ir a por un policía por lo de la calle Monroe? ¿Es que va a intentar joder a otro policía por un negro muerto? ¿Qué es ese tipo, un chivato o algo así?

—Oh, oh, Worden está mirando otra vez esa carpeta fea.

El compañero de Worden está en la puerta de la sala de café con un pedazo de papel en la mano. Rick James es diez años más joven que Donald Worden y no tiene ni su instinto ni su inteligencia, pero hay que decir que hay pocos en el mundo que los tengan. Worden trabaja con el inspector más joven porque James sabe trabajar una escena del crimen y, además, escribir un informe bueno y coherente y, a pesar de todas sus virtudes, Donald Worden preferiría comerse su pistola que sentarse frente a un teclado dos horas. En sus mejores momentos Worden considera a James como un proyecto que vale la pena desarrollar, un aprendiz a quien impartir las lecciones extraídas de un cuarto de siglo de trabajo policial.

El Gran Hombre levanta la mirada lentamente y ve el papel en la mano del hombre más joven.

—¿Qué es eso?

—Es una llamada, colega.

—Se supone que no debemos responder llamadas. Nos han apartado a un operativo especial.

—Terry dice que deberíamos ir.

—¿Qué es?

—Asesinato por arma de fuego.

—Ya no me encargo de homicidios —dice Worden secamente—. Sólo llevo putos tiroteos de policías.

—Vamos, tío, salgamos ahí fuera a ganarnos el jornal.

Worden se bebe lo que queda de su café, tira el resto del puro en una papelera y durante un segundo o dos se permite creer que hay vida después de la calle Monroe. Se acerca al colgador donde tiene el abrigo.

—No te olvides de tu pistola, Donald.

El Gran Hombre sonríe por primera vez.

—La he vendido. La empeñé a cambio de un taladro eléctrico en la calle Baltimore. ¿Dónde es el asesinato?

—En Greenmount. El bloque treinta y ocho mil.

El inspector jefe Terrence Patrick McLarney mira cómo los dos hombres se disponen a irse y asiente satisfecho. Ha pasado más de un mes desde el tiroteo de la calle Monroe y McLarney quiere que sus dos hombres vuelvan a la rotación y a responder a las llamadas. El truco es hacerlo gradualmente, de modo que la cadena de mando no se forme la idea de que el operativo del asesinato de la calle Monroe está, de hecho, siendo desmantelado. Si tiene un poco de suerte, se figura McLarney, Worden pillará un asesinato con esta llamada y el teniente administrativo dejará de dar el coñazo con el caso Scott.

—El operativo se marcha, jefe —dice Worden.

En el ascensor, Rick James juguetea con las llaves del coche y contempla su reflejo borroso en las puertas metálicas. Worden mira las luces del indicador de piso.

—McLarney está contento, ¿verdad?

Worden no dice nada.

—Hoy estás hosco como un oso, Donald.

—Tú conduces, zorra.

Rick James pone los ojos en blanco y luego mira a su compañero. Ve a un oso polar de metro noventa y tres y ciento diez kilos camuflado en un hombre de cuarenta y ocho años al que le falta un diente, con ojos de un azul profundo, pelo blanco en franca retirada y tensión sanguínea en ascenso. Sí, es un oso, pero es fácil comprender cuál es la parte positiva de trabajar con él: el tipo es un policía nato.

—Sólo soy un pobre y bobo chico blanco de Hampden que trata de abrirse paso en este mundo y el siguiente —dice a menudo Worden para presentarse.

Y, sobre el papel, eso es exactamente lo que parece: nacido y criado en Baltimore, terminó el instituto, pasó unos cuantos años en la marina y luego acumuló una hoja de servicio de impresionante longitud en la policía, pero sin ascender más allá de inspector. En la calle, sin embargo, Worden era uno de los policías con más instinto e ideas de toda la ciudad. Había pasado más de un cuarto de siglo en el departamento y conocía Baltimore como pocos. Doce años en el distrito Noroeste, tres en fugas y capturas, otros ocho en la unidad de robos y ahora tres años en homicidios.

No llegó a la unidad sin oponer resistencia. Una y otra vez los inspectores jefe de homicidios le habían sugerido que se fuera con ellos, pero Worden era un hombre de la vieja escuela y, para él, la lealtad era fundamental. El mismo teniente que le había llevado a la unidad de robos quería conservarlo allí, y Worden se sentía ligado a él por una deuda de gratitud. Y su magnífica relación con su compañero, Ron Grady —una inesperada amistad entre lo más cercano a un campesino que podía producir el enclave totalmente blanco de Hampden en el norte de Baltimore y un musculoso policía negro del oeste de la ciudad—, era otro motivo para continuar donde estaba. Eran un equipo formado por opuestos que adquirió un estatus legendario, y Worden nunca dejó de recordar, a Rick James y a todos los demás en la unidad de homicidios, que Grady era el único al que de verdad podía llamar su compañero.

Pero a principios de 1985 los robos se habían convertido en una tarea tediosa y repetitiva. Worden había conducido cientos de investigaciones: bancos, vehículos blindados, atracos en el centro, robos a comercios... En los viejos tiempos, les contaba a los inspectores más jóvenes, los ladrones a los que perseguía la policía solían tener más clase; hoy en día lo más probable era que el robo de un banco en la calle Charles fuera resultado del impulso de algún drogadicto con el mono y no obra de un profesional. Al final fue el mismo trabajo quien tomó la decisión por él: Worden todavía recuerda vivamente la mañana en la que llegó a la oficina y encontró el informe de un incidente en el distrito Este, un atraco a una licorería de la avenida Greenmount. El informe lo clasificaba como atraco a mano armada, lo que quería decir que el incidente requería el seguimiento de un inspector de la central. Worden leyó el texto y vio que un grupo de jóvenes habían cogido un pack de seis cervezas y salido corriendo de la tienda. El dependiente había intentado atraparlos y se había llevado un ladrillazo en la cabeza por su heroísmo. Aquello no era robo a mano armada y, joder, no era nada que no pudiera manejar un simple policía de uniforme del distrito. Para Worden, que había sido un inspector de robos durante casi ocho años, aquel informe fue la gota que colmó el vaso. Al día siguiente se presentó ante su capitán con una petición de traslado a homicidios.

La reputación de Worden le precedió, y durante los siguientes dos años no sólo demostró que estaba capacitado para resolver asesinatos, sino que se convirtió en la pieza clave de la brigada de McLarney, una gesta notable en una unidad de cinco hombres que incluía a otros dos hombres con más de veinte años de experiencia. Rick James fue transferido a homicidios en julio de 1985, sólo tres meses antes que Worden, y rápidamente se hizo una composición de lugar y se emparejó con el Gran Hombre. Vivía tan pegado a él que provocó las burlas de los demás inspectores. Pero Worden claramente disfrutaba con su papel de anciano sabio, y James estaba dispuesto a ofrecer, en contrapartida, su buen trabajo en la escena del crimen y su talento para escribir los informes necesarios. Si Worden le enseñaba la mitad de lo que sabía antes de jubilarse, Rick James permanecería en homicidios mucho, mucho tiempo.

Lo malo de trabajar con Worden era cuando estaba de mal humor, cuando se obsesionaba pensando que seguía trabajando por el sueldo de un policía de patrulla cuando lo que debería hacer era aceptar la pensión y vivir la gran vida como consultor de seguridad o contratista de seguridad doméstica. Worden era perfectamente consciente de que él seguía en la calle investigando asesinatos en el gueto cuando la mayoría de los hombres de su promoción estaban ya retirados o trabajando en una segunda carrera; los pocos que seguían en el cuerpo apuraban sus días en las comisarías de distrito como sargentos de guardia o carceleros, o en las garitas de la central escuchando por la radio algún partido de los Orioles, esperando que pasase un año o dos más para así conseguir una pensión más alta. A su alrededor, hombres más jóvenes que él dejaban el cuerpo y empezaban prometedoras carreras en otros sitios.

En estos tiempos, Worden se descubrió hablando seriamente de dejarlo. Pero gran parte de él no quería ni pensar en la jubilación; el departamento había sido su hogar desde 1962 y su llegada a homicidios había supuesto el último rizo de una larga y elegante trayectoria. Durante tres años, el trabajo que había realizado en la unidad había sostenido e incluso revivido a Worden.

El Gran Hombre disfrutaba especialmente con su esfuerzo constante por domar a los inspectores jóvenes de su brigada, Rick James y Dave Brown. James estaba saliendo muy bien, pero Worden no estaba seguro de cómo iba a resultar Brown. Y Worden no desperdiciaba oportunidad de decírselo, sometiendo al inspector más joven que él a un régimen de entrenamiento que se podría denominar de formación a través del insulto.

Dave Brown, que era el hombre con menos experiencia de la brigada, toleraba los ataques del Gran Hombre sobre todo porque sabía que Worden se preocupaba de verdad por que siguiera siendo inspector y, en menor parte, porque no tenía otro remedio. La relación entre ambos hombres quedó perfectamente reflejada en una fotografía en color tomada por un técnico del laboratorio forense durante la investigación de un asesinato en Cherry Hill. En primer plano estaba un proceloso Dave Brown recogiendo latas de cerveza vacías por si había la menor posibilidad de que tuvieran algo que ver con el asesinato. Al fondo, sentado en los escalones de entrada de una casa de protección oficial, estaba Donald Worden mirando al joven detective con lo que parecía inequívocamente una mirada de reprobación. Dave Brown sacó la fotografía del expediente del caso y se la quedó como recuerdo. Era el Gran Hombre que Dave Brown había acabado por conocer bien y apreciar. Gruñón, malhumorado y siempre crítico. Un último y solitario centurión que considera a la generación joven de don nadies e incompetentes como un dolor y un desafío personal.

La fotografía mostraba al Gran Hombre en la cima de su poder: abrasivo, seguro de sí mismo, la espinosa conciencia de todos los inspectores más jóvenes o con menos experiencia que compartían turno con él. Y, por supuesto, el caso de Cherry Hill se resolvió y fue Worden quien consiguió la información clave que llevó a encontrar el arma del crimen en casa de la novia del asesino. Pero eso fue cuando a Worden todavía le divertía ser inspector de homicidios. Eso fue antes de la calle Monroe.

Al subir al Cavalier en el nivel intermedio del garaje, James decide arriesgarse de nuevo a abrir una conversación.

—Si esto es un asesinato —dice—, yo seré el principal.

Worden le mira.

—¿No prefieres ver antes si han encerrado a alguien?

—No, tío. Necesito el dinero.

—Eres una puta.

—Sí, tío.

James lleva el coche por la rampa del garaje hasta Fayette y luego al norte por la calle Gay hasta Greenmount, ocupado mentalmente en los complejos cálculos de las horas extra. Dos horas en la escena del crimen, tres horas de interrogatorios, otras tres para el papeleo, cuatro más para la autopsia; James piensa lo feliz que le va a hacer ver en su nómina esas doce horas pagadas a una vez y media la tarifa normal.

Pero lo de Greenmount no es un asesinato; ni siquiera es un liso y llano tiroteo. Los dos detectives lo saben después de escuchar un monólogo incoherente de tres minutos de un testigo de dieciséis años.

—Uf, empieza desde el principio. Despacio.

—Derrick vino corriendo...

—¿Derrick qué?

—Mi hermano.

—¿Cuántos años tiene?

—Diecisiete. Entró corriendo por la puerta principal y subió arriba. Mi hermano mayor fue arriba y vio que le habían disparado y llamó a emergencias. Derrick dijo que estaba en la parada del autobús y le dispararon. Eso es lo único que dijo.

—¿No sabe quién le disparó?

—No, sólo dijo que le habían disparado.

Worden le coge a James la linterna y va afuera con un policía.

—¿Es usted el primer agente que ha llegado aquí?

—No —dice el uniforme—. Fue Rodriguez.

—¿Y dónde está?

—Ha ido al hospital con la víctima.

Worden le lanza una de sus miradas al patrullero y luego vuelve a la puerta de la casa e ilumina con la linterna el suelo del porche. No hay ningún rastro de sangre. No hay sangre en el pomo de la puerta. El inspector repasa los ladrillos de la casa adosada con la linterna. No hay sangre. No hay daños a la vista. Ve un agujero, pero es demasiado limpio como para ser de bala. Probablemente es un agujero hecho con un taladro para fijar alguna luz.

Worden ilumina con la linterna el camino de entrada que lleva a la calle. Luego entra en la casa y comprueba las habitaciones de arriba. Sigue sin haber sangre por ningún lado. El inspector vuelve abajo y escucha a James interrogar al chico de dieciséis años.

—¿Hacia dónde corrió tu hermano cuando entró en la casa? —le interrumpe Worden.

—Hacia el piso de arriba.

—Arriba no hay sangre.

El chico se mira los zapatos.

—¿Qué está pasando aquí? —dice Worden, presionándole.

—La limpiamos —dice el chaval.

—¿La limpiasteis?

—Ajá.

—Oh —dice Worden, poniendo los ojos en blanco—. Entonces volvamos arriba.

El chaval sube los escalones de dos en dos y luego entra en el caos y el desorden de una habitación de adolescente, llena de fotos de mujeres en bikini y pósteres de raperos de Nueva York vestidos con chándales de diseño. Sin que haya que insistirle, el chaval de dieciséis años saca dos sábanas manchadas de sangre de una cesta.

—¿Dónde estaban esas sábanas?

—En la cama.

—¿En la cama?

—Le hemos dado la vuelta al colchón.

Worden gira el colchón. Una mancha roja cubre una cuarta parte de la funda.

—¿Qué chaqueta llevaba tu hermano cuando entró?

—La gris.

Worden coge una chaqueta gris de una silla y la registra de arriba abajo. No hay sangre. Va al armario del dormitorio y comprueba todos los demás abrigos y chaquetas, dejándolos uno a uno sobre la cama conforme termina de revisarlos. James sacude lentamente la cabeza.

—He aquí lo que sucedió —dice James—. Tú estabas aquí jugando con una pistola, se te disparó y le diste a tu hermano. Si empiezas a decir la verdad ahora, no te encerraremos. ¿Dónde está la pistola?

—¿Qué pistola?

—Por los clavos de Cristo. ¿Dónde está la puta pistola?

—No sé nada de ninguna pistola.

—Tu hermano tiene una pistola. Dánosla y quitémonos eso de en medio.

—A Derrick le dispararon en la parada del autobús.

—Y una mierda —dice James, calentándose—. Estaba por aquí mismo y tú o tu hermano o algún otro le disparó por accidente. ¿Dónde está la jodida pistola?

—No tengo ninguna pistola.

Como siempre, piensa Worden mirando al chico. Un auténtico clásico. Un ejemplo perfecto de la Regla Número Uno de la guía de investigación de un asesinato, la primera entrada de la página uno del léxico de un inspector: Todo el mundo miente.

Asesinos, artistas del robo, traficantes de droga, adictos, la mitad de los testigos de los delitos importantes, políticos de todos los colores, vendedores de coches usados, novias, esposas, ex esposas, oficiales por encima del rango de teniente, estudiantes de instituto de dieciséis años que disparan a su hermano por accidente y luego esconden la pistola: para un inspector de homicidios, la tierra gira sobre un eje de negaciones a lo largo de una órbita de mentiras. Diablos, en ocasiones ni los propios policías se comportan de forma distinta. Durante las últimas seis semanas, Donald Worden ha escuchado declaraciones de hombres que llevaban el uniforme que él ha vestido toda su vida, los ha escuchado mientras intentaban que su versión de los hechos demostrara que era imposible que hubieran estado ni siquiera cerca de aquel callejón de la calle Monroe.

James empieza a moverse hacia la puerta del dormitorio:

—Puedes decir lo que te dé la gana —dice con brusquedad—. Cuando tu hermano la palme, volveremos y te acusaremos de asesinato.

El chaval se queda mudo y los dos detectives siguen al policía de uniforme y salen de la habitación. Worden se contiene hasta que el Cavalier circula por Greenmount.

—¿Quién coño es ese Rodriguez?

—Supongo que tienes algo que decirle.

—Voy a decirle un par de cosas. El primer agente tiene que proteger la escena del crimen. ¿Y qué es lo que hacen? Se van al hospital, se van a la central, se van a comer y dejan que la gente destroce la escena. Lo que no entiendo es por qué diablos creyó que tenía que ir al hospital. No lo entiendo.

Pero Rodriguez no está en el hospital. Y Worden no encuentra ninguna satisfacción en una breve discusión con la distraída madre de la víctima, que está sentada en la sala de espera de la unidad de traumas con otros dos niños y un pañuelo de papel en la mano.

—No lo sé, de verdad —les dice a los inspectores—. Yo estaba con mi otro hijo viendo la televisión y oí un ruido, como un petardo o ruido de cristales rotos. James, el hermano de Derrick, fue corriendo arriba y dijo que a Derrick le habían disparado cuando venía caminando del trabajo. Le dije que no me gustaban ese tipo de bromas.

Worden la interrumpe.

—Señora Allen, voy a ser franco con usted. A su hijo le dispararon en su habitación, lo más probable es que por accidente. No había sangre en ningún otro lugar excepto en la cama, ni siquiera en la chaqueta que llevaba puesta cuando entró.

La mujer mira al detective con los ojos en blanco. Worden continua y le explica que sus hijos han intentado ocultar el disparo y que es probable que el arma que ha enviado a su hijo al quirófano siga todavía en su casa.

—No se trata de acusar a nadie de nada. Nosotros somos de homicidios y, si es un disparo accidental, estamos perdiendo el tiempo; sólo necesitamos aclararlo.

La mujer asiente en un vago gesto de aquiescencia. Worden le pregunta si estaría dispuesta a llamar a casa y pedirle a sus hijos que entregaran el arma.

—Pueden dejarla en el porche y cerrar la puerta si lo prefieren —dice Worden—. Lo único que nos interesa es sacar el arma de la casa.

La madre claudica.

—Yo también lo preferiría.

Worden va hasta el vestíbulo, donde encuentra a Rick James, que está hablando con un médico. El estado de Derrick Allen es grave pero estable, y con toda probabilidad vivirá para luchar otro día. Y el agente Rodriguez, dice James, está de vuelta en homicidios, escribiendo su informe.

—Te dejaré en la oficina. Si entro allí ahora, le voy a saltar al cuello a alguien —dice Worden—. Luego me acercaré otra vez a la casa a recoger el arma. No me preguntes por qué me preocupa si se quedan o no con la maldita pistola.

Media hora después, Worden está de vuelta en el dormitorio de Derrick Allen y encuentra un agujero en una ventana trasera y una bala gastada en el porche posterior. Le enseña la bala y la ventana al hermano de dieciséis años.

El chico se encoge de hombros.

—Supongo que a Derrick le dispararon en su habitación.

—¿Dónde está la pistola?

—No sé nada de ninguna pistola.

Es una verdad revelada por Dios: todo el mundo miente. Y este axioma, el más básico de todos ellos, tiene tres corolarios:

A. Los asesinos mienten porque tienen que hacerlo.

B. Los testigos y otros implicados mienten porque creen que tienen que hacerlo.

C. Todos los demás mienten simplemente porque disfrutan haciéndolo y para atenerse a una regla general de conducta que estipula que bajo ninguna circunstancia hay que dar información precisa a un policía.

El hermano de Derrick es la prueba viviente del segundo corolario. Un testigo miente para proteger a sus familiares o sus amigos, incluso a aquellos que han derramado sangre. Miente para negar que esté implicado en asuntos de droga. Miente para ocultar el hecho de que tiene antecedentes o de que es homosexual o para ocultar que conocía a la víctima. Y, sobre todo, miente para distanciarse del asesinato y de la posibilidad de que un día le pidan que testifique en un tribunal. En Baltimore, siempre que un policía te pregunta qué viste, se pone en marcha un reflejo motor involuntario en la población urbana, pertenezcan a la generación que sea, que hace que respondan desviando la mirada, negando con la cabeza y diciendo:

—Yo no he visto nada.

—Estabas justo junto al tipo.

—Yo no he visto nada.

Todo el mundo miente.

Worden fulmina al chaval con una última y penetrante mirada.

—Tu hermano recibió un disparo en esta habitación con un arma con la que estaba jugando. ¿Por qué no me ayudas a sacar esa arma de esta casa?

El adolescente no pierde el ritmo.

—No sé nada de ningún arma.

Worden niega con la cabeza. Podría llamar a los del laboratorio forense y pasar un par de horas desmontando todo aquel condenado sitio en busca de la maldita pistola; y, si se tratase de un asesinato, eso sería exactamente lo que estaría haciendo. Pero, para un disparo accidental, ¿qué sentido tenía? Aunque sacaran un arma de esa casa, la habrían repuesto con otra antes del fin de semana.

—Tu hermano está en el hospital —dice Worden—. ¿Es que eso no significa nada para ti?

El chaval mira al suelo.

Perfecto, piensa Worden. Lo he intentado. Te he dado una oportunidad. Así que ahora quédate la puñetera pistola de recuerdo y, cuando te pegues un tiro en la pierna o le dispares a tu hermana, vuélvenos a llamar. ¿Por qué voy a perder tiempo con tus mentiras cuando hay colas de gente esperando para mentirme? ¿Por qué esforzarme para encontrar tu pistola de veinte dólares cuando tengo sobre mi escritorio ese lodazal de la calle Monroe?

Worden conduce de vuelta a la oficina con las manos vacías. Está de peor humor que antes.

Miércoles 20 de enero

En la pared más ancha de la sala de café hay un largo rectángulo de papel que ocupa la mayor parte de la longitud de la misma. Está cubierto de acetato y dividido por líneas negras en seis secciones.

Sobre las tres secciones de la derecha hay una placa con el nombre del teniente Robert Stanton, que dirige el segundo turno de la unidad de homicidios. Inmediatamente a su izquierda, bajo el nombre del teniente Gary D'Addario, están las tres secciones restantes. Bajo las placas con los nombres de los dos tenientes, puesto arriba en cada sección, está el nombre de un inspector jefe: McLarney, Landsman y Nolan para el turno de D'Addario; Childs, Lamartina y Barrick para el de Stanton.

Bajo el nombre de cada sargento hay breves listados de personas muertas, las primeras víctimas de homicidios del primer mes del año. Los nombres de las víctimas de casos cerrados están escritos con rotulador negro; los nombres de las víctimas de investigaciones abiertas están escritos en rojo. A la izquierda del nombre de cada víctima hay un número de caso —88001 para el primer asesinato del año, 88002 para el segundo, y así en adelante—. A la derecha de cada nombre de víctima hay una letra o letras —A para Bowman, B para Garvey, C para McAllister— que corresponden a los nombres de los inspectores asignados listados en la parte inferior de cada sección.

Un inspector jefe o teniente que quiera saber quién es el inspector principal de cualquier homicidio o viceversa, puede repasar unos segundos el gran rectángulo blanco y en cuestión de segundos determinar que Tom Pellegrini está trabajando el asesinato de Rudy Newsome. También puede determinar, viendo que el nombre de Newsome está en rojo, que el caso sigue abierto. Por este motivo los supervisores de la unidad de homicidios consideran el rectángulo blanco un instrumento necesario para asegurar la asunción de responsabilidades y una precisión clerical en el trabajo de la unidad. Por este mismo motivo, los detectives de la unidad consideran el rectángulo una desgracia, una creación despiadada que ha perdurado mucho más allá de las expectativas de los ya jubilados inspectores jefe y ya fallecidos tenientes que lo crearon. Los detectives lo llaman, simplemente, «la pizarra».

En el tiempo que tarda la cafetera en llenarse, el responsable de turno, el teniente Gary D'Addario —conocido por sus hombres como Dee, LTD o simplemente como Su Eminencia— se puede acercar a la pizarra como un sacerdote pagano se acercaría al templo del dios Sol, repasar la escritura jeroglífica en rojo y negro bajo su nombre y determinar quién de entre sus tres inspectores jefe ha cumplido sus mandamientos y quiénes se han apartado de la recta vía. Puede comprobar las letras en código junto al nombre de cada caso y determinar lo mismo sobre sus quince inspectores. La pizarra lo revela todo: sobre su acetato está escrita la historia del pasado y del presente. Quién ha engordado con asesinatos domésticos presenciados por media docena de familiares; quién ha pasado hambre con un asesinato por drogas en una casa adosada abandonada. Quién ha recogido la generosa cosecha de un asesinato-suicidio con nota de confesión póstuma y todo; quién ha probado el amargo fruto de una víctima sin identificar, atada y amordazada en el maletero de un coche alquilado en el aeropuerto.

La pizarra que se encuentra hoy el teniente responsable del turno es un despropósito sangriento y contrahecho, con la mayoría de los nombres anotados bajo los inspectores jefe de D'Addario escritos en rojo. El turno de Stanton empezó a media noche con el Año Nuevo y se cargó con cinco asesinatos en las primeras horas del 1 de enero. De esos casos, sin embargo, todos menos uno fueron consecuencia de peleas de borrachos y disparos accidentales, y todos menos uno están ya en negro. Luego, una semana después, vino el cambio de turno, y los hombres de Stanton pasaron a trabajar de día, y el equipo de D'Addario a encargarse de los turnos de cuatro a doce y de medianoche y, con ello, cazaron sus primeros casos del año. La brigada de Nolan se encargó del primer asesinato del turno el 10 de enero, un robo relacionado con drogas en el que la víctima fue apuñalada hasta la muerte en el asiento de atrás de un Dodge. A la brigada de McLarney le tocó uno de novela policíaca esa misma noche, cuando un homosexual de mediana edad recibió un tiro de escopeta nada más abrir la puerta de su apartamento en la parte baja de Charles Village. Luego Fahlteich se adjudicó el primer asesinato del año para la brigada de Landsman, un robo con paliza en Rognel Heights sin sospechosos, después del cual McAllister rompió la tendencia al rojo con un arresto fácil en la calle Dillon, donde un chico blanco de quince años fue apuñalado en el corazón por una deuda de droga de veinte dólares.

Pero la semana siguiente aparecieron asesinos por todas partes, con Eddie Brown y Waltemeyer llegando a un edificio de apartamentos en Walbrook Junction para encontrar a Kenny Vines tirado sobre su estómago en un pasillo del primer piso, con una masa rojiza y húmeda donde solía tener el ojo derecho. Brown no reconoció el cuerpo al principio, aunque, de hecho, había conocido hacía muchos años a Vines, que, al fallecer, tenía cuarenta y ocho; diablos, todos los que habían trabajado en el oeste de la ciudad conocían a Kenny Vines. Propietario de un taller de reparaciones de coches en Bloomingdale Road, Vines había estado durante muchos años metido en deudas y en la venta de partes de repuesto sacadas de coches robados, pero no empezó a hacer enemigos importantes hasta que comenzó a mover grandes cantidades de cocaína. Dos noches después se sumaron los asesinatos de Rudy Newsome y Roy Johnson, las dos caras de la moneda para los hombres de Landsman, que fueron seguidos a su vez por un asesinato doble en la calle Luzerne, cuando un hombre armado irrumpió en una casa alijo, en una disputa sobre territorio de traficantes de droga, y empezó a disparar a diestro y siniestro, matando a dos personas e hiriendo a dos más. Por supuesto, a los supervivientes no les interesaba recordar nada.

La cuenta final fue, de nuevo, cuerpos en ocho casos, con sólo un caso cerrado y otro a punto de conseguir una orden de arresto, un porcentaje de resolución tan bajo que hacía que D'Addario pudiera describirse con toda honestidad como uno de los tenientes menos satisfechos de todo el departamento de policía.

—No he podido evitar darme cuenta —dice McLarney siguiendo a su supervisor a la sala de café—, y estoy seguro de que usted también lo habrá visto, en su infinita sabiduría...

—Prosiga, mi buen sargento.

—... de que hay una notable cantidad de tinta roja en nuestro lado de la pizarra.

—Sí, ahora que lo decís, así es —dice D'Addario, en el mismo tono clásico y palaciego, una broma que siempre divertía a sus sargentos.

—¿Puedo ofrecerle una sugerencia, señor?

—Tiene usted toda mi atención, inspector jefe McLarney.

—Creo que tendría mejor aspecto si escribiéramos los casos abiertos con tinta negra y los resueltos con roja —dice McLarney—. Eso despistaría a los jefes durante un tiempo.

—Es una solución.

—Por supuesto —dice McLarney—, otra opción es que salgamos ahí fuera y encerremos a alguien.

—Esa es otra solución.

McLarney se ríe, pero no mucho. Habitualmente sus inspectores consideran a Gary D'Addario como un príncipe, un autócrata benevolente que sólo exige competencia y lealtad. A cambio, defiende a capa y espada a los hombres de su turno y los protege de los peores caprichos y estrambotes de los jefes. Un hombre alto con el cabello gris plata cada vez más raro y un aire sereno y digno, D'Addario es uno de los últimos supervivientes del califato italiano que reinó brevemente en el departamento tras una larga dinastía de irlandeses. Fue un respiro que se inició con el ascenso de Frank Battaglia al puesto de comisionado y que se prolongó hasta que la pertenencia a la organización Hijos de Italia era tan importante para ascender profesionalmente como aprobar el examen de sargento. Pero el Sacro Imperio Romano duró menos de cuatro años; en 1985 el alcalde reconoció que la demografía de la ciudad había cambiado, apartó a Battaglia a un puesto muy bien pagado de consultor y le concedió a la comunidad negra la propiedad de los escalafones superiores del departamento de policía.

Si esa bajamar es la que había acabado varando a D'Addario en homicidios como teniente, entonces los hombres que trabajaban para él tenían mucho que agradecer a la discriminación positiva. Un hombre introspectivo que hablaba sin levantar la voz, D'Addario era una raza de supervisor poco habitual en una organización paramilitar. Hacía tiempo que había aprendido a reprimir el primer impulso de la persona al mando, que es el de intimidar a sus hombres, vigilar cada uno de sus movimientos y no despegarse de ellos en sus investigaciones. En los distritos, ese tipo de actitud solía ser el resultado de la primera conclusión de un supervisor de que la mejor manera de evitar ser percibido como blando era comportarse como un pequeño tirano. En cada distrito había algún teniente de turno o sargento de sector que exigía que cualquiera que llegara diez minutos tarde a un pase de lista rellenara un formulario 95s, o que paseaba por los antros del distrito a las cuatro de la madrugada con la esperanza de encontrar a algún pobre agente dormido dentro de su coche patrulla. Los supervisores de ese tipo o bien crecían con el puesto y maduraban, o sus mejores hombres se mantenían agachados y a cubierto el tiempo suficiente como para pedir un traslado a otro sitio.

Arriba, en homicidios, un responsable de turno autoritario será pronto despreciado por sus inspectores, hombres que, de hecho, no estarían en el sexto piso de la central si no fueran dieciocho de los policías con más capacidad de automotivarse del departamento. En homicidios rige la ley de la selección natural: un policía que resuelve muchos casos, se queda; un policía que no lo hace, se va. Teniendo en cuenta ese hecho básico, no existe en la unidad mucho respeto por la noción de que un policía lo bastante inteligente como para maniobrar en el departamento hasta acabar en homicidios y luego resolver cuarenta o cincuenta casos necesita, por algún motivo, que el responsable de turno le meta el dedo en el ojo. El rango, por supuesto, tiene sus privilegios, pero un supervisor de homicidios que ejercita su derecho divino a dar por el culo en todas y cada una de las ocasiones creará, al final, un turno en el que los sargentos estarán de los nervios y los inspectores se mostrarán demasiado cautelosos, poco dispuestos o incapaces de actuar según les dicte su instinto.

En cambio, y no sin cierto coste para su propia carrera, Gary D'Addario le dio a sus hombres espacio de maniobra, constituyéndose en un amortiguador entre ellos y el capitán y los demás altos jerarcas de la cadena de mando. Su método comportaba riesgos considerables y la relación entre D'Addario y su capitán se había ido desgastando por los bordes durante los últimos cuatro años. Por el contrario, Bob Stanton, el teniente del otro turno, era un supervisor más del gusto del capitán. Era un encorsetado veterano de la unidad de narcóticos al que el capitán había escogido especialmente para que dirigiera el segundo turno. Stanton ejercía más mano dura. Sus inspectores jefes controlaban más de cerca a sus hombres, y sus inspectores estaban presionados para conseguir las horas extra y el pago por asistencia a tribunales que lubricaban todo el sistema. Stanton era un buen teniente y un policía avispado, pero, cuando se lo comparaba con su alternativa, su frugalidad y su estilo de hacer las cosas siempre según el reglamento hacían que bastantes de los veteranos de su turno expresaran un ávido deseo de unirse a la cruzada de D'Addario a la primera oportunidad.

Para los inspectores jefes e inspectores que vivían una vida bendita bajo la benevolencia de D'Addario, el *quid pro quo* era a la vez sencillo y obvio: tenían que resolver los asesinatos. Tenían que resolver los suficientes asesinatos como para conseguir un porcentaje de resolución que reivindicara el estilo y métodos de Su Eminencia y, por tanto, justificara su benigno y glorioso reinado. En homicidios, el porcentaje de resolución es la madre del cordero, el principio y final de todos los debates.

Y eso era motivo de sobras para que D'Addario se quedara mirando fijamente y durante bastante tiempo la tinta roja que había en su lado de la pizarra. El gran rectángulo no sólo sirve para mostrar rápidamente comparaciones entre detectives, sino que también vale para hacer las mismas comparaciones superficiales entre los dos turnos. En ese sentido, la pizarra —y el porcentaje de resolución que representa— ha dividido a la guardia de homicidios de Baltimore en dos unidades separadas, en dos turnos que funcionan de manera independiente uno de otro. Los inspectores lo bastante veteranos como para saber cómo era la vida antes de la pizarra recuerdan que la unidad de homicidios estaba más cohesionada; los inspectores estaban dispuestos a trabajar en casos que habían empezado o terminarían en otro turno, pues sabían que el mérito de la resolución del caso se compartía con toda la unidad. Creada para fomentar la cohesión y la responsabilidad, la pizarra, en cambio, hacía que los dos turnos —y cada una de las seis brigadas— compitieran entre ellas para tener más tinta negra y menos roja, como si fueran una manada de vendedores de coches divididos en dos bandos que tuvieran que colocar los vehículos a precio rebajado en algún concesionario de segunda de Chevrolet.

La tendencia empezó mucho antes de la llegada de Stanton, pero los diferentes estilos de ambos tenientes hacían más obvia la competición. Y, durante los últimos años, los inspectores de un turno sólo habían interactuado con los del otro en las medias horas de cambio de turno o en las raras ocasiones en que un inspector que estaba haciendo horas extra en un caso necesitaba otro miembro del turno que estaba entonces trabajando, para que hiciera de testigo en un interrogatorio o le ayudara a echar abajo una puerta. La competencia siempre quedaba en un segundo plano, pero pronto hasta los inspectores, cada uno por su lado, empezaron a contemplar el rectángulo blanco, calculando en silencio los porcentajes de resolución de las demás brigadas o turnos. Eso, también, fue irónico, puesto que todos y cada uno de los inspectores de la unidad reconocían que la pizarra era en sí misma un instrumento defectuoso para medir el rendimiento del departamento, pues sólo reflejaba los homicidios. Una brigada se podía pasar tres semanas trabajando hasta el cuello durante el turno de noche investigando tiroteos con implicación policial, muertes sospechosas, agresiones graves, secuestros, casos de sobredosis y cualquier otro tipo de investigación de una muerte. Y, sin embargo, nada de ese trabajo se vería reflejado en tinta roja y negra.

Incluso con los mismos asesinatos, mucho de lo que contribuye a resolver un caso se reduce al puro azar. El vocabulario de la unidad de homicidios reconoce dos categorías distintas de homicidios: los duros y los que se resuelven solos. Los duros son auténticos misterios; los que se resuelven solos son casos que vienen acompañados de multitud de pruebas y un sospechoso evidente. El mejor ejemplo de los duros son las escenas del crimen en las que se hace ir al inspector a algún callejón dejado de la mano de Dios donde poca cosa más hay que un cuerpo tirado en el suelo. El mejor ejemplo de los que se resuelven solos son las escenas en las que el detective llega al cuerpo y, junto a él, se encuentra al marido, que no se arrepiente del crimen ni se ha molestado en cambiarse la ropa manchada de sangre, y quien, apenas se le pregunta, admite que ha apuñalado a la zorra y que lo haría de nuevo. La distinción entre los casos que requieren una investigación y los que sólo necesitan rellenar un poco de papeleo está clara y es aceptada por todos los hombres de la unidad, y más de un inspector jefe ha acusado a otro de colar a uno de sus inspectores en respuesta a una llamada que sonaba como un asesinato doméstico o, peor todavía, de evitar contestar una llamada que tenía toda la pinta de ser un asesinato por drogas ejecutado con profesionalidad.

La pizarra, por supuesto, no diferencia entre casos que se resuelven inmediatamente por sus propias circunstancias, y casos duros que requieren de una investigación prolongada: tan negra es la tinta de uno como de los otros. En consecuencia, la política resultante de los casos duros y los que se resuelven solos se convierte en parte del estado mental de la unidad, hasta el punto que, cuando los inspectores veteranos están viendo una vieja película del Oeste en el televisor de la oficina, siempre hacen el mismo comentario cuando a algún vaquero lo matan en un tiroteo en alguna calle principal de una ciudad fronteriza llena de vecinos temerosos de Dios que contemplan la escena.

—Pues vaya. Ese es de los que se resuelven solos.

Pero los que se resuelven solos han sido últimamente muy pocos en el turno de D'Addario, y, después de la investigación de Worden del asesinato de John Scott en la calle Monroe, ha aumentado la dependencia del teniente respecto de la pizarra y del porcentaje de resolución. El capitán ha adoptado la medida extraordinaria de retirar tanto a D'Addario como a McLarney de la cadena de mando y ha ordenado a Worden y a James que informen directamente al teniente administrativo. En cierto modo, la decisión de aislar a McLarney tenía sentido porque se relacionaba con muchos patrulleros del distrito Oeste, algunos de los cuales eran sospechosos en el asesinato. Pero D'Addario no tenía ese problema y, después de nueve años en homicidios, había visto bastantes bolas rojas como para conocer bien el proceso. La sugerencia de que siguiera dedicándose a temas del día a día en lugar de lidiar con una investigación sensible como la de la calle Monroe sólo podía tomarse como un insulto. Las relaciones de D'Addario con su capitán estaban ahora en su punto más bajo en mucho tiempo.

La reputación de Gary D'Addario proclamaba que era un hombre al que era difícil enfadar, pero la calle Monroe había acortado su paciencia. Más temprano, esa misma mañana, Terry McLarney había escrito un memorando rutinario pidiendo que se destinaran a homicidios a dos agentes del distrito Oeste para que le ayudaran con una investigación en curso; luego había enviado directamente el documento al teniente administrativo, saltándose a D'Addario. Un desliz menor en el código de cortesía de la cadena de mando, pero ahora, en la tranquilidad de la sala del café, D'Addario lo saca, utilizando el humor y una formalidad teatral para dejar clara su postura.

—Inspector jefe McLarney —dice, sonriendo—, ahora que cuento con su atención me pregunto si podría preguntarle acerca de cierta cuestión administrativa.

—La botella de whisky en el cajón superior derecho de mi escritorio no era mía —suelta McLarney sin el menor atisbo de sonrisa—. El inspector jefe Landsman la puso allí para desacreditarme.

D'Addario se ríe por primera vez.

—Y —prosigue McLarney perfectamente serio— querría poner en su conocimiento respetuosamente que los hombres del inspector jefe Nolan han estado utilizando los coches sin firmar en el libro de registro de vehículos, como he enseñado a hacer a los inspectores de mi brigada.

—Yo quería hablarle de otro asunto.

—¿Algo relativo a un comportamiento poco apropiado para un agente de policía?

—En absoluto. Se trata de una cuestión de naturaleza puramente administrativa.

—Oh —dice McLarney, que se encoje de hombros y se sienta—. Durante unos instantes ha hecho usted que me preocupara.

—Sólo es que estoy un poco preocupado porque cierto memo que ha escrito usted ha sido dirigido a un teniente de este departamento de policía que no soy yo.

McLarney comprende su error inmediatamente. La calle Monroe está haciendo que todo el mundo ande de puntillas.

—Me equivoqué. Lo siento.

D'Addario hace un gesto para quitarle importancia al asunto.

—Sólo necesito que me conteste usted una pregunta en concreto.

—¿Señor?

—Ante todo, entiendo que usted profesa la fe católica y romana.

—Y estoy orgulloso de ello.

—Perfecto. Entonces, déjeme que le pregunte: ¿me acepta usted como su verdadero y único teniente?

—Sí, señor.

—¿Y no tendrá usted otros tenientes además de mí?

—No, señor.

—¿Y mantendrá usted para siempre esta alianza sagrada y eterna y no adorará a ningún falso teniente?

—Sí.

—Muy bien, inspector jefe —dice D'Addario, extendiendo su mano derecha—. Ahora puede besar el anillo.

McLarney se inclina hacia el gran anillo de la Universidad de Baltimore en la mano derecha del teniente y finge una exagerada reverencia. Ambos hombres se ríen y D'Addario, satisfecho, se lleva una taza de café a su despacho.

Sólo en la sala del café, Terry McLarney contempla el gran rectángulo blanco, sabiendo que D'Addario ya ha olvidado y perdonado el memorando mal enviado. Pero la tinta roja en el lado de D'Addario de la pizarra, eso sí que es verdaderamente preocupante.

Como la mayoría de los supervisores en la unidad de homicidios, McLarney es inspector jefe, pero tiene corazón de investigador y, al igual que D'Addario, considera que su papel consiste principalmente en defender a sus hombres. En los distritos, los tenientes pueden dar órdenes a sus sargentos, y sus sargentos transmitir esas órdenes a sus hombres y todo funciona más o menos como dice el reglamento, pues la cadena de mando funciona perfectamente con los agentes de patrulla. Pero en homicidios, donde los detectives se mueven al ritmo que marca tanto su propio instinto y talento como su carga de casos, un buen supervisor rara vez emite órdenes tajantes. Más bien ofrece sugerencias, da ánimos e impulsa con leves empujoncitos o amables súplicas a hombres que ya saben perfectamente lo que debe hacerse en un caso sin que nadie tenga que decírselo. En muchos casos, cuando mejor sirve un inspector jefe a sus hombres es cuando se dedica a completar el papeleo administrativo y a mantener a raya a los jefazos, permitiendo con ello que los inspectores se dediquen a hacer su trabajo. Es una filosofía muy reflexionada y McLarney se mantiene fiel a ella nueve de cada diez días. Pero cada décimo día algo en su interior lo induce súbitamente a adoptar la actitud de ese tipo de inspectores jefe contra los que te previenen en la academia.

McLarney, que es un irlandés voluminoso con rasgos de querubín, apoya una de sus regordetas piernas en la esquina de un escritorio y mira el rectángulo blanco y las tres entradas en rojo bajo la placa con su nombre. Thomas Ward. Kenny Vines. Michael Jones. Tres hombres muertos; tres casos abiertos. Decididamente la brigada no ha empezado el año de la mejor manera.

McLarney está aún mirando la pizarra cuando uno de sus detectives entra en la sala del café. Donald Waltemeyer, que lleva en la mano el expediente de un caso antiguo, gruñe un saludo monosilábico, pasa frente al inspector jefe y se aposenta en un escritorio vacío. McLarney lo observa durante unos minutos, pensando en algún modo de empezar esa conversación que tan poco le apetece tener.

—¿Qué tal, Donald?

—Bien.

—¿Qué estás mirando?

—Un caso viejo de Mount Vernon.

—¿Asesinato de un homosexual?

—Sí, William Leyh, del ochenta y siete. Aquel en el que ataron al tío y luego lo mataron a palos —dice Waltemeyer, yendo a la página del expediente en la que están las fotos de doce por dieciocho de un hombre en el suelo de un apartamento, medio desnudo y empapado en sangre, atado como un carnero y obviamente machacado a palos.

—¿Y qué pasa?

—He recibido una llamada de un policía del estado de New Jersey. Hay un tipo en un psiquiátrico que dice que ató y mató a golpes a un hombre en Baltimore.

—¿Crees que es este caso?

—No lo sé. O yo o Dave o Donald vamos a tener que ir hasta allí arriba y hablar con ese tío. Podría ser que no fuera más que un gilipollas.

McLarney cambia de marcha.

—Siempre he dicho que tú eras el más trabajador de mi brigada, Donald. Se lo digo a todo el mundo.

Waltemeyer levanta la vista y mira a su sargento con suspicacia.

—No, de verdad...

—¿Qué es lo que quieres, jefe?

—¿Por qué tengo que querer algo?

—Bueno —dice Waltemeyer, reclinándose en su silla— ¿desde hace cuánto soy policía?

—A ver, ¿es que no puede un inspector jefe elogiar a uno de sus hombres?

Waltemeyer pone los ojos en blanco.

—¿Qué quieres que haga?

McLarney se ríe, casi avergonzando al haber sido descubierto tan fácilmente jugando a hacer de supervisor.

—Bueno —dice, yendo con mucho cuidado—, ¿qué pasa con el caso Vines?

—Poca cosa. Ed quiere traer otra vez a Eddie Carey y hablar con él, pero no hay mucho más.

—¿Y qué hay de Thomas Ward?

—Habla con Dave Brown. Él es el inspector principal del caso.

Empujando con los pies, McLarney hace que su silla se desplace hasta el escritorio donde está Waltemeyer, y adopta un tono de voz conspirativo.

—Donald, tenemos que hacer algo para que alguno de estos casos nuevos avancen. Hace un momento estaba aquí Dee mirando la pizarra.

—¿Y por qué me lo dices a mí?

—Sólo te pregunto si hay algo que debamos hacer y no estemos haciendo.

—¿Hay algo que *yo* no esté haciendo? —dice Waltemeyer, levantándose y cogiendo el expediente Leyh del escritorio—. Dímelo. Estoy haciendo todo lo que puedo, pero el caso o está o no está. ¿Qué más puedo hacer, dime?

Donald Waltemeyer está perdiendo los nervios. McLarney lo sabe porque ha empezado a poner los ojos en blanco como suele hacer cuando se calienta. McLarney trabajó con un tipo en la central que solía hacer lo mismo. Era el tipo más amable del mundo, con más paciencia que un santo. Pero si algún negro con mal carácter le apretaba demasiado las tuercas, los ojos le daban más vueltas que las figuras de una tragaperras de Atlantic City. Era una señal inequívoca para cualquier otro policía de que las negociaciones habían terminado y era el momento de sacar las porras. McLarney trata de apartar ese recuerdo. Continúa insistiendo a Waltemeyer.

—Donald, sólo digo que no queda bien empezar el año con tantos casos en rojo.

—Así que lo que me dices, jefe, es que el teniente vino aquí y miró la pizarra y te dio una pequeña patada en el culo y ahora me la transmites tú a mí.

Toda la verdad y nada más que la verdad. McLarney tiene que reírse.

—En fin, Donald, siempre puedes ir tú luego y darle una patada en el culo a Dave Brown.

—La mierda siempre rueda cuesta abajo, ¿verdad, jefe?

La ley de la gravedad fecal, definida por la cadena de mando.

—No lo sé —dice McLarney, saliéndose de la conversación tan elegantemente como le resulta posible—. No creo que jamás haya visto mierda en una cuesta.

—Lo comprendo, jefe, lo comprendo —dice Waltemeyer mientras se marcha de la sala del café—. Llevo ya muchos años siendo policía.

McLarney se reclina en su silla, apoyando la cabeza contra la pizarra de la oficina. Coge distraídamente un ejemplar de la revista del departamento de policía de encima de su escritorio y mira la portada. Fotografías de comisionados y comisionados adjuntos sonriendo y dando la mano a todos los policías que habían conseguido sobrevivir a algún disparo. Gracias, hijo, por encajar una bala por Baltimore.

El inspector jefe tira la revista otra vez sobre la mesa y luego se levanta y echa un último vistazo a la pizarra mientras sale de la sala del café.

Vines, Ward y Jones. Rojo, rojo y rojo.

Así que, se dice McLarney a sí mismo, va a ser uno de esos años.

Martes 26 de enero

Harry Edgerton empieza el día con suerte, evitando por muy poco pisar un trozo de oreja de un cadáver con su mocasín recién abrillantado, al abrir empujando la mosquitera de una puerta en una casa del noreste de Baltimore.

—Casi le pisa la oreja.

Edgerton mira con curiosidad al rubicundo policía que está apoyado en una de las paredes de la sala de estar.

—¿Cómo?

—La oreja —dice el de uniforme, señalando al suelo de parqué—. Casi le pisa usted la oreja.

Edgerton mira el pálido pedazo de carne que hay junto a su zapato derecho. Desde luego, es una oreja. La mayor parte del lóbulo y un corto y curvado fragmento del hélix están tirados justo al lado del felpudo de la puerta de entrada. El inspector mira al muerto y la escopeta que hay en el sofá y luego camina hacia el otro extremo de la habitación, mirando muy bien donde pisa.

—¿Cómo decía aquel verso? —dice el de uniforme, como si lo hubiera ensayado durante toda una semana—. Amigos, romanos, compatriotas...

—Los policías sois unos auténticos tarados —se ríe Edgerton, negando con la cabeza—. ¿Quién se encarga de este?

—Suicidio clarísimo. Ella lo tiene todo.

Un policía veterano señala hacia una joven policía que está sentada en la mesa del comedor. La agente, una mujer negra de rasgos delicados, está ya escribiendo el informe del incidente. Edgerton nota enseguida que es nueva en la calle.

—Hola.

La mujer asiente.

—¿Le has encontrado tú? ¿Cuál es tu número de unidad?

—Cuatro-dos-tres.

—¿Le has tocado o has movido algún objeto de la escena?

La mujer mira a Edgerton como si él fuera un alienígena que acabara de llegar de otro sistema solar. ¿Tocarlo? No quiere ni siquiera mirar al pobre bastardo. La mujer niega con la cabeza y luego vuelve a mirar al cuerpo. Edgerton mira hacia el agente de rostro enrojecido, que comprende y acepta la petición que el inspector le hace sin pronunciar palabra.

—La ayudaremos con esto —dice el policía más veterano—. Lo hará bien.

La academia llevaba licenciando a mujeres policía desde hacía más de una década, y por lo que concernía a Edgerton, todavía no había un veredicto sobre si eso era bueno o malo. Muchas mujeres se habían incorporado al departamento con una comprensión razonablemente buena de los requisitos del oficio y una genuina voluntad de rendir en su puesto; algunas incluso eran buenas policías. Pero Edgerton sabía que había otras en la calle que eran muy peligrosas. Los veteranos las llamaban «secretarias». Secretarias con armas.

Las leyendas urbanas se volvían más terribles cada vez que se contaban. Todo el mundo en el departamento había oído hablar de aquella chica del noroeste, una novata a la que un demente arrebató la pistola en un pequeño supermercado de Pimlico. Y luego estaba esa agente del oeste que lanzó por radio un código 13 (agente en peligro) mientras a su compañero le daban una paliza terrible cinco miembros de la misma familia en una casa adosada del Sector 2. Cuando los coches patrulla llegaron a toda velocidad en respuesta a la llamada, encontraron a la mujer de pie en la acera, señalando hacia la puerta de la casa como si fuera una guardia de tráfico. En todas las salas de pasar lista de todos los distritos se podían escuchar historias similares.

Incluso cuando otras secciones del departamento empezaron a familiarizarse a regañadientes con la idea de que hubiera mujeres policía, la unidad de homicidios siguió siendo un bastión de los policías varones, un entorno lascivo, como de vestuario, en el que un segundo divorcio se consideraba prácticamente un rito de paso. Sólo una mujer había durado una cantidad de tiempo apreciable en el departamento: Jenny Wehr había pasado tres años en homicidios, tiempo que le resultó suficiente para demostrar que era una buena investigadora y una interrogadora excepcional, pero que no bastó para dar inicio a una tendencia.

De hecho hacía sólo dos semanas que Bertina Silver había sido transferida a la unidad de homicidios, al turno de Stanton, lo que la convertía en la única mujer entre treinta y seis inspectores e inspectores jefe. Según el juicio de otros policías que habían trabajado con ella en narcóticos y cuando fue patrullera, Bert Silver era una policía: agresiva, dura e inteligente. Pero su llegada a homicidios hizo poco por cambiar la opinión mayoritaria de los inspectores, que consideraban que la decisión de entregar placas a las mujeres era una muestra indudable de que los bárbaros estaban a las puertas de Roma. Para muchos de la unidad de homicidios, la realidad de Bertina Silver no contradecía la teoría establecida, sino que era una excepción. Era un injustificable pero necesario remiendo lógico que la mantenía fuera de la ecuación aceptada por todos: las mujeres policía son secretarias, pero Bert es Bert. Amiga. Compañera. Policía.

Harry Edgerton hubiera sido la última persona en quejarse sobre Bert Silver, a quien consideraba una de las mejores incorporaciones a la unidad. Mantuvo esta opinión a pesar de la campaña de agresión y hegemonía que Bert había lanzado para hacerse con el control de parte del escritorio de Edgerton. Tras muchos años teniendo un lugar que podía llamar propio en las oficinas de homicidios, a Edgerton le habían dicho a principios de año que compartiera mesa con Bert porque faltaba espacio. Lo hizo a regañadientes y pronto se halló a la defensiva. Una vez ella se hizo sitio en el escritorio para añadidos inocuos, como fotos de familia y una estatuilla de oro de una policía, vinieron los peines y los pendientes en el cajón superior derecho. Luego la interminable acometida de pintalabios y un pañuelo perfumado que una y otra vez aparecía en el cajón más bajo, que era donde Edgerton guardaba los expedientes de los sospechosos de sus anteriores investigaciones sobre drogas.

—Hasta aquí podíamos llegar —dijo el inspector, sacando el pañuelo del cajón y metiéndolo en la bandeja de correo por tercera vez—. Si no me defiendo, acabará poniendo cortinas en la sala de interrogatorios.

Pero Edgerton no se defendió y, al final, Bert Silver consiguió la mitad del escritorio. En el fondo de su corazón, Harry Edgerton sabe que así es como debe ser. Pero claro, esa joven que está escribiendo un informe de incidente en la mesa del comedor no es Bert Silver. A pesar de las garantías que le ha dado el policía veterano, Edgerton se lo lleva a parte y le habla en voz baja.

—Si va a ser la primera agente, tendrá que esperar al laboratorio forense y luego presentar las pruebas a la unidad de control de pruebas.

El comentario es casi una pregunta abierta. Más de una vez un forense ha convertido lo que parecía un suicidio en un asesinato, y Dios sabe que no basta tener a algún recién salido de la academia a cargo de la cadena de custodia de pruebas en todos los elementos sometidos a la UCP. El de uniforme comprende sin necesidad de que Edgerton diga más.

—No te preocupes. La ayudaremos —repite.

Edgerton asiente.

—Lo hará bien —dice el agente, encogiéndose de hombros—. Joder, está mucho más puesta en el trabajo que muchos otros que hemos visto.

Edgerton abre su pequeño bloc de notas y vuelve a entrar en el comedor. Empieza a hacerles a los dos de uniforme las preguntas reglamentarias para reunir el material básico de una investigación de homicidio.

En la primera página, fechada el 26 de enero en la esquina superior derecha, el inspector ha anotado los detalles de la notificación del operador de la policía a las 13:03: «1303 horas/Operador #76/tiroteo grave/5511 Leith Walk». Dos líneas por debajo, Edgerton ha anotado la hora en que llegó a la escena del crimen.

Añade el nombre de la joven agente, su número de unidad y la hora de su llegada. Pregunta el número del informe de incidente, 4A3881, y lo anota también. El 4 significa que es un caso del distrito Noreste; la A, que es del mes de enero; y el resto de dígitos son el número de control para localizar el caso. Entonces anota el número de la ambulancia que ha acudido y el nombre del médico que ha declarado muerta a la víctima. Acaba la primera página con la hora en que el equipo de la ambulancia ha declarado la muerte.

—Vale —dice Edgerton, volviéndose para mirar por primera vez con interés al cadáver—. ¿A quién tenemos aquí?

—Robert William Smith —dice el oficial con la cara roja—. Treinta y ocho, no... treinta y nueve años.

—¿Vive aquí?

—Sí, vivía aquí.

Edgerton escribe el nombre en la segunda página seguido de V/B/39 y la dirección.

—¿Había alguien en la casa cuando sucedió?

Interviene la joven agente.

—Su esposa llamó a emergencias. Les dijo que ella estaba arriba y él abajo limpiando su escopeta.

—¿Dónde está ella ahora?

—Se la han llevado al hospital. Estaba conmocionada.

—¿Hablaste con ella antes de que se la llevaran?

La mujer asiente.

—Escribe lo que te dijo en un informe complementario —dice Edgerton—. ¿Dijo si había algún motivo por el que hubiera querido suicidarse?

—Dijo que tenía un historial de desórdenes psiquiátricos —dice el agente de cara roja, interrumpiendo—. Acababa de salir del hospital de Springfield el día once. Aquí están los papeles de su ingreso y salida.

Edgerton toma una hoja de papel verde del agente y la lee rápidamente. El hombre muerto estaba en tratamiento por desórdenes de la personalidad y —bingo— tendencias suicidas. El detective devuelve el papel y escribe dos líneas más en su cuaderno.

—¿Dónde has encontrado eso?

—Me lo ha dado su mujer.

—¿Están los del laboratorio de camino?

—Mi sargento los llamó.

—¿Y el forense?

—Déjame comprobarlo —dice la agente, apartándose a hablar por su radio. Edgerton tira su cuaderno sobre la mesa del comedor y se quita el abrigo.

No se acerca directamente al cuerpo, sino que camina por el perímetro de la sala de estar, mirando el suelo, las paredes y los muebles. Para Edgerton el empezar por la periferia de la escena del crimen para ir luego hacia el cuerpo con un movimiento en espiral se ha convertido en un ritual. Es un método que nace del mismo instinto que permite a un inspector entrar en una habitación y pasarse diez minutos escribiendo datos en el cuaderno antes de mirar seriamente el cadáver. A todos los inspectores les lleva unos pocos meses aprender que el cuerpo va a seguir allí, inmóvil e intacto, por mucho que dure la investigación de la escena del crimen. Pero la escena del crimen en sí —sea una esquina en la calle, el interior de un automóvil o una sala de estar en una casa— empieza a deteriorarse tan pronto como la primera persona encuentra el cuerpo. Todos los detectives de homicidios con más de un año de experiencia han vivido una o dos historias de policías de uniforme que caminan sobre un rastro de sangre o que tocan las armas que han encontrado en la escena del crimen. Y no sólo los policías de uniforme: más de una vez un inspector de homicidios de Baltimore ha llegado a la escena de un asesinato sólo para encontrarse con algún comandante o coronel paseando por el lugar, toqueteando los casquillos de bala o revisando la cartera de la víctima en un decidido esfuerzo por manchar con sus propias huellas dactilares hasta la última de las pruebas.

La regla número dos del manual de homicidios: a la víctima sólo se la mata una vez, pero la escena de un crimen puede matarse mil veces.

Edgerton marca la dirección de las salpicaduras del cuerpo, asegurándose de que las gotas de sangre y materia cerebral son coherentes con las que produciría una sola herida en la cabeza. La larga pared blanca detrás del sofá en la parte que queda a la derecha del hombre muerto está manchada con un arco de un rojo rosáceo que se eleva desde aproximadamente quince centímetros por encima de la cabeza de la víctima hasta casi la altura de los ojos cuando llega al marco de la puerta de entrada. Es un largo reguero curvado formado por salpicaduras individuales que parece apuntar, en su trayectoria final, hacia el trozo de oreja cerca del felpudo de entrada. Un arco más pequeño se extiende a lo largo de los cojines superiores del sofá. En el pequeño espacio entre el sofá y la pared, Edgerton encuentra unos pocos fragmentos de cráneo y, en el suelo, justo debajo del costado derecho del muerto, mucho de lo que había ocupado el interior de la cabeza de la víctima.

El inspector mira de cerca varias de las salpicaduras y confirma que la dispersión de la sangre es coherente con una sola herida provocada por un disparo de trayectoria ascendente en la sien izquierda. El cálculo es una cuestión de simples leyes de la física: una gota de sangre que golpea una superficie con un ángulo de noventa grados debería ser simétrica, con tentáculos o dedos de idéntica longitud que se extienden en todas direcciones; una gota que golpea una superficie con otro ángulo se secará dejando tentáculos más largos que apuntarán en dirección contraria a la dirección desde la que vino la gota. En el caso que tenía ante sí, un rastro de sangre o salpicaduras con tentáculos que apuntasen en cualquier dirección que no fuera la de la cabeza de la víctima serían muy difíciles de explicar.

—Vale —dice el inspector, empujando un poco la mesa de centro para colocarse justo frente a la víctima—. Veamos qué es lo que tienes tú.

El hombre muerto está desnudo, con la parte inferior de su cuerpo envuelta en una manta a cuadros. Está sentado en el centro del sofá, con lo que queda de su cabeza reposando en el respaldo del sofá. El ojo izquierdo mira hacia el techo; la gravedad ha hundido el otro en el fondo de su cuenca.

—Lo que tiene en la mesa es su declaración de la renta —dice el policía de cara roja, señalando hacia la mesa de centro.

—¿Ah, sí?

—Échale un vistazo.

Edgerton mira hacia la mesa de centro y ve el familiar formulario de la declaración.

—A mí también me vuelven loco esas cosas —dice el de uniforme—. Me imagino que simplemente perdió la cabeza.

Edgerton bufa sonoramente. Es todavía demasiado temprano para el humor policial desbocado.

—Debía de estar detallando las deducciones.

—Los policías —repite Edgerton— sois unos auténticos tarados.

Mira la escopeta entre las piernas de las víctimas. El arma del calibre 12 descansa con la culata en el suelo, y el cañón, sobre cuya parte superior reposa el brazo izquierdo de la víctima, apunta hacia arriba. El detective examina por encima la escopeta, pero el laboratorio forense necesitará hacer fotografías, así que la deja entre las piernas de la víctima. Coge las manos del muerto. Todavía están calientes. Edgerton manipula las últimas falanges de los dedos y se cerciora de que la muerte ha sido reciente. De vez en cuando algún marido o esposa enfurecido termina la discusión disparando a su media naranja y luego se pasa tres o cuatro horas pensando qué hacer a continuación. Para cuando se les ocurre la idea de fingir que ha sido un suicidio, la temperatura corporal de la víctima ha descendido y el rígor mortis es evidente en los músculos más cortos de la cara y los dedos. Edgerton ha tenido casos en los que los asesinos se han esforzado mucho e han intentando inútilmente que los rígidos dedos del no tan reciente difunto encajaran en el gatillo de un arma, algo que apesta a montaje y le da al cuerpo el aspecto de un maniquí de grandes almacenes con un elemento de atrezo pegado a su mano inerte. Pero Robert William Smith es un trozo de carne muy fresca.

Edgerton empieza a escribir: «Escopeta entre las piernas... boca del arma apuntando a mejilla derecha... gran HDB en la derecha de la cabeza. El cuerpo está caliente. Sin rígor mortis.»

Los dos agentes de uniforme contemplan a Edgerton mientras se pone el abrigo y se guarda la libreta en uno de los bolsillos exteriores.

—¿No se queda hasta que vengan los del laboratorio forense?

—Bueno, me encantaría quedarme, pero...

—Somos aburridos, ¿no?

—¿Qué puedo decir? —responde Edgerton, con su voz aproximándose a un barítono en una matiné—. Mi trabajo aquí ha concluido.

El agente de cara roja se ríe.

—Cuando llegue el tipo del laboratorio, decidle que sólo necesito fotos de esta habitación y que saque una buena del tipo con la escopeta entre las piernas. Y querremos llevarnos el arma y esa hoja verde.

—¿El documento de salida del psiquiátrico?

—Sí, eso hemos de tenerlo en la central. ¿Se va a asegurar este lugar? ¿Va a volver la esposa?

—Estaba bastante hecha polvo cuando se la llevaron. Supongo que encontraremos alguna forma de dejarlo todo cerrado.

—Vale, está bien.

—¿Eso es todo?

—Sí, gracias.

—Dalo por hecho.

Edgerton mira a la policía de uniforme, que sigue sentada en la mesa del comedor.

—¿Cómo está quedando el informe?

—Ya está terminado —dice, mostrando la página de cubierta—. ¿Quieres verlo?

—No, seguro que está bien —dice Edgerton, sabiendo que un sargento del sector lo revisará—. ¿Qué te parece el trabajo hasta ahora?

La mujer mira primero al muerto, luego al inspector.

—No está mal.

Edgerton asiente, se despide del agente de cara roja y sale de la casa, esta vez poniendo mucho cuidado en no pisar la oreja.

Quince minutos después está frente a una máquina de escribir en la oficina de administración de la unidad de homicidios convirtiendo el contenido de tres páginas de su cuaderno en un informe de 24 horas de una sola página, el formulario 78/151 de la división de investigación criminal. A pesar de la rudimentaria habilidad como mecanógrafo de Edgerton, los detalles del traspaso de William Smith son condensados en un memorando manejable en poco más de un cuarto de hora. Las carpetas de los casos son la documentación fundamental de los homicidios, pero los informes de 24 horas se convierten en el rastro documental de las actividades de toda la sección de delitos contra las personas. Comprobando el registro de los veinticuatros, un inspector puede familiarizarse rápidamente con todos los casos activos. Para cada incidente hay un texto de una o dos páginas con un título breve e informativo. Un detective que hojee las páginas del registro puede leer esos títulos y tener un completo registro cronológico de la violencia de Baltimore: «... tiroteo, tiroteo, muerte sospechosa, arma blanca, arresto/homicidio, tiroteo grave, homicidio, homicidio/tiroteo grave, suicidio, violación/arma blanca, muerte sospechosa/posible sobredosis, robo comercial, tiroteo...».

Muertos, moribundos o simples heridos, hay un formulario 78/151 por cada víctima de la ciudad de Baltimore. En poco más de un año en homicidios, Tom Pellegrini probablemente habrá llenado las casillas de más de cien veinticuatros. Más o menos al mismo ritmo, Harry Edgerton ha rellenado quinientos formularios desde que fue transferido a homicidios en febrero de 1981. Y Donald Kincaid, el inspector más veterano de la brigada de Edgerton, que está en homicidios desde 1975, probablemente habrá escrito bastantes más de un millar.

Más que la pizarra, que sólo registra homicidios y su resolución, el registro de 24 horas es la medida básica de la carga de trabajo que tiene un inspector. Si tu nombre está en la casilla de firma de un veinticuatro, significa que estabas contestando al teléfono cuando llegó la llamada o, mejor todavía, que te presentaste voluntario cuando otro detective levantó un recibo verde de una tienda de empeños con una dirección apuntada en él y formuló una pregunta más antigua que el propio edificio de la central de policía:

—¿Quién se anima?

Harry Edgerton no se presentaba voluntario muy a menudo y, entre los demás miembros de su brigada, ese simple hecho se había convertido en una herida abierta.

Nadie en la brigada dudaba de la capacidad de Edgerton como investigador, y la mayoría admitía que, personalmente, el tipo les caía bastante bien. Pero en un equipo de cinco hombres en el que todos los detectives trabajaban también en los casos de los demás y aceptaban cualquier tipo de llamada, Harry Edgerton era una especie de lobo solitario, un hombre que regularmente emprendía sus propias aventuras durante largos periodos de tiempo. En una unidad en la que la mayoría de los asesinatos se ganan o pierden en las primeras veinticuatro horas de investigación, Edgerton perseguía un caso durante días o incluso semanas, interrogando a testigos o dedicándose a labores de vigilancia como si se rigiera por un calendario propio. Aunque siempre llegaba tarde a pasar lista y al relevo del turno nocturno, se lo podía descubrir armando el expediente de un caso a las tres de la madrugada, cuando su turno había terminado a medianoche. En la mayoría de las ocasiones trabajaba sus casos sin la ayuda de ningún detective segundario. Él mismo tomaba declaración a sus testigos y realizaba los interrogatorios, ajeno a las tormentas que pudieran estar afectando al resto de la brigada, que consideraba a Edgerton más un fino estilista que un velocista, y en un entorno en que la cantidad parecía importar más que la calidad, su ética de trabajo era una fuente constante de tensión.

La procedencia de Edgerton contribuía a su aislamiento. Era hijo de una respetada pianista de jazz de Nueva York, un vástago de Manhattan que se había alistado en el departamento de Baltimore por impulso después de ver un anuncio en la sección de clasificados. Mientras muchos de los inspectores de homicidios habían pasado su niñez en las mismas calles en las que ahora ejercían de policía, el marco de referencia de Edgerton era la zona alta de Manhattan y estaba teñido con sus recuerdos de visitas al Metropolitan Museum después del colegio y actuaciones en clubes en las que su madre acompañaba a figuras como Lena Horne o Sammy Davis, Jr. Su juventud estuvo lo más apartada que pueda imaginarse del trabajo policial: Edgerton podía jactarse de haber visto a Dylan en sus primeros años en Greenwich Village y de más adelante haber sido el cantante de su propia banda de rock, un grupo con el bonito nombre de Aphrodite.

Una conversación con Harry Edgerton podía oscilar entre películas extranjeras de arte y ensayo y el jazz fusión, pasando por la calidad de los diferentes tipos de vinos griegos importados, un conocimiento que adquirió a través de la familia de su esposa, que pertenecía a una familia de comerciantes griegos de Brooklyn que habían llegado a Nueva York después de varios años comerciando con mucho éxito en Sudán. Todo ello convertía a Harry Edgerton, incluso a la serena edad de cuarenta años, en todo un enigma para sus colegas. En el turno de medianoche, cuando el resto de la brigada estaba sentada junta viendo cómo Clint Eastwood pegaba tiros con la mayor y más potente pistola del mundo, podía encontrarse a Edgerton escribiendo un informe en la sala del café mientras escuchaba una cinta de Emmylou Harris cantando canciones de Woody Guthrie. Y a la hora de cenar, Edgerton solía desaparecer en la parte de atrás de un local de comida para llevar de la calle East Baltimore, donde aparcaba frente a una fila de máquinas de marcianos y se perdía en un denodado esfuerzo por aniquilar a todas aquellas criaturas multicolores del espacio con su rayo mortal. En un ambiente en el que llevar una corbata rosa se considera sospechoso, Edgerton era considerado más raro que un perro verde. Una de las frases célebres de Harry Landsman sintetizó a la perfección el sentimiento de toda la unidad: «Para ser un comunista, Harry es un detective cojonudo».

Y aunque Edgerton era negro, su educación cosmopolita, su amor por las cafeterías e incluso su acento neoyorquino resultaban tan inesperados que la mayoría de los inspectores blancos, acostumbrados a ver a los negros a través del limitado prisma de sus propias experiencias en los barrios bajos de Baltimore, creían que era poco auténtico. Edgerton trascendía los estereotipos y confundía las líneas raciales preconcebidas de la unidad: incluso los inspectores negros con raíces locales, como Eddie Brown, sugerían rutinariamente que, aunque Edgerton era negro, desde luego no era «malo y negro», una distinción que Brown, que conducía un Cadillac Brougham del tamaño de un pequeño barco mercante, reservaba para sí mismo. Y en las ocasiones en que los inspectores necesitaban que alguien llamara de manera anónima a alguna casa del oeste de Baltimore para ver si un sospechoso estaba en casa, intentaban evitar que Edgerton hiciera la llamada.

—Tú no, Harry. Necesitamos a alguien que suene como un tío negro.

La distancia entre Edgerton y el resto de la unidad se agravaba por tener como compañero a Ed Burns, con el que había sido apartado a un operativo especial antidroga de la DEA en una investigación que había durado dos años. Esa investigación empezó porque Burns se enteró del nombre de un importante traficante de drogas que había ordenado el asesinato de su novia. Burns no pudo demostrar el homicidio, así que, en vez de ello, Burns y Edgerton se pasaron meses en una operación de vigilancia electrónica y telefónica y luego arrestaron al tipo por tráfico de drogas y consiguieron que le cayera una condena de treinta años, sin fianza. Para Edgerton, un caso como ese era muy importante como declaración de intenciones, un aviso al crimen organizado que traficaba con drogas de que no podían encargar asesinatos con impunidad.

Eran argumentos muy convincentes. Aunque se creía que casi la mitad de todos los asesinatos que se cometían en Baltimore estaban relacionados con el uso o la venta de narcóticos, el porcentaje de resolución de los asesinatos relacionados con drogas era inferior al de cualquier otro tipo de muertes. Y, sin embargo, la metodología de homicidios no había cambiado para hacer frente a esta nueva tendencia: los inspectores seguían trabajando los asesinatos de drogas de forma independiente, como si fueran cualquier otro homicidio. Tanto Burns como Edgerton habían argumentado que buena parte de la violencia estaba relacionada con las grandes organizaciones que traficaban con droga en la ciudad y que, por tanto, si se atacaba a estas, se podría disminuir esa violencia o, aún mejor, prevenirla. Según su lógica, la violencia repetitiva en los mercados de la droga de la ciudad dejaba al descubierto las debilidades de la unidad de homicidios, es decir, que las investigaciones eran individuales, desorganizadas y reactivas. Dos años después del caso inicial de la DEA, Edgerton y Burns volvieron a demostrar que tenían razón con una investigación sobre una red de narcos relacionada con una docena de asesinatos e intentos de asesinato en las viviendas sociales de Murphy Homes. Ninguno de esos asesinatos había podido ser resuelto por los inspectores que los habían investigado siguiendo el procedimiento habitual; sin embargo, como resultado de aquella larga investigación, cuatro de los asesinatos fueron aclarados y los acusados clave recibieron sentencias de doble cadena perpetua.

Era trabajo policial de precisión, pero otros inspectores se apresuraban a añadir que aquellas investigaciones consumieron tres años y dejaron a dos de las brigadas de la unidad con un hombre menos la mayor parte de ese periodo. Había que seguir respondiendo al teléfono, y con Edgerton yendo a trabajar a la oficina de la DEA en la ciudad, los otros miembros de su brigada —Kincaid y Garvey, y McAllister y Bowman— tuvieron que encargarse de más tiroteos, más muertes sospechosas, más suicidios y más asesinatos cada uno. Las consecuencias de las prolongadas ausencias de Edgerton habían contribuido a alejarlo más de los otros inspectores.

Y fiel a su carácter, Ed Burns está en estos mismos momentos asignado a una investigación cada vez más compleja del FBI sobre unos narcotraficantes de las viviendas sociales de Lexington Terrace, una investigación que acabaría durando dos años. Al principio Edgerton le acompañó, pero hace dos meses lo enviaron de vuelta a la unidad de homicidios después de una fea disputa entre supervisores municipales y federales sobre presupuesto. Y el hecho de que Harry Edgerton esté de vuelta en la rotación normal, picando un informe de 24 horas sobre algo tan trivial y poco dramático como un suicidio, es motivo de regocijo para el resto del turno.

—Harry, ¿qué estás haciendo con la máquina de escribir?

—Eh, Harry, ¿no habrás contestado a una llamada, no?

—¿Y de qué se trata Harry? ¿Es una investigación importante?

—¿Te van a volver a destinar a un operativo especial, Harry?

Edgerton enciende un cigarrillo y se ríe. Después de todos los operativos especiales se veía venir esta reacción.

—Muy graciosos —dice, sin dejar de sonreír—. Chicos, sois el puto club de la comedia.

Llevando su propio papeleo a la otra máquina de escribir, Bob Bowman se agacha para leer el encabezamiento del veinticuatro de Edgerton.

—¿Un suicidio? Harry, ¿saliste por un suicidio?

—Sí —dice Edgerton, entrando en el juego—. ¿Veis lo que pasa cuando se contesta al teléfono?

—Apuesto a que no lo volverás a hacer nunca.

—No, si puedo evitarlo.

—No sabía que te dejaran hacer suicidios. Creía que sólo podías encargarte de grandes investigaciones.

—Estoy probando a vivir como los pobres.

—Eh, Rog —dice Bowman a su inspector jefe, que está entrando en la oficina—, ¿sabías que Harry ha salido por un suicidio?

Roger Nolan se limita a sonreír. Puede que Edgerton sea un hijo problemático, pero Nolan sabe que es un buen inspector y, por tanto, tolera sus peculiaridades. Además, Edgerton tiene más que un simple suicidio en su casilla: le cayó el primer asesinato del año de la brigada de Nolan, un apuñalamiento particularmente salvaje en el noroeste que no parecía que fuera a resolverse con facilidad.

Fue en el primer tramo del turno de medianoche, hace dos semanas, cuando Edgerton conoció a Brenda Thompson, una mujer con sobrepeso y cara triste que terminó sus veintiocho años de vida en el asiento trasero de un Dodge de cuatro puertas que se encontró abandonado al ralentí en una parada de autobús junto a una cabina en el bloque 2400 del bulevar Garrison.

La escena del crimen era fundamentalmente el Dodge, con la víctima tirada en el asiento de atrás con la camisa y el sujetador rotos, dejando a la vista un pecho y un estómago marcados por una docena o más de heridas de arma blanca verticales. En el suelo del asiento trasero, el asesino había vaciado los contenidos del bolso de la víctima, lo que aparentemente indicaba que había sido un robo. Más allá de eso no había ninguna otra prueba física en el coche. No había huellas, ni cabellos, ni fibras, ni piel desgarrada ni sangre en las uñas de la víctima, nada. Tampoco había testigos, así que Edgerton tenía las cosas bastante cuesta arriba.

Durante dos semanas había trabajado en la reconstrucción de las últimas horas de vida de Brenda Thompson, y había descubierto que la noche de su asesinato estaba recogiendo dinero de un grupo de camellos que vendían la heroína de su marido en la avenida Pennsylvania. Las drogas podían ser un móvil, pero Edgerton no podía descartar que se tratara simplemente de un atraco. Esa misma tarde, de hecho, había estado al otro lado del pasillo, en la sección de robo del departamento de investigación criminal, comprobando ataques con arma blanca en el noroeste, en busca de cualquier detalle que le aportara una pista.

Que Edgerton haya estado trabajando en un asesinato fresco no le vale de mucho. Tampoco le importa a nadie de la brigada que contestara la llamada del suicidio sin quejarse. La carga de trabajo de Edgerton sigue siendo un tema que escuece a sus colegas y, en particular, a Bowman y Kincaid. Y, como su inspector jefe, Roger Nolan sabe que las cosas sólo pueden ir a peor. Es responsabilidad de Nolan evitar que sus inspectores se tiren unos a la yugular de otros y, por eso, más que nadie en la habitación, el inspector jefe está muy atento a cuanto se dice, consciente de que todos los comentarios de sus hombres van con segundas.

Bowman, por su parte, no es capaz de dejarlo correr.

—Debemos de estar en las últimas para que Harry tenga que salir a llevar un suicidio.

—No te preocupes —murmura Edgerton, sacando el informe de la máquina de escribir—. Acabo este y no voy a hacer ni uno más en lo que queda de año.

Y, llegados a este punto, hasta Bowman se echa a reír.

DOS

JUEVES 4 DE FEBRERO

Es la ilusión de las lágrimas, nada más que eso. La lluvia cae como pequeñas perlas sobre los hoyuelos de su cara. Los ojos marrones, oscuros y fijos, están clavados en el pavimento mojado. Las mechas de pelo negro estallan alrededor de su piel oscura, enmarcando sus pómulos altos y una nariz coqueta y respingona. Tiene los labios entreabiertos y fruncidos en una ligera mueca. Incluso ahora, es hermosa.

Descansa sobre su cadera izquierda, con la cabeza girada hacia el otro lado, la espalda arqueada y una pierna doblada encima de la otra. Su brazo derecho está encima de la cabeza, y el izquierdo está completamente recto. Los dedos, pequeños y delgados, se estiran como si quisieran alcanzar algo o a alguien, que ya no está allí, al otro lado del asfalto.

Tiene la parte superior del cuerpo parcialmente envuelta en una gabardina de vinilo rojo. Lleva pantalones amarillos estampados, pero están sucios y manchados. La parte delantera de su blusa y la chaqueta de nailon bajo su gabardina también están desgarradas, empapadas de sangre por donde la vida se deslizó de su cuerpo. Una única marca de ligaduras —la profunda mordedura de una cuerda o de un cordón— cruza toda la circunferencia de su cuello y cierra el círculo en la base del cráneo. Encima de su brazo derecho hay una mochila de tela azul, aún erguida en la acera y repleta de libros, algunos papeles, una cámara de fotos barata y un juego de maquillaje y sombras de ojos de tonos rojos, azules y púrpuras. Colores exagerados e infantiles, que apuntan diversión, más que seducción.

Tiene once años.

Entre los inspectores y agentes reunidos frente al cuerpo de Latonya Kim Wallace no se cruzan bromas fáciles, ni hay comentarios groseros ni humor de policía o indiferencia veterana. Jay Landsman sólo formula declaraciones precisas y frías mientras se desplaza por la escena.

Tom Pellegrini está de pie, mudo bajo la ligera lluvia, dibujando un esquema de los alrededores en una húmeda hoja de su cuaderno de notas. Tras ellos, contra la pared trasera de una hilera de casas adosadas, está uno de los primeros oficiales del distrito Central que han llegado al lugar de los hechos, con una mano reposando sobre el cinturón de su pistola, mientras la otra sostiene distraída la radio.

—Frío —dice, casi para sí mismo.

Desde el momento en que se descubre el cadáver, a Latonya Wallace la consideran una verdadera víctima, inocente como pocos de los que mueren asesinados en esta ciudad. Una niña, una alumna de quinto curso que ha sido usada y desechada, un sacrificio monstruoso en el altar de la maldad inequívoca.

Worden fue el que recibió la llamada, que llegó por la centralita, sobre un cuerpo anónimo situado en un callejón detrás del bloque número 700 de la avenida Newington, un bloque de casas residenciales de la sección Reservoir Hill del centro urbano. Al turno de D'Addario le había tocado pasar al día la semana antes, y cuando se iluminó la señal de llamada del teléfono a las 8:15, sus inspectores se estaban congregando para el pase de lista de las 8:40.

Worden apuntó los detalles en el dorso de una tarjeta de empeño y se lo enseñó a Landsman.

—¿Quieres que me encargue?

—No, mis chicos ya están ahí —dijo el inspector jefe—. Probablemente será un viejo drogata amorrado a su botella.

Landsman encendió un cigarrillo, localizó a Pellegrini en la salita del café y luego cogió las llaves de un Chevrolet Cavalier que uno de los inspectores del turno de medianoche acababa de dejar aparcado. Diez minutos después, ya estaba en la avenida Newington, llamando por radio a las tropas.

Llegó Edgerton. Luego McAllister, Bowman y Rich Garvey, la bestia de carga de la brigada de Roger Nolan. Más tarde aparecieron Dave Brown, del equipo de McLarney, y Fred Ceruti, de la brigada de Landsman.

Pellegrini, Landsman y Edgerton están examinando la escena. Los demás se alejan del cuerpo: Brown y Bowman caminan lentamente bajo la fina lluvia, por los patios adyacentes y los callejones repletos de basura, mirando el suelo en busca de un rastro de sangre, un cuchillo, un trozo de cuerda de diez centímetros que encaje con las marcas del cuello o un retazo de tela. Ceruti, y luego Edgerton, suben por una escalera de madera hasta los tejadillos del primer y segundo piso de las casas adosadas cercanas, para tratar de distinguir todo lo que no se vea desde el callejón. Garvey y McAllister no trabajarán el lugar de los hechos, sino que se concentrarán en los últimos movimientos conocidos de la niña: primero analizarán el informe de personas desaparecidas que se presentó un par de días antes, luego entrevistarán a los profesores, amigos y a la encargada de la biblioteca de la avenida Park, donde Latonya Wallace fue vista por última vez con vida.

En el interior de la puerta trasera del número 781 de la avenida Newington, a unos pocos pasos del cuerpo, Pellegrini deposita la mochila de color azul empapada por la lluvia encima de una mesa de cocina, rodeado por los inspectores, los agentes y los técnicos del laboratorio. La abre cuidadosamente y echa un vistazo a las posesiones de la niña.

—Casi todo son libros —dice al cabo de unos segundos—. Lo mejor será repasarlo con más calma en el laboratorio. No empecemos a sacar cosas aquí en medio.

Pellegrini toma la mochila y la entrega con cuidado a Fasio, del laboratorio. Luego vuelve a su cuaderno de notas y revisa los datos puros y duros de toda escena del crimen (hora de la llamada, agentes presentes, momento de llegada de los mismos) antes de salir por la puerta y quedarse mirando a la niña muerta durante unos momentos.

La camioneta de la morgue, un Dodge negro, ya está aparcada al final del callejón, y Pellegrini observa a Pervis, uno de los forenses, acercarse por la acera y adentrarse en el patio. Le echa una breve mirada al cuerpo antes de encontrarse con Landsman en la cocina.

—¿Listos?

Landsman mira a Pellegrini, que durante unos instantes parece dudar. De pie en el umbral de la cocina de la avenida Newington, Tom Pellegrini siente el fugaz impulso de decirle al forense que espere, que deje el cuerpo donde está. Querría ralentizar el proceso y hacerse con una escena del crimen que parece evaporarse delante de sus ojos. Después de todo, es su asesinato. Ha llegado antes que nadie, con Landsman; ahora es el detective principal del caso. Y aunque la mitad del turno ya pulula por el barrio en busca de información, el responsable del caso será Pellegrini, tanto si se resuelve como si no.

Meses después, el inspector se acordará de esa mañana en Reservoir Hill con una mezcla de frustración y de pesar. Deseará haber despejado el patio trasero del número 718 de la avenida Newington, haberlo vaciado de inspectores, agentes, técnicos y forenses. Se sentará en su mesa del despacho anexo y se imaginará una estampa silenciosa y tranquila, donde él está al borde de la imagen, sentado en una silla o quizá en un taburete, examinando el cuerpo de Latonya Wallace y la zona aledaña con calma y precisión, reflexionando. Pellegrini también se acordará de que, en los primeros momentos de la investigación, se dirigió a los dos inspectores más veteranos, Landsman y Edgerton, entregando su propia autoridad en manos de quienes ya habían hecho lo mismo en muchas ocasiones. Fue una decisión comprensible, pero más tarde Pellegrini sentirá frustración, pues será consciente de que jamás tuvo el control real del caso.

Pero esa mañana, en la cocina atestada, con Pervis asomando por la puerta, la incomodidad de Pellegrini no es más que una sensación difusa, sin ninguna razón en la que apoyarse. Pellegrini ha terminado de esbozar la escena en su cuaderno y, junto con Landsman y Edgerton, ha recorrido cada centímetro del patio y también buena parte del callejón. Fasio ya tiene sus fotografías y está midiendo las distancias clave. Y sobre todo, ya son casi las nueve de la mañana. El vecindario se despierta, y a la mortecina luz de una mañana de febrero, la presencia del cadáver de la niña, destripado y despanzurrado sobre la acera mojada, bajo la perezosa llovizna, parece más obscena cada minuto que pasa. Incluso los inspectores de homicidios sienten el impulso natural y tácito de apartar el cuerpo de Latonya Kim Wallace de la lluvia.

—Sí, ya estamos —dijo Landsman—. ¿Qué dices, Tom?

Pellegrini se queda callado.

—¿Tom?

—No, no. Estamos listos.

—Venga pues.

Landsman y Pellegrini siguen la camioneta de la morgue hasta el centro, para obtener un avance de lo que dirá el informe forense, mientras Edgerton y Ceruti conducen en coches separados y se dirigen a una gris caja de cerillas en Druid Lake Drive, a unos tres bloques y medio. Los dos hombres arrojan las colillas frente a la puerta del apartamento, y luego avanzan rápidamente por el rellano. Edgerton vacila antes de llamar, y mira a Ceruti.

—Déjame esta a mí.

—Toda tuya, Harry.

—Tú la acompañas a lo del forense, ¿vale?

Ceruti asiente.

Edgerton llama a la puerta. Saca su placa e inspira profundamente cuando oye el sonido de los pasos que se acercan desde el interior del apartamento 739A. La puerta se abre con lentitud y revela a un hombre joven, de entre veinte y treinta años, que lleva tejanos y una camiseta. Reconoce y acepta la presencia de los dos agentes, incluso antes de que Edgerton tenga oportunidad de identificarse como oficial de policía. El joven los deja pasar y los inspectores le siguen hasta un comedor donde un crío está comiendo cereales mientras pasa las páginas de un cuaderno para colorear. La voz de Edgerton se reduce a un susurro:

—¿Está en casa la madre de Latonya?

No tienen tiempo de contestarle. La mujer aparece envuelta en una bata, al otro lado del comedor, con una niña a su lado, apenas adolescente, con las mismas facciones de la que hace unos minutos yacía en la avenida Newington. Los ojos de la mujer, aterrorizados y con ojeras, se clavan en la cara de Harry Edgerton.

—Mi hija. ¿La han encontrado?

Edgerton se la queda mirando, ladea la cabeza pero no dice nada. La mujer mira más allá de Edgerton y Ceruti, hacia el umbral vacío.

—¿Dónde está? ¿Está... bien?

Edgerton vuelve a sacudir la cabeza.

—Oh, Dios mío.

—Lo siento.

La chica joven apaga un grito, y luego se gira para abrazarse a su madre. La mujer lleva a la niña en brazos y se da la vuelta, como si quisiera esconderse en la pared del salón. Edgerton observa cómo la mujer lucha contra una ola de emoción, mientras su cuerpo se tensa y sus ojos se cierran con firmeza durante un largo minuto.

El chico habla:

—¿Cómo...?

—La encontraron esta mañana —dice Edgerton, con voz apenas audible—. Apuñalada, en un callejón cerca de aquí.

La madre se da la vuelta hacia el inspector y trata de hablar, pero las palabras se pierden. Traga saliva y sigue sin decir nada. Edgerton se queda mirando mientras la mujer regresa hacia la puerta del dormitorio, donde otra mujer, la tía de la víctima y la madre del niño que come cereales, la recibe con los brazos extendidos. Luego el inspector se gira hacia el joven que ha abierto la puerta. Aunque está aturdido, parece que entiende y acepta las palabras que le dirigen.

—Tendría que ir al laboratorio del forense para identificar el cuerpo. Y si es posible, nos gustaría que nos acompañaran todos a la central. Necesitamos que nos ayuden.

El joven asiente y desaparece en el dormitorio. Edgerton y Ceruti se quedan solos de pie en el comedor durante varios minutos, incómodos y violentos, hasta que el silencio se rompe con un gemido angustioso procedente de la habitación.

—Odio esto —dice Ceruti suavemente.

Edgerton se acerca a los muebles del comedor y toma una fotografía enmarcada de dos chicas, sentadas y con lazos rosas, posando contra un fondo de color azul. Con sonrisas estudiadas, del tipo «ahora-todos-a-sonreír». Con las trenzas y los rizos en su sitio. Edgerton sostiene la fotografía para que Ceruti la vea. El otro se ha dejado caer en uno de los sillones.

—Esto —dice, mirando la foto— es lo que pone al hijo de puta.

La adolescente cierra la puerta de la habitación lentamente y se dirige al salón. Edgerton devuelve la fotografía a su lugar y se da cuenta de que es la muchacha mayor que sale en la imagen.

—Se está vistiendo —dice la chica.

Edgerton asiente.

—¿Cómo te llamas?

—Rayshawn.

—¿Cuántos años tienes?

—Trece.

El inspector vuelve a mirar la fotografía. La chica espera que llegue la siguiente pregunta; no llega, y vaga de nuevo hacia la habitación. Edgerton camina lentamente por el salón, se acerca a la puerta del dormitorio y luego echa un vistazo a la diminuta cocina del apartamento. No hay demasiados muebles, nada pega con nada, y la tapicería del sofá del salón está muy gastada. Pero todo está limpio y ordenado. Muy limpio, de hecho. Edgerton repara en que la superficie de casi todos los muebles y vitrinas están ocupadas por fotografías familiares. En la cocina hay un dibujo infantil —una casa grande, el cielo azul, un niño sonriente, un perro sonriente— pegado con celo a la puerta de la nevera. En la pared hay una lista fotocopiada de eventos escolares y fechas de reuniones de la asociación de padres. Pobreza, quizá, pero no desesperación. Latonya Wallace vivía en un hogar.

La puerta del dormitorio se abre y aparece la madre, vestida y seguida de su hija mayor, y ambas avanzan por el estrecho pasillo. La primera camina como si estuviera aplastada, cruza el salón y llega a la entrada, donde hay un perchero y un pequeño armario ropero.

—¿Está lista? —pregunta Edgerton.

La mujer asiente, descuelga un abrigo de un perchero. El chico también coge su chaqueta. La adolescente vacila frente al armario.

—¿Dónde está tu abrigo? —pregunta la madre.

—Creo que en mi cuarto.

—Pues ve a buscarlo —dice la mujer con dulzura—. Hace frío.

Edgerton encabeza la procesión que sale del apartamento. Luego observa cómo la madre, el chico y la hermana se meten en el Cavalier de Ceruti, para el lento recorrido hasta la calle Penn, donde les espera una camilla de metal en una sala forrada de azulejos.

Mientras tanto, al sur de Reservoir Hill, en el extremo occidental del barrio, Rich Garvey y Bob McAllister rastrean cuáles fueron los últimos movimientos de Latonya Wallace. La familia presentó una denuncia por la desaparición de la niña a las 20:30 del 2 de febrero, dos días antes, pero dice lo mismo que docenas de informes parecidos que se acumulan cada mes en Baltimore. El expediente aún no se había convertido en un homicidio, así que las investigaciones se habían limitado a comprobar rutinariamente la información que había en los archivos de la unidad de personas desaparecidas del distrito Central.

Los dos inspectores se dirigieron primero a la escuela de Latonya para entrevistar al director, a varios profesores y a una compañera de juegos de la víctima, de nueve años, así como a la madre de la niña, pues ambas habían visto a Latonya con vida la tarde de su desaparición. Las entrevistas confirmaron los datos de la denuncia que había en personas desaparecidas.

En la tarde del martes 2 de febrero, Latonya Wallace volvió a su casa desde la escuela Eutaw-Mashburn. Llegó hacia las tres de la tarde y se fue al cabo de una media hora escasa, con su mochila azul. Le dijo a su madre que quería ir a la biblioteca del distrito en la avenida Park, a unos cuatro bloques del apartamento de la familia. Luego Latonya se dirigió al edificio de al lado, y llamó a la puerta de su amiga para ver si ella también quería ir a la biblioteca. La madre de la niña prefirió que esta se quedara en casa, por lo que Latonya Wallace decidió ir sola.

Garvey y McAllister siguieron documentando la cronología de los hechos en la biblioteca de la avenida Park, donde la encargada del turno de la tarde recordaba la visita de la niña con la gabardina roja. La bibliotecaria añadió que la niña sólo se quedó unos minutos, escogió una serie de libros casi por azar, sin preocuparse demasiado por el título o el tema de los volúmenes. De hecho, ahora que piensa en ello, la bibliotecaria también les cuenta a los detectives que la niña parecía pensativa o triste, y que se había quedado de pie, reflexionando, en la puerta de la biblioteca justo antes de salir.

Después, Latonya Wallace acarreó su mochila por una ajetreada calle de Baltimore durante un rato y luego se desvaneció, sin que ningún testigo reparara en ella. Habían escondido a la niña durante un día y medio antes de abandonar su cuerpo en ese callejón trasero. Dónde la habían llevado, en qué lugar había pasado más de treinta y seis horas —es decir, la escena principal del crimen— era algo que aún no sabían. Los inspectores iban a perseguir al asesino de Latonya Wallace con pocos indicios entre manos: únicamente contaban con el propio cadáver de la niña.

Y ahí es por donde Tom Pellegrini decide empezar. Él y Jay Landsman esperan en la sala de autopsias del sótano, en las oficinas del forense en la calle Penn, mientras observan a los técnicos extraer los datos fríos y clínicos de los restos mortales de Latonya Wallace. Los hechos parecen indicar un secuestro prolongado. El estómago de la víctima contiene una comida totalmente digerida compuesta de espaguetis con albóndigas, seguida de unos perritos calientes en estado de digestión parcial, y una sustancia fibrosa y fragmentada que parece ser chucrut. Un inspector llama a la cafetería de la escuela, donde le confirman que el menú del día 2 de febrero contenía espaguetis. Pero Latonya Wallace no comió nada en su casa antes de salir hacia la biblioteca: tal vez el asesino la retuvo viva el tiempo suficiente como para alimentarla con una última cena.

Mientras los inspectores están de pie en un extremo de la sala de autopsias y hablan con los forenses, el presentimiento de Pellegrini en la escena del crimen empieza a confirmarse. Abandonaron la escena de la avenida Newington demasiado pronto. Al menos una posible prueba se perdió para siempre.

Al saber del asesinato de la niña, cuando los inspectores y agentes aún trabajaban en el callejón, el forense jefe, John Smialek, corrió desde su oficina hasta Reservoir Hill. Llegó demasiado tarde, porque el cuerpo ya estaba en la morgue. De otro modo, habría podido utilizar el termómetro interno para calibrar la temperatura corporal del cadáver, lo que le habría permitido calcular con más precisión la hora de la muerte, gracias a la fórmula de disminución de grados por hora que emplea el sistema.

Sin una estimación de la hora de la muerte basada en la temperatura corporal, al forense sólo le queda guiarse por el rígor mortis (la progresiva rigidez de los músculos) y la lividez (la solidificación de la sangre en las partes dependientes del cuerpo). Pero el ritmo de cualquier fenómeno post mórtem es muy distinto en función del tamaño, el peso o la constitución de la víctima, o la temperatura exterior del cuerpo en el momento de la muerte, y por supuesto, la temperatura y las condiciones del lugar en que fallece. Además, el rígor mortis se instala en el cuerpo y luego desaparece, para volver a aparecer durante las primeras horas de la muerte: un forense tendría que examinar un cadáver más de una vez —y con varias horas de diferencia— para valorar correctamente el grado real de rígor mortis. En consecuencia, los inspectores que trabajan con estimaciones de la hora de la muerte se han acostumbrado a moverse en un abanico de entre seis hasta dieciocho horas. En los casos en que se ha producido descomposición en el cadáver, el forense aún lo tiene más difícil, aunque la laboriosa tarea de medir los gusanos extraídos de los restos para determinar su edad puede dejar establecida la hora de la muerte en un rango de entre dos o tres días. La verdad es que los expertos forenses a menudo no son capaces de ofrecer sino una estimación muy variable en lo que se refiere al momento de la muerte de una víctima. Los tipos que le decían a Kojak que su cadáver dejó de respirar entre las 22:30 y las 22:45 son pasto de chistes para los policías que patrullan frente a la boca del metro en un turno de noche tranquilo.

Cuando Pellegrini y Landsman le piden al forense que trate de ajustar su estimación al máximo, este les dice que parece que la víctima ha salido del primer estadio de rígor mortis y que, por lo tanto, lleva muerta al menos doce horas. Puesto que no hay descomposición, y teniendo en cuenta la ingesta adicional que hay en su estómago, los inspectores establecen su primera hipótesis de trabajo: Latonya Wallace fue secuestrada durante un día entero, y asesinada el miércoles por la noche. Luego, la abandonaron en el callejón de la avenida Newington a primera hora de la mañana del jueves.

El resto de la autopsia no revela nada nuevo. Latonya Wallace fue estrangulada con un cordón o una cuerda y luego brutalmente destripada con un instrumento punzante, probablemente un cuchillo de sierra. Su cuerpo muestra al menos seis heridas profundas en pecho y abdomen, lo que indica un grado de violencia e intensidad, que los inspectores califican de extremo. Aunque la víctima fue descubierta totalmente vestida, un desgarro vaginal reciente sugiere algún tipo de abuso sexual. Las muestras en busca de restos seminales en vagina, ano y boca dieron un resultado negativo. Finalmente, los forenses se dieron cuenta de que la víctima llevaba un pequeño pendiente en forma de estrella en una oreja, pero no en la otra. La familia confirmó más tarde que salió de casa llevando los dos pendientes.

Al examinar las heridas con más atención, Pellegrini y Landsman se convencen de que el callejón de la avenida Newington no es el lugar del crimen. Allí apenas había sangre, a pesar de que las heridas de la niña son graves y que debió sangrar en abundancia. La primera y más importante pregunta está clara: ¿dónde mataron a la niña? ¿Cuál es la verdadera escena de este crimen?

Cuando los inspectores que están destinados al caso se reúnen en la unidad de homicidios esa misma tarde, para comparar sus notas, Jay Landsman describe el siguiente resumen de los hechos, cada vez más obvio para todos los presentes en la sala: «La encontraron entre la biblioteca y la casa —dice el inspector jefe— así que el que se la llevó es un vecino. Probablemente debía de conocerle, porque pudo convencerla para que le acompañara por la calle en pleno día. Tuvo que acompañarla a un lugar cercano. Si se la hubiera llevado en coche, no habría vuelto al mismo barrio después de matarla para dejar allí su cadáver».

Landsman también dice, y todos están de acuerdo, que probablemente la niña fue asesinada a un par de bloques de donde la abandonaron. Incluso a primera hora de la mañana, razona, un asesino que acarrea el cuerpo de su víctima, apenas oculto por la gabardina roja, no se desplazaría a la vista de todos durante un trayecto largo.

—A menos que la llevase al callejón en coche —añade Pellegrini.

—Pero volvemos al tema del transporte. Si el tipo ya la tiene metida en su vehículo, para qué iba a dejarla en un callejón donde cualquiera podía mirar por la ventana y verle a él y a su coche —argumenta Landsman—. ¿Por qué no conduce hasta un bosque y la tira por ahí?

—Tal vez es tonto —dice Pellegrini.

—No —replica Landsman—. La escena del crimen está en ese jodido barrio. Probablemente el asesino vive en una de las casas adosadas del bloque donde va a dar el callejón. O la llevó a una casa vacía, un garaje o algo así.

La reunión se deshace, se forman pequeños grupos de agentes e inspectores; Landsman distribuye las tareas del caso.

Como inspector principal, Pellegrini inicia la lectura de las declaraciones de los familiares que esa mañana han recopilado un puñado de detectives. Digiere el rompecabezas que han construido los otros investigadores. Son cuestionarios, rellenados por los familiares de la niña, compañeros de colegio, la residente de cincuenta y tres años del número 718 de la avenida Newington que, al sacar la basura esa mañana, ha descubierto el cuerpo. Pellegrini escanea cada página con la vista alerta para detectar una frase poco común, un dato incoherente, cualquier cosa fuera de lo normal. Estuvo presente en algunas entrevistas; otras tuvieron lugar cuando él aún no había vuelto de la sala de autopsias. Ahora tiene que ponerse al día, trabajar hasta dominar todos los detalles de un caso que se está expandiendo con voracidad geométrica.

Al mismo tiempo, Edgerton y Ceruti están sentados en el despacho de al lado, rodeados por una colección de bolsas de papel marrón llenas de pruebas, con los restos que ha traído la marea de la autopsia matinal: zapatos, ropa ensangrentada, muestras de las uñas de la víctima para detectar ADN o tipos de sangre, muestras de pelo y sangre de la víctima que se guardan para futuros cotejos, y una serie de pelos sueltos, caucasianos y afroamericanos, que se descubrieron encima de la víctima y que pueden tener algo o nada que ver con su asesinato.

La presencia de pelos ajenos queda debidamente registrada, pero al menos en Baltimore los inspectores de homicidios consideran que este tipo de indicios son los menos valiosos. Para empezar, el laboratorio no es capaz de identificar fuera de toda duda este tipo de restos; suelen tener éxito, sobre todo, con los de origen caucasiano. Particularmente en el caso de los pelos de origen afroamericano o caucasianos oscuros, sólo pueden aproximar las características que comparten las dos muestras, la del sospechoso que se haya identificado y la que se ha encontrado en la escena del crimen. El análisis de ADN, que puede relacionar las pruebas directamente con un solo sospechoso gracias al código genético, está cada vez más disponible para las fuerzas del orden, pero el proceso funciona mejor con sangre o muestras de tejidos. Para relacionar el ADN de un cabello con el de un sospechoso, es necesario al menos un cabello entero, con la raíz intacta. Más aún, Landsman y muchos otros detectives albergan serias dudas sobre la integridad de las pruebas de este tipo cuando llegan a manos del forense, donde se realizan una gran cantidad de autopsias en un entorno muy pequeño que dista mucho de ser ideal. Los pelos que se han recuperado de Latonya Wallace podrían proceder tranquilamente de la funda de plástico en la que se guardó el cadáver o de una toalla que se usara para limpiar a la víctima antes de investigar daños internos. Puede que sean pelos de los ayudantes del forense, de los investigadores o de los enfermeros que la declararon muerta, o del último cuerpo que se transportó con la camilla o se dispuso en la mesa de examen del forense.

Edgerton empieza a rellenar las casillas de una serie de formularios del laboratorio forense: una gabardina roja, manchada de sangre. Una chaqueta roja, manchada de sangre. Un par de botas de agua azules. Se solicita un análisis de sangre y de las pruebas. Análisis especial de huellas latentes.

Otros inspectores reúnen y catalogan las declaraciones de los testigos para el expediente del caso o trabajan en las máquinas de escribir de la oficina de administración, redactando un informe tras otro de la actividad del día. Otro grupo más de inspectores están reunidos frente al monitor del ordenador de la misma oficina, consultando los antecedentes penales de prácticamente todos los nombres que han obtenido en un primer escrutinio de la cara norte del bloque 700 de la calle Newington, un grupo de dieciséis casas adosadas cuyos patios traseros dan al callejón donde se encontró el cuerpo.

El resultado de las pesquisas en el ordenador es, en sí mismo, toda una lección sobre la vida en la ciudad, y Pellegrini, después de digerir las declaraciones de los testigos, empieza a leer las fichas que salen de la impresora. Son tan repetitivas que pronto se aburre. Más de la mitad de las cuatro docenas de nombres que se han introducido en el ordenador generan un par de páginas de arrestos previos. Atracos a mano armada, asaltos con agravantes, violaciones, robos, posesión de armas...; en lo que a conducta criminal se refiere, parece que en Reservoir Hill quedan pocas personas vírgenes. A Pellegrini le interesan particularmente la media docena de varones que han sido arrestados anteriormente por agresión sexual al menos una vez.

También se pasa por el ordenador un nombre que la familia de la víctima le dio a la policía, el del propietario de una pescadería en la calle Whitelock. Latonya Wallace trabajó algunas veces en esa tienda por muy poco dinero hasta que el novio de su madre —el joven callado que había abierto la puerta del apartamento a Edgerton aquella mañana— empezó a sospechar. El Pescadero, como se le conoce en el vecindario desde hace mucho tiempo, es un hombre de cincuenta y un años que vive solo en un apartamento en un segundo piso en la acera de enfrente de su pescadería. Se trata de una tienda de un solo piso y una sola sala, cerca del punto en que la calle Whitelock se dobla como si fuera un codo, en la pequeña franja comercial de la calle. La tienda en sí misma está a dos manzanas al oeste del callejón donde se tiró el cuerpo. El Pescadero, una buena pieza curtida por el tiempo, se mostraba muy cariñoso con Latonya. Demasiado cariñoso para el gusto de la familia de la chica. Habían corrido rumores entre los estudiantes de la escuela y sus padres, y a Latonya se le dijo explícitamente que no fuera a la tienda de la calle Whitelock.

Pellegrini descubre que el Pescadero también tiene historial en el ordenador, cuya base de datos registra todos los arrestos desde 1973. Pero la hoja del viejo no muestra nada excepcional: básicamente unos pocos arrestos por agresión, alteración del orden público y cosas por el estilo. Pellegrini lee la ficha cuidadosamente, pero no presta menos atención al breve e insubstancial registro del novio de la madre de la víctima. El trabajo de homicidios no concede ni un respiro al cinismo, y es sólo con la mayor reticencia que un inspector elimina a los más cercanos y queridos de la lista de sospechosos.

El trabajo administrativo se extiende más allá del cambio de turno de las cuatro y prosigue hasta que empieza a anochecer. Seis de los inspectores de D'Addario están trabajando horas extra sin ningún otro motivo que investigar el caso, pensando poco o nada en sus nóminas. El caso es la clásica bola roja y, como tal, todo el departamento le dedica su plena atención: la división de menores ha asignado dos inspectores para que ayuden a homicidios; la sección táctica ha destinado a otros ocho policías de paisano al operativo; investigaciones especiales, al otro lado del pasillo, envía a dos hombres de la unidad de delincuentes habituales; llegan dos hombres de las unidades de operaciones del distrito Sur y otros dos del Central. La oficina está abarrotada con el creciente rebaño de personas, algunas dedicadas a algún aspecto específico de la investigación, otras bebiendo café en la oficina anexa, todos pendientes de Jay Landsman, el inspector jefe y supervisor del caso, para que los guíe y les diga qué tienen que hacer. Los inspectores del turno de noche se ofrecen para ayudar, luego ven la multitud cada vez mayor que se agolpa allí, y gradualmente se retiran, tomando refugio en la sala del café.

—Uno se puede imaginar que hoy han matado a una niña —dice Mark Tomlin, uno de los primeros en llegar del turno de Stanton— porque son las ocho de la tarde y nadie del departamento de policía quiere irse a casa.

Tampoco quieren quedarse en la oficina. Conforme el núcleo que forman Pellegrini, Landsman y Edgerton continúa revisando la información acumulada durante el día y planificando los siguientes pasos, otros detectives y agentes que acaban de ser destinados al caso van desplazándose hacia Reservoir Hill, hasta que coches patrulla y Cavaliers sin distintivos zigzaguean por todas las calles y callejones entre la avenida North y Druid Park Lake.

Los agentes de paisano pasan buena parte de la noche puteando a los traficantes de Whitelock y Brookfield. Se alejan en sus coches y regresan al cabo de una hora para volver a putearlos. Los coches patrulla del distrito Central recorren todos los callejones y piden identificación a cualquiera que se acerque a la avenida Newington. Policías a pie barren las esquinas de Whitelock, desde Eutaw hasta Callow, e interrogan a todos los que les parecen fuera de lugar.

Es un desfile impresionante, un despliegue tranquilizador para todos los vecinos que ansían ser tranquilizados. Sin embargo, este crimen no tiene nada que ver con los traficantes de cocaína o los adictos a la heroína, ni con los atracadores o las criaturas que recorren las aceras día y noche. Se trata de un acto que ha cometido un solo hombre en la oscuridad. Hasta los chicos de las esquinas de la calle Whitelock, al mismo tiempo que los echan de sus puestos, dicen:

—Ojalá cojáis a ese cabrón, tío.

—Dadle fuerte.

—Encerrad al hijo de puta.

Por una noche de febrero, el código de la calle se deja a un lado, y los traficantes y adictos están dispuestos a hablar con la policía, darles información, la mayor parte inútil, mucha incoherente. En realidad, las maniobras de la caballería policial en Reservoir Hill no tienen tanto que ver con la investigación en sí como con un innombrado imperativo territorial, una muestra de orgullo. Es una forma de anunciar a los habitantes de este agujero apaleado de casas olvidadas que la muerte de Latonya Wallace no ha quedado enterrada en un montón de expedientes. Que desde el primer momento, está por encima del rutinario catálogo de vicios y pecados que desfila por los despachos. El Departamento de Policía de Baltimore, con su unidad de homicidios al frente, va a convertir el caso de la avenida Newington en un ejemplo para la comunidad.

Y aun así, a pesar de las bravatas y los gestos arrogantes que despliegan durante la primera noche después del descubrimiento del cadáver de Latonya Wallace, un espíritu parejo pero de signo contrario recorre las calles y los patios de Reservoir Hill, algo extraño y aberrante.

Ceruti es el primero en sentirlo, cuando se aleja dos pasos de un Cavalier en Whitelock y un imbécil trata de venderle heroína. Luego le toca a Eddie Brown, cuando entra en un local coreano en Brookfield para comprar cigarrillos, sólo para toparse de narices con un adicto bebido o colocado, que trata de empujar al inspector fuera de la tienda.

—Déjame en paz —gruñe Brown, apartando al borracho contra la acera—. ¿Estás loco?

Media hora más tarde, los espíritus se manifiestan frente a un puñado de inspectores y agentes, que están recorriendo la avenida Newington para echar un último vistazo a la escena del crimen. El coche avanza por el callejón inundado de basura, cuando de repente sus faros se posan sobre una rata del tamaño de un perro.

—Joder —dice Eddie Brown, saliendo del coche—. Mira el tamaño de ese bicho.

Los otros inspectores salen del coche para verlo de cerca. Ceruti coge un trozo de ladrillo y se lo tira, a una distancia de medio bloque. No acierta, por más de medio metro. El animal se queda mirando el Chevrolet con aparente indiferencia, luego se pasea por el callejón hasta dar con un gato vagabundo de respetable tamaño, contra el que se enfrenta acorralándolo hacia la pared cenicienta del bloque.

Eddie Brown lo mira, incrédulo.

—Pero ¿habéis visto ese pedazo de monstruo?

—Venga —dice Ceruti—. Ya he visto todo lo que tenía que ver.

—Llevo tiempo pateando estas calles —dijo Brown, sacudiendo la cabeza— y jamás, jamás había visto una rata arrinconar así a un gato.

Pero esa noche, en ese callejón, detrás de la cochambrosa hilera de casas adosadas de la avenida Newington, el orden natural del mundo se había desintegrado. Las ratas perseguían a los gatos, a los inspectores de policía les tiraban a la cara bolsas de celofán repletas de heroína, y a las niñas de quinto curso las usaban para un momento de placer y luego las rompían en pedazos y las tiraban.

—Jodida ciudad —dijo Eddie Brown, antes de volver al Chevrolet.

Sobre el papel, al menos, las prerrogativas de un inspector de homicidios de Baltimore son más bien escasas. Su experiencia no le garantiza ningún rango especial: a diferencia de sus homólogos de otras ciudades norteamericanas, donde los inspectores con placas doradas cobran más y gozan de más autoridad, un inspector de Baltimore lleva placa de plata pero es considerado por la cadena de mando como un poli de paisano. Es una distinción que sólo conlleva una pequeña suma adicional. Y a pesar de la experiencia o de la formación que tenga, su sueldo se rige por la misma escala salarial que los demás agentes. Incluso aunque un inspector pueda ganarse —lo quiera o no— un tercio o la mitad de su salario además del sueldo base, en concepto de horas extras y servicio de testigos judiciales, su salario anual según las tablas sindicales empieza en 29.206 dólares después de cinco años, 30.666 a los quince y 32.126 después de veinticinco años de servicio.

La política departamental hace gala de una indiferencia similar ante las circunstancias especiales a las que se enfrenta un inspector de homicidios. El manual del Departamento de Policía de Baltimore —para los altos mandos, un tratado razonado de autoridad y orden; para el policía de la calle, un tomo interminable y lleno de agujeros que sólo entraña sufrimiento y desgracia— hace muy poco por establecer una distinción clara entre agentes e inspectores. La única excepción esencial: el inspector es dueño de la escena del crimen.

Siempre que aparezca un cuerpo en la ciudad de Baltimore, no hay autoridad que esté por encima del inspector principal encargado del caso. Nadie puede decirle a ese inspector lo que debe o no debe hacer. Los comisionados de policía, los comisionados adjuntos, los coroneles y los comandantes están obligados a respetar la autoridad del inspector dentro de los límites de una escena del crimen. Por supuesto, esto no quiere decir que existan muchos inspectores que le hayan llevado la contraria a un comisionado adjunto en presencia de un cadáver. La verdad es que nadie está muy seguro de qué pasaría si un inspector hiciera algo parecido, aunque el consenso general en la unidad de homicidios es que a todos les gustaría conocer al bastardo loco de atar que se atreviera. Donald Kincaid, un inspector veterano del turno de D'Addario, se hizo famoso diez años atrás cuando le ordenó a un comandante táctico —cuando era un simple capitán— que saliera pitando de la habitación de un motel en el centro. Tuvo que hacerlo para evitar que el comandante permitiera a un rebaño de los suyos invadir la escena de Kincaid, antes de que este pudiera procesarla según el protocolo. La orden de Kincaid precipitó una guerra de memorandos y cargos administrativos, luego más memorandos y cartas de respuesta, y más respuestas a las cartas de respuesta. Entonces convocaron a Kincaid a una reunión en el despacho del comisionado adjunto, en la que le aseguraron muy educadamente que había interpretado bien el procedimiento a seguir, que su autoridad era absoluta y que tenía todo el derecho del mundo a invocarlo. Estaba cargado de razón: grande, redonda y con un lazo. Y si optaba por oponerse a los cargos a los que se enfrentaría en el juicio administrativo, seguramente le declararían inocente y luego le transferirían fuera de la unidad de homicidios, a un puesto de agente uniformado patrullando los alrededores de Filadelfia. Por otra parte, si aceptaba perder cinco días de vacaciones como castigo, seguiría siendo inspector. Kincaid vio la luz y cedió; la lógica no suele ser el motor que impulsa un departamento de policía.

Sea como sea, la autoridad que se le concede a un inspector en la diminuta parcela de tierra que un cadáver ocupa da una idea de la importancia y de la fragilidad de la escena del crimen. A los de homicidios les gusta recordarse unos a otros —y a cualquiera que quiera escucharlos— que un inspector sólo tiene una oportunidad de revisar la escena. Uno hace su trabajo, y luego las tiras de plástico amarillo caen al suelo y ya está. Llegan los bomberos, enchufan la manguera y limpian la sangre. Los técnicos del laboratorio se van hacia su siguiente caso; el barrio reclama su trozo de acera.

La escena del crimen es la fuente del mayor número de pruebas físicas, que constituyen la primera parte de la Santísima Trinidad del inspector, quien dice que sólo hay tres cosas que ayudan a resolver un caso:

Pruebas.

Testigos.

Confesiones.

Sin uno de los dos primeros elementos, el inspector tiene pocas probabilidades de descubrir a un sospechoso que le dé el tercero. Después de todo, una investigación de asesinato es una empresa limitada por el hecho de que la víctima —a diferencia de la gente a la que han atracado, violado o asaltado gravemente— ya no está en posición de aportar información al caso.

La trinidad del inspector ignora los motivos, que son poco importantes para la mayoría de los casos. Las mejores obras de Dashiell Hammett y de Agatha Christie afirman que, para descubrir a un asesino, hay que establecer el motivo del crimen. En Baltimore, que no es el *Orient Express*, un motivo es interesante, incluso puede contribuir en algo, pero a menudo está de más. Que le jodan al porqué, te dirá un inspector; descubre el cómo y, nueve de cada diez veces, tendrás el quién.

Es una verdad que va contra la costumbre generalmente establecida y aceptada. A los jurados siempre los confunde que un inspector se plante en el estrado de los testigos y les diga que no tiene la más mínima idea de la razón por la que Tater le pegó cinco tiros por la espalda a Pee Wee, y francamente, le importa tres narices. Pee Wee ya no está aquí para decírnoslo, y el bueno de Tater tampoco quiere hablar. Pero, eh, ahí están la pistola y las balas y el informe de balística y dos testigos un poco reticentes que vieron a Tater apretar el gatillo y luego identificaron al ignorante bastardo asesino en una fila de sospechosos. Así que, ¿qué demonios pretende que haga, que entreviste al jodido mayordomo?

Pruebas. Testigos. Confesiones.

Una huella latente y válida en un vaso de agua constituye una prueba. O el casquillo de una bala que se ha quedado incrustado en una pared. Puede ser algo tan obvio como el hecho de que han saqueado una casa, o un detalle tan sutil como un número en el teléfono móvil de la víctima. Quizá está en la ropa de la víctima, o en su cuerpo; diminutas manchas de salpicaduras sobre su piel o la tela de la prenda que llevaba pueden indicar que la herida se infligió a muy poca distancia. Un rastro de sangre del baño a la habitación revela que la víctima fue atacada en una estancia y luego arrastrada a la otra. También está el juego de «Adivine-cuál-es-el-error-de-la-foto»: cuando un testigo afirma que comió sólo, pero en el fregadero de la cocina hay cuatro platos sucios. Las pruebas de la escena de un crimen también comprenden lo que falta, lo que no está ahí: si nadie ha forzado la puerta, significa que el asesino entró con llave; la ausencia de sangre en una herida en el cuello, que a la víctima la mataron en otro lugar; un hombre muerto en una callejuela con los bolsillos vacíos y sin cartera, que lo mataron por un puñado de dólares.

Hay sagradas ocasiones, claro está, en que las pruebas bastan para identificar a un sospechoso. Un casquillo aparece intacto y listo para el análisis, y se puede comparar en el laboratorio de balística con el arma —también recuperada— o proyectiles del mismo calibre hallados en otro tiroteo, en el cual ya se dispone de un presunto culpable. O una muestra vaginal proporciona una identificación impecable de ADN del posible atacante. La proverbial huella al lado del cuerpo, extraída del barro de la carretera con pinzas, encaja con las zapatillas que llevaba el sospechoso en la sala de interrogatorios. Son momentos que evidencian que el Creador aún no ha archivado su plan maestro y que, por un fugaz instante, el inspector de homicidios se convierte en un instrumento de la voluntad divina.

Pero lo que suele suceder es que las pruebas recogidas en la escena del crimen no aportan al detective más que retazos de información, no tan absoluta y decisiva, aunque no por ello menos esencial. Aun si las pruebas no conducen directamente a un sospechoso, los hechos puros y duros ofrecen un resumen esquemático del propio crimen. Cuanto mayor sea la información que un inspector consigue arrancar de la escena del crimen, más posibilidades tendrá de distinguir entre lo probable y lo imposible. Y en la sala de interrogatorios, eso cuenta mucho.

En los cubículos insonorizados que utiliza la unidad de homicidios, un testigo se dará prisa en afirmar que estaba dormido, en su habitación, cuando oyó unos disparos en la de al lado. Seguirá declarando lo mismo, hasta que el inspector que le interroga le señale que la cama no estaba deshecha. Dirá que el tiroteo no podía deberse a ningún asunto de drogas porque él no tiene nada que ver con eso, hasta que el inspector le informe de que han encontrado 150 cápsulas de heroína debajo de su colchón. Afirmará que sólo el atacante llevaba pistola y que no hubo intercambio de disparos hasta que le pongan los casquillos descubiertos en la escena del crimen, del 32 y de 9 milímetros, encima de la mesa.

Sin los datos previos que le proporcionan las pruebas, un inspector entra en la sala de interrogatorios sin margen de maniobra ni nada en lo que apoyarse para arrancar la verdad a los sospechosos o los testigos. Los bastardos se ponen ciegos de mentiras, y los inspectores, incrédulos y frustrados, gritan hasta quedarse roncos porque se ponen ciegos de mentiras. Sin las pruebas, es un punto muerto.

Aparte de los que no quieren hablar, las pruebas garantizan que los testigos voluntarios digan la verdad. En busca de un trato para reducir su condena, un desfile habitual de prisioneros del condado afirma haber oído confesiones de sus compañeros de celda: atracos, asesinatos, de todo. Pero los inspectores sólo se toman en serio las declaraciones que incluyen detalles, procedentes de la escena del crimen, que sólo puede saber el culpable. Igualmente, un sospechoso cuya confesión incluye datos del crimen que solamente el asesino conoce es, por definición, mucho más creíble cuando llega el momento del juicio. Por eso, el inspector suele regresar de la escena del crimen con una lista mental de detalles clave que no revelará a la prensa ni a los periodistas ni a las televisiones, que no tardarán más de media hora en llamarle una vez se descubra el cadáver. Normalmente, no se menciona el calibre del arma utilizada, ni la localización exacta de las heridas, ni la presencia de un objeto inusual en la escena del crimen. Si el asesinato tuvo lugar en una casa, en vez de en plena calle, donde la gente puede arremolinarse y verlo todo, el inspector tratará de obviar la descripción de la ropa que llevaba la víctima, o el lugar exacto donde encontraron el cuerpo. En el caso de Latonya Wallace, Landsman y Pellegrini tuvieron buen cuidado de no mencionar las marcas que mostraba el cuello de la víctima, ni el hecho de que fuera una cuerda o un pedazo de cordón el arma utilizada para estrangularla. Tampoco hicieron públicas las pruebas de que había habido abusos sexuales. O al menos lo intentaron. Una semana después del crimen, un coronel sintió la necesidad de revelar el motivo del asesinato en una reunión de comunidad en Reservoir Hill delante de un auditorio lleno de padres preocupados.

Desde el punto de vista de un inspector de policía, no hay mejor escena del crimen que un cadáver en una casa. El asesinato queda preservado tras la puerta de entrada, los curiosos y los periodistas quedan fueran, mientras que la casa ya colabora en la recopilación de información. ¿De quién es? ¿Quién paga el alquiler, quién vive ahí? ¿Quién estaba en la casa en el momento de los hechos? ¿Por qué tengo una víctima dentro? ¿Vive ahí? ¿Quién la trajo?¿Estaba viva o muerta? ¿Visitaba a alguien? ¿A quién conoce? Y luego, como siempre, la camioneta de la morgue, porque todos bajan hacia el centro.

Para matar a alguien en una casa, el asesino tiene que entrar, bien sea invitado por la víctima, bien forzando la puerta o una ventana. En cualquier caso, el inspector ya cuenta con información adicional. Si la puerta no está forzada, es que víctima y asaltante se conocían; y si lo está, existe la posibilidad de encontrar huellas en el cristal de la ventana o el marco de la puerta. Una vez dentro, puede que el asesino tocara una serie de objetos o superficies planas: más posibilidad de huellas. Si el atacante ha disparado una ráfaga de tiros, un buen número de los que no han impactado en el cuerpo se habrán incrustado en las paredes, en el techo o en los muebles. Casquillos. Calibres. Si la víctima forcejea y hiere al atacante, habrá restos de sangre o pelos o piel en el cuerpo o los reducidos confines de un salón. Lo mismo vale para las fibras de tela o cualquier otra prueba física. Un técnico de laboratorio puede pasar la aspiradora por una casa de tres habitaciones en menos de una hora, luego lleva la bolsita a las batas blancas para que analicen su contenido en el laboratorio de la quinta planta.

Pero un cuerpo tirado en la calle no es tan generoso. Si matas a un hombre cuando se dirige a comprar una botella de licor en la tienda de al lado, quédate tranquilo porque ningún agente de policía pasará la mopa por la pelusa del bloque 2500 de la calle Division. Si le matas al aire libre, muchos de los proyectiles jamás se recuperarán. Un muerto en la calle garantiza que la escena del crimen apenas le dará al inspector poco más que unas gotas de sangre y un par de casquillos. Hay menos oportunidades de encontrar indicios, restos o pruebas, y lo peor es que la relación espacial entre el asesino, la víctima y la escena ha quedado difuminada. Con un asesinato entre cuatro paredes, es probable que tanto el muerto como su atacante tengan conexiones con el lugar de los hechos, que se investigarán debidamente. En una calle nadie paga la factura del gas, ni tampoco hay un contrato de alquiler donde figuren los nombres de la gente relacionada con el lugar de los hechos. No hay fotografías ni trozos de papel garabateados, ni mensajes en el contestador ni trozos de periódicos arrugados, como los que le esperan en el recibidor de un asesinato en interiores.

Claro que un inspector también es consciente de que un crimen callejero comporta sus propias ventajas, sobre todo la posibilidad de más testigos, el segundo elemento clave de la tríada investigadora. Es por esa razón que durante largo tiempo hay un espacio alternativo que tiene un lugar especial en el catálogo de la violencia urbana, particularmente en una ciudad de casas adosadas como es Baltimore, donde cada bloque cuenta con su patio trasero y su zona de callejuelas. Así es, matar en un callejón minimiza los riesgos de dejar tras de sí pruebas y testigos. En Baltimore, el aviso de la central de que se ha encontrado un cuerpo en un callejón arranca gruñidos y otros sonidos guturales de la garganta de un inspector de homicidios.

Sólo hay un escenario más desesperanzador que el cuerpo en el callejón. Y es cuando a un inspector de Baltimore lo llaman para que acuda a los bosquecillos y zarzales del extremo más occidental de la ciudad, muy lejos del centro. Eso quiere decir que uno de los habitantes de Baltimore ha hecho algo muy, muy malo y que lo ha escondido muy, muy bien. Durante dos generaciones, el parque Leakin ha sido el vertedero de cadáveres favorito de Baltimore, donde van a parar todos los que dejan este mundo a golpe de bala o de cuchillo. Es una extensión de espesos bosques salvajes que rodea un riachuelo de nombre Gwynns Falls, y cuenta con tantas tumbas sin licencia que está a punto de ganarse el título de cementerio municipal. En Nueva York utilizan los pantanos de Jersey o los ríos de los alrededores; en Miami, las marismas de los Everglades; y en Nueva Orleans, el *bayou*. En Baltimore, a los cadáveres molestos e inconvenientes los plantan sobre los resistentes hombros de Franklintown Road. Cuenta la leyenda (quizá apócrifa) del departamento de policía que una clase de novatos rastreaba un cuadrante del parque en busca de una persona desaparecida. El responsable de turno, del distrito Suroeste, medio en broma, les dijo: «Acordaos de que buscamos a un tipo en concreto. Si os quedáis con toda la porquería que hay ahí, no acabaremos nunca».

Los inspectores veteranos afirman que hasta la escena más anodina ofrece información acerca del crimen. Después de todo, incluso un cuerpo en un callejón deja un buen puñado de preguntas en el aire. ¿Qué hacía ese hombre ahí? ¿De dónde vino? ¿Quién estaba con él? Pero cuando el asesino se limita a abandonar el cuerpo, en el parque Leakin o en un callejón anónimo, en una casa vacía o en el maletero de un coche, no deja nada de nada. No hay indicios acerca de la relación entre asesino, víctima y escena. Por definición, un cuerpo arrojado lejos del lugar del crimen elimina todo significado de la cronología del crimen —con excepción de lo que quede en el mismo cuerpo—, así como cualquier prueba.

No importa dónde esté la escena, o cómo sea; su valor como punto de partida en una investigación por asesinato depende enteramente del inspector a cargo, de su capacidad para separar el grano de la paja y concentrarse en la escena en sí; de su capacidad de observación, porque sabrá analizar la escena en su totalidad, por partes y desde cualquier ángulo concebible; y de su voluntad para perseguir cualquier línea de investigación que surja de una escena en concreto. También debe tener el sentido común de evitar las pesquisas inútiles o infructuosas.

El proceso es subjetivo, e incluso los mejores investigadores admiten que, por muchas pruebas que se obtengan de una escena, un inspector regresará a su despacho con la incómoda sensación de haberse perdido algo. Es una verdad indeleble que los veteranos inculcan a los novatos y que pone de manifiesto la cualidad escurridiza de la escena del crimen.

Es imposible controlar todo lo que sucede en el escenario del crimen antes de precintar el lugar, y justo después de un tiroteo o de una pelea de navajas, nadie interfiere con las acciones de los agentes uniformados mientras intentan desarmar a los protagonistas del incidente, o de los enfermeros que proporcionan atención médica a la víctima, o de los simples curiosos que, con su mera presencia, alteran la escena. Aparte de este tipo de actividades, el primer policía de uniforme que llega al lugar del crimen está supuestamente obligado a preservar la escena de cualquier interferencia, no sólo de los vecinos y observadores casuales, sino también de sus compañeros. Para ese primer agente y los que llegan tras él, una buena labor policial también implica identificar rápidamente a los testigos potenciales que merodean por los alrededores.

Una vez llega el inspector de la central, el primer agente que ha puesto el pie en la escena le cede la iniciativa. Si sabe lo que hace, el inspector se las arreglará para ralentizar el trabajo de los demás hasta la mínima expresión, pues eso garantiza que nadie cometa ninguna estupidez realmente grave. Cuanto más compleja es la escena del crimen, más lento deber ser su procesamiento, para darles a los inspectores al menos una semblanza de control sobre la labor de los agentes, los testigos civiles, los curiosos, los técnicos del laboratorio, los asistentes forenses, los inspectores secundarios, los responsables de turno y todo bicho viviente en cien metros a la redonda. Exceptuando a los civiles, la mayor parte de la tropa se sabe los pasos de baile de memoria y se supone que harán bien su trabajo, pero, como siempre, las suposiciones son las madres y las comadronas de los errores más ilustres.

Antes de que acabe el año, un inspector del turno de Stanton llegará a su escena del crimen para descubrir que un equipo de enfermeros novatos se ha llevado al muerto —que está muy muerto— de paseo a urgencias. Allí les dirán que la política del hospital consiste en no aceptar fiambres: al menos tiene que haber un hálito de vida en el cuerpo para que los ingresen. El abochornado enfermero le da dos vueltas a su problema y decide devolver el cadáver donde debía estar, en la calle. Al regresar a la escena con el cuerpo a cuestas, necesita que los agentes uniformados aprueben su plan: poner a la víctima en el suelo y largarse. Estos asumen que el enfermero sabe lo que hace, y, sin duda, le habrían ayudado a colocar el cadáver en su posición original, de no ser porque llegó el inspector para decir gracias, pero no, gracias; al diablo con todo, y que llevaran al pobre desgraciado a la sala de autopsias de una vez.

Igualmente, Robert McAllister, inspector veterano que ha visto varios cientos de escenas del crimen, experimentó otro entrañable momento en una cocina de Pimlico, frente al cuerpo de un octogenario empapado en sangre y apuñalado cuarenta o cincuenta veces en un brutal asalto. En el dormitorio, encima de una cómoda, estaba el arma del crimen, con la hoja doblada y cubierta de sangre seca. Ni se le ocurrió que nadie pudiera tocar una prueba tan flagrante, así que no advirtió al equipo. En su pecado de omisión le llegó la penitencia, en forma de un joven agente, novato y fresco como una lechuga, que entró en la habitación, cogió el cuchillo por la empuñadura y lo llevó a la cocina.

—He encontrado esto en el dormitorio —dijo—. ¿Es importante?

Suponiendo que no sucede ninguna calamidad por el estilo y que la escena del crimen llega prístina a manos de la policía, la tarea que tiene entre manos el inspector es obtener el mayor número de pruebas disponibles. No basta con pasar la aspiradora por las habitaciones, o buscar huellas dactilares en las superficies planas, o llevarse las latas de cerveza vacías, los pedazos de papel y los álbumes de fotos para que los revisen en control de pruebas. Hay que utilizar el sentido común y saber elegir, y un inspector que no sea capaz de discernir entre probabilidades, posibilidades y la peor clase de corazonadas descabelladas pronto descubrirá que está sobrecargando el proceso de recuperación de pruebas.

Por ejemplo, los técnicos del laboratorio de balística suelen llevar semanas de retraso en sus informes de comparación de proyectiles. ¿Tienen que comparar el casquillo del 32 de tu escena del crimen con otros tiroteos efectuados con armas de ese calibre durante este año, o quieres que se retrotraigan al año pasado? Lo mismo sucede con los técnicos que comparan huellas dactilares y que, además de los asesinatos, también tienen entre manos los informes de los atracos, los robos y una docena de crímenes más. ¿Les dices a los del laboratorio que busquen huellas en las habitaciones que no parecen alteradas y que están más lejos de la escena del crimen, o les pides que se concentren en los objetos que tienen pinta de haberse movido o manipulado, y que están más cerca del cadáver? Cuando a una anciana la estrangulan en la cama, ¿realmente vas a pedir que repasen todas las habitaciones de su casa, en busca de fibras, tejidos, pelos y polvo? O sabiendo que no se trata de ninguna pelea ni forcejeo, que todo ha sucedido en una misma habitación, ¿les pides a los asistentes del forense que envuelvan con cuidado el cuerpo entre las sábanas, para preservar todos los restos fisiológicos de pelos y fibras que puedan haberse desprendido encima del cuerpo o cerca de la cama?

Cada turno sólo cuenta con unos cuantos técnicos para procesar las pruebas, así que los resultados del laboratorio dependen de recursos limitados. El técnico que hayan mandado a tu escena del crimen tal vez viene de un robo o le pedirán que en media hora vaya a un tiroteo al otro extremo de la ciudad. Y tu propio tiempo también es escaso. En un turno de medianoche movido, habrá que repartir las horas entre dos homicidios y un tiroteo entre policías y delincuentes. Incluso cuando se trata de un solo asesinato, las horas que se emplean en analizar la escena del crimen podrían dedicarse entrevistando a los testigos que esperan en la comisaría.

Cada escena es distinta, y el mismo inspector que apenas necesita veinte minutos para valorar lo que ha pasado en un tiroteo callejero quizá se pase doce horas para analizar un doble apuñalamiento en una casa adosada de dos pisos. En ambos casos hace falta ejercer un prudente equilibrio, una intuición de lo que debe hacerse y lo que es razonable hacer para conseguir las pruebas que necesita. También es necesaria cierta persistencia, para supervisar todos los pasos y asegurarse de que el proceso se lleva a cabo correctamente. En cada turno, hay técnicos de laboratorio que aparecen en la escena del crimen y arrancan suspiros de alivio a los inspectores, y otros que son incapaces de lograr una huella ni aunque les pongan la mano del sospechoso en bandeja. Y si quieres fotografías de las pruebas y de su lugar exacto en la escena del crimen, más vale que lo dejes claro, o las imágenes que te devolverán serán de cualquier ángulo menos del que necesitas.

Esto es lo básico. Pero hay algo más, intangible, a medio camino entre la experiencia de muchos años y el instinto puro y duro. Una persona normal, incluso observadora, estudia una escena, absorbe el mayor número de detalles y logra hacerse una idea general. Un buen inspector echa un vistazo a la misma escena y se hace con los elementos de la imagen y con la totalidad de lo que ve. De algún modo, logra aislar los detalles esenciales, ver las piezas que conforman la escena, las que están en conflicto con lo que sabe, y también lo que inexplicablemente falta. Al que se atreve a hablarle a un inspector de homicidios de Baltimore del zen y el arte de la investigación criminal le dan una cerveza Miller Lite y le dicen que se deje de cháchara hippy comunista. Pero parte de lo que sucede en una escena del crimen es decididamente intuitivo, si no exactamente contrario a la razón.

De otro modo, es difícil explicar por qué Terry McLarney observa el cadáver semidesnudo de una mujer mayor, muerta en su cama sin hematomas visibles, y decide —correctamente, basándose en una ventana abierta y un único pelo púbico en la sábana— que se trata de una violación seguida de asesinato.

O que Donald Worden, caminando por una calle vacía en East Baltimore después de un tiroteo con muertos, coloque su mano en el capó de un coche aparcado entre otros veinte vehículos y sienta aún el calor del motor, señal de que en el coche había gente que ha huido para no ser identificados como testigos. Se encoge de hombros y dice que en la ventana trasera había condensación. «Y estaba aparcado un poco torcido, en la curva, como si el conductor lo hubiera dejado allí con prisas.»

Tampoco el veterano del turno de Stanton, Donald Steinhice, pudo dejar la habitación de una mujer que colgaba, ahorcada, del techo, hasta que se convenció de que se había quitado la vida. Había un detalle que le inquietaba, y se quedó sentado mirando la sombra de la pobre mujer durante media hora, contemplando las zapatillas, caídas al suelo bajo sus pies. La izquierda está debajo del pie derecho, y viceversa. ¿Llevaba las zapatillas mal puestas? ¿O alguien las colocó así, el presunto culpable que quiere fingir que fue un suicidio?

—Era lo único que, durante un buen rato, me sacó de quicio de esa escena, —recuerda—, hasta que pensé en cómo debió de quitarse las zapatillas.

Steinhice imaginó cómo la mujer cruzó las piernas, para pasar la punta de una zapatilla hasta el talón de la otra, y sacársela por detrás. Un gesto habitual, que haría caer las zapatillas tal y como estaban, en lados opuestos.

—Después de eso, ya me podía ir tranquilo—, dice.

VIERNES, 5 DE FEBRERO

Es una mañana clara y soleada de invierno, y los reclutas de la academia no tienen ningún mal presentimiento mientras avanzan por el callejón trasero de las casas adosadas de la avenida Newington. Se arrastran por los rincones, husmeando entre la basura, y les parece que es una callejuela como otra cualquiera.

Están enfundados en sus uniformes de color caqui, los de la división de entrenamiento y educación, y la clase de treinta y dos aspirantes a policías empieza su segundo día en la investigación del caso de Latonya Wallace. Están desplegados por el callejón, los patios traseros y jardines de cada casa del bloque entre Newington y Whitelock, Park y Callow. Buscan en cuadrantes de centímetros, sólo pisan las zonas que ya han revisado, señalan cada elemento con gran cuidado y lo analizan con largas deliberaciones.

—Id muy despacio. Comprobad cada centímetro de la parcela que os haya tocado —les ordena Dave Brown—. Si encontráis algo, cualquier cosa, no lo mováis ni lo toquéis. Avisad a un inspector inmediatamente.

—Y no tengáis miedo de preguntar —añade Rich Garvey—. No hay preguntas estúpidas. O por lo menos hoy fingiremos que no las hay.

Antes, cuando Garvey ha visto la clase bajarse de un autobús del departamento mientras su instructor los contaba, se ha preocupado un poco. Un rebaño de reclutas sueltos en una escena del crimen es caldo de cultivo para lo que a policías y militares les gusta denominar «cagada en serie». Frente a Garvey bailaban imágenes de cadetes encantados de conocerse, pisando huellas de sangre y empujando pruebas hacia las alcantarillas. Por otra parte, la razón le decía que con treinta y dos personas entregadas a la causa se podía cubrir mucho terreno, y a estas alturas, el caso de Latonya Wallace necesitaba toda la ayuda posible.

Una vez los dejan sueltos en el callejón, los reclutas se muestran genuinamente interesados, lo cual no es nada sorprendente. La mayoría se dedica a la labor con celo y dedicación, escudriña los cubos de basura y las hojas muertas con el fervor y la devoción de los recién convertidos. Es todo un espectáculo, y Garvey se pregunta qué otra fuerza de la naturaleza podría haber convencido a treinta agentes veteranos para que gatearan con el cuello hundido en mierda en un callejón de Reservoir Hill.

Los inspectores dividen a los reclutas en parejas y les asignan un patio trasero a cada uno, tanto en el número 700 de la avenida Newington como en las avenidas Park y Callow, que forman el límite este y oeste del bloque donde encontraron el cuerpo de la niña. No hay patios ni áreas abiertas en la zona norte del bloque, la que da a la calle Whitelock. Allí sólo hay un almacén de ladrillo que llega hasta el callejón. La búsqueda dura más de una hora, y los reclutas encuentran tres cuchillos de carne, uno más pequeño, de mantequilla, y otro para pelar fruta y patatas. Todos están cubiertos de herrumbre, más de la que se acumula en el arma de un crimen en una sola noche. También recogen una cosecha abundante de jeringuillas hipodérmicas, un objeto habitualmente desechado por la ciudadanía local y que no es de interés para los inspectores de este caso. La colección incluye peines, gomas de pelo, alguna que otra prenda de ropa y un zapato de crío, pero ninguno relacionados con el crimen. Un recluta emprendedor descubre una bolsita de plástico en el patio trasero del número 704, con un líquido amarillento.

—Señor, ¿es importante? —pregunta, plantando la bolsa en las narices del inspector.

—Eso parece una bolsa de orina —decreta Garvey—. Puede dejarla en el suelo cuando quiera.

No encuentran el pequeño pendiente dorado en forma de estrella que perteneció a la niña. Tampoco detectan ningún rastro de sangre, la única pista que los conduciría hasta el lugar del crimen, o al menos en dirección al sitio desde donde trajeron el cuerpo hasta el número 718 de la avenida Newington. En la acera donde descubrieron a la niña la mañana antes quedan pequeñas manchas de sangre coagulada, pero ni los inspectores ni los reclutas localizan ni una gota más en las cercanías del callejón. La gravedad de las heridas de la víctima y el hecho de que la transportaron hasta el callejón envuelta solamente en su gabardina roja casi garantizaría que el asesino debió dejar un reguero de sangre, pero la suave lluvia que cubrió la ciudad desde el miércoles a última hora hasta el jueves por la mañana se ha encargado de borrar ese rastro.

Mientras los cadetes siguen buscando, Rich Garvey vuelve a recorrer el patio trasero del número 718 de la avenida Newington. Mide unos tres metros y medio por otros doce de largo, es casi todo de cemento y una de las pocas parcelas traseras que tiene una cerca de cadenas. En lugar de arrojar el cuerpo de la niña en el callejón comunitario, o en uno de los patios cercanos más accesibles, el asesino se tomó la inexplicable molestia de abrir la puerta trasera y acarrear el cuerpo a través del patio hasta la parte posterior del número 718. El cadáver estaba a un par de metros de la puerta de la cocina, a los pies de una escalera de incendios metálica que va desde el tejado del edificio hasta los patios traseros.

No tiene sentido. Podría haberla dejado tirada en cualquier parte de la callejuela, ¿para qué iba a arriesgarse a cruzar el patio vallado de una casa habitada? ¿Quería que la encontraran pronto? ¿Desviar las sospechas hacia la pareja mayor que vive en el 718? ¿O es que en el último momento sintió un perverso ataque de remordimiento, un vago impulso de humanidad que le llevó a dejar el cuerpo en el recinto de un patio, a salvo de los perros y los gatos callejeros y de las ratas que son dueñas de Reservoir Hill?

Garvey mira hacia el extremo opuesto del patio, donde la parte trasera de la cerca se une con el acceso comunitario, y repara en algo que brilla, en el suelo, detrás de una lata vieja y destrozada. Se acerca y descubre un pequeño trozo de tubería, de unos quince centímetros, que levanta con cuidado, sosteniéndolo por una punta. Lo observa a contraluz. En el interior del tubo hay una espesa masa de lo que podría ser sangre coagulada, así como una hebra oscura de pelo humano. El tubo parece formar parte de una maquinaria mayor. Por un momento, Garvey se obliga a preguntarse si este objeto es el causante del desgarro vaginal. El inspector entrega la tubería a un técnico del laboratorio, que lo precinta y lo guarda.

Un cámara de televisión, uno de los que están merodeando por la avenida Newington esa mañana, observa el intercambio y se acerca desde el otro lado de la calle.

—¿Qué era eso?

—¿El qué?

—Ese trozo de metal que ha recogido.

—Mira —dice Garvey, poniéndole la mano en el hombro al periodista—. Nos haces un favor y no lo sacas, ¿de acuerdo? Podría ser una prueba, pero si lo emites, nos jodes. ¿Está claro?

El reportero asiente.

—Gracias. De verdad.

—No hay problema.

La presencia de las cámaras en la avenida Newington esa mañana —una por cada una de las tres cadenas de televisión afiliadas que hay en Baltimore— es, de hecho, el otro motivo de la presencia de los reclutas en la búsqueda. Gary D'Addario, el teniente de Garvey, comprendió rápidamente cuáles eran las prioridades de los altos mandos durante las primeras horas de la investigación, cuando su capitán se aventuró fuera de los despachos administrativos para sugerir a los inspectores que mantuvieran un perfil alto en el caso de Reservoir Hill. Quizá, dijo, se podría hacer algo con la tele. D'Addario contiene su indignación a duras penas. El caso de Latonya Wallace acababa de empezar y los jefes ya querían que sus hombres hicieran el tonto para los medios de comunicación. Respondió con su habitual falta de diplomacia:

—Preferiría que trabajaran en el caso.

—Claro, claro —dijo el capitán, entre enfadado y avergonzado—. Tampoco quiero que pierdan el tiempo, no es eso lo que quería decir.

El breve intercambio tuvo lugar en la central de homicidios, y varios inspectores de D'Addario lo oyeron y se lo contaron a los demás. Antes de que terminara la jornada, muchos de los hombres destinados a ambos turnos estaban convencidos de que D'Addario, bastante caliente por su expulsión de la investigación de la calle Monroe, se había buscado problemas innecesariamente desafiando a un superior. Aun si la cooperación de los cadetes de la división de educación y entrenamiento iba acompañada de una ronda de llamadas a las televisiones, la batida no había sido tan mala idea; los jefes se habían lucido con cosas mucho peores. Y sobre todo, el capitán era un capitán, y D'Addario sólo teniente, y si el caso terminaba mal, eran los responsables de menor rango los que cargaban con las culpas. Como responsable de turno, a D'Addario podrían crucificarlo a gusto si el caso de Latonya Wallace no se resolvía.

Ahora que el alto mando le había dejado solo, D'Addario depositó su confianza —y posiblemente, según algunos, su carrera— en manos de Jay Landsman, el hombre que, a pesar de sus impulsos cómicos y su lenguaje soez, era el inspector jefe más veterano y experimentado de la unidad de homicidios.

A sus treinta y siete años, Landsman era el último de una larga estirpe: su padre se había jubilado con el rango de teniente y comisionado en funciones del distrito Noroeste. Era el primer oficial judío que había hecho carrera en un cuerpo donde predominaban los irlandeses. Su hermano mayor, Jerry, había dejado la unidad un año antes y se había licenciado como teniente después de veinticinco años de servicio. Jay Landsman se enroló en la policía porque su padre también había sido policía, y la tradición familiar le permitió salir de la academia con el conocimiento de un veterano de los entresijos del departamento. El apellido no le fue mal, pero Landsman se esforzó por demostrar que era un policía listo y agresivo. Pronto obtuvo tres estrellas de bronce, una medalla al mérito y tres o cuatro cartas de recomendación. Pasó menos de cuatro años patrullando la zona suroeste antes de ingresar en el departamento de investigación criminal. Luego, una vez en la unidad de homicidios, tardó unos pocos meses en ascender a inspector en 1979 y, en ese corto periodo de tiempo, resolvió todos los casos que le asignaron. Entonces le mandaron de paseo a la central durante once meses, como responsable de sección, hasta que le volvieron a llamar del sexto piso, con el cargo de inspector jefe. Cuando la investigación por el asesinato de Latonya Wallace empezó, Landsman llevaba casi siete años como jefe de brigada en la unidad de homicidios.

D'Addario sabía que su inspector jefe era un supervisor capaz de actuar como el mejor inspector, siguiendo sus instintos y presionando para que la investigación avanzara a buen ritmo durante días o semanas. Landsman se las había arreglado para limitar el efecto de la gravedad en su figura corpulenta de más de noventa kilos y, después de dieciséis años de trabajo policial, su alborotada mata de pelo negro y su bigote apenas mostraban alguna que otra cana. Había inspectores jefe en la unidad que parecían tenderos con afición a comerse el género, pero Landsman medía más de un metro ochenta y aún parecía un policía callejero, uno de esos tipos capaz de pillarla buena, agarrar la porra y bajar hasta Poplar Grove para esa cita con el destino. De hecho, era más bueno como sexto inspector de su brigada que como supervisor: no tenía empacho en participar en los códigos rojos, los tiroteos a policías y demás casos delicados. Luego se pateaba las escenas del crimen, iba de aquí para allá y se chupaba las sesiones de interrogatorios con el inspector principal.

El olfato de Landsman era especialmente fino. En el tiempo que llevaba, primero como inspector y luego inspector jefe, había resuelto un buen número de casos siguiendo su instinto. A menudo, la contribución de Landsman al caso no parecía, visto en retrospectiva, más que una corazonada impulsiva: una salida salvaje en la sala de interrogatorios, una acusación descarada y sin base contra un testigo relativamente reacio, el registro del dormitorio de un testigo sospechoso a partir de un presentimiento. Si se analizaba según el protocolo de la labor policial, solía parecer casual e idiosincrático, pero, al fin y al cabo, funcionaba. Y con dos casos de asesinato nuevos cada tres días, la unidad de homicidios del Departamento de Policía de Baltimore no era precisamente el lugar adecuado para perfeccionar una metodología detectivesca minuciosamente escrupulosa. El sistema de Landsman y su actitud viva la virgen tenía más de un seguidor entre los inspectores, pero incluso sus hombres admitían que no era fácil. La mayoría de los inspectores que estaban en el turno de D'Addario recordaban noches de interrogatorios lacerantes, en las que Landsman se había pasado horas gritando hasta quedarse ronco, acusando a tres sospechosos distintos, en sendas salas separadas, de ser los asesinos del mismo hombre, para luego disculparse con los dos inocentes mientras los oficiales de guardia le ponían las esposas al culpable, el tercero.

El *blitzkrieg* de Landsman solía tener éxito porque sucedía muy rápido. Landsman trabajaba a toda velocidad, liberaba sus impulsos y era un firme creyente de la Regla Número Tres del manual de homicidios, que afirma que las diez o doce primeras horas después del crimen son clave para lograr la resolución del caso. En ese periodo de tiempo, el criminal puede deshacerse de la ropa manchada de sangre, de los coches robados o de las matrículas falsificadas, tirar las armas al río o fundirlas. Los cómplices se ponen de acuerdo sobre horas y lugares y desechan los detalles que pueden comprometerlos. Se aprenden las coartadas de memoria, construyen historias coherentes y fiables. Y en el barrio donde tuvo lugar el crimen, los vecinos empiezan a tejer una espesa y homogénea red de verdades y mentiras y cotilleos, hasta que uno ya no sabe si el potencial testigo dice algo porque lo sabe de primera mano o porque lo ha oído en el bar. Empieza cuando se encuentra el cuerpo en la acera y la rumorología sigue, desatada, hasta que incluso los mejores testigos se han olvidado de los detalles clave. Pero cuando el equipo de Landsman era el encargado de las visitas y del interrogatorio de testigos, el deterioro de la información jamás llegaba lejos. Antes, alguien terminaba encerrado en una de las salitas insonorizadas, aguantando el tercer grado de un inspector jefe al borde de la combustión espontánea.

Su metodología a menudo chocaba con otra verdad contraria de la labor policial de la unidad de homicidios: la rapidez es una aliada, pero también un riesgo. El punto débil del despliegue táctico de Landsman era su progresión linear, su preferencia por la profundidad inmediata en lugar de ampliar el radio de acción. Optar por un plan de ataque con una única línea de avance siempre era una apuesta, y el inspector que seguía un pasillo en línea recta, desechando el resto del laberinto de la investigación, no tenía ninguna garantía de que no terminaría en un callejón sin salida. Tampoco estaba seguro de que si se equivocaba, pudiera deshacer sus pasos y abrir de nuevo las puertas de las que había prescindido.

En Reservoir Hill, el laberinto crece en tamaño y complejidad a cada hora que pasa. Cuando la clase de reclutas vuelve a su autobús, los demás inspectores y agentes destinados al caso aún rastrean las hileras de casas de las avenidas Park y Callow, al este y al oeste del callejón donde se descubrió el cuerpo. Otros interrogan a los vendedores de comida ambulante y las tiendas en Whitelock y la cercana avenida North, interrogando acerca de un posible comprador de perritos calientes con chucrut entre el martes y el miércoles. Repartidos por las casas de los compañeros de colegio de Latonya Wallace, el puñado restante de inspectores hace preguntas sobre su rutina diaria, sus costumbres, si le interesaban los chicos, y viceversa; son datos necesarios, preguntas obligadas que, sin embargo, parecen forzadas teniendo en cuenta la edad de la niña.

Los investigadores principales, Tom Pellegrini y Harry Edgerton, pasan buena parte del día frente a la pantalla, alimentando la base de datos con nombres y extrayendo una pila de expedientes criminales. Edgerton aún no ha resuelto el asesinato de Brenda Thompson, pero el dossier del caso, que contiene páginas y páginas de notas manuscritas fruto de su última entrevista con un sospechoso, ha quedado enterrado en su escritorio, reemplazado por carpetas de color blanco que dividen los historiales penales de los residentes de Reservoir Hill por calle y número de bloque. Tampoco a Tom Pellegrini le quita ya el sueño el caso de Rudy Newsome, de hace dos semanas: es el inspector principal en la investigación del asesinato de una niña, y esa es su prioridad durante las próximas semanas. Nadie esperaría lo contrario. Las prioridades forzosas son otra verdad del trabajo policial que todo inspector aprende a aceptar. Cuando vivía, Rudy Newsome era un matón sin cara en el negocio de la droga en Baltimore, donde cada día se ingresa un millón de dólares; no pasaba de ser un emprendedor esquinero que demostró ser totalmente prescindible. Ahora que está muerto, vuelven a empujarle a un lado; esta vez es una tragedia más grande la que grita más fuerte, pide venganza con más ansias.

En el segundo día, más tarde, Pellegrini deja la oficina para ir a la calle Whitelock, entrevistar a los comerciantes y residentes, hacer preguntas rutinarias acerca del Pescadero, que sigue siendo su principal sospechoso. Pellegrini le pregunta a toda la gente con la que se cruza si sabe algo del apartamento del dueño del local, dónde estaba a principios de semana, su supuesto interés por las chicas muy jóvenes, su relación con la víctima. Planea interrogar al Pescadero en la central a la mañana siguiente, después de repasar su historial un poco más a fondo. Con un poco de suerte, alguien de la calle Whitelock se irá de la lengua, sabrá algo sobre el viejo, un dato que pueda utilizar durante el interrogatorio.

Pellegrini trabaja la calle y acumula datos aquí y allá: la gente insinúa cosas sobre el Pescadero y las jovencitas, pero nada parecido a una denuncia formal. Por ahora, Pellegrini sólo puede considerarle un sospechoso entre tantos.

Después de recorrer la calle, regresa a su despacho para ponerse al día con Edgerton, que aún está cotejando los historiales penales de los habitantes de la zona de Newington. Pellegrini toma la carpeta de las direcciones correspondientes a la avenida Callow y repasa una docena de dossieres. Las fichas que contienen arrestos por delitos sexuales están marcadas con boli rojo.

—Vaya puñado de pervertidos se ha ido a juntar en el mismo bloque —gruñe Pellegrini, cansado.

—Pues sí, igual les hacen descuento en el aparcamiento —conviene Edgerton.

Los sospechosos menos probables quedan a cargo de los agentes destinados al caso, mientras que los propios inspectores se dedican a comprobar las coartadas de los que tienen más números de ser culpables. Edgerton se concentra en el perfil de un joven adicto en Lindin, mientras que Pellegrini coteja los datos de un tipo en la avenida Callow. Es un poco como intentar completar una escalera en el póquer cuando la carta que te falta es una de las de en medio, pero sin escena del crimen —el lugar en el que la niña fue efectivamente asesinada— no hay manera de reducir las posibilidades.

Y ¿dónde diablos está esa escena? ¿Dónde coño ocultó ese hijo de puta a la chica durante un día y medio sin que nadie se diera cuenta? Cada hora que pasa, se dice Pellegrini, la escena se deteriora. Pellegrini está seguro de que el lugar se encuentra esn algún punto de Reservoir Hill, que un auténtico tesoro de pruebas le espera en algún dormitorio o sótano. «Pero ¿dónde no hemos mirado todavía?», se pregunta.

A última hora de la tarde, Jay Landsman, Eddie Brown y otros agentes del operativo están otra vez en Reservoir Hill comprobando las casas abandonadas y los garajes de Newington, Callow y Park en busca del lugar del crimen. Se supone que las unidades tácticas repasaron todas las propiedades vacías de la zona la noche anterior, pero Landsman quiere asegurarse de que no se ha pasado nada por alto. Tras uno de los registros, los hombres van a tomar un refresco a una tienda de comida para llevar de la calle Whitelock, donde traban conversación con la propietaria, una joven mujer de piel clara que rechaza la propina de los inspectores.

—¿Qué tal va todo? —pregunta Landsman.

La mujer sonríe, pero no dice nada.

—¿Ha oído usted algo?

—Están todos por aquí por lo de esa chica, ¿verdad?

Landsman asiente. La mujer parece querer decirles algo y mira intensamente a ambos detectives y luego a la calle.

—¿Qué pasa?

—Bueno..., he oído que...

—Espere un momento.

Landsman cierra la puerta de la tienda y luego se inclina sobre el mostrador. La mujer recupera el aliento.

—Puede que no sea nada...

—Está bien, no se preocupe.

—Hay un hombre que vive cerca, en Newington, justo en frente de donde dicen que ha pasado. Bebe, ¿saben? Y vino esa misma mañana diciendo que habían raptado y asesinado a una niña pequeña.

—¿A qué hora fue eso?

—Debían ser las nueve más o menos.

—¿Las nueve de la mañana? ¿Está segura?

La mujer asiente.

—¿Qué dijo, exactamente? ¿Dijo cómo habían asesinado a la niña?

La mujer niega con la cabeza.

—Sólo dijo que la habían matado. Me pareció curioso porque nadie aquí sabía nada de ello y, además, actuaba de una forma rara...

—¿Rara, como si estuviera nervioso?

—Sí, nervioso.

—¿Y este tipo bebe?

—Bebe mucho. Es viejo. Siempre ha sido, ya saben, un poco extraño.

—¿Cómo se llama?

La mujer se muerde el labio inferior.

—Oiga, nadie va a saber que el nombre salió de usted.

Da el nombre en un susurro.

—Gracias. No la mencionaremos a usted en ningún momento.

La mujer sonríe.

—Por favor..., no quiero que la gente de por aquí se vuelva contra mí.

Landsman regresa al asiento del pasajero del Cavalier antes de escribir el nombre —un nombre nuevo— en su libreta. Y cuando Edgerton lo introduce en el ordenador esa tarde, encuentra de verdad a un hombre con ese mismo nombre y una dirección en la avenida Newington. Y maldita sea si en la ficha del tío no hay un par de viejas acusaciones de violación.

Otro pasillo.

Lunes 8 de febrero

Llegan en dos coches —Edgerton, Pellegrini, Eddie Brown, Ceruti, Bertina Silver, del turno de Stanton, y dos de los agentes del operativo—, una escolta exagerada para ir a por un viejo borracho pero el número adecuado de personas para efectuar un registro a simple vista del apartamento del hombre.

Para eso carecen de autoridad legal; sus motivos para sospechar del anciano no cumplen los requisitos legales de la causa probable, y, sin una orden de registro firmada por un juez, los inspectores no pueden llevarse ningún objeto ni realizar un registro a fondo, de los de abrir todos los cajones y dar la vuelta a los colchones. Por otra parte, si el hombre les permite entrar en su apartamento, sí pueden mirar lo que esté a la vista. Y para ese propósito, cuantos más ojos, mejor.

Bert Silver se encarga del sospechoso tan pronto como abre la puerta, dirigiéndose a él por su nombre y dejándole claro, en una sola e informativa frase, que medio departamento de policía ha acudido a pedirle que les haga el honor de acompañarlos a la central. Los demás inspectores pasan junto a ellos dos y empiezan a moverse lentamente por un fétido apartamento de tres habitaciones abarrotado de trastos.

El anciano gime y niega con la cabeza. Luego trata de formular algún tipo de frase formada por sílabas aparentemente inconexas. A Bert Silver le cuesta unos pocos minutos empezar a descifrarlo.

—*Ta noshe no.*

—Sí, esta noche. Necesitamos hablar contigo. ¿Dónde tienes los pantalones? ¿Son aquellos de allí?

—No quiero ir.

—Bueno, tenemos que hablar contigo.

—Noo. No quiero.

—Bueno, tienes que querer. ¿No querrás que tengamos que arrestarte, verdad? ¿Son estos tus pantalones?

—*Loh negos.*

—¿Quieres los negros?

Mientras Bertina Silver viste a su sospechoso, los demás inspectores se mueven cuidadosamente por las habitaciones buscando salpicaduras de sangre, cuchillos de sierra o un pequeño pendiente de oro con forma de estrella. Harry Edgerton comprueba la cocina por si hay perritos calientes o chucrut, y luego va al dormitorio, donde encuentra una espesa mancha roja junto a la cama del hombre.

—¡Uau! ¿Qué coño es esto?

Edgerton y Eddie Brown se agachan. El color es púrpura casi rojo, pero brillante. Edgerton toca con el dedo el borde de la masa.

—Es pegajoso —dice.

—Lo más probable es que sea vino —dice Brown, volviéndose hacia el hombre—. Eh, compadre, ¿se te cayó aquí una botella?

El viejo gruñe.

—Eso no es sangre —dice Brown, riéndose suavemente—. Eso va a ser garrafón.

Edgerton está de acuerdo, pero saca una pequeña navaja, corta un pequeño trozo de la sustancia y la mete en una pequeña bolsa de plástico. En el vestíbulo, el inspector hace lo mismo con una mancha entre marrón y roja que recorre el pladur durante un metro y cuarto. Si en cualquiera de las dos muestras se detecta sangre, tendrán que regresar con una orden de registro y tomar nuevas muestras para presentarlas como pruebas, pero Edgerton cree que la posibilidad de que sea así es muy remota. Mejor dejar que los técnicos del laboratorio analicen una muestra esta noche y salir de dudas.

El anciano mira a su alrededor, súbitamente consciente de la multitud que hay en su casa.

—*¿Questánasiendo?*

—Te están esperando. ¿Necesitas una chaqueta? ¿Dónde tienes la chaqueta?

El anciano señala una vieja chaqueta polar colgada en la puerta de un armario. Silver la coge y le ayuda a ponérsela. Al hombre le cuesta meter los brazos en las mangas.

Brown niega con la cabeza.

—Este no es el tipo que buscamos —dice en voz baja—. Ni hablar.

Quince minutos más tarde, en el vestíbulo frente a la sala de interrogatorios del sexto piso, Jay Landsman llega a la misma conclusión. Mira a través de la ventana con rejilla de la puerta hacia la gran habitación. La ventana sólo funciona en un sentido: desde dentro del cubículo de dos metros y medio por dos metros no se podía ver la cara de Landsman; la ventana misma, desde el interior, parecía casi metálica, algo entre una lámina de acero y un espejo borroso.

Enmarcado en la ventanilla está el anciano del lado sur de Newington, el viejo que se suponía que supo del asesinato antes que los demás vecinos. Sí, allí está sentado, su último sospechoso, un colgado borracho como una cuba, atrapado en algún punto de esa transitada carretera que va del garrafón al licor barato, con la bragueta bajada y los botones de su camisa manchada abrochados en los ojales equivocados. Ciertamente Bert Silver no perdió tiempo preocupándose por su ropa.

El inspector jefe mira cómo el anciano se frota los ojos, se hunde en la silla de metal y luego se inclina hacia delante para rascarse partes oscuras y prohibidas en las que Landsman no quiere ni pensar. A pesar de que le sacaron de su estupor y su miseria hace menos de una hora, el anciano está ahora totalmente despierto y espera pacientemente en el cubículo vacío, resollando a intervalos regulares.

Eso en sí mismo es mala señal. Contradice claramente el cuarto mandamiento del manual de homicidios, que afirma que un hombre inocente al que se deje en una sala de interrogación permanecerá despierto, frotándose los ojos, mirando las paredes del cubículo y rascándose en partes oscuras y prohibidas. Un hombre culpable al que se deja solo en una sala de interrogatorios se va a dormir.

Como la mayoría de las teorías que tienen que ver con la sala de interrogatorios, la Regla del Sospechoso Dormido no se puede invocar sin excepciones. Algunos novatos que todavía no están acostumbrados al estrés inherente del crimen y su castigo tienen a balbucir, sudar excesivamente y, en general, a ponerse enfermos antes y durante el interrogatorio. Pero Landsman difícilmente puede animarse cuando ve que el viejo de la avenida Newington, a pesar de estar borracho y desastrado y de que básicamente lo han sacado de la cama en mitad de la noche, se resiste a considerar su situación como una excusa para echar una cabezadita. El inspector jefe niega con la cabeza y camina de vuelta a la oficina.

—Caramba, Tom, ese tío tenía mucho mejor aspecto antes de que lo trajéramos —dice Landsman—. No puedo imaginarme que sea nada más que un borracho.

Pellegrini está de acuerdo. La aparición del anciano en la unidad de homicidios y el hecho de que Landsman lo desestimara como sospechoso casi inmediatamente marcan la última fase de la transformación de vejestorio alcoholizado a posible asesino de niñas y luego de vuelta a borracho inofensivo. Para el viejo fue una frenética metamorfosis de tres días de la que había permanecido felizmente ignorante.

Desde el momento en el que la propietaria de la tienda de comida para llevar de la calle Whitelock le dijo el nombre del anciano a Landsman y Brown, las cosas pintaron bien.

En primer lugar, le habló a la mujer de la tienda sobre el asesinato de la niña a las nueve de la mañana del jueves, antes incluso de que los detectives hubieran limpiado la escena del crimen, y se comportó de forma extraña mientras lo hacía. Pero ¿cómo podía saber del asesinato de la niña a esa hora? Aunque la pareja mayor que vivía en el 718 de Newington había hablado con varios vecinos sobre ello antes de llamar a la policía, no había ningún indicio de que hubieran hablado con el anciano que vivía en la acera de en frente. Más aún, los inspectores habían evitado inmediatamente que se acercaran civiles a mirar qué pasaba desde el callejón de detrás de Newington; puesto que el anciano vivía en el lado sur de la calle, no debería haber podido ver el cuerpo.

Luego estaban las acusaciones de violación —bastante antiguas, cierto— sin que la ficha indicase ninguna sentencia o condena como consecuencia de ellas. Pero cuando los inspectores recibieron los informes de Archivos Centrales, descubrieron que una de las víctimas era una chica joven. Además, parecía que el anciano vivía solo y que su apartamento en el primer piso de una casa adosada estaba en el bloque 700 de Newinton, a muy poca distancia de donde se tiró el cuerpo.

Poca cosa, quizá. Pero Landsman y Pellegrini saben ambos que han pasado cuatro días desde el descubrimiento del cuerpo y que en este momento no hay nada mejor a la vista. El primer y, al parecer mejor sospechoso que se había encontrado hasta la fecha —el Pescadero— fue traído a la central para ser interrogado hacía dos días, pero ese interrogatorio no los había llevado a ninguna parte.

El Pescadero demostró poco interés en hablar sobre la muerte de una niña que había trabajado en su tienda. Tampoco parecía nada interesado en establecer con precisión su paradero el martes y el miércoles. Después de superar una amnesia total, recordó una coartada para el martes en que desapareció Latonya Wallace, un recado al otro lado de la ciudad que tuvo que hacer con un amigo. Al comprobar la coartada, Pellegrini y Edgerton descubrieron que en realidad el recado lo había hecho el miércoles, lo que les dejó la duda de si el hombre les había mentido adrede o sólo había confundido los días. Más aún, al comprobar la coartada, los inspectores descubrieron que el Pescadero había invitado a dos amigos suyos a comer pollo en su casa el miércoles por la noche. Eso, por supuesto, planteaba un problema obvio: si, como parecía indicar la autopsia, Latonya Wallace fue secuestrada el martes, matada el miércoles por la noche y luego el cadáver fue abandonado en las primeras horas del jueves, entonces ¿qué hacía el Pescadero haciendo recados el miércoles por la tarde o cenando pollo con unos amigos el miércoles por la noche? En el interrogatorio del sábado se le tomó al Pescadero una declaración completa y, dadas las muchas preguntas que dejó sin responder, tanto Edgerton como Pellegrini lo consideraban un sospechoso. Aun así, había que superar los problemas que planteaba el aparente momento de la muerte, basado en la comida parcialmente digerida y la falta de descomposición.

Pero, igual que todo lo demás en este caso, incluso la hora de la muerte parecía variar constantemente. Más temprano, la misma noche en que fueron a la casa adosada del anciano, Edgerton había discutido un poco la opinión mayoritaria:

—¿Y si la mataron el martes por la noche? ¿No podrían haberla matado el martes a última hora o a primera del miércoles?

—No puede ser —dijo Landsman—. Está justo saliendo del rígor mortis y los ojos todavía están húmedos.

—Podría estar saliendo del rígor mortis tras veinticuatro horas.

—Que no puede ser, coño, Harry.

—Sí que puede.

—Que te digo que no, hostia. Va a sucederle antes porque es más pequeña...

—Pero hace frío en la calle.

—Pero sabemos que el tipo la tuvo a cubierto en alguna parte hasta que pudo deshacerse de ella esa mañana.

—Sí, pero...

—No, Harry, la estás cagando en esto —dice Landsman, sacando el manual médico de la oficina para la investigación de una muerte y yendo a la sección sobre el rígor mortis—. Si los ojos no están secos y no hay descomposición, muerte entre doce y dieciocho horas atrás, Harry.

Edgerton hojea la página.

—Sí —dice finalmente—. Doce a dieciocho. Y si la ha tirado a las tres o las cuatro, eso quiere decir...

—Alrededor de mediodía del miércoles.

Edgerton asintió. Si la habían matado el miércoles, entonces el Pescadero estaba descartado y había motivo para mover el candidato de Landsman, el viejo borracho que vivía en frente, al primer puesto de la lista.

—Eh, a la mierda —dice Landsman finalmente—. No tenemos ningún motivo para ir contra ese tipo.

Ningún motivo excepto que su otro sospechoso apenas es capaz de sostener una botella, así que difícilmente puede convencer a una jovencita de que entre en su casa y retenerla allí durante un día y medio. El interrogatorio dura sólo lo necesario para establecer que el viejo borracho se enteró del asesinato aquella mañana de jueves por un vecino que lo había oído de labios de la mujer que vivía en el 718 de Newington. No sabe nada sobre el asesinato. No conocía a la niña. No recuerda nada de los antiguos cargos que se presentaron contra él salvo que, fueran cuales fueran, él era inocente. Quiere irse a casa.

Un técnico del laboratorio lleva las muestras de Edgerton al escritorio de un inspector y las somete a una prueba de leucomalaquita verde, un examen químico en el que los objetos se frotan con un aplicador con punta de algodón que se vuelve azul si hay restos de sangre humana o animal. Edgerton mira cómo todos los aplicadores se vuelven grises, un color que sólo indica suciedad.

Unas pocas horas antes del amanecer, mientras el anciano era devuelto a su vida anónima en un coche patrulla del distrito Central y los inspectores recopilan y copian los informes de un día más de trabajo, Pellegrini ofrece secamente una nueva alternativa.

—Ed, ¿quieres de verdad que este caso eche a andar?

Brown y Ceruti levantan la cabeza sorprendidos. Otros inspectores miran también a Pellegrini con curiosidad.

—Si es así, te diré lo que hay que hacer.

—¿Y qué es lo que hay que hacer?

—Tienes que preparar un listado de los cargos.

—¿Ah, sí?

—Y Fred, tú tienes que leerme mis derechos...

La sala entera se echa a reír.

—Eh —dice Landsman, riéndose—, ¿qué creéis vosotros? ¿Está afectando este caso a Tom? En fin, parece que Tom está empezando a deshacerse.

Pellegrini se ríe mansamente; en realidad tiene aspecto de estar agotado. Sus rasgos son los clásicos de un italiano: ojos oscuros, líneas faciales marcadas, fornido, bigote espeso, pelo negro que se eleva en un gran tupé que en uno de sus buenos días parece desafiar la ley de la gravedad. Pero este no es un buen día. Tiene los ojos vidriosos y el cabello le cae en una desordenada cascada sobre la pálida frente. Las palabras salen arrastrándose de su boca con una especie de acento montañés ralentizado por la falta de sueño.

Todos los hombres que están en la sala han pasado por la misma situación, trabajando ciento veinte horas a la semana como investigador principal de un caso que simplemente se niega a encajar, en el que se reúne un conjunto de hechos que no se solidifican en un sospechoso por mucho que uno los mire. Una bola roja sin resolver es una tortura interminable, un calvario que te chupa la sangre y te remueve las tripas y que siempre parece marcar y dar forma a un inspector mucho más que los asesinatos que se resuelven. Y en lo que respecta a Pellegrini, que todavía es nuevo en la brigada de Landsman, el asesinato de Latonya Wallace está demostrando ser un rito de paso extremadamente duro.

Tom Pellegrini llevaba nueve años en el cuerpo cuando se aprobó definitivamente su traslado a homicidios, nueve años durante los que se preguntó si ser policía era realmente una vocación o simplemente el último meandro en lo que venía siendo una vida llena de giros.

Su padre era un minero de carbón en las montañas del oeste de Pensilvania, pero su padre —que también era hijo de minero— abandonó a la familia cuando Pellegrini era un niño. Tras su marcha, no quedó nada que los uniera. Una vez, siendo adulto, había ido a verlo durante un fin de semana, pero la conexión que había esperado simplemente no existía. Su padre se sentía incómodo, y la segunda esposa de este quería que se marchase, así que Pellegrini se fue ese domingo sabiendo que la visita había sido un error. Su madre le ofreció poco consuelo. Nunca había esperado demasiado de él, y de vez en cuando iba y se lo decía. Pellegrini fue criado la mayor parte del tiempo por su abuela y pasaba los veranos con una tía que lo llevaba a Maryland a ver a sus primos.

Sus primeras decisiones en la vida fueron —igual que su infancia— algo inciertas, quizá incluso producto del azar. A diferencia de la mayoría de los hombres de la unidad de homicidios, Pellegrini no tenía ninguna conexión anterior con la ciudad de Baltimore y muy poca relación con la policía cuando se unió al departamento en 1979. Llegó prácticamente como una *tabula rasa*, tan desprovisto de raíces y relaciones como puede estarlo un hombre. Pellegrini había pasado un par de años frustrantes en la Universidad de Youngstown en Ohio, donde unos pocos semestres bastaron para convencerle de que lo suyo no era estudiar. Luego hubo un matrimonio que no funcionó, y seis meses en una mina de Pensilvania que convencieron a Pellegrini de que tampoco le satisfacía seguir con la tradición familiar. Trabajó un par de años como director de una feria ambulante con la que recorrió las ciudades del estado manteniendo todas las atracciones en marcha. Al final, ese trabajo le llevó a un puesto más permanente como director de un parque de atracciones en la orilla de una isla en un lago entre Detroit y Windsor, Canadá, donde pasaba la mayor parte del tiempo intentando que las atracciones no se oxidaran durante los duros inviernos del norte. Cuando los dueños del parque de atracciones se negaron a pagar un mantenimiento mejor y más seguro de las atracciones, Pellegrini dimitió, convencido de que no quería estar cerca de allí cuando las sillas voladoras se salieran de órbita.

Los anuncios de ofertas de empleo lo llevaron al sur, primero a Baltimore, donde visitó a la tía que lo había acogido durante todos aquellos veranos de su infancia. Se quedó en Maryland una semana, lo bastante para responder a un anuncio de periódico que animaba a presentar solicitudes para entrar en el Departamento de Policía de Baltimore. Había trabajado una vez durante un breve periodo en una empresa de seguridad privada, y aunque aquel trabajo no consistía en nada ni remotamente parecido al trabajo de un agente de policía, le dejó con una vaga sensación de que le gustaría ser policía. A finales de la década de 1970, sin embargo, una carrera como agente de la ley ofrecía un futuro incierto; la mayor parte de los departamentos de la ciudad se enfrentaban a recortes presupuestarios y congelaciones de plantilla. Aun así, Pellegrini sintió curiosidad y asistió a la entrevista de trabajo. Pero en lugar de esperar a que le dieran el resultado, partió hacia Atlanta, donde le habían dicho que la prosperidad económica de los estados del Sun Belt ofrecía mejores garantías de empleo. Se quedó a pasar la noche en Atlanta, leyendo los anuncios de ofertas de empleo en un restaurante deprimente de un barrio deprimido de la ciudad, y luego regresó al hotel, donde le llamó su tía para decirle que había sido aceptado por la academia de policía de Baltimore.

¡Qué diablos!, se dijo a sí mismo. No sabía mucho de Baltimore, pero lo que había visto de Atlanta no podía describirse como un paraíso. Qué diablos.

Tras su graduación le destinaron al sector 4 del distrito Sur, un barrio blanco casi dividido a partes iguales entre adinerados propietarios urbanos y una clase étnica trabajadora. Desde luego no era la zona con más criminalidad de la ciudad, y Pellegrini comprendió que, si se quedaba allí diez años, nunca aprendería lo que tenía que aprender para ascender en el departamento. Si quería ser realmente bueno en esto, se dijo a sí mismo, tenía que ir a uno de los distritos duros y salvajes como el Oeste o, mejor aun, a una de las unidades que trabajaba en toda la ciudad. Después de menos de dos años en un coche patrulla, su billete para salir del *hinterland* vino de la mano de un traslado al equipo de respuesta rápida, la unidad táctica fuertemente armada que se encargaba de los delitos con rehenes y de las barricadas. El ERR trabajaba desde la central y estaba considerado una especie de unidad de élite. Sus agentes estaban divididos en equipos de cuatro hombres y se entrenaban constantemente. Día tras día Pellegrini y el resto de su brigada se entrenaban derribando puertas, entrando en habitaciones desconocidas y luego disparando balas de fogueo a figuras de cartón que representaban hombres armados. También había figuras de cartón que representaban rehenes, y si un equipo se entrenaba bien, llegaba un momento en que, en condiciones óptimas, si todos los hombres hacían bien su trabajo, no disparaban al rehén más que una de cada cuatro o cinco veces.

Era un trabajo de precisión y muy exigente, pero Pellegrini no se sintió más a gusto en el ERR de lo que lo había estado en los demás empleos de su vida. Por un lado, su relación con los otros miembros de su equipo era difícil, principalmente porque en la unidad faltaba un sargento, y Pellegrini fue seleccionado por los otros supervisores como agente al mando. Un agente al mando cobra una pequeña paga extra más que los hombres a los que dirige. Después de todo, una cosa es que el resto del equipo obedeciera órdenes de un sargento con galones de verdad en la manga y otra que esas órdenes vinieran de un supervisor temporal que no tenía más rango que los hombres a los que dirigía. Pero aún más importante para Pellegrini que las políticas de oficina era su recuerdo de un encuentro en particular en la primavera de 1985, un incidente que le permitió ver por primera vez cuál era el trabajo policial que quería hacer.

Ese año el ERR estuvo durante casi una semana bajo las órdenes directas de la unidad de homicidios del departamento de investigación criminal (DIC) y entró en varias docenas de sitios del distrito Este de Baltimore en persecución de un delincuente. Aquellas incursiones fueron causadas por un tiroteo en el que Vince Adolfo, un patrullero del Este, fue asesinado al intentar detener un coche robado. Se identificó rápidamente a un chico de la zona este de la ciudad como el asesino, pero, en las horas siguientes al tiroteo, el sospechoso consiguió darse a la fuga. Tan pronto como los inspectores de homicidios identificaban una dirección como posible escondite, el ERR llegaba allí con un ariete y los escudos y derribaba la puerta de entrada. Era la primera vez que Pellegrini observaba de cerca a la unidad de homicidios, y cuando el operativo de Adolfo se desmanteló, le quedó el convencimiento de que quería ser una de las personas que se dedican a encontrar la puerta correcta. El trabajo de echarla abajo se lo regalaba a cualquier otro policía.

Y actuó según esa idea haciendo algo extraordinario, al menos para lo que se consideraba normal en cualquier departamento de policía. Armado con un currículo cuidadosamente redactado y una carta de presentación, cogió el ascensor hasta la sexta planta de la central y fue directo a las oficinas administrativas que estaban al lado de la unidad de homicidios, donde el comandante de la sección de delitos contra las personas tiene su despacho.

—Tom Pellegrini —se presentó, extendiendo su mano al capitán al mando—. Me gustaría ser inspector de homicidios.

El capitán, por supuesto, miró a Pellegrini como si fuera un ciudadano de otro planeta, y con razón. En teoría, un agente podía presentarse para cubrir las vacantes en cualquier sección; en la práctica, el proceso de selección de inspectores para el DIC era muy sutil y estaba altamente politizado, más todavía desde que el departamento había abandonado los exámenes estandarizados para inspectores.

Para veteranos como Donald Worden y Eddie Brown e incluso Terry McLarney, que llegó en 1980, había habido un examen de acceso al DIC, un examen que valía para tumbar a los candidatos incapaces de escribir una petición de orden de registro con pies y cabeza, pero que también ascendía a un montón de gente cuya única virtud era que se les daba bien hacer exámenes. Más aún, los resultados de los exámenes —aunque implicaban una aproximación cuantitativa— siempre habían estado sometidos al politiqueo: la puntuación que un candidato obtenía en su examen oral solía ser tan alta como buenos fueran sus contactos en el departamento. Entonces, a principios de la década de 1980, se abandonaron los exámenes, y el nombramiento de inspectores pasó a ser totalmente político. En teoría se suponía que los agentes de policía llegaban a homicidios tras distinguirse en algún otro puesto del departamento, preferiblemente en alguna otra unidad de investigación de la sexta planta. Aunque la mayoría de los candidatos cumplían ese requisito, la decisión final solía tener más que ver con otros factores. En una década de discriminación positiva, ayudaba ser negro. También ayudaba tener como mentor a un teniente coronel o a algún comisionado adjunto.

Pellegrini y el capitán mantuvieron una breve conversación en la que no llegaron a ninguna conclusión. Era un buen policía con una hoja de servicio respetable, pero no era ni negro ni el discípulo de ningún jefazo en particular. Pero Jay Landsman se enteró de lo que había pasado y le impresionó la forma de actuar de Pellegrini. Hacían falta muchos huevos para entrar en la oficina de un comandante sin nada más que unas pocas páginas escritas a página y un buen apretón de manos. Landsman le dijo a Pellegrini que, si llegaba a homicidios, sería muy bienvenido en su brigada.

Al final, Pellegrini sólo tenía una carta que jugar: un abogado con muy buenos contactos al que le había hecho un favor durante su periodo en el distrito Sur. Si hay algo que pueda hacer por ti alguna vez, había dicho el tipo, dímelo. Había sido hacía varios años, pero Pellegrini se cobró la deuda. El abogado accedió a hacer lo que pudiera y le devolvió la llamada un par de días después. No había ninguna vacante en delitos contra las personas, pero a través de un contacto con uno de los comisionados adjuntos podía colocar a Pellegrini en el equipo de seguridad de William Donald Schaefer. No es homicidios, dijo el abogado, pero si puedes pasar uno o dos años al servicio del Alcalde Cabreado, después podrás escoger el puesto que prefieras.

A regañadientes, Pellegrini aceptó el traslado y pasó los siguientes dos años siguiendo a Hizzoner de mítines a fiestas de recaudación de fondos pasando por desfiles de la celebración hípica de Preakness. Era difícil trabajar para Schaefer. Era un político del aparato del partido que valoraba la lealtad y la capacidad de tragar mierda por encima de cualquier otro atributo humano. Hubo varios días en los que Pellegrini terminó la jornada con los insultos del alcalde resonándole en los oídos, y muchos más en los que se fue a casa reprimiendo el deseo casi irresistible de esposar al principal cargo electo de la ciudad al parachoques de un coche patrulla.

En una ocasión, en una fiesta de una fundación dedicada a la salud de los bebés, Pellegrini cometió el error de intervenir en la actuación del alcalde. Mientras Schaefer charlaba sin parar de temas que iban desde los defectos de nacimiento hasta el nuevo acuario de Baltimore, uno de los organizadores del evento señaló que la niña que era la cara más conocida de la organización, una niña que iba en silla de ruedas, estaba siendo excluida. Presintiendo el desastre, Pellegrini acercó a regañadientes a la niña hacia donde estaba el alcalde, susurrándole como si fuera un apuntador de teatro:

—Esto, señor alcalde.

Schaefer lo ignoró.

—Señor alcalde.

Schaefer le hizo un gesto con la mano para que se fuera.

—Señor alcalde...

Cuando el alcalde terminó su discurso, no perdió tiempo con rodeos ante el inspector de paisano.

—Aléjese de mí de una puta vez —dijo Schaefer.

Aun así, Pellegrini cumplió como un soldado, sabiendo que en Baltimore la palabra de un político del aparato del partido valía su peso en oro. Y, desde luego, cuando Schaefer fue elegido gobernador de Maryland en 1986, las personas de su entorno pudieron escoger puesto a placer. Con pocos días de diferencia hubo dos nombramientos en la unidad de homicidios del DIC: Fred Ceruti, un policía de paisano negro del distrito Este y Tom Pellegrini. Ambos acabaron en la brigada de Landsman.

Una vez allí, Pellegrini sorprendió a todos, incluido a sí mismo, haciendo bien el trabajo. Al responder a aquellas primeras llamadas, no podía confiar en su instinto natural ni en su experiencia; el equipo de seguridad del Ayuntamiento no era exactamente un campo abonado del que brotaran buenos inspectores de homicidios. Pero lo que le faltaba en experiencia lo compensaba con una enorme voluntad de aprender. Disfrutaba con el trabajo y, lo que es más importante, empezó a sentirse como si por fin hubiera encontrado en el mundo algo que encajaba con él. Landsman y Fahlteich lo ayudaron con las primeras llamadas, igual que Dunnigan y Requer intentaron formar a Ceruti compartiendo con él sus casos.

La integración en la unidad de homicidios no era muy sofisticada. No había manual de procedimientos, sino que un inspector veterano te llevaba de la mano durante unas pocas llamadas y luego, de repente, te dejaba suelto a ver si podías caminar solo. Nada era más terrorífico que la primera vez como inspector principal, con el cuerpo tendido sobre el pavimento y los chicos de la esquina jodiéndote con la mirada, y los de uniforme y los ayudantes del forense y los técnicos del laboratorio preguntándose si sabrías la mitad de lo que deberías saber. Para Pellegrini, el punto de inflexión fue el caso de George Green de las viviendas sociales, un caso en el que nadie más de la brigada esperaba que encontrase un sospechoso, y mucho menos que hiciera un arresto. Ceruti y Pellegrini contestaron a esa llamada juntos. Ceruti se fue al día siguiente de vacaciones, un fin de semana largo, y cuando regresó el lunes siguiente, preguntó por curiosidad si había alguna novedad respecto a su homicidio.

—Está resuelto —le dijo Pellegrini.

—¿Qué?

—Encerré a dos sospechosos durante el fin de semana.

Ceruti no daba crédito. El caso Green no era nada extraordinario, un asesinato por drogas clarísimo sin testigos presenciales ni pruebas. Puesto que el inspector principal era un novato, era exactamente la clase de caso que todo el mundo esperaba que no se resolviera.

Pellegrini lo resolvió a base de piernas, trayendo a gente y hablando con ellos durante horas y horas. Pronto descubrió que tenía el temperamento adecuado para los interrogatorios largos, que era dueño de una paciencia que incluso los otros inspectores consideraban exasperante. Con su estilo lacónico y lento, Pellegrini podía pasarse tres minutos contando el chiste sobre el cura, el ministro y el rabino. Aunque con ello podía poner de los nervios a tipos como Jay Landsman, era una forma de ser perfecta para interrogar a delincuentes. Lenta, metódicamente, Pellegrini se fue haciendo cada vez más con el trabajo y pronto empezó a resolver una saludable mayoría de sus casos. Su éxito, comprendió, sólo le importaba a él. A su segunda esposa, una ex enfermera de la unidad de trauma, no le importaba el morbo que rodeaba el departamento de homicidios, pero no le interesaban los detalles de los casos. Su madre sólo expresaba un orgullo general porque a su hijo le fuera bien; a su padre lo había perdido de vista por completo. Al final, Pellegrini tuvo que aceptar que su victoria era algo que debería celebrar solo.

Pensó que era una victoria, al menos hasta que Latonya Wallace apareció muerta en aquel callejón. Por primera vez en mucho tiempo, Pellegrini se cuestionó su propia capacidad y defirió en Landsman y Edgerton, permitiendo que los investigadores más experimentados fijaran el rumbo de la investigación.

Era comprensible; después de todo nunca había llevado una auténtica bola roja. Pero la mezcla de personalidades, de estilos individuales, también contribuía a la inseguridad de Pellegrini. Landsman no sólo era ruidoso y agresivo, sino que también estaba muy seguro de sí mismo y, cuando trabajaba en un caso, tendía a convertirse en el centro de todo, atrayendo a otros detectives hacia él por su fuerza centrípeta. También Edgerton era la misma imagen de la seguridad, un hombre que no tenía reparos en decir lo que pensaba ni en discutir con Landsman sobre una u otra teoría. Edgerton tenía la actitud típica de los neoyorquinos, el instinto que le dice a un chico de ciudad que debe hablar primero en una habitación repleta de gente, antes de que otro abra la boca y desaparezca la oportunidad.

Pellegrini era distinto. Tenía sus ideas sobre el caso, cierto, pero su forma de ser era tan contenida y su forma de hablar tan natural y calmada que, en cualquier debate, los inspectores más veteranos tendían a atropellarlo. Al principio le pareció sólo levemente irritante, y, además, ¿qué importaba? En realidad no estaba en desacuerdo con las decisiones de Landsman o Edgerton. Coincidió con ellos al principio cuando se centraron en el Pescadero como sospechoso, y coincidió también con ellos cuando Landsman ofreció la teoría de que el asesino tenía que vivir en aquel mismo bloque de Newington. Estuvo de acuerdo con ellos cuando saltaron sobre el viejo borracho que vivía al otro lado de la calle. Todo sonaba razonable y pensases lo que pensases sobre Jay y Harry había que reconocer que sabían hacer su trabajo.

Pasarán meses antes de que Pellegrini comience a recriminarse su falta de asertividad. Pero, al final, los mismos pensamientos que le torturaban en la escena del crimen —la sensación de que no estaba completamente al mando de su propio caso— le volverán a importunar. Latonya Wallace era una bola roja, y una bola roja hace que todo el turno se involucre en el caso para bien o para mal. Landsman, Edgerton, Garvey, McAllister, Eddie Brown, todos metían mano en el pastel, todos ellos dispuestos a levantar la piedra bajo la que se escondía un asesino de niños. Cierto, así cubrían mucho terreno, pero al final, el expediente del caso no llevaría el nombre de Landsman ni el de Edgerton ni el de Garvey.

Landsman, desde luego, tiene razón en una cosa: Pellegrini está cansado. Todos lo están. Esa noche, cuando finaliza el quinto día de la investigación, todos se van de la oficina a las tres de la madrugada sabiendo que estarán de vuelta en cinco horas, y sabiendo también que los turnos de dieciséis y veinte horas diarias que llevan haciendo desde el jueves no van a terminarse pronto. La pregunta obvia que nadie hace en voz alta es cuánto pueden aguantar así. Bajo los ojos de Pellegrini se han asentado unas profundas ojeras negras, y el poco sueño que el inspector consigue está puntuado por las declaraciones nocturnas de su segundo hijo, que ahora tiene tres meses. Landsman ya no se preocupaba mucho de su apariencia cuando era un policía de paisano, pero ahora se afeita sólo día sí y día no, y su atuendo ha pasado de abrigos deportivos a jerseys de lana, y de ahí a chaquetas de cuero y tejanos.

—Eh, Jay, pájaro —le dice McLarney a Landsman la mañana siguiente—, tienes aspecto de estar hecho polvo.

—Estoy bien.

—¿Cómo va? ¿Hay algo nuevo?

—Vamos a resolver este caso —dice Landsman.

Pero lo cierto es que hay pocos motivos para el optimismo. La carpeta roja en el escritorio de Pellegrini, número 88021, ha engordado con los informes de los agentes que han peinado el área, los antecedentes penales, los informes de la oficina, los formularios de presentación de pruebas y las transcripciones de las declaraciones. Los detectives han examinado la manzana entera de casas que rodea el callejón y están empezando a cubrir las adyacentes; la mayoría de las personas identificadas en la primera inspección que tenían antecedentes penales ya han sido eliminadas como sospechosas. Otros detectives y policías destinados al operativo del caso están comprobando todos los informes en los que un varón adulto se atreve siquiera a mirar a cualquier chica de menos de quince años. Y aunque han llegado varias llamadas con informaciones sobre posibles sospechosos —el propio Landsman se pasó medio día buscando a un hombre con problemas mentales que mencionó una madre de Reservoir Hill—, no ha salido nadie que diga que vio a la niña volver caminando hacia su casa desde la biblioteca. Y en cuanto al Pescadero, tiene coartada para el miércoles fatídico. Y el viejo borracho es ahora, de hecho, un viejo borracho. Y lo peor de todo, como señaló Landsman, es que todavía no han encontrado la escena del crimen.

—Eso es lo que nos está matando —les dice Landsman—. Él sabe más que nosotros.

Edgerton, por su parte, es consciente de que las apuestas están en su contra.

El martes, la noche después de que fueran a sonsacar al viejo borracho, Edgerton se halló en una iglesia baptista de ladrillos rojos en la parte superior de la avenida Park, a la vuelta de la esquina de Newington, caminando lentamente bajo el agobiante calor del abarrotado santuario. El pequeño ataúd, color crema con adornos dorados, está en la otra punta del pasillo central. El inspector se abre camino hasta él y entonces duda un momento y toca la esquina del ataúd con la mano antes de volverse y quedar frente a la primera fila de dolientes. Toma la mano de la madre y se agacha para susurrarle al oído:

—Cuando rece usted esta noche, por favor, rece una oración por mi —le dice—. Vamos a necesitarla.

Pero el rostro de la mujer está desencajado y vacío. Asiente sin comprender, con los ojos atravesando al detective sin verle, fijos en los arreglos florales dispuestos junto al ataúd. Edgerton camina hasta el lateral de la iglesia y se queda allí con la espalda contra la pared y los ojos cerrados, más por la fatiga que por convicción espiritual, escuchando la voz profunda del joven ministro de la congregación:

—... y aunque camine por el valle de la muerte... y oí una voz muy fuerte que me decía desde el trono... no haya más muerte ni duelo ni llanto ni dolor, pues el viejo orden de las cosas ha terminado.

Oye al alcalde de la ciudad, cuya voz se tropieza y se quiebra mientras habla:

—A la familia y amigos... yo, ah... esta es una tragedia terrible, no sólo para su familia... sino para la ciudad entera... Latonya era una hija de Baltimore.

Oye a un senador de Estados Unidos:

—... la pobreza, la ignorancia, la avaricia... toda las cosas que matan a niñas pequeñas... era un ángel para todos nosotros, el ángel de Reservoir Hill.

Oye pequeños y breves detalles de la vida de una niña:

—... asistió a la escuela desde los tres años hasta ahora sin faltar un solo día... participaba en el consejo de estudiantes, el coro de la escuela, bailaba danza moderna, era *majorette*... El sueño de Latonya era convertirse en una gran bailarina.

Escucha el sermón, cuyos argumentos nunca le han parecido más vanos, más vacíos:

—Ahora está en casa... porque no se nos juzga por ser de pies ligeros ni por ser los más fuertes, sino por lo que resistimos.

Edgerton sigue a la multitud que se coloca detrás del ataúd blanco, que es llevado hacia la puerta. Ya de vuelta al trabajo, arrincona a un ujier de guantes blancos para que le dé una copia del libro de firmas, en el que han escrito todos los asistentes. Desde una furgoneta de vigilancia en la otra acera de la avenida Park, un técnico empieza a sacar discretamente fotografías de la gente que sale de la iglesia, con la esperanza de que el asesino haya tenido tantos remordimientos que se haya arriesgado a venir. Edgerton se queda al pie de las escaleras de la iglesia, estudiando los rostros de los hombres que lentamente salen a la calle.

—«No por ser de pies ligeros ni por ser más fuertes, sino por lo que resistimos» —dice, sacando un cigarrillo—. Me ha gustado esa parte... Espero que se refiriera a nosotros.

Edgerton mira cómo el último de los asistentes al funeral abandona la iglesia antes de volver a su coche.

LUNES 8 DE FEBRERO

Donald Worden está sentado en la sala del café repasando la sección local del periódico y medio escuchando el pase de lista que tiene lugar en la oficina contigua. En silencio, sorbe su café y asimila el titular:

POCAS PISTAS EN EL ASESINATO DE DICIEMBRE DE UN SOSPECHOSO QUE HUÍA; LA INVESTIGACIÓN PASA DE LOS POLICÍAS A CENTRARSE EN CIVILES.

El artículo en sí empieza con una pregunta: «¿Quién mató a John Randolph Scott, Jr.?».

Los inspectores de homicidios de Baltimore se han hecho esa misma pregunta cientos de veces desde el pasado siete de diciembre, cuando el señor Scott, de veintidós años, murió a causa de un disparo por la espalda mientras era perseguido a pie por la policía.

Durante varias semanas la investigación pareció centrarse en los agentes que estuvieron en la zona cuando el joven —que huía de un coche robado al que la policía había dado caza— fue abatido en el número 700 de la calle Monroe.

Según fuentes policiales, ahora parece que los investigadores están considerando otro posible sospechoso: un civil que vive en ese barrio y cuya madre, novia e hijo han sido interrogados anteriormente ante el gran jurado de la ciudad.

Worden pasa los ojos someramente por todo el artículo, luego gira la página y empieza a leer la continuación en la página 2D. La cosa empeora: «Una fuente de la policía dijo que un hombre que vivía cerca de la calle Monroe había sido interrogado a fondo sobre el asesinato [...]. Ese mismo hombre —cuyo nombre fue sugerido a la policía por otro residente de la zona— le había dicho a los investigadores que había visto un coche de policía irse de la calle Monroe a toda velocidad y con las luces apagadas la mañana del asesinato. No se ha encontrado ninguna prueba que pueda verificar esos hechos, y ahora los investigadores creen que es posible que el hombre fuera de algún modo responsable del tiroteo o, al menos, que sabe más de lo que ha dicho hasta ahora».

Worden termina su café y le pasa el periódico a Rick James, su compañero, que pone los ojos en blanco y lo toma de manos del veterano inspector.

Maravilloso. Por primera vez en dos meses consiguen una buena pista en este condenado caso sólo para que el puto Roger Twigg, el veterano periodista de sucesos del periódico matutino, lo airee en la primera página de la sección local. Perfecto. Durante dos meses, nadie en el barrio cerca de Fulton y Monroe admitió saber nada del asesinato de John Scott. Luego, hace una semana, Worden por fin consigue desenterrar a un testigo muy reticente —quizá incluso un testigo ocular— para que vaya al gran jurado. Pero antes de que los fiscales puedan hablar con el hombre y presionarlo para que testifique bajo amenaza de acusarle de perjurio, el *Baltimore Sun* publica que es un sospechoso. Ahora será un infierno hacer que el tipo cuente su historia frente a un gran jurado, porque si lee el periódico —o si su abogado lo hace—, la prudencia aconseja que invoque la quinta enmienda y guarde silencio.

Twigg, miserable hijo de puta, piensa Worden mientras oye a D'Addario repasar los teletipos del día. Me has jodido. Esta vez me has jodido de verdad.

Que Worden haya conseguido un testigo demuestra lo duro que ha trabajado en ese caso. Desde el descubrimiento del cuerpo de John

Scott a principios de diciembre ha peinado puerta a puerta la zona alrededor del número 800 de la calle Monroe en cuatro ocasiones, con poco éxito las tres primeras. No fue hasta el cuarto peinado cuando un vecino le dio a Worden el nombre de un posible testigo presencial, un vecino del bloque 800 que había aparcado el coche en la calle Monroe justo en la boca del callejón y le había dicho a varias personas que estuvo allí cuando tuvo lugar el asesinato. Cuando Worden llegó hasta el hombre, se encontró con un peón de mediana edad que vivía con su novia y su anciana madre en la calle Monroe. Nervioso y muy reticente, el hombre negó haber estado en la calle cuando ocurrió el incidente, pero admitió haber oído un disparo y luego haber visto un coche de policía marcharse con las luces apagadas. Entonces vio cómo un segundo coche de policía entraba en la calle Monroe desde Lafayette y se detenía cerca de la entrada al callejón.

El hombre le dijo también a Worden que, en cuanto la policía empezó a reunirse frente al callejón, había llamado a su hijo para contarle lo que estaba pasando. Worden entrevistó entonces al hijo, que recordaba la llamada y recordaba, además, que su padre había sido muy concreto: había visto cómo un agente de policía disparaba a un hombre en el callejón que estaba frente a su casa.

Worden volvió al testigo y lo enfrentó a la declaración de su hijo. No, dijo el hombre. Yo no le dije eso. Y se mantuvo firme en su declaración previa sobre los dos coches.

Worden sospechaba que este recién hallado testigo había visto mucho más que la llegada y partida de coches patrulla, y el inspector tenía dos posibles explicaciones para la obvia reticencia del hombre a decir más. La primera era que el testigo tuviera genuinamente miedo de declarar contra un agente de policía en un juicio por asesinato. La segunda es que se hubiera inventado lo del coche de policía que se fue de la calle Monroe con las luces apagadas. Puede que el testigo hubiera visto un enfrentamiento entre John Scott y otro civil, quizá un amigo o un vecino, al que ahora trataba de proteger. En ese sentido, ese enfrentamiento podía haber sido con el propio testigo, que había aparcado su propio coche en la boca del callejón sólo unos minutos antes del asesinato.

Entonces, técnicamente, el artículo de esta mañana está en lo cierto al decir que el testigo también puede considerarse un sospechoso. Pero lo que Roger Twigg no sabe —o no le han dicho sus fuentes— es que este nuevo testigo no fue descubierto en medio de la nada; otras pruebas están haciendo que Worden lleve la investigación en dirección opuesta, de vuelta hacia la policía.

Es algo más que los botones de camisa que se encontraron en la entrada del callejón. Y no es sólo el hecho de que los agentes estén teniendo problemas para hacer encajar sus historias. La prueba más inquietante en el caso de Worden es una copia de las emisiones por radio del distrito Central, que había sido enviada al FBI para que mejorara la calidad del sonido. Descifrada por los investigadores y transcrita semanas después del asesinato, revelaba una secuencia muy extraña de mensajes de radio.

En un punto de la cinta se oye a un agente del Central dando una descripción del sospechoso que se había visto salir corriendo del asiento del pasajero del coche robado.

—Es un varón número uno, metro ochenta o ochenta y cinco, chaqueta oscura, tejanos..., visto por última vez en Lanvale y Payson...

Luego un sargento del distrito Central, un veterano con siete años de experiencia llamado John Wylie, interrumpe. Después de participar en la persecución hasta el distrito Oeste, es Wylie el primero que encuentra el cuerpo de John Scott.

—Uno treinta —dice Wylie, dando el número de su unidad—. Cancelen esa descripción en el bloque ochocientos de Fulton... o Monroe.

Uno de los agentes que había participado en el principio de la persecución interviene, asumiendo que el sospechoso ha sido arrestado:

—Uno veinticuatro. Yo puedo identificar a ese tío...

Momentos después, Wylie interviene de nuevo por radio.

—Uno treinta. He escuchado un disparo antes de encontrar al tío.

—Uno treinta, ¿dónde estás, en el bloque ochocientos de Monroe?

—Diez cuatro.

Entonces, al cabo de cierto lapso de tiempo, se oye de nuevo a Wylie en la grabación, reconociendo por primera vez que hay «una posible víctima de un disparo en el callejón.»

La transmisión le planteaba a Worden una pregunta obvia: ¿por qué iba el sargento a cancelar la descripción del sospechoso a menos que creyera que el tipo estaba arrestado? Los botones, la cinta con la grabación de la radio, todas esas pruebas no llevaban a buscar a un sospechosos civil, sino a investigar más a los agentes de policía que perseguían a la víctima. Y, sin embargo, Worden y James habían comprobado y recomprobado las hojas de ruta —uno de los documentos obligatorios del departamento que registra todo el turno de trabajo de un policía, incluidas todas las llamadas— de todos los policías que estuvieron trabajando en cualquier punto cerca de la calle Monroe. Pero parecía que todos los coches patrulla de los distritos Central, Oeste y Sur estaban localizados en el momento del disparo. Los agentes que participaron en la persecución del Dodge Colt robado y en la subsiguiente persecución a pie ya habían descrito sus movimientos exactos en informes complementarios que los dos inspectores habían revisado también. Los investigadores habían descubierto que la mayor parte de los agentes se habían cruzado durante el incidente, y podían confirmar las versiones de los otros.

Si el asesino era otro agente de policía que había huido antes de que llegara el sargento Wylie, no había nada en los informes que pudiera identificarlo. En total, quince agentes de los distritos Oeste y Central habían sido interrogados, con escasos resultados, y Wylie, por su parte, insistía en que no había visto nada ni antes ni después de oír el disparo. Varios agentes, entre ellos Wylie y dos más que fueron de los primeros en llegar a la escena del crimen, recibieron órdenes de someterse a un detector de mentiras. Los resultados no mostraban ningún indicio de engaño en los agentes, con excepción de Wylie y de otro, cuyos resultados se calificaron de no concluyentes.

Los resultados del polígrafo unidos a la prematura transmisión por radio de Wylie llevaron a Worden y James a concluir que, como mínimo, el sargento del distrito Central había visto algo antes de descubrir el cuerpo. Pero en un interrogatorio de dos horas y media con los inspectores, Wylie insistió en que sólo había oído un único disparo y en que no había visto a otros agentes cerca del callejón de la calle Monroe. No sabía por qué había cancelado la descripción del sospechoso ni se acordaba de haberlo hecho.

Wylie le había preguntado a los inspectores si le consideraban un sospechoso.

No, le dijeron.

Sin embargo, fue durante esa entrevista cuando los inspectores le preguntaron al sargento de sector si accedería voluntariamente a que registraran su casa. Wylie aceptó y los inspectores confiscaron sus uniformes, armas reglamentarias y revólver privado para someterlos a pruebas, que no resultarían concluyentes.

¿Soy un sospechoso?, preguntó el sargento de nuevo. Si es así, quiero que me lean mis derechos.

No, le dijeron, no eres un sospechoso. No por ahora. Con el sargento atrincherado en que no había visto ni oído nada aparte del disparo, lo único que les quedaba a los investigadores era la posibilidad de que otro policía o un civil hubiera presenciado el asesinato o los momentos inmediatamente posteriores al disparo. Y ahora, justo cuando esa posibilidad casi se había hecho realidad, una simple columna de tinta en un periódico amenazaba con hacer que su único testigo se negara a hablar.

Aun así, si a John Scott lo había matado un policía, Worden creía que el incidente probablemente acabaría siendo algo menos que un asesinato. Era, razonaba, una pelea en un callejón que acabó muy mal, un forcejeo que terminó cuando un agente —con razón o sin ella— utilizó su arma o quizá otra .38 que arrebató al propio John Scott. Un segundo o dos después, el sospechoso está en el suelo con una herida de bala en la espalda, y el policía está escupiendo adrenalina y aterrorizado, preguntándose qué coño iba a poner en el informe para salir bien de esa situación.

Si eso era lo que había sucedido, si un policía había huido del callejón porque no confiaba lo bastante en la capacidad del departamento para defenderlo, entonces había sido un acto inevitable. Si las cosas habían ido así era porque la calle Monroe era la última curva de una enrevesada carretera con muchos baches por la que el departamento de policía de Baltimore llevaba transitando mucho tiempo. Donald Worden ya estaba en el departamento cuando se había empezado a ir por ese camino, y había visto cómo el péndulo había oscilado por completo hacia el otro lado.

Sólo una vez en su larga carrera Worden había disparado su arma en cumplimiento del deber. Fue un tiro caprichoso, una bala del .38 de punta redonda con una trayectoria casi vertical que fue volando muy por encima de ningún objetivo concebible. Fue hace veinte años, en un día de verano en el que él y su compañero sorprendieron a un ladrón con las manos en la masa en Pimlico, contemplando la siempre huidiza comunión de un delincuente con su delito. Después de haber perseguido al tipo durante una distancia muy superior a la que el policía medio considera razonable, el compañero de Worden abrió fuego. Worden sintió una oscura necesidad de solidaridad y lanzó su propio proyectil al aire.

Worden conocía al hombre que perseguían, por supuesto, igual que el hombre conocía a Worden. Aquellos eran los días de gloria de los doce años que se pasó el Gran Hombre en el Noroeste, cuando todavía existía cierta rudimentaria cordialidad entre los jugadores, y Worden se tuteaba con todos los que eran dignos de arrestarse en el distrito. Cuando los disparos pusieron fin a la persecución y alcanzaron a su sospechoso, el hombre estaba conmocionado.

—Donald —dijo—, no puedo creer lo que ha pasado.

—¿Cómo?

—Has intentado matarme.

—No, claro que no.

—Me has disparado.

—He disparado muy por encima de tu cabeza —dijo Worden, arrepentido—. Pero oye, lo siento mucho, ¿vale?

A Worden nunca le gustaron demasiado las armas y nunca le abandonó del todo la sensación de vergüenza por aquel único disparo. Para él la auténtica autoridad de un policía se la daban su placa y su reputación en la calle. La pistola tenía muy poco que ver con ello.

Y, sin embargo, era perfectamente apropiado que Worden fuera el detective asignado al asesinato de John Randolph Scott. A lo largo de más de un cuarto de siglo en la calle había sido testigo de muchos tiroteos con implicación de la policía. La mayoría fueron razonables, otros no tanto y unos pocos verdaderamente malintencionados. Lo más habitual era que el resultado se decidiera en unos pocos segundos. También era habitual que el acto de apretar el gatillo fuera consecuencia de poco más que el instinto. A veces era necesario abatir al sospechoso, a veces no, y a veces había espacio para la duda. En ocasiones al sospechoso habría que haberle disparado no una, sino varias veces y, sin embargo, no se le disparó.

La decisión sobre usar o no la fuerza letal era inevitablemente subjetiva y no se definía tanto por cuestiones empíricas, sino por lo que un agente estaba dispuesto a justificar en su propia mente y sobre el papel. Pero prescindiendo de las circunstancias, una regla ética permanecía constante: cuando un policía dispara a alguien, lo asume. Coge la radio y lo anuncia. Entrega él mismo el cuerpo.

Pero los tiempos habían cambiado. Un cuarto de siglo atrás un agente de la ley en Estados Unidos podía disparar su arma sin preocuparse de si la entrada de la bala sería por el pecho o la espalda de su víctima. Ahora, el riesgo de un pleito de responsabilidad civil y de un posible encausamiento penal está en la mente de un policía siempre que desenfunda un arma, y lo que una generación anterior de policías consideraba plenamente justificado basta ahora para llevar a juicio a la generación siguiente. En Baltimore, como en todas las ciudades de Estados Unidos, las reglas han cambiado porque las calles han cambiado, porque el departamento de policía no es lo que solía ser. Ni, de hecho, lo es la propia ciudad.

En 1962, cuando Donald Worden salió de la academia, los jugadores a ambos lados de la ley conocían y respetaban el código. Si uno actuaba de forma alocada frente a un policía, era muy posible que este usara su arma y lo hiciera con total impunidad. El código era especialmente claro en el caso de alguien lo bastante demente como para disparar a un policía. Un sospechoso que hiciera eso tenía una sola y única oportunidad: si conseguía llegar a la comisaría del distrito, viviría. Le darían una paliza, por supuesto, pero viviría. Si intentaba huir y lo encontraban en la calle en circunstancias que pudieran hacerse quedar bien en el informe, no lo contaría.

Pero aquella era una época distinta, un tiempo en el que un policía de Baltimore podía decir, con convicción, que era miembro de la banda más numerosa, más dura y mejor armada del barrio. Eso fue antes de que la heroína y la cocaína se convirtieran en el negocio principal del gueto, antes de cualquier chico de esquina fuera un sociópata en potencia con una pistola de 9 milímetros en la cintura de sus bermudas, antes de que el departamento empezara a ceder a los traficantes secciones enteras del centro de la ciudad. Eran también los días en los que Baltimore era aún una ciudad segregada, días en los que el movimiento por los derechos civiles era sólo un murmullo airado.

De hecho, la mayor parte de los tiroteos de aquella época en los que estaban implicados policías tenían connotaciones raciales, la prueba más letal de la noción de que, para los barrios negros del centro de Baltimore, la presencia del cuerpo de policía de la ciudad fue durante generaciones, simplemente, otra de las plagas que tenían que soportar: pobreza, ignorancia, desesperación y policía. Los ciudadanos negros de Baltimore crecían sabiendo que dos delitos —abusar verbalmente de un agente de policía o, peor, huir corriendo de él— tenían como resultado casi garantizado una paliza en el mejor de los casos y un tiro en el peor. Incluso los miembros más destacados de la comunidad negra debían soportar ofensas e insultos, así que, ya desde antes de la década de 1960, esa comunidad despreciaba al departamento de manera casi universal.

Las cosas no estaban mucho mejor dentro del departamento. Cuando Worden llegó al cuerpo, los agentes negros (entre ellos dos futuros comisionados de policía) tenían prohibido ir en coches patrulla, prohibido legalmente, pues la legislatura de Maryland todavía no había aprobado la primera ley que permitió a los negros el acceso a lugares públicos municipales. Los agentes negros tenían muy limitadas las opciones de ascenso, y luego se les ponía en cuarentena en puestos de patrulla a pie en los barrios bajos o eran utilizados como policías infiltrados en las investigaciones de la naciente unidad de narcóticos. En la calle soportaban el silencio de sus colegas blancos; en las comisarías eran insultados con comentarios racistas en los pases de lista y cambios de turno.

La transformación se produjo muy lentamente, impulsada a partes iguales por el creciente activismo de la comunidad negra y la llegada de un nuevo comisionado de policía en 1966, un ex marine llamado Donald Pomerleau, que tomó el timón con órdenes de hacer limpieza. El año anterior, Pomerleau había escrito un informe demoledor sobre el Departamento de Policía de Baltimore, elaborado bajo el manto independiente de la Asociación Internacional de Jefes de Policía. El estudio declaraba que el cuerpo de policía de Baltimore estaba entre los más anticuados y corruptos de toda la nación, calificaba de excesiva la forma en que usaba la fuerza y definía sus relaciones con la comunidad negra de la ciudad como inexistentes. Los disturbios de Watts que habían sacudido Los Ángeles en 1965 estaban todavía frescos en la memoria de todos los líderes civiles, y, con todas las ciudades de la nación viviendo bajo la amenaza de la violencia al llegar el verano, el gobernador de Maryland se tomó el informe de la AIJP en serio: contrató al hombre que lo había escrito.

La llegada de Pomerleau marcó el fin de la era paleozoica en el Departamento de Policía de Baltimore. Casi de la noche a la mañana, a lo largo de toda la cadena de mando, los jefes empezaron a insistir en mejorar las relaciones con la comunidad, en la prevención del crimen y en la utilización de tecnología policial moderna. Se crearon una serie de unidades tácticas que trabajaban para toda la ciudad, y nuevas radios multicanal reemplazaron los teléfonos públicos que todavía usaban la mayoría de los agentes que patrullaban las calles. Por primera vez se investigaron de manera sistemática los disparos hechos por policías, y esas investigaciones tuvieron su efecto; junto con la presión de la comunidad, disuadieron a los que cometían los actos de brutalidad más flagrantes. Pero fue el propio Pomerleau quien libró una larga y victoriosa batalla contra la creación de una junta de investigación civil para ese tipo de casos, insistiendo en que, en los casos de supuesta brutalidad policial, el Departamento de Policía de Baltimore seguiría investigándose a sí mismo. En consecuencia, los hombres en las calles a finales de los sesenta y principios de los setenta sabían que un mal disparo podía disimularse, y un buen disparo parecer todavía mejor.

En Baltimore, el arma extra se convirtió en algo habitual para los policías de distrito, hasta el punto de que un tiroteo en concreto de principios de los setenta se convirtió en parte permanente de las leyendas del departamento, pues era una historia que describía perfectamente una era en la ciudad más grande de Maryland. Sucedió en una de las calles que cruzan la avenida Pennsylvania, cuando súbitamente se desencadenó la violencia. Cinco inspectores de narcóticos estaban a punto de asaltar una casa adosada cuando, desde la oscuridad de uno de los callejones adjuntos, alguien empezó a gritar, advirtiendo a un policía sobre el hombre que tenía detrás, el hombre con el cuchillo.

En un subidón de adrenalina, un inspector disparó las seis balas de su revólver, aunque luego juró —hasta que comprobó su arma— que había apretado el gatillo sólo una vez. Corrió hacia el callejón y encontró al sospechoso herido, tendido sobre su espalda con cinco cuchillos a su alrededor.

—Aquí está su cuchillo, aquí —dijo un policía.

—Tío, ese no es mi puto cuchillo —dijo el hombre herido. A continuación señaló una navaja a unos pocos pasos de allí—. Mi cuchillo es aquel.

Pero las armas extras dejadas en la escena eran poco más que una solución temporal que se hizo menos efectiva y más peligrosa conforme el público fue comprendiendo la estrategia. Al final, el departamento no pudo hacer otra cosa que ponerse a la defensiva a medida que las quejas por exceso en la aplicación de la fuerza se multiplicaron y la expresión «brutalidad policial» se hizo habitual. En opinión de Donald Worden, el final del Departamento de Policía de Baltimore podía fecharse con precisión. El 6 de abril de 1973 un policía de veinticuatro años llamado Norman Buckman recibió seis tiros en la cabeza efectuados con su propio revólver reglamentario en la calle Pimlico. Dos compañeros que estaban a una manzana de distancia oyeron los disparos y corrieron al lugar por la avenida Quantico. Encontraron a un joven sospechoso junto al cuerpo del policía muerto y con el arma del crimen a sus pies.

—Sí —dijo el hombre—, yo me he cargado al hijo de puta.

En lugar de vaciar sus armas, los agentes se limitaron a arrestar y esposar al asesino y llevarlo a la central. Hubo un tiempo en que en las calles de Baltimore se respetaba el código. Hoy en esas mismas calles sólo había policías muertos y asesinos de policías vivos.

Worden estaba destrozado. Parte de él sabía que los viejos métodos no podían mantenerse ni defenderse, pero, aun así, Buckman había sido amigo suyo, un joven patrullero que se había dejado los cuernos para entrar en la brigada de operaciones de Worden en el distrito Noroeste. El teniente responsable del turno llamó a Worden a su casa, y éste se vistió a toda prisa y llegó a la comisaría con una docena de otros agentes justo cuando transferían al asesino de Buckman al calabozo. La versión oficial fue que el sospechoso se quejó de dolor abdominal mientras procesaban su arresto y le fotografiaban, pero todo el mundo en la ciudad comprendió la fuente de ese dolor. Y cuando el periódico negro de Baltimore, el *Afro-American*, envió un fotógrafo al hospital Sinai con la esperanza de sacar fotos de las lesiones del sospechoso, fue el propio Worden el que lo arrestó por allanamiento. Cuando la NAACP* pidió una investigación, los altos cargos del departamento simplemente insistieron en que no había habido ninguna paliza, y no movieron un dedo.

Pero fue una victoria pequeña y patética, y en las salas de pase de lista y en los coches patrulla se escucharon términos muy duros para los dos agentes que, con un .38 ya en el suelo, habían permitido que el asesino de Buckman se entregara. Las palabras se tornaron todavía

* La Asociación Nacional para el Progreso de las Personas de Color fue fundada en 1909 y sigue activa en la actualidad. Su sede central se encuentra en Baltimore. (*N. del T.*)

más duras después del juicio, del que el hombre salió con sólo un veredicto de asesinato en segundo grado y una sentencia que le permitiría obtener la libertad bajo fianza en poco más de diez años.

El asesinato de Buckman fue uno de los hitos, pero no el final del viaje. Siete años después, en una tienda de comida para llevar de Baltimore, el departamento tuvo que enfrentarse de nuevo a su futuro. Y, una vez más, Worden estuvo en la periferia de lo sucedido, contemplando con impotencia cómo otro policía, otro amigo, era sacrificado de un modo totalmente distinto.

En marzo de 1980, la víctima fue un chico de diecisiete años con el imposible nombre de Ja-Wan McGee, y quien disparó, un inspector de treinta y tres años llamado Scotty McCown. McCown era un veterano con nueve años de experiencia que estaba entonces trabajando con Worden en la sección de robos del departamento de investigación criminal. Estaba fuera de servicio y de paisano en una tienda en la avenida Erdman, pidiendo una pizza, cuando McGee y otro chico entraron y fueron hacia el mostrador. McCown llevaba varios minutos observando a los adolescentes y había visto cómo se habían acercado varias veces al escaparate a mirar al interior de la tienda, aparentemente esperando algo. Cuando la mayoría de los clientes se hubieron marchado, entraron y se acercaron al mostrador. McCown llevaba cinco años trabajando como inspector en robos, y la escena le resultaba familiar. Es el momento, pensó, pasándose su pistola particular de la cartuchera al bolsillo de la gabardina.

Y cuando el brillo de algo plateado emergió del bolsillo del abrigo de Ja-Wan McGee frente al mostrador, McCown estaba más que preparado. Disparó tres veces sin previo aviso e hirió a McGee en la parte superior de la espalda. El inspector ordenó al otro adolescente que se quedara donde estaba y luego le gritó al dependiente que llamara a la policía y a una ambulancia. A continuación se inclinó sobre la víctima, que había caído de frente. En el suelo, junto al joven, había un encendedor plateado.

Los disparos a Ja-Wan McGee sucedieron sólo semanas después de que otro tiroteo sospechoso hubiera provocado disturbios en Miami. Cuando los piquetes empezaron a rodear el Ayuntamiento, todo el mundo en el departamento supo lo que iba a suceder. Todo el mundo menos Scotty McCown.

Worden había llegado a la unidad de robos en 1977, dos años después que McCown, y sabía que era un buen policía que estaba a punto de ser destruido por culpa de haber disparado cuando no debía. Worden desenterró un par de informes frescos del distrito Este, robos en los que el sospechoso había usado una pistola pequeña del calibre 25.

—Quizá te ayuden —le ofreció Worden.

—Muchas gracias, Donald —le dijo el inspector, que era más joven que él—, pero no hace falta. Todo irá bien.

Pero no iba a ir bien. Las protestas y las amenazas de disturbios por toda la ciudad aumentaron después de que la oficina del fiscal del Estado desestimará llevar el caso a un gran jurado, argumentando que no había intención criminal por parte del inspector. Tres meses después se convocó una junta de revisión en el departamento para oír el testimonio de McCown, que insistió en que había disparado su pistola porque temía por su seguridad y la de las demás personas presentes en el establecimiento. La junta, de cinco miembros, oyó también el testimonio del compañero con el que la víctima entró en la tienda, que explicó que él y su amigo no estaban mirando la tienda para robarla, sino que miraron varias veces por el escaparate antes de entrar porque la tienda estaba repleta y no querían hacer cola para comprar unos refrescos. Y, más importante todavía, la junta escuchó a Ja-Wan McGee, ahora paralizado de cintura para abajo, quien testificó desde una silla de ruedas que cuando él «caminó hacia la puerta, el tío dio dos pasos y empezó a disparar». La junta deliberó durante una hora y encontró al inspector culpable de violar tres de las reglas del departamento relativas al uso de armas de fuego, además de haber actuado «de una forma que había causado descrédito al departamento». Una semana más tarde, el comisionado de policía se negó a aceptar un castigo menor ni cualquier tipo de rehabilitación para el inspector. Pomerleau, en cambio, aceptó las recomendaciones de la junta y despidió al inspector.

«Miami ha conseguido que se nos haga justicia», declaró el jefe regional de la NAACP, pero para los policías en la calle el caso contra Scotty McCown dejó claro que un departamento que en otros tiempos se había negado a castigar hasta los actos más arbitrarios de brutalidad ahora tocaba a retirada general. La cuestión no era si los disparos a Ja-Wan McGee habían sido necesarios o no; todo policía que alguna vez había sentido la necesidad de desenfundar su arma se estremecía al pensar en un encendedor sobre el suelo de linóleo y en un chaval de diecisiete años paralítico de por vida. La cuestión era si el departamento estaba dispuesto a sacrificar a sus propios miembros para no enfrentarse a una de las verdades inevitables del trabajo policial: la presunción institucionalizada de que, en cualquier circunstancia, un buen policía tomará la decisión correcta en lo que atañe a disparar o no.

En una nación fuertemente armada y con tendencia a la violencia es razonable que los agentes de la ley lleven armas y estén autorizados a utilizarlas. En Estados Unidos sólo un policía está autorizado a matar mediante una deliberación y un acto puramente personal. A ese fin, Scotty McCown y otros tres mil hombres y mujeres se envían a las calles de Baltimore armados con Smith & Wesson del calibre .38 para cuyo uso recibieron varias semanas de entrenamiento en la academia y van una vez al año al campo de tiro de la policía. Esa formación, sumada al buen juicio del agente, se considera que ofrecen la experiencia adecuada para llegar a la decisión correcta en todas las ocasiones.

Es mentira.

Es una mentira que el departamento de policía tolera porque de lo contrario destruiría el mito de infalibilidad sobre el que descansa su autorización para matar. Y es una mentira que el público exige, pues de lo contrario quedaría expuesto a una aterradora ambigüedad. La falsa certeza, el mito de la perfección del que se alimenta nuestra cultura requiere que Scotty McCown hubiera gritado un aviso antes de disparar tres veces, que se hubiera identificado como un agente de policía y que le hubiera dicho a Ja-Wan McGee que tirara al suelo lo que él pensaba que era una pistola. El mito exige que McCown le hubiera dado tiempo al chaval para decidirse o, quizá, que hubiera usado su arma sólo para herir o desarmar al sospechoso. Se deduce que el inspector que no sigue este procedimiento ha recibido una formación defectuosa y es temerario, y, si ese inspector es blanco, se permite el argumento de que posiblemente sea un racista que considera que todos los adolescentes negros con mecheros brillantes son atracadores. No importa que gritar una advertencia le conceda toda la ventaja al delincuente, que la muerte pueda llegar más rápido de lo que tarda un inspector en identificarse o en pedir que un sospechoso tire al suelo un arma. No importa que, en un enfrentamiento de poco más de uno o dos segundos, un policía se pueda considerar afortunado si acierta el cuerpo de su objetivo a una distancia de seis metros, y que acertar a una extremidad sea aún mucho más difícil, y a la mano con la que el delincuente sostiene el arma, casi imposible. Y tampoco importa si un policía es un hombre honorable, si cree o no honestamente que está en peligro, si el haber disparado a un sospechoso negro lo pone tan enfermo como disparar a un sospechoso blanco. McCown era un buen hombre, pero disparó una vez su 38 un instante o dos antes de lo que hubiera debido, y, en ese corto espacio de tiempo, la víctima y el agente quedaron encadenados en la misma tragedia.

Para el público, y para la comunidad negra en particular, el disparo a Ja-Wan McGee se convirtió en una victoria largamente esperada frente a un departamento de policía que durante generaciones no le había concedido ningún valor a la vida de las personas negras. Era, en ese sentido, la consecuencia inevitable de haber justificado demasiada maldad durante demasiado tiempo. Que Scotty McCown no fuera ni incompetente ni racista no suponía la menor diferencia; en Baltimore, como en cualquier otro departamento de policía de la nación, los hijos pagaban por los crímenes de sus padres.

Para los policías a pie de calle, blancos y negros, el caso McGee se convirtió en prueba fehaciente de que ahora estaban solos, de que el sistema ya no podía protegerlos. Para conservar su autoridad, se exigiría al departamento que destruyera no sólo a aquellos hombres que se comportaban de manera brutal y creían que era útil hacerlo, sino también a aquellos que tomaban la decisión equivocada cuando se enfrentaban a una decisión imprevista y terrible. Si el disparo era correcto, estabas cubierto, aunque en Baltimore ya no se puede usar la fuerza, ni siquiera en la situación más justificable que se pueda imaginar, sin que alguien, en alguna parte, se ponga frente a una cámara de televisión a decir que la policía había asesinado a aquel hombre. Y si el disparo era dudoso, probablemente también estabas a salvo, suponiendo que supieras lo que tenías que poner en el informe. Pero si el disparo había sido una equivocación, eras prescindible.

Las consecuencias para el departamento y para la ciudad misma fueron previsibles e inevitables. Y ahora todos los policías que conocían su historia podían mirar a la calle Monroe y reconocer en ella a la hija bastarda de una tragedia mucho anterior en una tienda de comida para llevar del este de la ciudad. Quizá a John Scott lo había matado un policía y quizá fuera un asesinato premeditado, aunque a Worden y a cualquiera le resultaba difícil imaginar que un policía arriesgase voluntariamente tanto su carrera como su libertad para pelar a un ladrón de coches. Lo más probable es que la muerte de John Scott no fuera nada más que una persecución, un forcejeo y luego medio segundo de deliberación bajo presión en un callejón oscuro. Quizá apuntara el arma y apretara el gatillo un policía torturado por el recuerdo de Norman Buckman o de cualquier otro policía que dudó y perdió. Quizá, con el eco del disparo, un policía se preguntó, presa del pánico, cómo iba a escribir aquello, cómo se tomaría aquella situación en el departamento. Quizá, antes de marcharse de la calle Monroe en el coche patrulla con las luces apagadas, un policía de Baltimore pensó en Scotty McCown.

—Roger Twigg acaba de dejarnos con el culo al aire —dice Rick James, leyendo el artículo por segunda vez y revirtiendo a su forma de hablar vernácula del lado oeste—. Algún tío de por aquí se ha ido mucho de la lengua, colega.

Donald Worden mira a su compañero, pero no dice nada. En la oficina principal, D'Addario está acabando los últimos asuntos en su carpeta. Dos docenas de inspectores —de homicidios, de robos, de delitos sexuales— están apiñados a su alrededor, escuchando otro reparto matutino de teletipos, órdenes especiales y memorandos departamentales. Worden lo oye todo sin prestar atención.

—Ese es el problema de toda esta investigación —dice finalmente, levantándose para servirse una segunda taza de café—. En este lugar hay más filtraciones que en un colador.

James asiente y luego tira el periódico al escritorio de Waltemeyer. D'Addario termina el pase de lista y Worden sale de la sala del café, mirando los rostros de al menos media docena de hombres que eran muy amigos de algunos de los agentes del los distritos Central y Oeste que ahora están siendo investigados por el asesinato de Scott. Worden se permite un pensamiento despiadado: cualquiera de ellos podría ser la fuente del artículo del periódico.

Demonios, Worden se siente obligado a incluir en esta lista de sospechosos a su propio inspector jefe. A Terry McLarney no le gusta nada investigar a otros policías y, en especial, a aquellos con los que había trabajado en el distrito Oeste. Lo había dejado diáfanamente claro desde el mismo momento en que John Scott había besado el suelo, y era por esa razón por la que se lo había apartado de la investigación de la calle Monroe.

Para McLarney, la noción de que sus propios inspectores estuvieran siendo usados para investigar a sus viejos colegas del Oeste era obscena. McLarney había sido sargento de sector en aquel distrito dejado de la mano de Dios antes de regresar a homicidios en el 85. Casi le matan en aquel distrito, pues le habían disparado como a un perro mientras perseguía a un atracador por la avenida Arunah, y había visto cómo les pasaba lo mismo a algunos de sus hombres. Si ibas a ir contra policías del Oeste, no podías esperar que McLarney fuera contigo. En su mundo no cabían los grises. Los policías eran buenos y los delincuentes malos; y si los policías no eran buenos, aun así seguían siendo policías.

Pero ¿habría llegado McLarney al extremo de filtrar información? Worden creía que no. Puede que McLarney se quejara y protestara y se mantuviera alejado del caso Scott, pero Worden no cree que fuera a sabotear el trabajo de sus propios inspectores. En realidad era difícil imaginar que ningún inspector hubiera filtrado intencionadamente detalles de una investigación para sabotearla.

No, piensa Worden, descartando la idea. El artículo del periódico tuvo que salir del departamento, pero probablemente no directamente de un inspector de homicidios. Una fuente mucho más probable eran los abogados del sindicato de policía en un esfuerzo por retratar al testigo presencial como sospechoso para así disminuir la presión sobre los agentes. Esto tenía sentido, particularmente porque a uno de esos abogados se lo citaba por su nombre al final del artículo.

Aun así, tanto Worden como James saben que la historia del periódico es básicamente cierta y está al día, un tanto exagerada en su sugerencia de que el nuevo testigo civil es un sospechoso, pero cierta en todo lo demás. Y ambos hombres saben, también, que la fuente de Twigg tiene, en consecuencia, que estar muy cerca de la investigación, pues de lo contrario no habría tenido acceso tan preciso a los hechos. Si los abogados del sindicato son la fuente principal del periodista, alguien les está pasando a ellos información actualizada sobre el curso de la investigación.

Para Worden, el artículo del periódico es parte de un problema mayor del caso de la calle Monroe: que la investigación se está llevando a cabo en una pecera. Y no es de extrañar. Cuando unos policías investigan a otros, se suele dar el caso a alguna clase de unidad de investigaciones internas, una brigada de detectives dedicada a tiempo completo a perseguir policías. Un inspector de asuntos internos está entrenado para mostrarse como un enemigo. Trabaja en una oficina distinta en un piso distinto del edificio e informa a superiores distintos que cobran por armar casos contra policías que han jurado lealtad al departamento. Un inspector de asuntos internos no conoce lealtades forjadas en las comisarías ni por la hermandad que genera el oficio, sino que debe fidelidad al sistema, al departamento como un todo. Es, en la jerga de los patrulleros, una rata que come queso.

Puesto que los policías de uniforme que persiguieron a John Scott eran todos potenciales sospechosos, la investigación de la calle Monroe era, a todos los propósitos, una investigación interna. Y, sin embargo, puesto que John Scott había sido asesinado, la investigación no podía ir a asuntos internos. Era un caso criminal y, por tanto, correspondía a la unidad de homicidios.

Worden tenía que lidiar con sus propios problemas de lealtad. Un cuarto de siglo no es poco tiempo en ningún oficio, pero para Worden los años que pasó de uniforme lo eran todo. Llevaba consigo un poco de Norman Buckman y también un poco de Scotty McCown. Sin embargo, estaba decidido a resolver el caso de la calle Monroe porque era su letra la que estaba escrita en rojo en la pizarra junto al nombre de John Scott. Era un asesinato. Su asesinato. Y si algún policía ahí fuera no tenía ni cerebro ni huevos suficientes para entregar el cuerpo, Worden estaba dispuesto a ir a por él.

Que algunos de los agentes se hubieran comportado como lo hacen los testigos de cualquier otro asesinato hacía que el proceso fuera un poco más fácil para Worden. Algunos le habían mentido descaradamente, otros habían sido deliberadamente ambiguos, todos se habían mostrado a la defensiva. Para Worden y James fue doloroso estar en una sala de interrogatorios y tener que escuchar cómo hombres de uniforme se les meaban en la pierna y luego les decían que estaba lloviendo. Tampoco recibieron ninguna colaboración de los distritos. El teléfono no sonaba constantemente con llamadas de policías que temieran verse envueltos en un asesinato cometido por otro agente y quisieran salir de la zona de peligro o hacer un trato para salvarse. Worden comprendió que en la calle se sabía, claramente, que homicidios no tenía pruebas suficientes para acusar a nadie. Si el responsable del asesinato era un policía, nadie los ayudaría mientras se creyera que la investigación estaba en punto muerto.

También eso había sido consecuencia de hablar demasiado, de los excesivos contactos de la unidad de homicidios con el resto del departamento. Durante dos meses, Worden y James habían llevado a cabo una investigación criminal bajo la mirada de los posibles sospechosos y testigos, y todos sus movimientos habían sido comunicados por radio macuto a todo el departamento. El artículo del periódico de hoy era sólo el ejemplo más gráfico de ese proceso.

¡Qué coño!, piensa Worden, yendo al lavabo de caballeros con un cigarro entre los dientes. Al menos los jefes no pueden ignorar el problema. Cuando la mitad de tu puto expediente está impreso en el periódico, ha llegado el momento de cambiar de táctica. Esa mañana, Tim Doory había llamado dos veces desde la oficina del fiscal del Estado para montar una reunión matutina con Worden y James en las oficinas de la unidad de crímenes violentos.

Worden está todavía encajando en su mente las piezas del rompecabezas cuando sale del lavabo, justo al mismo tiempo en que Dick Lanham, el coronel al mando del departamento de investigación criminal, dobla la esquina del pasillo de camino a su oficina. También Lanham está indignado. Lleva un ejemplar del periódico enrollado en su cerrado y apretado puño.

—Lo siento, Donald —dice el coronel, negando con la cabeza—. Con el trabajo que tienes, esto es lo último que te faltaba.

Worden se encoge de hombros.

—Es sólo una cosa más con la que hay que lidiar.

—Bueno, pues siento que tengas que lidiar con ella —dice Lanham—. Intenté por todos los medios que Twigg lo aguantara un tiempo, y creí que lo iba a hacer.

Worden escucha en silencio mientras el coronel se lanza a una prolija explicación de los esfuerzos que había realizado para retrasar el artículo, una narración puntuada con su afirmación de que Roger Twigg es el reportero más tozudo, arrogante y molesto que ha conocido en su vida.

—Le expliqué lo que pasaría si publicaba esa historia —dice el coronel—. Le pedí que esperara un par de semana, ¿y qué hace él?

El propio Lanham, cuando era comandante, había dirigido el departamento de asuntos internos, y en ese puesto había tenido que tratar con Twigg para una serie de casos delicados. Así que a Worden no le sorprende que el coronel y el periodista mantuvieran una larga conversación antes de que se publicara el artículo. Pero ¿filtraría el coronel a propósito información sobre esta investigación? Probablemente no, razona Worden. Como jefe del DIC, Lanham no quiere que un homicidio con implicación de la policía quede sin resolver en los archivos; y como antiguo hombre de asuntos internos, ciertamente no tiene ningún problema en investigar a otros policías. «No —piensa Worden—, no el coronel.» Si Lanham había hablado con Twigg había sido sólo para tratar de parar la historia.

—Bueno —dice Worden—, desde luego me encantaría saber quién es la fuente.

—Ya, claro —dice Lanham, siguiendo hacia su oficina—. A mí también. Quien quiera que sea sabe de lo que habla.

Tres horas después de digerir el artículo del periódico, Worden y James caminan las tres manzanas que separan la central del juzgado de Clarence M. Mitchell Jr., en la calle Calvert, donde se abren camino placa en mano frente a los adjuntos del *sheriff* y toman el ascensor hasta el tercer piso del palacio judicial de la ciudad.

Allí andan por un abigarrado laberinto de oficinas que alberga la unidad de crímenes violentos, y van al cubículo más grande, la oficina de Timothy J. Doory, adjunto al fiscal del Estado y jefe de la UCV. Sobre el escritorio de Doory está, por supuesto, un ejemplar de la sección local del *Sun's*, abierto por la página de la exclusiva de Roger Twigg.

La reunión es larga y, cuando los dos inspectores regresan a la unidad de homicidios, llevan una lista de una docena de testigos, civiles y policías, que van a recibir citaciones para declarar.

Me parece perfecto, piensa Worden mientras camina hacia la central. En este caso me han mentido, han intentado obstruir la investigación y he visto cómo mis mejores pruebas acababan aireadas en las páginas de un periódico. Así que ¡a la mierda!, si quieren mentir sobre este homicidio, que lo hagan bajo juramento. Y si van a estar filtrando la investigación a los periodistas, tendrán que sacar la información del juzgado.

—Joder, Donald —le dice James a su compañero, colgando su abrigo en la oficina principal—, en mi opinión, Doory debería haber hecho esto hace semanas.

Antes de que la investigación de la calle Monroe se vea más comprometida —por las revelaciones de Twigg o las de cualquier otro—, van a sacarla de la unidad de homicidios. Irá ante un gran jurado.

Miércoles 10 de febrero

El Pescadero va a la puerta con un tenedor en la mano, vestido con un camisa gastada de franela y unos pantalones de pana. Su cara, sin afeitar, no muestra ninguna emoción.

—Retírese —dice Tom Pellegrini—. Vamos a entrar.

—¿Estoy arrestado?

—No, pero tenemos una orden para registrar este lugar.

El Pescadero gruñe y luego se retira hacia la cocina. Landsman, Pellegrini y Edgerton conducen a media docena de otros policías dentro del apartamento de tres habitaciones en el segundo piso. El sitio está sucio, pero no hasta el punto de resultar desagradable, y hay pocos muebles. Hasta los armarios están casi vacíos.

Cuando cada uno de los inspectores escoge una habitación y empieza a registrarla, el Pescadero regresa a la barbacoa, al pollo, sus verduras y su botella de Colt 45. Utiliza el tenedor para separar la carne de una pechuga, y luego coge una pata con los dedos.

—¿Puedo verla? —pregunta.

—¿Ver qué? —dice Landsman.

—La orden. ¿Puedo verla?

Landsman regresa a la cocina y deja la copia para el receptor sobre la mesa.

—Puede quedarse esa copia.

El Pescadero se come su pollo y lee lentamente la declaración jurada de Landsman. La orden brinda un resumen mecánico de los motivos del registro: Conocía a la víctima. Dio trabajo a la víctima en su tienda. Confundió a los investigadores sobre una coartada. Paradero desconocido el día de la desaparición. El Pescadero lee sin traicionar ninguna emoción. Sus dedos manchan de grasa una esquina de las páginas.

Edgerton y Pellegrini se reúnen con Landsman en el dormitorio trasero mientras otros inspectores y agentes del operativo siguen removiendo las pocas posesiones del propietario de la pescadería.

—Aquí no hay gran cosa, Jay —dice Pellegrini—. ¿Por qué no cogemos a algunos de los chicos y vamos a Newington mientras tú vas al otro lado de la calle y registras la pescadería?

Landsman asiente. La avenida Newington es el segundo de los dos registros planeados para esa noche. Las órdenes de registro separadas para las dos direcciones reflejan una división de opiniones en el caso de Latonya Wallace. Antes esa misma tarde los principales investigadores estaban en extremos opuestos de la oficina de administración enzarzados en un duelo de máquinas de escribir, Pellegrini y Edgerton recopilando sus causas probables para un nuevo grupo de sospechosos en el 702 de Newington y Landsman poniendo todo lo que sabían sobre el dueño de la pescadería en un par de solicitudes de órdenes de registro para el apartamento del Pescadero y para lo que quedaba de su tienda de la calle Whitelock, que había sido destruida en un incendio poco antes de la desaparición de la niña. Era un poco irónico: incluso Landsman había vuelto al Pescadero mientras que Pellegrini y Edgerton —quienes pocos días antes habían defendido que el tendero era su mejor esperanza— habían acabado por abrazar la nueva teoría.

La negativa de Landsman a renunciar al Pescadero significó también un cambio radical de sus argumentos anteriores, cuando sus propias estimaciones sobre la hora de la muerte parecían haber eliminado al tendero como sospechoso. Pero en una consulta posterior con los forenses Landsman y Pellegrini repasaron los cálculos una vez más: el cuerpo estaba saliendo del rigor mortis, los ojos todavía estaban húmedos y no había rastros de descomposición; de doce a dieciocho horas. Era lo más probable, había dicho el forense, a menos que el asesino hubiera podido guardar el cuerpo en un lugar frío que, en esta época del año, podría ser una casa adosada vacía, un garaje o un sótano sin calefacción. Eso hubiera retrasado los procesos que se ponen en marcha con la muerte.

¿Cuánto los podría haber retrasado?, preguntó Landsman.

Hasta veinticuatro horas. Quizá más.

Maldita sea, Edgerton había dado en el clavo sobre la estimación de la hora de la muerte hacía dos noches. Disponiendo de veinticuatro a treinta y seis horas para trabajar, los inspectores podían considerar la posibilidad de un secuestro el martes seguido por un asesinato esa misma noche o la mañana del miércoles. El Pescadero no tenía coartada para ese periodo. Suponiendo que tuviera una forma de mantener el cuerpo frío, los nuevos cálculos le dejaban al descubierto. El trabajo de calle de Pellegrini descartó el otro hecho que había llevado a los inspectores a pensar en un secuestro prolongado y un asesinato el miércoles por la noche: los perritos calientes con chucrut que se habían hallado en el estómago de la niña. Eso se desvaneció cuando Pellegrini entrevistó a un vecino de Reservoir Hill que trabajaba en la cafetería del colegio Eutaw-Mashburn. Pellegrini aprovechó la oportunidad para volver a comprobar los datos que aparecían en expediente del caso y le preguntó al empleado si la comida del día 2 de febrero había consistido, efectivamente, en espaguetis con albóndigas. El empleado consultó los menús y llamó a Pellegrini al día siguiente: la comida del día 2 de febrero consistió, en realidad, en perritos calientes con chucrut. Los espagueti habían sido el día anterior. De algún modo, los inspectores habían sido mal informados; ahora los contenidos del estómago de la víctima apuntaban también a un asesinato el martes por la noche.

Para Pellegrini resultaba inquietante que asunciones tan fundamentales realizadas en las primeras horas del caso siguieran cuestionándose o incluso fueran refutadas por la nueva información. Era como si hubieran tirado de un hilo y la mitad del caso se hubiera deshecho. En opinión de Pellegrini, la forma más rápida de convertir un caso en un lodazal era que los investigadores no estuvieran seguros de nada, que sintieran que era necesario cuestionarlo todo. La estimación de la hora de la muerte, los contendidos del estómago... ¿qué más había en el expediente que se fuera a volver contra ellos?

Al menos en este caso el cambio de escenario les permitía conservar uno de sus mejores sospechosos. Aunque era cierto que el apartamento y la tienda del Pescadero estaban a manzana y media de la avenida Newinton —contradiciendo así las teorías de Landsman sobre la cercanía de la escena del crimen— era también cierto que el propietario de la tienda tenía acceso al menos a un vehículo, una camioneta que tomaba prestada de forma habitual a otro tendero de la calle Whitelock. Al comprobar su coartada del miércoles, los inspectores se enteraron de que la noche en que el cuerpo había sido abandonado detrás de la avenida Newington el Pescadero estaba en posesión del vehículo. Hasta ahora la teoría era que si el asesino hubiera tenido el cuerpo en un vehículo, hubiera conducido a un lugar aislado en lugar de a un callejón cercano. Pero ¿y si estaba asustado? ¿Y si el cuerpo estaba simplemente tapado con algo en la parte de atrás de la camioneta, relativamente expuesto?

¿Y por qué demonios el Pescadero no había hecho el más mínimo intento en esa primera interrogación de explicar su paradero el martes y la mañana del miércoles? ¿Acaso era un vendedor con la mínima inteligencia necesaria para trabajar pero incapaz de distinguir un día de otro? ¿O estaba esforzándose deliberadamente pare evitar citar una coartada falsa que los inspectores pudieran luego desmentir? En el primer interrogatorio, el Pescadero había mencionado un recado que hizo con un amigo el miércoles como coartada. ¿Había sido simplemente un fallo de su memoria o un intento consciente de confundir a los investigadores?

En las semanas que habían pasado desde asesinato, los rumores sobre el interés del Pescadero por las chicas jóvenes circularon por Reservoir Hill hasta el punto de que los inspectores recibían regularmente acusaciones nuevas de pasados intentos de abusos. Estas acusaciones carecían, en su mayor parte, de fundamento. Pero cuando los inspectores comprobaron el nombre del Pescadero en el ordenador del Registro Nacional del Crimen encontraron un cargo relevante anterior a sus antecedentes en el ordenador de Baltimore: una acusación de violación de 1957, cuando el Pescadero estaba en la veintena. La acusación la había presentado una niña de catorce años.

Pellegrini sacó del almacén el microfilm con los informes policiales de aquel caso y vio que mostraban una condena y una sentencia de sólo un año. La historia de aquel antiguo caso no entraba en detalles, pero les dio a los inspectores la esperanza de que estuvieran enfrentándose a un delincuente sexual. Más aún, le dio a Landsman un poco más de carne que colgar de los huesos pelados que constituían su petición de órdenes de registro.

Esa tarde, Landsman había mostrado sus peticiones a Howard Gersh, un veterano fiscal que se había pasado por la unidad de homicidios temprano ese mismo día.

—Eh, Howard, échale un vistazo a esto.

Gersh repasó las causas razonables en menos de un minuto.

—Colará —dijo—, pero ¿no estás soltando demasiada información?

La pregunta se refería a la táctica empleada. Una vez le entregaran la orden judicial, el Pescadero vería la petición redactada y sabría lo que los inspectores creían que lo relacionaba con el crimen. También sabría en qué punto su coartada era más débil. Landsman señaló que al menos la petición no revelaba la identidad de los testigos que contradijeron la versión inicial del sospechoso.

—No descubrimos a ninguno de los testigos.

Gersh se encogió de hombros y le devolvió el documento.

—Buena caza.

—Gracias, Howard.

A las diez de esa noche, Landsman había llevado a toda prisa las órdenes a casa del juez de guardia y los inspectores y el agente del operativo se habían reunido en el aparcamiento de la biblioteca de la avenida Park, donde Latonya Wallace había sido vista con vida por última vez. El plan era entrar en el apartamento y la tienda del Pescadero primero pero ahora, después de encontrar tan poca cosa en la calle Whitelock, Pellegrini y Edgerton no pueden esperar a investigar la nueva teoría. Dejan a Landsman y a un agente del operativo para que terminen el registro de la destrozada tienda del hombre mientras conducen a un segundo grupo una manzana y media al este hasta la avenida Newington.

Dos Cavaliers y dos coches patrulla se detienen frente a una casa adosada de tres pisos en el lado norte de la calle, en la que la policía entra a saco como si estuviera ejecutando una jugada ofensiva de fútbol americano. Eddie Brown entra primero como saliendo del primer bloqueo, seguido por dos policías de uniforme del Distrito Central. Luego van Pellegrini y Edgerton y finalmente Fred Ceruti y más policías de uniforme.

Un joven de diecisiete años que se había acercado hasta el vestíbulo de la entrada para responder a los fuertes golpes con los que habían llamado a la puerta ha acabado empujado contra la pared con un policía de uniforme gritándole que se calle de una puta vez y que se esté quieto mientras le cachea. Un segundo chaval vestido con un chándal gris sale por la puerta de la habitación del medio del segundo piso, ve rápidamente quienes son los que han irrumpido en la casa y se vuelve por donde ha venido, gritando:

—Pohlisías —grita—. Eh, tíos que viene la policía...

Eddie Brown saca a Paul Revere de la puerta de un tirón y le empuja contra una de las paredes mientras Ceruti y otros uniformes se abren camino por el oscuro pasillo hacia la luz encendida que hay en la habitación central.

Allí hay cuatro chicos agrupados en torno a un producto de limpieza en un pulverizador y una pequeña caja de bolsas de plástico. Sólo uno de ellos se molesta en levantar la vista para mirar a los intrusos y para ese él transcurren uno o dos segundos en los que no es capaz de entender nada hasta que el éter se despeja, empieza a gritar como un loco y echa a correr hacia la puerta trasera. Uno de los agentes del operativo que viene del Distrito Sur lo coge por la camisa en la cocina y lo dobla sobre el fregadero. Los otros tres están fuera de este mundo y no hacen el menor movimiento. El mayor expresa su indiferencia llevándose la bolsa de plástico a la cara e inhalando un último chute. La peste a productos químicos es sobrecogedora.

—Me voy a poner enfermo si sigo respirando esta mierda —dice Ceruti, empujando a uno de los críos sobre un escritorio.

—¿Qué opinas? —pregunta un uniforme, sentando a otro de los cautivos en una silla—. ¿Va a cabrearse mamá cuando se entere de que habéis estado aspirando droga teniendo que ir mañana al colegio?

Desde los dormitorios del segundo piso llega la cacofonía de agentes que maldicen y mujeres que chillan, seguida por gritos más distantes de las habitaciones del tercer piso. En parejas y tríos se saca a los ocupantes de casi una docena de dormitorios y se los lleva abajo por la escalera ancha y medio podrida que ocupa el centro de la casa —adolescentes, niños pequeños, mujeres de mediana edad, hombres adultos— hasta que un reparto completo de veintitrés personas está reunido en el salón.

La multitud está extrañamente silenciosa. Es casi medianoche y una docena de policías pululan por la casa adosada, pero los asediados vecinos del 702 de Newington no hacen ninguna pregunta sobre el registro, como si hubieran llegado a un punto en el que los registros policiales no necesitaran ningún motivo. Lentamente, el grupo sedimenta en capas a lo largo de la habitación: los niños más pequeños se quedan en el centro del suelo, los adolescentes se sitúan a los lados sentados en el suelo o de pie con la espalda contra las paredes, los hombres y mujeres de más edad se van al sofá o se sientan en las sillas o se colocan alrededor de la vieja mesa de comedor. Pasan cinco minutos antes de que un hombre mayor, bajo y fornido que lleva unos boxer azules y zapatillas de baño haga la pregunta obvia:

—¿Qué diablos hacen ustedes en mi casa?

Eddie Brown se acerca a la puerta y el hombre bajo y corpulento lo mira de arriba abajo:

—¿Es usted quien manda?

—Soy uno de los que manda —dice Brown.

—No tienen ustedes derecho a entrar así en mi casa.

—Tengo todo el derecho. Tengo una orden judicial.

—¿Una orden? ¿Una orden para qué?

—Una orden de registro firmada por un juez.

—No hay juez que firme una orden de registro contra mí. Yo sí que me voy a buscar un juez y le voy a contar como han entrado ustedes en mi casa.

Brown sonríe con indiferencia.

—Déjeme ver su orden.

El inspector lo ignora con un gesto.

—Cuando hayamos terminado podrá quedarse una copia.

—No tiene usted ninguna orden.

Brown se encoge de hombros y sonríe otra vez.

—Gilipollas.

Brown vuelve la cabeza rápidamente y fulmina con la mirada al hombre que viste los boxer azules, pero lo único que el hombre le devuelve es una expresión de «yo no he sido».

—¿Quién ha dicho eso? —exige saber Brown.

El hombre gira la cabeza lentamente, mirando a través de la habitación a uno de los inquilinos más jóvenes, el chaval con el chándal gris que había intentado avisar a los demás a gritos poco antes. Está apoyado contra el interior de la puerta abierta del pasillo, jodiendo con la mirada a Eddie Brown.

—¿Has dicho algo?

—Digo lo que me da la gana —dice el chaval hoscamente.

Brown avanza dos pasos por la habitación, agarra al chaval, lo saca del marco de la puerta de un estirón y lo arrastra hasta el vestíbulo. Ceruti y un uniforme del Distrito Central se apartan un poco para ver mejor el espectáculo. Brown le pone su rostro tan cerca que no hay nada más en el universo del chaval, nada más en lo que pueda pensar excepto en el cabreadísimo inspector de policía de metro ochenta y ocho y cien kilos de peso que tiene delante.

—¿Qué es lo que quieres decirme ahora? —pregunta Brown.

—Yo no he dicho nada.

—Dilo ahora.

—Tío, yo no...

La cara de Brown se arruga con una sonrisa sardónica mientras devuelve en silencio al chaval a la habitación de la que lo ha sacado, donde dos agentes del operativo ya están manos a la obra anotando nombres y fechas de nacimiento.

—¿Cuánto tiempo vamos a estar aquí sentados? —pregunta el hombre de los boxer azules.

—Hasta que hayamos terminado —contesta Brown.

En un dormitorio trasero de arriba, Edgerton y Pellegrini están empezando a abrirse camino lenta y metódicamente entre las pilas de harapos y colchones mohosos, papeles y trozos de comida podrida, registrando el 702 de Newington en busca del último lugar en que se vio viva a Latonya Kim Wallace.

El registro a los esnifadotes de pegamento del 702 de Newington es el último pasillo en una investigación que ya dura una semana, la puesta a prueba de una teoría que Pellegrini y Edgerton han estado armando durante los últimos dos días. El nuevo escenario hace que los detalles en apariencia más absurdos del asesinato cobren sentido. En concreto, la teoría parece explicar satisfactoriamente por qué Latonya Wallace fue abandonada frente a la puerta de atrás del número 718 de Newington. El lugar en el que se encontró el cuerpo era tan absurdo, tan extraño, que cualquier razonamiento que pudiera justificarlo bastaba para cambiar la dirección de la investigación.

Desde la mañana en que se encontró a Latonya Wallace, todo los inspectores que habían reconocido la escena del crimen se habían preguntado por qué el asesino iba a arriesgarse a cargar con el cuerpo de la chica hasta el patio trasero vallado del 718 de Newington para luego dejarlo directamente a la vista de la puerta trasera y arriesgándose además a que le oyeran. Si el asesino había, de hecho, conseguido entrar en la avenida Newington sin que lo detectaran, ¿por qué no dejar el cuerpo en el callejón entre las casas y huir? Y, ya puestos, ¿por qué no dejar el cuerpo en un patio más cercano a alguno de los dos extremos del callejón, que eran los únicos puntos por los que el asesino podía haber entrado al mismo? Y, sobre todo, ¿por qué iba el asesino a arriesgarse a entrar en el patio vallado de una casa habitada y luego arrastrar el cuerpo doce metros por él para dejarlo tan cerca de la puerta trasera? Había otros patios más accesibles y tres de las casas adosadas que daban al callejón estaban obviamente abandonadas. ¿Por qué arriesgarse a que lo oyeran los residentes del 718 de Newington cuando podía haber dejado perfectamente el cuerpo en el patio de una casa con las ventanas tapiadas con listones de madera y de dónde no saldría ningún inquilino que pudiera pillarle con las manos en la masa?

Incluso antes de que el viejo borracho de la avenida Newington se demostrase incapaz de cometer un asesinato, una respuesta empezó a tomar forma en la cabeza de los dos inspectores, una respuesta que encajaba perfectamente con las anteriores teorías de Landsman.

Desde el primer día, Landsman había dicho que lo más probable era que el asesinato hubiera tenido lugar en una casa o garaje cerca de donde se había encontrado el cuerpo. Entonces, en la madrugada, el asesino habría llevado a la niña al callejón, la habría dejado en la puerta del número 718 y huido. Lo más probable, había argumentado Landsman, era que la escena del crimen estuviera en una de las casas de las avenidas Callow, Park o Newington, pues eran las tres calles cuya parte de atrás daba al callejón. Y si la escena del crimen no estaba en ese mismo bloque, entonces a lo sumo estaba a una manzana de distancia en cualquier dirección; a los detectives no les cabía en la cabeza que un asesino con un cadáver en brazos se pusiera a caminar frente a las casas de varias manzanas de su barrio cuando, para deshacerse de un cuerpo, todos los callejones eran iguales.

Había, por supuesto, una pequeña posibilidad de que el asesino, temiendo conducir muy lejos con un cuerpo en el coche, hubiera usado un vehículo para llevar el cuerpo en un trayecto muy corto hasta el callejón detrás de Newington, una posibilidad que Landsman consideraba posible en el caso del Pescadero, que vivía a unas manzanas de la escena en Whitelock y, por lo tanto, no encajaba con la teoría sobre la que estaban trabajando. De hecho, un residente del 720 de Newington les había contado a los inspectores durante un peinado de la zona que le parecía recordar vagamente haber visto la luz de unos faros de coche aparecer por la pared trasera de su dormitorio a las cuatro de la mañana el día en el que cuerpo fue descubierto. Pero más allá de ese recuerdo soñoliento ningún residente recordaba haber visto un vehículo extraño en la parte de atrás de la avenida Newington. De hecho, con la excepción de un hombre que a menudo aparcaba su Lincoln Continental en el patio trasero del 716 de Newington, nadie recordaba haber visto ningún coche o camioneta pasar por el estrecho callejón.

El nuevo evangelio del caso de Latonya Wallace —con Edgerton como su autor y Pellegrini como primer converso— aceptaba todos los argumentos previos y además parecía explicar la extraña y al parecer irracional colocación del cuerpo: el asesino no había venido por el callejón. Tampoco la chica había sido transportada a través del 718 de Newington, que era la alternativa obvia. La pareja de ancianos que vivía en aquella dirección y había descubierto el cuerpo habían sido investigados a fondo; sus historias cuadraban y su hogar había sido comprobado a fondo por los detectives. Nadie creía que estuvieran implicados en el asesinato ni era posible que el cuerpo hubiera sido transportado por la casa sin su consentimiento.

Después de contemplar la escena desde una docena de ángulos distintos a Edgerton se le ocurrió una tercera posibilidad: que el asesino hubiera venido de arriba.

Una semana atrás, cuando había sido descubierto el cuerpo, varios detectives habían subido y bajado por la escalera de incendios metálica que empezaba en el tejado del 718 de Newington y descendía en dos tramos hasta el patio trasero, terminando unos pocos palmos por encima de la puerta de la cocina y de la propia escena del crimen. Los inspectores comprobaron la escalera en busca de rastros de sangre o cualquier otro tipo de prueba y no encontraron nada. Edgerton y Ceruti incluso subieron a los rellanos traseros de algunas de las casas cercanas y comprobaron las cuerdas de tender la ropa por si alguna encajaba con las marcas de ligaduras en el cuello de la chica, pero ninguno de los hombres había pensado de forma sistemática en los tejados. Sólo después de una docena de visitas al lugar empezó a ocurrírsele la idea a Edgerton y el domingo por la mañana, tres días después de que se descubriera el cuerpo, el inspector empezó a poner su teoría sobre el papel.

Edgerton pegó dos folios juntos y dividió el espacio resultante en dieciséis largos rectángulos, cada uno de los cuales representaba una de las dieciséis casas adosadas del lado norte de la avenida Newinton. En el centro del diagrama, detrás del rectángulo marcado 718, Edgerton dibuja un crudo monigote de palo para señalar la posición del cuerpo. Entonces indica la posición de las escaleras de incendios en el 718, que se extienden desde el patio trasero a un rellano del segundo piso y luego hasta el tejado, así como las de otras escaleras de incendios en otros edificios.

Diez de las dieciséis casas adosadas tienen acceso directo al techo desde el interior. A Latonya Wallace podrían haberla atraído a una de las casas del lado norte de Newington, donde podrían haberla violado y asesinado para luego sacarla por una de las ventanas del segundo piso a los rellanos planos y alquitranados sobre las extensiones posteriores. Desde allí, utilizando las escaleras de incendios, el asesino podría haber llevado el cuerpo a los tejados del tercer piso, caminado un breve trecho por el tejado común y luego descendido por la escalera metálica al patio del 718 de Newington. Solo esa teoría podía explicar por qué el cuerpo había sido abandonado cerca de la puerta trasera en el patio vallado del número 718 y por qué el asesino no había corrido menos riesgos y dejado el cuerpo en el callejón común o en un patio más fácilmente accesible. Desde el suelo, el 718 de Newington era un lugar absurdo. Pero desde el tejado, el 718 de Newington era —por virtud de sus seguras escaleras metálicas— uno de los edificios más accesibles de toda la manzana.

Ese mismo domingo Edgerton, Pellegrini y Landsman exploraron los tejados de las casas adosadas de Newington buscando pruebas e intentando determinar qué casas tenían acceso directo a los tejados. Los detectives comprobaron los tejados de todas las casas y los encontraron sellados con alquitrán o cerrados de algún otro modo. Pero desde las habitaciones de atrás del segundo piso de diez de las casas, un hombre podría haber subido por la ventana y tomado la escalera de incendios hasta el techo.

Edgerton señaló esas casas —700, 702, 708, 710, 716, 720, 722, 724, 726 y 728— en un cuaderno, anotando además que la 710 y la 722 eran edificios vacantes que ya habían sido comprobados por los inspectores. Tachó esas casas, junto con el 726 de Newington, que había sido renovado recientemente y reconvertido en una de esas maravillas *yuppies* con tragaluces y halógenos, la única concesión en toda la manzana a la campaña de diez años para atraer a nuevos propietarios a la zona y reconstruir las viviendas abandonadas de Reservoir Hill. Esa casa la estaban preparando para la venta y estaba vacía, lo que dejaba sólo siete casas adosadas con acceso viable al tejado.

El martes, la nueva teoría ganó credibilidad cuando Rich Garvey, al revisar las fotografías en color de la escena del crimen, vio manchas negras en los pantalones estampados amarillos de la niña.

—Eh, Tom —dijo llamando a Pellegrini a su escritorio—. Mira toda esta mierda negra en los pantalones. ¿A ti te parecen manchas normales?

Pellegrini negó con la cabeza.

—Por Dios, sea lo que sea, el laboratorio debería poder decirte algo. Parecen de grasa.

Alquitrán de tejado, pensó Pellegrini. Se marchó con las fotografías hasta el laboratorio criminal del quinto piso para cotejarlas con la ropa de la niña, que estaba siendo examinada en busca de cabellos, fibras y cualquier otra prueba. Un análisis químico de aquellos lamparones negros como el carbón podía tardar semanas e incluso así dar sólo las características generales de la sustancia. Pellegrini preguntó si podía determinarse si era un derivado del petróleo o, al menos, si su composición era consistente con la del alquitrán de cubrir tejados. Sí, le dijeron los químicos tras un somero examen preliminar, era muy probable que lo fuera, aunque tardarían tiempo en tener los resultados de un examen completo.

Más tarde ese día Edgerton y Pellegrini terminaron de comparar el diagrama de los tejados con los resultados de las operaciones de peinado de la manzana número 700 de Newington, cotejando las listas de inquilinos de las siete casas sospechosas con sus antecedentes policiales. Los inspectores se concentraron en las direcciones ocupadas por hombres que o bien vivían solos o bien no se sabía dónde habían estado los días en los que la niña había desaparecido, además de las casas ocupadas por varones que eran delincuentes habituales. Entre coartadas confirmadas, mujeres y ciudadanos respetuosos de la ley, el proceso de eliminación les llevó rápidamente al 702 de Newington.

No sólo era el hogar del principal grupo de piltrafas, delincuentes y drogadictos, sino que un repaso de los informes de incidentes en la unidad de delitos sexuales reveló un dato interesante de octubre de 1986, cuando una niña de seis años fue retirada de la casa por empleados de los servicios sociales debido a indicios de abusos sexuales. Sin embargo, no se habían presentado cargos a raíz de aquel informe. Y en cuanto a la casa en sí, el 702 de Newington tenía un rellano de alquitrán en el segundo piso con una escalera de madera que llegaba al tejado del tercer piso y los detectives se dieron cuenta durante su registro el domingo que las ventanas de la parte de atrás del segundo piso parecían haber sido abiertas recientemente. Una pantalla metálica había sido parcialmente desencajada del marco, permitiendo así el acceso al rellano. Más aún, al fondo del tejado del tercer piso, Pellegrini encontró lo que parecía ser una marca reciente en el alquitrán hecha por algún objeto romo, quizá uno cubierto por tejido.

Basándose en sus antecedentes policiales, seis de los adultos varones que vivían en el 702 de Newington y otros residentes de aquella manzana fueron llevados a homicidios el día en que se descubrió el cuerpo de la niña, todo como parte del peinado preliminar de la zona. En aquellas primeras entrevistas los hombres no dijeron nada que despertara las sospechas de la policía, pero tampoco hicieron muchos amigos en la unidad de homicidios. Antes de ser interrogados, los ocupantes del 702 de Newington se pasaron una hora entera sentados en la pecera, riéndose a carcajadas y desafiándose los unos a los otros a crear las flatulencias más potentes.

Aquella conducta les parece ahora a los inspectores el colmo de la elegancia mientras se abren paso entre los escombros del 702. El edificio fue en tiempos una señorial casa victoriana, pero ahora la estructura es poco más que un cascarón descarnado sin electricidad ni agua corriente. Platos de comida, montañas de ropa, pañales abandonados, cubos de plástico y botes de metal llenos de orina se amontonan en los rincones de la casa. La peste a miseria se vuelve más opresiva en cada nueva habitación, hasta que tanto los policías de paisano como los inspectores tienen que bajar regularmente a la entrada a fumar un cigarrillo y respirar un poco de aire invernal en los escalones de entrada. En todas las habitaciones, los ocupantes se habían adaptado a la ausencia de agua corriente orinando en un contenedor común. Y en todas las habitaciones platos de papel y de plástico llenos de restos de comida estaban dispuestos en capas, unos encima de otros, hasta que toda la serie de comidas de una semana podía rastrearse arqueológicamente en los estratos de basura. Las cucarachas y los escarabajos de agua saltaban en todas direcciones a la que se removían un poco los desperdicios y, a pesar del calor que hacía en los pisos superiores de la casa, ni uno de los inspectores estaba dispuesto a quitarse el abrigo o la chaqueta y dejarla en alguna parte por miedo a que quedara infestada de bichos.

—Si la mataron aquí —dice Edgerton, moviéndose a través de una habitación entregada a los restos de comida y los harapos mohosos— imagínate como debieron de ser sus últimas horas.

Edgerton y Pellegrini, y luego Landsman, que llegó más tarde de la calle Whitelock, empezaron a registrar la habitación trasera del segundo piso que pertenecía al hombre mayor que había sido considerado sospechoso en la anterior violación de una niña de seis años. Brown, Ceruti y los demás se abrieron paso por el tercer piso y las habitaciones delanteras. Tras ellos vinieron los técnicos del laboratorio, que tomaron fotografías de todas las habitaciones y objetos recuperados, buscaron huellas en todas las superficies que les sugerían los inspectores y realizaron pruebas de leuco malaquita a cualquier mancha que tuviese un mínimo parecido con la sangre.

Es un proceso lento que la enorme concentración de inmundicia y trastos hace todavía más difícil. Sólo en cubrir las habitaciones traseras —las que tienen acceso directo al tejado— tardan dos horas, durante las cuales los inspectores mueven todos los objetos que hay en la habitación uno a uno hasta que se va vaciando y se puede dar la vuelta a los muebles. Además de ropa o sábanas manchadas de sangre y de un cuchillo dentado, buscan el pendiente en forma de estrella, nada menos que la proverbial aguja en un pajar. De la habitación trasera en la que se ha roto la pantalla de la ventana toman dos pares de pantalones tejanos manchados y una sudadera que da positivo en la prueba de la leuco malaquita, además de una sábana con manchas similares. Estos descubrimientos les impulsan a continuar hasta la madrugada, girando colchones en descomposición y moviendo destartaladas cómodas con cajones rotos en una búsqueda metódica de la escena del crimen.

El registro que empezó poco antes de medianoche se alarga hasta las tres, luego las cuatro y finalmente las cinco, hasta que sólo Pellegrini y Edgerton quedan en pie e incluso los técnicos del laboratorio empiezan a protestar. Ya han levantado huellas latentes de marcos de puertas y paredes, de repisas de cajoneras y barandillas, por si suena la improbable flauta y alguna coincide con las de la víctima. Pero Edgerton y Pellegrini todavía no se dan por satisfechos, y mientras avanzan hacia el tercer piso piden que se busquen huellas en muchos objetos más.

A las 5:30 de la mañana los habitantes varones de la casa son esposados juntos y pastoreados en fila hacia una furgoneta del Distrito Central. Serán llevados a la central y dejados en habitaciones distintas donde los mismos investigadores que han pasado la noche escarbando en la casa adosada darán inicio a una inútil campaña que tendrá por objeto provocar que alguno de aquellos hombres reconozca ser el asesino de una niña. Y, aunque todavía no se les ha acusado de nada, los inspectores tratan a los sospechosos del 702 de Newington con un desprecio casi exagerado. Es un desdén mudo y evidente y tiene poco que ver con el asesinato de Latonya Wallace. Quizá uno de aquella media docena de hombres matara a la pequeña, quizá no. Pero lo que los inspectores y policías de uniforme saben ahora, después de seis horas dentro del 702 de Newington, es suficiente para acusarles de algo completamente distinto.

No se trata de la pobreza; todos los policías que llevan más de un año en la calle han visto mucha pobreza y algunos, como Brown o Ceruti, nacieron ellos mismos en tiempos difíciles. Y también tiene poco que ver con la delincuencia, a pesar de los muchos antecedentes policiales, del informe sobre abusos a una niña de seis años y de los adolescentes esnifando productos de limpieza en la sala de estar. Todos los policías que han estado en el 702 de Newington se enfrentan a la delincuencia y a comportamientos criminales a diario y han llegado a un punto en que aceptan sin emoción a los hombres malvados como la necesaria clientela del negocio, tan fundamentales para el entremés moral como los abogados y los jueces, los agentes de la libertad condicional y los guardas de las prisiones.

El desprecio que se muestra hacia los hombres del 702 de Newington procede de un lugar más profundo, y parece insistir en un estándar, parece decir que algunos hombres son pobres y otros son delincuentes, pero incluso en el peor gueto de Estados Unidos existen niveles claramente establecidos por debajo de los cuales nadie debería caer jamás. Para un inspector de homicidios de Baltimore la jornada incluye día sí y día no un viaje a algún montón de ladrillos de tres metros y medio de ancho en el que ningún contribuyente volverá jamás a respirar. La mampostería estará podrida y sucia, los tablones del suelo torcidos y astillados, la cocina llena de cucarachas que ya ni se molestan en huir del resplandor de la luz eléctrica. Y, sin embargo, la mayor parte de las veces la máxima privación está acompañada de pequeños símbolos del esfuerzo humano, de una lucha tan antigua como el propio gueto: fotos de polaroid grapadas a la pared de un dormitorio que muestran a un niño con su disfraz de Halloween; una felicitación hecha con recortables de un niño a su madre; menús del comedor de la escuela sobre la vetusta nevera; las fotos de una docena de nietos reunidas dentro de un mismo marco; una funda de plástico para el sofá nuevo del salón, lo único que se sostiene en una habitación destartalada; el ubicuo poster de *La última cena* o de Cristo con un halo; o el retrato aerografiado de Martin Luther King, Jr. sobre cartón, sobre papel, incluso sobre terciopelo negro, con la mirada elevada y su cabeza coronada por citas del discurso de la Marcha sobre Washington. Estos son los hogares en los que una madre todavía baja a llorar en los escalones de la entrada cuando una furgoneta de la policía se detiene frente a la casa, donde los inspectores saben que deben dirigirse a los inquilinos con respeto, donde los policías de uniforme preguntan al chaval si las esposas están demasiado apretadas y le ponen una mano sobre la cabeza para protegerle cuando entra en la parte de atrás del coche.

Pero en una casa de la avenida Newington dos docenas de seres humanos han aprendido a dejar la comida donde se cae, a amontonar la ropa y los pañales sucios en una esquina de la habitación, a quedarse extrañamente quietos mientras los parásitos corren entre las sábanas, a vaciar una botella entera de Mad Dog o de T-Bird y luego mear su contenido en un cubo de plástico al borde de la cama, a considerar un producto de limpieza del baño y una bolsa de plástico como una forma de entretenimiento. Los historiadores dicen que cuando las víctimas del holocausto nazi oyeron que los ejércitos aliados estaban a pocos kilómetros y a punto de liberar los campos, algunos volvieron a fregar y limpiar los barracones para demostrar al mundo que allí habían vivido seres humanos. Pero en la avenida Newington se habían cruzado todos los rubicones de la existencia humana. La misma lucha había sido objeto de burla y la rendición incondicional de toda una generación era un pesado lastre para la siguiente.

Para los detectives que estuvieron en la casa adosada, el desprecio e incluso la ira son las únicas emociones naturales. O eso creen hasta que el registro se prolonga sobre las primeras horas de la mañana y un niño de diez años con una sudadera de los Orioles manchada y tejanos emerge de aquel vertedero de humanidad y va al centro de la habitación, tira de la manga del abrigo de Eddie Brown y le pide permiso para coger algo de su habitación.

—¿Qué es lo que quieres?

—Mis deberes.

Brown duda, incrédulo.

—¿Tus deberes?

—Están en mi habitación.

—¿Y qué habitación es?

—Está arriba en la parte de delante.

—¿Qué es lo que necesitas? Yo te lo traeré.

—Mi cuaderno y algunas hojas, pero no me acuerdo de dónde las dejé.

Y así Brown sigue al niño hasta el dormitorio más grande del segundo piso y mira como saca un libro de lectura de tercero y un cuaderno de ejercicios de la mesa abarrotada de cosas.

—¿De qué son los deberes?

—Ortografía.

—¿Ortografía?

—Sí.

—¿Y eres bueno en ortografía?

—Normal.

Entonces regresan abajo y el chico desaparece, perdido en la asfixiante masa que hay en la sala de la planta baja. Eddie Brown mira a través de la puerta como si aquello estuviera al otro lado de un largo túnel.

—En serio —dice, encendiendo un cigarrillo—, me estoy haciendo viejo para esto.

TRES

Miércoles 10 de febrero

Han pasado 111 días desde que dispararon a Gene Cassidy en la esquina de las calles Appleton y Mosher, y durante 111 días Terry McLarney ha cargado con el peso de todo el Departamento de Policía de Baltimore a sus espaldas. Nunca ha quedado abierto un expediente sobre el asesinato o la agresión a un agente de la policía de Baltimore; nunca ha habido un proceso que no declarara culpable al sospechoso. Sin embargo, McLarney sabe, como lo saben todos los demás policías del departamento, que el día del Juicio final se acerca. Durante años, los jurados de la ciudad han estado dispuestos a dar veredictos de asesinato en segundo grado en los asesinatos de agentes de policía; el chico que disparó a Buckman seis veces en la cabeza consiguió salir con un segundo grado y ya estaba en libertad bajo fianza. El drogata que había matado a Marty Ward de un disparo en el pecho durante una redada de narcóticos que salió mal también consiguió un segundo grado. McLarney sabe, como cualquier otro inspector, que es sólo cuestión de tiempo hasta que suceda lo impensable y declaren a alguno inocente. McLarney se dice a sí mismo que no permitirá que le pase a él y no permitirá que le pase a Cassidy.

Pero los días se desangran sin que aparezcan nuevas pistas, sin nada que corrobore un caso que los fiscales dicen que es demasiado débil como para ser llevado ante un jurado. La carpeta del disparo a Cassidy está llena de informes, pero en realidad McLarney no tiene más pruebas en contra de su sospechoso que las que tenía en octubre. De hecho, tenía menos. En octubre, al menos, estaba convencido de que el hombre que había encerrado por disparar a Gene Cassidy realmente había cometido el delito.

Ahora no estaba tan seguro. Ahora, conforme el caso se acercaba a la fecha de su juicio, en mayo, había momentos en los que se sorprendía rezando en silencio. Sus oraciones son cortas, rogativas y directas, realizadas en esquinas o al fondo de la sala del café, oraciones a un Dios católico y romano que no ha sabido de McLarney desde que estuvo desangrándose en la avenida Arunah. Ahora, en los momentos más inesperados, McLarney se sorprende murmurando el mismo tipo de peticiones concretas de las que Él recibe a cientos cada día. Dios mío, ayúdame a armar un buen caso contra el hombre que disparó a Gene y, si me ayudas, ten por seguro que no te volveré a molestar con mis problemas. Respetuosamente, inspector jefe T. P. McLarney, DIC, Homicidios, Baltimore, Maryland.

Las llamadas de Gene a altas horas de la noche sólo contribuían a aumentar la presión. Poco acostumbrado a la oscuridad permanente, Cassidy a veces se levantaba en mitad de la noche preguntándose si era la mañana o la tarde. Luego llamaba a la unidad de homicidios para saber si había novedades y enterarse de qué más tenían sobre aquel tipo, Owens. McLarney le decía la verdad, que el caso contra Anthony Owens seguía formado sólo por dos testigos reticentes y menores de edad.

—¿Qué quieres, Gene? —le preguntó McLarney en una de esas conversaciones.

—Quiero —contestó Cassidy— que él pase en prisión un día por cada uno que yo esté ciego.

—¿No te bastará que le caigan cincuenta años?

—Sí —dijo Cassidy—. Si no hay más remedio.

Cincuenta no eran suficientes y ambos lo sabían. Cincuenta años querían decir libertad condicional antes de veinte. Pero ahora mismo McLarney no puede plantearse cincuenta ni ningún otro tipo de acuerdo. Ahora mismo McLarney no puede mirar el expediente del caso más importante de su vida sin sentir que va a perder. Joder, si Cassidy no fuera un policía, esto habría acabado en un acuerdo antes siquiera de que hubiera tenido ocasión de acercarse a un juzgado.

En este caso no se podía dejar correr el delito, no se podía admitir la absolución, no se podía llegar a un penoso acuerdo por un cargo menor. Gene Cassidy tenía que poder salir de esta con un veredicto de asesinato en primer grado emitido por un jurado de ciudadanos, y no se podía aceptar nada menos. El departamento se lo debe y, a efectos prácticos, McLarney es ahora la personificación del departamento. Como amigo de Cassidy, como supervisor responsable del caso y como el hombre que ha dado forma a la investigación y la ha guiado, es su responsabilidad conseguir el resultado deseado, restaurar el orden de las cosas.

A la presión se añade un extraño y no formulado sentimiento de culpa. Porque esa cálida noche de octubre, cuando la llamada llegó a homicidios, McLarney no estaba en la oficina. Se había marchado del turno de cuatro a doce después de que el relevo de medianoche empezara a llegar, y se había enterado del tiroteo al llamar a la oficina desde un bar del centro.

Un agente caído en el distrito Oeste.

Disparos en la cabeza.

Cassidy.

Es Cassidy.

McLarney volvió corriendo a la oficina. Para él era mucho más que un asalto con arma de fuego a un policía. Cassidy era un amigo, un patrullero muy prometedor que McLarney había tutelado durante su breve periodo como sargento de sector en el distrito Oeste. El chico era un prodigio —inteligente, duro, justo—, el tipo de policía que el departamento quería tener en las calles. Incluso después de que McLarney pasara a homicidios, él y Gene habían seguido siendo buenos amigos. Y ahora, de repente, a Cassidy le habían disparado. Quizá se estuviera muriendo.

Lo habían encontrado sentado en la esquina noreste de Appleton y Mosher. Jim Bowen, que patrullaba a pie a unas pocas manzanas, fue el primero en llegar y le sorprendió no ser capaz de reconocer inmediatamente a un compañero del distrito. El rostro era un amasijo sangriento, y Bowen se arrodilló para leer la placa en el pecho: Cassidy. Bowen vio también que la pistola de Gene seguía en la cartuchera, y su porra, en el coche, que estaba al ralentí cerca del bordillo. Otros hombres del Oeste empezaron a llegar, acrecentando la conmoción.

—Gene, Gene... Oh, tío.

—Gene, ¿puedes oírme?

—Gene, ¿sabes quién te ha disparado?

Cassidy sólo pronunció una palabra.

—Sí —dijo—. Lo sé.

La ambulancia recorrió menos de kilómetro y medio hasta la unidad de trauma del Hospital Universitario, donde los doctores calcularon que había sólo un 4 por ciento de posibilidades de supervivencia. Una bala había penetrado por la mejilla izquierda y había subido por la parte frontal del cráneo y cortado el nervio óptico derecho. La segunda bala había impactado en la parte izquierda de la cara, destrozando el otro ojo y sumergiendo a Gene Cassidy en la oscuridad antes de continuar su camino y alojarse en el cerebro, lejos del alcance del bisturí de un cirujano. Esa segunda bala fue la que hizo que los médicos se plantearan la peor posibilidad: que incluso si el agente de veintisiete años sobrevivía, lo hiciera con graves daños cerebrales.

En la unidad de trauma empezó una vigilia en cuanto llegó la joven esposa de Cassidy acompañada de dos hombres del distrito Oeste. Luego se desarrolló el desfile de sombreros blancos con ribetes dorados

—coroneles y comisionados adjuntos— seguidos por inspectores, cirujanos y un sacerdote católico que le administró al herido la extremaunción.

En sus primeras horas, la investigación siguió el curso habitual de los tiroteos a policías. Inspectores enfurecidos y policías de uniforme del Oeste inundaron la zona alrededor de Mosher y Appleton, agarrando a todas y cada una de las personas que encontraron en las esquinas. Residentes, traficantes, adictos, sin techo..., todo lo que caminaba fue asaltado, intimidado y amenazado. Los balas disparadas a bocajarro eran una declaración de guerra, y todas las fronteras que habían existido entre la policía y los vecinos del Oeste fueron borradas de un plumazo.

Más que ningún otro supervisor de homicidios, McLarney dirigió la carga esa primera y miserable noche, llevando su furia de un posible testigo al siguiente, protestando, insultando y sembrando el temor a Dios, el demonio y T. P. McLarney en el corazón de todos cuantos se cruzaron en su camino. Cuando el que recibe un disparo es un agente de policía, la rutina del yo-no-he-visto-nada ya no vale; aun así, la intensidad de McLarney aquella primera noche rozó la imprudencia. Aquello fue visto por los inspectores que trabajaban a sus órdenes casi como un acto de contrición, un intento enloquecido de compensar el simple hecho de que, cuando llegó la llamada, él había estado en un bar tomándose una cerveza.

Lo cierto es que la salida de McLarney en las últimas horas de su turno no significaba nada. El trabajo de homicidios es, en su mayor parte, de horario flexible. Un turno se solapa con el otro entre que se completa el papeleo y llega el relevo. Algunos se van temprano, otros tarde, otros trabajan horas extra en casos nuevos, otros están en el bar pocos minutos después de que los del relevo salgan del ascensor. Nadie puede prever la llegada de una bola roja, pero, en el fondo del corazón de McLarney, todas esas justificaciones no significaban nada. Esto era más que una bola roja, y a McLarney le dolía que, cuando dispararon a Gene Cassidy, él no estaba en su puesto.

La furia sin control del inspector jefe esa primera noche hizo que los demás inspectores se mostraran cautelosos. Varios hombres —entre ellos el teniente D'Addario— intentaron calmarlo, decirle que el caso le tocaba demasiado personalmente, sugerirle que se fuera a casa, que dejara el caso a los inspectores que no habían trabajado con Cassidy, inspectores que podrían ocuparse del tiroteo como el delito que era, como un delito horrible, sí, pero no como una herida personal.

En un enfrentamiento en la calle, McLarney dio un puñetazo tan fuerte que se rompió los huesos del puño. Meses después, de hecho, esa acción se convertiría en una de las bromas habituales en la unidad: McLarney se rompió la mano en tres sitios la noche en que dispararon a Cassidy.

¿En tres sitios?

Sí, en el 1800 de la calle Division, en el 1600 de Laurens y en...

McLarney estaba fuera de control, pero no podía marcharse. Ni nadie esperaba realmente que lo hiciera. Fuera lo que fuera lo que sentían sobre su implicación en aquella primera noche de la investigación, los hombres que trabajaban con McLarney comprendían perfectamente su rabia.

A las dos de la madrugada, unas tres horas después de los disparos, una llamada anónima le dijo a la policía que fuera a una casa de la calle North Stricker y que allí encontrarían al hombre que había disparado al policía. No se descubrió ningún arma, pero, aun así, los inspectores arrestaron al chaval de dieciséis años que encontraron en esa dirección y se lo llevaron a la central, donde el chico empezó negando haber tenido nada que ver con aquel incidente. El interrogatorio fue largo y duro, especialmente después de que los inspectores le hicieran una prueba de leucomalaquita a la suela de las deportivas del chico y el resultado diera positivo por sangre. En ese punto, todo lo que podían hacer los inspectores era mantener a McLarney alejado del aterrorizado y asediado chico que, tras varias horas de interrogatorio a cara de perro, finalmente dijo que el que había disparado se llamaba Anthony T. Owens. Dijo que un segundo hombre, Clifton Frazier, estaba presente en el momento de los disparos, pero que no participó en los hechos. El joven testigo se situó a unos pocos pasos de donde se produjeron los disparos y declaró que había visto cómo el agente pasaba por una esquina abarrotada de traficantes de droga, y que Owens, que tenía dieciocho años y era un camello de poca monta, le había disparado sin mediar provocación.

Los inspectores, que estaban trabajando sin parar ni para dormir, redactaron órdenes de arresto y registro para Owens, las hicieron firmar por el juez de guardia y se lanzaron sobre el apartamento de Owens en el noroeste de Baltimore a las seis y media de esa tarde. El registro dio pocos frutos, pero antes de que los inspectores abandonaran el lugar, otra llamada anónima les dijo que el hombre que había disparado al policía estaba en una casa adosada de la calle Fulton. La policía corrió a esa dirección, pero no encontró a Owens. Sí encontraron, no obstante, a Clifton Frazier, el hombre de veinticuatro años que había sido nombrado como testigo. Frazier fue inmediatamente llevado a la central, donde se negó a hacer ninguna declaración y exigió un abogado. Buscado por un delito de agresión, al parecer no relacionado con el caso, Frazier fue directamente al calabozo, pero pudo salir bajo fianza horas más tarde tras un breve paso por el juzgado.

Tarde, esa noche, la hermana menor del reticente testigo de dieciséis años se presentó en la unidad de homicidios y declaró que también ella estaba en la calle Appleton con varias de sus amigas y que había visto cómo disparaban al policía cuando iba a la esquina. Afirmó que, justo antes de los disparos, había visto que Clifton Frazier agarraba a Owens y le decía algo. La chica insistió también en que, después de los disparos, Owens había huido en un Ford Escort negro conducido por Frazier. Basándose en esa declaración, los inspectores empezaron a buscar a Frazier de nuevo; descubrieron que, tras haber sido puesto en libertad bajo fianza, se había dado a la fuga. Emitieron una segunda orden de arresto y siguieron buscándolo. Más adelante, esa misma noche, mientras la chica de trece años iniciaba las páginas de su declaración, Anthony Owens se presentó frente al agente que estaba de guardia en la recepción de la comisaría del distrito Central.

—Soy el hombre que dicen que disparó al policía.

Había ido al Central porque tenía miedo de que le dieran una paliza o incluso lo mataran si lo detenían en las calles del distrito Oeste, un temor que de ningún modo carecía de fundamento. Los otros inspectores consiguieron mantener a McLarney alejado del sospechoso, pero Owens no iba a pasar por todo el proceso de ficha, calabozo y trayecto a la cárcel municipal sin llevarse algunos palos. Era brutal, por supuesto, pero no indiscriminado, y quizá Anthony Owens comprendió que era, de algún modo, un requisito obligatorio cuando un policía recibe dos tiros en la cabeza. Encajó los golpes que se encontró por el camino y no protestó.

Durante días, después de la operación, Gene Cassidy se debatió entre la vida y la muerte, yaciendo en un estado semicomatoso en la unidad de cuidados intensivos, con su esposa, su madre y su hermano junto a la cabecera de su cama. Los jefazos habían desaparecido, pero a la familia se habían unido amigos y agentes del Oeste. Cada día los doctores reevaluaban las posibilidades de supervivencia, pero pasaron dos semanas enteras antes de que Cassidy les diera una pista de que saldría adelante, removiéndose inquieto mientras una enfermera le cambiaba los vendajes.

—Oh, Gene —dijo la enfermera—. La vida es una mierda.

—Sí —dijo Cassidy, luchando por emitir cada una de la sílabas— ... lo... es.

Estaba ciego. La bala que había ido al cerebro también le había destruido el sentido del olfato y el del gusto. Además de estos daños permanentes, tendría que aprender de nuevo a hablar, a caminar y a coordinar sus movimientos. Una vez la supervivencia de su paciente estuvo asegurada, los médicos propusieron una estancia de cuatro meses en el hospital seguida por varios meses más de fisioterapia. Pero, increíblemente, a la tercera semana, Cassidy ya caminaba con la ayuda de un acompañante y estaba recuperando su vocabulario en sesiones con un logopeda. Cada vez se hacía más patente que sus funciones cerebrales estaban intactas. Le dieron el alta de la unidad de trauma a finales de mes.

Conforme Cassidy regresó al mundo de los vivos, McLarney y Gary Dunnigan, el inspector principal del caso, fueron a verle para hacerle preguntas, con la esperanza de que Cassidy pudiera reforzar el caso que estaban armando contra Owens, recordando detalles o incluso identificando o describiendo de algún modo al hombre que le había disparado. Pero, para enorme frustración de ambos, lo último que podía recordar Cassidy era haber tomado un perrito caliente en casa de su suegro antes de ir a trabajar ese día. Con la excepción de una breve imagen de Jim Bowen inclinándose sobre él en la ambulancia —una escena que los médicos creían que era imposible que hubiera visto realmente—, no recordaba nada.

Al contarle la historia de Owens, sobre que le habían disparado sin mediar provocación cuando intentaba desalojar una esquina de tráfico de drogas, Cassidy se quedó en blanco. «¿Por qué iba a dejarme la porra en el coche patrulla si iba a limpiar la esquina?», les preguntó. ¿Y desde cuándo era la esquina de Appleton y Mosher una esquina de droga? Cassidy había trabajado en el mismo puesto durante el último año y no recordaba haber visto nunca a nadie traficando allí. Para Cassidy, la historia no encajaba, pero, por mucho que se esforzaba, no lograba recordar nada.

Y, sin embargo, había algo más que no recordaba, un incidente que había ocurrido una noche en una habitación del hospital, cuando su mente todavía estaba envuelta en una niebla gris. Algo, alguna vena oculta de ética del trabajo del distrito Oeste, había hecho que Cassidy se levantara por sus propios medios por primera vez desde que le dispararon. Lentamente, se acercó a la cama de otro paciente, un chaval de quince años herido en un accidente de tráfico.

—Eh —dijo Cassidy.

El chaval levantó la vista para encontrarse frente a una terrible aparición vestida sólo con una bata de hospital, con los ojos hinchados y ciegos, la cabeza afeitada y la cara recorrida por las cicatrices de la cirugía.

—¿Qué? —preguntó el chico.

—Estás arrestado.

—¿Cómo?

—Estás arrestado.

—Señor, creo que lo mejor será que vuelva a su cama.

El fantasma pareció reflexionar un momento sobre ello antes de dar media vuelta.

—De acuerdo —dijo Cassidy.

En las semanas que siguieron a los disparos, McLarney y los otros detectives reunieron a agentes de narcóticos del DIC y de la unidad antidrogas del distrito Oeste y empezaron a vigilar el tráfico de drogas cerca de la calle Appleton. La asunción sobre la que trabajaban era sencilla: si a Cassidy le dispararon porque había intentado desalojar una esquina de traficantes, todos los traficantes del sector sabrían qué había pasado. Algunos de aquellos traficantes podían ser testigos de los hechos, otros conocerían a posibles testigos. De hecho, se encerró a más de una docena de traficantes, que fueron interrogados después desde una posición de fuerza por inspectores que podían exigirles información a cambio de un trato con el fiscal respecto a la acusación de tráfico de drogas. Increíblemente, ninguno tenía información útil.

Del mismo modo, la noche de los disparos había sido fresca, pero no particularmente fría, y había motivo más que suficiente para suponer que los vecinos debían de haber estado tomando el aire en las terrazas hasta bien entrada la noche. Y, sin embargo, un segundo peinado de las calles Mosher y Appleton produjo muy poco en lo que a testigos se refiere. Una larga búsqueda del Ford Escort negro que supuestamente había sido el vehículo de la huida acabó sin resultados.

A finales de enero, el caso se desvió a la unidad de delincuentes habituales de la oficina del fiscal del Estado, donde dos fiscales veteranos, Howard Gersh y Gary Schenker, revisaron las acusaciones y las declaraciones de los testigos. Owens y Frazier seguían en la cárcel sin fianza, pero, desde el punto de vista de los fiscales, el caso era un desastre. Como testigos tenían a un delincuente de dieciséis años, que en el mejor de los casos sería un testigo hostil, y a su hermana de trece años, cuya tendencia a escaparse de casa hacía que fuera poco de fiar y casi imposible de encontrar en un momento dado. Más aún, las declaraciones de los dos adolescentes, aunque similares, diferían en puntos clave, y sólo la declaración de la niña implicaba a Frazier como cómplice. Mientras tanto, no habían encontrado el arma del crimen ni pruebas ni ningún motivo que pudiera aplacar a un jurado al que se le pidiera que considerara una pruebas débiles.

McLarney sentía auténtico pavor. ¿Y si seguían faltando pruebas cuando se llegara al juicio? ¿Y si no encontraban más testigos? ¿Y si iban a juicio y perdían el caso? ¿Y si el pistolero quedaba libre? En un momento de duda, McLarney llegó a llamar a Cassidy y, a sugerencia de los fiscales, le preguntó qué le parecería un acuerdo de treinta años por intento de asesinato en segundo grado. Eso quería decir libertad condicional en diez años.

No, dijo Cassidy. Treinta no.

Y bien que hacía, pensaba McLarney. Era obsceno estar pensando en un acuerdo. Cassidy estaba ciego, su carrera había terminado. Y aunque el jefe de Patti Cassidy le había prometido que le guardaría el empleo, lo cierto es que ella había abandonado su trabajo como contable para estar con Gene durante los meses de terapia. Dos vidas que nunca volverían a ser las mismas. Más de dos, pensó McLarney, corrigiéndose a sí mismo.

Fue justo antes de Navidad cuando los persistentes dolores de Patti Cassidy recibieron un diagnóstico correcto. Sus mareos y su cansancio no eran, como se había creído, resultado del estrés que siguió a que dispararan a su marido. Estaba embarazada. Concebido sólo pocos días antes de que dispararan a Gene, el primer hijo de la pareja era una maravillosa bendición, una apuesta viva y vital por el futuro. Pero nadie necesitaba añadir que también el embarazo era agridulce, porque Gene Cassidy nunca llegaría a ver a su hijo.

El embarazo de Patti echó más leña al fuego de la obsesión de McLarney con ese caso. Pero algunos inspectores creían que la intensidad de McLarney podía deberse en parte a otra cosa que no tenía nada que ver con Cassidy ni con el bebé, sino con algo que había pasado en un callejón trasero de la calle Monroe, a poco más de dos manzanas de donde habían disparado a Cassidy.

Para McLarney, la investigación de la muerte de John Randolph Scott se había convertido en una obscenidad. Le resultaba impensable la idea de investigar a otros agentes de policía. No había manera de que pudiera reconciliar un mundo en el que disparaban a Gene Cassidy en la calle y en el que, hacía menos de un mes, la unidad de homicidios —de hecho, la propia brigada de McLarney— estaba persiguiendo por los distritos a los hombres que trabajaban con Gene, haciendo que policías de calle pasaran la prueba del polígrafo, comprobando sus armas reglamentarias y registrando sus taquillas en la comisaría.

Era absurdo y, en opinión de McLarney, el caso de John Scott seguía abierto porque los sospechosos eran policías. En el mundo de McLarney, un policía no disparaba a alguien y luego dejaba el cuerpo en un callejón; al menos los hombres que habían trabajado con él no hacían esas cosas. Allí era donde Worden se había desviado del camino. Worden era un policía fantástico, un gran investigador, pero, si realmente creía que un policía había matado a aquel chico, estaba simplemente equivocado. Totalmente equivocado. En realidad McLarney no creía que la culpa de aquello fuera de su detective. A sus ojos, Worden era un producto de la vieja escuela, un policía que obedecía las órdenes de sus superiores, no importa lo absurdas que fueran. La culpa, pues, no era de Worden, sino de los jefazos, y especialmente del teniente administrativo y el capitán que habían sacado la investigación de la calle Monroe de los conductos habituales. Descartaron demasiado pronto la posibilidad de un sospechoso civil, pensaba McLarney, y enviaron demasiado pronto a Worden a perseguir a los policías que patrullaban la calle. El teniente administrativo no era un investigador, ni tampoco el capitán lo era; sólo por ese motivo McLarney creía que nunca deberían haberles quitado el caso de Scott a D'Addario y a él. Y, lo que era más importante, McLarney había estado en el distrito Oeste y ellos no. Él sabía lo que podía pasar en la calle y lo que no. Y creía que la calle Monroe se había perdido el día en que todos los implicados habían decidido que el asesino tenía que ser un policía.

Todo eso formaba un discurso tremendo, y entre los inspectores de su turno nadie estaba dispuesto a negar que McLarney creyera hasta la última palabra de él. Pero claro, *tenía* que creérselas. Porque más que ninguna otra cosa en su vida, lo que Terrence McLarney sentía sobre el distrito Oeste y sobre sí mismo no podía ponerse en cuestión. Cualquiera que quisiera conocer la verdad no tenía más que mirar a Gene Cassidy sangrando en la esquina de Appleton y Mosher.

Eso era el trabajo de un policía en el distrito Oeste. Y si todos los demás en el departamento de policía eran incapaces de verlo, bueno, McLarney tenía una elocuente expresión de sus pensamientos: Que se vayan a la mierda y que los jodan. Decidió que no quería tener nada que ver con el caso de la calle Monroe. En lugar de eso se dedicaría a algo mucho más productivo y satisfactorio: dejaría listo para revista el caso de Cassidy.

Justo después de que le llegara la noticia del embarazo de Patti, McLarney envió una nota al capitán pidiéndole un operativo de dos hombres del distrito Oeste que empezaran el 1 de febrero, y se dijo a sí mismo que, si era necesario, trabajarían el caso hasta el mismo día de mayo en que iba a juicio. No podía hacer otra cosa: perder un juicio por disparos a un policía, perder este juicio en concreto, era más de lo que podía asumir.

El capitán le había aprobado el operativo, y el Oeste le había mandado a dos de sus mejores hombres. Eran una pareja al estilo de la tira cómica de Benitín y Eneas: Gary Tuggle, un chico negro bajo y fibroso que había trabajado en la unidad de paisano del distrito, y Corey Belt, un monolito alto con el cuello de un toro y el aspecto y el temperamento de un defensa de fútbol americano, unos rasgos que gustaban al jugador *amateur* que había sido McLarney en el pasado. Ambos eran inteligentes, saludables y agresivos, esto último incluso más de lo habitual en policías del distrito Oeste. En la calle, McLarney se regocijó con el espectáculo que daba su nuevo operativo, con el obvio contraste entre un sargento rollizo de treinta y cinco años y dos bien proporcionados depredadores a su cargo.

—Paramos en una esquina y bajo yo del coche —musitó McLarney tras un día de aventuras en el lado oeste—. Los delincuentes me miran y se figuran: «No hay problema, puedo ganar por piernas a ese desgraciado». Luego salen estos dos y automáticamente todo el mundo se pone manos contra la pared.

McLarney, Belt, Tuggle. Desde el día uno del mes, este trío se ha pasado todos los días laborables en las calles del distrito Oeste, peinando la zona cerca de la escena del crimen, abordando a sospechosos y persiguiendo hasta los rumores más vagos.

Pero ahora, tras nueve días, McLarney y su operativo no han conseguido nada a pesar de todos sus esfuerzos. No hay nuevos testigos. Sigue sin haberse hallado el arma. No saben nada más de lo que sabían en octubre. En la calle ya ni siquiera se habla de un tiroteo que tiene ya más de cuatro meses.

Mientras se prepara para volver al distrito esta mañana, McLarney puede sentir cómo su miedo crece un poco más. Habiendo sido el sargento de Cassidy, habiendo sido su amigo, no puede considerar el caso menos que una cruzada personal. No sólo por lo que significa para Cassidy, sino por lo que significa para él mismo, un hombre definido y obsesionado por la placa que lleva como pocos otros, un auténtico creyente en la hermandad de los policías, la religión más pagana que puede permitirse un irlandés honesto.

Terrence Patrick McLarney reconoció su obsesión años atrás, el día en que estaba trabajando en un coche patrulla del distrito Central y respondió a una alarma en un banco en Eutaw y North. ¿Es que había una sensación mejor que conducir a toda velocidad por la avenida Pennsylvania con las luces estroboscópicas encendidas sobre el coche y el tema de la serie *Shaft* sonando a todo volumen en un radiocasete que llevaba en el asiento del pasajero? ¿Es que había un subidón mayor que pasar corriendo entre los sobrecogidos clientes del vestíbulo del banco como un centurión de veintiséis años con su gran porra y su .38 colgándole del cinturón? No importa que la alarma se hubiera disparado por error; lo que contaba era la espectacularidad de todo ello. En un mundo de grises y de ingrávidos equívocos, McLarney era un buen hombre en una ciudad asediada por hombres malos. ¿Qué otro trabajo podía ofrecer ese nivel de pureza?

Con el tiempo, McLarney se hizo con el papel hasta un punto al que pocos llegan, y se convirtió en un policía veterano que se reía de sí mismo y bebía como un cosaco, llevando el estereotipo a unos niveles legendarios. Tenía el aspecto, bebía y maldecía como un retrógrado policía irlandés que estuviera perdiendo la batalla contra las propiedades calóricas de la cerveza local. Antes de adoptar la forma de un inspector jefe de 105 kilos, McLarney había jugado a fútbol americano en la universidad y, aunque fuera sólo durante unos cuantos años, había tenido la musculosa silueta de un jugador del equipo ofensivo que hubiera sucumbido a un régimen diario de coche patrulla, taburete de bar y cama.

Su vestuario acentuaba la sensación de decadencia física, y entre sus inspectores existía el consenso de que McLarney no iba a trabajar hasta que el perro de la familia había podido arrastrar su camisa y su abrigo por el jardín delantero de su casa. McLarney afirmaba una y otra vez no comprender qué sucedía, e insistía en que su mujer había ido a un próspero centro comercial del barrio y había salido de él con ropa aceptable para hombre. Dentro de su casa en el condado de Howard y durante los primeros kilómetros de la interestatal 95, su atuendo parecía atractivo y bien cortado. Pero en algún punto entre el cruce con la ruta 175 y la entrada a la ciudad, ocurría una especie de explosión espontánea. El cuello de la camisa de McLarney se arrugaba en un ángulo inexplicable, haciendo que el nudo de la corbata se torciera. Los puños del abrigo se ajaban súbitamente y empezaban a perder botones. El forro de la chaqueta sobre la cadera derecha se enganchaba con la culata de su revólver y se desgarraba un poco. Y en la suela de un zapato se formaba una úlcera.

—No puedo controlarlo —insistía McLarney, que no reconocía la menor dejadez excepto en los días en que llegaba tarde al trabajo y sólo se planchaba la parte delantera de la camisa, seguro de que era «la única parte que veía la gente».

Relleno, de cabello rubio y dueño de una rápida sonrisa con diente partido incluido, Terry McLarney no parecía precisamente un pensador ni una lumbrera. Sin embargo, para los que le conocían bien, el aspecto y conducta de McLarney parecían calculados para ocultar su verdadero carácter. Era un producto de los barrios de clase media de Washington, hijo de un analista del Departamento de Defensa con un buen sueldo. Como patrullero, McLarney había estudiado derecho desde el asiento del pasajero de un coche patrulla del distrito Central y, no obstante, no se había molestado en presentarse al examen del Colegio de Abogados de Maryland. Entre los policías, el título de abogado siempre había tenido alguna connotación deshonrosa, cierta ética muy asentada en el cuerpo que rezaba que incluso los mejores y más fieles abogados son poco más que palos muy bien pagados que se ponen en las ruedas de la maquinaria de la justicia penal. A pesar de su formación legal, McLarney compartía esa opinión: él era un policía, no un abogado.

Y, sin embargo, McLarney era uno de los hombres más inteligentes y conscientes de sí mismos de homicidios. Era el Falstaff de la unidad, su auténtico coro cómico. Las bromas pesadas y los insultos elaborados y extraños eran patrimonio de Jay Landsman, pero el humor de McLarney, sutil y modesto, capturaba muchas veces a la perfección la sutil camaradería que resulta del trabajo policial. Durante varias generaciones, los inspectores de homicidios de Baltimore seguirán contando historias de T. P. McLarney. McLarney, que como inspector jefe pasó un solo día compartiendo oficina con Landsman antes de enviarle un memorando confidencial a D'Addario en el que, con total seriedad, decía: «El inspector jefe Landsman me mira de forma extraña. Me preocupa que me considere un objeto sexual». McLarney, que después de cuatro cervezas hablaba utilizando metáforas sobre el fútbol americano y que siempre daba a sus inspectores el mismo consejo: «Mis hombres deben salir al partido con un plan. No hace falta que yo sepa cuál es, pero deben tener uno». McLarney, que en una ocasión condujo hasta su casa durante un turno particularmente ocupado para rescatar a su esposa e hijo de un amenazador ratón, al que mató con su .38 en el armario del dormitorio. («Lo limpié —dijo al regresar a la oficina—. Pero durante un rato me planteé dejarlo donde estaba como aviso para los demás.»)

Al mismo tiempo, McLarney era un investigador incansable que trabajaba sus casos con esmero y precisión. Su mejor momento llegó en 1982, como investigador principal de los asesinatos Bronstein, un inefable crimen en el que una anciana pareja judía fue asesinada a puñaladas y abandonada en el salón de su hogar en Pimlico. Los dos asesinos, sus novias e incluso un primo de trece años regresaron a la casa varias veces para pasar por encima de los cuerpos y llevarse todos los objetos de valor que pudieron. McLarney trabajó en el caso durante semanas y localizó algunos de los objetos robados en una valla de las viviendas sociales de Perkins Homes, donde consiguió los nombres de dos sospechosos que luego serían sentenciados a muerte y a cadena perpetua sin libertad condicional, respectivamente.

Como en la investigación Bronstein, McLarney daba el do de pecho en los casos en los que la víctima era una mujer. Era un prejuicio que persistió cuando regresó a homicidios como inspector jefe. En la brigada de McLarney, los detectives a los que les tocaba un caso con una víctima femenina recibían la constante atención y consejos de su inspector jefe, un policía gobernado por la opinión tradicional y sentimental de que, aunque los hombres puedan violar la ley matándose unos a otros, el asesinato de una mujer sí que es una verdadera tragedia.

—Esto —decía, mirando las fotos de la escena del crimen y ajeno al melodrama— clama venganza.

Se había graduado en la academia en marzo de 1976 y le destinaron al Central, pero incluso entonces pensaba seriamente en sacarse Derecho, incluso quizá en trabajar como fiscal, una alternativa a la que lo animaba su esposa, Catherine. McLarney se enroló en el programa de Derecho de la Universidad de Baltimore al mismo tiempo que su sargento de sector lo emparejó con Bob McAllister en un coche patrulla en el puesto de la avenida Pennsylvania. Era una existencia extraña y esquizofrénica: se pasaba el día en la clase de primer curso discutiendo daños y perjuicios y contratos, y luego las noches, respondiendo a llamadas de Lexington Terrace y Murphy Homes, las peores torres de viviendas sociales de la ciudad. En ese puesto, muchos incidentes parecían requerir el uso de las porras, y ambos hombres aprendieron que podían luchar cuando lucha era lo que traía el día. Las torres del lado oeste eran un mundo en sí mismas, ocho torres de decadencia y desesperación que se habían constituido en un supermercado de cocaína y heroína abierto las veinticuatro horas del día. Y, por si el territorio no era lo bastante malo, los dos hombres pasaron juntos los disturbios del 79, un suceso que los veteranos llamaban simplemente los «Juegos Olímpicos de Invierno», y durante los cuales una Baltimore nevada fue saqueada a fondo por sus propios habitantes. Era McAllister quien mantenía a la pareja equilibrada; la mayoría de las veces él era quien calmaba las cosas, la voz de la razón. A primera hora de la mañana, los dos aparcaban el coche en algún sitio del Central, y McAllister le leía a McLarney preguntas de un libro de texto jurídico, devolviéndole a la tierra tras una larga noche en los barrios bajos. Tranquilo, sensible y capaz de reírse de sí mismo, Mac era el puente entre los dos mundos, lo único que impedía que McLarney se levantara en medio de una clase de su segundo curso y explicara que la parte demandante estaba intentando joder al acusado y que el juez debería ordenar que los encerrara a los dos si no dejaban de hacer gilipolleces.

Al final ambos se presentaron al examen de entrada en la división de investigación criminal. McAllister estaba harto de los barrios bajos y quería, más que ninguna otra cosa, entrar en homicidios, pero a McLarney investigar muertes le interesaba muy poco. Él sólo quería ser un inspector de robos, por un motivo tan infantil que incluso después de dos años en la calle consideraba el atraco a mano armada —«Vas corto de dinero, así que ¿vas a un banco con una pistola y exiges que te lo den?»— como algo absolutamente asombroso, un concepto que le parecía sacado de un tebeo.

Ambos sacaron buenas notas en el examen de la DIC durante dos años seguidos, pero, cuando finalmente se abrieron las plazas, Mac tuvo que conformarse con robos, mientras que McLarney fue el que acabó en la unidad de homicidios, pasando primero por la academia de policía, donde trabajó durante un breve periodo como instructor jurídico. Para su sorpresa, se enamoró inmediatamente de homicidios, tanto del trabajo como de la gente. Era una unidad de élite, una unidad de investigación —los mejores del departamento—, y McLarney siempre se había imaginado como investigador. El examen del Colegio de Abogados de Maryland y una carrera como abogado se convirtieron en recuerdos borrosos en el mismo momento en que le dieron una placa de inspector y le asignaron una mesa.

Entonces, después de dos de los años más felices de su vida, McLarney cometió lo que luego consideraría su más grave error: aprobó el examen a sargento. Los galones le comportaron un pequeño aumento de suelto y un traslado al distrito Oeste, donde le dieron el sector 2 y una brigada de chavales sanotes y novatos con los que llenar los coches patrulla, especímenes de veintitrés y veinticuatro años que le hacían sentir como un dinosaurio a la avanzada edad de treinta y un años. De repente era McLarney el que tenía que conservar la calma y ser razonable. Cada noche durante sus dos años como sargento de sector asignaba los coches y enviaba a su rebaño a una parte violenta y despiadada de la ciudad, un distrito en que un hombre no confiaba en nadie excepto en sí mismo y en los compañeros de turno. En el distrito Oeste sucedían demasiadas cosas demasiado rápido y todos los policías de uniforme pasaban el turno solos en coches patrulla y , para mantener el control, dependían de que sus compañeros de otros coches escucharan sus llamadas y llegaran a tiempo a donde se encontraban.

McLarney llegó a diferenciar a los fuertes de los débiles, a los que podían luchar y a los que no querían hacerlo, a los que conocían la calle y a los que eran víctimas en potencia. Pope, un buen hombre. Cassidy, muy bueno. Hendrix, un luchador. Pero McLarney sabía que otros no deberían estar ahí fuera y, sin embargo, tenía que llenar los coches patrulla. Cada noche pasaba una o dos horas completando el papeleo oficial, luego cogía su propio coche y patrullaba durante el resto del turno, intentando acudir como refuerzo a todas las llamadas. McLarney se pasó esos años preguntándose no si uno de sus hombres caería o no, sino cómo caerían los que iban a caer. En el Oeste, un policía podía acabar mal aunque no la pifiara en nada, y McLarney se preguntaba si así es como sería. O si ese horripilante momento sucedería con un hombre cuya preparación no era la adecuada, que no podía controlar su puesto, al que jamás se le debería haber permitido subirse al maldito coche. Y, sobre todo, McLarney se preguntaba si podría vivir con ello.

El día, cuando llegó, amaneció precioso. Era un primero de septiembre. McLarney recordaba el tiempo que hacía porque marcó el final del verano en Baltimore, y él odiaba llevar el chaleco de kevlar cuando hacía calor. Oyó la llamada por radio mientras comprobaba las bombas de agua municipales en Calverton, a varias manzanas al oeste, y corrió hacia el coche y recorrió Edmondson a toda velocidad. Llegó al mismo tiempo que una segunda llamada de avistamiento del sospechoso en Bentalou. McLarney probó girando al norte en el primer cruce y redujo la velocidad. En un porche a la sombra en medio de la manzana, una pareja de ancianos estaban sentados tranquilamente y, cuando McLarney les miró, ambos desviaron los ojos al suelo. Quizá simplemente no les gustaba hablar con un policía, pero también pudiera ser que hubieran visto algo. McLarney se bajó del coche y caminó hacia el porche, donde el anciano lo recibió con una extraña expresión pensativa.

—¿No habrán visto a un hombre corriendo por la calle, verdad? Acaban de robar en la gasolinera.

El anciano parecía saber lo de la gasolinera y mencionó casi como de pasada que había visto a un hombre correr por la calle, caerse, volverse a levantar y girar en una esquina para esconderse en unos matorrales espesos.

—¿Esos matorrales de ahí?

Desde el porche, McLarney no podía ver gran cosa. Pidió refuerzos; Reggie Hendrix fue el primero en presentarse. McLarney vio cómo su agente caminaba por una pendiente en la esquina y le gritó que fuera con cuidado, que el sospechoso podía encontrarse todavía entre los matorrales. Ambos hombres tenían desenfundados sus revólveres cuando uno de los residentes salió al porche de su casa para preguntar qué estaba pasando, y McLarney se giró para ordenar al hombre que volviera dentro.

—¡Allí está! —gritó Hendrix.

McLarney no veía nada desde donde estaba. Corrió por la cuesta hacia el otro agente, imaginando que lo mejor que podía hacer era acercarse lo más que pudiera a Hendrix para que el sospechoso no pudiera escurrirse entre los dos.

Hendrix siguió gritando, pero McLarney no vio nada hasta que el hombre estuvo al descubierto, moviéndose rápidamente por el patio pero todavía frente a ellos. McLarney vio la pistola, vio al hombre disparar y devolvió el fuego. Hendrix también disparó. Esto es muy raro, pensó McLarney, que se sentía de alguna manera alejado de lo que sucedía, maravillado de que estuvieran allí, disparándose los unos a los otros, que era, de hecho, exactamente lo que estaban haciendo. Sintió el impacto de ambas balas, cada una de ellas como un golpe, y prácticamente al mismo tiempo vio al otro hombre estremecerse y tambalearse pendiente abajo hacia la calle.

McLarney intentó darse la vuelta y correr por el jardín, pero no podía mover la pierna. Había disparado cuatro veces y ahora cojeaba hacia la calle, donde esperaba disparar las otras dos en la dirección en la que estuviera corriendo el pistolero. Pero cuando McLarney llegó a la pendiente, vio al hombre tirado en la acera, silencioso, con su arma en el suelo cerca de él. McLarney caminó a trompicones hasta la acera y se dejó caer sobre el estómago a unos pasos de distancia. Mantuvo el brazo estirado y la mirilla fija en la cabeza del otro hombre. El pistolero, junto a él sobre el pavimento, miró a McLarney y no dijo nada. Luego levantó la mano lo bastante como para hacer un breve gesto de rendición. Ya basta, por favor. Es suficiente.

Para entonces la mitad del distrito Oeste estaba allí, y McLarney soltó su arma cuando vio el .38 de Craig Pope en la cara del otro hombre. Entonces llegó el dolor, un dolor agudo y demoledor en su abdomen, y empezó a preguntarse dónde le habían dado. La pierna estaba jodida, pero pensó: ¿Quién la necesitaba? Supuso que la segunda bala le había dado en la tripa, por debajo del borde del chaleco. Pues perfecto, pensó McLarney, ahí abajo no hay nada vital.

Sintió humedad en la espalda.

—Mike, dame la vuelta y mira si salió por el otro lado.

Hajek le empujó por el hombro.

—Sí, salió.

Entró y salió limpiamente. Una forma cojonuda de descubrir que los chalecos de kevlar no valían una mierda, pero McLarney sintió cierto consuelo al pensar que al menos la bala había salido.

Dos ambulancias llevaron a los dos hombres a la misma unidad de trauma. McLarney les dijo a los enfermeros de su ambulancia que sentía como si se cayera, como si fuera a caerse de la litera. Cuando se sentía así, parecía que el dolor disminuía.

—¡No cierres los ojos! —empezaron a gritarle— ¡No cierres los ojos!

Oh, claro, pensó McLarney. Estoy entrando en *shock*.

En la zona de preparación para la cirugía pudo oír al hombre al que él había disparado haciendo toda clase de ruidos en la camilla junto a la suya y ver cómo el equipo de médicos le ponían a él, McLarney, todo tipo de vías y catéteres. Phillips, otro hombre de su sector, fue a contarle lo sucedido a Catherine, que se lo tomó como se lo habría tomado cualquier persona razonable, expresando una inequívoca preocupación por la salud de su marido unida a una inequívoca convicción de que, hasta en una ciudad como Baltimore, la mayoría de los abogados pasaban toda su vida sin recibir un disparo.

Esto es la gota que colma el vaso, le diría a él luego. ¿Qué más razones necesitas? McLarney no tenía derecho a discutir con ella, lo sabía. Tenía treinta y dos años, una familia, ganaba la mitad de lo que ganaban otros licenciados universitarios y, por ese privilegio, además le disparaban como un perro en la calle. Reducida a su núcleo, la verdad es siempre una cosa muy simple y sólida, y sí, McLarney debía admitir que no había ninguna ventaja en ser policía. Ninguna en absoluto. Sin embargo, nada en aquel tiroteo le había hecho cambiar de opinión sobre su carrera: de algún modo las cosas habían ido demasiado lejos como para cambiar ahora.

No regresó al servicio activo hasta ocho meses después, y durante buena parte de ese tiempo estuvo utilizando una bolsa de colostomía hasta que su sistema digestivo sanó lo bastante como para poder realizar la cirugía de reparación. Después de cada operación, los calambres abdominales eran tan dolorosos que se tenía que agachar en el suelo por las noches; y después de la cirugía reparatoria, una hepatitis alargó la recuperación. Gene Cassidy fue a visitarle un par de veces y se llevó a comer a su sargento en una ocasión. Y cuando en esa comida McLarney intentó recortar su rehabilitación pidiendo una cerveza que tenía estrictamente prohibida, Cassidy le metió una soberana bronca. Un buen hombre, Cassidy.

Una antigua tradición del Departamento de Policía de Baltimore dicta que un hombre que haya recibido un disparo en acto de servicio, al volver a trabajar, puede incorporarse a cualquier puesto que quiera para el que esté cualificado. Ese verano, cuando McLarney se preparaba para volver a ponerse el uniforme, Rod Brandner aceptaba su pensión y dejaba atrás el cuerpo y una reputación de ser uno de los mejores inspectores jefe que jamás habían trabajado en la unidad de homicidios. Brandner había reunido una buena brigada y trabajaba para D'Addario, lo que significaba que McLarney también trabajaría para un teniente cuya benevolencia era conocida por todos.

Regresó al sexto piso expresando poco orgullo por haber recibido un disparo y poco interés en contar una y otra vez la historia. A veces admitía que le divertía el nuevo estatus que aquello le había conferido. Siempre que se desencadenaba una tormenta de mierda, McLarney simplemente sonreía, negaba con la cabeza y decía:

—A mí me dejarán en paz. Soy un agente al que hirieron en cumplimiento del deber.

Con el tiempo, esa frase se convirtió en una de las bromas favoritas de la unidad. McLarney salía con el rostro totalmente serio de alguna reunión en el despacho del capitán, y Landsman le seguía el juego.

—¿Se te ha cagado encima el capitán, Terr?

—No, que va.

—¿Cómo lo has evitado? ¿Le has enseñado las cicatrices?

—Sí.

—Eres el puto amo. Cada vez que el capitán empieza a ponerse caliente, aquí McLarney se desabrocha la camisa.

Pero no estaba orgulloso de esas cicatrices. Y con el tiempo empezó a referirse a cuando le dispararon como la cosa más irresponsable que había hecho nunca. Su hijo, Brian, tenía entonces ocho años, y le dijeron que su padre había resbalado y se había caído por las escaleras. Pero un día o dos después, el niño oyó al padre de McLarney hablando con un amigo de la familia por teléfono, y luego se fue a su cuarto y empezó a tirar cosas contra las paredes. Con un niño de esa edad, les diría más tarde McLarney a sus amigos, yo no tenía ningún derecho a que me disparasen.

Al final, de lo que más se enorgullecía era de un detalle menor. Cuando las balas le dieron en la avenida Arunah, Terrence McLarney no cayó al suelo. Se quedó en pie, disparando su arma hasta que abatió al sospechoso. Raeford Barry Footman, de veintinueve años, murió dos días después del incidente a causa de complicaciones producidas por una herida de bala en el pecho. Cuando recuperaron la bala en la autopsia, descubrieron que había salido del revólver reglamentario de McLarney.

Algún tiempo después del tiroteo, un inspector le trajo a McLarney una impresión de la ficha de antecedentes del muerto, que tenía varías páginas. McLarney revisó la ficha hasta quedar satisfecho. Destacó en particular que Footman acababa de salir en libertad condicional tras haber sido condenado por un delito. No quiso ver una foto de identificación del hombre muerto, ni quiso leer el expediente del caso. A McLarney aquello le parecía que era ir demasiado lejos.

Viernes, 12 de febrero

McLarney se sienta en el escritorio de Dunnigan en el despacho de al lado y escucha el ritmo pausado de una joven que solloza desconsoladamente tras la puerta de la sala de interrogatorios. Las lágrimas son reales, McLarney lo sabe.

Se inclina por encima de la mesa, escucha a la joven que intenta tranquilizarse en la habitación de al lado, mientras los hombres que la interrogan repasan su declaración una vez más. Tiene la voz rota y se está sorbiendo los mocos. La chica siente dolor, incluso algo parecido a la pérdida, tan genuina como la provocada por Gene Cassidy. Y eso, para McLarney, es ligeramente obsceno.

D'Addario sale de su despacho, se acerca a la sala de interrogatorios y mira a través de la ventana de cristal.

—¿Cómo va?

—En el bote, teniente.

—¿Tan pronto?

—Ha largado sobre Butchie.

Butchie. Lágrimas para Butchie Frazier.

El ataque de lágrimas empezó hace una media hora, cuando finalmente lograron romper la historia de Yolanda Marks y la verdad empezó a brotar de sus labios a trompicones. En la sala de interrogatorios, McLarney escuchó sus sollozos hasta que se pasó con las contradicciones y la moralidad fracturada. Se obligó a pronunciar un bonito discurso, y le dijo a una jovencita de Baltimore Oeste que estaba haciendo lo correcto. Le dijo quién era Butchie Frazier y lo que había hecho, y por qué tenía que terminar así. Le habló de Gene y Patti Cassidy, y del niño que no había nacido, le habló de la oscuridad que permanecería para siempre.

—Piensa en eso —le dijo.

Hubo un silencio, un minuto o dos durante los cuales la tragedia de otra persona cobró forma en la mente de la chica. Pero cuando McLarney abandonó la sala y ella volvió a sollozar, las lágrimas ya no tenían nada que ver con Gene Cassidy. La verdad, pura y simple, era que Yolanda Marks estaba enamorada de Butchie Frazier y que lo había entregado.

—¿Aún está declarando? —pregunta Landsman, entrando en el despacho anexo.

—Sí —dice McLarney, distraído mientras abre el primer cajón del escritorio de Dunnigan—. Vamos a pasar a limpio la declaración.

—¿Qué se cuenta?

—Está hecho.

—Eh, genial, Terr.

Landsman desaparece en su despacho y McLarney saca un puñado de clips del cajón, los alinea encima del escritorio y empieza a torturar al primero, retorciéndolo entre sus dedos regordetes.

Los dos últimos días les han permitido trabajar bien, y esta vez no han fallado. La investigación ha sido pausada y fría, precisa como no podría haberlo sido en las horas inmediatamente posteriores al tiroteo. Habían sido días de rabia y de frustración, pero el tiempo y la necesidad sublimaron esas emociones. Para McLarney, la investigación del asunto Cassidy aún era una cruzada, pero impulsada por la razón deliberada en lugar de una venganza desnuda.

El viaje de Yolanda Marks a la sala de interrogatorios empezó hace más de una semana, cuando McLarney y los dos policías que le acompañaban en la investigación trajeron dos testigos reacios —el chico de dieciséis años y su hermana menor— a la oficina del fiscal, en la central. Allí los inspectores y los fiscales llevaron a cabo una serie de entrevistas previas al juicio, para obtener detalles adicionales acerca del tiroteo, información que luego debe corroborarse para fortalecer algún testimonio ya existente o, mejor aún, que quizá lleve a localizar más testigos. En concreto, McLarney quería identificar y encontrar a las chicas que supuestamente acompañaban a la de trece años cuando el crimen tuvo lugar.

Habida cuenta de lo jóvenes que eran los testigos, y que en la oficina del fiscal el entorno solía intimidar a los visitantes, a los inspectores les sorprendió tener que presionar a la chica para que revelara el nombre de sus amigos. Cuando por fin empezó a hablar, McLarney y los otros anotaron apodos o sobrenombres —Lulu, Renee, Tiffany y Munchkin— que presuntamente vivían en los bloques de apartamentos Murphy. McLarney, Belt y Tuggle se fueron para allá y localizaron a un buen número de muchachas que respondían a esos nombres, pero que no sabían nada del tiroteo. Tampoco parecían conocer a la testigo de trece años.

De nuevo, McLarney envió a los agentes a que buscaran el Ford Escort negro que Clifton Frazier había conducido, supuestamente, para alejar a Owens de la escena del tiroteo. Pero no existía ningún coche parecido que pudiera relacionarse con Owens o Frazier, aunque los policías se pasaron varios días haciendo el seguimiento de todos los Escorts negros que localizaron cerca de la escena.

El esfuerzo por confirmar las declaraciones de sus dos testigos no iba a ninguna parte. Además, los abogados de la defensa habían logrado varios testigos de la coartada de los acusados, gente dispuesta a testificar que Anthony Owens ni siquiera estaba en la calle Appleton cuando se produjo el tiroteo. Algo no iba nada bien, y McLarney, consciente de que se acercaban peligrosamente a un callejón sin salida, volvió a la casilla número uno. Hacía tres días, había vuelto a repasar el informe del caso desde el principio. Revisó las declaraciones iniciales de los vecinos que estaban de pie entre el gentío durante el tiroteo, y que los agentes acompañaron a la central para tomarles declaración.

Había varios que afirmaron no saber nada y que se acercaron a la escena atraídos por el ruido y los demás espectadores. No tenía nada que perder, así que McLarney decidió mandar que se comprobasen las declaraciones por segunda vez. Los agentes hicieron una segunda ronda de entrevistas a los testigos. Al cabo de un día de callejeo, finalmente localizaron a un vecino de la calle Mosher llamado John Moore.

La noche del tiroteo, los agentes habían mandado a Moore a la central, donde declaró a los inspectores que había oído los disparos, pero que no había visto nada. Esta vez, después de varias horas de fricción en la sala de interrogatorios, su historia cambió.

De hecho, Moore no había visto el tiroteo, pero sí vio todo lo que había sucedido antes. Estaba en el porche la noche del 22 de octubre, observando a Clifton *Butchie* Frazier y a una chica que no conocía mientras avanzaban en dirección oeste por la calle Mosher hacia Appleton. Unos segundos más tarde, Frazier y la chica también doblaron esa esquina.

Luego llegaron los disparos. Los tres.

Cuando le preguntaron si había alguien en la esquina de Mosher con Appleton, Moore dijo que no, que en el momento en que sonaron los disparos no vio a nadie. Volvió a ratificar su historia, esta vez refiriéndose a un amigo de diecinueve años que le acompañaba en el porche.

El segundo testigo confirmó la secuencia de los hechos tal y como la recordaba Moore, y añadió dos detalles más. En primer lugar, que, cuando el coche patrulla se topó con la pareja en la calle Mosher, el agente que lo conducía y Butchie Frazier se habían cruzado la mirada durante unos segundos. Y lo que era más importante, la muchacha con la que Frazier estaba se llamaba Yolanda. Vivía después de la esquina de la calle Monroe. Y sí, si tuviera que hacerlo, podía decirles cuál era la casa.

A primera hora de esa mañana, McLarney y dos de los inspectores se habían instalado en la entrada frente a esa hilera de casas de Baltimore Oeste, y esperaron a que Yolanda Marks recogiera sus cosas para acompañarla al Cavalier. Era una cosa de cara triste, diecisiete años y profundos ojos marrones muy dados a la lágrima. Empezó a llorar en cuanto puso los pies en la central y cerraron la puerta de la sala de interrogatorios. Yolanda era menor de edad, así que, por supuesto, su madre vino con ella, y eso fue una suerte. Porque después de agotar todos los llamamientos a la decencia, la moral y hasta las amenazas veladas, su progenitora entró en la sala y le dijo a su hija que se pusiera las pilas e hiciera lo correcto.

Yolanda se secó los ojos, volvió a llorar otro poco y luego se embadurnó los ojos otra vez. Después, por primera vez, McLarney supo lo que verdaderamente sucedió en el intento de asesinato del oficial Eugene Cassidy.

—Butchie le disparó al poli.

Según la chica, todo sucedió en menos de un minuto. Cassidy ya había salido del coche patrulla y esperaba a que la pareja apareciera por la esquina de Appleton.

—Quiero hablar contigo.

—¿Qué pasa?

—Pon las manos contra la pared.

Butchie Frazier empezó a obedecer, y de repente sacó una pistola del bolsillo derecho de su chaqueta. Cassidy era zurdo y trató de agarrar el arma de Frazier con su mano izquierda, de modo que no pudo sacar su propio revolver de la funda en su cadera izquierda. Mientras Cassidy aún luchaba por la posesión de la pistola, Frazier apretó el gatillo. El primer disparo no le dio. El segundo apuntó al lado izquierdo de la cara de Cassidy, y Frazier disparó dos veces más.

Cassidy cayó sobre la acera, a pocos metros de su coche patrulla. Frazier salió corriendo con la pistola por un callejón lateral. Yolanda gritó, volvió a la calle y luego dio una vuelta para regresar a su casa en la calle Monroe, donde le contó a su madre lo que había pasado. En ese momento, ni a la madre ni a la hija se les ocurrió llamar a la policía. Ni tampoco lo hizo John Moore, que declaró no saber nada de lo que sucedió la noche de los hechos. El amigo de Moore también se negó a testificar hasta que los inspectores le presionaron más. Y otra pareja, que caminaba por la calle Appleton y vio de lejos el forcejeo entre Frazier y el agente, tampoco se presentó para testificar. Los localizaron cuando Moore y su amigo empezaron a dar los nombres de las demás personas que estaban en la calle durante el tiroteo.

Baltimore Oeste. Te sientas en el porche, bebiendo una lata de Colt 45 envuelta en una bolsa de papel marrón, y ves un coche patrulla que dobla lentamente la esquina. El agente se baja del coche. Ves la pistola, distingues la pelea, oyes los disparos, te asomas para ver a los enfermeros meter el cuerpo del policía herido en la parte trasera de la ambulancia. Luego vuelves a tu casa adosada, abres otra lata, te sientas frente al televisor y miras la reemisión de las noticias de las once. Después vuelves a sentarte en el porche.

McLarney conoce la zona oeste y se sabe el código al dedillo. Pero incluso después de tantos años en la calle, aún le parece increíble que puedan pegarle dos tiros en la cabeza a un policía y que nadie en el barrio abra la boca. Así que, cuando Yolanda Marks da su brazo a torcer, McLarney deja de torturar los clips de papel de su mesa y vuelve a la sala de interrogatorios como si fuera puro e inocente, y le habla de la tragedia humana, de las vidas que jamás volverán a ser las mismas. Luego se va sabiendo que nada de lo que diga detendrá las lágrimas de la chica.

Más tarde, cuando McLarney llama a Cassidy y le cuenta lo que ha descubierto del incidente en la calle Appleton, Cassidy se percata de que conoce al tipo que intentó matarlo. Clifton Frazier era el matón del vecindario de la zona de Cassidy, un traficante de drogas arrogante que la semana antes había dejado inconsciente de una paliza a un anciano del barrio. El viejo perdió un ojo a causa del ataque. Frazier le había dado porque la víctima le había visto abofetear a una mujer en plena calle y había tenido la temeridad de increparle y decirle que la dejara en paz. Cassidy sabía lo de la paliza porque llevaba días en busca de Frazier para detenerlo.

Para Cassidy, lo de la calle Appleton por fin encajaba. Más que eso, tenía sentido. No le habían disparado sólo porque se había acercado a una esquina peligrosa de un barrio de traficantes, como un recluta novato y descerebrado cualquiera. Le habían disparado mientras cumplía con su deber, intentando —igual que había hecho con un quinceañero en una habitación de hospital— detener a un hombre con orden de busca y captura. Podía vivir con eso. Tendría que vivir con eso.

Tres días después de su interrogatorio, llevaron a Yolanda Marks a unas barracas cercanas de la Policía Estatal de Maryland, donde un experto en polígrafos y detección de mentiras determinó que su declaración era cierta. Ese mismo día, el testigo de dieciséis años que había implicado a Anthony Owens como el que había disparado también fue a las mismas instalaciones, pero, justo antes de someterse al test, el chico se echó atrás y admitió que no presenció el tiroteo y que sólo repitió lo que se decía en la calle. Quería irse pero aún así lo sometieron al polígrafo. El experto concluyó que el adolescente no mentía, que, al retractarse, decía la verdad. Cuando los inspectores interrogaron a su hermana de trece años, la niña admitió que mintió, que fue a la unidad y contó su historia porque tenía miedo de que acusaran y detuvieran a su hermano.

El caso está cerrado.

McLarney sabe que el operativo destinado al caso Cassidy aún tiene semanas de trabajo por delante antes de poder presentarlo a juicio. Para empezar, acusaron a un inocente, y ahora habrá que establecer esa inocencia fuera de toda duda o el abogado de la defensa lo utilizará para destrozarlos. Y además, el caso estaría definitivamente blindado si los investigadores encontraran la pistola o cualquier otra prueba que relacionara a Frazier con el crimen. Pero en lo esencial, está cerrado.

La noche en que Yolanda se somete al polígrafo, McLarney disfruta de una suerte de celebración privada cuando regresa al Kavanaugh's, el bar de policías más concurrido de la ciudad, con predominancia de irlandeses. Está instalado al fondo del local. Se apoya contra la barra de madera, entre la máquina tragaperras y la caja de donaciones para el Centro San Francisco. Es una noche floja, entre semana, y sólo hay un puñado de inspectores, unos pocos agentes del distrito Central y de la zona sur, y un par de tipos de las unidades tácticas. Corey Belt se pasa por ahí, pero sólo se queda un rato después de beber un par de refrescos. McLarney se pregunta en voz alta dónde ha ido a parar el orgulloso Distrito Oeste cuando sus mejores hombres ya ni siquiera beben cerveza. McAllister también ha venido y se queda, eructando hasta la borrachera, en el taburete al lado de McLarney. Esto confiere un carácter especial a la ocasión, porque Mac ya no suele salir tan a menudo, no desde que él y Sue se mudaron a una casa nueva, en la zona residencial norte del condado de Baltimore. Para desesperación de McLarney, su viejo compañero del distrito Central ha adoptado en los últimos años unas costumbres más sensatas y suburbanas.

Sin embargo, esta noche de febrero, el universo de McLarney se ha visto bendecido por una victoria rara y preciosa, y ahora que la hermandad policial vuelve a reafirmarse, en la mente de McLarney, la llegada de McAllister al Kavanaugh's es un acto de afortunado azar. El viejo y bueno Mac. Las calles de Baltimore han sido testigos de un milagro, y Mac, un peregrino honesto, habrá cruzado incontables y peligrosas leguas para rendir homenaje aquí y ahora, en el verdadero altar de los *sheriffs* celtas. McLarney se baja tambaleante del taburete para encajar su grueso brazo en el hombro de su antiguo compañero.

—Mac —dice McLarney.

—T. P.

—Mac —repite McLarney.

—Sí, T. P.

—Mi compañero.

—Tu compañero.

—Mi leal compañero.

McAllister asiente, preguntándose cuánto tiempo puede durar el intercambio.

—¿Sabes que cuando trabajábamos juntos me enseñaste mucho?

—¿Ah, sí?

—Sí, me enseñaste un montón de cosas.

—¿Cómo qué, T. P.?

—Ya sabes, de todo.

—Ah, vale —dice McAllister, riéndose. Nada resulta tan patéticamente divertido como un policía que trata de acercarse emocionalmente a otro. Las conversaciones se transforman en murmullos difusos. Los halagos se convierten en insultos. Las palabras que quieren ser de verdadero afecto se pervierten cómicamente.

—De verdad, me enseñaste mucho —insiste McLarney—. Pero te respetaba por otra cosa.

—¿Por qué, Terry?

—Por qué cuando llegó el momento de joderme, lo hiciste con mucha delicadeza —dice McLarney completamente serio.

—Pues claro que sí —dice McAllister sin dudar un segundo.

—Podrías haberme doblado encima del capó del coche y quedarte tan a gusto, pero fuiste muy delicado y paciente conmigo. Muy paciente.

—Bueno, sabía que era tu primera vez —dice McAllister— y quería que fuera especial.

—Y lo fue, Mac.

—Me alegro.

La hermandad lo entiende, la tribu capta lo que no se ha dicho. Y cuando los dos inspectores finalmente estallan en carcajadas y dejan a un lado su pretendida seriedad, todo el bar se ríe con ellos. Luego se beben el último sorbo de sus latas y discuten brevemente sobre quién pagará la siguiente ronda, y cada uno saca su cartera y le dice al otro que se vaya con su dinero a otra parte.

Como debe ser entre viejos compañeros.

Jueves, 18 de febrero

El día que marca dos semanas de investigación en el caso Latonya Wallace, Jay Landsman logra escaparse de la oficina a última hora de la tarde. Conduce hacia el oeste del condado, donde su esposa y sus cinco hijos empiezan a olvidarse del aspecto que tiene su marido y su padre, respectivamente.

Landsman se sabe la ruta de memoria, y por el camino su mente divaga. En la soledad del interior del coche, trata de abstraerse de los detalles del caso y contemplar el rompecabezas completo. Piensa en el terreno de Reservoir Hill, en el callejón detrás de la avenida Newington, en la localización del cuerpo. Piensa en lo que están pasando por alto.

El inspector jefe no pudo aportar ningún argumento convincente en contra de la lógica de la teoría del tejado de Edgerton, que según este explicaría el lugar donde estaba el cuerpo de la niña. Para empezar, había unas dos docenas de personas viviendo en ese tugurio. Incluso si un asesino de niños lograse atraer a Latonya al interior de la casa, matarla y conservar su cuerpo en su habitación durante un periodo más que prolongado de tiempo, ¿cómo habría evitado que alguno de los otros dieciocho ocupantes del edificio se enterasen? Landsman estaba convencido de que se trataba de la obra de un hombre solo, pero lo cierto es que en el número 702 de la avenida Newington parecía que se estuviera celebrando una convención de zarrapastrosos y delincuentes de Baltimore. A Landsman no le sorprendió que los informes del laboratorio sobre las prendas y las sábanas que consiguieron en el registro volvieran con positivo por presencia de sangre, pero negativo en cuanto al tipo de sangre de la víctima. Tampoco ninguna de las huellas obtenidas en la casa encaja con las de la niña.

El resultado del registro del número 702 de la avenida Newington hizo que tanto Landsman como Tom Pellegrini desearan haberle dedicado más tiempo a la tienda y el apartamento del Pescadero. Se dieron demasiada prisa en las casas de la calle Whitelock —como todo lo que ha pasado en este caso—, y eso le sienta especialmente mal a Pellegrini, que está preocupado por las pistas que pueden haber pasado por alto. La teoría de Edgerton parecía tan sólida y creíble, y, teniendo en cuenta el informe de abusos infantiles del 702 en Newington, Pellegrini se convenció. Ahora que el registro ha pinchado en hueso, vuelve con Landsman a lo del dueño de la tienda.

Su interés en el Pescadero ha aumentado desde los registros, no sólo a causa del fiasco de la avenida Newington, sino también a causa del perfil del asesino de Latonya Wallace que ha preparado el Centro Nacional para el Análisis de Crímenes Violentos, la unidad de análisis psicológico del FBI. El día después de los registros, Rich Garvey y Bob Bowman fueron a la academia del FBI en Quantico, Virginia, donde informaron de todos los detalles de la escena del crimen y del resultado de la autopsia a un grupo de agentes federales entrenados para elaborar perfiles psicológicos.

La caracterización que preparó el FBI del probable sospechoso era notablemente detallada. Se trataría, en principio, de «un individuo de costumbres nocturnas, que se siente cómodo de noche [...]. El atacante es un conocido de los niños y jóvenes del barrio, y le considerarán un poco raro pero amable con los críos. Es posible que los investigadores ya hayan entrevistado al atacante, o que haya participado en las pesquisas de alguna forma [...]. En la mayoría de los casos, el presunto sospechoso sigue atentamente los reportajes que se publican o emiten sobre el caso, y se esforzará por establecer su coartada. El atacante, que probablemente haya estado mezclado en crímenes similares con anterioridad, no demostrará ningún remordimiento por haber matado a la víctima, pero estará preocupado ante la posibilidad de que le descubran y le detengan».

El informe seguía diciendo que «los asaltantes de este tipo son difíciles de interrogar, y, a medida que pasa el tiempo, los hechos se alteran en la mente del individuo, difuminándose hasta el punto de que logra distanciarse del crimen. Es posible que el asesino matara a la víctima al poco tiempo de entrar en contacto con ella [...]. Tal vez esta no reaccionó como el atacante esperaba, y sus dificultades a la hora de controlarla desembocaron en la muerte de la víctima. Posiblemente, al principio, esta se sintiera tranquila o a salvo con el atacante, y se fuera voluntariamente con él hasta algún edificio o residencia cercana».

El perfil sigue describiendo a un probable atacante de unos cincuenta años de edad, soltero y con un historial problemático en cuanto a relaciones con las mujeres: «Es probable que el atacante mantuviera encuentros con chicas jóvenes en el mismo barrio. Creemos que la muerte de Latonya Wallace no se trata del asesinato de un extraño».

En opinión de Landsman y Pellegrini, el perfil del FBI encaja como un guante con el Pescadero. Pero sin ningún tipo de pruebas, su única opción es martillear al viejo durante un largo interrogatorio con la esperanza de que aflore algún detalle nuevo. Por ese motivo, Edgerton y Pellegrini se han quedado en la oficina mientras Landsman vuelve a su casa: planean trabajar hasta tarde, preparando una segunda confrontación con el Pescadero, que está prevista para el fin de semana.

Pero Landsman tampoco es tan optimista acerca de ese interrogatorio. Los informes del FBI también dejan claro que es muy difícil arrancar una confesión a un presunto culpable de delitos sexuales violentos. No hay ninguna oferta ni pacto que ofrecerle, nada que pueda mitigar la pena de un asesinato con abusos sexuales. Además, el crimen lleva la genuina huella de un sociópata: ausencia de remordimiento que probablemente va pareja con un mecanismo de racionalización de sus actos en la mente del propio individuo. Y hay que tener presente que el Pescadero ya ha sido interrogado, y que no lo han detenido. Un segundo intento le intimidará menos. También queda el pequeño detalle de que aún no tienen una escena del crimen propiamente dicha, ni pruebas físicas que le relacionen con el crimen. Todo lo que tienen los inspectores son rumores, sospechas, y ahora un perfil psicológico. Pero no hay más datos, y nada que oponer a la historia que les contó el Pescadero: no tienen elementos con los que trabajar a fondo un interrogatorio en condiciones.

Es un caso hijo de puta, y Landsman vuelve a preguntarse: ¿qué se les está pasando por alto? Maniobra por el tráfico nocturno de Liberty Road, mientras revisa las dos semanas de investigaciones que llevan a cuestas. Cada día, desde el 4 de febrero, los inspectores se han plantado en Reservoir Hill para interrogar a los vecinos, comprobar los garajes de la zona y las casas vacías en un radio cada vez más amplio que parte de la avenida Newington. Con el consentimiento de sus ocupantes, los inspectores habían realizado registros visuales de todas y cada una de las casas adosadas del lado norte de Newington, así como de muchas propiedades en el lado de Callow y de la avenida Park del bloque. Habían cotejado coartadas y lugares de residencia de todos los sospechosos identificados en el primer barrido de la zona.

El laboratorio aún estaba analizando la ropa y las pertenencias de la niña en busca de pruebas, pero, exceptuando las manchas negras de sus pantalones, no había nada especialmente prometedor. La mochila azul y su contenido estaba en manos del laboratorio especializado del FBI, a unos cincuenta y seis kilómetros, en Rockville, Maryland, donde la sometían a un proceso de identificación de huellas digitales por láser; en los libros había algunas. Esas huellas estaban ahora en los informes que había en el quinto piso de la central, que la búsqueda automatizada de un ordenador estaba repasando, con el fin de encontrar semejanzas entre estas y las huellas de las fichas de los delincuentes o personas con historiales en la base de datos de la policía.

A Edgerton se le ocurrió que la niña igual había dejado algo más que un pendiente en la escena del crimen, así que llamó a la biblioteca para que le dieran la lista de todos los libros que sacó la tarde del martes. El responsable del sistema le explicó que no podía divulgar esos datos, sin violar la privacidad del prestatario. Edgerton tuvo que llamar al alcalde en persona; Hizzoner facilitó que los bibliotecarios en cuestión cambiaran de opinión. Mientras, Pellegrini se había remontado a más de una década atrás en busca de viejos expedientes de homicidios, de algún caso sin resolver o de la desaparición de niñas o jóvenes. Landsman había llamado a la unidad de delitos sexuales para que le pasaran informes recientes de la zona de Reservoir Hill. Luego, con permiso de la familia, Pellegrini había examinado el dormitorio de la niña, había leído su diario rosa y azul, incluso había llevado a revelar el carrete de su cámara Polaroid, en busca de un sospechoso. Y todos los inspectores y agentes destinados al caso se pasaron horas al teléfono, comprobando las llamadas telefónicas que ofrecían información sobre el caso y que, generalmente, solían brotar como champiñones después de que se emitiera en televisión alguna noticia o reportaje sobre el crimen.

—Tengo al asesino de Latonya Wallace en mi casa.

—La familia está mezclada en el tráfico de drogas. A la niña la mataron como una advertencia.

—Mi novio la mató.

Cuando una mujer de noventa y dos años y vista más bien borrosa afirmó haber visto a una niña con gabardina roja entrar en la iglesia de la avenida Park la tarde del 2 de febrero, Pellegrini organizó una visita al templo y una entrevista con el pastor, como marcaba el protocolo. Cuando un agente le preguntó acerca de lo que quería del cura, Pellegrini se limitó a encogerse de hombros y le ofreció una réplica digna de Landsman:

—¿Qué te parece: «¿Por qué la mató, padre»?

Como todas las vías de investigación del laberinto en que se había convertido el caso de Latonya Wallace, las llamadas anónimas y los falsos avistamientos no llevaron a ninguna parte. Landsman se pregunta de qué parte del laberinto se han olvidado, qué puerta está por empujar. ¿Qué demonios se les ha pasado por alto?

El inspector jefe está a punto de llegar a su casa cuando una idea nueva se abre paso hasta la superficie, rompiendo la gruesa costra de cansinos detalles: el coche. Al lado de la casa. Un lugar seco y frío.

El maldito Lincoln del vecino, el único jodido coche que los testigos vieron en el callejón. Aparcado al otro lado de la verja que separaba el patio trasero del número 718 de la avenida Newington. Maldita sea, sí.

Landsman llega hasta el carril lento de Liberty Road, busca una cabina telefónica para llamar a Pellegrini y Edgerton y decirles que le esperen. Va a volver a la oficina.

Veinte minutos más tarde, el inspector jefe entra como un huracán en el despacho anexo, maldiciendo sus huesos por no haberse dado cuenta antes.

—Está ante nuestras narices —le dice a Pellegrini—. Es el coche. Vamos a cazarle.

Landsman se lo explica a los dos inspectores:

—Si la mataron el martes, tiene que guardar el cuerpo en un lugar seco y frío,para evitar que se acelere el proceso de descomposición, ¿verdad? Así que saca el cadáver por la puerta trasera y la deja en el maletero del coche, pensando en llevársela esa misma noche y arrojarla en algún descampado. Pero por algún motivo, no puede. O quizá sale, ve a alguien, se asusta...

—¿Hablas del tipo que vive en el número 716? —pregunta Edgerton.

—Sí, el marido del vecino de Ollie, como-se-llame.

—Andrew —dice Pellegrini.

—Eso, Andrew. A Ollie no le gusta nada.

Landsman recuerda las primeras horas de la investigación, cuando al marido de Ollie, el anciano que vive en el 718 y que encontró el cuerpo de la niña, le preguntaron si había algún coche aparcado en el callejón. El tipo mencionó a su vecino, un hombre de mediana edad que acababa de casarse con una mujer muy devota, que vivía en el 716, y que solía dejar su Lincoln Continental en el patio trasero. De hecho, el coche estuvo aparcado allí durante la mayor parte de la semana anterior.

—Cuando me lo dijo, me acompañó a su ventana trasera y miró, como si esperara verlo ahí —dice Landsman. Y va al grano—: El cabrón lo había movido. Aparca ahí todos los días del mundo. ¿Por qué precisamente esa mañana lo tenía aparcado delante de la casa, en la misma calle Newington?

Edgerton busca el historial del hombre que vive en el 716: no hay ningún delito sexual, pero es un tipo al que en determinados momentos de su vida es imposible confundir con un ciudadano modelo.

—Y eso es lo otro —prosigue Landsman—. Este Andrew no encaja. ¿Qué hace un tipo con antecedentes casándose con una mujer que va a la iglesia? Esto huele fatal.

Son casi las nueve, pero ahora Landsman desborda energía y no piensa retirarse. En lugar de eso, el trío se hace con las llaves de un Cavalier y conducen hasta la avenida Newington. Comprueban la parte delantera y trasera del bloque, pero el Lincoln no está. Landsman llama al número 718, donde una mujer de rostro triste abre la puerta. Lleva un viejo camisón de algodón y una bata aún más gastada.

—Buenas, Ollie —dice Landsman—. ¿Está tu marido? Sólo queremos preguntarle un par de cosas.

—Está descansando.

—Sólo necesitaremos un par de minutos.

La mujer se encoge de hombros y los conduce hasta el dormitorio, en la parte trasera del primer piso. Acostado, bajo unas sábanas grises, el anciano que encontró el cuerpo de la niña en su patio contempla el desfile de policías con ligera curiosidad.

—Esta semana se ha puesto enfermo —dice la mujer, retirándose a un rincón de la habitación.

—Lo siento. ¿Qué tiene?

—Una gripe o algo así —dice el viejo con un murmullo—. Ya sabe, en esta época del año...

—Sí, bueno, escuche —dice Landsman, interrumpiéndole—. ¿Se acuerda del día en que descubrió el cadáver y estuvimos hablando? ¿Recuerda que le pregunté si alguien solía aparcar en el callejón, y usted me habló de Andrew, el vecino de al lado?

El anciano asiente.

—Me acuerdo de que se acercó a la ventana de la cocina, como si fuera a señalarme el lugar donde estaba su coche, pero esa mañana justamente no estaba. ¿Se acuerda?

—Sí, creí que lo tenía aparcado ahí.

—Necesito que me diga si Andrew tenía su coche aparcado en el callejón a principios de semana, el martes o el miércoles...

—Hace tiempo de eso —dice el anciano.

—Sí, bastante. Tómese su tiempo...

El viejo deja caer la cabeza contra la almohada y se queda mirando al techo cuarteado. Todos los presentes esperan.

—Creo que sí.

—¿Cree que sí, eh?

—Lo aparca ahí a menudo, sabe —dice el viejo.

—Sí, recuerdo que me dijo usted eso —dice Landsman—. Oiga, ¿qué sabe de ese tal Andrew?

—Pues no sé mucho, la verdad.

—¿Qué clase de tipo es?

El viejo mira nervioso en dirección a su mujer.

—No sé muy bien...

Landsman mira a Ollie y detecta algo en su rostro. Quiere decirles algo, pero no delante de su marido.

—Bueno, pues muchas gracias por su ayuda —dice Landsman, retirándose hacia la puerta de la habitación—. ¿Cuídese mucho, eh?

El anciano asiente y observa a su esposa abandonar la estancia, junto con los demás. La mujer cierra la puerta y sigue a Landsman y a los otros hasta el vestíbulo.

—Eh, Ollie —le dice Landsman—. ¿Recuerdas lo que me dijiste sobre Andrew?

—No sé lo que...

—Eso de que era un gigoló que vivía de su...

—Bueno —dice Ollie, algo incómoda—. Sé que su mujer le compró un coche, y ahora él lo utiliza para irse de parranda cada noche, fuera de la ciudad. Cada noche.

—¿Ah, sí? ¿Sabes si le gustan jovencitas?

—Sí, le gustan jovencitas —dice ella, severa.

—Quiero decir, muy jovencitas.

—Bueno, no sabría...

—De acuerdo, es suficiente —ataja Landsman—. ¿Dónde está el coche ahora? ¿Lo sabes?

—Dice que se lo llevó la grúa. Que se lo embargaron.

Pellegrini y Edgerton cruzan la mirada. Es casi demasiado perfecto.

—¿Que se lo embargaron? —pregunta Landsman—. ¿Él te dijo eso?

—Ella se lo dijo a mi marido.

—¿Tu vecina? ¿La mujer de Andrew?

—Sí —dice ella, envolviéndose en la bata. Hay corriente de aire en el vestíbulo—. Dijo que los de Johnny's vinieron y se lo llevaron.

—¿Johnny's? ¿La tienda de coches que está en Harford Road?

—Supongo.

Los inspectores le dan las gracias a la mujer y se van directos a la tienda de coches Johnny's, en la zona noreste de Baltimore. Revisan todo el aparcamiento en busca del coche que la esposa de Andrew dice que le han embargado. No hay ningún Lincoln. Ahora Landsman ya no tiene ninguna duda.

—Este cabrón se deshace del cuerpo, luego del coche y, cuando la gente le pregunta, cuenta que se lo han embargado. Joder, tenemos que hablar con este hijo de puta esta noche.

Ya son casi las once de la noche cuando vuelven a la avenida Newington y se presentan en el número 716. Andrew es un tipo bajito, calvo y con una cara angulosa y dura. Aún está despierto, bebiendo cerveza caliente mientras mira las noticias en el sótano. Tres inspectores de paisano bajando las escaleras no parecen sorprenderle lo más mínimo.

—Hola, Andrew. Soy el inspector jefe Landsman, y estos son los inspectores Edgerton y Pellegrini. Llevamos el caso del asesinato de la niña. ¿Cómo estás?

—Bien.

—Oye, hemos venido para hacerte un par de preguntas sobre tu coche.

—¿Mi coche? —pregunta Andrew, con curiosidad.

—Ajá. El Lincoln.

—Se lo han llevado —dice, como si eso pusiera punto final al tema.

—¿Quién?

—El que me lo vendió.

—¿Johnny's?

—Sí. Porque a mi mujer... pues se le olvidó pagar una letra —dice, un poco acalorado.

Landsman cambia de tercio y menciona su costumbre de aparcar en el callejón trasero. Andrew no lo oculta, así protege el coche de los vándalos o los ladrones. Luego admite que el coche estaba aparcado el martes por la noche, cuando desapareció la niña.

—Me acuerdo porque salí a buscar algo al coche y sentí como si alguien me estuviera observando.

Landsman, sorprendido, lo mira fijamente.

—¿Qué dices?

—Que salí a buscar una cosa y me puse muy nervioso, como si hubiera alguien ahí fuera mirándome —repite.

Landsman le echa una mirada de esas de «no-me-puedo-creer-lo-que-oigo» a Pellegrini. Sólo llevan tres minutos de conversación y el tipo ya ha admitido que estaba en el callejón la noche en que secuestraron a la niña. Hombre, por supuesto que tenía motivos para estar nervioso por si le veían precisamente esa noche en el callejón. ¿Quién no estaría nervioso con el cadáver de una niña en el maletero del coche que está aparcado frente a su patio trasero?

—¿Por qué estaba nervioso?

Andrew se encoge de hombros:

—No sé, sentí algo raro...

Edgerton empieza a pasear por todo el sótano, en busca de manchas marrones o rojizas o el pendiente dorado de una niña. Es una versión paupérrima de un pisito de soltero, con un sofá y una televisión que ocupa el centro de la sala, y contra la pared más larga, una vieja cómoda con cinco o seis botellas de licor, un bar de tres al cuarto. Detrás del sofá hay un orinal de plástico con dos o tres dedos de orina. ¿Qué demonios pasa con la avenida Newington para que los que viven ahí meen en cubos?

—Menuda guarida tienes montada aquí, ¿eh? —dice Edgerton.

—Sí, aquí paso mucho tiempo.

—La mujer ni aparece, ¿verdad?

—Me deja bastante tranquilo.

Landsman vuelve a la noche en el callejón:

—¿Qué fuiste a buscar al coche?

—No me acuerdo. Algo en la guantera, creo.

—¿No abriste el maletero?

—¿El maletero? No, la guantera... Tenía las puertas del coche abiertas, y sentí como si alguien me observara. Bueno, me asusté un poco y me dije: «¡Demonios!, ya cogeré lo que necesito mañana por la mañana». Así que volví a entrar.

Landsman mira a Pellegrini y luego a Andrew:

—¿Conocías a la niña?

—¿Yo? —La pregunta le pilla de sorpresa—. ¿La que mataron? No llevo tanto tiempo en el barrio, ¿sabe? No conozco a la mayoría de la gente de por aquí.

—¿Qué crees que deberían hacerle al tipo que la mató? —pregunta Landsman, con una sonrisa extraña.

—Bueno, lo que haga falta —dice Andrew—. Asegúrense de que es el tipo que buscan, y luego, pues no hace falta ni juicio. Tengo una hija y si le hubiera pasado eso a ella, ya me ocuparía yo... Hay gente por ahí que podría echarme un cable.

Edgerton se lleva a Pellegrini aparte y le pregunta si los inspectores y los agentes del operativo que han registrado las casas de la avenida Newington también repasaron los sótanos. Pellegrini no lo sabe. Ese es el problema de un código rojo que se amplía constantemente: cuando hay cinco inspectores y una docena de agentes destinados a un caso, el avance de la investigación depende de demasiada gente.

—Andrew —dice Landsman— Tendrás que acompañarnos a la central.

—¿Esta noche?

—Sí. Cuando terminemos, te acompañaremos de vuelta.

—Estoy enfermo. No puedo salir de casa.

—Es que necesitamos hablar contigo. Podría ser de gran ayuda en el caso del asesinato de esa niña.

—Ya, bueno, pero yo no sé nada. Y estoy enfermo...

Landsman ignora sus protestas. Sin una orden de arresto, para la que se requiere un crimen y una causa probable, no hay ninguna ley que pueda obligar a un hombre a sentarse en una sala de interrogatorios en mitad de la noche. Una de las pequeñas alegrías de la policía norteamericana es que muy pocas personas se niegan a obedecer.

Andrew entra en la sala de interrogatorios grande, con Landsman de pie al otro lado de la puerta en el pasillo del sexto piso, que les ordena a Pellegrini y Edgerton que encuentren el Lincoln.

—Mientras tanto, le tomaré una larga declaración. Le tendré entretenido hasta que descubramos si realmente le embargaron el coche —dice el inspector jefe.

Pellegrini llama a Johnny en persona y le despierta. A pesar de la hora, el inspector le pide al vendedor de coches que se acerque a su oficina y que prepare todos los documentos que tenga relacionados con el Lincoln. Johnny y señora ya están ahí cuando los dos inspectores llegan a Harford Road. El vendedor tiene el registro de la venta y el calendario de pagos, pero nada que indique un embargo. Quizá, sugiere, la compañía de seguros aún no ha mandado la documentación.

—Si lo hubieran embargado, ¿dónde estaría?

—Hay un aparcamiento en Belair Road.

—¿Nos lleva?

John y señora se meten en el Cadillac Brougham y salen del aparcamiento. Los inspectores los siguen en su coche hasta un descampado cercado en el extremo noreste de la ciudad. El coche no está ahí. Tampoco está en el segundo aparcamiento municipal, al este del condado de Baltimore. Y a las tres de la madrugada, cuando los dos inspectores se enteran de que hay una tercera zona de aparcamiento al noreste, cerca de la comisaría de Parkville, se dirigen hacia allí cada vez más seguros de que ninguna grúa se ha llevado la mierda del Lincoln Continental de Andrew y que el bastardo mentiroso se deshizo del coche por su cuenta.

El tercer aparcamiento está rodeado por una alambrada de tres metros. Pellegrini se acerca a un extremo y mira a través de la frontera de metal, hacia la fila de coches al otro lado. Desea que el coche de Andrew no esté allí. Pero el penúltimo coche de la hilera es un Lincoln Continental.

—Ahí está —dice, con decepción en la voz.

—¿Dónde? —pregunta Edgerton.

—Al final de la fila. El de color marrón.

—¿Es el suyo?

—Bueno, es un Lincoln marrón.

Pellegrini observa el aparcamiento en busca de un vigilante o algo parecido a un ser vivo. No necesitan una orden de registro para el coche porque Andrew ha dicho que el coche ya no es suyo. Pero la entrada está asegurada con cadenas y un cerrojo.

—Bueno, pues ya está —dice Pellegrini. El inspector introduce la punta de su zapato Florsheim negro entre las cadenas de metal y trata de deslizarse por la puerta. Dos enormes dóbermans corren desde el otro lado del aparcamiento, entre ladridos y gruñidos, mostrándole los dientes. Pellegrini da marcha atrás.

—Venga, Tom —dice Edgerton, riéndose—. Tú puedes con ellos.

—No, ya volveremos después.

—Sólo son animales. Y tú tienes una pistola.

Pellegrini sonríe.

—Venga, enséñales tu placa.

—Podemos esperar —dice Pellegrini, regresando al coche.

Cuatro horas después, Pellegrini está de nuevo en el aparcamiento, acompañado de Landsman, que ya ha terminado de tomarle declaración a Andrew, un poco antes de las seis de la mañana. Aunque ninguno de los dos ha dormido en veintiocho horas, no dan muestras de cansancio al enfilar la autopista de Perring hacia el condado, ni cuando siguen a un encargado aburrido mientras cruzan el descampado municipal hacia el Lincoln. Así que lo embargaron de verdad, piensa Pellegrini. Y qué. Tal vez fuera el propio Andrew el que entregara su coche, creyendo que lo había limpiado a fondo y que no había dejado ningún rastro que le relacionara con el asesinato.

—¿Este?

—Sí. Gracias.

Los dos inspectores comprueban primero el interior del vehículo, registran la tapicería y el suelo del coche en busca de manchas rojizas o marrones, cabellos o fibras. Landsman encuentra un trozo de una pulsera, una cadena dorada de imitación, encima del salpicadero. Pellegrini señala una manchita marrón en el asiento del pasajero.

—¿Sangre?

—No lo creo.

Landsman saca un kit de leucomalaquita, humedece un palito de algodón con el compuesto y lo pasa por la mancha. El palito sólo se pone de color gris pálido.

Pellegrini termina de comprobar el asiento de atrás, y luego los dos hombres rodean el coche y observan el maletero. Landsman gira la llave, pero duda un instante antes de abrirlo.

—Venga, hijo de puta —dice, lo más cercano a una plegaria que Jay Landsman jamás pronunciará.

El maletero está vacío. Gastan unas seis o siete unidades más en busca de restos o sustancias, repasando cada rincón del maletero, cada hendidura del metal. Gris pálido.

Pellegrini exhala el aliento poco a poco, y su respiración perturba el aire gélido. Luego se dirige al Cavalier y se deja caer en el asiento del conductor. Sostiene la pulserita y mira atentamente la cadenita dorada, con el presentimiento de que eso tampoco le llevará a ninguna parte, de que, en un par de días, la familia de Latonya Wallace dirá que no, que jamás han visto esa cadenita. Pellegrini espera en silencio mientras Landsman aplica dos leucomalaquitas más al interior del maletero antes de cerrarlo, hundir los puños en los bolsillos de su chaqueta y regresar al Chevrolet.

—Vámonos.

Súbitamente, el cansancio es inmenso y los dos inspectores entrecierran los ojos frente a la luz matutina. El coche sale hacia el sur por Harford Road y luego se dirige al oeste por Northern Parkway. Llevan quince días enteros trabajando en turnos de entre dieciséis y veinticuatro horas, en una incesante montaña rusa que los lleva de un sospechoso a otro, alternando momentos de satisfacción con horas desesperadas.

—Te diré lo que pienso —empieza Landsman.

—¿Qué?

—Creo que necesitamos un día de vacaciones. Tenemos que recuperar el sueño, dormir un poco y pensar detenidamente en el caso.

Pellegrini asiente.

En algún punto cerca del cruce de Jones Falls, Landsman vuelve a hablar.

—No te preocupes, Tom —dice—. Lo cazaremos.

Pero Pellegrini está superado por el agotamiento y la duda, y no dice nada.

En la oficina de Jay Landsman, la investigación del caso Wallace se expande como un cáncer. Los papeles desbordan la carpeta del caso y se instalan en el escritorio del inspector jefe, invaden sus archivos: las fotografías de la escena del crimen, las pruebas del laboratorio, los informes elaborados por los agentes, las imágenes aéreas de Reservoir Hill que sacó el helicóptero de la policía. Una segunda columna de documentos ha iniciado una maniobra de flanco y ataca la zona de trabajo de Pellegrini en el despacho anexo; luego devora una caja de cartón detrás de la silla del inspector. El caso se ha convertido en un mundo en sí mismo y gira en una órbita propia.

Para el resto de la unidad de homicidios, la vida sigue igual. Durante la mayor parte de la década, los inspectores de homicidios de Baltimore están convencidos de que las leyes estadísticas y la regla de la media garantizan entre 200 y 250 asesinatos cada año, lo cual da unos dos homicidios cada tres días. La memoria histórica de la unidad recuerda años especialmente abundantes, con 300 fiambres a principios de los años 70, pero la tasa cayó abruptamente cuando el operativo médico de atención de urgencias se puso en marcha y las unidades de urgencias de los hospitales, del Hopkins y del Universitario, empezaron a salvar las vidas de los que de otro modo habrían perecido, desangrados. En los últimos dos años, el recuento de cuerpos ha subido ligeramente, unos 226 en 1987. Es una tendencia que sigue sin hacer que el asesinato en Baltimore parezca nada más excepto un puntito en una curva de probabilidades. Los viernes por la tarde, los inspectores del turno de noche observan a Kim y Linda, las secretarias administrativas, dedicadas a estampar los números de los futuros expedientes en carpetas rojas vacías —88041, 88042, 88043— y experimentan la confiada y rotunda seguridad de que, en algún lugar de las calles de la ciudad, un candidato a víctima se tambalea hacia el pozo del olvido. Los inspectores más veteranos bromean sobre eso: Vaya, seguro que los pobres desgraciados llevan tatuados los números de expediente en la espalda. Si le aplicaras un matasellos al tipo y le enseñaras el 88041 que llevaría marcado en la mejilla derecha, y le contaras lo que significa, el pobre imbécil se cambiaría de nombre, se encerraría en su sótano o se subiría al primer autobús en dirección a Akron o Oklahoma o un agujero a mil kilómetros de distancia. Pero nunca lo hacen; por eso la matemática reina.

A veces, siempre dentro de los confines de la tasa prevista, la fluctuación estadística permite un fin de semana tranquilo porque llueve, o nieva, o hay un partidazo de la liga de béisbol. También está el otro extremo de la balanza: el turno aberrante de medianoche y de luna llena, donde cada ciudadano decente de Baltimore agarra su pistola, o las matanzas ocasionales e inexplicadas durante las que la ciudad parece decidida a despoblarse en el menor tiempo posible. A finales de febrero, cuando el caso de Latonya Wallace avanza a duras penas hasta su tercera semana, la unidad de homicidios se ve inmersa en una de esas épocas en que los inspectores de ambos turnos se enfrentan a catorce asesinatos en trece días.

Son dos semanas caóticas, con los cuerpos amontonados como leños en el congelador del laboratorio forense y los inspectores peleándose por las máquinas de escribir. En una noche especialmente nefasta, dos hombres de la brigada de McLarney interpretan una escena que sólo puede ocurrir en la sala de urgencias de un hospital en Estados Unidos. La vanguardia de la ciencia médica, enfundada en batas de color verde, está a la derecha del escenario, intentando parchear a un tipo lleno de agujeros. A la izquierda, Donald Waltemeyer, en el papel del Primer Inspector. Entra Dave Brown, el Segundo Inspector, que ha venido a echarle un cable a su compañero en la investigación de un crimen violento.

—Eh, Donald.

—David.

—¿Qué pasa? ¿Es nuestro chico?

—Esto es lo del tiroteo.

—Es lo que tenemos, ¿no?

—Tú tenías el apuñalamiento.

—He venido a buscarte. McLarney pensó que igual necesitabas ayuda.

—Yo tengo lo del tiroteo.

—Vale. De acuerdo.

—¿Quién se queda con el apuñalamiento?

—Espera. ¿El tiroteo y el apuñalamiento van por separado?

—Sí. Yo tengo el tiroteo.

—¿Y dónde está el apuñalamiento?

—Creo que en la sala de al lado.

El Segundo Inspector se mueve hacia la derecha, donde otro equipo de batas verdes aparece, también con las manos metidas hasta el estómago en un tipo con agujeros aún más grandes que parchear.

—Vale, tío —dice el Segundo Inspector, impasible—. Me lo quedo.

La noche después de que Waltemeyer y Dave Brown cambien cromos en la unidad de urgencias del Hopkins, a Donald Worden y Rick James les toca su primer asesinato desde lo de la calle Monroe. Es una escena de perfección doméstica en la cocina de una casa residencial de Baltimore Sur: un marido de treinta y dos años tumbado sobre el linóleo, con el pecho ensangrentado y perforado por agujeros del calibre 22, mientras el ron con Coca-Cola aún rezuma de su boca entreabierta. Todo empezó con una discusión que escaló hasta que la esposa llamó a la policía justo después de la medianoche. Los agentes que se personaron en la casa acompañaron al marido, muy borracho, a casa de su madre y le dijeron que durmiera la mona. Esta acción entrometida, por supuesto, va en contra del derecho inalienable de todo paleto borracho de Baltimore Sur a pegar a su mujer a la una de la madrugada. Así que el marido decide despejarse, llamar un taxi y echar abajo la puerta de la cocina, con lo cual su hijastro de dieciséis años le cose a tiros. Cuando le llaman a su casa esa mañana, el fiscal en funciones decide presentar cargos por homicidio en un tribunal de menores.

Dos días más tarde, Dave Brown atiende la llamada de un asesinato por tráfico de drogas en el mercadillo entre North y Longwood, y cuando lo resuelve tres días después, Roddy Milligan se gana el derecho a poner otra muesca en su pistola. A la tierna edad de diecinueve años, Roderick James Milligan ya se ha convertido en algo así como la peste de la unidad de homicidios, él y su dichosa manía de cargarse a todos los traficantes de la competencia en la zona suroeste. Es un tipo pequeñito, casi delicado, y en 1987 ya le buscaban por dos asesinatos, además de ser sospechoso en un cuarto caso de violencia criminal. Está en paradero desconocido, y eso empieza a irritar a los inspectores. Terry McLarney, en concreto, se toma como un insulto personal la decisión del joven delincuente de seguir matando más gente en lugar de entregarse.

—¿Te lo puedes creer? Esa maldita rata sigue libre —declara McLarney, al volver de otro registro en una de las guaridas de Milligan—. Le pegas un tiro a un tipo, pues vale —añade encogiéndose de hombros—. Si te cargas a otro, bueno, vale, esto es Baltimore. Pero cuando llevas tres fiambres a cuestas, es hora de admitir que tienes un problema.

Aunque Milligan repite una frase de Cagney —les ha dicho a algunos familiares que jamás le atraparán vivo—, al cabo de un mes cae durante una redada, a lo grande: con heroína en el bolsillo, en casa de una de sus novias. Su reputación se ve algo mermada cuando se rumorea que, al arrojarlo a la sala de interrogatorios, se echó a llorar como un crío.

Para el turno de Stanton también hay trabajo: el tipo de Highlandtown, de treinta y nueve años, que se va a comprar polvo de ángel con un amigo, en una mala zona al sureste de Washington, donde, en lugar de venderle droga, el traficante le mete cuatro tiros en la cabeza. El amigo se larga pitando en coche y conduce de regreso por la autopista Baltimore-Washington, con su amigo desangrándose como un cerdo en el asiento del pasajero. Lleva el cadáver a un hospital de la zona este, y afirma que los ha atacado y robado un autoestopista cerca de la avenida Dundalk.

También está la pelea en un bar de Baltimore Oeste, que empieza con palabras, pasa por los puños y los bates de béisbol y termina con un hombre de treinta y ocho años en una cama de hospital entre la vida y la muerte, hasta que tres semanas después la palma. Dos veteranos del Vietnam: uno dice que la unidad más valiente de la guerra fue la 1.ª División de Caballería Aérea, mientras que el otro dice que fue la 1.ª División de la Marina. Esta vez, gana la caballería.

Sin olvidar a la madre de Westport que dispara a su amante y luego convence a su hija adolescente para que se haga pasar por culpable, argumentando que, como es menor, no le caerá una condena tan dura. O el joven traficante del bloque de pisos de Lafayette Courts, al que un competidor secuestra y dispara. Le arroja a un contenedor de basuras de Pimlico, donde un paseante le confunde con el cadáver de un perro. Al emprendedor traficante de veinticinco años de Baltimore Este le pegan un tiro en la nuca mientras está pesando y cortando heroína en la mesa de la cocina de su casa. A Fred Ceruti le toca uno de esos casos de fábula, menuda ciudad es esta: en un apartamento de la calle Cathedral, una prostituta clava un puñal en el corazón de otra para robarle una cápsula de heroína de diez pavos, y luego se mete el pico antes de que llegue la policía. Y al testigo principal del caso, un hombre de negocios de la zona residencial de Washington que se fue corriendo con el rabo entre las piernas de vuelta con su esposa y sus hijos a la primera señal de sangre, no le sienta muy bien que el inspector del caso le llame a las cuatro de la mañana a su casa. El policía descubrió su identidad porque había usado su tarjeta de crédito en Baltimore Block, la zona erógena del centro, donde conoció a las dos putas.

—¿Está Frank?

—Sí —responde una voz de mujer—. ¿Quién le llama?

—Dígale que es su amigo Fred —responde Ceruti con genuina caridad. Unos segundos más tarde, cuando se pone el marido, dice—: Frank, soy el inspector Ceruti, de la unidad de homicidios del Departamento de Policía de Baltimore. ¿Tenemos un problema, verdad?

En cambio, hay momentos escasos y refrescantes, de pura responsabilidad cívica, como el de James M. Baskerville, que huye después de disparar a su novia en la casa de esta, al noroeste de Baltimore, y luego llama a la escena del crimen y pide hablar con el inspector al frente del caso.

—¿Con quién hablo?

—Soy el inspector Tomlin.

—¿Inspector Tomlin?

—¿Sí, quien es?

—Soy James Baskerville. Llamo para entregarme por haber matado a Lucille.

—¡Demonios! Constantine, eres un jodido calvo cabrón. Estoy aquí, dejándome el cuello en esta mierda de escena del crimen y me llamas para darme por saco. O te vienes para aquí y me ayudas o...

Clic. Ha colgado. Mark Tomlin escucha el silencio al otro lado de la línea y se vuelve a un miembro de la familia. Pregunta:

—¿Cómo dijo que se llamaba el novio de Lucille?

—Baskerville. James Baskerville.

Cuando el tipo vuelve a llamar, Tomlin descuelga al primer tono.

—Señor Baskerville, lo siento muchísimo. Pensé que era otra persona... ¿Dónde se encuentra ahora?

Después, esa misma noche, en la sala de interrogatorios, James Baskerville —que más tarde aceptaría un trato de cadena perpetua en su comparecencia ante el juez— no se anduvo con rodeos y confesó, firmando con sus iniciales cada página de su declaración.

—He cometido un crimen muy grave y debo ser castigado —dice.

—Señor Baskerville, ¿hay más como usted en su casa? —pregunta Tomlin.

Y como Latonya Wallace, existen esas víctimas que llegan de vez en cuando, y cuya muerte no es la consecuencia inevitable de una disputa doméstica o una carrera de química aplicada que se ha torcido. Hay pobres tipos, como Henry Coleman, un taxista de cuarenta años que se ha equivocado de pasajero esa noche, y coge a la muerte entre Broadway y Chase; Mary Irons, de diecinueve años, que conoce en la discoteca a un tipo con el que ya no bailará más porque la encuentran, apuñalada, detrás del patio del instituto del barrio; y Edgar Henson, de treinta y siete años, que se cruza con un grupo de adolescentes, al salir de un 7-Eleven de la zona este, le anuncian que esto es un atraco y sin esperar empiezan a dispararle. La banda se lleva un botín de dos dólares, y dejan una botella de leche y una lata de guisado Dinty Moore.

Tampoco Charles Frederick Lehman, de cincuenta y un años, cenará esa noche. Es un empleado del Hospital Church Home, que emplea sus últimos momentos en este mundo en comprar una cena crujiente extra de dos piezas en el Kentucky Fried Chicken de la calle Fayette. Lehman no termina de andar los seis metros que hay desde el restaurante hasta su Plymouth. Lo encuentran derrumbado en el asfalto mojado, sin la cartera, con su cena de pollo esparcida a su alrededor. Desde el interior del restaurante, un cliente ha sido testigo de la llegada de los tres jóvenes y del rápido forcejeo; ha oído el disparo y ha visto caer a la víctima. Se queda mirando también mientras uno de los chicos registra metódicamente los bolsillos del muerto, y luego cuando echa a correr y cruza la calle hacia los bloques de pisos Douglass Homes. Pero el testigo tiene sesenta y siete años y es miope, y sólo puede informar de que se trataban de tres jóvenes negros. El coche del muerto se lo lleva la grúa, a la central, para procesarlo con la esperanza de que alguno de los chicos tocara el coche y dejara una huella limpia. Cuando eso falla, sólo queda la llamada anónima, la voz de un hombre blanco que le dice a Donald Kincaid que un compañero de trabajo negro le contó que había visto a tres chicos —de los que conocía a uno— corriendo como gamos por los bloques Douglass Homes después del incidente. Pero el compañero de trabajo no quiere testificar. Ni tampoco el informante anónimo.

—No tendrá que dar su nombre. Sólo hace falta que hable conmigo, igual que ha hecho usted —suplica Kincaid—. Dígale que me llame, porque la verdad es que es la única pista que tengo.

La voz al otro lado del hilo promete intentarlo, pero Kincaid lleva una docena de años en la unidad de homicidios y, cuando cuelga el auricular, sabe con toda probabilidad que esa llamada no llegará jamás.

Domingo, 21 de febrero

Deciden seguir al pie de la letra el informe psicológico del FBI, así que Pellegrini y Landsman traen al Pescadero para que lo interroguen en la central a primera hora de la mañana, cuando supuestamente el individuo de costumbres nocturnas se sentirá más vulnerable, menos cómodo. Luego hacen lo imposible por convencerle de que la situación no está bajo su control, que, gracias a la persistencia de los inspectores, a su precisión milimétrica y al tremendo poder de sus herramientas tecnológicas y científicas, van a descubrirle.

De camino a la sala de interrogatorios pasan adrede por delante del laboratorio científico. Generalmente los domingos por la mañana está cerrado, pero esta vez han abierto las salas del quinto piso, y los propios inspectores han puesto en marcha todos los aparatos de medición y análisis. Quieren intimidar al sospechoso, y por eso han preparado una elaborada pantomima, para ponerle nervioso incluso antes de que se siente en la silla. En un mostrador, están la ropa ensangrentada de la niña, cuidadosamente desplegada y a la vista. En otra mesa, sus libros y la mochila.

Terry McLarney y Dave Brown se han vestido con batas blancas y observan escrupulosamente las prendas de la niña muerta, esforzándose por parecer intensamente profesionales y eruditos. Da la impresión de que se están poniendo las botas amasando pruebas e indicios, a tenor de su ajetreado ir y venir entre las ropas y los aparatos del laboratorio.

Mientras camina junto al Pescadero y pasan de largo la escena, Pellegrini estudia al sospechoso. El viejo parece no perderse un detalle, pero su semblante es pétreo. No reacciona. El inspector hace subir al sospechoso por una escalera trasera y ascienden un tramo hasta la planta donde se encuentra la unidad de homicidios, al lado de la pecera, hasta llegar a la máxima autoridad geográfica, el despacho del capitán. Con su enorme escritorio y la silla de alto respaldo, con impresionantes vistas del horizonte de Baltimore, esta oficina dota de prestigio a todo el proceso que está a punto de empezar. Antes de leerle sus derechos, Pellegrini y Edgerton se aseguran de que el Pescadero no se pierda los mapas ni las fotografías aéreas que han tomado de la zona, así como las imágenes impersonales de la cara de la niña muerta. Las sacó el fotógrafo de la oficina del forense, y están expuestas en paneles y pizarras que recorren toda la estancia. Dejan que vea su propia foto identificativa, colgada en el mismo tablero donde está la imagen de la niña. Hacen todo lo que está en su mano para convencer al mejor sospechoso que tienen de la muerte de Latonya Wallace de que están a punto de conseguir —si no las tienen ya— pruebas físicas de su crimen, de que se encuentran en una posición de poder y de que es inevitable, que le van a descubrir y castigar.

Así que van a por él. Primero Pellegrini, luego Edgerton. Hablan alto y rápido, luego susurran, arrastran las palabras, son lacónicos, gritan, le hacen preguntas, vuelven con lo mismo. Al otro lado de la puerta, Landsman y los demás escuchan el asalto, esperando que algo provoque al viejo, que salte y puedan arrancarle el principio de una confesión, así tengan que sacar las palabras de la garganta del Pescadero una a una. Los inspectores se turnan: uno deja la oficina, otro vuelve, regresa el primero, luego el segundo, y cada vez arremeten con una estrategia nueva, con preguntas distintas, sugeridas por los que escuchan en silencio al otro lado de la puerta.

La confrontación está perfectamente coreografiada, tanto que muchos de los inspectores llegan a convencerse de que por una vez el turno ha logrado montar un caso alrededor de una única bola roja, haciendo todo lo humana y legalmente posible para obtener una confesión del sospechoso del crimen. Pero el viejo se queda sentado en la oficina del capitán y no parece impresionado. Es de piedra, una masa sólida y estoica, sin temor ni angustia; tampoco está enfadado por ser sospechoso de un asesinato y del abuso de una niña. Contesta a todos los argumentos con la más férrea de las negativas y se remite vagamente a sus primeras declaraciones. No tiene coartada para el martes. No admite nada.

Al principio del interrogatorio, Pellegrini cede la primacía a Edgerton, que ha peleado en mil batallas como esta. Algo incómodo, escucha cómo Edgerton pone sobre la mesa todo lo que tienen. Intenta convencerle de su omnisciencia, y le cuenta al Pescadero que sabe lo de las niñas, que estas le han contando cómo se porta con ellas. Sabemos lo de la antigua acusación de violación, le dice Edgerton. Sabemos por qué aún no tiene una coartada.

Pellegrini escucha al veterano inspector mientras carga con su mejor estilo contra el viejo, y se da cuenta, demasiado tarde, de que no basta con eso, de que no está logrando nada. Hora tras hora, Edgerton escupe palabras y frases con esa cadencia neoyorquina de dos tiempos, pero Pellegrini casi puede palpar la creciente indiferencia del viejo. Los inspectores tienen sospechas, probabilidades, meros principios de un caso circunstancial. Lo que no tienen son pruebas: ni un ápice de verdaderas pruebas, esas que rompen a un hombre en pedacitos hasta admitir lo que nadie quiere confesar voluntariamente. Están en la sala, disparándole todo lo que tienen, y no tienen nada.

Si no se equivocan —y el Pescadero abusó de Latonya Wallace y luego la mató—, entonces sólo tendrán un par de ocasiones para arrancarle la verdad, unas pocas sesiones como esta. El pasado sábado fue el primer mordisco de la manzana, y ahora, con el plato vacío, están echando a perder el resto del banquete.

Edgerton empieza a cansarse y Pellegrini le sustituye, recoge algunos de los hilos de los que aún no han tirado. Le hace preguntas abiertas al hombre, espera obtener de él algo más que respuestas monosílabas. Intenta explorar lo que sentía por la niña muerta. Pero son preguntas al azar, disparos a ciegas, independientes de cualquier planificación coherente y científica. Pellegrini observa la cara inmóvil del viejo y maldice para sus adentros. Está encerrado en una sala con sus mejores inspectores, tiene entre manos al sospechoso más probable, pero ningún triunfo, ni una mísera azada con la que cavar en el alma de este hombre.

De nuevo, a Pellegrini le invade el persistente remordimiento, la misma idea inquietante de que el caso se le escapa entre los dedos. En el momento más importante de la investigación, el interrogatorio, le ha cedido el mando a Edgerton. Pero este no tenía ningún plan; maldita sea, ninguno de ellos lo tenía.

Todas sus esperanzas descansaban en la posibilidad de que al Pescadero le intimidara el despliegue de experiencia, conocimientos y autoridad. Que tuviera miedo, el suficiente como para confesar. Pellegrini se pregunta si el sospechoso es capaz de sentir ese tipo de miedo. Al caminar a lo largo del laboratorio, ni siquiera ha parpadeado. Tampoco ha reaccionado al ver las fotos de la morgue. O es un verdadero inocente o un sociópata como la copa de un pino.

Después de ocho horas llaman a un coche patrulla de la central; primero Pellegrini y luego Edgerton se rinden a la frustración y al agotamiento. El tendero espera tranquilamente sentado en el sofá de plástico verde, al lado de la pecera, hasta que llega un agente para acompañarle de regreso a la calle Whitelock. Entonces, el Pescadero se levanta lentamente y arrastra los pies por el pasillo del sexto piso, de nuevo libre.

Dos noches después, Pellegrini se presenta a su turno de medianoche, comprueba la lista de agentes y descubre que es el único inspector en activo. Fahlteich está de vacaciones, Dunnigan y Ceruti tienen la noche libre, y Rick Requer, que acaba de volver de una baja con el brazo roto, aún está a medio gas.

—Ya podéis iros —le dice a Kincaid y a los otros que hacen el turno de cuatro a doce, después de tomarse un café.

—¿Dónde está el resto del turno? —pregunta Kincaid.

—Soy yo.

—¿Tú?

—Eh, qué pasa —dice Pellegrini—. Una ciudad, un policía.

—Mierda, Tom —dice Kincaid—. Espero que el teléfono no suene.

Pero lo hace. Y a las cinco de la madrugada, Pellegrini se encuentra de pie en un charco de orina en un callejón estrecho y oscuro entre dos bloques de la calle Clay, mirando los restos de un habitante de la noche, un desgraciado sin hogar que tiene la cabeza aplastada y los pantalones bajados hasta las rodillas. Sólo quería un lugar caliente donde defecar, y le apalearon hasta la muerte por eso. No puede haber un crimen que tenga menos sentido que este.

Esa mañana, el teniente administrativo le deja claro a Pellegrini que sigue siendo el inspector principal del caso Latonya Wallace, y le ordena abandonar el expediente 88033, el asesinato de Barney Erely, de cuarenta y cinco años, sin dirección conocida, en manos de la cuadrilla de Roger Nolan. Esta decisión no hace de Nolan el hombre más feliz de la unidad de homicidios.

Transferir el caso a otro no sirve de nada. En un mundo con más crímenes que inspectores, esta es una ciudad en la que el tiempo no se detiene, ni siquiera para Latonya Wallace. Una semana más tarde, Pellegrini y Gary Dunnigan están solos en el turno de medianoche cuando suena el teléfono. Un apuñalamiento con resultado de cadáver en la zona sureste.

Y Pellegrini vuelve a entrar en la rueda.

CUATRO

Lunes, 22 de febrero

No hay testigos y no hay motivo. Han apuñalado a una mujer de cuarenta años, la han vuelto a apuñalar y después, al parecer, le han pegado un tiro en la cabeza a corta distancia. Al menos, se dice Rich Garvey, ha muerto dentro de una casa.

Wilson, el técnico de laboratorio, deja de sacar fotografías el tiempo suficiente para que se recargue el flash de la cámara, y Garvey aprovecha el respiro para recorrer una vez más la habitación, repasando mentalmente la lista de lo que hay que hacer. Casi se oyen las tarjetas dando vueltas en su cabeza.

—Eh, ¿dónde está tu amigo? —le pregunta Wilson.

El inspector levanta la cabeza, distraído.

—¿Mi amigo?

—Ya sabes, tu compañero, McAllister.

—Hoy es su noche libre.

—¿Te ha dejado solo, eh?

—Eso, al bueno de Garvo siempre le chutan los casos difíciles... ¿Has sacado una foto de la ropa que está ahí en el suelo, al lado de la puerta?

—Unas cuantas.

Garvey asiente.

Un vecino encontró a Charlene Lucas. Se trata de un hombre de mediana edad que vive en el apartamento de arriba. Al irse a trabajar a las cinco de la mañana, se ha dado cuenta de que la puerta del piso de Charlene estaba entornada, y al volver, poco después de las cuatro de la tarde, que seguía abierta. La ha llamado, luego se ha adentrado en el apartamento lo suficiente como para ver las piernas de la mujer en el suelo.

Los enfermeros han llegado y dictaminado que estaba muerta a las cuatro y cuarenta minutos, y Garvey ha aparecido en la calle Gilmor unos quince minutos después. La escena del crimen ya estaba precintada, y los agentes de la zona oeste se habían ocupado de mantener alejados a los curiosos y dejar pasar a los residentes del edificio de ladrillo rojo. Se trata de una hilera de casas de tres pisos recientemente renovadas, con apartamentos pequeños de una sola habitación, en los que, al parecer, el contratista había hecho un buen trabajo. El bloque de pisos donde vivía Lena Lucas estaba en una de las zonas más estropeadas del sector oeste, y por el aspecto del edificio, era uno de los mejor conservados del vecindario. Se notaba la labor de rehabilitación, cada uno de los apartamentos contaba con alarmas antirrobo y cerrojos, e interfonos conectados al timbre de la puerta principal.

Al subir hasta el rellano del segundo piso, Garvey enseguida se da cuenta de que las puertas no están forzadas, ni la de la entrada principal ni la del apartamento. Tanto en el salón como en la habitación de atrás, las ventanas están cerradas.

Lena Lucas yace sobre su espalda, en un charco de sangre coagulada que ha empapado la moqueta beis en un amplio círculo. Tiene los ojos cerrados y los labios entreabiertos y está desnuda, excepto por unas braguitas blancas. El charco de sangre apunta a que pueda tener heridas en la espalda, aunque Garvey repara en la sangre seca que hay alrededor de la oreja izquierda, que podría constituir la herida de entrada del disparo. Alrededor del cuello y la mandíbula, hay pequeños cortes superficiales, en ciertos casos apenas rasguños.

La cabeza apunta al norte, los pies, al sur, y el cuerpo está junto a una cama doble en la estrecha habitación de atrás. En el suelo, al lado de la puerta del dormitorio, se encuentra la ropa de la víctima. Garvey se fija en que las prendas están dispuestas en una pequeña pila, como si se hubiera desnudado de pie, dejando la ropa en un montoncito a sus pies. Concluye que Lena Lucas no tuvo ningún problema en quitarse la ropa delante de su asesino. Y si se hubiera desnudado antes de la llegada de este, aparentemente había abierto la puerta de su casa sin siquiera cubrirse.

La habitación, igual que el resto del apartamento, está casi intacta. Sólo parece que han registrado un armario ropero, porque ambas puertas están abiertas de par en par y en el suelo han arrojado un puñado de prendas y bolsos. En un rincón del dormitorio hay una bolsa de arroz, desgarrada y con el contenido desparramado en el suelo. Al lado del arroz, un montoncito de polvo blanco, probablemente cocaína, y un montón de cápsulas de gelatina vacías. Garvey suma dos y dos: el arroz conserva la humedad, y a menudo la cocaína viaja empaquetada en él para evitar que el polvo cristalice.

El inspector examina la cabecera de la cama, de madera. Cerca del extremo más próximo a la cabeza de la víctima hay una serie de arañazos verticales y recientes, consistentes con las sacudidas hacia abajo de un canto afilado. También ve salpicaduras de sangre en ese borde de la sábana, y en el suelo, cerca de la cama, hay un cuchillo de cocina con el filo roto.

Teoría: la mujer estaba echada en la cama, con la cabeza al norte, cuando empezó el ataque con el cuchillo. El asesino la apuñaló directamente desde arriba, y sus movimientos con el cuchillo causaron las marcas en la cabecera de la cama. Bien a consecuencia de la fuerza del ataque, o bien a causa de sus propios esfuerzos por escapar, la víctima cayó a un lado de la cama, y al suelo.

Junto a la cabeza de la muerta hay una almohada y una funda ennegrecidas por lo que parecen restos de pólvora. Pero no es hasta que llega el equipo de forenses, que mueven el cuerpo, cuando Garvey encuentra la pequeña e irregular protuberancia de metal gris, rodeada por el halo de sangre sobre la moqueta, allí donde la cabeza de la víctima fue a caer. El golpe de gracia llegó cuando esta ya había caído al suelo, y envolvieron el arma con la almohada para ahogar el ruido del disparo.

La propia bala es extraña: Garvey la observa detenidamente. Es de calibre medio, probablemente del 32 o del 38, pero rara de cojones, tipo semi *wadcutter*, sin ojiva, algo que él jamás ha visto antes. El proyectil está casi intacto, y no parece haber esquirlas o rotura. Valdrá para comparaciones en balística. Garvey introduce el casquillo en un sobre de pruebas y se lo entrega a Wilson. En la cocina, el cajón que contiene los cuchillos y la cubertería está parcialmente abierto. Aparte de eso, no hay ninguna señal de desorden fuera de la habitación, ni en el salón ni en el baño.

Garvey ordena a los técnicos de laboratorio que se concentren en buscar huellas latentes en la habitación trasera, así como en la puerta de entrada y también en la de la habitación. El técnico espolvorea la encimera de la cocina y el cajón abierto, y luego la pila del fregadero y del lavabo, por si el asesino tocó algo al lavarse las manos. Cuando el polvo revela la presencia de una huella válida, el técnico presiona un trozo de celofán para recogerla, y lo pega contra una tarjeta blanca de 3 por 5. La colección de tarjetitas aumenta a medida que el técnico se desplaza de la habitación hasta la cocina. Después de terminar con las encimeras, hace un gesto en dirección al final del pasillo.

—¿Quieres que hagamos algo con la de delante?

—No creo. Parece que no entró.

—No me importa...

—No, déjalo —dice Garvey—. Si fue alguien con acceso al apartamento, las huellas tampoco nos dirán nada.

En su fuero interno, el inspector clasifica las pruebas que tienen que ir a la central: la bala. El cuchillo. El montón de ropa. La droga. Las cápsulas de gelatina. Un bolso pequeño, ahora cubierto de polvo para la detección de huellas, y que probablemente transportó la cocaína, el arroz y las cápsulas. La almohada y la funda, ambas manchadas con residuos de pólvora. Las sábanas, cuidadosamente dobladas para conservar fibras, cabellos o cualquier otra sustancia susceptible de ser analizada. Y, por supuesto, las fotografías de las estancias, de la escena del crimen, de la cama y la cabecera estropeada, de cada una de las pruebas encontradas en su localización original.

Las noticias vuelan en un barrio como ese, y la familia de la muerta —su madre, su hermano, el tío y las hijas— aparecen en el apartamento de la calle Gilmore aún antes de que los asistentes del equipo forense puedan meter el cuerpo en la camioneta negra. Garvey envía a la familia a la central en coches patrulla; allí, otros inspectores se ocuparán de tomarles declaración, recopilar los antecedentes disponibles y elaborar un informe sobre ellos.

Dos horas más tarde, algunos de los familiares vuelven a la escena del crimen. Garvey casi ha terminado ahí; al bajar las escaleras, se encuentra a la hija más joven de la muerta, apoyada contra el coche patrulla. Es delgaducha, fibrosa, aún no ha cumplido los veintitrés años, pero tiene la cabeza en su sitio y no tiene un pelo de tonta. Un inspector de homicidios siempre sabe cuál es el miembro de la familia que será capaz de conservar la calma, escuchar, contestar correctamente a las preguntas, hacer frente a las desagradables gestiones de un asesinato cuando todos los demás están gimiendo, desgarrados por el dolor, o discutiendo por quién se queda la licuadora de la víctima. Garvey ya había hablado con Jackie Lucas antes de mandar a la familia a la central, y esa breve conversación le indicó al inspector que la joven era el contacto más espabilado de la familia.

—Hola, Jackie —dice Garvey, haciéndole un gesto para que le siga, hacia la acera, a una respetable distancia de la gente que se acumula frente a la entrada del bloque.

Jackie sigue al inspector, y ambos se alejan unos metros más.

Empiezan con lo de siempre: el novio de la muerta, sus costumbres y sus vicios. Garvey ya tiene datos de la víctima, la gente con la que se relacionaba y demás detalles, fruto de las declaraciones de los otros miembros de la familia. También tiene en mente los detalles de la escena del crimen: el asesino que no forzó la puerta, el arroz y las cápsulas de gelatina, el montón de ropa... Todo ayuda. Al formularle las primeras preguntas, Garvey roza ligeramente el codo de la joven, como si quisiera dejar claro que entre ellos dos sólo vale la verdad.

—El novio de tu madre, ese tal Frazier, vendía drogas...
Jackie Lucas vacila.
—¿Tu madre también traficaba para Frazier?
—Yo no...
—Escucha, a nadie le importa eso ahora. Sólo necesito saberlo para descubrir al asesino de tu madre.
—Sólo guardaba la droga —admite—. No vendía, al menos no que yo sepa.
—¿Y ella consumía?
—Marihuana, de vez en cuando.
—¿Cocaína?
—Creo que no. Que yo sepa.
—¿Y Frazier?
—Él sí.
—¿Crees que Frazier pudo haber matado a tu madre?
Jackie Lucas hace una pausa y reflexiona. Lentamente, sacude la cabeza.
—No creo que lo hiciera —dice—. Siempre la trató bien, ya sabe, nunca le pegaba ni nada de eso.
—Jackie, tengo que hacerte una pregunta...
La hija guarda silencio.
—Tu madre era...¿Se veía con muchos hombres?
—No.
—¿Tenía muchos novios?
—Sólo Frazier.
—¿Sólo Frazier?
—Sólo él —insiste la joven—. Antes había tenido otro novio, pero desde hacía tiempo sólo estaba con Frazier.
Garvey asiente y piensa durante un momento. Jackie rompe el silencio.
—Los policías de la central nos han dicho que no hablemos con Frazier, por si se fuga.
El inspector sonríe.
—Si se fuga, entonces sabremos quién lo hizo.
La joven absorbe la lógica.
—No creo que sea el hombre que busca —dice finalmente.
Garvey intenta otro enfoque.
—¿Subía mucha gente al apartamento? Quiero decir que si tu madre estuviera sola, ¿dejaría subir a alguien más, aparte de Frazier?
—Sólo a un chico que se llama Vincent —dice ella— y que trabaja para Frazier. Solía subir a por las drogas.
Garvey baja la voz.

—¿Y tú crees que tonteaba con ese tal Vincent?

—No, y no creo que Vincent subiera sin que Frazier también estuviera en el apartamento. La verdad es que no creo que lo dejara subir —dice, cambiando de opinión.

—¿Sabes cuál es el nombre completo de Vincent?

—Me parece que Booker.

—Jackie —dice Garvey, centrándose en un último detalle—, en tu declaración has dicho que Frazier guardaba una pistola en el dormitorio.

La hija asiente.

—Ella tenía una del 25, y a veces Frazier una del 38.

—No las hemos encontrado.

—En el armarito, las guarda ahí —dice la hija—. Al fondo del estante.

—Oye, si te dejo subir y buscar las pistolas, ¿crees que podrías encontrarlas?

Jackie asiente, y le sigue.

—¿Está muy mal? —pregunta de camino al apartamento.

—¿El qué?

—La habitación...

—Ah —cae Garvey—. Bueno, ella ya no está... Pero hay un poco de sangre.

El inspector conduce a la chica hasta el dormitorio. Jackie mira brevemente la mancha rojiza, y luego se dirige al armario de metal y saca la pistola del calibre 25 del fondo de la estantería de arriba.

—La otra no está.

De otro cajón saca un paquetito con más de mil doscientos dólares en efectivo, el dinero que su madre había cobrado de una compañía de seguros hacía poco.

—¿Frazier sabía que ella guardaba este dinero?

—Sí.

—¿Y sabía dónde estaba?

—Sí.

Garvey vuelve a asentir y reflexiona. En ese momento, un agente uniformado sube la escalera y se presenta en el apartamento, en busca del inspector.

—¿Qué pasa? —pregunta Garvey.

—Los demás familiares quieren subir.

Garvey mira al técnico y pregunta:

—¿Lo tienes todo?

—Sí, ya estoy recogiendo.

—Adelante —le dice Garvey al agente. Este baja y abre la puerta de entrada del bloque. Al poco rato entran media docena de personas, incluidas la madre y la hija mayor, y se desparraman por el apartamento, creando un caos inmediato.

Los familiares más mayores pasan revista a los electrodomésticos que hay en la cocina, a la televisión en color, a los altavoces del equipo de música. En sitios como la calle Gilmore, la familia reclama las posesiones de una víctima al instante. Es un imperativo inmediatamente posterior a la retirada del cadáver. No es tanto por codicia como por la absoluta certeza de que, tan pronto como se corra la voz, una retahíla de artistas del robo se presentará para agenciarse con las riquezas terrenales del fiambre, siempre y cuando puedan introducirse en el lugar del crimen después de que la policía se haya ido y antes de que la familia tenga tiempo para pensar en esos detalles. El dolor vendrá después; esta noche, la madre de Lena Lucas no tiene ninguna intención de dejar que los lobos arrasen con la televisión multicanal con altavoces estereofónicos.

Los demás familiares despliegan una curiosidad morbosa. Un primo señala hacia el charquito de sangre coagulada en la moqueta del dormitorio.

—¿Es sangre de Lena?

Un agente uniformado asiente, y el primo se vuelve hacia la hija mayor de la víctima.

—La sangre de Lena —repite. No ha sido buena idea. Porque ahora la hermana menor de Jackie ha empezado a retorcerse y a gemir hasta vomitar los pulmones, y se abalanza sobre la mancha roja, con los brazos extendidos y las palmas abiertas.

—¡Mamá, veo a mi mamá!

La cría frota las manos en el charco, como si quisiera cosechar tanta humedad como pueda. Garvey contempla la escena mientras el primo bocazas y otro familiar agarran a la hija y la apartan de la sangre.

—¡Mamá, no te vayas...!

La chica se incorpora, con los antebrazos en el aire, las manos teñidas de sangre. Garvey detecta el peligro inminente de una factura de tintorería del copón, da un paso atrás y se retira hacia la puerta.

—Bueno, Jackie —dice—. Gracias, cariño. Tienes mi número de teléfono, ¿no?

Jackie Lucas asiente, y se gira para calmar a su hermana. Cuando los chillidos suben de tono hasta hacerse insoportables, Garvey huye, siguiendo los pasos del técnico de laboratorio y arrastrándose hacia el frío interior del Cavalier. Ha pasado menos de cuatro horas vaciando la escena del crimen.

Antes de regresar a la unidad de homicidios, Garvey conduce unos doce bloques hacia el norte para echar una mano en una muerte sospechosa. La llamada de aviso saltó unas tres horas después del asesinato de la calle Gilmor. Un poco antes, Garvey ha llamado a la oficina y Dave Brown le ha dicho que el segundo crimen podría estar relacionado con el de la calle Gilmor. Garvey llega a una casa adosada de la avenida Lafayette y sube al segundo piso. Allí, Rick James y Dave Brown ya están trabajando en el caso de un hombre de cincuenta años, asesinado.

Como Lena Lucas, la víctima de la avenida Lafayette ha muerto a causa de un disparo en la nuca y varias puñaladas, esta vez en el pecho. Igual que Lena Lucas, hay una almohada al lado de la cabeza del cadáver, con residuos de pólvora. Además, la cara del tipo también está arañada y marcada por una serie de pequeños cortes, más de veinte. Lleva muerto un buen rato. La familia encontró el cadáver; entraron por la puerta trasera, que estaba abierta. Tampoco aquí había señales de que se forzara la entrada, pero esta vez sí habían registrado a fondo la habitación de la víctima.

Los dos casos quedan inequívocamente conectados cuando Garvey descubre que el muerto es Purnell Hampton Booker, padre de un tal Vincent Booker, el mismo tipo emprendedor que trabaja para Robert Frazier, el que vende drogas y se acuesta con Lena Lucas. De pie en el dormitorio del finado, Garvey sabe que el mismo asesino acabó con ambas vidas.

Deja a Brown y James ocupados con su escena del crimen y regresa a la oficina para sumergirse en el papeleo que le espera en su escritorio. Aún está ahí cuando los dos inspectores vuelven de la avenida Lafayette.

Como si las similitudes entre ambos crímenes no bastaran para relacionarlos, el casquillo que extraen del cerebro de Purnell Booker durante la autopsia, a la mañana siguiente, también es del calibre 38 y del tipo *wadcutter*. Más tarde, esa noche, el inspector al frente del caso de la avenida Lafayette, Dave Brown, se presenta en el escritorio de Garvey con una foto identificativa del joven Vincent Booker.

—Eh, colega, parece que vamos a trabajar juntos.

—Pues sí.

Resulta que esa misma tarde Garvey ha recibido una comunicación anónima, una mujer que ha llamado a la oficina de la unidad de homicidios y dice que oyó una conversación en un bar de la calle West Pratt. Que un hombre le decía a otro que habían utilizado la misma pistola para matar a Lena Lucas y al viejo de Lafayette.

Es un rumor interesante. Un día más tarde, el informe de balística dice lo mismo.

Ha pasado una semana desde que en una misma noche encontraron muertos a Lena Lucas y Purnell Booker, y los dos casos se mueven lenta e inexorablemente hacia delante. Nuevas declaraciones e informes se acumulan en ambos expedientes, y en la unidad de homicidios de Baltimore, cuando la violencia de un día queda superada por la del siguiente, un dosier a rebosar es señal de buena salud. El tiempo se burla de la investigación más cuidadosa y profunda, y los inspectores —conscientes de ello— se pasan las horas analizando todas las posibilidades, interrogan a los testigos y detienen a los sospechosos, con la esperanza de que se abra una puerta. Porque saben que antes de poder dedicarse a calcular la jugada, o aún mejor, zambullirse en una investigación meticulosa y detallada, otro expediente aterrizará en sus mesas. Pero de algún modo casi especial, la ley de los intereses decrecientes jamás ha valido para Rich Garvey.

—Es como un perro con un hueso —le dijo Roger Nolan una vez a otro inspector jefe, sin ocultar la nota de orgullo en su voz—. Si le asignan un caso y le saca jugo, no hay forma de que lo suelte.

Por supuesto, Nolan jamás le ha dicho algo parecido a Garvey, sólo a los demás inspectores jefe. Así mantiene viva la ficción de que es normal que un inspector suelte un caso sólo cuando no le queda nada más a lo que agarrarse. En realidad, de normal no tiene nada. Porque después de cincuenta, sesenta o setenta homicidios, la realidad es que «el caso del negro muerto en el callejón» empieza a cansar. Y nada es más desalentador para un inspector que volver a su oficina, teclear el nombre de la víctima en la terminal de la base de datos y sacar más de seis o siete páginas de antecedentes penales, hasta que el papel continuo que sale de la impresora alcanza el suelo. El desgaste es más que un riesgo laboral en la unidad de homicidios, es una certeza psicológica. Se contagia entre los inspectores, por parejas, hasta que toda la brigada está sumida en esa actitud de «me-importa-una-mierda» que no solamente amenaza la resolución de los casos con verdaderas víctimas —la ironía es que son esos expedientes los que sacan al inspector del pantano de pasotismo—, sino también los crímenes cuyo fiambre tiene prácticamente el mismo perfil que el de su asesino. Es el callejón sin salida filosófico del investigador norteamericano: si un traficante de drogas cae en Baltimore Oeste y nadie se da cuenta, ¿hace ruido su muerte?

Después de cuatro años en homicidios y trece como policía, Garvey es uno de los pocos residentes de la unidad inmune al virus. Muchos inspectores apenas distinguen un caso de otro después de pasarse varios años en las trincheras. En cambio, Garvey recuerda perfectamente que, de los veinticinco o veintiséis casos en que fue responsable de la investigación, el número de expedientes abiertos se puede contar con los dedos de una mano.

—¿Cuántos, exactamente?

—Cuatro, creo. No, cinco.

No es vanidad lo que hace que Garvey recuerde esta cifra; simplemente, es su marco de referencia. Posee una determinación a prueba de bomba, es incisivo y persistente. A Garvey le gusta investigar asesinatos. Más aún, cuando el caso no se resuelve o se llega a un trato con el acusado, a falta de pruebas, se lo toma de forma personal. Solamente por eso ya es casi una reliquia, una pieza de metralla ética que ha sobrevivido en el tiempo y que terminó ardiendo consumida en el pasado hace un par de generaciones, cuando la letanía «si al principio no lo consigues» fue reemplazada en todas las oficinas municipales de Baltimore por un sucinto «ese no es mi trabajo», y más tarde se convirtió en un definitivo «mala suerte» encogido de hombros.

Rich Garvey es un anacronismo, el producto de una infancia norteamericana media que se tomaba en serio la historia del cochecillo valiente.* Garvey es el inspector capaz de dejar a un lado el decoro y la diplomacia, saltar al cuello del fiscal cuando una acusación de segundo grado y de veinte años de condena no es suficiente; el que le dice al adjunto del fiscal del Estado que un abogado con sangre en las venas y pelos en el pecho no daría su brazo a torcer por menos de un primer grado y cincuenta años. Es Garvey el que se presenta en la oficina con una gripe galopante, y luego se come la investigación de una paliza en Pigtown† porque, qué demonios, ya que está de servicio, atiende a los avisos como el que más. Y es Garvey el que fotocopia la cita que dice «Recuerda, trabajamos para Dios», de Vernon Geberth, experto en homicidios y comandante de policía de Nueva York, la cuelga junto a su escritorio y reparte el resto de copias por toda la oficina. Goza de un agudo sentido del humor, así que sabe perfectamente que el credo de Geberth es sensiblero y pomposo. No puede evitarlo y, de hecho, le gusta aún más precisamente por eso.

Garvey es un irlandés nacido en un barrio obrero de Chicago, hijo único de un vendedor de la casa Spiegel. Al menos hasta el final de su carrera, cuando la empresa decidió que podía prescindir de él, el padre

* *The little engine that could*: literalmente, «el cochecito que podía», cuento infantil muy popular en los años 50 en Estados Unidos que transmitía los valores del esfuerzo y del optimismo. (*N. del T.*)

† Vecindario al oeste de Baltimore. (*N. del T.*)

de Garvey prosperó y logró amasar el suficiente dinero como para escapar a un vecindario residencial justo cuando su barrio de toda la vida se empezaba a degradar, a finales de los años 50. Garvey padre le inculcó su ambición a su hijo, y soñaba en que se convirtiera en un futuro ejecutivo de ventas, quizá de la propia Spiegel. Garvey hijo tenía una opinión distinta de su futuro.

Se pasó dos años estudiando en una pequeña universidad de Iowa, y terminó una licenciatura en Criminología en la Kent State. En 1970, cuando la Guardia Nacional disparaba sus letales descargas sobre los estudiantes que protestaban contra la guerra del Vietnam, en un campus de Ohio, Garvey se alejaba de los disturbios. Como muchos, tenía sus dudas acerca de la guerra, pero ese día tenía clase, y si los altercados no hubieran llevado al cierre temporal de las instalaciones de la universidad, Garvey habría estado sentado en la primera fila, tomando apuntes como siempre. Era un hombre joven desconectado del ritmo de su tiempo, y por eso quizá optó por una carrera en la policía cuando eso no era precisamente lo que excitaba la imaginación de los jóvenes. Garvey veía las cosas a su manera. Creía que la labor policial siempre sería interesante. E incluso durante la peor recesión económica que viniera, un policía siempre tendría trabajo.

Sin embargo, cuando se licenció, eso no estaba tan claro. A mediados de los años 70 no era fácil encontrar un puesto, porque muchos departamentos de policía urbanos se apretaban el cinturón para superar la crisis de la inflación. Recién casado con su novia de toda la vida, Garvey encontró un trabajo como vigilante de seguridad en Montgomery Ward. Sólo un año después, en 1975, se enteró de que en el Departamento de Policía de Baltimore buscaban agentes, y ofrecían pagas superiores y otros incentivos a los licenciados universitarios. Se trasladó a Maryland con su mujer, recorrió la ciudad y los condados aledaños. Mientras conducían por los suaves valles y las enormes granjas de caballos del norte del condado de Baltimore, se enamoraron de la región de Chesapeake. Era un buen lugar donde criar a una familia, se dijeron. Luego Garvey se dio un paseo por los bajos fondos de la ciudad —oeste, este, los bloques de Park Heights—, para familiarizarse con los lugares donde se ganaría la vida.

De la academia, pasó al distrito Central, donde le destinaron a la zona de Brookfield con Whitelock. El negocio iba viento en popa: Reservoir Hill a finales de los 70 era un barrio tan degradado como cuando el cadáver de Latonya Wallace apareció en un callejón, más de una década después. McLarney se acordaba de Garvey, porque coincidieron en la central. También recordaba que Garvey era, sin lugar a dudas, el mejor hombre que había en su brigada.

—Cogía el teléfono y salía a pelear —dice McLarney, mencionando las dos cualidades que realmente importan cuando uno conduce un coche patrulla.

Garvey tenía hambre de trabajo, así que su carrera avanzó con firmeza: pasó seis años en la central, luego cuatro más en los que cimentó su reputación como uno de los inspectores de robos y asaltos más eficaces de la sección criminal, hasta que lo transfirieron a homicidios. Llegó en junio de 1985 y pronto se convirtió en el eje central de la brigada de Roger Nolan. Kincaid era el veterano, Edgerton el solitario astuto, pero Garvey se curraba la parte del león de las llamadas, dispuesto a trabajar con McAllister, Kincaid, Bowman o cualquier otro al que le tocara cargar con un asesinato fresco. Cuando se levantaron algunas críticas a la carga de trabajo de Edgerton, Garvey les recordó a todos, sin el menor asomo de sarcasmo, que él no tenía ninguna queja.

—Harry hará lo que tenga que hacer —decía Garvey, como si el asesinato fuera una mercancía de alto valor en la ciudad de Baltimore—. Y a mí me tocará una parte mayor.

En suma, Garvey adoraba ser un inspector de policía de la unidad de homicidios. Le gustaban las escenas del crimen, el instinto de la persecución, el subidón adolescente al escuchar un par de esposas cerrarse alrededor de las muñecas de un detenido. Hasta le gustaba el sonido de la palabra *asesinato*, algo que se hacía evidente cada vez que regresaba de una escena del crimen.

—¿Qué es esta vez? —preguntaba Nolan.

—Asesinato, jefe.

Le basta un fiambre cada tres semanas y se conforma. Si tiene más, está totalmente satisfecho. Durante un inolvidable turno de medianoche en el verano de 1987, Garvey y Donald Worden trabajaron en cinco casos de asesinato en otros tantos días, tres en una misma noche. Era el tipo de turno en que a un inspector le cuesta acordarse de qué testigos vienen para declarar sobre qué caso. («A ver, los que vienen de la calle Etting que levanten la mano derecha.») Lograron cerrar cuatro de los cinco casos, y tanto para Garvey como para el Gran Hombre, esa semana concita muy buenos recuerdos.

Pero si les pides a los demás inspectores que te digan cuáles son los mejores en la escena de un crimen, mencionarán a Terry McLarney, Eddie Brown o Kevin Davis, del turno de Stanton, y el compañero de Garvey, Bob McAllister. Los mejores interrogadores serán Donald Kincaid, Kevin Davis, Jay Landsman y tal vez Harry Edgerton, si sus colegas se sienten lo bastante generosos como para incluir a un elemento subversivo en la lista. ¿Y los que son mejores testigos y saben impresionar a un jurado? Landsman, Worden, McAllister y Edgerton vuelven a copar los primeros puestos. ¿El mejor en la calle? Worden, sin duda alguna, aunque Edgerton le pisa los talones.

¿Y entonces, qué pasa con Garvey?

—Dios mío, pues claro —dicen, acordándose de repente—. Es cojonudo. El mejor investigador de homicidios.

¿Por qué?

—No suelta el caso.

Para un inspector de homicidios, no soltar el caso es tener media batalla ganada, y esta noche, con la llegada de Robert Frazier a la oficina, la pelea por Lena Lucas y Purnell Booker está un paso más cerca de resolverse.

Frazier es alto y delgado, de complexión morena, con ojos hundidos y marrones, frente alta y huesuda, con una mata de pelo crespo que empieza a mostrar señales de entradas. Se mueve como un hombre que se ha pasado años de esquina en esquina, mientras se desliza por el pasillo del sexto piso hacia la sala de interrogatorios, con una actitud estudiadamente chulesca, sus hombros y caderas tirando del cuerpo lentamente. El semblante de Frazier rara vez cambia, y sostiene la mirada sin vacilar; y como apenas parpadea, es un rostro pétreo e inquietante. Su voz es profundamente monótona, y sus frases son tan cortas que sugieren economía del lenguaje, cuidado al escoger sus palabras o que tiene pocas de donde escoger. Tiene treinta y seis años, es obrero en la industria del acero, a tiempo parcial, y está en libertad provisional. Se saca un sobresueldo con la cocaína; fue aprendiz de ladrón, pero eso terminó abruptamente, con una condena de seis años de prisión.

El resultado: Garvey está encantado, por la sencilla razón de que Robert Frazier tiene todo el aspecto de ser un asesino.

Es una pequeña satisfacción, y hace que la persecución valga un poco más la pena. En general, el tipo que se sienta en el banquillo de la acusación en un tribunal de la ciudad de Baltimore no suele tener aspecto, a primera vista, de ser un caprichoso ejecutor de la vida humana. Incluso después de cuarenta o cincuenta casos, en el corazón de todos los inspectores queda un poso de decepción cuando la persona responsable de un extraordinario acto de maldad resulta que no tiene nada de siniestro, y que se parece a un dependiente de una tienda abierta las veinticuatro horas.

Alcohólicos, drogadictos, madres que dependen de la caridad y la beneficencia, *borderlines*, negros adolescentes —o sus novias— que llevan chándales de diseño; hay algunas excepciones, pero la gran mayoría de los que se alojan en las celdas por asesinato en Baltimore no son un grupo nada amenazador. Pero Frazier, con voz profunda y esa mirada penetrante, le añade un poco de emoción al melodrama. He aquí un hombre para quien se crearon las escopetas de gran calibre.

Todo eso parece echarse a perder en cuanto cruza la puerta de la sala de interrogatorios. Una vez Frazier se sienta frente a Garvey, al otro lado de la mesa, muestra una absoluta voluntad de cooperación y la mejor disposición para hablar sobre la muerte violenta de su novia. Es más, resulta capaz de señalar a un sospechoso mucho más plausible que él.

Claro está, a Frazier le faltaba poco para presentarse voluntariamente en la oficina de homicidios, después de que Garvey y Donald Kincaid, que se apuntó al caso como inspector secundario después de que a Dave Brown le asignaran otro caso, se pasaran una semana trabajándose las calles. En busca de pistas, los dos investigadores sacaron los trapos sucios de Frazier a relucir: fueron a visitarle a su casa de la calle Lafayette y le hicieron una serie de preguntas a su esposa. Concretamente, acerca de su horario, sus costumbres, sus vicios y su relación con el tráfico de drogas. Eso, antes de dejarle caer el tema estrella.

—¿Sabía que mantenía relaciones con Lena Lucas?

No quedó claro si la noticia afectó o no a la mujer; admitió que el matrimonio había pasado por algunas dificultades hacía poco. Pero no hizo ningún esfuerzo por proporcionarle una coartada a su marido la noche de autos. Y al día siguiente, los responsables de turno en Sparrows Point dijeron a los inspectores que Frazier no se había presentado a trabajar dos días antes de los asesinatos.

Entonces, la noche anterior, Frazier había telefoneado a la unidad de homicidios preguntando por Garvey. Afirmó que tenía información sobre el asesinato de Lena y que quería ver al responsable del caso. A medianoche, aún no había llegado y Garvey se fue a su casa. Una hora más tarde, Frazier apareció en la garita de seguridad del garaje de la oficina de homicidios y solicitó hablar con un inspector. Rick Requer habló con él lo suficiente como para decidir que Frazier se había colocado hasta las cejas, y a juzgar por sus pupilas, que bailaban una samba boliviana, probablemente había elegido cocaína para hacerlo. Requer llamó a Garvey a su casa, y los dos hombres estuvieron de acuerdo en que no servía de nada entrevistarle en esas condiciones. Que volviera cuando estuviera sereno.

Sin embargo, antes de largarse, Frazier le preguntó a Requer algo que le pareció curioso:

—¿Sabe si la apuñalaron y dispararon?

Tal vez oyó que lo contaban en la calle. Tal vez no. Requer escribió un informe para Garvey en el que consignó la pregunta.

Ahora, al volver a la central, Frazier no sólo es consciente de dónde está, sino que también parece sinceramente curioso por la muerte su novia. Durante la hora y media que dura el interrogatorio de Garvey y Kincaid, hace tantas preguntas como las que responde y aporta voluntariamente bastante información. Reclinado en la silla, balanceándose cada vez que estira las piernas, Frazier les dice a los investigadores que, aunque está casado y tiene otra amante, que vive en los bloques Poe Homes, hacía un tiempo que se veía con Lena Lucas. También afirma que se llevaban muy bien y que él quiere saber, tanto o más que ellos, quién la mató y se llevó su cocaína del armario de la habitación.

Sí, admite que Lena solía guardar su cocaína en el apartamento de la calle Gilmore. En ese armario, en un bolsito metido en arroz. La familia de Lena ya le ha dicho que los que la mataron se llevaron también su mercancía.

Pues sí, traficaba con cocaína y un poco de heroína también, cuando no trabajaba en la planta de Sparrows Point. No iba a mentir sobre eso. Vendía lo suficiente como para ganarse la vida. La mayoría de sus clientes estaban en los bloques y las casas de Poe Homes, pero tampoco es que se pasara la vida allí.

Claro que tenía una pistola, del calibre 38, pero ni siquiera estaba cargada. La guardaba en casa de la otra chica, su amiguita de la calle Amity. Ella la tenía, y allí estaba el arma.

Había oído lo que le había pasado al padre de Vincent, sí. No conocía a Purnell Booker, pero en la calle se rumoreaba que habían utilizado la misma pistola para los dos crímenes. Era cierto que Vincent había trabajado para él un tiempo, traficando con las drogas que él le suministraba. Pero el chico la liaba con la pasta, y también tenía la mala costumbre de chutarse todo lo que ganaba, así que Frazier había dejado de utilizarlo.

Sí, Vincent tenía acceso al apartamento de Lena. De hecho, Frazier solía mandarle que subiera a por la mercancía, o bolsitas, o para que cortara la droga. Lena le dejaba pasar porque sabía que trabajaba para él.

Garvey se concentra en el plato fuerte del interrogatorio.

—Frazier, dime lo que recuerdes de esa noche.

También aquí el tipo es más que generoso con lo que sabe, ¿y por qué no? Después de todo, él vio a Lena viva el sábado, la tarde antes de la noche en que murió. Pasó un rato con ella en el apartamento de la calle Gilmor. El sábado estuvo toda la noche a unos diez bloques, en la calle Amity, en casa de su nueva amante. Celebraron una fiestecita con varios amigos. Langosta, cangrejos, maíz y bebida. Estuvo allí toda la noche, desde las siete o las ocho de la tarde. Durmió allí y se fue por la mañana. Se pasó por casa de Lena de camino al trabajo ese día, vio que la puerta principal del bloque estaba abierta, y llamó al interfono. Llegaba tarde, así que, cuando Lena no contestó, se fue. Esa tarde la llamó un par de veces por teléfono, y tampoco obtuvo respuesta. Al anochecer, la policía ya estaba allí y habían descubierto el crimen.

Garvey le pregunta quién puede confirmar su paradero el domingo por la noche.

Nee-Cee. Denise, su nueva chica. Estuvo con ella en el apartamento de la calle Amity toda la noche. Y por supuesto, la gente que había en la fiesta le vio allí. Pam, Annette, un par más.

Aquí, Frazier se detiene un momento y le echa un cable al bueno de Vincent Booker, que, según parece, también apareció por la concurrida fiesta, en el momento álgido. Llamó a la puerta poco después de las diez de la noche para hablar con Frazier. Los dos hombres charlaron en el rellano durante unos minutos. Frazier se dio cuenta de que el chico estaba hecho un flan y tenía la cara desencajada. Le preguntó qué le pasaba, pero Vincent le ignoró y le pidió cocaína. Frazier le preguntó si llevaba dinero encima y el chico dijo que no.

Entonces Frazier le dijo que, si no tenía más cuidado con el dinero, no había drogas. En ese momento, según recuerda, Vincent salió en estampida.

Se acerca el final del interrogatorio, y Frazier ofrece una última observación sobre Booker:

—No sé cómo estaban las cosas entre él y su padre, pero desde que descubrieron su muerte, a Vincent no lo veo precisamente destrozado por el dolor.

—¿Crees que Vincent se acostaba con Lena?

A Frazier le sorprende la pregunta.

—No, no que yo sepa —responde.

—¿Vincent sabía dónde guardaba Lena la droga?

—Sí, lo sabía —dice Frazier.

—¿Estarías dispuesto a pasar por la prueba del detector de mentiras?

—Supongo. Si quieren.

Garvey no sabe qué pensar. A menos que Vincent estuviera liado con Lena Lucas, nada explica el hecho de que estuviera desnuda, ni el montón de ropa al pie de la cama. Por otra parte, no hay ninguna conexión clara entre Frazier y el padre de Booker, aunque está claro que ambos crímenes se cometieron con la misma pistola y por el mismo asesino.

El inspector sigue durante un rato más, pero no se puede hacer mucho cuando un tipo contesta todas las preguntas que le planteas. Como acto de buena fe, Garvey le pide a Frazier que entregue su pistola del calibre 38.

—¿Aquí? —pregunta Frazier.

—Sí, tráenosla.

—Me van a empapelar.

—No presentaremos cargos. Te doy mi palabra. Asegúrate de que la pistola está descargada y tráenosla para que podamos echarle un vistazo.

Aunque es reticente, Frazier acepta.

Al final del interrogatorio, Garvey recoge su libreta de notas y acompaña a Frazier hasta la salida.

—Pues muy bien, muchas gracias por venir.

El hombre asiente, sostiene el pase de visitante, de color amarillo, que le han entregado al pasar por la seguridad del edificio.

—Esto...

—Dáselo al guardia que estará en la puerta, cuando salgas por el garaje.

Garvey acompaña a su testigo hasta los ascensores y se para un momento cerca de la máquina de agua. Casi como si acabara de ocurrírsele, le dice a Frazier algo a medio camino entre la advertencia y la amenaza:

—¿Sabes, Frazier? Si algo de lo que me acabas de contar no encaja, mejor nos lo dices ahora —dice Garvey, mirando al otro impasible—. Porque si has intentado colárnosla, va a ser peor para ti cuando nos enteremos.

Frazier le escucha, y sacude negativamente la cabeza.

—Le he dicho todo lo que sé.

—De acuerdo —dice Garvey—. Nos veremos pronto.

El hombre cruza brevemente la mirada con el inspector y luego se gira para desaparecer por el pasillo. Sus primeros pasos son cortos, de movimientos inciertos, pero luego va ganando velocidad y ritmo hasta que vuelve a deslizarse, cadera y hombro, hombro con cadera, alejándose a toda máquina. Para cuando llega al aparcamiento de la central, Robert Frazier ya está listo para comerse la calle.

Jueves, 3 de marzo

D'Addario pasa página tras página de un grueso expediente mientras su voz desgrana con monotonía el repaso de novedades matutinas:

—... le buscan en conexión con un homicidio en Fairfax, Virginia. Si alguien tiene información sobre los sospechosos o el vehículo, que llame al departamento de Fairfax. El número de teléfono está en el aviso...

—¿Qué viene después? —dice el teniente, revisando un documento recién impreso—. Ah, sí, otro aviso de Florida... No... Un momento, un momento. Esto llegó hace tres semanas.

—A ver, una última cosa... A raíz de una inspección, nos han informado de que hay que consignar el número de las tarjetas de crédito de la gasolina en los informes, aunque no las hayáis utilizado.

—¿Para qué? —pregunta Kincaid.

—Necesitan el número de la tarjeta de crédito.

—¿Por qué?

—Son las normas.

—¡Jesús!, ahí van veinte años de pensión —bromea Kincaid, asqueado.

D'Addario hace callar las risas.

—El coronel quiere hablar con vosotros.

Vaya, piensan todos los policías de la sala, la mierda ha llegado al ventilador. Dick Lanham, el comandante del departamento de investigación criminal, apenas se dirige a ninguna brigada en especial ni menciona casos concretos. Para eso creó Dios a los capitanes y a los tenientes y a los inspectores jefe. Pero el porcentaje de resolución de casos se está desplomando, y eso pone muy nerviosos a los coroneles.

—Sólo serán unas palabras —empieza Lanham, mirando a los presentes— para deciros que tengo la más absoluta confianza en esta unidad... Sé que ha sido una temporada muy difícil para todos vosotros. De hecho, este año ha sido muy duro en general, pero esto no es nada nuevo en esta unidad, y no tengo ninguna duda de que sabréis recuperaros.

Los inspectores mueven los pies, incómodos, y se miran la punta de los dedos. Lanham sigue con su cháchara positiva, caminando con habilidad por la frontera entre la alabanza y el reconocimiento explícito de una desagradable verdad, que nadie en la sala ignora: a la unidad de homicidios del Departamento de Policía le Baltimore le están dando una buena paliza.

No se refiere al caso de Latonya Wallace o ni siquiera al asunto de la calle Monroe, que son investigaciones tan abiertas como las puertas de una iglesia. Al menos en ambos casos, el departamento puede afirmar que reaccionó a tiempo, invirtió horas y hombres en la investigación y la búsqueda de sospechosos. Lanham, que quiere dorarles la píldora, los saca a relucir.

—Cualquiera que conozca esos casos sabe que os habéis dejado la piel —dice a los allí reunidos.

Tampoco se trata de los artículos que llenan los periódicos esa mañana, en los que la NAACP había dirigido una carta a la oficina del alcalde criticando al Departamento de Policía de Baltimore por no reducir la tasa de agresiones racistas y —una acusación formulada sin las menores pruebas— por ser muy lentos en la resolución de los casos con víctimas afroamericanas.

—No voy a deciros lo que pienso de esas alegaciones —asegura el coronel a sus hombres.

—Pero la verdad es que —dice, dando un giro a su discurso— el porcentaje de casos cerrados es muy bajo, y a menos que os proporcionemos ayuda, nos costará mucho recuperar el tiempo perdido. Especialmente si tenemos otra noche como la de ayer... Sobre todo, hay que resolver esos malditos asesinatos de mujeres en el noroeste.

La sala se agita, intranquila.

—Después de hablar con el capitán, hemos decidido que bajarán algunos hombres extra del sexto piso para trabajar con los inspectores principales de cada caso. Quiero que os quede claro que confiamos plenamente en vosotros y en los responsables de cada caso, y que esto sólo es una inyección puntual para que podáis salir adelante.

—Por lo menos —termina el coronel, intentando acabar con una nota positiva— estáis mejor que en Washington.

Luego hace una seña a D'Addario, que abre la puerta a los supervisores de las secciones de robo y delitos sexuales.

—¿Es todo? —dice D'Addario—. Teniente, ¿algo que añadir? ¿Joe? Bueno, pues todo claro.

El pase de revista ha terminado y el turno de día de la unidad de homicidios se disgrega en pequeños corrillos de inspectores y agentes. Unos se pelean por los Cavalier, otros se dirigen a los juzgados, y algunos se quedan charlando y bromeando frente a la máquina de café. Es un día como otro cualquiera, pero todos los hombres del turno de D'Addario son conscientes de que han tocado fondo.

El porcentaje de casos resueltos —asesinatos que terminan en detención del sospechoso— está en el 36 por ciento y sigue bajando, una estadística que ni siquiera empieza a describir la amenaza que se cierne sobre Gary D'Addario y su equipo. El tablero que hizo que Su Eminencia se preocupara hace seis semanas ha seguido llenándose con casos abiertos, y los nombres de las víctimas escritos en rojo están apuntados en el lado del muro que pertenece a D'Addario. De los veinticinco homicidios que llevan las tres brigadas de Dee, sólo han resuelto cinco. En cambio, el turno de Stanton ha cerrado diez casos de dieciséis.

Por supuesto, hay muchas razones para cualquier variación estadística, pero en el análisis final, lo único que importa para los jefes es que los inspectores de Stanton saben quién ha matado a sus víctimas, y los de D'Addario no. No sirve de nada explicar que tres quintas partes de los casos de su turno están relacionados con las drogas, mientras que siete de los que han resuelto los hombres de Stanton se deben a casos de violencia doméstica u otras peleas por el estilo. Tampoco vale la pena aclarar que dos o tres expedientes se quedaron colgados para destinar más agentes al caso de Latonya Wallace, ni tampoco que Dave Brown ha emitido una orden de busca y captura por uno de los asesinatos de Milligan, mientras que Garvey tiene muchas posibilidades de solucionar tanto el caso Lucas como la muerte de Purnell Booker.

Todo eso son notas al pie. A nadie le importa un carajo el análisis metódico, el comentario talmúdico de los casos del tablero cuando se trata del sacrosanto porcentaje de casos resueltos. La verdadera ortodoxia de cualquier departamento moderno de policía descansa en la adoración de las estadísticas, sin ningún tipo de vergüenza o arrepentimiento. Los capitanes ascienden a comandantes, y luego de coroneles pasan a comisionados adjuntos cuando los números son satisfactorios, pero cuando no lo son, los jefes se atascan como un desagüe de alcantarilla que traga mal. Y según esta verdad inmutable, por la que se rigen todos los que están por encima del rango de inspector jefe, D'Addario está de mierda hasta el cuello. No sólo porque su porcentaje de casos resueltos es bajo en comparación al de Stanton, sino porque es bajo en relación con lo que se espera del departamento.

El porcentaje de resolución de asesinatos ha caído sistemáticamente en Baltimore durante los últimos siete años, del 84 por ciento de 1981 hasta el 73,5 por ciento que se registró en 1987. Por suerte para las carreras de varios altos mandos, el porcentaje de la unidad de homicidios no estuvo en ningún momento durante esa década por debajo de la media nacional de casos resueltos, que por descontado también ha caído: de un 76 por ciento en 1984 a un 70 por ciento en 1987.

La unidad de Baltimore ha mantenido su porcentaje gracias a su buena labor policial, y a una sutil manipulación del propio concepto del porcentaje. El que dijo que las falsedades se podían clasificar en mentiras, jodidas mentiras y estadísticas también podría haber añadido una categoría especial para las cifras vinculadas a los departamentos de policía. Cualquiera que pase más de una semana en la sección de investigación y planificación de un departamento de policía te dirá que el porcentaje de resolución de casos de asalto no significa que hayan arrestado a nadie, y que el incremento en la tasa de crímenes quizá no tenga mucho que ver con la ferocidad criminal, sino con el deseo del departamento de hacerse con un preciado aumento de presupuesto. El porcentaje de resolución de casos de asesinato es igual de vulnerable a las sutiles formas de manipulación que son ya habituales, y permitidas según el protocolo del FBI para las denuncias y clasificación de estadísticas criminales.

Hay que tener en cuenta que un caso está cerrado tanto si llega a juicio como si no. Mientras haya alguien encerrado —ya sea durante una semana, o condenado a cadena perpetua—, el caso está resuelto. Si se retiran los cargos en el juicio preliminar por falta de pruebas, o el gran jurado no acusa al sospechoso, o el fiscal opta por desestimar el caso o clasificarlo en la bandeja de expedientes inactivos, o en la lista de pendientes, ese asesinato siguen contando como un crimen resuelto. Los inspectores tienen una frase para describir este tipo de casos resueltos: «A la bandeja y a otra cosa».

Además, las pautas de contabilización de casos federales también permiten que un departamento se anote un caso cerrado en el año anterior como un crimen resuelto en el año actual. Esto, claro, es como debería ser: la señal de una buena unidad de homicidios es que sea capaz de remontarse a casos antiguos, de uno a cinco años, y trabajar en ellos para resolverlos. El porcentaje de casos resueltos debería reflejar su encomiable persistencia. Por otra parte, las pautas federales no obligan a los departamentos a que incluyan el crimen cometido en las estadísticas del año actual, pues claramente se cometió en años anteriores. Así que, en teoría, una unidad de homicidios puede resolver noventa de cada cien casos nuevos, y luego cerrar veinte casos pendientes de años anteriores y lograr un porcentaje de resolución del 110 por ciento.

Estos entrañables juegos de manos hacen que el cierre del año se convierta en una aventura de carpintería estadística. Si el porcentaje es lo suficientemente alto, un responsable de turno o inspector jefe que sepa de qué va el asunto postergará la detención de un sospechoso de un caso desde diciembre hasta enero, para empezar el año siguiente con buen pie. Alternativamente, si el porcentaje es un poco bajo, quizá se conceda un periodo de gracia de entre una y tres semanas, durante las cuales las detenciones y carpetazos de expedientes de enero se atribuyan al mes de diciembre del año anterior. Los trucos de calendario pueden variar entre cinco y diez puntos el porcentaje de una unidad de homicidios, pero cuando la verdadera tasa se está hundiendo, no hay masaje estadístico que valga.

Este era el aprieto en que se encontraba D'Addario, y durante las últimas veinticuatro horas, iba de mal en peor. A sus inspectores les cayeron otros cinco asesinatos, uno de los cuales parecía pan comido. El caso era de Kincaid: un tipo de cincuenta y dos años tirado en el suelo de un apartamento en la avenida Fulton. Tenía el cráneo aplastado, a resultas de una pelea con un jovenzuelo no identificado, que utilizó una plancha para demostrar esa ley de la física que dice que dos objetos no pueden ocupar el mismo espacio en el mismo instante. Las cosas empeoraron en el primer turno de la medianoche, cuando McAllister y Bowman acudieron a un incidente en el noreste, apenas horas antes de que Bowman descubriera que su víctima de tres noches antes había estirado la pata en el Hospital Universitario. No había ni rastro de un sospechoso en ninguno de los dos casos. Fahlteich se enfrentó prácticamente al mismo problema esa noche, cuando atendió el aviso de un tiroteo con víctimas mortales en la avenida Wabash.

Todo esto sólo era el preludio del caso que luego resultaría el más importante: habían encontrado el cuerpo de otro taxista en el bosquecillo de un parque, en el extremo noroeste de la ciudad. Como era el quinceavo asesinato de un taxista en ocho años, la muerte del empleado de Checker Cab fue considerada una bola roja, no sólo porque queda muy mal que una ciudad permita la caza libre de sus taxistas, sino también porque el fiambre era una mujer. Y la encontraron desnuda de cintura para abajo. Asesinada. Al noroeste de Baltimore.

Seis mujeres muertas en ese distrito desde diciembre, y todos los casos estaban pendientes. Los asesinatos de la zona noroeste no tenían ninguna relación: dos eran violaciones seguidas de asesinatos, con características muy distintas; otros dos eran crímenes relacionados con el tráfico de drogas; otro, resultado de una pelea, y este último parecía un robo y posible violación con resultado de muerte. Pero la acumulación de casos empezó a atraer la atención de los periodistas, y, por lo tanto, las mujeres muertas del distrito noroeste habían ascendido súbitamente de categoría y prioridad a los ojos de los altos mandos del departamento.

Como si reconociera su repentina vulnerabilidad, el propio D'Addario se desplazó a la escena del crimen del asesinato de la taxista. También el capitán. Por no mencionar al comandante del distrito Noroeste y al portavoz del departamento de policía. Donald Worden tenía el día libre, pero el resto de la brigada de McLarney atendió la llamada. Rick James era el inspector principal, y Eddie Brown, el investigador secundario. Aunque no tuviera al Gran Hombre en su equipo, James necesitaba sus horas extra como el aire que respiraba, y llevaba tiempo a la caza de un caso nuevo. Se había pasado tres semanas anclado en su mesa, cerca de la entrada de la oficina, maldiciendo las extensiones telefónicas, deseando fervientemente que la centralita le mandara un buen caso, una bola roja que durase horas y horas.

—¡Lo tengo! —gritaba una y otra vez, levantando el auricular del teléfono al primer tono. Y luego, con una expresión ennegrecida por la pobreza—: Edgerton, línea uno. Parece tu mujer.

Los antiguos griegos solían decir que los dioses castigan a un hombre concediéndole lo que quiere, y en Powder Mill Road, a James le tocó el caso de sus sueños, un hueso duro de roer. Boca abajo sobre un pasillo de madera había una mujer negra de unos treinta años que llevaba una chaqueta marrón con las etiquetas «Checker Cab» y «Karen» a ambos lados del pecho. No había bolso, cartera ni ninguna otra identificación; los zapatos, los pantalones y las bragas estaban a su lado. Tres horas después de descubrir el cadáver, una unidad del condado de Baltimore encontró también su coche, el vehículo 4 de Checker Cab, en el aparcamiento del jardín de un bloque en Owing Mills, a unos nueve o diez kilómetros al oeste del límite urbano. Lo encuentran porque ha sido abandonado con los intermitentes encendidos y ha llamado la atención de los vecinos. Cuando la unidad de homicidios llama a la compañía de taxis, los encargados confirman que ni el vehículo 4 ni su conductora, Karen Renee Smith, han sido vistos desde esa mañana a las nueve. La identificación definitiva del cadáver queda establecida poco después.

El asesinato de Karen Smith no se parecía en nada a los anteriores crímenes de la zona noroeste, pero defender esa sutil diferencia sería inútil especialmente frente a un estado de ánimo temperamental de los mandos del departamento. Un día después, el coronel ordena la entrada de nuevos efectivos, operativos especiales para cada uno de los expedientes abiertos sobre las mujeres asesinadas, al mismo tiempo que pugnan por evitar la menor sospecha sobre una hipotética falta de confianza en la unidad. En veinticuatro horas, una docena de agentes nuevos e inspectores de otras secciones del departamento se asignarán a la unidad de homicidios: dos por cada uno de los seis inspectores principales de los asesinatos de la zona noroeste. El anexo a la sala de interrogatorios se convertirá en un apretado centro de mando, con mapas y carteles, fotografías de las víctimas, bandejas de entrada y salida llenas del papeleo que genera la investigación. También habrá que imprimir hojas informativas en las que se solicita la cooperación del vecindario y se ofrece una recompensa para todo aquel que colabore. Se distribuirán por los lugares cercanos a la escena del crimen.

Los inspectores principales utilizarán los nuevos agentes para generar más información, encontrar más pistas y explorar nuevas líneas de investigación. Los asesinatos del noroeste son ahora su prioridad, y cómo no, tienen muy presente el primer artículo que inició la campaña, donde se sugería que los crímenes podrían ser fruto de un asesino en serie. Así que están especialmente alerta por si hay algún elemento que conecte los asesinatos entre sí.

Uno de los seis casos —el asesinato de Brenda Thompson, apuñalada hasta morir en la parte trasera de un Dodge a principios de enero— entra en conflicto con otro caso prioritario: el de Latonya Wallace. Harry Edgerton es el inspector principal del caso Thompson, y el secundario en el crimen de la niña. Así que el caso Thompson termina en manos de Bertina Silver.

Edgerton y su inspector jefe, Roger Nolan, discuten brevemente con D'Addario y con el capitán porque están en contra del cambio. Dicen que no sirve de nadie cambiar al inspector principal de un caso en mitad de la investigación, sólo para que parezca que se hace algo. Edgerton se sabe al dedillo el contenido del expediente, quiénes son los implicados, y lo que es más importante, se ha pasado horas construyendo una relación de colaboración con su sospechoso más probable, un joven camello que traficaba para Brenda Thompson y que le debía dinero. El chico ya se ha sometido a un par de sesiones de interrogatorio. Edgerton afirma que el asesinato de Thompson tuvo lugar hace un par de meses ya, y cualquier cosa que se les ocurra a los nuevos agentes puede hacerse dentro de unas tres o cuatro semanas, después de cerrar el caso de Latonya Wallace.

Edgerton tiene de su parte la sabiduría acumulada y la tradición de la unidad de homicidios; ambas sostienen que nadie conoce un asesinato mejor que el inspector que ha acudido a la escena del crimen. Sin embargo, los jefes no ceden. Un departamento de policía es un animal reactivo, y con la televisión y los periódicos ladrando acerca de un posible asesino en serie en la zona noroeste, la tradición y la sabiduría cotizan a la baja. El caso Thompson termina en manos de Bert Silver.

Si fueran tiempos más felices, Edgerton habría pedido personalmente a D'Addario que no le quitaran el caso, pero ahora el teniente tiene bastantes problemas, y sería inútil. Latonya Wallace, el paupérrimo porcentaje de casos resueltos, los asesinatos de mujeres sin resolver: todos son buenas razones para que la posición de D'Addario no sea la mejor. Ya ha tenido que reunirse una vez con el coronel y el adjunto Mullen para hablar del operativo del caso Latonya Wallace. Durante una hora, Jay Landsman se ha esforzado por resumir el trabajo de los inspectores y luego ha capeado todas las preguntas hasta que los jefes parecían haberse apaciguado. La reunión ha sido una pieza impecable del juego político del departamento, pero D'Addario sabe perfectamente que, a menos que pueda mejorar su porcentaje de casos resueltos, el despliegue informativo de Landsman no es más que un parche temporal.

Si D'Addario no hubiera tenido problemas con el capitán, la amenaza no sería tan grave. Pero desde hace un tiempo, un conflicto que llevaba meses latente ha estallado por fin. Sencillamente, el capitán no quiere que D'Addario sea uno de sus tenientes responsables de turno. Para D'Addario, la decisión de puentearlo en el caso de la calle Monroe vino a decirlo claramente. Y ahora que su porcentaje está por los suelos, el capitán puede utilizar eso para quitárselo de encima, a menos que D'Addario, como un gato con un canario entre dientes, se presente ante el coronel con una victoria lucida en alguno de los casos más importantes o al menos una señal que garantice que el porcentaje de casos resueltos remontará el vuelo. No importa nada que D'Addario lleve ocho años cumpliendo con su deber. El alto mando raramente piensa más allá de la última bola roja, y, por lo tanto, la jerarquía del departamento a menudo se expresa con esa intemporal pregunta de la política más práctica: ¿qué has hecho por mí últimamente?

Si el porcentaje baja y las bolas rojas caen, no importa lo que haga D'Addario con su turno. ¿Que sus inspectores y agentes reciben órdenes de llevar los casos siguiendo su propio criterio? Obviamente, es el ejemplo de un líder que hace hincapié en la confianza y la responsabilidad. ¿Que los inspectores jefe son los encargados de entrenar a los hombres, y mantener la disciplina? Pues muy bien, está claro que es un hombre que sabe delegar responsabilidades. ¿Que las horas extra están desbocadas y superan más del 90 por ciento de la cantidad presupuestada? Tranquilo, para hacer una tortilla, hay que romper algunos huevos. Pero si el porcentaje baja, la imagen del teniente se convierte en la de un monigote que no sabe dirigir ni disciplinar a sus hombres, un jefe que deja demasiado en manos de sus subordinados y un gestor incapaz de controlar los gastos.

En el turno de medianoche, poco antes del breve despliegue de oratoria del coronel, cinco o seis inspectores estaban sueltos por la oficina de administración, flotando en un mar de burocracia arrastrados por la avalancha fresca de casos nuevos. Eddie Brown, James, Fahlteich, Kincaid y Nolan: una buena cata transversal, una reunión de veteranos que habían visto de todo, bueno y malo, en la unidad de homicidios. Inevitablemente, la conversación terminó recayendo en si ese año iría a peor o remontaría. Algunos decían que acabaría empatado, que por cada puñado de casos chupados había otros tantos fiambres fríos esperando para equilibrar las cosas. Otros señalaban que el porcentaje no sería tan bajo si el turno se hubiera preocupado de guardarse algunos casos de diciembre para mejorar las cifras del año en curso. Sin embargo, lo cierto era que ninguno de los inspectores presentes recordaba un porcentaje de casos resueltos tan bajo como del 36 por ciento.

—Y déjame decirte algo —dijo Fahlteich—. Tengo la sensación de que esto va a peor.

—Esto empeorará mucho más, seguro —convino Nolan—. Nos hemos dormido y ahora nos toca correr.

De repente, nadie mecanografía ni repasa información en la sala. Las voces compiten entre sí para recitar una letanía de quejas acumuladas. Sobre el equipamiento, los coches patrulla sin radio, un departamento policial de una gran urbe que aún no tiene una instalación propia de polígrafos para las investigaciones, lo cual obliga a los inspectores a utilizar las estatales. Se quejan de los recortes en las horas extra, de la reticencia del departamento para costear una buena labor de preparación del caso previa al juicio, para que los expedientes no se pasen meses quietos entre la detención y su llegada al tribunal. Se quejan de la falta de dinero para pagar a los informadores y ,en consecuencia, de que no tienen informadores. Se quejan porque el laboratorio técnico y balístico no da abasto: la violencia lo supera en velocidad. Se quejan de que la oficina del fiscal ya no acusa a nadie de perjurio cuando mienten frente al gran jurado, y de que muchos fiscales permiten a los testigos desdecirse así como así. Se quejan de que cada vez hay más crímenes relacionados con el tráfico de drogas, y de que los días en que los casos eran pan comido y el porcentaje de casos resueltos ascendía al 90 por ciento ya se han terminado. También se quejan de que la gente ya no llama a la policía después de un asesinato: no quieren gastar dinero, perder tiempo o correr el riesgo de convertirse en un testigo de un crimen violento.

Es una sesión catártica de lo más satisfactoria. Después de más de cuarenta minutos, el grupo sigue dándole vueltas al tema.

—Mira lo que pasa en Washington —dice Brown—. Sólo están a menos de 50 kilómetros de aquí.

Para un policía, el destino más parecido al propio infierno era la unidad de homicidios del Distrito de Columbia. Washington iba camino de convertirse en la capital norteamericana del crimen en 1988. Dos años antes, ambas poseían porcentajes de criminalidad parejos y competían por la dudosa distinción de ser la décima ciudad más violenta del país. Ahora, con la epidemia de cocaína y una serie de guerras entre narcotraficantes jamaicanos en los cuadrantes noreste y sureste de la capital, el departamento de policía del distrito se enfrentaba a una tasa de homicidios que doblaba la de Baltimore. En consecuencia, la brigada de homicidios de Washington —que una vez se contó entre las unidades de investigación mejor entrenadas de la nación— obtenía ahora un porcentaje de casos resueltos que rozaba el 40 por ciento. Hundidos en un diluvio de violencia, los agentes no tenían tiempo de profundizar en los casos, ni de preparar los expedientes cuando iban a juicio, ni de hacer nada excepto recoger cadáveres y llevarlos a la morgue lo más rápido posible. Por lo que los inspectores de Baltimore pillaban de las conversaciones y encuentros casuales con los policías de la unidad de Washington, la moral de la brigada de la capital estaba por los suelos.

—Y nos pasará lo mismo y a nadie le importará una mierda— dijo Brown—. Esperad a que vengan los del crack por aquí. Ya están empezando los problemas con los jamaicanos en la zona noroeste, pero ¿a quién le importa? A nadie. Esta ciudad se partirá en pedazos y cuando suceda, este departamento no tendrá ni idea de por qué.

Fahlteich señaló que, en cierto modo, la unidad de homicidios era su peor enemigo:

—Cada año les damos un porcentaje que está por encima de la media, así que piensan que podemos ir tirando con los medios que nos dan.

—Exacto —corrobora Nolan.

—Así que, cuando vamos y les pedimos más investigadores y mejores coches, o material o entrenamiento o lo que sea, los jefes miran el porcentaje y dicen: «Una mierda, no necesitan nada más que lo que les dimos el año pasado».

—Hemos trampeado con miserias durante tanto tiempo que ahora nos está explotando en la cara —dijo Nolan—. De verdad, si tenemos dos noches más como esta, no saldremos nunca del agujero.

—Si no vamos a salir de todos modos —salta Fahlteich—. Tendremos suerte si llegamos a superar el 60 por ciento.

—Pues si no lo logramos, no se van a conformar con el teniente —dijo Ed Brown—. Harán limpieza de la buena, y muchos de los que están aquí se encontrarán de patitas en la calle.

—Por supuesto—asiente Fahlteich.

—Creo que este podría ser el año —dice Nolan con una débil sonrisa— en que toquemos fondo.

La sala queda sumida en el silencio.

Eres un ciudadano de una nación libre. Vives en un país con libertades civiles y cometes un crimen violento después del cual eres arrestado, llevado a una comisaría de policía y depositado en una antesala claustrofóbica con tres sillas, una mesa y ninguna ventana. Allí te quedas durante una media hora hasta que un inspector de policía —un hombre al que no has visto nunca, un hombre que de ningún modo podrías confundir con un amigo— entra en la habitación con unas cuantas hojas de papel rayado y un bolígrafo.

El inspector te ofrece un cigarrillo, no de los que tú fumas, y empieza un monólogo ininterrumpido cuyos meandros se alargan hasta la media hora o incluso más allá, pero que siempre va a terminar en un lugar común: «*Tiene usted absoluto derecho a permanecer en silencio*».

Por supuesto que lo tienes. Eres un delincuente. Los delincuentes siempre tienen derecho a permanecer en silencio. Al menos por una vez en tu miserable vida te has pasado una hora frente a una pantalla de televisión escuchando esa rutina de poli televisivo. ¿Es que te crees que Joe Friday* te mintió? ¿Es que crees que Kojak se inventaba toda esas chorradas? Ni hablar, colega, estamos hablando de libertades sagradas, en especial la protección que da la puta Quinta Enmienda contra la posibilidad de que te incrimines, y eh, si hasta Oliver North se acogió a ella, ¿quién te crees que eres tú para ir e incriminarte a las primeras de cambio? Entérate de una vez: un inspector de policía, un empleado del gobierno, que cobra por meterte en la cárcel, te está explicando que tienes el derecho absoluto a cerrar el pico antes de que digas una idiotez.

«*Cualquier cosa que diga o escriba podrá ser usada en su contra ante un tribunal.*»

Tío, colega, despierta de una puta vez. Que te están diciendo que hablar con un policía en una sala de interrogatorios sólo puede causarte problemas. Si pudiera beneficiarte en algo, ¿no te parece que sería lo primero que te dirían? Se pondrían delante de ti y te dirían que tienes derecho a no preocuparte por nada porque todo lo que digas o escribas en ese condenado cubículo va a usarse en tu favor en un tribunal. No, tío, lo mejor que puedes hacer es callarte. Callarte ahora mismo.

«*Tiene derecho a hablar con un abogado en cualquier momento, antes de cualquier interrogatorio, antes de contestar ninguna pregunta o durante cualquier pregunta.*»

Y hablando de cosas útiles, ahora el mismo tío que te quiere arrestar por violar la paz y la dignidad del Estado te dice que puedes hablar con un profesional en leyes, un abogado que se ha leído la parte que toca del Código Anotado del Estado de Maryland, o que al menos puede hacerse con unos apuntes que lo resuman. Y, seamos sinceros, amigo, te acabas de cargar a un borracho en un bar de la avenida Dundalk, pero eso no te convierte en neurocirujano. Acepta toda la ayuda que te ofrezcan.

«*Si quiere un abogado y no puede permitírtelo no se le formulará ninguna pregunta y se solicitará al tribunal que le asigne un abogado de oficio.*»

Traducción: eres un sin techo. A los sin techo no les cobramos.

En este punto, si te funcionan ambos hemisferios cerebrales, deberías saber que esto no es tu especialidad, y que nunca acertarías las respuestas si esto fuera un concurso. Por cincuenta dólares ¿qué tal una pregunta del tema «Abogados de derecho penal y sus clientes», Alex?

* Detective de ficción de la serie *Dragnet*. (*N. del T.*)

Uau, colega, no vayas tan rápido.

—Antes de que empecemos, déjame repasar el papeleo —dice el inspector, que saca una Explicación de derechos, el formulario 69 del DPB, y la acerca por encima de la mesa.

«EXPLICACIÓN DE DERECHOS», dice el título de la página en enormes mayúsculas. El detective te pide que rellenes tu nombre, dirección, edad y estudios, luego la fecha y la hora. Una vez has terminado, te pide que leas la siguiente sección. Empieza diciendo: «POR LA PRESENTE SE INFORMA DE:».

—Lee el número uno —dice el inspector—. ¿Comprendes lo que quiere decir el número uno?

«*Tiene el absoluto derecho a guardar silencio.*»

Sí, lo entiendes. Esto ya lo me lo has dicho antes.

—Entonces escribe tus iniciales junto al número uno. Ahora lee el número dos.

Y así también los siguientes, hasta que has inicializado todos los componentes de la advertencia Miranda. Terminado eso, el detective te dice que firmes en la línea siguiente, la que hay justo debajo de la frase que reza: «He leído la explicación de mis derechos y la entiendo por completo».

Firmas con tu nombre y se reemprende el monólogo. El detective te asegura que te ha informado de tus derechos porque quiere que estés protegido por ellos, porque no hay nada que le preocupe más que ayudarte todo lo posible en este momento tan estresante y confuso de tu vida. Si no quieres hablar, te dice, no pasa nada. Y si quieres un abogado estás en tu derecho, porque él personalmente ni conocía ni era pariente del tipo al que pinchaste y, además, va a sacarse seis horas extra pagadas no importa lo que hagas. Pero quiere que sepas —y lleva mucho más tiempo haciendo esto que tú, así que más vale que le creas— que tu derecho a guardar silencio y a que tu abogado esté presente no son tan maravillosos como todo el mundo cree.

Míralo de este modo, dice, reclinándose en su silla. Una vez llames a tu abogado, hijo, no podremos hacer nada por ti. No, señor, tus amigos en la unidad de homicidios de la ciudad van a tener que dejarte encerrado en esta habitación totalmente solo, y la siguiente autoridad que se mirará tu caso será un chupasangres con traje y corbata, un fiscal sin piedad de la unidad de crímenes violentos que tendrá el título oficial de asistente del fiscal del Estado para la ciudad de Baltimore. Y que Dios te ampare entonces, hijo, porque un cabrón implacable como ese tendrá a un mecánico de O'Donnell Heights como tú a medio camino de la cámara de gas antes de que hayas podido abrir la boca. El momento de hablar es ahora, ahora mismo mientras tenga aquí papel y bolígrafo sobre la mesa, porque, una vez yo me marche de esta habitación, tu última oportunidad de contar tu versión de la historia habrá desaparecido, y tendré que escribirla tal y como parece. Y tal y como parece ahora es un puto asesinato en primer grado. Asesinato en primer grado, señor mío, que es algo que, cuando a uno se lo meten por el culo, duele mucho más que un asesinato en segundo grado, o quizá incluso homicidio. Lo que digas aquí y ahora podría marcar la diferencia, colega. ¿He mencionado que Maryland tiene cámara de gas? Es enorme, la cabrona, y está en la penitenciaria de la calle Eager, a menos de veinte manzanas de aquí. De verdad que no quieres llegar a verla de cerca, muchacho.

Un débil y tembloroso sonido de protesta emerge de tus labios, y el detective se repantiga en su silla, negando con tristeza con la cabeza.

¿Cuál es tu problema, hijo? ¿Crees que te estoy mintiendo? Eh, ni siquiera necesito molestarme con los detalles. Tengo tres testigos en otras tres habitaciones que dicen que eres el hombre que busco. Tengo un cuchillo que hemos recuperado de la escena del crimen que está camino del laboratorio de abajo para que busquen huellas. Tengo la sangre que te ha salpicado en las Air Jordan que te hemos quitado hace diez minutos. ¿Por qué coño crees que te las quitamos? ¿Acaso te parezco el tipo de tío al que le gusta ponerse las deportivas de los demás? Coño, claro que no. Están llenas de sangre y creo que los dos sabemos de que grupo sanguíneo va a resultar ser esa sangre. Eh, colega, sólo he venido a ver si hay algo que quieras decir en tu favor antes de que lo escriba todo.

Tú dudas.

Oh, dice el inspector. Quieres pensártelo un poco. Bueno, piénsatelo todo lo que quieras, amigo. Mi capitán está justo afuera, en el pasillo, y ya me ha dicho que te acuse del puto primer grado. Por una vez en tu vida de mierdecilla alguien te está dando una oportunidad, y resulta que eres demasiado tonto para aprovecharla. ¡Qué coño, sí, piénsatelo y diré a mi capitán que se relaje durante diez minutos! Al menos puedo hacer eso por ti. ¿Quieres un poco más de café? ¿Otro cigarrillo?

El inspector te deja solo en esa habitación pequeña y sin ventanas. Sólo tú y el papel en blanco, el formulario 69 y... asesinato en primer grado. Asesinato en primer grado con testigos y huellas y sangre en tus Air Jordan. ¡Joder, ni siquiera te diste cuenta de que tenías sangre en las putas bambas! Asesinato, señor. En puto primer grado. ¿Cuántos años? Empiezas a preguntarte, ¿cuántos años me caerían por homicidio involuntario?

Mientras tanto, el hombre que quiere meterte en la cárcel, el hombre que no es tu amigo, vuelve a la habitación y te pregunta si el café está bien.

Sí, dices, el café está bien, pero ¿qué pasa si quiero un abogado?

El detective se encoge de hombros. Pues que te lo traemos, dice. Y entonces yo salgo de la habitación y redacto los documentos para la acusación de asesinato en primer grado y tú no puedes decir nada al respecto. Mira, colega, te estoy dando una oportunidad. Él se echó sobre ti, ¿verdad? Estabas asustado. Fue en defensa propia.

Abres la boca para hablar.

Se echó sobre ti, ¿verdad?

—Sí —aventuras a decir cautelosamente—. Se echó sobre mí.

Eh, dice el inspector, levantando ambas manos. Espera un minuto. Si vamos a hacer esto, hagámoslo bien. Tengo que encontrar tu formulario de derechos. ¿Dónde está el puto formulario? Ese jodido papel es como los policías: nunca está cerca cuando lo necesitas. Aquí está, dice, empujando la explicación de derechos hacia ti por la mesa y señalándote un texto al final. Lee eso, te dice.

«*Estoy dispuesto a contestar preguntas y no quiero un abogado en este momento. Mi decisión de contestar preguntas sin un abogado presente es un acto libre y voluntario por mi parte.*»

Conforme lees, abandona la habitación y regresa un momento después con un segundo inspector como testigo. Firmas al final del formulario, igual que los dos inspectores.

El primer inspector levanta la vista del formulario, su rostro expresando pura inocencia.

—Así que se echó sobre ti, ¿no?

—Sí, se echó sobre mí.

Pues acostúmbrate a las habitaciones pequeñas, colega, porque estás a punto de entrar en la tierra perdida de la detención preventiva. Porque una cosa es ser una mierdecilla asesina del sureste de Baltimore y otra muy distinta ser, además, un imbécil, y con cinco simples palabras te has elevado al rango superior de los auténticamente idiotas.

Fin de trayecto, amigo. Final del partido. Ya está todo hecho. Y si el inspector de policía no estuviera tan ocupado poniendo sobre el papel tus endebles chorradas, probablemente te miraría a los ojos y te lo diría él mismo. Te daría otro cigarrillo y te diría, hijo, eres la ignorancia personificada y acabas de incriminarte en el apuñalamiento mortal de otro ser humano. Puede que incluso te dijera que los testigos que tiene en las otras habitaciones están tan borrachos que no pueden ni identificar su reflejo en el espejo y mucho menos al chico que tenía el cuchillo, o que es muy difícil que el laboratorio saque una huella latente de la empuñadura de un cuchillo o que tus deportivas de noventa y cinco dólares están tan limpias como el día en que las compraste. Si se sintiera particularmente hablador, puede que dijera que todo el que se marcha esposado de la unidad de homicidios lo hace acusado de asesinato en primer grado y que son los abogados y no los inspectores los que deciden qué trato se puede o no se puede hacer. Puede que continuara diciendo que después de todos estos años investigando homicidios todavía hay una pequeña parte de él que no entiende cómo puede ser que alguien abra la boca en un interrogatorio policial. Para ilustrar lo que quiere decir, podría levantar tu formulario 69, en el que has renunciado a todos y cada uno de tus derechos, y decir:

—Mira aquí, cabeza de chorlito, te he dicho dos veces que estabas hasta el cuello de mierda y que todo lo que dijeras te iba a hundir todavía más.

Y si este mensaje todavía estaba de algún modo más allá de tu capacidad de comprensión, podría arrastrar tu pellejo de vuelta al pasillo del sexto piso, donde está el letrero que dice «UNIDAD DE HOMICIDIOS», en grandes letras mayúsculas blancas, el mismo que viste cuando saliste del ascensor.

Ahora haz un esfuerzo y piensa un poco. ¿Quién vive en una unidad de homicidios? Sí, exacto. ¿Y qué hacen los inspectores de homicidios para ganarse la vida? Sí, colega, premio. ¿Y qué has hecho tú esta noche? Has asesinado a una persona.

Así que, cuando has abierto tu bocaza, ¿en qué coño estabas pensando?

A los inspectores de homicidios de Baltimore les gusta imaginar una pequeña ventana abierta en la parte superior de la pared larga de la sala de interrogatorios. O, más concretamente, les gusta imaginar que sus sospechosos imaginan una pequeña ventana abierta en la parte superior de la pared larga. La ventana abierta es la escotilla de escape, la salida. Es la representación perfecta de lo que todo sospechoso imagina cuando abre la boca durante un interrogatorio. Hasta el último de ellos se imagina respondiendo a las preguntas con la combinación perfecta de coartada y excusas; hasta el último de ellos se imagina dando con las palabras adecuadas y luego escalando hasta la ventana y yéndose a casa para dormir en su propia cama. Lo más normal es que un hombre culpable esté buscando la salida desde los primeros momentos del interrogatorio; en ese sentido, la ventana es tanto la fantasía del sospechoso como un espejismo que crea el inspector.

El efecto de esa ilusión es profundo y distorsiona la natural hostilidad entre la presa y el cazador, transformándola hasta que parece una relación más simbiótica que antagónica. Esa es la gran mentira, y cuando los papeles se interpretan perfectamente, el engaño es supremo y se convierte en una manipulación y, en último término, en una traición. Porque lo que ocurre en una sala de interrogatorios es, desde luego, poco más que una obra de teatro, una actuación coreografiada que permite que un inspector y su sospechoso encuentren un terreno común donde no existe ninguno. Allí, en un purgatorio cuidadosamente controlado, los culpables proclaman sus crímenes aunque raramente de forma que les permita arrepentirse o se parezca a una admisión inequívoca de culpa.

En realidad la catarsis en la sala de interrogatorios ocurre sólo para unos pocos sospechosos, habitualmente los que han cometido asesinatos domésticos o han abusado de niños, en los que los remordimientos pesan como el plomo y aplastan a cualquiera que no esté hecho a su crimen. Pero la mayor parte de los hombres y mujeres que son traídos a la central no tienen el menor interés en la absolución. Ralph Waldo Emerson apuntó acertadamente que, para los que lo cometen, el acto de asesinar «no es tan ruin como lo presentan los poetas y los novelistas; no le perturba ni lo aparta de sus quehaceres cotidianos». Y aunque Baltimore Oeste está a un universo o dos de distancia del pueblecito del Massachusetts del XIX de Emerson, su observación todavía es vigente. Muchas veces el asesinato no perturba a un hombre. En Baltimore, habitualmente ni siquiera le arruina el día.

En consecuencia, a la mayoría de aquellos que reconocen su complicidad en un asesinato, los detectives deben atraerlos con un cebo más tentador que la penitencia. Deben creer que su crimen no es realmente un asesinato, que su excusa se acepta y es única, que, con la ayuda del inspector, se los considerará menos malvados de lo que son en realidad.

A algunos se los lleva a esa conclusión no verbalizada sugiriéndoles que actuaron en defensa propia o que fueron provocados. Otros caen presa de la noción de que son menos culpables que sus colegas —Yo sólo conduje el coche o vigilé mientras robaban, yo no fui el que disparó, oh, sí, la violé, pero me aparté en cuanto los otros empezaron a estrangularla—, ignorantes de que la ley de Maryland estipula que todos los participantes en un delito deben ser acusados de lo mismo que el que lo perpetró. Otros sucumben a la idea de que conseguirán un mejor trato colaborando con los inspectores y admitiendo una cantidad limitada de culpa. Y a muchos de los que no se puede hacer saltar por el precipicio de la autoincriminación se los puede convencer para que den coartadas, nieguen cosas o den explicaciones, afirmaciones que pueden ser comprobadas y recomprobadas hasta que sus mentiras de sospechoso se conviertan en la mayor amenaza contra su libertad.

Por todos esos motivos, los profesionales no dicen nada. No dan coartadas. No dan explicaciones. No expresan consternación ni niegan categóricamente nada. A finales de la década de 1970, cuando hombres que se llamaban Dennis Wise y Vernon Collins competían cuerpo a cuerpo para ser el principal asesino a sueldo de Baltimore y no se podía encontrar ningún testigo que quisiera declarar contra ninguno de los dos, la situación llegó a un punto en que tanto los inspectores como los sospechosos se sabían la rutina:

Entrar en la habitación.

Miranda.

¿Algo que decir esta vez, Dennis?

No, señor. Sólo llame a mi abogado.

Muy bien, Dennis.

Salir de la habitación.

Un abogado hará entender a cualquiera que tenga experiencia con la maquinaría de la justicia criminal que lo mejor es callar. La reiteración y la familiaridad que adquieren con el proceso pronto colocan a los profesionales más allá del alcance de un interrogatorio policial. Y, sin embargo, más de dos décadas después de los hitos que fueron las sentencias de los casos Escobedo y Miranda, todos los demás parecen extrañamente dispuestos a colocarse en una situación de peligro. Como resultado, la misma comunidad de agentes de la ley que había considerado la sentencia de Miranda en 1966 como el golpe de gracia a las investigaciones criminales había acabado por considerar la explicación de los derechos del acusado como una parte rutinaria del proceso, como si fuera otro de los muebles de la comisaría, cuando no como una influencia civilizadora para el trabajo policial.

En una época en que las palizas y las intimidaciones físicas eran herramientas comunes de investigación, las sentencias Miranda y Escobedo fueron pronunciadas por el más alto tribunal de la nación para asegurar que las confesiones y declaraciones de los delincuentes fueran totalmente voluntarias. La resultante advertencia Miranda era «una herramienta de protección para acabar con la atmósfera coercitiva del interrogatorio», como escribió el presidente de la Corte Suprema, el juez Earl Warren, reflejando la opinión de la mayoría del tribunal. Los investigadores tendrían que asegurar a los ciudadanos sus derechos a permanecer en silencio y a disponer de asesoría legal, no sólo en el momento del arresto, sino también en el momento en que se pudiera considerar a la persona como un sospechoso sometido a interrogatorio.

La respuesta de los líderes de las fuerzas de la ley de la nación a Miranda fue una auténtica jeremiada, una protesta universal que afirmaba que, si se hacían esas advertencias, sería casi imposible obtener confesiones y se conseguirían muchas menos condenas. Y, sin embargo, esas previsiones pronto se demostraron falsas por el sencillo motivo de que esos mismos líderes —y también la Corte Suprema— subestimaron la creatividad y los recursos de los inspectores de policía.

Miranda es, sobre el papel, un gesto noble que declara que los derechos constitucionales se aplican no sólo en el foro público que son los tribunales, sino también en los rincones más privados de las comisarías. Miranda y las sentencias en el mismo sentido que la acompañaron establecieron una noción uniforme de los derechos del acusado y pusieron fin de forma efectiva al uso de la violencia y de la intimidación física más flagrante durante los interrogatorios. Eso, por supuesto, fue una bendición. Pero si la sentencia Miranda fue, además, un intento de «acabar con la atmósfera coercitiva» de un interrogatorio, entonces fracasó miserablemente.

Y gracias a Dios que fracasó. Porque no hay forma que en términos normales del discurso humano se pueda calificar ninguna confesión de un criminal como verdaderamente voluntaria. Con muy raras excepciones, una confesión siempre es extraída, provocada y o sacada mediante manipulación de un sospechoso por un inspector que ha sido entrenado en un arte auténticamente engañoso. Esa es la esencia del interrogatorio, y quienes creen que una conversación directa entre un policía y un criminal —una conversación desprovista de toda traición— va a resolver un crimen son mucho más que ingenuos. Si el proceso del interrogatorio es, desde un punto de vista moral, despreciable, es también, sin embargo, imprescindible. Si se le priva de la posibilidad de interrogar a un sospechoso y de carear a sospechosos y testigos o cotejar sus declaraciones, al detective sólo le quedan las pruebas físicas que, en la mayoría de los casos, son muy poca cosa. Si no se le concede a un inspector la oportunidad de manipular la mente del sospechoso, un montón de malas personas simplemente quedarían en libertad.

No obstante, todos los abogados defensores saben que no hay ninguna buena razón para que un hombre culpable le diga absolutamente nada a un agente de policía, como un abogado le dirá a cualquier sospechoso que tenga el buen juicio de llamarlo. Eso, por supuesto, pondrá fin al interrogatorio. Una sentencia que, en consecuencia, requiere que un inspector —el mismo inspector que está trabajando duro para embaucar al sospechoso— se detenga abruptamente y garantice al hombre su derecho a terminar el proceso sólo puede ser calificada de acto de esquizofrenia institucional. La advertencia Miranda es como un árbitro que abre una pelea en un bar: sus severos avisos de que los golpes deben ser por encima de la cadera y de que no debe haber golpes bajos no guardan relación con el caos que se desencadena.

Y, sin embargo, ¿cómo podría ser de otro modo? Al poder judicial le resultaría extremadamente sencillo asegurarse de que ningún sospechoso de un crimen renunciara a sus derechos en una comisaría de policía. Bastaría con exigir la presencia de un abogado en todo momento. Pero una garantía tan tajante de los derechos individuales pondría fin al uso del interrogatorio como arma de investigación, y provocaría que más crímenes quedaran sin resolver y muchos más hombres y mujeres culpables escaparan al castigo. En vez de ir por ahí, se ha llegado a un compromiso en el que los ideales se han comprometido cuidadosamente sin coste para nadie excepto para la integridad del investigador de policía.

Después de todo son los abogados, los grandes pactistas de nuestra era, los mismos que han establecido este compromiso, los que consiguen no mancharse las manos en los tribunales, donde los derechos y el proceso son respetados fielmente. Es el inspector quien tiene el papelón de lanzar ese cañonazo de aviso frente a la proa del sospechoso, garantizando unos derechos a un hombre al que acto seguido procederá a intentar engañar para que renuncie a ellos. En ese sentido, Miranda es un símbolo y poco más, una salva disparada por una conciencia colectiva que no puede reconciliar sus ideales libertarios con lo que necesariamente tiene que ocurrir en una sala de interrogatorios de la policía. Nuestros jueces, nuestros tribunales, nuestra sociedad como un todo, exigen al mismo tiempo que se respeten escrupulosamente los derechos y que se castiguen los crímenes. Y todos nosotros estamos decididos a mantener la ilusión de que ambas cosas pueden conseguirse en la misma pequeña habitación. Es muy triste pensar que esta hipocresía es la necesaria creación concebida por nuestras mejores mentes legales, que parecen pensar en el proceso del interrogatorio como los demás pensamos en la salchicha del desayuno: la queremos ver en nuestro plato con huevos y pan tostado, pero no nos interesa demasiado saber cómo se fabrica.

Atrapado en esta contradicción, un inspector hace su trabajo de la única manera posible. Sigue los requisitos de la ley al pie de la letra, o lo bastante fielmente como para no poner en peligro su caso. Y con el mismo cuidado, ignora el espíritu y la intención de la ley. Se convierte en un vendedor, en un timador tan ladrón y embaucador como cualquier hombre que venda coches usados o revestimiento exterior de aluminio. Más aún, de hecho, si se tiene en cuenta que vende largas estancias en la cárcel a clientes que no necesitan realmente ese producto.

El fraude que dice que, de algún modo, al sospechoso le interesa hablar con la policía será siempre el catalizador de cualquier interrogatorio a un criminal. Es una ficción que se edifica contra el peso mucho mayor de la propia lógica y se sostiene durante horas y horas sin otro soporte que la capacidad de un inspector para controlar su sala de interrogatorios.

Un buen interrogador controla el entorno físico desde el momento en que un sospechoso o un testigo reticente es dejado en el pequeño cubículo para que se cueza un poco en aquel aislamiento insonorizado. La ley dice que a un hombre no se le puede retener contra su voluntad a menos que sea acusado de un crimen; sin embargo, los hombres y mujeres que acaban en las salas de interrogatorio casi nunca reflexionan sobre su estatus legal. Encienden cigarrillos y esperan, perdiendo la mirada en las cuatro paredes hechas de bloques de hormigón, en el cenicero sucio en el centro de una mesa anodina, en la pequeña ventana con un espejo y en una serie de conos acústicos manchados del techo. Los pocos que tienen el coraje de preguntar si están detenidos suelen ser contestados con otra pregunta:

—¿Por qué? ¿Es que quieres estarlo?

—No.

—Pues entonces siéntate otra vez, joder.

El control es el motivo por el cual se sienta a los sospechosos lo más lejos posible de la puerta de la sala de interrogatorios y el motivo también por el cual el interruptor de la luz sólo puede accionarse con una llave que siempre permanece en posesión de los inspectores. Cada vez que un sospechoso tiene que pedir o se le ofrece un cigarrillo, agua, café o ir al baño es un recordatorio de que ha perdido el control de la situación.

Cuando llega el inspector con el bolígrafo y las hojas y empieza el monólogo inicial al que cualquier potencial testigo o sospechoso es invariablemente sometido, tiene dos objetivos en mente: primero, enfatizar que es él quien controla completamente el proceso; segundo, impedir que el sospechoso diga nada. Porque si un sospechoso o testigo consigue decir que quiere un abogado, si pide claramente asesoría legal y se niega a contestar preguntas hasta recibirla, todo ha terminado.

Para evitarlo, un inspector no permite ninguna interrupción en su monólogo. Lo típico es que el discurso empiece con el inspector identificándose y anunciando que esto que tenéis que solucionar entre los dos es un marrón muy grande. A tu favor, sin embargo, está el hecho de que él, el inspector, es un hombre justo y razonable. Un gran tipo, de hecho; pregunta a cualquiera que trabaje con él.

Si en este momento intentas hablar, el inspector te interrumpirá, diciéndote que tendrás oportunidad de hablar en breve. Ahora mismo, dirá invariablemente, necesitas saber de dónde vengo. Te informará entonces de que resulta que él es muy bueno en su trabajo, que ha tenido muy pocos casos sin resolver en su larga y notoria carrera, y que un buen puñado de gente que le mintió en esa misma habitación está ahora esperando su turno en el corredor de la muerte.

Control. Para mantenerlo, dices lo que tengas que decir. Luego lo repites una y otra vez hasta que es seguro detenerte, porque si tu sospechoso piensa, siquiera por un instante, que puede influir en el curso de los acontecimientos, puede que te pida un abogado.

En consecuencia, la advertencia Miranda se convierte en un obstáculo psicológico, un momento preñado de posibles dificultades que debe deslizarse cuidadosamente entre los meandros del interrogatorio. En el caso de los testigos, no es necesario realizar la advertencia, y un inspector puede interrogar a cualquiera que tenga conocimiento de un crimen, durante horas y sin necesidad de recordarle sus derechos. Pero si un testigo dijera de repente algo que pudiera indicar que está implicado en un delito, se convierte —según la definición de la Corte Suprema— en sospechoso, momento en el que debe advertírsele de sus derechos. En la práctica, la línea entre un potencial sospechoso y un sospechoso es muy fina, y es habitual encontrar en cualquier unidad de homicidios a un puñado de inspectores discutiendo en el pasillo frente a la puerta de una sala de interrogatorios sobre si es necesaria o no la advertencia Miranda.

El Departamento de Policía de Baltimore, como muchos otros, utiliza un formulario escrito para confirmar que un sospechoso ha sido advertido de sus derechos. En una ciudad en que nueve de cada diez sospechosos afirmarían, de otro modo, no haber recibido nunca esa advertencia, ese formulario se ha demostrado esencial. Más aún, los inspectores han descubierto que, en lugar de llamar la atención sobre Miranda, el formulario escrito difumina el impacto de la advertencia. Incluso mientras le alerta de los peligros de un interrogatorio, el formulario capta al sospechoso y lo implica en el proceso. Es el sospechoso quien tiene el bolígrafo y pone sus iniciales junto a cada parte de la advertencia y luego firma el formulario; es el sospechoso a quien se le pide que ayude con el papeleo. Con los testigos, los inspectores consiguen el mismo efecto con una ficha informativa que hace unas tres docenas de preguntas en rápida sucesión. Ese formulario no sólo incluye información valiosa para los investigadores —nombre, apodo, altura, peso, complexión, empresa, descripción de la ropa en el momento del interrogatorio, parientes que viven en Baltimore, nombres de padres, cónyuge, novio o novia—, sino que además acostumbra al testigo a la idea de contestar preguntas antes de que empiece el interrogatorio propiamente dicho.

Incluso si un sospechoso acaba pidiendo un abogado debe —al menos según la interpretación más agresiva de Miranda— pedirlo claramente:

—Quiero hablar con un abogado y no quiero responder preguntas hasta haber hablado con él.

Cualquier otra cosa deja espacio para que un inspector hábil maniobre. Las distinciones son sutiles y semánticas:

—Quizá debiera pedir un abogado.

—Quizá debieras. Pero ¿por qué ibas a necesitar un abogado si no tienes nada que ver con esto?

O:

—Creo que debería hablar con un abogado.

—Será mejor que lo pienses bien. Porque, si quieres un abogado, yo ya no voy a poder hacer nada más por ti.

Del mismo modo, si un sospechoso llama a un abogado y sigue respondiendo preguntas hasta que este llega, no se han violado sus derechos. Si llega el abogado, se debe avisar al sospechoso de que hay un abogado en el edificio, pero, si aun así desea continuar con el interrogatorio, nada exige que la policía permita al abogado hablar con su cliente. En breve, el sospechoso puede exigir un abogado, pero un abogado no puede exigir a un sospechoso.

Una vez se ha atravesado con éxito el campo minado que es Miranda, el inspector debe hacer saber al sospechoso que las pruebas existentes no dejan ninguna duda de su culpabilidad. Luego debe ofrecerle la salida.

También esto es una actuación y requiere un buen actor para que salga bien. Si un testigo o sospechoso es hostil, hay que agotarlo mostrándose más beligerante que él. Si el hombre muestra miedo, hay que ofrecerle calma y consuelo. Cuando parezca débil, debes parecer fuerte. Cuando quiera un amigo, haces un chiste y le ofreces invitarle a un refresco. Si se muestra confiado, tú todavía más, asegurándole que estás seguro de que es culpable y que sólo te despiertan curiosidad unos pocos detalles secundarios del crimen. Y si es arrogante, si no quiere participar en el proceso, intimídalo, amenázalo, hazle creer que hacerte feliz es lo único que puede evitar que acabe en la cárcel municipal de Baltimore.

Asesina a tu mujer, y un buen inspector casi se echará a llorar de verdad mientras te pone la mano en el hombro y te dice que sabe que la debiste querer mucho, que no sería tan difícil para ti hablar de ello si no la hubieras amado tanto. Mata a palos a tu hijo, y un inspector te pasará el brazo por el hombro en la sala de interrogatorios y te dirá que él mismo pega a sus hijos constantemente, que no ha sido culpa tuya que el chico fuera y se te muriera en brazos. Si disparas a un amigo por una mano de póquer, ese mismo detective te mentirá sobre el estado de tu difunto amigo, diciéndote que la víctima está estable en el Hopkins y que probablemente no presentará cargos, que no serían más que de agresión dolosa en el caso de que lo hiciera. Asesina a un hombre con un cómplice, y el inspector hará pasar a tu cómplice frente a la puerta abierta de la sala de interrogatorios donde estás tú, y luego entrará y te dirá que tu coleguilla se va a casa esta noche porque ha firmado una declaración que dice que fuiste tú quien apretó el gatillo. Y si ese mismo inspector cree que puede echarse un farol, te dirá que tienen tus huellas en el arma o que hay dos testigos oculares que han identificado tu foto, o que la víctima, antes de morir, prestó declaración y dijo que tú eras quien la había atacado.

Todo lo cual vale en la calle. «Engaño razonable», lo llaman los tribunales. Después de todo, ¿qué hay más razonable que engañar a alguien que ha acabado con una vida humana y ahora miente sobre ello?

El engaño va a veces demasiado lejos, o al menos eso les parece a aquellos que no están familiarizados con el proceso. No hace mucho, varios inspectores veteranos de homicidios de Detroit fueron reprendidos públicamente y disciplinados por sus superiores por usar la fotocopiadora de la oficina como polígrafo. Parece que los inspectores, al encontrarse con alguna declaración de dudosa veracidad, se dirigían en ocasiones a la fotocopiadora y cargaban tres hojas de papel.

«Verdad», decía la primera.

«Verdad», decía la segunda.

«Mentira», decía la tercera.

Luego el sospechoso era conducido a la habitación y se le decía que pusiera su mano en un lado de la máquina. Los detectives entonces le preguntaban al hombre su nombre, escuchaban la respuesta y apretaban el botón de copiar.

Verdad.

¿Y donde vives?

Verdad otra vez.

¿Y mataste o no mataste a Tater, disparándole en la calle como a un perro frente al número 1200 de la calle North Durham?

Mentira. Bueno, bueno: eres un cabrón mentiroso.

En Baltimore, los inspectores de homicidios leyeron los artículos que se publicaron en los periódicos sobre la polémica generada en Detroit, y se preguntaron por qué se había armado tanto escándalo. Usar la fotocopiadora como polígrafo era un truco muy viejo; se había intentado más de una vez en la sala de fotocopias del sexto piso. Gene Constantine, un veterano del turno de Stanton, en una ocasión le hizo pasar a un descerebrado la prueba de coordinación para conductores borrachos («Sigue mi dedo con los ojos, pero no muevas la cabeza... Ahora ponte a pata coja») y luego declaró que la actuación del hombre indicaba claramente que mentía.

—No has pasado la prueba —le dijo Constantine al tipo—. Estás mintiendo.

El sospechoso se lo tragó y confesó.

Las variaciones sobre este tema sólo tienen como límite la imaginación del inspector y su capacidad para sostener la pantomima. Pero todo farol tiene su riesgo, y un inspector que le dice a un sospechoso que se han encontrado sus huellas por toda la escena del crimen puede perderlo todo si el hombre sabe que llevaba guantes. Un fraude en la sala de interrogatorios es tan bueno como el material con el que se ha construido —o, de hecho, tan bueno como idiota es el sospechoso—, y un detective que subestime a su presa o sobrestime su propio conocimiento del crimen perderá su credibilidad. Una vez un detective afirma tener conocimiento de un hecho que el sospechoso sabe con seguridad que es falso, el velo se rasga y es el investigador el que queda retratado como mentiroso.

Sólo cuando falla todo lo demás del repertorio, recurre un inspector a la ira. Puede que sea un espasmo limitado a una o dos frases bien escogidas, o una rabieta más larga aderezada con un portazo de la puerta de metal o tirando la silla al suelo al levantarse, quizá incluso pueda ser un cabreo representado como parte de un melodrama de poli bueno y poli malo, aunque esa rutina en particular se ha gastado mucho con los años. Los gritos deben ser lo bastante altos, idealmente, para sugerir la amenaza de violencia, pero lo bastante contenidos para evitar una demanda que pudiera poner en peligro la declaración: Dígale al tribunal por qué se sintió usted amenazado. ¿Le golpeó el inspector? ¿Intentó golpearle? ¿Amenazó con golpearle?No, pero dio un golpe en la mesa con la palma de la mano e hizo mucho ruido.

Oh, vaya. Se deniega la petición de no admitir la declaración.

Lo que no hará ningún buen inspector en esta época ilustrada en la que vivimos es pegar a un sospechoso, al menos no con el propósito de sacarle una confesión. Un sospechoso que intente agredir a un inspector de homicidios, que se comporte como un loco y golpee los muebles o que trate de evitar que le esposen recibirá los mismos concienzudos palos que se habría llevado en la calle, pero la agresión física no existe como parte del arsenal de armas de las que dispone el inspector durante el interrogatorio. En Baltimore ha sido así como mínimo durante los últimos quince años.

Dicho sencillamente, la violencia no vale la pena, no sólo por el riesgo de que la declaración obtenida sea luego considerada inadmisible en juicio, sino porque el inspector se juega su carrera y su pensión. Es otro asunto en los casos en los que la víctima es un agente de policía o un familiar de un agente de policía. En esos casos, un buen inspector se anticipará a las acusaciones de brutalidad policial fotografiando al sospechoso después del interrogatorio, para demostrar que hay una ausencia total de lesiones y demostrar que cualquier paliza que el sospechoso recibiera luego de camino a la cárcel municipal no tiene nada que ver con la unidad de homicidios.

Pero esos son casos muy esporádicos. En la inmensa mayoría de los asesinatos hay pocas cosas que el inspector pueda tomarse personalmente. No conoce al fallecido, acaba de conocer al sospechoso y no vive ni remotamente cerca de la calle en la que ocurrió el acto violento. Desde esa perspectiva, ¿qué funcionario en sus cabales va a arriesgar toda su carrera para demostrar que la noche del 7 de marzo de 1988, en algún lugar de Baltimore Oeste olvidado de Dios, un camello llamado Stinky mató de un tiro a un drogata llamado Pee Wee porque le debía treinta y cinco dólares?

Aun así, los jurados de primera instancia siguen prefiriendo pensar de forma conspirativa e imaginan cuartos traseros con luces enfocadas a la cara del sospechoso al que le caen golpes en los riñones sin que sepa por qué. Un inspector de Baltimore perdió un caso en una ocasión porque el acusado testificó que confesó porque dos inspectores le golpearon repetidamente con una guía telefónica. El inspector estaba aislado durante la declaración y no escuchó el testimonio. Cuando fue llamado a declarar, el abogado defensor le preguntó qué objetos había en la habitación durante el interrogatorio.

—La mesa. Las sillas. Unos papeles. Un cenicero.

—¿Había una guía telefónica en la habitación?

El detective pensó sobre ello y recordó que sí, que habían utilizado una guía telefónica para comprobar una dirección.

—Sí —reconoció—. Una guía de páginas amarillas.

Cuando el abogado defensor miró complacido al jurado, el policía comprendió que algo iba mal. Después del veredicto de no culpable, el inspector juró que nunca más empezaría un interrogatorio sin haber quitado todos los objetos innecesarios de la habitación.

El paso del tiempo también puede perjudicar la credibilidad de una confesión. En la privacidad de la sala de interrogatorios hacen falta horas de prolongado esfuerzo para romper a un hombre hasta el punto en que esté dispuesto a admitir un acto criminal; sin embargo, llega un momento en que esas mismas horas pueden empezar a hacer dudar de la misma confesión. Incluso bajo las mejores condiciones, se requieren de cuatro a seis horas de investigación para hacer que un sospechoso confiese, y entre ocho y doce horas pueden justificarse siempre que al hombre se le dé de comer y se le permita usar el baño. Pero después de que un sospechoso haya pasado más de doce horas en una habitación aislada sin haber recibido asesoría jurídica, incluso un juez que simpatice con los inspectores dudará sobre si considerar su confesión verdaderamente voluntaria.

¿Y cómo sabe un inspector que tiene al culpable? Nerviosismo, miedo, confusión, hostilidad, una historia que cambia o se contradice..., todo ello son signos de que un hombre que se encuentra en una sala de interrogatorios está mintiendo, particularmente a ojos de alguien tan susceptible como un inspector. Por desgracia, esas son las mismas señales que emite un ser humano en una situación de mucha angustia, que es más o menos en la que se encuentra la gente cuando la acusan de un crimen capital. Terry McLarney bromeó en una ocasión diciendo que la mejor manera de perturbar a un sospechoso sería colgar en las tres salas de interrogatorio una lista escrita de las conductas que indican engaño:

Falta de cooperación.
Demasiada cooperación.
Habla demasiado.
Habla muy poco.
Su historia cuadra perfectamente.
La caga al contar su historia.
Parpadea demasiado y evita el contacto visual.
No parpadea y mira fijamente.

Y aunque las señales a lo largo del camino son ambiguas, el momento crítico es inconfundible, ese instante de luz al final del túnel en que un hombre culpable está a punto de rendirse. Después de que haya firmado con sus iniciales todas las páginas de la declaración y se quede solo en el cubículo, solamente le quedará el agotamiento y, en algunos casos, la depresión. Si llega al punto de ensimismarse melancólicamente, puede incluso que intente suicidarse.

Pero eso es el epílogo. La cresta emotiva de la culpabilidad de un hombre viene en esos momentos fríos antes de que abra la boca y se lance a por la salida. Justo antes de que un hombre renuncie a la vida y la libertad en una sala de interrogatorios, su cuerpo reconoce la derrota: ojos vidriosos, mandíbula caída, el cuerpo apoyado contra la pared o borde de la mesa más cercanos. Algunos reposan la cabeza sobre la superficie de la mesa para calmarse. Otros se ponen físicamente enfermos y se tocan el estómago como si el problema fuera digestivo; unos pocos llegan a vomitar.

En el momento crítico, los inspectores le dicen a sus sospechosos que están enfermos de tanto mentir y esconderse. Les dicen que ha llegado el momento de pasar página y que se empezarán a sentir mejor en cuanto empiecen a decir la verdad. Sorprendentemente, la mayoría de los sospechosos se lo cree de verdad. Mientras se lanzan hacia la repisa de aquella alta ventana, se creen hasta la última palabra del discurso.

—Se te echó encima, ¿verdad?

—Sí, se me echó encima.

La salida es lo que te encierra.

JUEVES 10 DE MARZO

—Sesenta y cuatro-treinta y uno.

Garvey escucha durante diez segundos el silencio y luego aprieta el micro una segunda vez:

—Sesenta y cuatro-treinta y uno.

Más estática. El detective sube el volumen de la radio del Cavalier y entonces se inclina para comprobar en qué canal está puesta. El canal 7, como debe ser.

—Sesenta y cuatro-treinta y uno —dice de nuevo. Y, antes de soltar el botón, añade un mucho menos reglamentario—: Hola, yujuu... ¿Hay alguien en casa en el distrito Oeste? Holaaa...

Kincaid se ríe desde el asiento del pasajero.

—Sesenta y cuatro-treinta y uno —repite el operador, dándose por enterado de la llamada del inspector farfullando de una forma que da a entender que está ligeramente molesto. Es un hecho público y notorio que los asignados a una unidad de comunicaciones de la policía son seleccionados con el mayor esmero para garantizar que suenen como si se hubieran pasado un mes entero viendo torneos de bolos por televisión. Quizá sea el trabajo o el tono metálico que da la propia transmisión, pero la voz del típico operador de la policía se queda en un tono que está a medio camino entre el tedio y la muerte lenta. En Baltimore, al menos, el mundo no terminará con una explosión, sino con la voz ausente, monótona y distraída de un funcionario de cuarenta y siete años que le preguntará a una unidad de agentes por el diez-veinte de aquella nube en forma de seta y luego le asignará al incidente un número de denuncia de siete dígitos.

Garvey aprieta de nuevo el micrófono:

—Sí, estamos en tu distrito y vamos a necesitar uniformes para un documento —dice— y también un agente de la unidad de drogas en Calhoun y, ah, Lexington.

—Diez-cuatro. ¿Cuándo los necesitas?

Increíble. Garvey suprime el impulso de preguntar si el fin de semana después del Primero de Mayo le va bien a todo el mundo.

—Los necesitamos tan rápido como sea posible.

—Diez-cuatro. ¿Puedes repetirme tu diez-veinte?

—Calhoun y Lexington.

—Diez-cuatro.

Garvey devuelve el micrófono de la radio a su soporte de metal y se sienta de nuevo tranquilamente en el asiento del conductor. Se baja las anchas gafas por el puente de la nariz y comienza a frotarse sus ojos marrones con un pulgar y el índice. Las gafas son un accesorio incongruente. Sin ellas Garvey tiene el aspecto de un policía de Baltimore; con ellas a todo el mundo le parece el empresario como Dios manda que su padre siempre quiso que fuera.

El aspecto de Garvey es, en conjunto, decididamente empresarial: traje azul oscuro, camisa de vestir azul, una corbata de rayas republicanas azules y rojas y unos zapatos Boston bien abrillantados, un atuendo de empresario que se completa con un maletín marrón oscuro que viaja entre su casa y la oficina, lleno de expedientes e informes. Elegante y discreta, esa ropa cubre un cuerpo a primera vista igual de corriente. Como su cuerpo, la cara del inspector es larga y delgada, con un bigote bien afeitado y una alta frente que asciende a un cabello negro cuidadosamente peinado y que empieza a ralear.

Excepto por el pequeño bulto que el revólver del .38 le produce en un lado de la cadera por detrás, Garvey apesta a director comercial o, en un día en que se haya puesto su traje de rayas, a vicepresidente de márquetin. Al encontrárselo por primera vez, un visitante que llegara a la unidad de homicidios sin saber nada podría confundir a Garvey con un miembro del departamento de planificación y desarrollo de la policía, un directivo de grado medio que en cualquier momento se podía poner a mostrar diagramas y previsiones trimestrales sacadas de su maletín y explicar que los asesinatos domésticos o por robos habían descendido, pero que los futuros de droga iban a seguir subiendo durante todo el último trimestre. Esta imagen, por supuesto, se venía abajo en cuanto el señor Limpio abre la boca y habla en el estilo habitual de la unidad. Para Garvey, igual que para casi todos los inspectores de la unidad, las obscenidades salen de sus labios con ese ritmo de será-cabrón-hijo-de-puta, que, superpuesto al fondo de violencia y desesperación, se convierte en una especie extraña de poesía.

—¿Dónde están esos putos uniformes? —dice Garvey, subiéndose las gafas y mirando en ambas direcciones y luego a Calhoun—. No quiero pasarme todo el puto día en el registro de esta casa.

—Ha sonado como si hubieras despertado al cabrón del operador —dice Kincaid desde el asiento del pasajero—. Ahora será él quien esté intentando despertar a otro pobre mamón.

—Bueno —dice Garvey—, un buen agente de policía nunca tiene frío ni está cansado ni pasa hambre ni se moja.

El credo del patrullero. Kincaid se ríe y luego abre de golpe la puerta del pasajero y sale un momento a estirar las piernas por la acera. Dos minutos más transcurren antes de que un coche patrulla, a continuación un segundo, y luego un tercero, se detengan detrás del Cavalier. Tres uniformes se reúnen en la esquina y charlan brevemente con los inspectores.

—¿Sabe alguien dónde está vuestro agente de la unidad de estupefacientes hoy? —pregunta Garvey. Ayudaría tener por allí a la unidad de lucha contra la droga del distrito si en el registro se encuentra droga, aunque sea por la simple y egoísta razón de que presentar narcóticos al departamento de control de pruebas, aunque sea en pequeñas cantidades, es una auténtica tortura.

—El operador dice que no están disponibles —dice uno de los agentes, el que había llegado primero al cruce—. Al menos no antes de una hora.

—Entonces que los jodan —dice Garvey—. Pero alguien de aquí va a tener entonces que presentar las drogas que encontremos ahí dentro.

—Bueno, entonces mejor que no encontremos ninguna —dice el compañero del primer agente que ha hablado.

—Bueno, me gustaría que nos las lleváramos si las encontramos, para tener algo de lo que acusar al tipo —dice Garvey—. Normalmente no me importaría...

—Yo cogeré las drogas —dice el segundo patrullero—. De todas formas tenía que ir a la central.

—Eres todo un caballero —dice el tercer uniforme, sonriendo—. No me importa lo que los demás digan de ti.

—¿Qué casa es? —pregunta el primer agente.

—La quinta del lado norte de la calle.

—¿Tres-siete?

—Sí, hay una familia dentro. Madre, hija y un joven llamado Vincent. Él es el único que podría dar problemas.

—¿Vamos a arrestarlo?

—No, pero si está ahí hay que llevarlo a la central. Estamos aquí para registrar y confiscar.

—Entendido.

—¿Quién de vosotros se encarga de la parte de atrás de la casa? —pregunta Garvey.

—Yo me encargo.

—Vale, entonces vosotros dos con nosotros por la puerta principal.

—Ajá.

—Pues vamos.

Y entonces los hombres del distrito vuelven a sus coches y conducen doblando la esquina y entrando en Fayette. El primer coche rodea la manzana y entra por el callejón trasero que lleva a la parte de atrás de la casa adosada, los otros dos frenan frente a los escalones de entrada, con el Cavalier entre ambos. Garvey y Kincaid corren con los jóvenes patrulleros hacia los escalones de mármol.

Si tuvieran una orden de detención, si Vincent Booker estuviera acusado de los asesinatos de su padre y de Lena Lucas, los inspectores llevarían puestos sus chalecos antibalas y las pistolas desenfundadas, y la puerta de la casa de Vincent o bien se abría a la primera llamada, o bien iría al suelo destrozada por el ariete de acero o la bota de un policía. También si la orden de registro la hubiera escrito un inspector de narcóticos, la incursión habría sido un acto de violencia controlada. Pero en este momento no hay ningún motivo para creer que Vincent Booker tenga intención de hacer nada desesperado. Tampoco es probable que las pruebas que se buscan en este caso puedan ser tiradas por la taza del váter.

Los fuertes golpes en la puerta hacen que acuda una chica joven.

—Policía. Abran.

—¿Quién anda ahí?

—Agentes de policía. Abre la puerta ahora mismo.

—¿Qué hacen aquí? —pregunta la chica, enfadada, entreabriendo la puerta. El primer policía de uniforme abre la puerta del todo y el resto pasa junto a la chica.

—¿Dónde está Vincent?

—Arriba.

Los agentes de uniforme corren hacia arriba por la escalera y se encuentran con un joven larguirucho y sorprendido en el rellano del segundo piso. Vincent Booker no dice nada y acepta las esposas sin protestar, como si se hubiera preparado para este momento desde hacía tiempo.

—¿Y por qué queréis arrestarlo? —grita la chica—. Se supone que deberíais arrestar al hombre que mató a su padre.

—Cálmate —dice Garvey.

—Pero ¿por qué os lo lleváis?

—Relájate, por favor. ¿Dónde está tu madre?

Kincaid señala hacia la habitación de en medio del primer piso. La matriarca del clan Booker es una mujer frágil y diminuta que se sienta en una esquina de un gastado sofá con tapicería de flores estampadas. Está viendo cómo gente guapa se empareja y se separa en una televisión en blanco y negro. Sobre el ruido de fondo de un culebrón, Garvey se presenta, muestra la orden de registro y explica que tienen que llevarse a Vincent a la central.

—No sé nada de todo eso —dice ella, apartando el papel con un gesto.

—Esto dice que podemos registrar la casa.

—¿Por qué quieren registrar mi casa?

—Está escrito en la orden de registro.

La mujer se encoge de hombros.

—No sé por qué tienen ustedes que registrar mi casa para nada.

Garvey se rinde y deja una copia de la orden sobre una mesilla. Arriba, en la habitación de Vincent Booker se abren todos los cajones y se giran los colchones. A estas alturas, Dave Brown, el inspector principal en el asesinato Booker, ya ha llegado, y los tres inspectores se mueven lenta, metódicamente por la habitación. Brown destripa el ropero del chico mientras Garvey empieza a golpear todos los maderos del techo hacia arriba, para ver si hay objetos escondidos sobre ellos. Kincaid desmonta el armario, deteniéndose sólo para hojear una revista escondida en el estante superior.

—Esta no la ha usado mucho —dice Kincaid, riéndose—. Sólo hay dos páginas enganchadas.

Encuentran el filón de oro poco después de quince minutos, al levantar el somier contra la pared y ver debajo una caja de metal de pescador. Garvey y Brown empiezan a probar con todos los llaveros que han descubierto en el registro, buscando cualquier cosa que pueda encajar en el pequeño candado.

—Es esta de aquí.

—No, es demasiado grande.

—¿Y la de color marrón que está al lado?

—A la mierda —dice Brown—. Voy a descerrajar a la muy zorra con una bala del treinta y ocho.

Kincaid y Garvey se ríen.

—¿Tenía alguna llave encima?

—Son esas que están ahí.

—¿Y esta?

—No, esa no, prueba la plateada.

El candado se abre y la caja de pescador se despliega y revela varios paquetes de bolsitas de plástico, una báscula portátil, un poco de dinero, una pequeña cantidad de marihuana, una completa colección de navajas y una jabonera de plástico. Abren las navajas con cuidado y no encuentran rastros de residuo rojo o marrón, pero, al abrir la jabonera, encuentran dentro una docena o más balas del calibre .38, la mayoría de ellas *wadcutters* muy anticuadas.

Cuando los inspectores están casi listos para salir, Garvey toma los cuchillos y la jabonera y se los enseña a la madre de Booker, que sigue bañada en el resplandor azul-gris de la televisión.

—Sólo quiero que vea lo que nos estamos llevando, para que no haya problemas después.

—¿Qué es lo que se llevan?

—Estos cuchillos —dice Garvey— y esto que hay en la jabonera, que son balas.

La mujer observa unos instantes los contenidos del recipiente de plástico, contemplando durante uno o dos segundos aquellos pedazos truncados de plomo del mismo tipo que los que se usaron para asesinar a su marido, del que se había distanciado, pero que era el padre de sus hijos. El mismo tipo de balas habían matado a una madre con dos hijos en una casa adosada a la vuelta de la esquina.

—¿Se llevan esas balas?

—Sí, señora.

—¿Por qué?

—Son pruebas.

—Bien —dice la mujer, volviendo a centrar su atención en el televisor—. ¿Se las devolverán cuando acaben con ellas, verdad?

La orden de registro para Booker ha llevado a Garvey al borde de cambiar dos asesinatos de rojo a negro en el lado de la pizarra de D'Addario, pero, irónicamente, Vincent Booker —si sabe jugar bien sus cartas— ya no es el objetivo de una investigación que lleva diecisiete días en marcha. Ahora, en cambio, es el eslabón más débil de la cada vez más endeble historia de Robert Frazier.

El puro trabajo de calle los había llevado a mitad de camino: Garvey y Kincaid habían revisado todos y cada uno de los elementos de la declaración de Frazier y descubierto, entre otras cosas, que la coartada de la cena no valía gran cosa. La segunda novia de Frazier, Denise, la anfitriona de la fiesta, desde luego no estaba dispuesta a encubrir a su hombre; recordó rápidamente que, la noche del asesinato, Frazier se marchó de la fiesta antes de las once, después de que discutieran. También dijo que Vincent Booker se había pasado por las viviendas sociales no una, sino dos veces; la segunda vez Frazier se marchó con él y no regresó hasta por la mañana. Denise lo recordaba bien porque había dormido sola esa noche, molesta por lo de la fiesta. La había planeado durante toda la semana y había comprado langosta y cangrejos azules del Chesapeake y mazorcas de maíz. Frazier lo había estropeado todo.

Denise incluso declaró que Frazier guardaba su revólver del .38 en la casa adosada que ella tenía en la calle Amity, y sorprendió más a los inspectores al mencionarles que ella escondía la pistola cargada en la caja de juguetes de su hijo al fondo del dormitorio. Ahora la pistola no estaba allí, les dijo; Frazier había venido hacía una semana y se la había llevado diciéndole que tenía miedo de que ella fuera débil y se la diese a la policía.

Los inspectores se informaron también de que Frazier no se había presentado a trabajar en la planta de Sparrows Point la mañana después del asesinato, aunque había dicho que no se había molestado en entrar por la puerta abierta del apartamento de Lena porque llegaba tarde al trabajo esa mañana. Tampoco Frazier había cumplido su promesa de traer su .38. Garvey se preguntaba por qué habría reconocido Frazier poseer tal arma o, de paso, por qué se había molestado en contarle su historia a la policía. Preguntas y respuestas: acabas de matar a dos personas y no hay ni pruebas físicas ni testigos que te puedan implicar directamente en ninguno de los dos crímenes. ¿Qué haces? A) Cierras la boca o B) Vas a la unidad de homicidios y mientes como un bellaco.

—La única respuesta que se me ocurre —musitó Garvey mientras escribía la orden de registro para la casa de Vincent Booker— es que cometer un crimen te vuelve idiota.

La historia de Frazier quedó todavía más destrozada por la aparición de una nueva prueba, una nueva vía que se debió tanto a la suerte como al trabajo de calle.

La noche del domingo del asesinato, una estudiante de instituto de dieciséis años que vivía en la casa adosada contigua a la de Lena Lucas estaba mirando desde la ventana de un tercer piso cómo el tráfico de la calle Gilmor iba reduciéndose conforme anochecía. A eso de las 23:15 —estaba segura de que llevaba varios minutos viendo las noticias locales—, la chica vio a Lena y a un hombre alto y de piel oscura que llevaba una gorra con visera salir de un coche deportivo rojo aparcado en la otra acera de la calle Gilmor. La pareja avanzó hacia ella, hacia la casa de Lena, aunque la joven no pudo ver mucho más que eso debido al ángulo de visión de su ventana. Pero oyó cómo se cerraba la puerta de la casa y, una hora después, a través de la pared común, lo que le pareció una breve discusión entre un hombre y una mujer. Tuvo la sensación de que el ruido procedía de abajo, de alguno de los apartamentos del segundo piso de la casa de al lado.

Durante un tiempo, la chica no le contó a nadie lo que había visto. Y cuando finalmente habló, no fue a la policía, sino a una empleada de la cafetería de su colegio que sabía que era hermana de Lena. Al oír aquella historia, la mujer instó a la chica a llamar a la policía. Pero la testigo no quería, y fue la propia mujer la que, al día siguiente, llamó a la unidad de homicidios. La joven se llamaba Romaine Jackson y, a pesar del miedo que tenía, sólo hizo falta un poco de presión para que hiciera lo correcto. Cuando los inspectores le mostraron una serie de seis fotografías, dudó sólo unos instantes antes de escoger la de Robert Frazier. Entonces, después de que la joven hubiera leído y firmado su declaración, Rich Garvey la llevó de vuelta a Baltimore Oeste y la hizo bajar del Cavalier a una manzana o dos de la calle Gilmor para que nadie la viera con un inspector. Al día siguiente, Garvey y Kincaid recorrieron las calles cerca de la de Frazier, que era la calle Fayette, y encontraron un coche rojo que encajaba con la descripción que había dado Romaine. Estaba registrado a nombre de la madre de Frazier.

Incluso con la llegada de un testigo vivo, sin embargo, Vincent Booker seguía siendo una puerta abierta, una escotilla de escape para Robert Frazier. Por mucho que estuviera convencido de que Frazier era el culpable, Garvey tenía que admitir que cualquier buen abogado defensor podía hacer malabarismos con los hechos que vinculaban a Vincent con el caso, y montar un buen número frente al jurado. Vincent estaba claramente implicado de algún modo —las balas en la jabonera no dejaban lugar a dudas—, pero, como asesino, simplemente no encajaba.

Por un lado, estaba el montón de ropa y los arañazos en la cabecera de la cama de la habitación de Lena; la mujer no se hubiera desvestido tranquilamente y echado en la cama para nadie que no fuera su amante. Eso no apuntaba a Vincent, sino a Frazier. Por otro lado, era posible que la misma arma que se había utilizado para matar a Lena también hubiera matado a Purnell Booker. ¿Qué posible relación existía entre Frazier y el padre de un chaval que vendía la cocaína de Frazier? ¿Por qué iba nadie a querer matar al viejo Booker? El hombre que mató a Lena se llevó cocaína de la bolsa de arroz escondida en el armario, pero ¿por qué registró el apartamento de Purnell Booker?

Vincent era la clave, y Garvey, mirando al chico bajo la luz descarnada de la sala grande de interrogatorios, no lo ve capaz de haberlo hecho. No hay forma de que ese chico pueda haber hecho lo que le han hecho a su padre. Asesinarlo, quizá, pero no la docena, o más, de cortes superficiales con arma blanca en el rostro del viejo. Incluso si Vincent hubiera podido hacérselo a Lena, Garvey está seguro de que el chico no tiene el hielo en las venas necesario para torturar durante tanto tiempo a su padre. Muy poca gente es capaz de una cosa así.

Vincent lleva cociéndose en el cubículo durante más de una hora cuando Garvey y Kincaid finalmente entran en la habitación y empiezan el monólogo. Balas *wadcutter* en la jabonera, instrumentos para traficar con droga, navajas y tu amigo Frazier incriminándote en ambos asesinatos. Un marrón, Vincent, te va a caer un buen marrón. Cinco minutos con este tono producen el nivel deseado de miedo, diez producen un formulario de derechos completado y firmado.

Los inspectores se llevan el formulario y debaten brevemente en el pasillo.

—Eh, Rich.

—¿Hummm?

—Ese chico no tiene ninguna posibilidad —dice Kincaid simulando hablar en voz baja—. Hoy te has puesto tu traje bueno.

—Exactamente.

Kincaid se ríe.

—El azul marino a rayas —dice Garvey, levantando una solapa—. No va a saber ni de dónde le ha caído la hostia.

Kincaid niega con la cabeza y mira por última vez el atuendo de Garvey. Nativo de Kentucky, Donald Kincaid se dirige al mundo con una voz potente y acento de paleto y luce un tatuaje con sus iniciales en la muñeca izquierda. Garvey juega a golf en Hilton Head y habla de buenos trajes; Kincaid entrena a perros de caza y sueña con el inicio de la temporada de caza del ciervo en Virginia occidental. Trabajan en la misma brigada, pero viven en mundos distintos.

—¿Quieres probar tú solo a ver qué tal? —pregunta Kincaid cuando los dos vuelven a la sala de interrogatorios.

—No —dice Garvey—, mejor nos lo follamos entre los dos.

Vincent Booker espera la segunda ronda del interrogatorio con la espalda contra la pared más cercana y las manos metidas en los pliegues de su sudadera. Kincaid se sienta en la silla más alejada, frente al joven. Garvey se sienta entre los dos, más cerca del lado de la mesa donde está Vincent.

—Hijo, déjame que te diga algo —dice Garvey en un tono que sugiere que el interrogatorio ya ha terminado—. Tienes una oportunidad. Puedes decirnos lo que sepas de los asesinatos y veremos lo que podemos hacer por ti. Sé que estás implicado de algún modo en ellos, pero no sé cuánto, y lo que tú tienes que plantearte es si prefieres ir a juicio como testigo o como el acusado.

Vincent no dice nada.

—¿Me estás escuchando, Vincent? Será mejor que empieces a pensar sobre todas las putas cosas que te estoy diciendo, porque se te va venir encima un montón de mierda que ni te imaginas.

Silencio.

—¿Estás preocupado por Frazier? Escúchame, hijo, mejor empieza a preocuparte por ti mismo. Frazier ya ha estado aquí. Está intentando joderte. Nos está hablando sobre ti.

Eso sí provoca reacción. Vincent levanta la vista.

—¿Qué está diciendo Frazier?

—¿Qué crees tú? —dice Kincaid—. Está intentando cargarte a ti los asesinatos.

—Yo no...

—Vincent, yo no me creo al hijo de puta de Frazier —dice Garvey—. Aunque estuvieras implicado en uno u otro asesinato, no me creo que matases a tu padre.

Garvey acerca su silla a la esquina en la que está Vincent y baja la voz hasta que no es más que un murmullo.

—Mira, hijo, sólo intento darte una oportunidad. Pero tienes que decirme la verdad ahora y veremos cómo podemos ayudarte. Puedes escoger entre sentarte en la mesa de la defensa o en la del fiscal. Te diré lo que podemos hacer. Hacemos algunos favores de vez en cuando y te vamos a hacer uno a ti ahora. ¿Eres lo bastante listo como para entenderlo?

Probablemente no, piensa Garvey. Y así los dos inspectores empiezan a trabajar al joven Vincent Booker. Le recuerdan que su padre y Lena fueron asesinados con el mismo tipo de munición, que ambas escenas del crimen son idénticas. Le explican que, ahora mismo, él es el único sospechoso que conocía a ambas víctimas. Después de todo, le preguntan, ¿de qué iba a conocer Robert Frazier a tu padre?

Al oír eso, el chico levanta la mirada, intrigado, y Garvey para de hablar lo necesario para poner sobre el papel esa abstracción. En la parte de atrás de una hoja pautada de declaración dibuja un círculo en el lado izquierdo y escribe «Lena» dentro. En el lado derecho dibuja un segundo círculo en el que escribe «Purnell Booker». Garvey dibuja entonces un tercer círculo que forma una intersección con los círculos de los nombres de las dos víctimas. Dentro de ese tercer círculo escribe «Vincent». Es un diagrama un poco tosco, lo que un profesor de matemáticas denominaría un «diagrama de Venn», pero consigue transmitir bien lo que quiere decir Garvey.

—Este es nuestro caso, míralo —dice, acercándole la hoja al chico—. Lena y tu padre fueron asesinados con la misma pistola, y, en estos momentos, la única persona que tiene relación con ambas víctimas es Vincent Booker. Estás en el puto centro de todo. Piénsalo.

Vincent no dice nada, y los dos inspectores salen de la habitación lo suficiente como para permitir que la geometría haga su trabajo. Garvey enciende un cigarrillo y contempla por el espejo semiplateado de la ventanilla a Vincent, que ha cogido el diagrama, lo observa y repasa los tres círculos con un dedo. Vincent pone el diagrama hacia abajo, luego le vuelve a dar la vuelta y luego lo vuelve a poner hacia abajo.

—Mira a ese puto Einstein que tenemos ahí —le dice a Kincaid—. Es posible que sea el cabrón más idiota que he visto en mi vida.

—¿Estás listo? —dice Kincaid.

—Sí. Vamos.

Vincent no levanta la vista del diagrama cuando se abre la puerta, pero su cuerpo tiembla involuntariamente cuando entra Garvey, quien se lanza inmediatamente a echarle bronca, gritando todavía más que antes. Vincent ya no consigue mirar a los ojos al inspector; cada acusación hace que se vuelva más pequeño, más vulnerable, como un pez que sangra en una esquina del acuario de tiburones. Garvey ve su oportunidad.

—Tienes un nudo en el estómago, ¿verdad? —le dice Garvey abruptamente—. Te sientes como si estuvieras a punto de vomitar. Lo he visto cientos de veces con hombres en tu situación.

—Suelen vomitar —dice Kincaid—. ¿Tú no lo harás, verdad?

—No —dice Vincent, negando también con la cabeza. Está sudando. Con una mano se aferra al borde de la mesa, y la otra la tiene enrollada en el dobladillo de la sudadera. Parte de su malestar se lo produce el miedo a que le carguen dos asesinatos; la otra parte es el miedo que le da Robert Frazier. Pero la mayor parte de lo que sostiene a Vincent Booker al borde del precipicio es el miedo a su propia familia. En ese mismo momento, Garvey mira a Vincent Booker y sabe, incluso con mayor certeza que antes, que es imposible que ese chico matara a su padre. No tiene lo que hay que tener. Y sin embargo, las balas lo relacionan con el crimen, y su rápida reducción a una piltrafa muda en menos de una hora de interrogatorio confirma que sabe algo que hace que sienta culpable. Vincent Booker no es un asesino, pero jugó algún papel en la muerte de su padre o, cuando menos, sabe quién es el asesino y no dijo nada. Sea como sea, hay algo con lo que es incapaz de enfrentarse.

Sintiendo que el chico necesita otro buen empujón, Garvey sale de la sala de interrogatorios y coge la jabonera que encontraron en la habitación de Vincent.

—Dame una de esas —dice, tomando una de las balas del .38 de la jabonera—. Este hijoputa necesita ver para creer.

Garvey entra en el cubículo y deposita la bala del .38 en la mano izquierda de Kincaid. El veterano inspector no necesita que le diga más. Coloca la bala apoyada sobre su base en el centro de la mesa.

—¿Ves esta bala? —dice Kincaid.

Vincent mira la bala.

—Esta no es la munición habitual para un .38, ¿verdad? Ahora podemos hacer que la estudien en el laboratorio del FBI, y habitualmente les lleva dos o tres meses hacerlo, pero, si corre prisa, pueden contestar en dos días. Y podrán decirnos de qué caja de cincuenta balas procede esta —dice Kincaid, acercando lentamente la bala al chico—. Así que, dime, ¿va a ser sólo una coincidencia si el FBI dice que esta bala procede de la misma caja que la que mató a tu padre y a Lena? Dime, venga.

Vincent aparta la mirada, con las manos entrelazadas con fuerza en su regazo. Se trata de una sarta de mentiras: incluso si el FBI podía determinar que la bala procedía del mismo lote del fabricante, que contendrá un par de cientos de cajas o más, el proceso probablemente tardaría medio año.

—Estamos intentando que lo comprendas, hijo —dice Garvey—. ¿Qué crees que va a hacer el juez con una prueba como esa?

El chico guarda silencio.

—Es un caso de pena de muerte, Vincent.

—Y yo voy a ser quien testifique —añade Kincaid, con su acento de Kentucky—, porque eso es lo que me gusta hacer.

—¿Pena de muerte? —pregunta Vincent, sorprendido.

—Sin duda —dice Kincaid.

—De verdad, hijo, si nos estás mintiendo...

—Incluso si te dejáramos ir esta noche —dice Kincaid—, cada vez que alguien llamase a tu puerta podríamos ser nosotros para volver a detenerte.

—Y volveremos —dice Garvey, acercando su silla a Vincent. Sin palabras, se coloca cara a cara frente al chico hasta que los ojos de ambos quedan a menos de treinta centímetros. Entonces, suavemente, empieza a describir el asesinato de Purnell Booker. Una discusión, una breve pelea, quizá, y luego las heridas. Garvey se acerca todavía más a Vincent Booker y le habla de las aproximadamente veinte heridas que tenía el muerto en la cara; mientras lo hace, roza suavemente la mejilla del chico con el dedo.

Vincent Booker se pone visiblemente enfermo.

—Quítate ese peso de encima, hijo —dice Garvey—. ¿Qué sabes sobre estos asesinatos?

—Yo le di las balas a Frazier.

—¿Le diste las balas?

—Me pidió balas... Le di seis.

Por un instante, el joven está a punto de echarse a llorar, pero consigue contenerse apoyando los dos codos en la mesa y escondiendo la cara entre las manos.

—¿Para qué te pidió balas Frazier?

Vincent se encoge de hombros.

—¡Maldita sea, Vincent!

—No sé...

—¡Nos estás ocultando algo!

—Yo...

—Quítate ese peso de encima, hijo. Estamos intentando ayudarte a empezar de cero. Esta va ser la única oportunidad que vas a tener de empezar de cero.

Vincent Booker se quiebra.

—Mi papá... —dice.

—¿Por qué iba Frazier a matar a tu padre?

Primero les habla sobre las drogas, la cocaína empaquetada que encontraron en su habitación en casa de su madre, preparada para venderse en la calle. Luego les cuenta que su padre encontró la droga y se la quitó. Les habla de la pelea, sobre cómo su padre no le hizo caso y condujo hasta su apartamento en la avenida Lafayette con la cocaína en el coche. La cocaína de Vincent. La cocaína de Frazier.

Les cuenta que fue a casa de Denise, en la calle Amity, para contárselo a Frazier, a decirle que la había jodido, a revelar que su padre les había robado la droga. Frazier le escuchó cada vez más enfadado y luego le pidió las balas, y Vincent, que tenía demasiado miedo como para negárselas, le dio seis *wadcutter* que había tomado de la lata de tabaco que había encima del armario del apartamento de su padre. Frazier fue solo a la avenida Lafayette, les dice Vincent.

Creía que Frazier sólo amenazaría a su padre, les dice, y que le daría la droga a Frazier. No esperaba que fuera a matarlo, dice, y no sabe lo que sucedió en el apartamento de su padre.

Y una mierda, piensa Garvey mientras le escucha. Sabemos perfectamente lo que pasó. Yo lo sé, tú lo sabes y Kincaid lo sabe también. Robert Frazier se presentó en casa de tu padre hasta el culo de cocaína de la fiesta de Denise, armado con un .38 cargado y una navaja y decidido a recuperar su droga. Tu padre le debió decir a Frazier que se fuera a tomar por el culo.

Este escenario explicaba por qué habían registrado el apartamento de Purnell Booker, además de las heridas superficiales en la cara del anciano. Lo torturaron para que hablara. El registro sugiere que no lo hizo.

Pero ¿por qué matar a Lena esa misma noche y de la misma manera? Vincent dice no saber nada de ese asesinato y, a pesar de todo lo que ha descubierto, Garvey tampoco tiene ni idea. Quizá alguien indujo a Frazier a creer que Lena estaba de algún modo implicada en el asunto de las drogas que faltaban. Quizá la chica estaba tomando droga a escondidas de la que Frazier guardaba en la calle Gilmor. Quizá, cuando llamó a la puerta, la chica le contestó diciendo algo que no le gustó. Quizá el subidón de la cocaína se apoderó de Frazier y simplemente no pudo dejar de matar. Quizá A y B, o B y C, o todas las anteriores. ¿Acaso importaba? A mí no, piensa Garvey. Ya no.

—Tú fuiste con él, ¿verdad, Vincent? Fuiste con Frazier a casa de tu padre.

Vincent niega con la cabeza y aparta la mirada.

—No digo que no estuvieras implicado en el asesinato, pero fuiste con él, ¿verdad?

—No —dice el chico—. Sólo le di las balas.

Chorradas, piensa Garvey. Tú estabas ahí cuando Frazier mató a tu padre. ¿Por qué si no esto te iba a resultar tan difícil? Una cosa es temer a un hombre como Frazier y otra tener miedo de decirle la verdad a tu propia familia. Garvey presiona al chico durante media hora o más, pero no sirve para nada: Vincent Booker ha llegado tan cerca del precipicio como se atreve a llegar. Y es, razona Garvey, bastante cerca.

—Si nos estás ocultando algo, Vincent...

—No oculto nada.

—Porque vas a ir frente a un gran jurado, y si mientes antes ellos, será el peor error de tu vida.

—No mentiré.

—Está bien. Ahora voy a escribirlo todo para que lo firmes como tu declaración —dice Garvey—. Empezaremos desde el principio e iremos lentamente para que pueda escribirlo.

—Sí, señor.

—¿Cómo te llamas?

—Vincent Booker.

—¿Fecha de nacimiento?

La versión oficial, dulce y breve. Garvey exhala aire suavemente y pone el bolígrafo contra el papel.

Viernes 11 de marzo

Con la mano derecha, Garvey saca el .38 de la cartuchera en el cinturón y lo coloca junto a la pernera del pantalón, ocultándolo.

—Frazier, abre.

El uniforme que está más próximo al inspector se acerca a la puerta de entrada de la casa adosada de la calle Amity.

—¿La abro de una patada? —pregunta.

Garvey niega con la cabeza. No hace falta.

—Frazier, abre la puerta.

—¿Quién es?

—El inspector Garvey. Tengo que hacerte unas preguntas.

—¿Ahora? —dice una voz detrás de la puerta—. Tengo que...

—Sí, ahora. Abre la maldita puerta.

La puerta se abre a medias y Garvey se cuela dentro, con la pistola todavía firmemente apretada junto a su muslo.

—¿Qué pasa? —dice Frazier, echándose atrás.

De repente, Garvey levanta su revólver de cañón corto y lo apunta al lado izquierdo de la cara del hombre. Frazier mira el agujero negro del cañón y luego, extrañado, a Garvey, intentando afinar la vista a pesar de la niebla de la cocaína.

—Pon las putas manos contra la pared.

—¿Qué?

—¡Que pongas las putas manos contra la pared, pedazo de mierda, antes de que te vuele la tapa de los sesos!

Kincaid y dos uniformes siguen a Garvey por la puerta y empujan bruscamente a Frazier contra una de las paredes de la sala de estar. Kincaid y el uniforme más joven comprueban las habitaciones mientras el patrullero de más edad, un veterano del distrito Oeste, amartilla su revólver junto a la oreja derecha de Frazier.

—Muévete un centímetro —dice el uniforme— y esparzo tu cerebro por el suelo.

Jesús, piensa Garvey, mirando la pistola amartillada, si se dispara la condenada vamos a estar todos escribiendo informes hasta que nos jubilemos. Pero la amenaza funciona: Frazier para de agitarse y se queda quieto apoyado en el pladur. El uniforme desamartilla su .38 y lo vuelve a enfundar, y Garvey deja de contener la respiración.

—¿De qué va todo esto? —dice Frazier, intentando aparentar confusión e inocencia.

—¿De qué crees que va?

Frazier no dice nada.

—¿Tú que crees, Frazier?

—No lo sé.

—Asesinato. Se te acusa de asesinato.

—¿Y a quién he matado?

Garvey sonríe.

—Has matado a Lena. Y al viejo Booker.

Frazier niega con la cabeza violentamente mientras Howe abre un aro de sus esposas y aparta el brazo derecho de Frazier de la pared. De repente, al sentir el tacto del brazalete de metal, Frazier empieza a resistirse de nuevo, alejándose de la pared y apartando el brazo de Howe. Con sorprendente velocidad, Garvey da un paso y medio en la sala de estar y le arrea un puñetazo en la cara a Frazier.

El sospechoso mira hacia arriba, noqueado.

—¿A qué ha venido eso? —pregunta a Garvey.

Durante uno o dos segundos, Garvey se permite pensar la respuesta. La respuesta oficial, la que se necesita para los informes, es que el inspector se vio obligado a reducir a un sospechoso de homicidio que intentó resistirse al arresto. La respuesta justa, la que un inspector con experiencia en la calle aprende pronto a olvidar, es que el sospechoso se llevó un puñetazo porque es un mierdecilla con hielo en las venas, un cabrón asesino que en una sola noche segó las vidas de un anciano y una madre de dos niños. Pero la respuesta de Garvey está a medio camino entre ambas.

—Eso —dice Frazier— es por mentirme, hijo de puta.

Por mentiras a un inspector. Mentir en primer grado.

Frazier no dice nada más y no ofrece resistencia cuando Howe y Kincaid lo llevan al sofá, donde se sienta con las manos esposadas a la espalda. Por si acaso, el .38 de Frazier anda cerca, los inspectores inspeccionan rápidamente a simple vista el apartamento. No encuentran el arma del crimen, pero en la mesa de la cocina está el trabajo de una noche de Robert Frazier: una pequeña cantidad de cocaína en roca, quinina para el corte, un par de docenas de bolsitas de plástico y tres jeringas.

Los inspectores miran a los uniformes, y los uniformes se miran entre ellos.

—¿Queréis cogerlo vosotros? —pregunta el uniforme más joven.

—No —dice Garvey—. Le vamos a acusar de dos asesinatos. Además, no tenemos orden de registro para la casa.

—Eh —dice el patrullero—, si a mí me parece perfecto.

Lo dejan todo sobre la mesa de la cocina, como un bodegón de Baltimore Oeste que espera al sucesor del escuálido negocio de tráfico de drogas en una esquina de Frazier. Garvey vuelve al salón y le ordena al uniforme más joven que pida una furgoneta. Frazier recupera la voz.

—Agente Garvey, yo no le he mentido.

Garvey sonríe.

—Nunca has dicho la verdad —dice Kincaid—. Tú no tienes una verdad en todo tu cuerpo.

—Yo no estoy mintiendo.

—Y una mieeeerda —dice Kincaid, recreándose en la palabra—. Tú no tienes una verdad en todo tu cuerpo, hijo.

—Eh, Frazier —dice Garvey, sonriendo—, ¿te acuerdas de que me prometiste traerme ese treinta y ocho? ¿Qué le ha pasado a esa pistola?

—Eso —dice Kincaid, tomando el relevo—. Si eres tan jodidamente honesto, ¿cómo es que nunca nos trajiste esa pistola?

Frazier no dice nada.

—No tienes una verdad en todo tu cuerpo, hijo —repite Kincaid—. No, señor. Ni una.

Frazier simplemente niega con la cabeza y parece reunir sus pensamientos durante un momento o dos. Luego mira a Garvey con auténtica curiosidad.

—Agente Garvey —dice—, ¿soy el único acusado?

El único. Si alguna vez Garvey había dudado sobre si Vincent Booker había tenido algo que ver con estos asesinatos, esa sola pregunta debería bastar como respuesta.

—Sí, Frazier. Tú solito.

Vincent estuvo implicado, no hay duda. Pero Vincent no apretó el gatillo ni para matar a Lena ni para matar a su padre. Y, al final, era muchísimo mejor mantener a Vincent Booker como testigo que acusarle de algo y darle a Frazier la oportunidad de utilizar eso frente a un jurado. Garvey no veía la utilidad de darle al abogado de Frazier un sospechoso alternativo, un pedazo vivo y coleante de duda razonable. No, pensó Garvey, por una vez habían dicho la verdad durante el interrogatorio: puedes ser un testigo o un sospechoso, Vincent. Lo uno o lo otro.

Vincent Booker cantó —o al menos dijo cuanto se atrevía a decir— y, en consecuencia, se fue a su casa. Robert Frazier mintió como un cabrón y ahora va a ir de cabeza al calabozo del distrito Oeste. Para Garvey había una cierta elegante simetría en todo aquello.

Sobre el mostrador de entrada del distrito Oeste se vaciaron los contenidos de los bolsillos de Frazier, que luego fueron catalogados por el sargento de guardia. De uno de los bolsillos delanteros salió un buen fajo de dinero de la droga.

—¡Jesús! —dice el sargento—, aquí hay más de mil quinientos dólares.

—Ya ves qué mierda —dice Garvey—. Eso lo gano yo cada semana.

Kincaid le lanza una mirada a Garvey. El gobernador, el alcalde y la mitad de la familia real británica tendrían que ser asesinados a palos en el aseo de caballeros de la estación de autobús de la calle Fayette para que un inspector de Baltimore ganara esa cantidad de dinero. El sargento de guardia comprende.

—Sí —dice a Garvey, lo bastante alto como para que Frazier lo oiga—, y además no has tenido que vender droga para ganarte el sueldo.

Garvey asiente.

—Agente Garvey...

—Eh, Donald —dice Garvey a Kincaid—. Vamos a un bar. Te invito a una cerveza.

—Agente Garvey...

—Pues puede que esta noche me tome una —dice Kincaid—. Igual te acepto la invitación.

—Agente Garvey, yo no le he mentido.

Garvey se da la vuelta, pero el carcelero se está llevando a Frazier hacia la jaula del fondo del calabozo del distrito Oeste.

—Agente Garvey, yo no he mentido.

Garvey mira impasible a su sospechoso.

—Adiós, Frazier. Ya nos veremos por ahí.

Durante unos instantes, Robert Frazier queda enmarcado por la puerta de la jaula, esperando en el umbral del calabozo mientras el carcelero prepara una tarjeta de huellas dactilares. Garvey termina de jugar con los papeles del mostrador de guardia y camina hacia la puerta trasera de la comisaría. Pasa frente a las jaulas del calabozo sin mirar dentro y por eso no ve la última e inconfundible expresión en el rostro de Robert Frazier.

Puro odio asesino.

CINCO

SÁBADO 2 DE ABRIL

La oración de un inspector: benditos sean los auténticos idiotas, porque traen esperanza a aquellos obligados a perseguirlos. Benditos sean los cortos de entendederas, pues con su misma ignorancia traen la luz a aquellos que trabajan en la oscuridad. Bendito sea Dennis Wahls, porque aunque él no lo cree, está cooperando plenamente con la campaña para meterlo en la cárcel por el asesinato hace un mes de Karen Renee Smith, la taxista a la que golpearon hasta matarla en el noroeste de Baltimore.

—¿Esta casa de aquí? —pregunta Eddie Brown.

—La siguiente.

Brown asiente y Wahls intenta abrir la puerta de atrás del Cavalier. El inspector, que está sentado junto a él en el asiento de atrás, tira de la puerta y la vuelve a cerrar. Harris, uno de los agentes asignados al operativo del noroeste, baja de su coche y se acerca a la ventanilla de Brown.

—Nos quedamos aquí —dice Brown—. Tú y el sargento Nolan subid y haced que salga.

Harris asiente y luego camina con Roger Nolan hasta la fachada del edificio de ladrillo rojo. Esa dirección de la avenida Madison está ocupada por un hogar para acusados de delitos, lo que en Baltimore significa cualquier cosa hasta robo a mano armada y homicidio, este último incluido. Dentro de ese hogar está el hermano pequeño de Dennis Wahls, que lleva puesto un reloj de pulsera que perteneció a Karen Smith.

—¿Cómo sabes que todavía tiene el reloj? —pregunta Brown mientras mira a Nolan y al agente del operativo subir los escalones de entrada.

—Le vi ayer y lo llevaba puesto —dice Wahls.

Gracias a Dios, piensa Brown. Gracias a Dios que son tan idiotas. Si fueran listos, si considerasen un asesinato un acto horrible y secreto, si no se lo contaran a nadie, si se deshicieran de la ropa que llevaban y el arma del crimen y de todo cuanto le arrebataran a la víctima, si se negaran a escuchar las chorradas de la sala de interrogatorios, ¿qué diablos podría hacer un inspector?

—Esto me está dando dolor de cabeza —dice Wahls.

Brown asiente.

—Voy a necesitar que alguien me lleve a casa cuando esto termine.

Que le lleven a casa. Este chaval se cree de verdad que se va ir a casa y que todo esto lo va a pasar durmiendo, como si fuera una resaca. O. B. McCarter, otro agente del suroeste incorporado al operativo, se muerde la lengua en el asiento del conductor y hace un tremendo esfuerzo para no echarse a reír.

—¿Crees que alguien de vosotros me podrá llevar a casa?

—Veremos —dice Brown.

Lo que ven es lo siguiente: el hermano pequeño de Dennis Wahls, un golfo de catorce años con mucho más sentido común que su hermano, sale del hogar de jóvenes y es escoltado hasta un lado del Chevrolet. Mira dentro del coche, ve a su hermano, mira a Eddie Brown y se hace a la idea de lo que pasa. Asiente.

—Eh —dice Dennis Wahls.

—Eh —dice su hermano.

—Les he contado lo del reloj...

—¿Qué reloj?

—Eh —interrumpe Brown—. Si no escuchas a tu hermano, te llevamos en el coche.

—Venga, tío —dice Dennis Wahls—. Tienes que dárselo. Si se lo das, dejarán que me marche. Si no, me van a acusar de asesinato.

—Hummm —dice el chico, obviamente preguntándose cómo puede ser. Si no consiguen la prueba, te acusan, pero si consiguen la prueba, te dejan libre. Ya. Y qué más.

—Continua —dice Roger Nolan, que está en pie junto al coche.

El chico mira a su hermano. Dennis Wahls asiente y el chico vuelve a entrar en el edificio de ladrillo rojo y sale tres minutos después con un reloj de pulsera de mujer con una correa de cuero negra. El chico intenta darle el reloj a su hermano, pero Brown lo evita y lo coge él. El chico se aparta un paso del coche.

—Te veo luego, negro —le dice Dennis Wahls.

El chico asiente de nuevo.

Siguen hasta Reservoir Hill, donde los dos coches frenan junto al bordillo frente a las casas de la sección 8 de la avenida Lennox. De nuevo Brown y Wahls esperan en el Cavalier; esta vez Nolan visita a la joven novia de Wahls, que recibió como regalo el collar de oro de Karen Smith.

En el asiento del conductor, McCarter juega con la radio. Eddie Brown, que sigue en el asiento de atrás con su prisionero, mira cómo Nolan se enrolla con la madre de la novia en el aparcamiento de las viviendas sociales. Cuando Nolan se enrolla, puede hablar hasta que se te caiga la oreja.

—Vamos, Roger —murmura Brown—. ¿Qué coño estás haciendo?

Uno o dos minutos después la chica sale de su apartamento con la joya y cruza el aparcamiento hasta donde está Nolan saludando nerviosamente a Wahls, que ha sacado la cabeza por la ventanilla del pasajero de atrás.

—Tío, ojalá no me hubiera visto así.

El inspector resopla.

—Ahora su mamá se va a cabrear conmigo.

McCarter aprieta los botones de la radio hasta que se oye rock and roll con un crepitar de estática de onda corta: los Bobby Fuller Four, música de hace una docena de años. El agente del operativo escucha la canción un instante y de repente empieza a agonizar en el asiento, concentrando todos sus esfuerzos en no reírse en voz alta.

—Oh, tío —dice McCarter.

«*Partiendo piedras bajo el sol abrasador...* »

McCarter chasquea repetidamente dos dedos para llamar la atención de Brown y Harris, que está en pie junto a la ventana del conductor.

«*... me enfrenté a la ley y la ley ganó.*»

Brown mira de reojo a Wahls, pero el chico no se entera de nada.

«*Robando a la gente con un revólver...* »

McCarter sigue el ritmo dando golpecitos en el volante.

«*... me enfrenté a la ley y la ley ganó.*»

—Qué fuerte —dice McCarter.

—¿Qué fuerte qué? —pregunta Wahls.

McCarter niega con la cabeza. La noche en que más necesita que su cerebro funcione, Dennis Wahls se ha quedado de golpe sordo, idiota y ciego. En la radio podrían emitir su confesión y él no se daría cuenta.

Lo que tampoco quiere decir que Wahls, a sus diecinueve años, tenga un depósito importante de inteligencia al que recurrir. En primer lugar dejó que otro encefalograma plano le convenciera para matar a una taxista por unos pocos dólares y cuatro alhajas, y luego él se quedó las joyas y dejó que su compañero se quedara el dinero. Luego regaló las joyas y empezó a jactarse de que él había estado justo en el sitio donde arrastraron a la mujer al bosque y la golpearon hasta matarla. Él no la mató, claro que no, señor. Él miró.

Las primeras personas que lo oyeron no le dieron crédito; o eso o no les importó lo que decía. Pero al final alguna joven a la que Dennis

Wahls trató de impresionar se lo contó en el colegio a un amiga, que se lo contó a otra persona, quien finalmente decidió que quizá alguna autoridad debería enterarse del tema. Y cuando la línea 2100 se encendió en la unidad de homicidios, Rick James estaba allí para coger la llamada.

—Hice una sola cosa bien en toda esta investigación —declararía más adelante James, el inspector principal del asesinato de Smith—. Descolgué el teléfono.

En realidad, hizo mucho más que eso. Con agentes de un operativo especial para ayudarle, James verificó todas las pistas que llegaron a la policía, comprobando y recomprobando las historias que habían contado los compañeros de trabajo, novios y parientes de Karen Smith. Se pasó días repasando los registros de las carreras de la compañía de taxis, buscando sumas o lugares que parecieran extraños. Se sentaba en su escritorio durante horas, escuchando las cintas del operador de la compañía, intentando descubrir el lugar al que Karen Smith podría haber ido antes de desaparecer en los bosques del noroeste de Baltimore. Comprobó todos los robos o agresiones recientes que habían afectado a taxistas en cualquier lugar del municipio o el condado, así como los informes de robos en cualquier punto cercano al noroeste de la ciudad. Luego descubrió que uno de los novios de la víctima era adicto a la cocaína, y lo interrogó a fondo en una serie de sesiones. Se comprobó su coartada. Se entrevistó a todos los conocidos del novio. Luego llevaron al hombre a la central y empezaron otra vez: Las cosas no iban bien entre vosotros ¿verdad? Ella ganaba mucho dinero, ¿no es así? Y tú gastabas un montón, ¿no es cierto?

Incluso Donald Worden, que era de los que más severamente solía juzgar a los inspectores más jóvenes, se quedó impresionado por el trabajo de su compañero.

—James está aprendiendo lo que significa ser un inspector —dijo Worden, mirando el caso desde lejos.

Rick James hizo todo lo concebible para resolver el caso, y, sin embargo, cuando finalmente sonó el teléfono, las dos carpetas de informes del asesinato de la taxista no contenían ni una sola mención de Dennis Frank Wahls. Ni tampoco aparecía el nombre de Clinton Butler, el prodigio de veintidós años que había concebido el asesinato y dado el golpe de gracia. No había nada nuevo en ese tipo de giro del destino, ninguna lección que el inspector debiera aprender. Era simplemente un ejemplo de libro de la Regla Número Cinco del manual de homicidios, que dice: «Es bueno ser bueno, pero es mejor tener suerte».

James estaba, de hecho, camino del aeropuerto, para coger un vuelo matutino y empezar una semana de vacaciones, cuando los inspectores finalmente localizaron a Wahls y lo llevaron a la central. Wahls confesó el crimen en poco más de una hora de interrogatorio, durante el cual Eddie Brown y dos agentes asignados a la operación le ofrecieron la salida más obvia. Tú no la mataste; Clinton la mató, le aseguraron, y Wahls se tragó el anzuelo y la caña. No, señor, él no había querido ni atracarla. Eso había sido idea de Clinton, y Clinton le había llamado de todo cuando al principio se había negado. Ni siquiera se quedó nada del dinero; Clinton se lo llevó todo, diciendo que él era quien había hecho todo el trabajo, y le dejó a Wahls sólo las joyas. Después de que la taxista se desmayara de miedo, había sido Clinton quien la había sacado del taxi y la había arrastrado por el camino del bosque. Había sido Clinton también quien había encontrado la rama, Clinton quien le había provocado para que la matara y luego se había burlado de él cuando se había negado a hacerlo. Así que fue Clinton Butler quien finalmente partió la rama contra la cabeza de la mujer.

Al final lo único que Wahls estaba dispuesto a admitir era que él, y no Clinton, había sido quien le había quitado los pantalones a la mujer y había intentado practicar sexo oral con su víctima inconsciente. Clinton era homosexual, aseguró Wahls a los inspectores. De eso no quiso nada.

Cuando Wahls hubo firmado e inicializado su declaración, los inspectores le preguntaron por las joyas. Creemos que lo que nos dices es verdad, dijo Brown, pero necesitamos que nos des una muestra de tu buena fe. Algo que demuestre que nos dices la verdad. Y Wahls asintió, convencido de repente de que devolver el reloj y el collar de la muerta le valdría la libertad.

Resuelto más por azar que por perseverancia, el caso de Karen Smith era más que otra cosa un mensaje para Tom Pellegrini. Tom repasaba mentalmente el asesinato de Latonya Wallace una y otra vez, como si fuera una película atascada en un bucle, igual que James se había perdido en los detalles del asesinato de la taxista. Y ¿para qué? El sudor y la lógica pueden resolver un caso en esos valiosísimos días inmediatamente posteriores al asesinato, pero, una vez transcurridos, ¿quién demonios sabía qué podía pasar? A veces una llamada tardía podía resolver un caso. Otras veces era una conexión fresca con otro crimen —una prueba balística que encajaba o una huella recuperada— lo que podía dar la pista clave. La mayoría de las veces, sin embargo, un caso que no se cierra en un mes no se cierra nunca. De los seis asesinatos de mujeres que provocaron que los jefazos crearan el operativo del noroeste, el caso de Karen Smith sería uno de los sólo dos que culminarían con un arresto y el único que iría a juicio. A finales de marzo, los agentes del operativo de los otros cinco casos habían vuelto a sus distritos; el expediente del caso estaba de vuelta en el armario archivador, quizá un poco más gordo que antes, pero en el mismo punto a pesar del esfuerzo invertido en él.

Pero Pellegrini no tiene tiempo para lecciones extraídas de casos del noroeste. Pasa la noche de la confesión de Dennis Wahls atendiendo llamadas de disparos y releyendo partes de los informes sobre Latonya Wallace. De hecho, está fuera respondiendo a una llamada cuando traen a Wahls a homicidios y empiezan a escribir la orden de arresto para Clinton Butler. Y se ha ido hace mucho cuando, en las horas más tempranas de la mañana, cuando Eddie Brown, con la euforia del triunfo, envía las joyas que ha recuperado a la UCP y ofrece al mejor postor la ocasión de decirle a Dennis Wahls que también él será acusado de asesinato en primer grado.

—Eh —dice Brown, en pie junto a la puerta de la sala de interrogatorios—, alguien tiene que entrar ahí dentro y decirle a este idiota que no se va a ir a casa. Sigue dando el coñazo con que alguien le lleve.

—Déjame hacerlo a mí —dice McCarter, sonriendo.

—Adelante.

McCarter entra en la sala de interrogatorios grande y cierra la puerta. Desde la ventana con rejilla, la escena se convierte en una pantomima perfecta: la boca de McCarter moviéndose, el policía con las manos en las caderas. Wahls, negando con la cabeza, llorando, suplicando. McCarter levantando un brazo hacia el pomo de la puerta, sonriendo mientras sale al pasillo.

—Capullo ignorante —dice, cerrando la puerta tras él.

Martes 5 de abril

Dos meses después del asesinato de Latonya Wallace, sólo Tom Pellegrini sigue en ello.

Harry Edgerton, el investigador secundario, abandonó el caso para ayudar a Bertina Silver en otro interrogatorio de su mejor sospechoso para el asesinato de Brenda Thompson en enero, la mujer que había sido hallada apuñalada en el coche en el bulevar Garrison. Eddie Brown fue tragado por la súbita reactivación del caso de Karen Smith y luego ha pasado a investigar asesinatos nuevos. Y Jay Landsman, que investigó tanto el asesinato de Latonya Wallace como cualquiera de ellos, también se ha ido. Nadie esperaba otra cosa: Landsman tiene que dirigir una brigada y, en cuanto llega la siguiente semana de trabajo nocturno, todos sus inspectores empiezan a trabajar en una nueva remesa de crímenes.

Los hombres del operativo también han desaparecido, regresado a la sección táctica o a los comandantes de distrito que se los prestaron a homicidios para el asesinato de una niña. Primero las unidades tácticas fueron reasignadas, luego los inspectores de la sección de juveniles, luego los hombres de la central y, finalmente, los dos policías de paisano prestados por el distrito Sur. Lenta, inexorablemente, la investigación sobre el asesinato de Latonya Wallace se ha convertido en patrimonio exclusivo de un solo inspector.

Varado al bajar la marea, Pellegrini está sentado en su escritorio en la oficina anexa rodeado por tres cajas de cartón llenas de informes y de fotografías, de análisis de laboratorio y declaraciones de testigos. Contra la pared de detrás de su escritorio está el cartel de la investigación que crearon los hombres del operativo, pero que nunca encontraron el momento de colgar en la pared. En su centro está pegada la mejor y más reciente fotografía de la niña. A la izquierda está el diagrama de los tejados de la avenida Newington que hizo Edgerton. A la derecha, un mapa de la zona de Reservoir Hill y una serie de fotografías aéreas tomadas desde el helicóptero de la policía.

En este turno de día, como en docenas de otros, Pellegrini repasa lentamente una de las carpetas del caso, leyendo informes de hace semanas en busca de algún fragmento de información que se le hubiera pasado por alto la primera vez. Algunos de los informes los escribió él mismo, otros están firmados por Edgerton o Eddie Brown, Landsman o los hombres del operativo. Ese es el problema con el tratamiento de bola roja, se dice Pellegrini, al revisar página tras página. Por virtud de su importancia, las bolas rojas tienen el potencial de convertirse en auténticas superproducciones a lo David O. Selznick, una cagada departamental en serie de cuatro estrellas que se escapa del control de ningún investigador individual. Desde casi el momento en que se encontró el cuerpo, el caso de Latonya Wallace se convirtió en propiedad de todo el departamento, hasta el punto de que los peinados puerta a puerta los hacían patrulleros, y las declaraciones de testigos las tomaban agentes del operativo que no tenían más que unos pocos días de experiencia en una investigación por asesinato. El conocimiento del expediente del caso pronto se dispersó entre dos docenas de personas.

En cierto modo, Pellegrini acepta la lógica de los efectivos ilimitados. En las semanas que siguieron al asesinato de la niña, el expreso de la bola roja hizo posible cubrir la mayor cantidad de terreno en el mínimo tiempo posible. Hacia finales de febrero, los hombres del operativo habían peinado dos veces un radio de tres manzanas desde la escena del crimen, habían entrevistado a casi doscientas personas, habían ejecutado órdenes de registro para tres direcciones y habían realizado registros visuales consentidos en todas las casas adosadas del lado norte de la avenida Newington. Pero ahora el papeleo de aquella enorme campaña se había congelado sobre el escritorio de Pellegrini. Sólo las declaraciones de los testigos llenan toda una carpeta, mientras que la información sobre el Pescadero —que sigue siendo el principal sospechoso— tiene una carpeta para ella sola.

Inclinando hacia delante su silla, Pellegrini mira las fotografías de la escena del crimen por, debe ser, centésima vez. La misma niña mira desde el lluvioso pavimento con la misma mirada perdida. Su brazo sigue extendido en el mismo gesto, con la palma de la mano abierta y los dedos ligeramente curvados.

A Tom Pellegrini, las fotos en color de 7,5 por 12,5 no le producen nada que se parezca lejanamente a una emoción. De hecho, se confiesa a sí mismo, nunca lo hicieron. De algún modo extraño que sólo otro inspector de homicidios puede comprender, Pellegrini se separó psicológicamente de su víctima desde el primer momento. No fue una decisión consciente, fue más bien la ausencia de una decisión. De algún modo elemental y casi determinado de antemano, algún interruptor se activó en su mente cuando entró en aquel patio trasero de la avenida Newington.

El distanciamiento se produjo de forma bastante natural y Pellegrini todavía no tiene ningún motivo para preguntarse sobre él. Si lo hiciera, la respuesta fácil sería que un inspector sólo puede funcionar de forma efectiva aceptando hasta las tragedias más atroces como una cuestión clínica. Sobre esa base, ver a una niña tirada en el suelo —con el torso destripado y el cuello retorcido— se convierte, después de un momento inicial de conmoción, en un asunto de pruebas. Un buen investigador, al inclinarse a mirar por primera vez una obscenidad así, no pierde tiempo torturándose con cuestiones teológicas sobre la naturaleza del mal y la inhumanidad del hombre hacia el hombre. Se pregunta, en cambio, si las heridas con desgarrones las debió producir un cuchillo con sierra en el filo o si la decoloración de la parte de debajo de la pierna es, de hecho, un indicio de lividez.

Superficialmente ese *ethos* profesional es parte de lo que resguarda a un inspector del horror, pero Pellegrini sabe que hay algo más, algo que tiene que ver con el acto de prestar testimonio. Después de todo, él no conocía a la niña. No conocía a su familia. Y, lo más importante quizá, nunca sintió realmente su pérdida. El día en que se encontró el cuerpo, Pellegrini se marchó de la escena del crimen y fue directamente a la oficina del forense, donde la autopsia de la niña exigía adoptar el marco mental más clínico de todos. Fue Edgerton quien se lo dijo a la madre, quien vio cómo la familia caía presa de la angustia, quien representó a la unidad de homicidios en el funeral. Desde entonces, Pellegrini había hablado con miembros de la familia Wallace de vez en cuando, pero sólo sobre detalles. En aquellos momentos, los supervivientes le resultaban útiles y ya no estaban afectados. Su dolor ya no era obvio para el inspector que los visitaba. Que Pellegrini no hubiera sido testigo de su dolor de algún momento evitaba que viera de verdad las fotografías que tenía frente a sí.

Y quizá, concede Pellegrini, quizá parte de la distancia procediera de que él era blanco y la niña era negra. No le quitaba ni un ápice de crueldad al asesinato, Pellegrini era consciente de ello, pero de algún modo era un crimen de la ciudad, del gueto de Reservoir Hill, de un mundo con el que él no tenía ningún vínculo. Pellegrini podía intentar figurarse que Latonya Wallace hubiera sido su hija o la de Landsman o la de McLarney, pero las diferencias de raza y clase social siempre estaban ahí, silenciosas pero sentidas por todos. ¡Demonios!, durante el último año y medio Pellegrini había escuchado a su inspector jefe mencionar docenas de escenas del crimen en el gueto.

—Oye, a mí no me importa —le decía Landsman a los vecinos cuando los testigos se negaban a cooperar—. Yo no vivo aquí.

Pues bien, era verdad. Pellegrini no vivía en Reservoir Hill. Por esa distancia que tomaba respecto al crimen podía considerarse un investigador, una persona cuyo interés por ese delito era técnico y no personal. Desde ese punto de vista, la muerte de Latonya Wallace no es ni más ni menos que otro crimen, un evento singular que, tras dos cervezas y una cena caliente, parecerá a un universo de distancia del rancho de ladrillo, la esposa y los dos hijos que le aguardaban en el barrio de Anne Arundel al sur de la ciudad.

Una vez, hablando con Eddie Brown sobre el caso, Pellegrini tomó la medida a esa distancia. Él y Brown habían estado proponiendo teorías para el caso cuando se le escapó una palabra totalmente inesperada que cayó como una losa sobre la conversación.

—Tenía que conocer al tipo anteriormente, eso lo sabemos. Creo que esta tía...

Esta tía. Pellegrini se detuvo casi inmediatamente y entonces empezó a buscar alguna palabra alternativa.

—... esta chica dejó que el asesino la sacara de la calle porque le conocía de antes.

El inspector jefe de Pellegrini, por supuesto, era igual. Cuando uno de los agentes del operativo estaba mirando las fotos de la escena del crimen y haciendo preguntas, Landsman puso su habitual tono completamente serio y procedió a tomarle el pelo.

—¿Quién la encontró? —preguntó el agente.

—Un agente del Central.

—¿Y fue violada?

—¿Por el agente? —preguntó Landsman, fingiendo confusión—. Hummm, no lo creo. Quizá. No se lo preguntamos porque creímos que lo habría hecho el tipo que la mató.

En cualquier otro mundo, esta broma habría sido considerada de mal gusto. Pero esto es la oficina anexa del DIC de la ciudad de Baltimore, unidad de homicidios, donde cualquiera —Pellegrini incluido— consigue reírse hasta con las bromas más crueles.

En el fondo de su corazón, Pellegrini sabe que resolver el caso de Latonya Wallace no será tanto una respuesta a la muerte de la joven como una reivindicación personal. Su obsesión no es con la víctima, sino con el victimario. Una niña —una niña que podía ser cualquiera— había sido asesinada durante el turno de un día de febrero, y el hombre que había contestado a la llamada, Pellegrini, había aceptado el asesinato como un desafío profesional. Si el caso de Latonya Wallace se resuelve, un asesino de niños ha sido vencido. Las coartadas, los engaños, las huidas... , todo eso no significa nada en el momento del arresto. En el dulce instante en que las esposas hacen clic, Pellegrini sabrá que lo ha logrado, que es —como cualquier otro hombre de la unidad— digno de llevar la placa de inspector y cobrar ciento veinte horas extra. Pero si el caso permanece abierto, si en algún punto de este mundo hay un asesino vivo que sabe que ha vencido al inspector, entonces Pellegrini nunca volverá a ser el mismo. Al verle hundirse en el expediente del caso día tras día, los demás hombres de la unidad lo saben también.

Durante el primer mes de la investigación había estado lo más cerca que se puede estar de trabajar el día entero: dieciséis horas al día, siete días a la semana. A veces, al ir a trabajar, se daba cuenta de repente de que durante varios días seguidos sólo había ido a casa para dormir y ducharse, de que no había hablado con su esposa ni disfrutado de su bebé. Christopher había nacido en diciembre, su segundo hijo en tres años, pero Pellegrini no había ayudado mucho con el niño durante los últimos dos meses. Se sentía culpable por ello, pero también un poco aliviado. Al menos el bebé tenía a su esposa ocupada; Brenda tenía todo el derecho a decir que quería más que un marido ausente, pero, hasta el momento, entre dar de comer al bebé, cambiar pañales y todo lo demás, poco había dicho.

Su esposa sabía que estaba trabajando en el caso de Latonya Wallace, y en algún momento, en el plazo de un año, se había acostumbrado a los horarios de un inspector. De hecho, todo su hogar parecía orbitar alrededor de la niña. Una vez, cuando Pellegrini salía por la puerta un sábado por la mañana camino de la oficina por tercer fin de semana consecutivo, su hijo mayor corrió hacia él.

—Juega conmigo —dijo Michael.

—Tengo que ir a trabajar.

—Estás trabajando en lo de Latonya Wallace —dijo el niño de tres años.

A mediados de marzo, la salud de Pellegrini empezó a ceder. Tenía ataques de tos: unos hachazos profundos, peores que su habitual carraspera de fumador y que le acometían durante todo el día. Al principio culpó a los cigarrillos; luego culpó al decrépito sistema de ventilación del edificio de la policía. Otros inspectores le apoyaron rápidamente: olvídate de los cigarrillos, le dijeron, las fibras de asbesto que desprendían las capas de insonorización acústica de las paredes podían llegar a matar a un hombre.

—No te preocupes, Tom —le dijo Garvey después de un pase de lista matutino—. Creo que el cáncer que te sale por respirar asbestos es lento y tarda en matar, así que tendrás tiempo de sobras para trabajar en el caso.

Pellegrini intentó reírse, pero un rasposo silbido terminó en un fuerte ataque de tos. Dos semanas después seguía tosiendo. Peor aún, le costaba levantarse de la cama y todavía más permanecer despierto en la oficina. No importa lo mucho que durmiera, se levantaba hecho polvo. Una rápida visita al médico no encontró causas obvias, y los demás inspectores, que eran todos psiquiatras de salón, no tardaron en echar la culpa de todo al expediente de Latonya Wallace.

Los veteranos del turno le aconsejaron que se olvidara de ese asesinato, que volviera a la rotación y cogiera un caso nuevo. Pero el apuñalamiento en el sureste sólo sirvió para cabrearle —todas aquellas discusiones y mala leche sólo para demostrar que un camello cualquiera de Perkins Homes apuñaló a un cliente que le debía veinte dólares—, y lo mismo había sucedido con el caso chupado del Centro Cívico, aquel en el que el empleado de mantenimiento había respondido a las quejas sobre lo mucho que tardaba en arreglar las cosas matando a su jefe.

—Sí, lo he matado a puñaladas —dice el tipo, cubierto de sangre de la víctima—. Él me atacó primero.

¡Jesús!

Han violado y asesinado a una niña, y el inspector que tiene que resolver el caso está en otra parte de la ciudad poniéndole las esposas a los pájaros más imbéciles que uno pueda imaginarse. No, se dice Pellegrini a sí mismo, el remedio no es el siguiente caso, ni el que vendrá después.

El remedio está en su escritorio.

Cuando el turno de día termina y el resto de inspectores de D'Addario se dirigen a los ascensores, Pellegrini se queda en la oficina anexa, pasando otra vez una a una todas las fotografías a color, revisando la colección entera una vez más.

¿Qué se le ha pasado por alto? ¿Qué se ha perdido? ¿Qué sigue aguardándole en la avenida Newington?

Sosteniendo una de las fotografías directas del cuerpo, Pellegrini contempla un tubo de metal que está en la acera a unos pocos metros de la cabeza de la niña. No es la primera vez que lo ha visto y no será la última. Para Pellegrini, aquel detalle en particular ha pasado a simbolizar todo lo que ha funcionado mal en este caso.

Pellegrini vio el tubo de metal casi inmediatamente cuando las fotografías subieron desde el laboratorio criminal, dos días después de que se descubriera el cuerpo. No había ninguna duda: la barra de metal de la foto era la misma que Garvey había recogido durante el segundo día de registros en la avenida Newington. Cuando Garvey sacó el tubo de aquel patio trasero, todavía había pegado en él un pelo y un poco de sangre coagulada, sangre que se comprobó que pertenecía a la víctima. Sin embargo, el día en que se encontró el cuerpo, el tubo de metal había sido de algún modo pasado por alto.

Pellegrini recuerda aquella mañana en la escena del crimen, y la vaga premonición que lo llevó a ralentizar todo lo que sucedía. Recuerda el momento en el que la gente del forense vino a por el cuerpo y preguntó si todo el mundo estaba listo. Sí, estaban listos. Habían caminado centímetro a centímetro por el patio y comprobado todos los detalles dos veces. Así que ¿qué hacía ese condenado tubo de metal en las fotografías? ¿Y cómo demonios la habían pasado por alto durante aquellas primeras horas?

No es que Pellegrini tuviera la menor idea de qué relación tenía aquella tubería con su asesinato. Quizá la tiraron allí junto con el cuerpo. Quizá la usara el asesino, puede que para simular relaciones sexuales. Eso explicaría la sangre y el pelo, así como el desgarro vaginal que se había descubierto en la autopsia. O quizá todo aquello estaba tirado en el patio desde antes, un resto de una mesa de televisión o un rizador que de algún modo se había mezclado con su escena del crimen. Quizá la sangre y el pelo entraron en contacto con el tubo cuando el anciano salió a limpiar su patio después de que se llevaran el cuerpo. No había forma de saberlo, pero el hecho de que una prueba hubiera pasado desapercibida durante veinticuatro horas era muy inquietante. ¿Qué más se les podía haber escapado?

Pellegrini continúa leyendo el expediente y revisa algunos de los informes del peinado del número 700. Algunas de las entrevistas parecen haber sido realizadas con mucho cuidado, con los inspectores o los agentes repreguntando si surgían nuevos datos, o animando a los testigos a que completaran sus respuestas. Otras, sin embargo, parecían superficiales y mecánicas, como si el agente implicado se hubiera convencido de antemano de que aquella entrevista era una pérdida de tiempo.

Pellegrini lee los informes y piensa en las preguntas que se podrían haber hecho, que se deberían haber hecho, durante esos primeros días, cuando los recuerdos están aún frescos. Un vecino dice que no sabe nada del asesinato. Perfecto, pero ¿oyó algún ruido en el callejón esa noche? ¿Voces? ¿Gritos? ¿El motor de un coche? ¿Vio unos faros? ¿Nada en absoluto esa noche? ¿Y otras noches? ¿Ha habido problemas con alguien del barrio? Tiene usted viviendo al lado a un par de personas que le ponen nervioso, ¿verdad? ¿Por qué? ¿Han tenido sus hijos problemas con alguna de esas personas alguna vez? ¿Por qué no quiere que se acerquen a esa gente?

Pellegrini se incluye a sí mismo en su crítica valoración del proceso. Hay cosas que le gustaría haber hecho durante esos primeros días. Por ejemplo, la camioneta que el Pescadero había usado la semana del asesinato para transportar los restos de su tienda quemada: ¿por qué no le habían echado un vistazo al vehículo? Habían aceptado demasiado rápidamente el razonamiento de que a la niña la habría llevado al callejón probablemente alguien que no se habría desplazado más de una manzana. Pero ¿y si el Pescadero la había matado en la calle Whitelock? Eso estaba demasiado lejos para cargar el cuerpo, pero en esa misma semana había tenido acceso a la camioneta de un vecino. ¿Y qué podría haberse descubierto en un registro cuidadoso de la camioneta? ¿Cabellos? ¿Fibras? ¿La misma sustancia parecida al alquitrán que había manchado los pantalones de la niña?

Landsman había abandonado la investigación convencido de que el Pescadero no era el asesino, seguro de que, si se hubiera tratado del hombre que buscaban, habrían conseguido hacerle confesar durante el interrogatorio. Pellegrini no está tan seguro. Por un lado, la historia del Pescadero tiene demasiados detalles que no encajan y una coartada demasiado endeble, una combinación perfecta para permanecer en la lista de sospechosos de cualquier inspector. Y luego, hace cinco días, no pasó la prueba del detector de mentiras.

Le hicieron una prueba con el polígrafo en los barracones de la policía del estado en Pikesville, en el primer momento en que se pudo programar después de que la investigación se hubiera centrado en el tendero. Por increíble que parezca, el Departamento de Policía de Baltimore no contaba con un técnico experto propio; aunque conducía la mitad de las investigaciones de homicidios de todo Maryland, el DPB tenía que apoyarse en la policía del estado para que lo ayudara en algunos casos concretos en los que deseaba una prueba poligráfica. Una vez se programó la prueba, necesitaban encontrar al Pescadero y convencerle para que se sometiera a ella voluntariamente. De una forma tan conveniente como coactiva, se consiguió este fin encerrando al viejo por una vieja orden de arresto por no pagar la pensión, que nunca se había llegado a ejecutar y que, aunque era de varios años antes, Pellegrini descubrió rebuscando en el ordenador. La orden nunca se le había entregado, y la base legal para el arresto era bastante dudosa, pero aún así se puso al Pescadero bajo custodia policial. Y una vez un hombre entra en la cárcel municipal, incluso una prueba en el detector de mentiras parece una excursión agradable.

Y en los barracones de la policía del estado, el Pescadero procedió a hacer que la caja echara chispas y disparó la aguja del polígrafo en todas las preguntas clave sobre el asesinato. El resultado del polígrafo no era, por supuesto, admisible como prueba en un juicio, ni todos los inspectores de homicidios creían que la detección de mentiras fuera una ciencia exacta. Sin embargo, el resultado aumentó las sospechas de Pellegrini.

También las aumentó la llegada de un testigo inesperado y de credibilidad algo menos que impecable. El hombre era un drogata, cierto, el tipo de hombre menos de fiar con el que podía tratar un policía. Le habían arrestado por agresión en el distrito Oeste hacía seis días, y había tratado de llegar a un trato asegurando al agente de guardia que sabía quién había matado a Latonya Wallace.

—¿Y cómo lo sabes?

—Porque me dijo que la mató.

Cuando Pellegrini llegó al distrito Oeste ese día, escuchó la historia sobre dos viejos conocidos que toman una copa juntos en un bar del oeste de la ciudad, y uno de los dos dice que hace poco que se lo llevó la policía y lo interrogó por el asesinato de una niña pequeña, y el otro le pregunta si ha cometido el crimen.

—No —dijo el primer hombre.

Pero más adelante, en la misma conversación, el alcohol se le subió a la cabeza y se volvió hacia su compañero y le dijo que le iba a decir la verdad: sí que había matado a la niña.

En el transcurso de varios interrogatorios, el nuevo testigo relató la misma historia a los inspectores. Conocía al hombre con el que se tomó aquella copa desde hacía muchos años. El hombre tenía una tienda en la calle Whitelock, una pescadería.

Así pues, se organizó una segunda prueba poligráfica para pasado mañana. Reclinándose en su silla, Pellegrini lee los informes del interrogatorio del nuevo testigo, con una mente en equilibrio entre una serena esperanza y un pesimismo militante. Está convencido de que, dentro de dos días, el hombre fallará la prueba de modo tan miserable como lo hizo el mismo Pescadero. No pasará la prueba porque su historia es tan perfecta, tan valiosa, que es imposible que sea verdad. Una confesión en la barra de un bar, se dice Pellegrini, es un final demasiado fácil para este caso.

Pellegrini sabe, además, que pronto tendrá una nueva carpeta de sospechoso dedicada al nuevo testigo. No sólo porque la disposición a implicar a alguien en el asesinato de una niña es una conducta muy poco habitual, sino también porque ese hombre conoce la zona de Reservoir Hill y tiene una ficha policial. Por violación. Con un cuchillo. Nada es nunca fácil, se repite Pellegrini a sí mismo.

Al final de la carpeta de los informes, Pellegrini tiene el borrador del informe redactado por él mismo, una comunicación de cuatro páginas al capitán describiendo el estado del caso y pidiendo una revisión completa y detallada de las pruebas existentes. Sin la escena del crimen primigenia ni pruebas físicas, decía el informe, no tenía demasiado sentido centrarse en ningún sospechoso en concreto y luego intentar relacionarlo con el asesinato.

«Puede que esta táctica tenga éxito en ciertas circunstancias», había escrito Pellegrini, «pero no en un caso en el que no disponemos de pruebas físicas».

En lugar de eso, el memorando urgía revisar el expediente entero: «Puesto que la recopilación de datos fue llevada a cabo por no menos de veinte agentes e inspectores del operativo, es razonable pensar que pueda existir alguna información relevante que no se halla investigado todavía. La intención de su investigador es limitar el número de investigadores al inspector principal y el secundario.»

Hablando en plata, Pellegrini quería más tiempo para trabajar el caso y quería trabajarlo solo. Su informe al capitán es claro, pero burocrático; sucinto en general, pero escrito en la prosa característica del departamento, que hace que cualquiera que tenga un rango por encima de teniente se sienta inundado de calidez y alegría. Aun así podría ser mejor, y si quiere que le concedan el tiempo para estudiar el caso a fondo, necesita el apoyo del capitán.

Pellegrini quita la grapa de la primera página y extiende el borrador en su escritorio, dispuesto a pasarse otra hora en la máquina de escribir. Pero Rick Requer tiene otra idea. Al salir de la oficina anexa, llama la atención de Pellegrini, imita el gesto de coger un vaso y se lo lleva a la boca en una parábola repetitiva, el signo manual internacional para la consumición sin inhibiciones de alcohol.

—Vamos, colega, vamos a tomarnos un par.

—¿Te marchas? —pregunta Pellegrini, levantando la mirada del expediente.

—Sí, me largo de aquí. La brigada de Barrick ya está en nuestro cuatro a doce.

Pellegrini niega con la cabeza y luego señala el mar de papeles sobre su mesa.

—Tengo que revisar todo esto.

—¿Sigues trabajando en ese caso? —le pregunta Requer—. Eso puede esperar a mañana, ¿no crees?

Pellegrini se encoje de hombros.

—Vamos, Tom, déjalo descansar una noche.

—No sé. ¿Dónde vas a estar?

—En el Market. Eddie Brown y Dunnigan ya están allí.

Pellegrini asiente, pensándoselo.

—Si consigo avanzar un poco —dice finalmente—, quizá me pase luego.

Ni de coña, piensa Requer mientras camina hacia los ascensores. Ni de coña vamos a ver a Tom Pellegrini en el Market Bar si, en lugar de venir, puede pasarse horas torturándose sobre el caso de Latonya Wallace. Así que, cuando Pellegrini asoma la cabeza por el bar media hora después, Requer se queda atónito unos instantes. De repente, sin previo aviso, Pellegrini ha dejado ir el Caso Sin Piedad y ha salido a que le dé un poco el aire. No hay duda de que unas copas en el Market Bar son el mejor método y lugar para recibir unas cuantas palmadas en la espalda y recuperar la confianza. Requer, que ya está medio trompa de buen whisky, es el hombre perfecto para ese trabajo.

—Mi amigo Tom —dice Requer—. ¿Qué quieres beber, colega?

—Una cerveza.

—Eh, Nick, dale a este caballero lo que quiera, que pago yo.

—¿Qué bebes tú? —pregunta Pellegrini.

—Glenlivet. Muy bueno. ¿Quieres uno?

—No. Con la cerveza vale.

Y así pasan el rato, una ronda tras otras, hasta que llegan otros inspectores, y las fotos de la escena del crimen y las declaraciones de los testigos y los informes parecen un poco menos reales, y Latonya Wallace pasa de ser una tragedia a convertirse en una especie de broma cósmica. Sísifo y su roca. De León y su fuente. Pellegrini y su niña muerta.

—Déjame que te diga una cosa —dice Requer, convirtiéndose en el centro de atención y llevándose el licor a los labios—. Cuando Tom llegó aquí, al principio, yo creía que esto se le daba fatal. Quiero decir que...

—Y ahora que me has visto trabajar —dice Pellegrini, medio en serio— sabes que tenías razón.

—No, colega —dice Requer, negando con la cabeza—. Supe que eras un tío legal cuando resolviste aquel caso en los barrios bajos. ¿Cómo se llamaba el chico?

—¿Qué caso?

—El de la torre. En el este.

—George Green —dice Pellegrini.

—Exacto, sí, Green —asiente Requer, agitando el vaso vacío brevemente para que le vea Nicky, el camarero—. Todo el mundo le dijo que ese caso no se podía resolver. Incluso yo se lo dije. Le dije... —Requer hace una pausa mientras Nicky le llena el vaso, se echa al coleto la mitad de lo que le ha puesto en el primer trago e intenta continuar—. ¿Qué estaba diciendo?

Pellegrini se encoge de hombros, sonriendo.

—Ah, sí, ese caso era una mierda, una puta mierda. Un asesinato de drogas en lo alto de una de esas torres, ya ves. Un chico negro de la calle Aisquith; así que, además, a nadie le importa lo más mínimo. No hay testigos, no hay pruebas, no hay nada. Le dije que se olvidara del hijoputa y que se dedicara a otra cosa. Pero no me hace caso ni a mí ni a nadie. El tozudo hijo de puta no escucha tampoco a Jay. Simplemente se va sólo y trabaja el caso dos días. No escuchó a ninguno de nosotros y ¿sabéis lo que pasó?

—Ni idea —dice Pellegrini tímidamente—. ¿Qué pasó?

—Resolviste el puto caso.

—¿Sí?

—Deja de joderme —dice Requer, volviéndose hacia su público de inspectores de CID—. Fue y resolvió el puto caso él solo. Entonces fue cuando supe que Tom Pellegrini iba a funcionar.

Pellegrini no dice nada, avergonzado.

Requer echa una rápida mirada por encima del hombro y se da cuenta de que, incluso después de haberse bebido la mitad de su cerveza, el joven inspector no se está tragando una palabra.

—De verdad te lo digo, Tom, de verdad.

—¿De verdad?

—De verdad. Escúchame.

Pellegrini sorbe su cerveza.

—Joder, que no lo digo porque estés aquí, colega. Lo digo porque es verdad. Cuando llegaste, pensé que no ibas a valer para esto, que se te iba a dar fatal. Pero has hecho un trabajo cojonudo. De verdad.

Pellegrini sonríe y pide a Nicky la última, acercándole el vaso vacío por la barra y señalando al vaso de whisky frente a Requer. Los otros detectives vuelven a otra conversación.

—No diría lo mismo sobre Fred —dice Requer en voz lo bastante baja como para que el comentario no vaya más allá de Pellegrini—. No lo diría.

Pellegrini asiente, pero de repente se siente muy incómodo. Él y Fred Ceruti habían sido transferidos juntos a la brigada de Landsman para cubrir unas vacantes que se habían producido con pocas semanas de diferencia. Como Requer, Ceruti es negro, pero, a diferencia de Requer —que ha pasado seis años aliñándose en narcóticos antes de ser transferido a homicidios—, Ceruti vino directo del distrito Este después de sólo cuatro años en el cuerpo. Ha sido el capitán quien le ha empujado hasta el sexto piso del edificio, pues estaba contento de cómo había trabajado de paisano en el distrito. Pero, para Requer, esas credenciales eran demasiado escasas.

—Quiero decir que me gusta Fred, de verdad —dice Requer—, pero no está listo todavía para homicidios. Le hemos acompañado durante los primeros casos y enseñado las cosas que tiene que hacer, pero no lo pilla. Aún no está preparado.

Pellegrini no dice nada, consciente de que Requer es el investigador más veterano de la brigada y uno de los inspectores negros que más tiempo ha estado en la unidad de homicidios; ascendió en el DIC en una época en la que los agentes negros todavía eran objeto de chistes racistas en los pases de lista de las comisarías de distrito. Pellegrini sabe que para un tío así no resulta nada fácil marcar la tarjeta de baile del chico italiano y dejar sentado a Ceruti.

—Os diré una cosa —les dice Requer a los demás hombres del DIC que hay en el bar—. Si mataran a alguien de mi familia, si me mataran a mí, quiero que mi caso lo lleve Tom —un cumplido de inspector.

—Debes de estar muy borracho —dice Pellegrini.

—No, colega.

—Bueno, Rick —dice Pellegrini—, gracias por ese voto de confianza. Puede que no pueda resolver el caso de tu asesinato, pero puedes estar seguro de que me ganaré unas buenas horas extra con él.

Requer se ríe y luego llama a Nicky. El camarero le sirve otro trago, invitación de la casa, y el inspector envía el whisky garganta abajo en un movimiento fluido y bien entrenado.

Los dos hombres se marchan del bar caminando a través del restaurante y salen por las puertas dobles que dan a la calle Water. En tres meses, el Market Bar y el Seafood Restaurant se convertirán en Dominique's, un restaurante francés de precios no precisamente asequibles. La clientela irá mejor vestida, la comida será más cara, y el menú, un poco menos comprensible para el inspector de homicidios medio. Nicky se marchará, el precio de la bebida subirá al nivel de los cuatro dólares, y a la gente del departamento que frecuenta el bar se les dirá que sus visitas ya no se ajustan a la imagen que quiere ofrecer el local. Pero por ahora el Market Bar es tan territorio del DPB como Kavanaugh's o la logia de la Orden Fraternal de la Policía.

Pellegrini y Requer caminan hacia la calle Frederick y pasean por el mismo trozo de acera por el que Bob Bowman realizó su legendaria cabalgata de medianoche. Ningún inspector de homicidios puede pasar por ese punto sin sonreír ante la idea de un Bowman lo bastante borracho como para tomar prestado el caballo de un policía montado y desfilar arriba y abajo frente a los ventanales del Market Bar, dentro del cual se podía ver a otra media docena de inspectores muertos de risa. En sus buenos tiempos, Bo medía uno sesenta y siete. Subido en ese caballo, parecía un cruce entre Napoleón Bonaparte y un *jockey* profesional.

—¿Estás lo bastante bien como para conducir? —pregunta Pellegrini.

—Sí, colega, estoy bien.

—¿Estás seguro?

—Joder, sí.

—Vale, vale.

—Oye, Tom —dice Requer antes de cruzar al aparcamiento de la calle Hamilton—. Si el caso tiene que resolverse, se resolverá. No te obsesiones con él.

Pellegrini sonríe.

—Lo digo en serio.

—Vale, Rick.

—De verdad.

Pellegrini sonríe de nuevo, pero con la mirada de un hombre que se ahoga y que ya no quiere seguir luchando contra la corriente.

—En serio, compañero. Haz todo lo que puedas, y eso es todo. Si no hay pruebas, ya lo sabes, no hay pruebas. Haces lo que puedes...

Requer le da una palmada en el hombro al inspector más joven y luego rebusca en los bolsillos de sus pantalones las llaves del coche.

—Ya sabes lo que quiero decir, colega.

Pellegrini asiente, sonríe y luego vuelve a asentir. Pero se mantiene en silencio.

Viernes 8 de abril

—Brown, pedazo de mierda.

—¿Señor?

—Te he llamado pedazo de mierda.

Dave Brown levanta la mirada del ejemplar de *Rolling Stone* que estaba leyendo y suspira. Donald Worden está muy animado, y eso no suele traer nada bueno.

—Dame veinticinco centavos —dice Worden, extendiendo la palma de la mano.

—Déjame que lo entienda bien —dice Brown—. Estoy aquí en mi mesa leyendo una revista...

—Una de esas revistas de arte y ensayo —interrumpe Worden.

Brown sacude cansinamente la cabeza. Aunque sus creaciones más recientes se han limitado a dibujar monigotes de palo en sus diagramas de las escenas del crimen, David John Brown es, de hecho, producto del Instituto de Arte de Maryland. En la mente de Worden, ese simple hecho hace que sus credenciales como inspector de homicidios queden en entredicho.

—Estoy aquí, leyendo una revista de música y cultura popular —continua Brown—, sin meterme con nadie, y tú entras por la puerta y te diriges a mí calificándome de materia fecal.

—Materia fecal. ¿Qué coño es eso? Yo no he ido a la universidad. Soy sólo un pobre chico blanco y tonto de Hampden.

Brown pone los ojos en blanco.

—Dame veinticinco centavos, zorra.

Las cosas están así desde que Dave Brown llegó a homicidios. Una y otra vez, Worden exige monedas de veinticinco de los inspectores más jóvenes y luego simplemente se embolsa el dinero. No va a las máquinas de café de abajo ni hace ninguna donación al bote para el café, sino que toma el dinero pura y simplemente como un tributo. Brown escarba en sus bolsillos y luego le lanza una moneda al inspector más veterano.

—Qué pedazo de mierda —repite Worden, agarrando la moneda—. ¿Por qué no te pones a contestar alguna llamada, Brown?

—Acabo de llevar un asesinato.

—¿Ah, sí? —dice Worden, trotando hasta la mesa de Brown—. Pues entonces, lleva también esto.

El Gran Hombre se inclina sobre la silla de Brown y deja su entrepierna a la altura de la boca del joven inspector. Brown grita fingiendo histeria, lo que hace que Terry McLarney acuda a la habitación.

—Inspector jefe McLarney, señor —grita Brown, con Worden ya casi totalmente encima—. El inspector Worden me está obligando a participar en actos sexuales prohibidos por la ley. Como mi inmediato superior, apelo a su...

McLarney sonríe, saluda y luego da media vuelta.

—Descansen, señores, sigan con lo suyo —dice mientras regresa a la oficina principal.

—¡Sal de encima, maldita sea! —grita Brown, cansándose de la broma—. Déjame en paz, especie de osa polar en celo.

—Oooooooh —dice Worden, retirándose—. Ahora ya sé lo que piensas realmente de mí.

Brown no dice nada y se esfuerza por volver a su revista.

El Gran Hombre no tiene intención de dejarle.

—Pedazo... de...

Brown fulmina con la mirada al detective veterano, y su mano derecha hace un gesto furtivo hacia la cartuchera de hombro en la que guarda su .38 de cañón largo.

—Ándate con cuidado —dice Brown—. Hoy he traído el revólver grande.

Worden sacude la cabeza y luego va hasta el colgador de los abrigos y busca sus cigarrillos.

—¿Qué diablos estás haciendo leyendo esa revista, Brown? —dice, mientras se enciende uno—. ¿Por qué no estás ahí fuera trabajando en Rodney Tripps?

Rodney Tripps. Un camello asesinado en el asiento del conductor de su coche de lujo. Sin testigos. Sin sospechosos. Sin pruebas físicas. ¿Sobre qué diablos iba a trabajar?

—Ya sabes que no soy el único por aquí que tiene uno abierto —dice Brown exasperado—. Veo un par de nombres allí en tinta roja que te pertenecen a ti.

Worden no dice nada, y durante un segundo Brown desea poder retirar las dos últimas frases. Las pullas en la oficina siempre tratan de picar un poco al otro, pero de vez en cuando se cruza la línea. Brown sabe que por primera vez en tres años el Gran Hombre tiene una mala racha, con dos casos abiertos consecutivos; y, lo que es más importante, el caos que es la investigación de la calle Monroe se está alargando interminablemente.

Como consecuencia, Worden se pasa el día entero pastoreando a dos docenas de testigos a la sala del gran jurado en el segundo piso del juzgado Mitchell, y luego espera fuera mientras Tim Doory, el fiscal principal del caso, se esfuerza por recrear el misterioso asesinato de John Randolph Scott. También Worden ha sido llamado a testificar ante el mismo jurado, y varios de sus miembros le han hecho preguntas directas sobre las acciones de los agentes implicados en la persecución de Scott, particularmente después de que los miembros del jurado escucharan la grabación de la radio del distrito Central. Y Worden no tiene respuestas. El caso empieza y termina con el cuerpo de un joven en un callejón de Baltimore Oeste y un reparto de agentes de los distritos Oeste y Central que afirman, todos ellos, no saber nada de lo sucedido.

No es sorprendente, pues, que el único testigo civil de Worden —el hombre al que el artículo del periódico calificaba de potencial sospechoso— haya ido frente al gran jurado y se haya negado a contestar, invocando la Quinta Enmienda y su derecho a no declarar contra sí mismo. El sargento Wiley, el agente que había encontrado el cuerpo y que debería explicar su anterior transmisión de radio cancelando la descripción del sospechoso, no ha sido llamado como testigo.

Llamaremos a Wiley como último recurso, le explicó Doory a Worden en cierto punto, porque si es culpable, también invocará la Quinta. Y si llegamos a esa situación, argumentó el fiscal, nos quedarán muy pocas opciones: si dejamos que se niegue a testificar, sale de la sala del gran jurado, dejándonos con unas pruebas que son insuficientes para sacar adelante cualquier tipo de acusación. Pero si le ofrecemos inmunidad para obligarle a testificar, ¿entonces qué? ¿Y si John Wiley, con la inmunidad garantizada, nos dice que fue él quien disparó a ese chico? Entonces, explica Doory, hemos resuelto el crimen al precio de no poder perseguirlo.

Al regresar del juzgado cada tarde, las noches de Worden se pasan en la rotación, encargándose de tiroteos, suicidios y, últimamente, de asesinatos frescos. Y por primera vez desde que fue transferido a homicidios, Worden tampoco tiene respuesta para ellos.

Dado que su brigada está construida alrededor de Worden, incluso McLarney está un poco inquieto por la tendencia. Todos los inspectores tienen su parte de casos sin resolver, pero, en el caso de Worden, dos expedientes consecutivos abiertos es simplemente algo que no sucede nunca.

Durante una reciente reunión de turno, McLarney señaló los nombres en rojo de la pizarra y anunció:

—Uno de esos va a resolverse. —Y añadió, más como si se lo dijera a sí mismo que para convencer a los demás—. Donald no permitirá dos seguidos de ningún modo.

El primer caso era un asesinato por drogas en la avenida Edmondson que había tenido lugar en marzo, un tiroteo en la calle en el que el único testigo potencial era un chico de catorce años que había huido de un centro de menores. No estaba claro que se pudiera encontrar al crío ni tampoco que, de hacerlo, estuviera dispuesto a contar su historia. Pero el segundo asesinato, una discusión en Ellamont que subió de tono y acabó con la muerte de un hombre de treinta años, ese habitualmente debería haber sido uno de los que se resuelven solos. A Dwayne Dickerson le habían disparado una vez en la nuca mientras trataba de mediar en una pelea callejera, y cuando todo el mundo fue aprehendido y llevado a la central y entrevistado, Worden se halló frente a un hecho deprimente: nadie parecía conocer al que había disparado ni qué estaba haciendo en Baltimore con una pistola en la mano. Según todas las historias —y en esto coincidían todos los testigos— el pistolero no tenía nada que ver con la pelea original.

Puede que a McLarney le gustara pensar que Worden sería incapaz de dejar que dos asesinatos seguidos permanecieran en rojo, pero a menos que suene el teléfono y alguien aporte información nueva sobre el asesinato Dickerson, no hay mucho más que un investigador pueda hacer excepto repasar informes de otras agresiones con arma de fuego en el suroeste y esperar que alguna de ellas encaje con algo del caso. Worden le ha explicado todo eso a su inspector jefe, pero McLarney sólo escuchó el eco de la calle Monroe. Según su forma de pensar, el departamento había usado a su mejor inspector para que investigara a otros policías, y sólo Dios sabía qué tipo de consecuencias podía haber tenido eso en un hombre como Worden. Durante dos meses, McLarney ha intentado sacar a su mejor inspector del asesinato de Scott y meterlo de nuevo en la rotación. Si el hombre se sube al caballo con asesinatos nuevos, todo irá bien, se figura McLarney. Devolvámoslo a la calle y será el mismo de antes.

Pero Worden no es el mismo. Y cuando Brown suelta el comentario sobre los nombres en rojo en la pared, Worden se sumerge en un silencio gélido. La broma, las pullas y el humor de vestuario dejan paso al resentimiento.

Brown lo percibe y cambia el tono, intentando atraer al Gran Hombre en lugar de alejarlo:

—¿Por qué te estás siempre metiendo conmigo? —pregunta—. ¿Por qué no pruebas a meterte con Waltemeyer? ¿Acaso es Waltemeyer quien va a Pikesville los sábados a traerte *bagels*?

Worden no dice nada.

—¿Por qué diablos no te metes nunca con Waltemeyer?

Brown sabe la respuesta, por supuesto. Worden no va a putear a Waltemeyer, que lleva más de dos décadas en las trincheras. Va a joder a Dave Brown, que sólo lleva unos meros trece años en el cuerpo. Y Donald Waltemeyer no va a conducir hasta Pikesville a las siete de la mañana para traerle el pan por ese mismo motivo. Es Brown quien va a ir a comprar el pan, porque Brown es el nuevo y Worden está domándolo. Y cuando un tipo como Donald Worden quiere una docena de *bagels* y un cuarto de kilo de margarina, si hace falta, es el nuevo el que se sube a un Cavalier y se los trae.

—Y este es el agradecimiento que recibo —dice Brown, todavía metiéndose con el inspector veterano.

—¿Qué quieres que haga, que te dé un beso? —dice Worden, respondiendo finalmente—. Ni siquiera me trajiste de ajo.

Brown pone los ojos en blanco. *Bagels* de ajo. Siempre los malditos *bagels* de ajo. Se supone que son mejores para la tensión sanguínea del Gran Hombre, y cuando Brown se los trae de cebolla o de sésamo durante los turnos diarios del fin de semana, se lo reprocha durante siglos. Después de la imagen de Waltemeyer encerrado en una sala de interrogatorio grande con seis estibadores griegos borrachos, la segunda fantasía favorita de Brown lo coloca en el jardín de la casa de Worden a las cinco de la mañana de un sábado para lanzar setenta *bagels* de ajo contra las ventanas del dormitorio principal.

—No tenían de ajo —dice Brown—. Les pregunté.

Worden le mira con desprecio. Es la misma expresión que tiene en aquella fotografía de la escena del crimen en Cherry Hill, la que Brown liberó para su colección personal, la que dice:

—Brown, pedazo de mierda, cómo puedes creer que esas latas de cerveza tienen algo que ver con tu escena del crimen.

Un día puede que Worden se jubile y Dave Brown se convierta en el siguiente hombre fuerte de la brigada de McLarney. Pero, hasta entonces, la vida del hombre más joven está atrapada en el infierno que Worden escoja.

Para Worden, sin embargo, el infierno es enteramente algo creado por su propia imaginación. Ha amado mucho este trabajo, quizá demasiado, y ahora, finalmente, parece que se le acaba el tiempo. Que le resulte difícil aceptarlo es comprensible; durante veinticinco años había venido cada día a trabajar armado con la seguridad de que fuera cual fuera el puesto que le asignara el departamento, él destacaría. Siempre había sido así, empezando por todos aquellos años en el Noroeste, una estancia prolongada que hacía que trabajar en ese distrito le resultase totalmente natural. ¡Diablos!, todavía no puede trabajar un homicidio allí sin realizar algún tipo de conexión con lugares y gentes que conoció entonces. Desde el principio no le había gustado mucho escribir informes, pero ¡maldita sea! si había alguien que supiera leer la calle mejor que él. No pasaba nada en su zona de patrulla sin que él se enterase: su memoria para caras, direcciones e incidentes que otros policías habían olvidado era simplemente asombrosa. A diferencia de todos los demás inspectores de la unidad, Worden nunca llevaba una libreta a sus escenas del crimen, por el solo hecho de que lo recuerda todo; un chiste clásico de la unidad era que Worden necesitaba sólo una cerilla para anotar todos los detalles de tres homicidios y un tiroteo con implicación policial. En el estrado, los abogados pedían muchas veces ver las notas de Worden y luego se mostraban incrédulos cuando les decía que él no tomaba notas.

—Simplemente me acuerdo de las cosas —le dijo a un abogado defensor—. Haga su pregunta.

En las noches de poco trabajo, Worden sacaba un Cavalier y conducía por una zona de tráfico de droga o iba al centro, al Meat Rack, la zona alrededor del número 800 de la avenida Park, donde los chaperos solían venderse frente a los bares gais. Cada uno de esos paseos le servía para sumar cuatro o cinco caras más a su banco de datos, otras cuatro o cinco víctimas o victimarios que un día podían acabar en el expediente de un caso. No era exactamente memoria fotográfica, pero estaba muy cerca de serlo, y cuando Worden al final trajo esa capacidad a la central, a la vieja unidad de busca y captura, a todo el mundo le quedó claro que no iba a volver a vestirse de paisano en el Noroeste. El hombre había nacido para ser un investigador.

No fue sólo su extraordinaria memoria lo que hizo que perdurara en el DIC, a pesar de que se trataba de una ventaja formidable cuando se trataba de localizar a un fugado de la prisión o de relacionar una serie de robos en la ciudad y el condado, o de recordar qué asesinatos se habían cometido con una automática del calibre .380. Pero la memoria de elefante era una parte esencial del modo en que Worden entendía el trabajo policial, basado en la claridad de pensamiento y propósito, en su insistencia en tratar con la gente directamente, y en su exigencia, de una forma tranquila y formidable, de que ellos hicieran lo mismo.

Worden había tomado parte en muchas batallas, pero su tamaño nunca lo había impulsado a comportarse con violencia, y su arma —que continuamente amenazaba con empeñar— había sido prácticamente irrelevante en su trabajo. Sus bravuconadas, sus pullas en la sala de la brigada, formaban, como todo lo demás, parte de su pose, y todos —de Brown a McLarney— lo sabían.

Era tan grande que podía resultar muy intimidante, y, por supuesto, Worden se aprovecha a veces de ese hecho. Pero en última instancia trabajaba utilizando el cerebro, con un proceso mental fluido y refinado. En una escena del crimen no sólo absorbía las pruebas físicas, sino todo y a todos los que estaban en la periferia. Muchas veces Rick James podía estar haciendo el trabajo sucio en una escena del crimen y de repente levantar la vista y ver a Worden en pie a una manzana de distancia, una masa blanca en un océano de rostros negros. Y maldita sea si no regresaba siempre con alguna información nueva sobre el muerto. Cualquier otro inspector se encontraría con miradas hostiles y quizá con insultos, pero Worden de algún modo conseguía que los chicos que trabajaban las esquinas fueran más allá de eso, lograba que entendieran que él estaba allí para hacer justicia. Si tenían algún respeto por la víctima, si alguna vez habían pensado en decir algo que quizá a un inspector de policía le gustara oír casualmente al pasar por allí, aquella era su oportunidad.

Parte del efecto lo producía la forma de ser brusca y paternalista de Worden. Aquellos ojos azules, aquellos carrillos, aquel pelo blanco y ralo: Worden tenía el aspecto del padre a quien ningún hombre podría soportar perder perder el respeto. Durante las entrevistas y los interrogatorios hablaba suave y lentamente, con una mirada que hace que mentirle parezca un pecado imperdonable. Eso funciona tanto con blancos como con negros, con hombres o mujeres, con homosexuales o heterosexuales; Worden tiene una credibilidad que de alguna forma trasciende los excesos de su profesión. En la calle, gente que desprecia a todos los demás representantes de la ley ha firmado una paz por separado con Donald Worden.

Una vez, cuando ya estaba en la central, investigando robos con Ron Grady, la madre de un chico que habían arrestado amenazaba con ponerles una denuncia por brutalidad policial ante la división de asuntos internos. Grady, le dijeron a la mujer, había dado una paliza al chico en el calabozo del distrito.

—Grady no pegó a su hijo —le dijo Worden a la madre—. Fui yo.

—Está bien, señor Donald —declaró la mujer—. Si fue usted, me quedo tranquila, porque entonces es que se lo merecía.

Pero rara vez golpeaba a nadie. Pocas veces le hacía falta. A diferencia de la mayoría de los policías de su generación —y también de muchos agentes jóvenes—, no era racista, a pesar de que cualquier chico nacido y educado en el enclave de clase trabajadora blanca que era Hampden tenía múltiples oportunidades de adquirir ese defecto. Tampoco el Departamento de Policía de Baltimore era el entorno más tolerante en el que madurar; había policías veinte años más jóvenes que él que reaccionaban a lo que veían en las calles retirándose en una caverna psicológica desde la que maldecían a todos los negros y liberales maricones por haber jodido el país. Y, sin embargo, con nada más que el diploma de haber terminado el instituto y su educación en la marina, Worden creció con el trabajo. Su madre había tenido algo que ver con ello; no era el tipo de mujer que fuera a llevar prejuicios a su hogar. Su larga temporada con Grady como compañero también tuvo efectos benéficos; no podía, por un lado, respetar y querer a un inspector negro y luego ir soltando palabras como *negrata* o *moreno* y pretender que no significaban nada.

Esa sensibilidad era otro de sus puntos fuertes. Worden era uno de los pocos inspectores blancos de homicidios que podían sentarse a una mesa frente a un chico negro de quince años y dejar claro, sin nada más que una mirada y una o dos palabras, que empezaban con una página en blanco. El respeto generaba respeto, y el desprecio, desprecio. Cualquiera que tuviera ojos para ver podía comprobar que el trato que se ofrecía era justo.

Fue Worden, por ejemplo, quien se ganó la confianza de la comunidad gay cuando una serie de asesinatos de homosexuales empezaron a sucederse en el barrio de Mount Vernon, en el centro de la ciudad. El departamento en general seguía siendo ignorado por muchos miembros de la comunidad gay debido a un largo historial de acoso, tanto real como imaginado. Pero Worden podía entrar en cualquier club de la avenida Park, mostrarle a un camarero una serie de fotos de identificación y conseguir algunas respuestas sinceras. Su palabra era aceptada como moneda de curso legal y su trabajo no era ni juzgar ni amenazar. No necesitaba que nadie saliera de ningún armario ni que se escribiera ningún informe oficial de delitos. Sólo necesitaba saber si el tipo de la foto era el mismo que estaba trabajando de chapero frente a los bares, el mismo que ha estado pegando y robando a los hombres que contrataban sus servicios. Cuando los asesinatos de Mount Vernon se solucionaron, Worden se llevó a toda su brigada a un bar gay del bulevar Washington, donde invitó a una ronda a todos los clientes del local y luego, para delicia de los demás inspectores, bebieron gratis durante el resto de la noche.

Incluso en la unidad de homicidios, donde se asumía que todo el mundo tenía cierto grado de talento e inteligencia, se reconocía que Worden era un elemento especialmente valioso, un policía entre policías, un investigador nato. Durante sus tres años en homicidios había trabajado los turnos de noche y turnos dobles con hombres más jóvenes. Les mostraba lo que veinticinco años de experiencia pueden enseñar y, al mismo tiempo, aprendía los nuevos trucos que el trabajo de homicidios podía enseñarle. Worden parecía indestructible si no infalible. Hasta el caso de la calle Monroe, había parecido que el hombre iba a poder seguir contestando llamadas durante toda su vida.

John Scott, muerto en un callejón con un puñado de hombres del Oeste en pie junto a su cuerpo, fue, simplemente, el que no pudo resolver. Más allá del coste emocional de investigar a otros policías, de ver cómo otros policías te mentían como cualquier otro gilipollas de la calle, la investigación de la calle Monroe se había convertido para Worden en lo que el asesinato de Latonya Wallace era para Pellegrini. Un hombre que resuelve diez asesinatos consecutivos empieza a creer que puede evitar el abismo para siempre. Luego viene la bola roja, el caso que no sale bien, y ese mismo hombre empieza a preguntarse a qué conduce todo aquello —todos los expedientes de los casos, todos los informes, todas las heridas en todos los hombres muertos de todas las escenas del crimen—, tantos crímenes que los nombres y rostros pierden su significado hasta que aquellos privados de libertad y aquellos privados de la vida se funden en una misma imagen triste y gris.

Sólo eso sería motivo más que suficiente para que Worden se retirase, pero había también otros. Por un lado, ya no tenía una familia que mantener. Sus hijos habían crecido y su esposa estaba acostumbrada a una separación que ya duraba diez años. Habían llegado a un punto de equilibrio: Worden nunca había pedido el divorcio y sabía que su esposa tampoco lo pediría nunca. En lo referente a sus propias finanzas, Worden tenía garantizada una pensión del 60 por ciento tan pronto como rellenara los papeles de la jubilación, así que en realidad trabajaba por menos de la mitad de lo que cobraba. En los días en que tenía fiesta ganaba más dinero entregando pieles a clientes para que las guardaran durante el verano, o trabajaba en la casa que había comprado en Brooklyn Park. Se le daba bien trabajar con las manos y utilizar herramientas, y ciertamente podía ganar bastante dinero haciendo reparaciones. Nada menos que una figura tan destacada de la unidad de homicidios como Jay Landsman estaba ganando miles de dólares con una empresa que dirigía en su tiempo libre; el chiste era que Landsman podía resolver el asesinato de tu madre en una semana... o en cuatro días si además te ponía un nuevo suelo de madera a la terraza del patio trasero.

En el otro platillo de la balanza había dos buenas razones para quedarse. En primer lugar estaba Diane, la secretaria pelirroja de la sección de investigaciones especiales que trabajaba pasillo abajo, quien por su valiente intento de domesticar a Worden se había ganado el cariño y la admiración de toda la unidad de homicidios. Lo cierto es que Worden estaba enganchado; el anillo de oro con la inscripción «D&D» que llevaba en su mano izquierda lo decía a las claras. Pero incluso si se casaran mañana —y Worden todavía estaba haciéndose a la idea de embarcarse en algo permanente—, Diana no podía pedir la pensión completa si no se quedaba en el departamento al menos un año más. Y siendo un policía de cuarenta y nueve años con hipertensión, Worden tenía que pensar en ese tipo de cosas.

Desde un punto de vista menos práctico, estaba también la pequeña y clara vocecita que desde el fondo de su cabeza le decía que estaba hecho para este trabajo y ningún otro, la voz que le decía que todavía se lo pasaba en grande trabajando. En el fondo de su corazón, Worden quería de verdad seguir oyendo esa voz.

Hacía una semana Waltemeyer había sacado un asesinato de 1975 de los archivos, un robo a un bar de Highlandtown en el que se había emitido una orden de arresto, pero nunca se había encontrado al sospechoso. ¿Quién hubiera dicho que iban a pasar trece años antes de que el sospechoso finalmente apareciera en Salt Lake City y le contara a un amigo que había cometido un crimen que creía que todo el mundo había olvidado? ¿Quién hubiera pensado que el expediente todavía contendría una fotografía de una rueda de sospechosos de 1975, una fila con cinco inspectores en pie hombro con hombro con el sospechoso? Y fíjate en la cara de ese tipo grandote, ese rubio con profundos ojos azules, el que está mirando a la cámara, esforzándose por parecer más un delincuente que un inspector de robos? Donald Worden tenía treinta y seis años cuando se hizo esa fotografía, más duro, delgado, vestido con unos llamativos pantalones a cuadros y una americana de poliéster que delataban a un inspector prometedor de la policía de Baltimore de una época ya pasada.

Waltemeyer, por supuesto, paseó la fotografía por la oficina de la brigada como si hubiera desenterrado los restos momificados de algún rey antiguo. No, le dijo Worden, no quiero quedármela como un maldito recuerdo.

Lo único que le salvó ese día fue el teléfono y un apuñalamiento en el oeste de la ciudad. Worden, como un bombero veterano, salía zumbando en cuanto sonaba la sirena. Cogió la tarjeta con la dirección y la hora en que el operador le había asignado el caso, y estaba a mitad de camino de los ascensores antes de que ningún otro inspector pudiera ni siquiera plantearse contestar a la llamada.

Como era apropiado para ese momento, el compañero que le acompañó en la llamada fue Kincaid, otro veterano de veinte años, y juntos trabajaron la escena del crimen en Franklintown Road. Era un apuñalamiento doméstico claro. El cuchillo estaba en el patio delantero y había un reguero de sangre que llevaba hacia la casa. En el suelo del salón, inmerso en un lago de tres metros de ancho de sangre rojo púrpura estaba el teléfono que el marido había utilizado para pedir ayuda.

—¡Por Dios!, Donald —dijo Worden—. El tipo debe de haber cortado una vena.

—Oh, sí —dijo Kincaid—. Ha tenido que ser eso.

Fuera, en los escalones de entrada, el primer agente que ha llegado está escribiendo los detalles para su informe con la indiferencia que podía esperarse. Pero cuando llegó a la secuencia identificadora de los dos inspectores —el código departamental que identifica a los inspectores por orden cronológico— levantó la vista asombrado.

—A-siete-cero-tres —le dijo Worden.

—A-nueve-cero-cuatro —dijo Kincaid.

Para tener un identificador de la serie A, un hombre tenía que haber ingresado en el cuerpo en 1967 o antes. El uniforme, un serie D, sacudió la cabeza con incredulidad.

—¿Es que no hay nadie en homicidios con menos de veinte años encima?

Worden no dijo nada y Kincaid se puso directamente a trabajar.

—¿Este tío está en el Universitario? —preguntó.

—Sí, en urgencias.

—¿Cómo estaba?

—Cuando llegué aquí, estaban intentando estabilizarlo.

Los inspectores fueron hacia el Cavalier, pero se volvieron abruptamente cuando otro uniforme, acompañado de un niño de seis años, los llevó de nuevo al lugar en que se había encontrado el cuchillo.

—Este joven vio lo sucedido —dijo el uniforme, lo bastante alto como para que el niño lo oyera— y le gustaría contárnoslo.

Worden se arrodilló.

—¿Viste lo que pasó?

El niño asintió.

—Apártese de ese niño —gritó una mujer desde el otro lado de la calle—. No puede hablar con él sin un abogado.

—¿Es usted su madre? —preguntó el uniforme.

—No, pero ella no va a querer que hable con ningún policía. Eso lo sé muy bien. Tavon, no se te ocurra decir nada.

—¿Así que usted no es su madre? —preguntó el uniforme, ahora furioso.

—No.

—Entonces lárguese de aquí antes de que le ponga las esposas —murmuró el patrullero en voz baja, para que no lo oyera el niño—. ¿Me oye bien?

Worden se volvió hacia el niño.

—¿Qué viste?

—Vi que Bobby salía corriendo detrás de Jean.

—¿Ah, sí?

El niño asintió.

—Y cuando él se acercó, ella le cortó.

—¿Se tropezó él con el cuchillo? ¿Tropezó él con el cuchillo por accidente o le intento cortar Jean?

El niño negó con la cabeza.

—Hizo esto —dijo, levantando el brazo recto.

—¿Hizo eso? Vaya. ¿Y tú cómo te llamas?

—Tavon.

—Tavon, nos has ayudado muchísimo. Gracias.

Worden y Kincaid liberaron su Cavalier de una masa cada vez mayor de coches patrulla y condujeron hacia el este hasta urgencias del Hospital Universitario. Ambos perfectamente seguros de que se iba a aplicar la Regla Número Seis del manual de homicidios. A saber: «Cuando un sospechoso es identificado inmediatamente en una agresión, es seguro que la víctima sobrevivirá. Cuando no se ha identificado a ningún sospechoso, la víctima morirá invariablemente». De hecho, la validez de la regla se confirmó cuando encontraron a Cornell Robert Jones, de treinta y siete años de edad, tendido boca arriba en una camilla en una de las salas de examen traseras, perfectamente consciente y alerta, mientras una rubia residente de cirugía —una rubia residente de cirugía especialmente atractiva— aplicaba presión a la herida del interior de su muslo izquierdo.

—¿Señor Jones? —preguntó Worden.

Retorciéndose de dolor, la víctima asintió brevemente desde detrás de su máscara de oxígeno.

—Señor Jones, soy el inspector Worden del departamento de policía. ¿Puede usted oírme?

—Le oigo —dijo la víctima, su voz casi bloqueada por la máscara.

—Hemos estado en su casa, y la gente con la que hemos hablado allí nos ha dicho que su novia, o quizá sea su esposa...

—Mi esposa.

—Dicen que su esposa le ha atacado con un arma blanca. ¿Es eso lo que ha sucedido?

—Desde luego que me ha atacado —dijo, entre espasmos de dolor.

—¿No se ha tropezado usted con el cuchillo por accidente o algo así?

—¡Coño, no! Me ha apuñalado ella.

—Si le decimos al agente que redacte una orden de arresto contra su mujer, ¿no cambiará usted de opinión sobre esto mañana?

—No, no lo haré.

—Muy bien —dijo Worden—. ¿Tiene alguna idea de dónde pueda estar su esposa ahora?

—No lo sé. Quizá en casa de alguna amiga o algo así.

Worden asintió, luego miró a Kincaid, que había pasado los últimos cinco minutos repasando tan a fondo a la residente de cirugía como era posible hacerlo en aquella situación.

—Le diré una cosa, señor Jones —dijo Kincaid con su acento más pueblerino—. Desde luego está usted en buenas manos. En muy buenas manos.

La residente levantó la vista, molesta y un poco avergonzada. Y luego Worden se quedó sonriendo ensimismado. Se inclinó sobre la víctima y le dijo al oído:

—¿Sabe, señor Jones? Creo que es usted un hombre muy afortunado —dijo con un susurro lo bastante alto como para que lo oyeran todos.

—¿Cómo?

—Que es usted un hombre afortunado.

Con un rictus de dolor, la víctima miró de reojo al inspector.

—¿Y por qué diablos tengo suerte?

Worden sonrió.

—Bueno, por lo que parece, su esposa apuntaba a su miembro —dijo el inspector—. Y por lo que puedo ver, falló sólo por unos pocos centímetros.

De repente, desde debajo de la máscara de oxígeno, Cornell Jones empezó a reír a grandes carcajadas. También a la residente le había hecho gracia y se le notaba que se esforzaba por no reírse.

—Sí —dijo Kincaid—. Un tipo grande como usted bien cerca ha estado de empezar a cantar como una soprano, ¿sabe?

Cornell Jones se agitó arriba y abajo en la camilla, riéndose y retorciéndose de dolor a la vez.

Worden levantó la mano y se despidió con un breve gesto.

—Que le vaya bien.

—A ti también, tío —dijo Cornell Jones, todavía riéndose.

La mierda que ves ahí fuera, pensó Worden mientras conducía a la oficina. Y, por Dios, tenía que admitir que todavía había momentos en los que adoraba este trabajo.

Domingo 1 de mayo

—Algo va mal —dice Terry McLarney.

Eddie Brown responde sin levantar la mirada, concentrado en su labor matemática. Tiene un montón de tablas y estadísticas impresas frente a él, y está decidido a sacar el número de cuatro dígitos que ganará mañana la lotería, o morirá en el intento.

—¿Qué pasa?

—Mira a tu alrededor —dice McLarney—. El teléfono no para de sonar, la gente nos llama para darnos pistas, y nos caen casos que se resuelven solos a diestro y siniestro. Vaya, si hasta en el laboratorio nos están entregando informes de huellas que se ajustan a los sospechosos.

—¿Y qué hay de malo en eso? —dice Brown.

—Pues que no encaja con nosotros —dice McLarney—. Me da la sensación de que van a castigarnos de un momento a otro. Tengo el presentimiento de que hay una casa adosada por ahí con unos doce esqueletos en el sótano, esperándonos.

Brown sacude la cabeza.

—Piensas demasiado —le dice a McLarney.

Es una crítica que raras veces se formula contra un policía de Baltimore, y McLarney se echa a reír sólo de pensar en lo absurda que es la idea. Es un inspector jefe y es un irlandés: sólo por eso, tiene la obligación de echar un jarro de agua fría sobre cualquier desfile triunfal. En el tablero, los casos pasan del rojo al negro. Resuelven asesinatos y el mal recibe su castigo. Dios mío, piensa McLarney, ¿cuánto nos costará tanta bonanza?

La buena racha empezó hace un mes en la avenida Kirk, en los restos destrozados de una casa adosada que se había quemado, donde Donald Steinhice contempló cómo los bomberos retiraban los restos de tres cuerpos de las ruinas ennegrecidas y quebradizas. El mayor tenía tres años; el más pequeño, cinco meses. Los descubrieron en una habitación del piso superior, donde se quedaron cuando todos los adultos huyeron despavoridos de la casa en llamas. Para Steinhice, un veterano del turno de Stanton, las pautas de comportamiento del fuego en la zona del primer piso —que se distinguían por ser manchas oscuras en las paredes y suelos— lo decían todo: la madre echa al novio, este vuelve con queroseno, y los niños pagan el pato. En los últimos años era algo que sucedía con cierta frecuencia en los barrios del centro de la ciudad. De hecho, cuatro meses atrás Mark Tomlin se ocupó de la investigación de un incendio provocado que se llevó por delante a dos niños. Y apenas una semana atrás, menos de un mes después de la tragedia de la avenida Kirk, otro hombre quemó la casa de su ex pareja. Murieron un bebé de veintiún meses y su hermana de siete meses.

—Los adultos siempre se salvan —explicaba Scott Keller, inspector al frente del caso más reciente, y veterano de la unidad de incendios del departamento—. Son los niños los que quedan atrás.

El incendio de la avenida Arson, más que la mayoría de homicidios, tuvo su coste emocional: Steinhice, un policía que había visto quizá más de mil escenas del crimen, sufrió pesadillas a raíz de un caso por primera vez en su vida. Eran imágenes gráficas de desamparo, con los niños muertos gritando aterrorizados desde el rellano del piso más alto de la casa adosada. Aun así, cuando trajeron al ex novio esposado a la central, fue Steinhice el que reunió suficiente empatía como para sacarle una confesión completa. Y también fue él quien impidió que después, el tipo se cortara las venas con los fragmentos de la lata del refresco que había pedido.

Lo de la avenida Kirk fue un trago amargo para Steinhice; sin embargo, era la medicina que les hacía falta a los dos turnos de la unidad de homicidios. Tres muertos, un arresto, tres casos resueltos: una estadística como esa puede iniciar un cambio de tendencia por sí sola.

Y así fue: la semana siguiente le tocó el caso fácil a Tom Pellegrini. En el Centro Cívico de la ciudad, una pelea sindical terminó siendo una lucha de navajas, pero con sólo un tipo armado. Rick Requer se hizo con dos casos más y los resolvió justo después de Pellegrini: un doble asesinato y suicidio en el sureste. Un mecánico emocionalmente inestable disparó a su mujer y a su sobrino en la cocina, y luego remató el desastre recargando la Magnum 44 y metiéndose el cañón por la boca. En términos humanos, la escena en el número 3002 de la calle McElderry era una masacre; en términos de burocracia de la unidad de homicidios, era el material del que están hechos los sueños de un inspector de policía.

Una semana más tarde, la recuperación ya era clara: a Dave Brown y Worden les tocó una pelea en una partida de póquer en la zona este. Uno de los jugadores, de sesenta y un años, se peleó por cuál debía ser la cantidad de la apuesta inicial, agarró una escopeta y le disparó a un amigo. Garvey y Kincaid tampoco se quedaron cortos: al acudir a una llamada en Fairview, encontraron a un padre asesinado por su hijo. Se habían peleado porque el chaval se negaba a compartir lo que había ganado con el tráfico de drogas. A Barlow y Gilbert les tocó la lotería otra vez durante el turno de Stanton en el suroeste, donde otro amante despechado hirió mortalmente tanto a la mujer que le había dado puerta como a la niña pequeña que esta sostenía en sus brazos. Luego optó por aplicarse el cañón a la sien.

Cinco noches más tarde, Donald Waltemeyer y Dave Brown también cerraron un caso limpio, otra discusión seguida de muerte. Se trataba de un tiroteo en un bar de Highlandtown, donde la subsiguiente actuación de los dos sospechosos estuvo a la altura de una toma falsa de una película de mafiosos de serie B. Eran chicos de Filadelfia, bajitos y morenos, italianos apellidados DelGiornio y Forline. Habían matado a un tipo de Baltimore al discutir sobre las respectivas carreras profesionales de sus padres. El de la víctima era un empresario. Al padre de DelGiornio, en cambio, no le había ido mal en la mafia de Filadelfia hasta que se había visto obligado a convertirse en un testigo federal, cargándose a todas las familias criminales mafiosas de la ciudad. Automáticamente, los miembros de la familia de DelGiornio tuvieron que trasladarse y dejar el sur de Filadelfia, lo que a su vez explicaba la aparición del joven DelGiornio y de su compinche en el sureste de Baltimore. Los dos inspectores se tuvieron que morder la lengua durante la llamada telefónica del benjamín DelGiornio a su papá.

—Eh, papá —murmuró DelGiornio, llorando sobre el auricular en lo que les pareció una imitación estelar de Stallone—. La he jodido, de verdad que la he jodido... Sí, le he matado. Fue una pelea... No, Tony... Tony le disparó. Papá, de verdad, esto es serio, la he jodido.

Por la mañana, una manada de agentes del FBI se presentaron, con el corte de pelo impecable, en la casa adosada de Formstone, que el gobierno había alquilado apenas cuarenta y ocho horas antes para que se alojara allí el hijo de su testigo federal. Recogieron las pertenencias del chico, se fijó una fianza ridículamente baja, y a la noche siguiente, ya estaba instalado en alguna otra ciudad a costa del erario público. Por su papel en la muerte de un hombre de veinticuatro años, a Robert DelGiornio le caerá libertad condicional; Tony Forline, el que disparó, pasará cinco años en la cárcel. Los dos cerrarán tratos con la fiscalía, semanas antes de que papá DelGiornio sea el testigo estrella del gobierno en un juicio por conspiración —un delito federal— que tendrá lugar en Filadelfia.

—Bueno, al menos le dimos una lección —declara McLarney después de que a los jóvenes italianos les fijen fianzas bajísimas y los dejen sueltos fuera de Maryland—. Probablemente les dirán a sus amiguitos de Filadelfia que no se les ocurra pelarse a nadie en Baltimore. No le habremos encerrado, pero nos llevamos su pistola y no se la devolvimos.

A pesar del resultado del caso, el expediente DelGiornio está cerrado y bien atado, y pasa a engrosar el botín de casos resueltos del mes. Para Gary D'Addario, era buena señal, pero había llegado un poco tarde. En un mundo regido por las estadísticas, había pasado demasiado tiempo en la cuerda floja. Su conflicto con el capitán había llegado hasta la planta sexta, a oídos de Dick Lanham, el comandante del departamento. A D'Addario no le sorprendió enterarse de que su capitán le había dicho a Lanham que el magro porcentaje de casos resueltos, entre otros problemas, se debían al estilo de liderazgo de D'Addario, que consideraba erróneo. Las cosas no iban bien. Iban tan mal que, una mañana de abril, el capitán habló con Worden, el mejor inspector con el que contaba D'Addario.

—Creo que el coronel quiere hacer algunos cambios —dijo el capitán—. ¿Crees que a los hombres les gustaría trabajar con otro teniente?

—Creo que se amotinarían —contestó Worden, esperando desinflar el globo sonda— ¿Por qué lo pregunta?

—Bueno, quiero palpar el estado de ánimo del equipo —dijo el capitán—. Quizá vengan cambios dentro de poco.

Dentro de poco. Al cabo de una hora, D'Addario ya se había enterado de la conversación que el capitán había mantenido con Worden. Se fue directamente a hablar con el coronel, creyendo que este le escucharía. Ocho años como supervisor en la unidad de homicidios, con buenos resultados, se dijo, valdrían para algo.

El coronel le confirmó a D'Addario que el capitán estaba presionando para cambiarle de puesto. Además, no parecía precisamente sorprendido ni escandalizado y, en cambio, le señaló que el porcentaje de casos resueltos últimamente había sido muy bajo. D'Addario pudo oír la pregunta que quedó flotando en el aire:

—Si tú no eres el problema, ¿entonces qué pasa?

El teniente regresó a su despacho y tecleó un largo memorando donde explicaba la diferencia estadística entre el porcentaje de Stanton y el de su turno. En él decía que más de la mitad de los crímenes de su turno estaban relacionados con el tráfico de drogas y que muchos de esos casos habían sacrificado un buen número de efectivos para destinarlos al expediente de Latonya Wallace. Además, argumentaba, una razón clave del descenso en el porcentaje de resultados era que ningún teniente se había guardado casos de diciembre para el año actual. Eso siempre solía dar a la unidad un pequeño balón de oxígeno en enero. El porcentaje iba a mejorar, sostenía D'Addario. Ya está mejorando. Sólo hay que darle tiempo.

El memorando pareció convencer al coronel, según opinaba D'Addario. Otros agentes de su turno no pensaban lo mismo. Cuando se escoge a un teniente como cabeza de turco, el tiro de gracia no siempre viene del capitán, sino que el arma la cargan las críticas de los altos mandos, quizá el propio coronel o incluso el comisionado adjunto. Si era eso lo que había sucedido, entonces D'Addario corría más peligro del que podía atribuirse a un mal porcentaje de casos resueltos. Las dudas vendrían de lejos: del asunto de la calle Monroe, de los asesinatos de la zona noroeste y también de Latonya Wallace. Especialmente del caso Latonya Wallace. D'Addario sabía que la falta de cargos y de un acusado en el asesinato de la niña era suficiente para que los gerifaltes salieran en tropel en busca de un responsable.

Como no tiene aliados políticos, D'Addario se enfrenta a dos opciones: aceptar que le transfieran a otra unidad y aprender a vivir con el sabor de boca que ese cambio le dejará. O capear el temporal tanto tiempo como pueda, y esperar que el porcentaje de casos resueltos mejore, y cerrar un par de bolas rojas o dos. Al quedarse enrocado en su puesto, obligaría a sus superiores a forzar un traslado, pero él sabe que eso es un jaleo. Tendrían que demostrar que hay una causa para el traslado, y la cosa terminaría en una pequeña escaramuza de papeleo y burocracia. Perdería él, claro, pero todo el mundo quedaría retratado. Y el coronel y el capitán también lo sabían.

D'Addario era consciente de que, si se quedaba en la unidad de homicidios, y el porcentaje de casos resueltos no mejoraba, no podría proteger a sus hombres de los caprichos de las altas esferas, al menos no tanto como lo había hecho hasta ahora. Las apariencias volverían a ser importantes: los inspectores tendrían que ser y parecer irreprochables, y D'Addario tendría que fingir que era él quien los obligaba a ello. También significaba que se permitirían menos horas extra, y que los inspectores que llevaban menos casos tendrían que ponerse las pilas. Y sobre todo, que los inspectores tendrían que llevar la burocracia y el papeleo de los casos al día y en estado de revista, para que ningún supervisor viniera a husmear un expediente y se quejara de que no habían seguido todas las pistas. D'Addario sabía que sería una mera demostración de chorrada burocrática departamental. El trabajo que requeriría una media docena de informes cúbrete-las-espaldas consumiría un tiempo muy valioso. Pero así era el juego, y ahora tocaba jugar.

Lo más complicado de la partida sería el desglose de las horas extras de la unidad, un ritual que solía acontecer al final del año fiscal en el departamento de Baltimore. La unidad de homicidios solía gastar unos 150 000 dólares más por encima del presupuesto en horas extras y pagas por testimonios para sus inspectores. Con la misma consistencia, el departamento hacía crujir el látigo entre abril y mayo, con efectos casi mínimos, que desaparecían en junio, cuando empezaba el nuevo año fiscal y el dinero volvía a manar libremente. Durante dos o tres meses, cada primavera, los capitanes hablaban con sus tenientes, que hablaban con sus inspectores jefe para decirles que había que autorizar el menor número posible de horas extra, para que los números tuvieran mejor pinta y los altos mandos no se pusieran nerviosos. Esto era imposible en un distrito en el que todas las noches uno o dos coches patrulla atendían las llamadas de emergencia en la hora punta criminal. En la unidad de homicidios, la práctica creaba condiciones de trabajo surrealistas.

El límite de horas extra se basaba en una sencilla regla: cualquier inspector que llega al 50 por ciento de su salario base queda fuera de la rotación. Era perfectamente lógico para los responsables de control de gestión y de costes. Si Worden llega a su límite y lo mandan al turno de día, no atenderá llamadas. Y si no atiende las llamadas, entonces no generará horas extras. Pero en opinión de los inspectores y de sus superiores inmediatos, esta regla no tenía ni pies ni cabeza. Porque si Worden está fuera de la rotación, eso significa que otros cuatro inspectores tendrán que atender más llamadas en el turno de noche. Y Dios no lo quiera, si Waltemeyer también se acerca a su límite de horas extra, entonces su brigada se queda en tres hombres. En la unidad de homicidios, una brigada que sale al turno de medianoche con sólo tres agentes está pidiendo a gritos que le caiga un marrón.

Más aún, el tope de hora extras era un ataque frontal a la calidad. Porque los mejores inspectores eran los que dedicaban más horas a un caso, y los expedientes que construían eran más sólidos y tenían más probabilidades de acabar yendo a juicio. Es verdad que un inspector con dos dedos de frente y experiencia sabía cómo ordeñar un caso y sacarle hasta el último céntimo de horas extras, pero generalmente cuesta mucho dinero resolver un asesinato, mucho más que dejarlo abierto, y es aún más caro llegar a juicio y ganar el caso. Un homicidio resuelto es como un árbol de dinero, con muchas ramificaciones: una verdad reconocida en la Regla Séptima del panteón de la sabiduría del homicidio.

La regla dice que, teniendo en cuenta el color del dinero y el código según el cual, en la pizarra, un caso está abierto o cerrado, los casos primero son rojos, luego verdes y, finalmente, negros. Pero ahora, a causa de la frágil posición de D'Addario, habría menos verde en la ecuación. Esa primavera, la regla del tope del 50 por ciento en las horas extras hará daño de verdad.

Gary Dunnigan fue el primero en llegar al tope, y de repente se encontró en el turno de día, siguiendo pistas de casos antiguos y poco más. Luego llegó Worden, le siguió Waltemeyer, y Rick James empezó a coquetear con el 48 por ciento. De pronto, McLarney se vio con tres semanas por delante y turnos de noche con dos inspectores.

—No hay límite para los crímenes que cometen —dijo Worden cínico—. Sólo para el tiempo que podemos dedicarles.

D'Addario siguió el juego como un buen patriota y mandó notas de advertencia —con copia al coronel y al capitán— a los inspectores que se acercaban al límite del 50 por ciento, y luego mandó al banquillo de día a todos los que superaron el límite. Lo más notable era que sus inspectores jefe y el resto de los hombres estaban dispuestos a cooperar con la tontería. Cualquiera podría haberse saltado las restricciones solicitando ayuda, más hombres,en una mala noche, para luego afirmar que una cosa era el reglamento y otra la realidad. Después de todo, el asesinato es una de las cosas menos predecibles de este mundo.

En lugar de eso, los inspectores jefe prescindieron de cualquiera que se pasara del dichoso tope y reorganizaron los turnos y las rotaciones, porque comprendían que D'Addario estaba en peligro, y por extensión, ellos también. Había muchos tenientes en el departamento, y en opinión de McLarney y Jay Landsman, al menos un 80 por ciento de ellos tenían la capacidad, la voluntad y la ambición necesarias para superarse y joder a la unidad de homicidios del departamento si alguna vez tenían la ocasión de hacerlo.

Pero mientras que McLarney y Landsman siguieron las reglas del juego por pura lealtad a D'Addario, los motivos de Roger Nolan eran totalmente distintos.

Nolan se tomaba su cargo de inspector jefe muy en serio y claramente disfrutaba trabajando para lo que era esencialmente una organización paramilitar. Le gustaba seguir el protocolo del trabajo policial, más que a la mayoría de agentes de homicidios: respetaba la deferencia al rango, la lealtad institucional, la cadena de mando. Esta peculiaridad no le convertía en una marioneta de los altos mandos: Nolan protegía a sus hombres tanto o más que cualquier otro supervisor de la unidad de homicidios, y cualquier inspector que trabajara a sus órdenes sabía que sólo Nolan se metería con él.

Aun así, Nolan era un enigma para sus hombres. Había salido del gueto de Baltimore Oeste y llevaba más de veinticinco años en la policía. Se rumoreaba que era el único republicano negro de la ciudad de Baltimore. Él lo negaba rotundamente, pero no servía de nada. Fornido y calvo, de facciones anchas y expresivas, Nolan se parecía más a un boxeador envejecido o quizá al envejecido ex marine que realmente era. No le había resultado fácil crecer; sus padres habían vivido sumidos en el alcoholismo, y otros miembros de su familia habían acabado metidos en el tráfico de drogas de la zona de Baltimore Oeste. En cierto modo no era exagerado decir que los Marines habían salvado a Nolan, pues le habían arrancado de la calle North Carrollton y le habían dado una familia de adopción, una cama para él solo y tres comidas saludables al día. Estuvo en el Pacífico y también en el Mediterráneo, pero se licenció antes de que Vietnam se pusiera feo. Semper Fi* le educó: Nolan dedicaba su tiempo libre a capitanear una cuadrilla de *boy scouts*, leer historia militar y ver reemisiones de las películas de Hopalong Cassidy.† Lo cual, en la mente de cualquier policía de Baltimore, no era un comportamiento coherente con la de un nativo medio de la ciudad.

Sin embargo, la perspectiva de Nolan era especial, y no había nadie como él en la unidad de homicidios. A diferencia de Landsman y McLarney, jamás había estudiado para ser un inspector de homicidios. De hecho, se había pasado la mayor parte de su carrera en un coche patrulla, supervisando un sector entre el distrito Noroeste y Este de la ciudad. Tuvo que pasar un largo exilio cuando, al principio de una carrera más que prometedora como agente uniformado, se había cruzado en el camino de las altas esferas en un famoso caso de corrupción que tuvo lugar a principios de los años 70.

En aquellos tiempos, el Departamento de Policía de Baltimore era más movido. En 1973, casi la mitad del distrito Oeste y sus mandos fue-

* *Semper fidelis*: el lema del cuerpo de los Marines estadounidenses. *(N. de T.)*

† *Cowboy* heroico, personaje de novelas escritas a principios de siglo, que más tarde fueron llevadas al cine en películas de bajo presupuesto. Con el advenimiento de la televisión, volvieron a emitirse con gran éxito de público.

ron juzgados o expulsados del departamento por aceptar sobornos del juego ilegal. La unidad antivicio del departamento también se enfrentó a un destino similar, y por la sección táctica corrían rumores acerca del oficial negro de mayor graduación que había en la fuerza policial, el comandante James Watkins, que de otro modo habría sido un candidato prometedor para el cargo de comisionado. El problema era que Watkins había crecido con varios de los traficantes de drogas más conocidos de la avenida Pennsylvania y, antes de que terminara la década, le acusaron —ya coronel— de aceptar dinero de sus antiguos amigos.

Nolan era un agente en la sección de Watkins, y sabía que algo no cuadraba en la unidad táctica. En una ocasión, cuando en una de sus redadas confiscó más de quinientas bolsas de heroína, otros agentes se ofrecieron a custodiar la droga hasta la central. Nolan se negó. Contó las bolsitas personalmente, las fotografió y luego esperó a que le dieran el recibo por la entrega. Desde luego, la heroína —valorada en unos 15 000 dólares— desapareció de control de pruebas, y dos policías de la unidad táctica terminaron en el banquillo. Pero a pesar de eso, Nolan no creía que Watkins fuera consciente de la corrupción que había en su sección, ni que estuviera implicado. Así que contra todos los consejos y deseos del comisionado, cuando llegó el día del juicio contra Watkins, testificó a su favor.

El coronel fue condenado. Tras apelar, le concedieron derecho a un nuevo juicio, en el que fue declarado inocente. El veredicto sobre la carrera de Nolan también quedó dividido: antes de su testimonio, era un inspector jefe destinado a la unidad de investigación del fiscal del Estado. Después de testificar, le dieron un sector en la zona noroeste con la esperanza de no verle por la central durante un tiempo, al menos hasta que la actual jefatura estuviera al mando del departamento. El exilio, las maquinaciones políticas, la mancha imprevista de la corrupción de los demás, todo eso también educó a Nolan, tanto que los hombres de su brigada gruñían al unísono cuando su superior les contaba por enésima vez la historia de la heroína desaparecida.

El hecho de que Nolan hubiera podido volver al departamento después de pudrirse en las trincheras durante varios años era una muestra de perseverancia humana. Y aunque no tenía experiencia en la investigación de homicidios, tenía todo el sentido del mundo que este fuera su destino, pues allí la corrupción organizada jamás fue un problema. Durante los últimos quince años, el departamento de Baltimore había evitado tropezar de nuevo con la misma piedra —y lo había hecho mucho mejor que sus homólogos de Nueva York, Filadelfia o Miami. Pero incluso cuando un policía llegaba con la idea de sacarse un sobresueldo, se iba derecho a la unidad de narcóticos, o a la del juego o cualquier otra unidad en que un inspector pudiera tirar una puerta abajo y encontrar 100 000 dólares bajo un colchón. En la unidad de homicidios, el único tinglado reconocido eran las pagas extras. Nadie había logrado encontrar la manera de que los cadáveres soltaran dinero.

Así que, sobre todo, Nolan era un superviviente, orgulloso de su rango y de su posición en la unidad de homicidios. En consecuencia, se tomaba los aspectos burocráticos y de supervisión de su trabajo muy seriamente. No le gustaba que Landsman, McLarney o D'Addario se interesaran tan poco por los rituales del cargo. Las reuniones de supervisores de turno empezaban inevitablemente con Nolan proponiendo nuevas ideas para mejorar el funcionamiento del turno; algunas buenas, otras malas, pero todas relacionadas con un proceso de control más formal. Las reuniones duraban muy poco, por lo general: Landsman contestaba a la intervención de Nolan recomendándole tratamiento psicológico o que redujera su consumo de marihuana. Luego McLarney bromeaba sobre algo completamente alejado del asunto que tenían entre manos, y para decepción de Nolan, D'Addario daba por terminada la sesión. Básicamente, Landsman y McLarney preferían trabajar en los casos; Nolan disfrutaba con sus funciones de supervisor.

Por lo tanto, el movimiento táctico de D'Addario hacia una mayor supervisión y control de lo que sucedía en su unidad era correcto, desde el punto de vista de Nolan, pero llegaba tarde. Pensaba que el teniente debía ejercer mayor control sobre sus inspectores jefe, y estos a su vez tenían que disciplinar más a sus hombres. Nolan opinaba que D'Addario no sólo había delegado muchas responsabilidades en sus inspectores, sino que estos también habían aflojado las riendas.

Y sin embargo los inspectores de Nolan —Garvey, Edgerton, Kincaid, McAllister y Bowman— operaban con tanta o más libertad que los hombres de las demás brigadas. Nolan llevaba con mano férrea la documentación, los temas administrativos y los problemas de personal. Pero el objetivo principal de la unidad de homicidios era resolver asesinatos, y en lo que a eso se refería, la cadena de mando significaba lo mismo para Nolan y su brigada que para los demás. Los inspectores de Nolan llevaban sus casos a su ritmo y a su manera, y Nolan jamás les exigía nada más. La personalidad de Edgerton requería que así fuera, pero incluso un investigador más metódico, como Garvey, entregaría doce casos resueltos al año bajo la presión de un inspector jefe minucioso e insistente. Sin él, entregaría una docena exacta.

—No querría trabajar para ningún otro inspector jefe de por aquí —confesaba Garvey, explicándole la dinámica de la brigada a otro inspector—. Lo que pasa es que de vez en cuando, tienes que darle dos hostias a Roger para que vuelva a la tierra.

Los inspectores toleraban los recortes de las horas extras y los cambios en la distribución de turnos porque ellos también comprendían que D'Addario estaba en un aprieto. Y cuando D'Addario empezó a perseguir a los inspectores, a comprobar los expedientes y a pedirles que rellenaran más papeleo, nadie se lo tomó a pecho. Con el turno de medianoche a medio gas, Rick Requer lo resumió perfectamente:

—Si no fuera por Dee —le dijo a otros dos inspectores—, no nos tragaríamos tanta mierda así como así.

Y siguieron tragando durante todo el mes de abril, y hasta que llegó mayo, mientras D'Addario intentaba llevar lo mejor posible su nueva faceta de tocahuevos. El papeleo adicional y los cambios en los horarios eran puramente cosméticos y se podrían sobrellevar hasta que el teniente capeara el temporal. En cuanto a las horas extra, el dinero volvería a entrar en junio, con el nuevo año fiscal. Los hombres maldecían y gruñían, pero bailaban al son de la música de D'Addario. Y lo que era más importante, siguieron haciendo lo único que era verdaderamente esencial para el futuro de su teniente: resolver casos.

Ceruti contribuyó a la mejoría con el caso de una paliza mortal en el suroeste, y Waltemeyer cerró un tiroteo en una casa de la calle North Wolfe, cerca del Hospital Hopkins. En el turno de Stanton, Tomlin acudió a una pelea de navajas que terminó con la detención de un cadete de la policía recién licenciado, un chico que tenía que presentarse en la academia en un mes.

—¿Creen que debería llamar a la oficina de personal y contárselo? —preguntó el tipo después de confesar.

—Quizá sea buena idea —le dijo Tomlin—. Aunque estoy seguro de que ya se enterarán.

Garvey y Kincaid llevaron otro caso, en la avenida Harlem, donde Dios los bendijo con testigos y un sospechoso que aún merodeaba por la escena del crimen. Cuando llegaron al hospital para comprobar cuál era el estado de la víctima, los dos inspectores contemplaron cómo los cirujanos le abrían el pecho al muchacho para hacerle un masaje a corazón abierto, en un esfuerzo desesperado por salvarle la vida. La derivación del electrocardiograma era irregular y la sangre manaba de su cavidad torácica al suelo de la sala de urgencias. No jodas, pensaron los inspectores, que estaban bastante familiarizados con los matices médicos de la muerte violenta. Un cirujano que abre el pecho está tirando su último par de dados; cualquier policía sabe que el 97 por ciento de las veces falla. La Regla Seis mandaba, y Garvey regresó a la oficina incapaz de disimular su asombro.

—Eh, Donald —gritó Garvey, saltando entre las mesas y acompañando a Kincaid hasta su escritorio— ¡Va a palmarla! ¡Va a palmarla y sabemos quién lo hizo!

—Eres un hijo de puta frío como un pedazo de hielo —dijo Nolan, sacudiendo la cabeza y riéndose. Luego se dio la vuelta y caminó con paso alegre hasta su propio despacho.

Una semana más tarde, Waltemeyer y un asistente del fiscal fueron a Salt Lake City, donde un destacado pilar de la comunidad había confesado a un amigo íntimo que le buscaban por asesinato en Baltimore trece años atrás. Daniel Eugene Binick, de cuarenta y un años, llevaba una docena de años en Utah, casado la mayor parte del tiempo y era psicólogo que llevaba adictos en tratamiento. Vivía con otro nombre. Y aunque su fotografía aún estaba en el póster de «Buscados por Homicidio» que colgaba en la oficina principal de la unidad, era la imagen de un hombre más joven y desafiante. El Daniel Binick de 1975 tenía pelo largo y grasiento, un bigote espeso y antecedentes penales más que respetables. En la versión de los años 80 llevaba el pelo corto, y era el presidente de su sección local de Alcohólicos Anónimos. Incluso después de una semana de investigación, Waltemeyer sólo descubrió un testigo vivo del atraco al bar y del subsiguiente tiroteo. Pero bastaba con uno, y un caso resuelto que olía como un caso resuelto era igual de dulce.

A principios del mes de mayo, el porcentaje de casos resueltos ya había subido a un satisfactorio 60 por ciento. Igualmente, las horas extras y las pagas adicionales estarían firmemente ancladas en una cifra lo suficientemente discreta como para que los jefes se dieran cuenta. Si bien no estaba blindado, la posición de D'Addario se había estabilizado, o así se lo parecía a sus hombres.

Durante un breve encuentro en la oficina de homicidios, Landsman deja traslucir que los ánimos del turno están mejor arriesgándose a contar un chiste a costa del teniente. Algo que un mes antes ni se le habría ocurrido.

Más adelante, una tarde, D'Addario, Landsman y McLarney están frente al televisor. El teniente y McLarney comprueban la lista de turnos, y Landsman está absorbiendo los misterios ginecológicos de una revista erótica. El coronel Lanham se presenta de repente en la sección, y los tres supervisores le ven llegar con el rabillo del ojo.

Landsman espera unos buenos tres segundos antes de pasarle la revista, con la página central abierta, a D'Addario:

—Aquí tiene su revista, teniente —dice—. Gracias por dejármela.

D'Addario, sin levantar la vista, tiende la mano y la coge.

—Jodido Jay —dice McLarney, sacudiendo la cabeza.

Hasta el coronel se ríe.

Harry Edgerton necesita un asesinato.

Necesita un asesinato hoy.

Edgerton necesita un cuerpo humano, cualquiera, tieso y rígido y sin un ápice de vida en sus venas. Necesita un cuerpo que caiga en los límites de la ciudad de Baltimore. Necesita ese cuerpo tiroteado, apuñalado, apaleado, apalizado o inoperativo por otros motivos causados por la mano del hombre. Necesita un informe de homicidios en veinticuatro horas, con su nombre al pie y una cinta de color marrón que declare que Harry Edgerton es el inspector principal del caso. ¿Que Bowman lleva un aviso de tiroteo en la zona noreste? Dile que se agarre a esa escena del crimen, porque Harry Edgerton, su amigo y salvador personal, ya se ha subido al Cavalier y acelera por Harford Road. ¿Que la policía del condado tiene entre manos un asesinato en Woodlawn? Pues arrastra lo que quede del pobre desgraciado y cruza la frontera estatal, para que Edgerton se haga con él. ¿Una muerte dudosa en un apartamento sin entrada violenta? No hay problema. Dale a Edge una oportunidad y se encargará de que la autopsia de la mañana siguiente diga asesinato.

—Si no pillo uno pronto —dice Edgerton, saltándose de madrugada el semáforo en rojo de Frederick Road—, tendré que matar a alguien yo mismo.

Su nombre lleva dos semanas colgado en el tablero; y también en las listas de la brigada donde consta el inspector que debería ocuparse de la siguiente llamada. Las notas diarias son otra señal del cambio de actitud de D'Addario: toma nota de los inspectores que tienen menos casos resueltos y los designa como candidatos para el siguiente aviso. Y eso quiere decir, especialmente, que será Edgerton. Sólo ha llevado dos homicidios ese año: el ritmo del veterano no sólo es una cuestión candente en el seno de la brigada, sino también un tema peliagudo para D'Addario. Durante las últimas dos semanas, cada uno de los destinos empieza y termina con el nombre de Edgerton. Es la broma diaria en la sala del café:

—¿A quién le toca hoy?

—A Harry.

—¡Joder! Le va a tocar a Harry hasta octubre.

Hace días que Edgerton salta de los tiroteos a las peleas, a las muertes por sobredosis, esperando fervientemente que uno de los fiambres —cualquiera— se convierta en un asesinato.

Y de momento no pasa nada. Hay días en que, después de tres o cuatro llamadas, de ir de una punta a otra de la ciudad y echarle un vistazo a los cuerpos, otros inspectores levantan el auricular y les tocan masacres con el nombre y apellido del asesino. Si Edgerton se ocupa de un tiroteo, seguro que la víctima sobrevive. Llega para hacerse cargo de una supuesta paliza, y los enfermeros decretan que se trata de una sobredosis y que los hematomas que presenta la víctima se deben a las heridas que se hizo al caer desmayado al suelo. Edgerton se presenta en la escena de una muerte inesperada y puedes apostar tu último dólar a que será un jubilado de ochenta y ocho años con una enfermedad cardíaca. Todo esto no significa nada para D'Addario. Edgerton estará en el turno hasta que consiga un asesinato, repite el teniente. Y si tiene que estar el resto de su carrera ahí, pues no pasa nada.

Eso le convierte en un inspector de homicidios bastante irritable. Después de todo, es molesto que le tomen por el bicho raro del turno y el retrasado de la brigada. Incluso que Kincaid y Bowman y Dios sabe quién más sigan quejándose de cómo se reparte la carga de trabajo. Edgerton puede con eso y más. Pero adiós a una vida normal si va a tener que ir corriendo detrás de cada llamada durante todos los días de lo que empieza a parecer el resto de su vida.

Una semana atrás ya saltaba a la vista que Edgerton necesitaba un cadáver. Fue cuando se puso a maldecir a una víctima de sobredosis en los bloques Murphy Homes, pidiéndole al fiambre que cooperara y que fuera un poco más considerado.

—Degenerado hijo de puta —exclamó Edgerton frente al muerto mientras dos agentes uniformados le miraban incrédulos—. ¿Dónde demonios te has pinchado? No tengo todo el día, no puedo mirarte los brazos con lupa. Joder, ¿dónde estará esa jodida pinchada fresca?

No era sólo que fuera desalentador no encontrar la marca de la jeringuilla: es que llevaba decepción tras decepción, después de cada llamada que había cogido esa noche. Y en ese momento, de pie frente a un muerto más, en la escalera del bloque de Murphy Homes, a Edgerton le resultó de lo más frustrante que el tipo sólo se hubiera matado a golpe de chute de heroína. Joder, se lamentó en silencio, ¿era mucho pedir que fuera un asesinato? Esto era Baltimore, por el amor de Dios. Y aquí había un cadáver, en la escalera de un asqueroso bloque llamado George B. Murphy. ¿Qué sitio mejor para morir como un perro, descerebrado por una arma de gran calibre? ¿Qué hace este desgraciado con una jeringuilla en la mano izquierda, mirándole desde la acera con una mueca ridícula en la cara?

—¿Así que zurdo, además? —dice Edgerton, comprobando el brazo derecho—. ¿Dónde te la metiste, jodido?

El muerto sigue sonriéndole.

—¿Por qué me haces esto? —le pregunta Edgerton al cadáver.

Una semana más tarde, Edgerton sigue siendo el inspector favorito de los turnos de D'Addario, y corretea por el suroeste de Baltimore para atender otro aviso que, si su mala suerte sigue igual, no será más que un rasguño. No habrá escena del crimen, ni sospechoso, ni muerto en el cruce de Hollins con Payson. Edgerton se imagina, en lugar del cadáver, a un chaval de dieciocho años, sentado en una camilla en la sala de urgencias de Bon Secours, totalmente despierto y consciente. Hablando por los codos y con un brazo vendado.

—*El Supremo** tendrá que darme un respiro —dice, haciendo eses entre los dos carriles en una avenida Frederick que está vacía—. No puedo comprar un asesinato.

Frena de golpe en la señal de la calle Monroe y luego se dirige hacia Payson. Las luces azules del coche patrulla le reciben, pero Edgerton se fija inmediatamente en que no hay coche de bomberos. Ni un cuerpo en el pavimento. Si alguna vez hubo una ambulancia, se dice Edgerton, hace tiempo que se fue.

El inspector registra su hora de llegada y cierra la puerta de un portazo al salir. Un agente de uniforme, un jovencito blanco, se acerca con una mirada de preocupación en su rostro.

—¿Está vivo, verdad? —dice Edgerton.

—¿Quién? ¿La víctima?

No, piensa Edgerton, Elvis el Jodido Rey Presley. Pues claro que la víctima. El inspector asiente.

—No creo —dice el agente—. No por mucho tiempo. Tenía mala pinta cuando se lo llevó la ambulancia.

El inspector sacude la cabeza. El chico no sabe lo que le espera. Ya lo sabía, querría decirle Edgerton, porque yo no llevo asesinatos, sino una centralita de llamadas.

—Pero tenemos un testigo.

Un testigo. Entonces seguro que no es un asesinato.

—¿Dónde?

—Allí, en mi coche.

Edgerton mira más allá del cruce, a un drogata bajito y delgado como un palillo que les devuelve la mirada y asiente con lo que parece una expresión atenta. Le llama la atención, porque normalmente los testigos obligados a quedarse en la escena del crimen suelen tener aspecto descontento y se niegan a cooperar.

—Ahora voy. ¿Y la víctima?

—Creo que está en Bon Secours.

—¿Esto es la escena?

* En castellano en el original. *(N. de T.)*

—Sí, y más allá hay algunos casquillos. Del 22, creo.

Edgerton avanza lentamente por la calle, vigilando dónde pisa. En el asfalto hay unos diez casquillos —parecen de un rifle del 22, en efecto— desparramados. Alrededor de cada uno, los agentes han trazado un círculo de tiza amarillento. La pauta de caída de las balas parece cruzar la calle por el oeste en dirección al cruce, y la mayor parte de los casquillos está en el borde suroeste del mismo. En ese rincón, dos marcas de tiza adicionales indican la posición del cuerpo cuando llegaron los de la ambulancia. Con la cabeza hacia el este y los pies al oeste, hacia el borde de la curva.

El inspector recorre la escena otros diez minutos, en busca de algo fuera de lo normal. No hay rastro de sangre. No hay señales de pelea. No hay marcas de frenazo. Es una escena del crimen de lo más sosa. En una alcantarilla cerca del rincón noreste, encuentra una cápsula de gelatina rota con restos de polvillo blanco. No es nada sorprendente: el cruce de Hollins y Payson es un mercado de droga cuando cae el sol. Además, la cápsula amarillea y está lo suficientemente gastada como para que Edgerton piense que lleva varios días en la calle, que no tiene nada que ver con el tiroteo.

—¿Es tu zona? —le pregunta al agente.

—No, pero estoy en este sector, así que me conozco esta esquina bastante bien. ¿Qué quiere saber?

Qué quiero saber. A Edgerton empieza a gustarle el chico, que no sólo sabe hacerse con el primero que pasa por la escena y que parece un testigo, sino que también habla como si conociera la zona de verdad. En el departamento de Baltimore, una situación así es digna de un ataque de nostalgia. Hace diez o quince años, un inspector de homicidios podía hacerle una pregunta a un agente de uniforme y esperar una respuesta. Eran los días en que un buen policía controlaba su zona, y un perro no podía tirarse a otro en Hollins con Payson sin que alguien lo supiera en la comisaría del sector suroeste. Si se cometía un crimen, y le preguntaban al agente que patrullaba la zona quiénes solían estar en esa esquina por las noches, y dónde localizarlos, lo sabía. Y si no, se preocupaba de averiguarlo pitando. Hoy en día, se dice Edgerton, tenemos suerte si se saben el nombre de la calle que patrullan. Este chico es un policía de verdad. Un anticuado.

—¿Quién vive en la casa de la esquina?

—Unos traficantes de drogas. No es una casa, es un maldito campo de tiro. Los chicos de antidrogas hicieron una redada la semana pasada y encerraron a una docena de esos cabrones.

Adiós. Ningún testigo por ese lado.

—¿Y la otra, la de enfrente?

—Allí viven los drogadictos. Y algún viejo borracho. No, el borracho vive una casa más allá.

No tiene precio, piensa Edgerton. Este chico vale su peso en oro.

—¿Y que hay allí?

El agente se encoge de hombros.

—No estoy seguro. Quizá haya una persona de verdad.

—¿Registraste la zona?

—Sí, repasamos la mitad del bloque. No contestaron en esa casa, y los hijos de puta de allá dicen que no vieron nada. Podemos detenerlos, si quiere.

Edgerton dice que no, mientras apunta la información en su libreta de notas. El agente echa un vistazo, curioso.

—¿Y el tipo que tienes ahí? ¿Le conoces? —pregunta Edgerton.

—No sé cómo se llama, pero le he visto por ahí. Vende en esa esquina, y lo han encerrado alguna vez, eso lo tengo claro. Es un mierda, si es eso lo que quería saber.

Edgerton sonríe brevemente y luego cruza la calle. El traficante delgaducho está apoyado contra el coche patrulla, con una gorrita negra caída sobre la frente. Lleva zapatillas Air Jordan, tejanos de marca, una camiseta Nike: un montón de estatus del gueto. Hasta sonríe cuando Edgerton se acerca al coche.

—Creo que tendría que haberme ido antes —dice.

Edgerton sonríe. Un chico de barrio que sabe lo que hay.

—Va a ser que sí. ¿Cómo te llamas?

El traficante murmura un nombre.

—¿Llevas identificación?

El traficante se arruga, remolonea, pero saca una identificación. El nombre cuadra.

—¿Esta es tu dirección actual?

El otro asiente.

—¿De qué iba el tiroteo?

—Sé de qué iba. Y puedo decirle lo que parecía desde el otro lado de la calle, pero no vi quién lo hizo.

—¿Qué quieres decir con eso?

—Que estaba demasiado lejos. A mitad del bloque, cuando llegaron disparando. No vi...

Edgerton le corta. Otro coche patrulla, que viene desde el sur hacia Payson, aparca en la curva. O. B. McCarter, que vuelve a patrullar el suroeste después de haber trabajado en el homicidio de Karen Smith, saca la cabeza por la ventanilla del conductor y se echa a reír.

—Harry Edgerton —dice, incapaz de contenerse—, ¿este es tu caso, tío?

—Pues sí, así es. ¿Vienes del hospital?

—Sí.

Jodido McCarter, piensa Edgerton. Tres semanas fuera de homicidios y no le he echado de menos ni medio minuto.

—¿Bueno, y qué? —pregunta, impaciente— ¿Está muerto?

—¿Hay algún sospechoso?

—No.

McCarter ríe.

—Está muerto, tío. Ya tienes tu fiambre, Harry.

Edgerton se gira hacia el traficante, que sacude la cabeza ante la noticia. El inspector se pregunta si está montándole un numerito o si realmente está afectado por el asesinato.

—¿Conocías al muerto?

—¿Pete? Pues claro, sí que le conocía.

—Aquí tengo que se llamaba Greg Taylor —dice Edgerton, comprobando su libreta de notas.

—Que va, por aquí le llamábamos Pete. Hablé con él hace menos de dos horas. Debe ser una confusión.

—¿Y qué hacía?

—Bueno, vendía mierda, ya sabes. Droga mezclada, mala. Le dije que era peligroso.

—Así que le dijiste eso.

—Sí, ya sabes, por la zona.

—El tipo te caía bien, ¿no?

El traficante sonríe.

—Era buena persona.

Casi a su pesar, a Edgerton le divierte la situación. Su víctima trabajaba en la calle Payson, vendiendo bicarbonato a diez dólares la cápsula a los colgados, en un acto de capitalismo salvaje que iba a atraerle más enemigos de los que jamás podría necesitar. Dios, se dice Edgerton, mi suerte está cambiando. Todos los drogatas de la avenida Frederick debieron venir a por este hijo de puta, y yo doy con el único tipo al que le sabe mal que haya estirado la pata.

—¿Y hoy estaba aquí vendiendo? —pregunta Edgerton.

—Sí. Bueno, de vez en cuando.

—¿A quién se la vendía?

—Un chico que se llama Moochie le compraba. Y la chica de Moochie, que vive allá en Pulaski. Y luego otros dos, que venían en coche. No sé quiénes eran. Bastante gente le pagaba por esa mierda.

—¿Cómo fue el tiroteo?

—Estaba a mitad del bloque. No vi quién era, se lo he dicho.

Edgerton baja la cabeza y luego hace un gesto hacia el asiento trasero del coche patrulla. El traficante se mete dentro y Edgerton le sigue, cerrando la puerta tras él. El inspector baja la ventanilla, enciende un cigarrillo y le ofrece otro al muchacho. Este lo acepta con un suave gruñido.

—Ibas bien hasta ahora —le dice Edgerton—. No empieces a liarla.

—¿Cómo?

—Que me has dicho la verdad, hasta ahora. Por eso no te arrastro a la central, como debería. Pero si vas a cerrar el buche...

—No, tío, no —dice el traficante—. No es eso. Se lo he dicho, vi el tiroteo, venía de lo de mi chica, por la calle. Vi que perseguían a Pete y oí los disparos, pero no puedo decirle quiénes eran.

—¿Cuántos había?

—Vi a dos. Pero sólo disparaba uno.

—¿Con una pistola?

—No —dice el chico, estirando los brazos hasta imitar la longitud de un arma larga—. Era una de estas.

—¿Una escopeta?

—Sí.

—¿De dónde venía?

—No lo sé. Ya estaba ahí cuando le vi.

—¿Y dónde fue después?

—¿Después?

—De abatir a Pete. ¿Hacia dónde huyó el chico con la escopeta?

—Se fue hacia Payson.

—¿Al sur? ¿Por dónde? ¿Qué aspecto tenía? ¿Qué llevaba puesto?

—Un abrigo oscuro y un sombrero, creo.

—¿Qué tipo de sombrero?

—Con una visera.

—¿Una gorra de béisbol?

El traficante asiente.

—¿Cómo era, alto o bajo?

—Era de altura media. Un metro setenta o así.

Edgerton tira su cigarrillo al exterior y repasa las dos últimas páginas de su libreta de notas. El traficante inhala profundamente y luego suspira.

—Vaya mierda.

Edgerton gruñe.

—¿Qué?

—Hablé con él hace un par de horas. Le dije que esa mierda iba a traerle problemas. ¿Y se rió, sabe? Se rió y dijo que se sacaría unas perras y luego compraría mierda de verdad.

—Bueno, resulta que tenías razón —dice Edgerton.

Se oyen voces en la acera adyacente, y el traficante se hunde en el asiento, como si de repente se diera cuenta de que lleva un cuarto de hora hablando con un inspector de policía. Dos jóvenes pasan al lado del coche y doblan la esquina de la calle Hollins, mirando con inquina a los uniformes, pero sin preocuparse del asiento trasero. Excepto por los agentes, el cruce vuelve a quedar vacío.

—Dese prisa —dice el chico, incómodo—. Por aquí me conoce mucha gente y esto no está bien.

—Dime —pregunta Edgerton, leyendo sus notas—. En esa esquina de ahí tenía que haber alguien, ¿no?

El traficante asiente con amabilidad, casi contento de saber cuál es el precio que tiene que pagar para que le dejen ir en paz.

—Cinco o seis personas —dice—. Un par de chicas que viven por ahí, en Hollins, con otro chico que no conozco. No sé cómo se llaman pero sí dónde van. Y había otro tipo al que sí conozco. Estaba ahí cuando todo sucedió.

Edgerton vuelve la hoja de su libreta y saca su bolígrafo.

No dicen nada más. Los dos saben que, a cambio del anonimato, el traficante dará el nombre de otro testigo. El chico pide otro cigarrillo, luego una cerilla y expulsa humo y nombre a la vez.

—John Nathan —repite Edgerton, apuntándolo—. ¿Dónde vive?

—Creo que en la calle Catherine con Frederick.

—¿Trafica?

—Sí. Ha estado en la trena varias veces.

El inspector asiente y cierra la libreta de notas. Un inspector sólo puede esperar un cierto grado de cooperación por parte de los testigos en una escena del crimen, y este chico ha superado el límite mensual de Edgerton con creces. Instintivamente, el traficante estira el brazo para cerrar el trato con un apretón de manos. Es un gesto extraño. Edgerton responde, y le ofrece un última advertencia antes de abrir la puerta del coche.

—Si me has mentido —dice, deslizándose hacia fuera mientras el chico le imita—, sé dónde vives.

El traficante asiente, se baja la gorra y desaparece en la oscuridad. Edgerton se toma otros diez minutos para esbozar un esquema de su escena del crimen y les hace algunas preguntas a los agentes de la zona sobre el nombre que acaban de soplarle. Si le véis por ahí, ordena, lo detenéis y llamáis a homicidio.

A las tres y media de la mañana, Edgerton por fin consigue librarse para ir a Bon Secours y visitar a su fiambre. Es grande —un metro ochenta— y tiene el cuerpo de un jugador de rugbi: el pecho de un atacante y las piernas de un defensa. Gregory Taylor era un adicto de treinta y un años que vivía a un bloque del lugar donde murió. Mira al techo de la sala de urgencias con un solo ojo abierto. El otro está hinchado y cerrado a causa del tiroteo de la calle Payson. De cada miembro cuelgan catéteres y tubos, desvalidos y tan desprovistos de vida como el cuerpo al que están ligados. Edgerton observa las marcas de agujas en ambos brazos, así como las heridas de entrada de los disparos, en el pecho, en la cadera izquierda y en la parte superior del brazo derecho. Todas las heridas parecen de entrada, aunque con un calibre del .22 es difícil de decir.

—No tiene muy buen aspecto —le dice a un agente apostado cerca—. Era grande y fornido. Supongo que eso explica que hubiera dos. Yo no me iría a pelar a este tipo solo, ni siquiera con una escopeta. Definitivamente, me traería a un amigo.

La evidencia física le sugiere otras dos cosas al inspector. Una, que el asesinato fue un acto impulsivo, no fruto de la premeditación. Edgerton lo sabe por las armas utilizadas. Ningún pistolero o ejecutor con la más mínima semblanza de profesionalidad llevaría algo tan aparatoso como una escopeta del .22 a un asesinato premeditado por un tema de drogas. Dos, el asesino estaba muy enfadado con Gregory Taylor, porque diez disparos son una señal clara de descontento.

Edgerton se inclina sobre el torso del hombre muerto y se pone a dibujar una figura humana en una página de su libreta. Empieza a marcar los puntos de impacto de las balas. Mientras, una enfermera de urgencias, corpulenta y en cuyo rostro está colgado el sempiterno cartel de fuera-de-mi-sala-de-urgencias llega a la camilla apartando la cortina de plástico que separa las unidades de trauma.

—¿Es usted el inspector responsable?

—Sí.

—¿Necesita su ropa?

—Pues sí, gracias. Debería venir un agente para llevársela. Avisaré para que...

—Hay uno en la sala de espera, con la madre —dice la enfermera, a medio camino entre la alegría de la irritación y la satisfacción de la eficiencia—. Necesitamos despejar la cama.

—¿La madre está aquí?

La enfermera asiente.

—Bien. Entonces, la veré —dice Edgerton, abriendo la cortina—. Otra cosa. ¿Dijo algo en la ambulancia que le trajo aquí?

—L-M-Y-S-M —dice la enfermera.

—¿Cómo?

—L-M-Y-S-M —repite con cierto orgullo—. «Llegó muerto y siguió muerto.»

Maravilloso. Así se entiende que el asunto extramatrimonial más fácil y habitual en un policía sea con una enfermera de urgencias. ¿Qué otra relación podría ser tan psicológicamente simbiótica, de perspectiva tan felizmente distorsionada? ¡Demonios!, si alguna vez se aburren de tener sexo, siempre pueden irse a una habitación de un motel y propinarse respuestas cínico-ingeniosas. L-M-Y-S-M.

Edgerton se traga la sonrisa antes de empujar la doble puerta para conocer a la madre, de cincuenta y ocho años, que espera en la salita.

Pearl Taylor toma la mano del inspector, pero no dice nada. Edgerton suele ser bueno con las madres desgarradas por el dolor. Es un hombre bien vestido, atractivo y que se cuida, lleva el pelo peinado y con colonia y tiene una voz rica y profunda. Es el vivo retrato de lo que su hijo jamás llegará a ser. Los fiscales, que tienen que procesar a acusados negros frente a jurados de mujeres negras, adoran que Edgerton se suba al estrado de los testigos precisamente por esa razón.

—Siento mucho lo de su hijo.

La madre sacude la cabeza rápidamente y luego suelta la mano del inspector.

—Creemos que esto sucedió porque —Edgerton escoge cuidadosamente sus palabras— porque tuvo una discusión acerca de...

—Drogas —dice ella, terminando la frase—. Lo sé.

—¿Hay alguien con quién su hijo se hubiera peleado o... ?

—No sé nada de sus negocios —dice ella—. No puedo ayudarle.

Edgerton reflexiona sobre la siguiente pregunta, pero la expresión lastimera de la mujer le hace cambiar de opinión. Es como si estuviera esperando ese momento desde hace años, tanto tiempo que la llegada del inspector es recibida con la misma cantidad de dolor y de familiaridad.

—Haré cuanto esté en mi mano —dice por fin Edgerton— para encontrar a la persona responsable de la muerte de su hijo.

Ella le mira con una expresión extraña, luego se encoge de hombros y se va.

Martes 10 de mayo

—Homicidios —dice Edgerton—. ¿Cómo va?

—Tirando —dice el sargento de turno, no muy impresionado—. No, retiro eso. Más que tirando. Tirados. Completamente. Jodida historia.

—¿Tan mal, eh?

—¿Qué puedo hacer por usted?

—Tengo una orden para uno de vuestros chicos —dice Edgerton, sacando un formulario de custodia firmado por el fiscal del Estado. Lo deja encima del escritorio del sargento de la comisaría de la zona suroeste. El tipo gruñe mientras revisa la orden por encima de sus gafas de lectura, tose y luego apaga un cigarrillo en un cenicero que está a rebosar. Toma el papel y da un paso atrás, comprobando el nombre en una lista de prisioneros.

—Está en la cárcel municipal —dice por fin.

—Pero si acabáis de llamarme para decirme que está aquí —dice Edgerton—. ¿Cuándo se lo llevaron?

El sargento vuelve a leer el nombre, luego se acerca a la puerta del bloque de celdas. Llama al carcelero, le pasa el papel entre las rejas, hace una seña afirmativa al tipo que está al otro lado y luego regresa. Edgerton observa cada movimiento cansino, a medio camino entre la diversión y la exasperación. Es la danza de medianoche del sargento de turno, una actuación que siempre es la misma, sin importar si la cárcel está en Boston o en Biloxi. ¿Alguna vez hubo un sargento que no mirara la orden por encima de sus gafas? ¿Que no gruñera ante el papeleo que la llegada del inspector significará, a las tres de la madrugada? ¿Hubo alguna vez sargentos y funcionarios que no tuvieran más de cincuenta años, a seis meses de cobrar su pensión, cuyos movimientos fueran más lentos que la propia muerte?

—John Nathan. Sí, lo tenemos —dice finalmente el sargento—. Nos dio un nombre distinto.

—Ah, vale.

—Quiere llevárselo, ¿no?

—Sí, a la central.

Cinco minutos más, y se abre la puerta de las celdas para dejar pasar a un chico de piel oscura, barrigón, que camina lentamente hacia la luz del área de fichajes. Edgerton mira a la pequeña maravilla que será su testigo y sabe al momento que resolverá el caso del asesinato de la calle Hollins. Lo sabe por el aspecto del chico. Porque no sólo el descerebrado que tiene delante se las arregló para que lo detuvieran por tráfico de drogas dos horas después del tiroteo, sino porque está de pie, ahí, con cara de oveja, en lugar de desafiarle. Son las tres de la mañana y el chico ni siquiera le ha mirado mal. Cuando Edgerton le quita las esposas, el muchacho estira los brazos hacia arriba, con las palmas extendidas.

—No se olvide de traerle pronto de vuelta. Mañana hay clase —dice el sargento.

Es una frase tan vieja como las comisarías, y Edgerton no se ríe. El gordito no dice nada durante un momento, y luego dice algo que es una declaración, más que una pregunta.

—Querrá que le hable de Pete, tío.

—Yo te diré de qué quiero que hables —dice Edgerton, acompañando a su prisionero fuera de la comisaría, hasta el Cavalier. Se dirigen al oeste por la calle Lombard, y Edgerton conduce más lentamente cuando pasan frente a la oficina forense, en el cruce de la calle Penn.

—¿Quieres saludar a tu amigo?

—¿Qué amigo?

—Pete. El chico del cruce de Payson con Hollins.

—No es mi amigo.

—¿Ah, no? —dice Edgerton—. Así que no quieres saludarle, ¿eh?

—¿Dónde para?

—Ahí mismo. En el edificio blanco.

—¿Qué hace ahí?

—No mucho —dice Edgerton—. Es la morgue.

El inspector mira por el retrovisor y se queda satisfecho. No hay la menor sombra de sorpresa en la cara del chico. Lleva encerrado en la comisaría desde ayer a primera hora de la mañana, pero sabe lo del asesinato.

—No sé nada de esa mierda —dice el chico con un retraso de cinco segundos—. No sé por qué tiene que llevarme al distrito Suroeste para hablar conmigo.

Edgerton ralentiza el Cavalier cuando pasan por la curva, y se da la vuelta para mirar al chico severamente. Este trata de devolverle la mirada, pero Edgerton palpa su miedo.

—No te importa un carajo —dice Edgerton fríamente. Se da la vuelta y acelera de nuevo—. Vamos a volver a empezar, como si jamás hubieras conocido a un poli en toda tu vida. Olvídate de todo lo que crees saber de nosotros, porque nadie te habló jamás como te voy a hablar yo.

—Va a hablar conmigo.

—Vas pillándolo.

—No sé nada.

—Estabas ahí —dice Edgerton.

—No estaba en ningún lado.

Edgerton vuelve a detener el coche y a girarse. El chico parpadea, nervioso.

—Estabas ahí —dice Edgerton, lentamente.

Esta vez el chico no despega los labios y Edgerton conduce en silencio durante los seis bloques restantes. Dos horas, se dice el inspector. Una hora y cuarenta minutos para que el chico salchicha me diga todo lo que sucedió en la calle Payson; veinte minutos para pasar en limpio la confesión y para que firme cada página con sus iniciales.

Las predicciones no significan demasiado en la sala de interrogatorios; Edgerton lo demostró tres semanas atrás, cuando fue a por su mejor sospechoso en el caso de Brenda Thompson, en la que fue su tercera y última entrevista. Ese día, Edgerton entró diciendo que obtendría una confesión, y salió seis horas más tarde con un montón de mentiras. Pero esta vez es optimista. Para empezar, el chico que está temblando en el asiento trasero no es el sospechoso, sino un testigo. Y además, el muchacho se las ha arreglado para que le trinquen por tráfico de drogas, con lo cual podrán utilizar eso para negociar. Y, finalmente, John Nathan no tiene corazón. Lo ha demostrado hace menos de un minuto.

En la oficina de la unidad de homicidios, Edgerton conduce al chico a la sala grande de interrogatorios y luego emprende su monólogo. Veinte minutos más tarde, el chico empieza a asentir. En total, Edgerton tarda un poco más de noventa minutos, pero logra una narración completa de lo que pasó en la calle Payson, y que encaja con todas las pruebas que ha recogido en la escena del crimen.

Según Nathan, Gregory Taylor estaba engañando a sus clientes con falsas drogas y luego se metía los beneficios comprando mercancía de verdad. Incluso por los estándares más bien fugaces del tráfico de drogas urbano, no se trataba de una carrera profesional con futuro. Taylor terminó por cabrear a un par de chavales de los bloques Gilmor Homes, y luego cometió el error de aferrarse a la esquina en la que trabajaba durante demasiado tiempo. Los chicos volvieron con una camioneta, asaltaron a Taylor con escopetas y le pidieron que les devolviera su dinero. Consciente de la situación, la víctima les devolvió sus veinte pavos, pero uno de los clientes aún no estaba satisfecho. Empezó a disparar la escopeta mientras perseguía a Taylor por el cruce, acribillándolo hasta que cayó sobre el asfalto. Los dos pistoleros volvieron luego a la camioneta y se dirigieron por la calle Payson hacia Frederick.

Durante el breve interrogatorio, Nathan da los nombres reales, localizaciones, descripciones físicas y direcciones aproximadas, hasta el último detalle. Cuando Edgerton regresa a la unidad, tiene todo lo que necesita para emitir un par de órdenes de busca y captura.

Y sin embargo, nada de eso parece importar cuando, a la mañana siguiente, el teniente en funciones —el supervisor que actúa como asistente directo del capitán— lee el informe de las últimas veinticuatro horas y se entera de que Edgerton interrogó a un testigo en la escena del crimen sin llevarlo a la central. Es un procedimiento incorrecto, se queja. Irregular. En contra del protocolo estándar. Un comportamiento que denota falta de sentido común, incluso pereza.

—¿Qué coño sabe de cómo llevar una investigación? —dice Edgerton, enfadado, cuando Roger Nolan le informa de las quejas en el siguiente turno de medianoche—. Sentado en su oficina, jugando con los números. ¿Acaso ha trabajado alguna vez en la puta calle? ¿Sabe lo que es un caso?

—Tranquilo, Harry, tranquilo.

—Ese tipo con el que hablé en la escena del crimen me lo sirvió todo en bandeja —sigue Edgerton, irritado—. ¿Qué demonios importa si hablé con él allí o aquí?

—Ya sé...

—Estoy hasta los huevos de esos jodidos políticos.

Nolan suspira. Como inspector jefe de Edgerton, está atrapado entre el capitán y D'Addario, para quien Edgerton se convierte en munición en una guerra de acusaciones. Si Edgerton se encarga de las llamadas y resuelve asesinatos, hace quedar bien a su teniente de turno. Si no, el capitán y el teniente administrativo le utilizarán como prueba de que, en el turno de D'Addario, la supervisión es más bien relajada.

Pero ahora la situación es aún peor. Nolan tiene que lidiar con la política del departamento, y además tiene serios problemas en su brigada. Edgerton se ha convertido en un pararrayos; y Kincaid, en particular, no soporta al inspector.

Kincaid es un veterano de la vieja escuela y valora la forma en que un hombre sirve a su unidad. Según él, un buen inspector se presenta temprano a trabajar para aliviar el turno anterior. Atiende el teléfono y coge tantas llamadas como puede. Cubre las espaldas de su compañero, por supuesto, y de los demás agentes de su unidad, y les echa un cable con los testigos o incluso las escenas del crimen sin que se lo pregunten. Es una imagen gratificante del inspector como entidad de cooperación, un jugador que trabaja para el equipo, y Kincaid lleva veintidós años esforzándose por encajar en ese ideal. Durante siete años, trabajó con Eddie Brown, un equipo interracial especialmente irónico porque Kincaid arrastra las palabras con acento sureño. Y durante los últimos dos años le ha tocado estar con todos y cada uno de los hombres del turno de D'Addario dispuestos a compartir una llamada con él.

Por eso, Kincaid no comprende a Edgerton. No es que no le guste, les dice el inspector de más edad al resto de compañeros. No hace ni dos semanas que en la fiesta de la brigada de McAllister, una barbacoa que se celebra cada verano, Edgerton se trajo a su mujer y su hijo, y Kincaid se pasó un rato charlando con él. Harry fue hasta divertido esa noche, a Kincaid no le duelen prendas admitirlo. Teniendo en cuenta las diferencias de edad, raza y su educación neoyorquina, Edgerton quizá no sería la primera elección de Kincaid para irse de cervezas, pero, al final, lo que realmente les separa es que Edgerton carece totalmente de instinto de grupo. Es totalmente indiferente a la camaradería entre los agentes de una misma comisaría, algo que Kincaid siempre ha valorado por encima de todo.

Para Edgerton, el consumado lobo solitario, la investigación de un homicidio es una tarea individual y apartada. En su mente la concibe como un combate singular entre un inspector y el asesino, un enfrentamiento en el que los demás inspectores, inspectores jefes, tenientes y todos los demás organismos del departamento de policía no tienen ninguna otra labor que quitarse de en medio para que el inspector principal del caso pueda trabajar. Este era, en esencia, el principal punto fuerte de Edgerton y también su mayor debilidad. Compartir nunca sería su credo y, en consecuencia, Edgerton siempre sería una fuente de descontento para su brigada. Pero cuando le tocaba un asesinato, no escurría el bulto. A diferencia de muchos inspectores, que aprenden a trabajar un asesinato sólo hasta que suena el teléfono y el operador les asigna el siguiente caso, Edgerton se enterraba en el expediente de un caso hasta que un inspector jefe venía, lo sacaba de ahí a rastras y lo llevaba entre gritos y pataleos hasta su siguiente caso.

—Hacer que Harry tome un caso es infernalmente difícil —explicó Terry McLarney en una ocasión—. Tienes que cogerle por los hombros y gritarle: «¡Harry, este es tuyo!». Pero una vez has hecho eso, lo trabaja hasta la muerte.

No, Edgerton no iba a encargarse de su parte de suicidios, muertes por sobredosis o ahorcamientos en celdas. No aceptaba pedidos de nadie cuando iba a Crazy John a tomarse un filete con queso, y si se le pedía que trajera algo cuando volviera, lo más probable es que se olvidara. No, no era una fuerza de la naturaleza como Garvey o Worden, una figura central alrededor de la cual orbita toda la brigada. Y es cierto que cuando algún policía novato, sin pensárselo, vacía su revólver al sorprender a un atracador en una gasolinera, lo más probable es que Edgerton no se presente voluntario para ayudar a cribar las declaraciones de los testigos ni para armar los informes. Pero, si se le dejaba a su aire, podía resolver para su brigada ocho o nueve buenos casos al año.

Habiendo supervisado a Edgerton cuando los dos trabajaban en el distrito Este, Nolan hace tiempo que comprendió el necesario compromiso. Edgerton era uno de los patrulleros más inteligentes y con más talento que había en el sector de Nolan, a pesar de que el resto de policías de los uniformes no sabían qué pensar de él. Podía ser desagradable, a veces incluso un poco irresponsable, pero en su zona de la avenida Greenmount no sucedía nada de lo que no estuviera informado. Lo mismo sucedía en homicidios; puede que Edgerton desapareciera durante un día o dos, pero Nolan podía confiar en que al final Harry trabajaría sus casos. A fondo.

—No te preocupes por ello —le dijo Nolan a Edgerton después de una de las diatribas de Kincaid—. Simplemente sigue haciendo lo que estás haciendo.

Para Nolan, el truco era mantener unida a su brigada evitando los puntos de fricción. Que todo el mundo estuviera en su propia órbita: Kincaid con Bowman y Garvey, y Edgerton solo o con el propio Nolan, cuando, de uvas a peras, necesitaba un secundario. De repente, sin embargo, eso se había vuelto imposible.

La semana pasada, Nolan había oído a Kincaid y a Bowman en dos momentos distintos quejarse de Edgerton en la oficina principal. Ese hecho por sí sólo no era nada nuevo; todo el mundo criticaba a todo el mundo en la sala de la brigada. Pero lo curioso es que el teniente administrativo —que tenía vía directa con el capitán— había estado presente en ambas ocasiones.

Un jefe era un jefe. Que un inspector criticara a otro frente a un teniente era ir demasiado lejos. Y mientras Nolan era el único entre los inspectores jefes que no adoraba especialmente a D'Addario, no tenía intención de permitir que utilizaran a Edgerton como munición en ninguna prolongada lucha de poder.

Al menos un inspector de la brigada, Rich Garvey, estaba igualmente incómodo con esa noción. Como el hombre que respondía a más llamadas en la brigada de Nolan, Garvey no estaba nada impresionado por la ética de trabajo de Edgerton. Pero tampoco quería ver a un colega inspector, a un inspector competente, sacrificado por cosas que deberían resolverse dentro de la brigada. Tres días atrás, en una comida tranquila en Fells Point, se lo había comentado a Kincaid.

—Nolan lo tiene demasiado consentido —dijo Kincaid amargamente—. Durante el último turno nocturno, ese hijo de puta llegó tarde todos los días excepto uno.

Garvey negó con la cabeza.

—Lo sé. Sé que estás cabreado, Donald —le dijo al veterano inspector—, pero has de tener en cuenta que Nolan haría lo mismo por ti. A ti también te cubriría.

Kincaid asintió.

—Sé lo que quieres decir —dijo finalmente—. Pero te digo que si yo fuera su inspector jefe, le daría tal patada en el culo que no sabría qué le ha pasado.

—Sé que lo harías, Donald.

Aquella charla durante la comida sirvió para declarar un alto el fuego temporal; no habría más escenas frente al teniente administrativo ni frente a ningún otro jefe. Pero Garvey y Nolan sabían muy bien que, con Edgerton y Kincaid enfrentados, el problema no se había resuelto definitivamente. Y, en efecto, las cosas se han vuelto a poner feas hoy, con el teniente administrativo pidiendo explicaciones sobre la actuación de Edgerton en el asesinato de la calle Payson. Según piensa Nolan, era imposible que al teniente se le hubiera ocurrido preguntar por los interrogatorios de Edgerton a un testigo en la escena del crimen a menos que otro inspector se lo hubiera mencionado.

Edgerton sigue todavía cabreado por el comentario del teniente:

—Me gustaría saber qué sabe él sobre cómo se investiga un asesinato. Ni siquiera estaba allí y piensa que le basta con salir de su despacho y venir a decirme cómo hacer mi trabajo.

—Harry...

—Le saqué mucho más a ese tipo en la calle de lo que le habría sacado si lo hubiera traído aquí y le hubiera interrogado durante dos días.

—Ya lo sé, Harry, pero...

Nolan pasa otros cinco minutos intentando aplacar a su inspector, sin demasiado éxito. Cuando Edgerton se enfada de esa manera, no hay nada que pueda calmarlo durante, como mínimo, unas cuantas horas. Edgerton llega a una pausa en su diatriba, se va a su máquina de escribir y empieza a aporrear brutalmente las teclas para escribir sus órdenes de registro.

No importa que la causa razonable en ambas órdenes sea lo bastante clara como para obtener la firma de un juez. No importa que de la casa de la calle Laurens se hayan recuperado cartuchos del calibre .22 de un tipo y composición similar a los encontrados en la escena del crimen. No importa que cuando Edgerton y Nolan abordan al joven que vive en esa dirección y sacan las esposas, el sospechoso asienta como si se lo esperase y diga: «Me preguntaba cuánto tardarían en venir».

No importa ni siquiera que el mismo joven se derrumbe después de tres horas de interrogatorio y confiese, en una declaración de siete páginas, ser quien apretó el gatillo. De algún modo, nada de eso importa.

Porque menos de una semana después de los arrestos de Edgerton por el asesinato de la calle Payson, el enfrentamiento sigue vivo. Esta vez es Bob Bowman, que está de acuerdo con Kincaid en lo que respecta a Edgerton, quien, sentado en la sala del café, les dice a otros cinco o seis inspectores que el caso de Harry no va a ir a juicio.

—En todo el año sólo ha resuelto un asesinato —dice—. Y me ha dicho Don Giblin que el caso es tan endeble que puede que ni siquiera lo lleven ante un gran jurado.

—Me tomas el pelo.

—Eso es lo que me ha dicho Giblin.

Sólo que no es verdad. El gran jurado, de hecho, encausa a dos hombres por haber abatido a tiros a Gregory Taylor en la calle Payson a pesar de que intentó compensarles por las bolsas quemadas. Y un fiscal de la división judicial es asignado para llevar el caso a juicio. Y cuando llegue otoño, un juzgado de primera instancia aceptará que el acusado se declare culpable de homicidio en segundo grado con una condena de veinte años de cárcel, junto con cinco años de cárcel y quince de inhabilitación para su cómplice.

Aun así, todo eso es irrelevante para la política de la oficina. Porque en la unidad de homicidios y especialmente en su propia brigada, Harry Edgerton se ha convertido en el blanco aceptado por todos. Para el capitán es munición; para D'Addario, un potencial problema; y para sus colegas inspectores, un altivo y enigmático grano en el culo.

La misma mañana que el caso de Taylor pasa a negro, Edgerton llega al pase de lista y se encuentra que su teniente ha colocado una hoja nueva de papel pautado amarillo junto a la pizarra.

—Eh, Harry —dice Worden, señalando al pedazo de papel—. A ver si lo adivinas.

—Oh, no —protesta Edgerton—. Dime que no estoy ahí.

—Oh, sí, sí que estás, Harry. El primero de todos.

SEIS

JUEVES 26 DE MAYO

Con pasos lentos y medidos, Patti Cassidy acompaña a su marido hasta la atestada sala del tribunal, donde repentinamente se hace el silencio. El jurado, el juez, el abogado y el fiscal; todos los presentes callan, intimidados, mientras el agente Gene Cassidy extiende su mano derecha, se agarra a una barandilla de madera y se guía hasta sentarse en el estrado de los testigos. Patti le toca el hombro, le murmura algo al oído y luego se retira a un asiento detrás de la mesa del fiscal.

El secretario del tribunal se levanta:

—¿Jura decir la verdad y toda la verdad?

—Lo juro —dice Cassidy, en voz alta.

En un sitio donde siempre parecen dominar las victorias parciales y los malentendidos grises, la llegada de Gene Cassidy para testificar es un momento sobrecogedor. Cassidy no ha visto a Terry McLarney, Corey Belt y los demás hombres de la zona oeste en el pasillo, cuando le han agarrado de los hombros, lanzándole ánimos y propinándole golpecitos en la espalda antes de que se abrieran las puertas del juzgado. No puede ver a su esposa, pulcra y bien vestida, embarazada de ocho meses, en la primera fila de la galería. Tampoco puede ver a uno de los miembros del jurado, una joven chica blanca, llorando en silencio. No puede ver la ira en el rostro de la jueza, ni a Butchie Frazier, el hombre que le dejó ciego con dos ráfagas de una pistola del .38, mirándole con extraña fascinación, sentado al lado de su abogado apenas unos metros más allá.

En la sala no cabe ni un alfiler, la galería está a rebosar de agentes uniformados, una muestra de solidaridad que no se extiende a los altos mandos. El comandante del distrito Oeste no ha venido, ni el responsable de sección ni ninguno de los comisionados adjuntos, algo que no pasa desapercibido para los policías de a pie. Si te comes una bala por el departamento, te dejan solo; los jefes se pasan por el hospital, y seguro que asisten a tu funeral, pero la memoria departamental es más bien escasa. Ninguno de los testigos de la declaración de Cassidy en el tribunal está por encima del rango de inspector jefe. El espacio que queda está ocupado por la familia de Cassidy, unos cuantos periodistas, los curiosos de siempre que asisten a los juicios, y unos pocos amigos y parientes de Butchie Frazier.

Durante la selección del jurado, su hermano más joven, Derrick, apareció en el pasillo, justo frente a la entrada y delante de los testigos de la acusación que esperaban allí sentados a que los llamasen. Le propinó una mirada asesina a uno y empezó a intimidar a otro hasta que se presentaron McLarney y otros dos hombres de la zona oeste, que le dieron la oportunidad de que se largara de allí sin esposas. Entre convertirse en un proyectil arrojado en el asiento trasero del coche patrulla y tomar las de Villadiego, Derrick Frazier escupió una ristra de obscenidades y luego se fue por la salida de la calle Paul.

—Vale —le dice McLarney al agente—. También va a la lista...

—Hijo de puta —dice el otro, sacudiendo la cabeza.

—Que le jodan —dice McLarney sin sonreír—. Uno de estos días haremos un retrato en tiza de su perfil.

Para McLarney, el juicio de Cassidy es una agonía sin paliativos, un calvario de horas vacías que está obligado a gastar en los pasillos de los tribunales y la oficina de la fiscalía. Como se encontraba en el Tribunal Clarence M. Mitchell Jr. prestando testimonio, McLarney estaba incomunicado, y no se enteraba de nada de lo que sucedía más allá de las pesadas puertas de madera de la sala del segundo piso. Mientras el juicio criminal más importante de toda su vida se acercaba al receso de la hora de comer, McLarney sólo podía contemplar el desfile de testigos sentado en un banco en el vestíbulo y luego acribillar a los fiscales, Howard Gersh y Gary Schenker, en las pausas:

—¿Cómo va?

—¿Ganamos?

—¿Qué tal lo ha hecho Gene?

—¿Butchie testificará?

Ayer McLarney se pasó horas recorriendo arriba y abajo el vestíbulo del segundo piso y tratando de calcular cuáles eran las posibilidades. Había un 40 por ciento de posibilidades de que le cayera una condena de primer grado, quizá incluso 50 si Yolanda declara frente al gran jurado lo mismo que les dijo acerca de Butchie cuando se sometió al detector de mentiras en febrero. Otro 40 por ciento de probabilidades de que le condenaran por intento de asesinato en segundo grado o intento de homicidio. Quizá un 20 por ciento de que le declararan inocente o de que el jurado se declare incapaz. Al menos, pensó McLarney, les tocó un juez bastante bueno. Si uno era abogado, Elsbeth Bothe podía volverte loco porque solía gustarle interrogar a los testigos directamente. También era cierto que algunas de sus sentencias se habían anulado después de apelar debido a sus comentarios durante el juicio. Pero lo más importante, desde el punto de vista de McLarney, era que Bothe no era blanda a la hora de condenar. Si Butchie Frazier perdía por puntos, Bothe se aseguraría de que le cayera una buena.

Como cualquier otro juez de los tribunales de Baltimore, Bothe dictaba sentencia con la confianza que proporciona el ejercicio de un cargo público y un mandato de quince años. Su voz era suavemente ronca, el vehículo perfecto para expresar una infinita irritación contra los fiscales, los abogados, los acusados y el sistema de justicia penal en general.

Desde su puesto en el tribunal, era dueña de todo lo que veía: una sala en el rincón noroeste de un edificio pomposo, una sala forrada de paneles de madera con altos techos y retratos de jueces muertos desde hace lustros observando la escena desde la pared. A primera vista, no era el lugar donde debieran decidirse cuestiones de vida o muerte; la dignidad que emanaba de la madera oscura del banco del juez o del mobiliario de la sala quedaba totalmente anulada por el ruido de las tuberías y de la instalación de aire acondicionado que colgaba del techo. Lo cierto era que, si se miraba desde un ángulo concreto, el juez parecía presidir una sala construida y amueblada con restos de serie de un sótano gubernamental.

Elsbeth Bothe se convirtió en juez de Baltimore después de ejercer como abogada defensora pública. Había sido uno de los profesionales de más talento en un departamento que tenía una altísima tasa de rotación. A muchos les habían soltado de la cárcel municipal de Baltimore porque Bothe les había defendido, pese a que sólo podía recordar a uno de sus clientes del que supiera con certeza que era inocente. Pensándolo bien, era la historia más apropiada para una juez cuyo tribunal se había convertido en el escenario apretujado donde se desarrollaban buena parte de los juicios penales de Baltimore. Los acusados, negros, morenos, hispanos o, en ocasiones más selectas, blancos, desfilaban hasta el tribunal de la calle Calvert, después de bajarse de las monótonas y sucias camionetas que llegaban de la cárcel. Los llevaban, esposados de muñecas y tobillos, hasta la sala y luego de vuelta a las celdas. Eran masas pobres y necesitadas, que ansiaban ser libres, y eran la carne de cañón diaria que alimentaba el pesebre judicial. Ya fuera con veredicto o con un trato, sólo existían para ser consumidos. Día tras día, los abogados comían expedientes, las prisiones se llenaban de inquilinos y la máquina avanzaba penosamente. Por elección y por sus circunstancias, Bothe era uno de los tres jueces de la ciudad que llevaba más del 60 por ciento de los ciento cincuenta casos de asesinato que llegaban a juicio. Era un desfile lamentable y patético, una cadena de miseria humana para la que Bothe estaba muy bien preparado, tanto psicológica como temperamentalmente.

Saltaba a la vista cuando uno visitaba sus dependencias personales en el tribunal: entre los manuales jurídicos y los códigos penales de Maryland, tenía una serie de calaveras humanas —la mayor parte eran falsas y prefabricadas, y sólo una era de verdad— que rivalizaba con la colección del mejor antropólogo. Colgadas en las paredes había portadas de las revistas de principios de siglo *Police Gazettes*, donde se ilustraban actos de tremenda violencia o pasmo de la época. Para los inspectores de homicidios, las peculiaridades de la juez eran especialmente reconfortantes porque gracias a ellas deducían que Elsbeth Bothe —como cualquier policía digno de ese nombre— era capaz de disfrutar de las mejores partes de un buen asesinato.

Y no es que Bothe fuera una juez vengadora. Como cualquiera que se veía obligado a lidiar con la muerte a granel, no le importaba aceptar un trato si eso ayudaba a aligerar la bandeja de entrada de expedientes del tribunal y cerrar un par de casos fáciles de asesinato o dos. Es la realidad de Baltimore, y de cualquier otra jurisdicción norteamericana, donde los tratos entre fiscal y abogado defensor son la única forma de evitar que el sistema penal se estrangule con su propia carga de casos pendientes. El truco —de los fiscales y de los jueces— es saber qué casos no se pueden pasar a la vía rápida.

Estaba claro que el caso de Butchie Frazier no podría cerrarse con un trato, o mejor dicho, el abogado de Butchie no podía aceptar cualquier cosa, al menos si ejercía su labor en conciencia. Gersh y Schenker habían preparado el caso juntos, y le habían ofrecido cincuenta años, sabedores de que la pena máxima por un intento de asesinato en primer grado con posesión de armas es de cadena perpetua y veinte años, respectivamente, y que terminan siendo unos ochenta años en total. Según las pautas de libertad condicional del estado, como mucho la cifra de la pena de Butchie podría variar unos cinco años, pero, para cualquier criminal profesional, ese margen es de risa. A los tipos como Butchie Frazier se les ponen los ojos vidriosos cuando los fiscales hablan de penas de dos dígitos.

Así que el caso terminó frente a doce personas justas: once mujeres y un hombre; nueve afroamericanos y tres blancos. Era la composición habitual de cualquier jurado urbano. Si bien no hicieron nada espectacular, al menos se las arreglaron para mantenerse despiertos durante la presentación del caso. No era cosa de poco mérito, en un tribunal donde a veces los jueces mandan al ayudante del *sheriff* a que despierte al jurado número tres, que ronca ligeramente.

Los jurados se quedaron fascinados con Yolanda Marks, que era la viva imagen de la furia y del miedo sentada en el estrado de los testigos. Yolanda había intentado desdecirse una y otra vez y evitar testificar: así se lo había dicho a los fiscales en las entrevistas preparatorias. Sus respuestas en el tribunal, a las preguntas de Schenker, fueron frías y monosilábicas, y salpimentó la mayor parte de su testimonio con lágrimas. Aun así, confesó lo de la calle Appleton mientras Butchie la machacaba con la mirada a menos de un par de metros de distancia.

Vinieron más testigos después de Yolanda, entre ellos McLarney, que se subió al estrado para hablar de la escena del crimen, y Gary Tuggle, uno de los dos agentes del operativo, que explicó la búsqueda del sospechoso. Joven, negro y atractivo, Tuggle era agua de mayo para este jurado, un contrapeso racial a Butchie Frazier, la sutil sugerencia para los jurados afroamericanos de que el sistema no era completamente blanco. Luego testificó la pareja que caminaba al sur de la calle Appleton desde el bar de la esquina; ambos recordaban lo mismo que Yolanda con respecto al tiroteo, aunque dijeron que estaban demasiado lejos como para identificar al que disparó. Pero corroboraron lo que había dicho Yolanda.

Finalmente, también apareció un muchacho, que venía de la cárcel. Estaba acusado en otro caso, y se había peleado con Butchie cuando los dos habían coincidido en las celdas de la comisaría. Butchie le había hablado del tiroteo y había mencionado detalles que sólo el atacante podía saber.

—¿Qué más le dijo el acusado? —preguntó Schenker.

—Que el policía le estaba sacudiendo, así que sacó su pistola y le disparó en la cabeza. Dijo que ojalá se hubiera cargado a la maldita cerda.

El insulto más insultante del gueto. Se quedó flotando en el aire del tribunal durante unos instantes y luego cayó, en el más absoluto de los silencios. Un joven ciego de por vida, denigrado sin miramientos por el tipo que empuñaba la pistola. Cassidy. Una cerda.

Gary Schenker hizo una pausa para dejar que la frase hiciera mella en el jurado. Dos de ellos sacudieron la cabeza negativamente y Bothe se tapó la boca con la mano. Cuando le preguntaron si había hecho un trato para reducir su sentencia a cambio de esta confesión, el chico dijo que no. Esto, le explicó al jurado, era personal.

—Le enseñé la foto de mi chica —dijo el chico—. Dijo que, cuando saliera de ahí, se la tiraría.

Ahí estaba el caso. Todo lo que podían hacer antes de que Gene Cassidy se subiera al estrado. El policía era el argumento emocional, la muda apelación a un jurado cuyos miembros podrían ser amigos de

Butchie Frazier. Están mirando al policía que está sentado en el estrado, un joven que no puede devolverles la mirada. Gene Cassidy es la culminación psicológica del caso que la fiscalía ha presentado, el último acorde en la cuerda del instrumento del jurado antes de que la defensa intervenga.

El jurado ya ha escuchado la descripción del cirujano de la Universidad de Maryland de las vías de entrada de cada bala, con detalle clínico, y su estimación de lo improbable que era que nadie sobreviviera a esas heridas. Y sin embargo, ahí está Cassidy, venido de la tumba, con su traje azul oscuro, para hacer frente al hombre que no pudo matarlo.

—Agente Cassidy —dice Bothe, solícita—. Tiene un micrófono frente a usted... Por favor, hable en esa dirección.

Cassidy extiende el brazo y toca el metal del micro.

Schenker procede a las preguntas preliminares.

—Agente Cassidy, ¿cuánto tiempo lleva en el cuerpo de policía de Baltimore...?

Mientras Schenker prosigue, los ojos de varios jurados pasan de Cassidy a Frazier y de vuelta a Cassidy. Los dos hombres están muy cerca, apenas separados por un par de metros, y Frazier mira con genuina curiosidad a la cabeza de Cassidy, en el lado de los disparos. Los mechones de pelo negro cubren la herida de la sien, y las cicatrices de la cara ya están curadas. Sólo quedan los ojos para revelar la extensión del daño: uno azul y sin vida, y el otro translúcido y deformado.

—¿Y está totalmente ciego? —pregunta Schenker.

—Así es —dice Cassidy—. También he perdido el sentido del gusto y del olfato.

Su testimonio es lo más valioso en un caso. Normalmente, en un juicio por asesinato, la víctima sólo existe como abstracción para el jurado, como parte de un proceso, representada por el informe de la autopsia y algunas fotografías en blanco y negro. Sin embargo, el acusado está presente durante el juicio, está vivo y es de carne y hueso. En manos de un buen abogado defensor, su humanidad quedará más patente que la crueldad del crimen; lo cotidiano de su persona destacará más que los actos extraordinarios de que le acusan. Un buen abogado defensor se sienta cerca de su cliente, le toca en el hombro para atraer su atención, le pasa el brazo por los hombros para demostrar al jurado que el tipo le cae bien, que cree en él. Algunos incluso les dan caramelos o pastillas de menta a sus defendidos, y les dicen que en un momento determinado saquen la cajita y se la ofrezcan, incluso también al fiscal, que está sentado a unos pocos pasos de distancia. Señoras y señores, ¿lo ven, se dan cuenta? Es humano. Le gustan los caramelos mentolados. Y los ofrece.

Pero Gene Cassidy priva a Butchie Frazier de esa ventaja. También él es de carne y hueso en esa sala.

Schenker sigue:

—Esa noche, díganos lo que recuerda...

Cassidy esboza una ligera mueca antes de contestar:

—No recuerdo nada del incidente... del tiroteo —dice lentamente—. Lo último que recuerdo es la visita que hice a casa de mi suegro. Me dicen que suele haber una leve amnesia con este tipo de heridas...

—Agente Cassidy —Bothe le interrumpe—. Supongo que la mujer que le ha acompañado hasta el estrado es su esposa.

—Sí, señoría.

—Y por lo que veo —dice la juez, que no piensa dejar pasar el momento— está embarazada...

—Sí, señoría. Esperamos el niño para el 4 de julio.

El 4 de julio. El abogado de la defensa hunde la cabeza en el pecho.

—¿Es su primer hijo?—pregunta la juez, mirando hacia el jurado.

—Sí, señoría.

—Gracias, agente Cassidy. Tenía curiosidad, eso es todo.

Al atribulado abogado defensor no le queda ninguna salida. ¿Qué haces con el testimonio de un oficial de policía ciego cuya esposa embarazada está sentada en primera fila? ¿Qué le preguntas, sobre qué le interrogas? ¿Cómo fuerzas la declaración? ¿Dónde está el margen de maniobra, con una escena semejante, para que tu cliente respire?

—No hay preguntas, señoría.

—El testigo puede retirarse. Gracias, agente Cassidy.

En el pasillo, McLarney contempla la puerta doble abriéndose para el receso. Los jurados ya están instalados en el piso de arriba, en la sala de descanso, y Bothe está en sus dependencias. Patti camina con Gene cogido de su brazo, seguida de Schenker.

—Eh, Gene, ¿qué tal ha ido? —pregunta McLarney.

—Bien —dice Cassidy—. Creo que lo hice bien. ¿Tú qué crees, Patti?

—Lo hiciste muy bien, Gene.

—¿Qué hizo Butchie? ¿Me miró?

—Sí, Gene —dice un amigo de la zona oeste—. Te estaba mirando a la cara.

—¿Me miraba mal?

—No —dice el agente—. Tenía una expresión rara.

Cassidy asiente.

—Le has hecho daño, Gene —sigue el tipo de la zona oeste—. Le has dado bien.

McLarney palmotea la espalda de Cassidy y luego camina por el pasillo con Patti y la madre y el hermano de Gene, que han venido desde Nueva Jersey para el juicio. Mientras la familia se dirige a la biblioteca legal del piso de arriba para esperar el veredicto, McLarney pone la mano en el brazo de Cassidy y le suelta un montón de preguntas sobre su testimonio.

—Ojalá hubiera podido estar ahí, Gene —le dice McLarney en las escaleras.

—Sí —dice Cassidy—. Pero creo que lo hice bien. ¿Tú que opinas, Patti?

Patti Cassidy vuelve a tranquilizar a su marido, pero McLarney está demasiado nervioso como para conformarse con una única opinión. Poco después, sigue dando vueltas por el vestíbulo del tribunal, acribillando a todo abogado, espectador y ayudante del *sheriff* que sale de la sala de Bothe.

—¿Qué tal lo ha hecho Gene? ¿Cómo ha reaccionado el jurado?

McLarney frunce el ceño cada vez que le dicen que todo ha ido bien. Seguir el juicio penal más importante de tu vida desde el pasillo implica que no estás dispuesto a creer nada de lo que te dicen. Cassidy tuvo que someterse a meses de terapia para recuperar el habla, les recuerda McLarney a todos. ¿Pudo oír bien las preguntas? ¿Se le entendía cuando hablaba?

—Lo ha hecho muy bien, Terry —le dice Schenker.

—¿Y qué hacía Butchie? —pregunta McLarney.

—Se lo quedó mirando —dice uno de la zona oeste—. Mirándole todo el rato al lado de la cara.

El lado de la cara de Gene. La huella de la herida. Butchie Frazier contemplando su obra, preguntándose en qué falló. Ese hijo de puta, piensa McLarney, frunciendo el ceño.

La defensa utiliza el resto de la tarde. Llaman a un par de testigos que insisten en que Butchie Frazier no es el hombre que buscan, que no estaba en la calle Mosher con Appleton esa noche de otoño. Pero el propio Frazier no sube al estrado; sus antecedentes criminales lo desaconsejan, puede ser problemático.

—Lo que le sucedió al agente Cassidy es una tragedia —declara el abogado defensor cuando hace el alegato final—. Pero es una tragedia que ya no podemos cambiar. Sólo conseguir agravar esa tragedia si condenan a Clifton Frazier basándonos en las pruebas presentadas por el Estado.

Para su propio alegato, Schenker y Gersh optan por actuar en tándem: Schenker se ocupa de hablar al lado racional del jurado, mientras que Gersh apela a sus tripas. El primero insiste en que realicen un examen imparcial y minucioso de las pruebas; el segundo busca conectar con un instinto tribal que puede o no existir.

—No condenen a Clifton Frazier porque la víctima en este caso sea un oficial de policía —le dice Schenker al jurado—. Háganlo porque así lo dictaminan las pruebas... Porque Clifton Frazier no quería ir a la cárcel, y por eso le disparó al oficial Cassidy.

Sin embargo, diez minutos después, Gersh se levanta y se dirige al mismo jurado, recordándoles:

—Cuando disparan a un policía, una pequeña parte de todos nosotros muere.

Es el discurso de la «delgada línea azul», piensa McLarney, mientras escucha los alegatos desde un banco en las últimas filas. Cada vez que disparan a un policía, los fiscales agitan la bandera del lema del cuerpo, «para proteger y servir». ¿Se lo creerá el jurado? ¿Queda alguien que se lo crea? McLarney mira a los doce rostros. Al menos, prestan atención. Todos menos el jurado número nueve. Está mirando más allá de Gersh, pasando de él. Esa mujer del jurado traerá problemas.

—Podemos mandar un mensaje a todos los Butchie Frazier de este mundo, decirles que no pueden salir a la calle y dispararles a los policías así como así...

Y todo ha terminado. Se levantan y caminan en fila india, y los jurados desaparecen más allá del fiscal, del abogado de la defensa, de Butchie Frazier, y suben la escalera hasta la sala de deliberaciones.

McLarney está de pie con Gersh y Schenker cerca de las puertas del tribunal, y de repente distingue a Frazier, el acusado, esposado y con cadenas en los pies; van a escoltarlo hasta la celda del sótano. Frazier esboza una sonrisa de desprecio al mirar al policía desde el otro lado del vestíbulo.

—Ya —murmura McLarney, pugnando por controlarse—. Quién coño...

Gersh aparte a McLarney.

—Creo que ya le tenemos —le dice el fiscal—. Tardarán unas horas, pero ya es nuestro. ¿Qué te ha parecido nuestro alegato final?

McLarney le ignora, mirando fijamente el lento avance de Butchie Frazier y de los dos guardias mientras abandonan el vestíbulo del segundo piso hacia las escaleras de abajo.

—Venga —insiste Gersh, tocándole el brazo con suavidad—. Vamos a buscar a Gene.

Cassidy ya está instalado para aguantar la espera, sentado al lado de su mujer, su madre y su hermano en una sala de reuniones, cerca de la otra donde delibera el jurado. Algunos agentes recién llegados de su turno de ocho a cuatro pasan a ver a la familia, les felicitan por la victoria que, sin duda, traerá el veredicto. Fuera, en el pasillo, Gersh y Schenker también aceptan las felicitaciones de los asistentes al juicio. El cielo del anochecer asoma por las ventanas del edificio, y a dos de los agentes se les ocurre ir a por pizza.

—¿Gene, cómo quieres la pizza?

—No me importa, mientras tenga anchoas.

—¿Cómo se llama el sitio?

—Marco's. Está en la calle Exeter.

—Vamos a por ellas —dice un agente—. No vamos a estar aquí mucho tiempo.

Durante una hora más o menos, son la viva imagen de la confianza. Durante una hora, se ríen y se cuentan bromas y anécdotas de las calles del distrito Oeste, esas historias que siempre terminan con una sanguijuela esposada. Esperan a que llegue un veredicto que saben que no tardará, y se entretienen recordando las mejores partes del alegato final del fiscal, y los detalles del testimonio de Gene.

Pero de repente su optimismo se rompe en pedazos. Se oyen gritos cerca de la puerta de las dependencias de Bothe, gritos que proceden de la sala de deliberaciones del jurado. Llegan hasta el vestíbulo, casi hasta la puerta de la sala donde esperan Gene Cassidy y su familia entre un montón de cajas de pizza vacías y vasos de poliestireno. El estado de ánimo del grupo de agentes se ensombrece.

Pasan dos horas. Luego tres. Los gritos y las discusiones siguen en la sala donde delibera el jurado, y la espera se vuelve agónica.

—No sé qué decir, Gene —dice Gersh, perdiendo la fe—. Hice todo lo que pude y me temo que no fuera suficiente.

Cuatro horas después, sólo llega una nota de la portavoz del jurado informándoles que no hay acuerdo. Bothe lee la nota al fiscal y al abogado defensor, y luego convoca al jurado en el tribunal y les da las instrucciones pertinentes: que vuelvan a meterse en la sala y hagan todo lo posible por llegar a un veredicto.

Siguen más gritos.

—Esto es un crimen, Gene —dice Corey Belt—. No me lo puedo creer.

La duda les corroe la garganta cuando oyen la voz enfadada de una mujer del jurado que llega desde la sala por encima de los demás. Siempre mienten, dice la jurado. Tenéis que convencerme.

Siempre mienten. ¿Quién? ¿La policía? ¿Los testigos? ¿Los acusados? Butchie ni siquiera ha llegado a testificar, así que no se trata de él. ¿De quién demonios está hablando esa jurado? McLarney se entera del comentario por un secretario del tribunal, e inmediatamente piensa en la jurado número nueve, la mujer que parecía mirar a través de Gersh durante el alegato final. Es su voz, se dice. Maldita sea, ella es la que está montando este número.

McLarney traga saliva y se retira al pasillo del segundo piso, donde se dedica a pasear arriba y abajo, furioso. No ha sido suficiente, se dice. Voy a perder este jurado porque no les di bastantes pruebas. Un testigo. Otro que corrobora la declaración. Una confesión. De algún modo, no ha sido suficiente. Empieza la noche, y a McLarney cada vez le cuesta más regresar a la sala donde Gene está esperando. Sigue dando vueltas por el vestíbulo de mármol. Varios agentes del distrito salen para asegurarle que no importa, que todo habría sido igual.

—Si sale culpable, va a la cárcel —dice un agente, un hombre que estuvo a las órdenes de McLarney en el sector 2—. Si no le declaran culpable, le soltarán.

—Y si vuelve por la zona oeste, está muerto —termina otro, asintiendo—. Ese pedazo de mierda deseará haberse podrido en la cárcel.

Son palabras desafiantes, pero McLarney también asiente. La verdad es que no haría falta ningún plan, ninguna conspiración elaborada. Sencillamente, sucedería. Butchie Frazier era un criminal de pies a cabeza, y eso le convertía en un tipo predecible. Si volvía a las calles del distrito Oeste, también volvería a sus chanchullos; y con absoluta seguridad, todos y cada uno de los policías de la zona estarán esperándolo para cazarlo. Sin juicio, sin abogados y sin jurado. Si hoy Butchie Frazier es declarado inocente, se dice McLarney, estará muerto en un año.

En la sala del tribunal, Gersh y Schenker valoran las alternativas que tienen. Temiendo lo peor, podrían ir en busca del abogado de Frazier y ofrecerle un trato, antes de que vuelva el jurado. Pero ¿qué tipo de trato? Frazier ya se ha mostrado reacio a aceptar cincuenta años. ¿Treinta? Eso significa libertad condicional en menos de diez años. Cassidy dijo desde el principio que no sería capaz de vivir con una condena de diez años para el tipo que le dejó ciego. ¿Pero podrá vivir si le declaran inocente? Al final, el debate es puramente académico. Quizá porque se da cuenta de lo que están pensando los fiscales, Butchie Frazier rechaza cualquier insinuación de declararse culpable a cambio de un trato.

A las seis horas de deliberaciones, llega una nota distinta de parte del jurado. La portavoz pregunta por la diferencia entre intento de asesinato en primer y segundo grado. Culpable. Ahí dentro están debatiendo un veredicto de culpabilidad.

Al enterarse de las últimas noticias, los policías de la sala que acompañan a Gene y su familia vuelven a respirar hondo; unos pocos se animan y felicitan de nuevo a Cassidy. Este las rechaza. Segundo grado, dice, sacudiendo la cabeza. ¿Cómo pueden pensar en un segundo grado?

—Olvídate de eso, Gene —dice Gersh, un fiscal veterano que ha pasado por esperas parecidas cientos de veces—. Al menos han cambiado de tercio. Están donde tienen que estar.

Cassidy sonríe al pensarlo. Para levantar los ánimos, pide permiso para contar su chiste.

—¿Qué chiste? —dice Belt.

—Ya sabes —dice Cassidy—. Mi chiste.

—¿Tu chiste? ¿El que contaste antes?

—Sí, ese —dice Cassidy.

Belt sacude negativamente la cabeza, sonriendo.

—¿Qué quieres, Gene? ¿Que se larguen todos?

—Qué demonios —dice Biemiller, otro policía de la zona oeste—. Cuéntalo, Gene.

Cassidy se lanza a contarlo. Tres trozos de cordel están de pie frente a un bar. Tienen sed y quieren una cerveza. Fuera hay un cartel que dice «No servimos a cordeles».

—El primer cordel entra en el bar y pide una cerveza, y el camarero le pregunta: «Eh, ¿usted no es un cordel?». El tipo contesta que sí y le echan del local. —En ese momento, algunos policías ofrecen bostezos sonoros y muy audibles. Ignorándoles, Cassidy sigue contando que al segundo cordel le pasa lo mismo que al primero—. Así que el tercer cordel rueda por el suelo, se enrolla y se ensucia bien antes de entrar en el bar.

McLarney saca la cabeza por la puerta de la sala, a tiempo de oír el remate de un chiste que no puede comprender.

—Y el camarero le pregunta: «¿Eres un cordel?». Y el otro dice: «No, soy un sucio nudo».

A su alrededor, los policías gruñen y sueltan risotadas.

—Dios mío, Gene, ese chiste es malísimo —dice uno de los agentes—. Incluso para un ciego, es horroroso.

Cassidy se ríe. La tensión ha abandonado la sala, la amenaza de la derrota ha desaparecido repentinamente gracias a la casual pregunta de la portavoz. McLarney también está más aliviado, aunque la idea de un veredicto de segundo grado no le satisface. Cassidy se lanza a contar otro chiste, y McLarney regresa al pasillo para dejarse caer en un banco del vestíbulo, con la cabeza recostada contra la fría pared de mármol. Belt le sigue.

—Butchie va a ir a la cárcel —dice McLarney, más para escuchar su propia voz diciéndolo que por otra razón.

—Necesitamos primer grado, amigo —dice Belt, inclinándose sobre el banco—. Segundo grado no vale.

McLarney dice que sí con la cabeza.

Cuando llega la nota de la portavoz, Gersh y Schenker retiran inmediatamente cualquier ofrecimiento de pacto. La juez Bothe les dice a los fiscales, en su despacho, que está dispuesta a aceptar un veredicto de culpabilidad en segundo grado si el jurado es unánime.

—No —dice Gersh con una nota de ira en la voz—. Dejemos que hagan su trabajo.

Las deliberaciones duran unas ocho horas, y hacia las diez de la noche, vuelve a reunirse el tribunal y traen a Butchie Frazier de la celda del sótano. Cassidy se sienta en primera fila con su esposa, justo detrás de los fiscales. McLarney y Belt están en la segunda fila, más cerca de la puerta. El jurado baja las escaleras en silencio. No miran al acusado, y eso es buena señal. Tampoco miran a Cassidy, y esto es mala señal. McLarney los observa mientras se sientan en sus sillas. Se pone las manos en las rodillas, apretando con fuerza la raya del pantalón.

—Señora portavoz —pregunta el secretario del tribunal—. ¿Han llegado a un veredicto unánime acerca de la acusación de intento de asesinato en primer grado?

—Sí, lo hemos hecho.

—¿Y cómo declaran al acusado de ese cargo?

—Declaramos al acusado culpable.

Gene Cassidy asiente lentamente, apretando la mano de su esposa, mientras el jurado se pronuncia y los policías que están en la sala emiten discretos vítores desde el fondo. Varios jurados empiezan a llorar. Desde la mesa, Gersh se da la vuelta para buscar, entre el gentío, a McLarney y hacerle un gesto con el pulgar hacia arriba. McLarney sonríe, estrecha la mano de Belt y levanta el puño en el aire, inclinándose hacia delante, repentinamente exhausto. Butchie Frazier sacude la cabeza y procede a observarse las uñas con mucha atención.

Mientras Bothe fija una fecha para el cumplimiento de la sentencia y da por cerrado el caso, McLarney ya se ha levantado y avanza por el pasillo, con la esperanza de encontrar a algún jurado. Quiere descubrir qué ha pasado en esa maldita sala. Cerca de las escaleras, está una de las jurado: es una mujer joven y negra que pugna por no echarse a llorar. Ve su placa y se encoge de hombros.

—No quiero hablar de eso —dice.

McLarney sigue buscando y ve a una muchacha, una de los tres jurados blancos. Es una de las que lloraba durante el testimonio de Cassidy.

—Señorita... señorita.

La chica se da la vuelta.

—Señorita —dice McLarney, alcanzándola—. Soy uno de los investigadores del caso y me pregunto qué ha pasado ahí dentro.

La chica asiente.

—¿Podría dedicarme unos minutos?

Algo reticente, ella acepta.

—Fui el inspector al frente del caso —sigue contándole McLarney, un poco avergonzado por la intensidad que no puede ocultar—. ¿Por qué han tardado tanto en volver con un veredicto?

La chica agita la cabeza, negativamente.

—A casi ninguno le importaba nada. Nada de nada. Era de locos.

—¿No les importaba?

—No.

—¿Qué es lo que no les importaba?

—Todo. No les importaba el caso.

McLarney enmudece. Bombardea a la chica con preguntas y empieza a reconstruir las ocho horas de terrible discusión en las que la raza y la indiferencia han sido las dos piezas esenciales.

La chica le dice que dos de los tres jurados blancos abogaban desde el primer momento por un veredicto de culpabilidad en primer grado, igual que dos de los jurados negros más jóvenes insistían en que declararan al acusado inocente. Decían que la policía había presentado un montón de testigos para que condenaran a alguien —a cualquiera— por el ataque a un policía blanco. Eso, según ellos, era el motivo por el cual todos los policías estaban ahí sentados en la galería del tribunal. La novia de Frazier lloraba porque la habían obligado a mentir. Los otros dos testigos probablemente estaban bebidos, porque venían del bar. El chico de la cárcel sólo testificaba porque había hecho un trato para librarse de sus propios problemas.

La muchacha recuerda que otra chica negra declaró, llegados a cierto punto, que no le gustaba la policía, lo cual llevó a otro jurado a preguntarle que qué tenía que ver eso con el caso. Sencillamente, no me gustan, replicó ella. Añadió que todos los que vivían en su barrio pensaban igual.

Los ocho jurados restantes no se mojaron; sólo dijeron que votarían por lo que acordaran los demás. Era viernes, recordaron, y era el fin de semana del Día de los Caídos.* Querían irse a casa.

McLarney la escucha, incrédulo.

—¿Cómo llegaron al veredicto de culpabilidad en primer grado? —pregunta.

—Yo no pensaba cambiar de opinión y la otra mujer, la de la fila del fondo, tampoco. Ella también quería una condena de primer grado, desde el principio. Cuando pasaron las horas, la gente sólo quería irse a casa y terminaron por darnos la razón.

McLarney sacude la cabeza sin dar crédito. Lleva suficiente tiempo como policía para saber que no hay quién entienda a los jurados, pero

* Día de los Caídos (*Memorial Day*): último lunes de mayo, en que se recuerda a los soldados norteamericanos caídos durante la Segunda Guerra Mundial. (*N. del T.*)

esto es demasiado. El hombre que trató de matar a Gene Cassidy ha sido declarado culpable por los motivos equivocados.

La muchacha parece que le lee la mente:

—Le juro —dice— que si el sistema funciona así, se lo puede quedar.

Dos horas más tarde, en el Market Bar, de cerveza hasta las cejas, McLarney le pide a la chica que vuelva a contar la sórdida deliberación. La chica lo hace. Es una camarera de diecinueve años que trabaja en un bar de deportes en el centro. Se ha venido al Market después de que los policías, los fiscales, la familia de Cassidy y el propio McLarney insistieran en invitarla a una ronda. Es una heroína y se lo merecía. McLarney la escucha durante unos minutos mientras la muchacha vuelve a contarlo todo, luego empieza a llamar a otros policías de la zona oeste para que tenga más público.

—Vince, ven aquí.

Moulter se acerca desde el fondo del bar.

—Este es Vince Moulter —le dice a la joven jurado—. Trabajaba con Gene. Cuéntale la parte en que una jurado dijo que Butchie le parecía mono.

Dos mesas más allá, Gene Cassidy bebe su refresco tranquilamente, riéndose de vez en cuando por las bromas. Él y Patti se quedarán un par de horas, lo suficiente como para que McLarney traiga a la muchacha y se la presente.

—Gracias —le dice Cassidy a la chica—. Hizo lo correcto.

—Lo sé, muchas gracias —dice ella, algo nerviosa—. Buena suerte a usted, con el bebé y eso.

McLarney escucha el diálogo y sonríe desde la barra. Ya está un poco bebido. La reunión se disuelve hasta poco después de la una de la mañana, cuando Nicky sale de la barra para empezar a recoger y limpiar las mesas. Cassidy ya se ha ido, y también Belt y Tuggle y Gersh. McLarney, Moulter, Biemiller y unos pocos se han quedado. La chica empieza a coger su bolso y su abrigo.

—Nos vamos a la calle Clinton cuando cierren aquí —le dice McLarney—. Puedes venir, si te apetece.

—¿La calle Clinton?

—Es como Halloween —bromea otro policía.

Antes de que la chica pueda contestar, McLarney se da cuenta de lo embarazoso de su propia sugerencia. Al final de la calle Clinton está el mejor bar del distrito Sureste, pero no es nada más que un embarcadero. Esta chica es normal. Es una civil.

—Es un muelle, a unos minutos de aquí—explica McLarney, un poco avergonzado—. Vince irá a buscar un poco de cerveza y luego nos reunimos allí. No es gran cosa.

—Tengo que irme a casa, es tarde —dice ella, algo incómoda.

—Claro, perfecto —replica McLarney, aliviado en cierto modo—. Vince puede acompañarte al coche.

—Gracias por la cerveza —dice ella—. La verdad es que no me gustaría volver a pasar por esto, pero ha sido una experiencia interesante. Gracias.

—No, no. Gracias a ti —dice McLarney.

Vince Moulter se va con la chica. McLarney se termina la cerveza y deja propina en la barra para Nicky. Comprueba que lleva la cartera, las llaves del coche, la placa y su pistola. Es el inventario de bar, que le dice a McLarney que ya puede irse.

—¿Cómo se te ocurre pensar que se apuntaría a lo de la calle Clinton? —dice Biemiller, enarcando las cejas.

—No lo entiendes —dice McLarney, irritado—. Es una heroína.

Biemiller sonríe.

—¿Quién se viene? —pregunta McLarney.

—Tú, yo, Vince y un par más. Le he dicho a Vince que se traiga dos cajas.

Se van en coches separados, conducen hacia el este y luego al sur cruzando los barrios de casas adosadas de Fells Point y de Canton. Luego enfilan por la calle Clinton hasta el borde del puerto, al sur durante otros cuatrocientos metros. Allí la calle termina a la sombra de las torres de Lehigh Cement. Salen de los coches. A la derecha hay un viejo almacén herrumbroso. A la izquierda, un embarcadero que se cae a pedazos. La noche es cálida y el agua del puerto despide un dulce y ligero olor a basura.

Moulter llega diez minutos después que los demás, con dos cajas de Coors Light. McLarney y los otros policías siguen donde lo dejaron, hablan cada vez más alto, con la lengua más suelta, en la agradable noche primaveral. Moulter sintoniza una emisora y sube el volumen de la radio del coche. Charlan durante una hora, contándose historias de policías y chistes de comisaría; McLarney no se queda atrás.

Pronto dos docenas de latas flotan en las aguas del embarcadero o yacen vacías contra la pared de metal del almacén.

—Un brindis —propone Biemiller.

—Por el distrito Oeste.

—No. Por Gene.

—Por Gene.

Todos beben y Moulter vuelve a subir el volumen de la radio. Minutos después, notan que se acerca alguien, quizá un vigilante. Está cerca de la puerta del almacén.

Biemiller es el primero que lo ve, y llama a McLarney.

—Eh, jefe. Ven aquí.

McLarney se sube las gafas caídas por el puente de la nariz. El vigilante está de pie, mirándolos.

—No os preocupéis. Yo me ocupo —les dice McLarney.

McLarney agarra una lata fría —una especie de ofrenda de paz— y se dirige hacia la puerta del almacén. Inclinado sobre una cerca metálica, el vigilante le estudia con mal disimulado desprecio. McLarney sonríe, medio disculpándose.

—¿Qué tal? —saluda.

El tipo escupe.

—¿Es que no tienen nada mejor que hacer que emborracharse hasta las cejas y montar ese barullo, pedazo de cabrones? ¿Quién demonios se creen que son?

McLarney se mira la punta de los zapatos y luego mira al vigilante. Su voz es apenas un susurro.

—Supongo que no querrá bajar ahí abajo y repetírnoslo, ¿verdad?

El vigilante no se mueve.

—Ya me lo pensaba.

—Jódete —dice el tipo, y se gira—. Voy a llamar a la policía.

McLarney regresa al final del embarcadero, donde los demás le miran con expresión curiosa.

—¿Qué ha dicho? —pregunta Moulter.

McLarney se encoge de hombros.

—Llegamos a un acuerdo. Él llama a la policía y nosotros nos largamos.

—¿Adónde?

—No muy lejos.

—¿Calverton?

—Calverton.

Reparten rápidamente las cervezas y las dividen en tres coches. Cuando oye los motores ponerse en marcha, el vigilante se acerca a la valla metálica para apuntarse las matrículas. Los coches salen disparados por la calle Clinton, con los faros apagados, fugitivos en su propia ciudad.

—Terry, quizá deberíamos irnos a casa —le dice un joven agente a McLarney—. Si seguimos así, nos van a sacar foto de frente y de perfil y terminaremos entre rejas.

McLarney le mira burlón.

—Nadie va a terminar entre rejas —dice, conduciendo su Honda Civic por el paseo de la calle Boston—. ¿O es que se te olvida que estás en Baltimore? A nadie le encierran en esta puta ciudad. ¿Por qué nos iban a tratar distinto al resto de los criminales?

McLarney se ríe de su propia lógica, y luego arrasa las calles con el Civic, hasta el sur de Little Italy, luego al oeste por el desierto de la madrugada del centro de la ciudad. Los basureros y los camiones de entrega de los periódicos se han adueñado de las calles, y las señales de tráfico han pasado del verde al rojo al parpadeante amarillo. Frente al Omni de la calle Fayette, un sin hogar solitario disecciona el interior de un contenedor de basuras.

—Son las cuatro de la mañana, Terry.

—Pues sí —dice McLarney, comprobando su reloj.

—¿Dónde demonios vamos?

—Donde se esconden todos los criminales.

—¿Al distrito Oeste?

—Exactamente —dice McLarney, triunfante—. Allí nunca nos encontrarán.

Y ya son las cinco de la mañana, y unas ocho o nueve latas más yacen en un callejón de Calverton Road. Ya sólo quedan cuatro policías; los otros se han largado antes de que amenace con salir el sol. Del grupo, sólo Bob Biemiller es un agente de la zona oeste. McLarney está en la unidad de homicidios de la central desde que le dispararon en la avenida Arunah. A Moulter lo han transferido a una patrulla en el sureste. Pero vuelven a juntarse en Calverton Road porque es la mañana siguiente a la noche en que un jurado popular dictó sentencia sobre el caso de Gene Cassidy. E incluso después de que los echen de un muelle al final de la calle Clinton, aún no pueden irse a casa.

McLarney empuja otra lata hacia la pila, donde el ruido del metal contra metal restalla en el silencio de la madrugada. Biemiller coge otra del asiento trasero y se la pasa a McLarney, que se gira para apoyar el peso en el salpicadero.

—Bueno, bueno, bueno. Vince, ¿y tú que opinas? —dice McLarney, abriendo la lata. La espuma blanca brota del recipiente y cae al suelo. El inspector jefe murmura un juramento y se limpia la mano húmeda.

Moulter esboza una vaga sonrisa.

—¿Qué opino de qué?

—De Gene.

De Gene. Llevan toda la noche bebiendo, soltando chorradas, conduciendo como locos por medio Baltimore como una banda de gitanos motorizados, pero McLarney aún no está satisfecho. De algún modo, el jodido tema sigue ahí, pendiente. En este momento, la historia de la calle Appleton es la única que vale la pena ser contada, y pide a gritos una moraleja.

Moulter se encoge de hombros y mira los hierbajos y la porquería que marcan el final de Calverton Road, al lado de las vías del tren.

Es el agujero que solían frecuentar en el sector 2 del distrito Oeste: un lugar desierto, donde beber café y preparar los informes, o compartir unas cervezas, o incluso echar una cabezadita si toca testificar a la mañana siguiente.

McLarney se vuelve hacia Biemiller:

—¿Tú que opinas?

—¿Qué opino? —repite Biemiller.

—Sí. Ganamos para él, ¿no?

—No —dice Biemiller—. No ganamos.

Moulter asiente con la cabeza.

—No quería decir eso —dice McLarney, echándose atrás—. Quiero decir que logramos el veredicto. Gene estará contento.

Biemiller no dice nada; Moulter aplasta una lata bajo los escombros. De las vías llega de repente un estallido de luz y de ruido cuando un tren metropolitano se lanza en dirección este por los raíles centrales. Desaparece con un prolongado gemido que se parece mucho al sonido de la voz humana.

—Es jodido, ¿no? —dice McLarney al cabo de un rato.

—Sí, lo es.

—Lo que quiero decir es que ese tipo es un héroe de guerra —dice McLarney—. Porque esto es una guerra y él es un héroe. ¿Me entiendes?

—No.

—Vince, ¿no lo comprendes?

—¿Por dónde vas, Terry?

—Déjame que te cuente una cosa —dice McLarney, levantando progresivamente la voz, a tono con su enfado—. Se lo dije a Gene. Le dije que tenía que entender que no le habían disparado por lo de la calle Appleton. Que le den a la calle Appleton. Que la jodan. Que jodan a Baltimore. No le han disparado por Baltimore.

—¿Por qué le han disparado entonces?

—Te lo explicaré —dice McLarney— igual que se lo expliqué a Gene. Le dije que América estaba en guerra. Porque esto es lo que es, una jodida guerra, ¿no? Y Gene es un soldado, al que abatieron en una guerra. Estaba defendiendo a su país y le dispararon. Como en cualquier otra guerra.

Biemiller arroja una lata vacía hacia la basura amontonada. Moulter se frota los ojos.

—Lo que digo es que tienes que olvidarte de que estás en Baltimore —dice McLarney, más enfadado aún—. La ciudad está jodida y siempre lo estará, pero eso no es normal. Que le den a Baltimore. Gene es un policía norteamericano, le dispararon y hay sitios donde le tratarían como un jodido héroe de guerra. ¿Lo comprendes?

—No —dice Biemiller—. La verdad es que no.

McLarney se desinfla lentamente, incapaz de sostener su furia sin ayuda.

—Bueno, pues Gene sí —dice en voz baja, mirando más allá de los raíles—. Y eso es lo que importa. Que Gene lo comprende y yo también.

Se levanta y regresa al otro lado del coche justo cuando el sol asoma por el este de un cielo rojizo y oriental. Una cuadrilla de obreros madrugadores empuja las puertas del almacén municipal de Calverton Road. Diez minutos más tarde, un camión de obras públicas se abre paso. Cuando oye el ruido del camión, Biemiller mira más allá del asfalto, parpadeando a través de la nube etílica.

—¿Quién coño es ese?

Una solitaria figura vestida de uniforme azul está de pie, a unos pasos de la entrada principal del almacén, mirándolos.

—Un guardia de seguridad —dice McLarney.

—¡Joder! Otra vez no.

—¿Qué mierda quiere?

—Habrá visto la cerveza.

—¿Y qué? ¿Qué coño le importa?

El hombre uniformado saca una libreta de notas y un bolígrafo, y empieza a escribir. Los policías responden a su gesto con obscenidades.

—Joder, está apuntando los números de matrícula.

—Bueno —dice Biemiller—. Se acabó la fiesta. Hasta la vista, chicos.

—No vamos a quedarnos esperando a que nos fichen —dice otro—. Larguémonos.

Tiran las restantes latas vacías a la porquería y se suben a los coches, salen a toda velocidad y arrojan un imaginario guante al vigilante de seguridad al pasar. Suben por la avenida Edmonson. Al volante de su Honda, McLarney evalúa los efectos de la cerveza en su organismo y calcula cuántos guardias de tráfico hay entre su situación actual y su hogar en el condado de Howard. Los resultados no son buenos, así que conduce por el este cruzando el escaso tráfico de una mañana de sábado, gira al sur por el bulevar Martin Luther King y llega unos minutos más tarde a la casa adosada en Baltimore sur donde vive uno de sus compañeros, del que se acaba de separar en Calverton Road. McLarney se sienta en el porche, a la luz del nuevo día, con el periódico enrollado en la mano. El amigo llega al cabo de un rato.

—¿Tienes una cerveza? —pregunta McLarney a modo de saludo.

—Joder, Terry.

McLarney se echa a reír y le tiende el periódico al joven agente. Los dos entran en la casa y McLarney asoma la cabeza al salón de la primera planta.

—Menuda pocilga —dice—. Tienes que buscarte una criada.

El joven vuelve de la cocina con el periódico y dos botellas de Rolling Rock. McLarney se sienta en el sofá y abre el diario, buscando la noticia sobre el veredicto de lo de Cassidy. Extiende las hojas sobre la mesa antes de localizar el artículo, al principio de la sección local, en la parte inferior de la página. Es corto, no más de una docena de párrafos.

—No es muy largo —dice, leyéndolo con atención.

Termina, se frota los ojos y bebe un largo sorbo de su cerveza. De repente, por fin, está agotado. Muy bebido y muy agotado.

—Es de lo más jodido —dice—. ¿Me comprendes? ¿Se dará cuenta la gente de lo jodido que es todo esto? ¿Es que nadie más lo ve? ¿Crees que las personas normales ven algo así y se enfadan?

La gente normal. Los ciudadanos. Los seres humanos. Incluso para los creyentes, ser un policía equivale a estar enfermo.

—Joder, estoy cansado. Tengo que irme a casa.

—No puedes conducir.

—Estoy bien.

—Terry, estás más ciego que un murciélago.

McLarney levanta la vista, repentinamente sorprendido por la palabra. Vuelve a coger la sección local del diario. Repasa el artículo, buscando esos detalles que jamás logran llegar a los reportajes de los periódicos.

—Pensaba que sería más largo —dice, por fin. McLarney trata de doblar el periódico, pero sólo consigue estrujarlo torpemente con su mano izquierda.

—Gene lo hizo bien, ¿no? —dice, al cabo de un rato—. Lo hizo bien en el estrado.

—Sí, lo hizo bien.

—Logró ganarse el respeto de todos.

—Así es.

—Bien —dice McLarney, con párpados de plomo—. Eso está bien.

El inspector jefe reclina la cabeza sobre el sofá y contra la pared detrás de este. Por fin cierra los ojos.

—Tengo que irme —murmura, arrastrando las palabras—. Despiértame dentro de diez minutos...

Se queda dormido como si fuera una naturaleza muerta, sentado con el tobillo derecho sobre la rodilla izquierda. Con el periódico arrugado en el regazo, la lata medio vacía de cerveza aún rodeada por la carne de su mano derecha. Se ha dejado el abrigo puesto. La corbata está torcida, pero intacta. Las gafas de metal, dobladas y rayadas después de casi media docena de golpes, se han deslizado por el puente de su nariz. Lleva la placa en el bolsillo superior del abrigo. La pistola, plateada y de calibre .38, sigue guardada en su funda.

Sábado 2 de abril

La huella encaja.

Cuando la mente humana se agota, la tecnología ejercita su musculatura y crea una nueva prueba. Diodos y transistores y chips de silicio producen una conexión conforme el remolino de la huella de un índice derecho se vincula a un nombre y una dirección. Cada surco, cada curva, cada imperfección se anota, cataloga y compara hasta que el ordenador del Printrak está seguro de su resultado:

Kevin Robert Lawrence

D. O. B. 25/9/66

3409 Avenida Park Heights

Como cualquier otro de su especie, el Printrak es una bestia estúpida. No sabe nada del expediente del caso, nada de la víctima y prácticamente nada del sospechoso al que acaba de identificar. Y no sabe hacer las preguntas que necesariamente siguen a sus descubrimientos. Eso se lo deja a un inspector, que con las piernas estiradas sobre un gran escritorio de metal contempla la hoja impresa que le han enviado desde la sección de identificación del laboratorio. ¿Por qué —se pregunta— aparece la huella de Kevin Robert Lawrence en la parte interior de la cubierta de un libro sobre héroes afroamericanos sacado de una biblioteca, titulado *Pioneros y patriotas*? ¿Y cómo puede ser —inquiere— que ese mismo libro sea uno de los que se han encontrado en la mochila de una niña asesinada en Reservoir Hill?

Son preguntas buenas y simples para las que un detective no tiene una respuesta inmediata. El nombre de Kevin Robert Lawrence no aparece en ningún lugar del expediente del caso de Latonya Wallace, ni tampoco lo recuerda ningún inspector ni agente del operativo que hubiera trabajado en el caso. Y si no fuera por el hecho de que el señor Lawrence fue arrestado ayer por intentar robar unas chuletas de ternera en una tienda de Bolton Hill, su nombre no se correspondería con ninguna ficha policial que el ordenador de identificación de la policía de Baltimore tuviera a mano. Esto, deben admitir los inspectores, no es muy prometedor. Por lo general, el sospechoso ideal de una violación y asesinato suele tener en su ficha algo de más enjundia que una simple acusación de hurto en una tienda. Y sin embargo, este chico, Lawrence, consiguió poner la mano en el libro de la biblioteca de la niña sin tener siquiera ficha policial. De hecho, si no fuera porque se había ido de tiendas, lo más probable es que ningún inspector de homicidios hubiera pronunciado jamás el nombre de Kevin Robert Lawrence. Pero el señor Lawrence quería ternera para comer y, al parecer, la quería a muy buen precio, y sólo por ese capricho ahora es el principal sospechoso en el caso del asesinato de Latonya Wallace.

Atrapado por el guarda de seguridad, que lo retuvo hasta que llegó el coche patrulla del distrito Central, Lawrence, de veintiún años, dio con sus huesos en el calabozo a última hora de ayer, y allí el carcelero le tomó las huellas y le asignó un número de ficha policial nuevecito. Por la noche, la ficha recorrió su camino habitual hasta los archivos del cuarto piso en la central, donde fue pasada, como exigía el procedimiento, por el Printrak, que puede comparar una huella con los cientos de miles de huellas archivadas en el Departamento de Policía de Baltimore.

En un mundo perfecto, este maravilloso proceso sería una fuente habitual de pruebas maravillosas. Pero en Baltimore, una ciudad para nada perfecta, el Printrack —como cualquier otra maravilla tecnológica del departamento de policía científica— funciona según la Regla Número Ocho del manual de homicidios.

En los casos en que un sospechoso ya ha confesado y ha sido identificado al menos por dos testigos oculares, el laboratorio te dirá, además, que ha identificado sus huellas, que tiene fibras que lo sitúan en la escena del crimen, así como restos de su sangre, y que las pruebas de balística han dado también positivo. Y sin embargo, en el caso de Latonya Wallace, un asesinato que realmente importaba, esta regla parecía no aplicarse. Por una vez parecía que el trabajo de laboratorio había dado un nuevo impulso a una investigación que había llegado a un punto muerto.

No es sorprendente que, cuando llegó la identificación de la huella, el caso de Latonya Wallace estuviera más muerto que vivo, porque Tom Pellegrini estaba precisamente igual. La tos había continuado sin darle un respiro y el agotamiento parecía que cada día se llevaba un pedazo de él. Una mañana, cuando intentó levantarse de la cama, sintió que apenas podía mover las piernas. Era como uno de esos sueños en los que intentas huir de algo y no puedes moverte. Volvió al médico, que le diagnosticó que los problemas respiratorios se los había producido una reacción alérgica. Pero ¿alérgico a qué? Pellegrini no había tenido nunca alergia a nada. El médico sugirió que a veces el estrés puede potenciar una alergia que en condiciones normales mantienen a raya las defensas naturales del cuerpo. ¿Ha tenido mucho estrés últimamente en el trabajo?

—¿Quién? ¿Yo?

Cada día, durante los últimos tres meses, Pellegrini se había arrastrado hasta la oficina y había mirado las mismas fotografías y leído los mismos informes. Y siempre estaba todo exactamente igual. Cada pocos días iba a Reservoir Hill y comprobaba el sótano de una casa adosada abandonada o la parte de atrás de un coche o camioneta abandonados, buscando su escena del crimen perdida. Volvió a trabajar a todos los sospechosos relevantes, entrevistando a amigos, parientes y conocidos del Pescadero; y de Ronald Carter, que había intentado inculpar al Pescadero; y de Andrew, que había aparcado su coche en el callejón y admitió haber estado fuera la noche en que se tiró allí el cuerpo. Trabajó también las nuevas pistas, comprobando todo lo relativo a ese delincuente sexual que habían encerrado por violación de menores en el condado de Baltimore o a ese pedófilo al que habían atrapado tocándose frente a una escuela de primaria. Presenció las pruebas del polígrafo en los barracones de la policía estatal en Pikesville, donde cada prueba a cada nuevo sospechoso parecía aumentar todavía un poco más la ambigüedad del caso. Y cuando todo lo demás falló, fue al laboratorio y habló con Van Gelder, el analista jefe. ¿Qué había de aquellas manchas negras en los pantalones de la niña fallecida? ¿Eran alquitrán de tejado? ¿No podemos reducir un poco las posibilidades?

Mientras tanto, Pellegrini intentó mantener el ritmo de la rotación, trabajando las llamadas que le correspondían y esforzándose por mantenerse interesado en los tiroteos baratos y las agresiones domésticas con arma blanca. Una vez, mientras entrevistaba a un testigo de un acto particularmente poco importante de violencia, descubrió que tenía que esforzarse para hacer hasta las preguntas reglamentarias. Le dio miedo. En ese momento llevaba menos de dos años en homicidios y, sin embargo, a todo propósito práctico, se había convertido en un ejemplo perfecto de trabajador quemado. Pellegrini tenía que admitir que el pozo estaba seco. No había más.

A principios de junio estuvo de baja por enfermedad durante más de dos semanas, intentando recuperar lo que fuera que le había hecho ir a homicidios. Durmió y comió y jugó con el bebé. Luego durmió más. No fue a la central, no llamó a la oficina e intentó, tanto como pudo, no pensar en niñas asesinadas.

Y cuando la identificación de la huella llega a la mesa de Gary D'Addario, Tom Pellegrini sigue de baja, y el teniente decide —por razones más humanitarias que tácticas— no llamarle para que vuelva. A los demás inspectores les parece al principio un poco triste, y también un poco irónico, que el investigador principal del caso no esté allí mientras entran a saco en la vida de Kevin Lawrence, aprendiendo todo lo que pueden de aquel don nadie que de algún modo ha caído sobre ellos como maná del cielo. Más que ningún hombre de la unidad ese año, Pellegrini se ha ganado una rendija de esperanza, y su ausencia no pasa desapercibida cuando Donald Kincaid y Howard Corbin empiezan a seguir los movimientos del nuevo sospechoso, intentando relacionarlo con amigos o parientes que vivan en la zona de Reservoir Hill. Otros del turno se dicen a sí mismos y entre ellos que Pellegrini debería estar allí, mientras comprueban si hay información del nuevo sospechoso en el Centro Nacional de Información Criminal del FBI, o cuando rastrean los archivos del ordenador de la ciudad en busca de una ficha policial que no existe, pero que están seguros de que está allí bajo cualquier otro nombre o bajo un alias. Pellegrini debería también estar allí cuando hablan con los amigos y la familia de Lawrence. En las horas que siguen a la identificación de la huella, se dicen a sí mismos que Pellegrini se merece estar cerca en ese momento de justicia final en que este cabrón de caso se resuelva.

Pero el caso se transfiere a Kincaid y Corbin: Kincaid porque había llegado pronto en el turno de día y D'Addario lo había agarrado primero todavía con una copia fresca del informe del Printrak; Corbin, uno de los verdaderos ancianos entre la plantilla de inspectores, porque el caso de Latonya Wallace también se ha convertido en una obsesión para él.

Un prodigio con mucha experiencia y una dentadura irregular, Corbin es el producto de veinte años en la unidad de homicidios y otros quince más en el departamento. El hombre ya ha dejado atrás los sesenta y cinco años, que están mucho más allá del punto en que la mayoría de los policías optan por jubilarse. Y, sin embargo, se niega a perderse un solo día de trabajo. Un veterano que ha visto quizá tres mil escenas del crimen, Corbin es un pedazo de historia viviente. Los detectives más ancianos recuerdan una época en la que Corbin y Fury Cousins, dos de los primeros reclutas negros que alcanzaron la unidad de homicidios, conocían a todos y cada uno de los que vivían en el centro de Baltimore y podían utilizar ese conocimiento en cualquier caso en el que trabajaran. Entonces Baltimore era una ciudad más pequeña y compacta, y Corbin se la sabía al dedillo. Si a tu pistolero le apodaban Mac, Corbin te preguntaba si te referías al Mac del este de la ciudad o al del oeste, o si hablabas quizá de Big Mac Richarson o quizá de Mac el Corredor, que vivía más arriba en la avenida. Y no importaba cuál escogieras, porque Corbin tenía dos o tres direcciones en las que encontrar a cada uno de ellos. En sus tiempos, Corbin era el amo.

Pero, en veinte años, tanto la ciudad como Howard Corbin habían cambiado mucho, lo que había llevado a Corbin a la unidad de criminales profesionales al otro lado del sexto piso: durante los últimos años, de hecho, Corbin había estado luchando y perdiendo una guerra contra el cambio, intentando demostrar a la cadena de mando que la edad y su condición de diabético no lo habían hecho más lento. Era una lucha noble, pero a veces dolorosa de ver. Y en la mente de muchos inspectores jóvenes, Corbin se había convertido en prueba viviente del precio que pagas por dar demasiado de tu vida al departamento de policía. Todavía llega temprano cada mañana, todavía rellena sus hojas de ruta, todavía trabaja en un caso o dos, pero lo cierto es que la unidad de criminales profesionales es una unidad burocrática que sólo tiene media oficina y un puñado de hombres. Corbin también lo sabe y no pasa un día sin que se le note. Para él homicidios será siempre la tierra prometida, y el caso de Latonya Wallace, su oportunidad de un éxodo.

Cuando el caso llevaba un mes abierto, Corbin le preguntó al coronel Lanham si podía echar un vistazo al expediente, y al coronel no se le ocurrió ningún motivo para negárselo, aunque tanto él como todos los demás podían ver claramente el motivo de la petición. Pero ¿y qué? Lanham pensó que el hecho de que un detective con experiencia revisara el caso no les iba a perjudicar, y nunca se sabía lo que una nueva mente que no hubiera tenido contacto antes con el caso podía descubrir. Y si, por alguna carambola, Corbin llegaba de verdad a resolver el caso, entonces quizá es que sí tenía todo el derecho a volver al otro lado del pasillo.

Para disgusto de Pellegrini, cuando le aprobaron la petición, Corbin se trasladó inmediatamente a la oficina anexa y se adueñó del expediente de Latonya Wallace. Un huracán de informes de progreso siguió a su llegada, pues Corbin documentaba sus esfuerzos diarios en largos informes escritos a máquina en los que explicaba todas las pistas que estaba siguiendo. Para Pellegrini, el expediente del caso pronto se volvió inmanejable por su enorme cantidad de páginas, la mayoría de ellas, en su opinión, perfectamente prescindibles. Y lo que era más importante para Pellegrini: la implicación de Corbin era exactamente lo opuesto a la estrategia que le había planteado a su capitán en su memorando. Había pedido que se revisaran exhaustiva y cuidadosamente las pruebas existentes, una revisión que debían llevar a cabo sólo el inspector principal y el secundario, que eran los que estaban más familiarizados con el caso. En vez de ello, el expediente parecía haberse convertido otra vez en terreno comunal.

Y ahora Corbin iba a actuar como representante de Pellegrini en la persecución de Kevin Lawrence, o al menos durante lo que se tardase en confirmar que el sospechoso era viable.

—Si este tío tiene buena pinta —les aseguró Landsman a los miembros de su brigada—, desde luego que llamaremos a Tom a su casa.

Pero al día siguiente nadie piensa en llamar a Pellegrini cuando los inspectores comprueban con el director de la escuela Eutaw-Marshburn que Kevin Robert Lawrence estudió allí de 1971 a 1978. Ni tampoco piensan en llamarlo cuando una búsqueda más completa en las bases de datos accesibles al ordenador no produce nada ni remotamente parecido a una ficha policial. Tampoco se les ocurre molestarle cuando la familia Wallace dice que no saben nada de ese Kevin Lawrence y que no recuerdan que tuviera nada que ver con la víctima.

Ocho días después de que un ordenador de la policía usara su nombre en vano, Kevin Lawrence es llevado a la unidad de homicidios, donde les dice a los inspectores que no sabe nada de una niña llamada Latonya Wallace. Sí, sin embargo, recuerda un libro sobre héroes americanos negros que se titulaba *Pioneros y patriotas*. Cuando le muestran el libro en sí, se acuerda incluso del trabajo que preparó para la escuela hace tiempo utilizando ese mismo libro, que sacó prestado de la biblioteca de la escuela Eutaw-Marshburn. El trabajo tenía como tema los grandes personajes estadounidenses negros y, según recordaba el joven, le pusieron un sobresaliente. Pero, dice, eso fue hace más de diez años. ¿Por qué me preguntan sobre ello?

La investigación que exonera a Kevin Lawrence está todavía en su última fase cuando Pellegrini se reincorpora al trabajo. Pero, por suerte o piedad, o ambas cosas, se le permite al investigador primario observarla desde la periferia mientras otros inspectores se la pegan contra la pared. A él, en un sentido muy literal, se le ahorra la angustia de ver cómo una valiosísima prueba física queda reducida a una fantástica coincidencia: una huella que permaneció sin que nadie la borrase o deteriorase en un libro durante más de diez años, esperando a que un ordenador que vale un millón de dólares la reanimase para torturar un poco a unos cuantos inspectores de homicidios durante semana y media.

En lugar de haber llevado el tema de la huella y haberse agotado de nuevo psicológicamente, Pellegrini consigue volver al trabajo un poco más fuerte. Todavía tose, pero no está tan agotado como antes. Al cabo de un día o dos de su regreso, la carpeta que contiene la información que ha reunido sobre el Pescadero está de vuelta en su mesa en la oficina anexa. Y al mismo tiempo que los inspectores se ocupan de que un Kevin Lawrence que no sabe nada de lo que ha pasado recupere su libertad y el anonimato, Pellegrini vuelve a la calle Whitelock a entrevistar a otros comerciantes sobre las costumbres del hombre que sigue siendo todavía el principal sospechoso.

El mismo día, de hecho, en que Lawrence aburre a otros inspectores recordando sus trabajos escolares, Pellegrini coge las llaves de un Cavalier y un puñado de bolsas de plástico para pruebas y se va al interior de la tienda calcinada de la calle Whitelock en la que el Pescadero se había ganado la vida hasta quizá una semana antes del asesinato. El inspector había estado en aquella propiedad en ruinas varias veces antes, buscando cualquier cosa que indicara que la niña —viva o muerta— había estado alguna vez allí dentro, pero la frustrante realidad es que el edificio nunca se había mostrado como nada más que un esqueleto ennegrecido. Los comerciantes de al lado le dijeron que, de hecho, el Pescadero había limpiado casi todo lo que había un día o dos antes de que se descubriera el cuerpo de la niña.

Aun así Pellegrini echa otro vistazo antes de ponerse manos a la obra. Una vez se asegura de que nada ha pasado desapercibido, empieza a recoger hollín y restos de diversos puntos. En algunos lugares, los restos son espesos y oleosos, quizá mezclados con el alquitrán de los restos del tejado que se hundió.

La idea se le ocurrió a Pellegrini mientras estaba de baja, y debía confesar que era poco probable que funcionase, teniendo en cuenta lo poco que el laboratorio había sido capaz de averiguar de las manchas negras encontradas en los pantalones de la niña. Pero, qué demonios, se dice a sí mismo, si tienen algo concreto con lo que compararlas, quizá la gente de Van Gelder sea capaz de sacar algo.

De vez en cuando, alguna de aquellas improbabilidades sale bien, medita el inspector con un rayo de esperanza. Pero incluso si las muestras de la tienda no llevan a nada, son importantes para Pellegrini por otro motivo: es su idea. Es idea suya que las manchas de los pantalones de la niña puedan encajar con el hollín de la tienda del Pescadero. No de Landsman. Ni de Edgerton. Ni de Corbin.

Lo más probable, se dice Pellegrini a sí mismo, es que este sea otro callejón sin salida en el laberinto, otro informe de una sola página en la carpeta. Pero, aun así, será su callejón sin salida, su informe.

Pellegrini es el inspector principal y está pensando como tal. Vuelve de Reservoir Hill con las muestras de hollín a su lado en el asiento del pasajero, sintiéndose, por primera vez en muchas semanas, como un inspector.

Miércoles 22 de junio

Clayvon Jones yace boca abajo en el patio de las viviendas sociales, tapando con su torso la Colt de nueve milímetros cargada que no tuvo oportunidad de usar. El arma está amartillada y con una bala en la recámara. Alguien buscaba a Clayvon, y Clayvon buscaba a alguien, y a Clayvon le dieron primero.

Dave Brown vuelve el cuerpo, y Clayvon le mira, con espuma en las comisuras de la boca.

—Caramba —dice Dave Brown—. Esa es una buena pistola.

—Eh, sí que es bonita —dice Eddie Brown—. ¿Qué es? ¿Una cuarenta y cinco?

—No, creo que es una de esas réplicas de Colt. Fabrican nueve milímetros con el armazón típico de la cuarenta y cinco.

—¿Es una nueve milímetros?

—O eso o una tres ochenta. Vi un anuncio de una de estas en la revista del FBI.

—Ah —dice Eddie Brown, mirando la pistola por última vez—. Pues sí que es bonita.

Ya es de día, un poco antes de las seis de un día que se promete caluroso. Además de haber sido el orgulloso propietario de una réplica Colt de nueve milímetros, el hombre muerto es un vecino de veintidós años de la parte este, de complexión delgada y atlética. El cadáver ya tiene un rígor mortis más que decente, y se aprecia una sola herida de bala en la parte superior de la cabeza.

—Como si se estuviera agachando, pero no se agachara lo suficiente —dice Eddie Brown, un poco aburrido.

A ambos lados del patio se ha reunido ya una multitud, y a pesar de que un peinado de las casas circundantes no produciría ni un solo testigo, la mitad del vecindario parece haberse levantado temprano para poder ver el fiambre. En cuestión de pocas horas se recibirían cuatro llamadas anónimas —«quiero permanecer en el anonimato», insistiría uno de los que llamaron— así como un informe de uno de los informadores pagados que Harry Edgerton tenía en el este de Baltimore. Estas informaciones combinadas aportaría una crónica completa de la muerte de Clayvon Jones. Clasifícala como escenario número 34 en el catálogo del drama a vida o muerte en el gueto: una discusión entre dos drogadictos por una mujer. una pelea a puñetazos en la calle. amenazas lanzadas en ambas direcciones. joven al que se paga en cocaína para que le descerraje un tiro en la cabeza a Clayvon.

Para diversión de Dave Brown, tres de las llamadas insistirían en que el asesino colocó una flor blanca en la boca de Clayvon después de matarlo. La flor, comprenderá Brown, no era más que la espuma que salía de las comisuras de la boca del muerto, que, sin duda, fue perfectamente visible para la gente que ya estaba allí cuando los inspectores llegaron a la escena del crimen.

En este momento, sin embargo, todo esto está todavía por llegar. En este momento, Clayvon Jones es simplemente un negro muerto con una pistola de muy buena calidad que nunca llegó a usar. Sin testigos ni móvil ni sospechosos: el perfecto caso duro de roer.

—Eh, tío.

Dave Brown se vuelve y ve el rostro familiar de uno de los uniformes del este. Martini, ¿no es así? Sí, el chico que se llevó un disparo por la causa en un registro por drogas en Perkins Homes el año pasado. Un buen hombre, Martini.

—Eh, ¿cómo te va, colega?

—Bien —dice Martini, señalando a otro uniforme—. Aquí mi compañero necesita un número de secuencia para este informe.

—Usted es el inspector Brown, ¿verdad? —pregunta el otro uniforme.

—Ambos somos el inspector Brown —dice Dave Brown, pasando el brazo sobre el hombro de Eddie Brown—. Este de aquí es mi papá.

Eddie Brown sonríe, y su diente de oro reluce al sol de la mañana. Sonriendo también, el inspector contempla el jocoso retrato de familia que tiene ante él.

—¿A que se parece a mí? —dice Eddie Brown.

—Un poquito —dice el uniforme, ya riéndose—. ¿Cuál es tu secuencia?

—B de barco, nueve-seis-nueve.

El patrullero asiente y se aparta. La furgoneta del forense aparece en el fondo del patio.

—¿Hemos acabado ya? —pregunta Dave Brown.

Eddie Brown asiente.

—Vale —dice Dave Brown, caminando de vuelta al Cavalier—. Pero no podemos olvidarnos de lo más importante de este caso.

—¿Y qué es lo más importante de este caso? —dice Eddie Brown, siguiéndole.

—Lo más importante de este caso es que, cuando salimos de la oficina, el Gran Hombre nos dijo que le lleváramos un bocadillo vegetal con huevo.

—Ah, sí.

De vuelta en la sala del café de la unidad de homicidios, Donald Worden espera su bocadillo envuelto en una nube de humo de su cigarro Backwoods, alimentando una ira que le acompaña desde hace semana y media. Lo hace silenciosa y estoicamente, pero con tanta energía y determinación que ninguno de los demás osa acercársele ni siquiera para charlar durante el cambio de turno de la mañana.

¿Y, de todas formas, qué le van a decir? ¿Qué le dices a un hombre que ha basado su carrera en su propio sentido del honor, en su propio código de conducta, cuando ese honor está siendo utilizado como moneda de cambio por los políticos? ¿Qué le dices a un hombre para el que la lealtad institucional es un modo de vida cuando el departamento de policía en el que ha trabajado durante veinticinco años le está ofreciendo toda una lección sobre cómo traicionar?

Tres semanas antes, los jefazos se habían dirigido primero a Rick Garvey. Le habían abordado con un informe de veinticuatro horas y una carpeta sin nombre ni número de caso. Un senador del estado, le dijeron. Amenazas. Asaltantes misteriosos. Un posible secuestro.

Garvey los escuchó pacientemente. Luego miró el informe inicial de los dos inspectores del turno de Stanton. No pintaba bien.

—Sólo tengo una pregunta —dijo Garvey—. ¿Puedo someter al senador al polígrafo?

No, se dijeron los jefazos a sí mismos, quizá Rich Garvey no es el mejor hombre para este caso. Se excusaron rápidamente y le llevaron el informe y la carpeta a Worden.

El Gran Hombre los dejó hablar y luego ordenó los hechos en su cabeza: el senador de la legislatura estatal Larry Young. Un demócrata del distrito electoral 39º de Baltimore Oeste. Un producto de la maquinaría política de la familia Mitchell en Baltimore Oeste y presidente del influyente Comité de Asuntos Medioambientales de la Asamblea General. Un líder de los parlamentarios negros con buenos contactos con el Ayuntamiento y con los jefazos negros de más alto nivel del departamento de policía. Un soltero de cuarenta y dos años que vivía solo en la calle McCulloh.

Hasta ahí todo tenía sentido, pero el resto era muy extraño. El senador Young había llamado a un amigo, un médico negro muy respetado, y le había dicho que le habían secuestrado tres hombres. Él salía de la calle McCulloh solo y ellos tenían una furgoneta, explicó. Le obligaron a entrar en ella, le pusieron una venda en los ojos y le amenazaron. Apártate de Michael y su prometida, le dijeron, refiriéndose a un asesor político que había tenido hacía tiempo y que planeaba casarse dentro de poco. Luego esos asaltantes anónimos le habían tirado por las puertas de atrás de la furgoneta, cerca del parque Druid Hill. Había vuelto a casa haciendo autoestop.

Eso es ultrajante, le había dicho el amigo al que llamó. Tienes que llamar a la policía. No hay necesidad de ello, le aseguró Larry Young. ¿Por qué involucrar al departamento de policía? Puedo ocuparme yo solo de ello, pero quería contarte lo que me ha pasado, le explicó a su amigo, quien, sin embargo, siguió insistiendo y organizó una llamada a tres con Eddie Woods, el comisionado adjunto para servicios y uno de los aliados políticos del senador. El comisionado adjunto Woods escuchó la historia y luego insistió, correctamente, en que el secuestro de un senador del estado era un asunto que debía investigarse. Se llamó a homicidios.

—¿Lo investigarás? —preguntaron de nuevo.

Worden calculó lo que no se decía: un legislador poderoso, con amigos poderosos. Reticencias del senador a la hora de comunicar el crimen. Una historia ridícula. Jefes nerviosos. La elección de un inspector de homicidios muy veterano, un policía con un historial impecable y tiempo suficiente en el cuerpo como para salir con una pensión completa si las cosas se ponían feas.

Vale, les dijo Worden. Me lo comeré.

Después de todo, alguien debía hacerse cargo del expediente, y Worden pensó que un hombre más joven tenía más que perder que él. Los inspectores del turno de Stanton que recibieron la llamada en primer lugar no querían tener nada que ver con él. Tampoco Garvey tenía ganas de meterse en líos. Pero ¿qué le podían hacer a Worden? Tenía sentido, pero Worden hablaba como si tratase de convencerse más a sí mismo que a los demás.

Más pesó en la decisión el hecho de que Worden era verdaderamente el producto de la vieja escuela del departamento: si se le da un caso, lo trabaja. Y si algunos creían que la lealtad a los mandos es lo que había quemado a Worden en la investigación de la calle Monroe, todo el mundo sabía que no eludiría una petición de un superior ni aunque con ello se volviera a quemar.

Con Rick James a remolque, Worden fue primero a la casa del asesor político en el noreste de Baltimore, donde habló con los padres del asesor, una pareja de ancianos bondadosos y amables que estaban francamente sorprendidos de tener en casa a un inspector de homicidios. Le dijeron a Worden que no sabían nada de ningún secuestro. De hecho, horas antes la misma tarde del supuesto incidente, el senador había pasado por la casa a visitar a su hijo, que en esos momentos no se encontraba allí. El señor Young había esperado un rato, charlando amistosamente con la pareja, hasta que su hijo había vuelto. Luego los dos hombres jóvenes habían salido por la puerta trasera al patio para discutir un asunto privado. Un rato después su hijo había entrado solo en la casa sin el senador, que se había marchado. Entonces su hijo les dijo que se había hecho daño en el brazo y que necesitaba que lo llevasen a urgencias.

Worden asintió, escuchando atentamente. Con cada hecho adicional, la historia del senador se volvía un poco más ridícula y un poco más comprensible. La entrevista al asesor, que fue lo siguiente que hizo Worden, confirmó el escenario que había empezado a esbozarse en su cabeza. Sí, admitió el asesor, el senador se había enfadado durante la discusión en el patio. En un momento dado había cogido una rama y había golpeado con ella al asesor en el brazo. Luego había huido.

—Supongo que la discusión entre usted y el senador fue sobre un asunto personal —dijo Worden, hablando con sumo cuidado—, que usted preferiría mantener en la esfera privada.

—Así es.

—Y deduzco que no quiere usted denunciar la agresión.

—No, no quiero.

Los dos hombres intercambiaron una mirada y un apretón de manos. Worden y James condujeron de vuelta a la oficina, comentando las alternativas que les quedaban. La primera opción: podían pasarse días o incluso semanas investigando un secuestro que no había existido. Segunda opción: podían abordar al senador y amenazarle con una investigación ante un gran jurado o quizá incluso con acusarle de interponer una falsa denuncia, pero eso sería extremadamente peligroso, porque las cosas se pondrían muy feas en un abrir y cerrar de ojos. Había una tercera opción, sin embargo, y Worden la sopesó mentalmente, evaluando sus ventajas e inconvenientes. Y cuando los dos hombres y el teniente D'Addario fueron llamados a la oficina del capitán para informar del caso, Worden ofreció la tercera opción como la alternativa más razonable.

Si trataban la denuncia de secuestro como si fuera auténtica, le dijo Worden al capitán, inspectores de homicidios extremadamente preparados desperdiciarían sus valiosas jornadas buscando a unos hombres misteriosos en una furgoneta misteriosa que jamás encontrarían. Si intentaban llevar el caso a un gran jurado, la pérdida de tiempo sería todavía mayor. Una acusación de falsa denuncia era una minucia, y ¿quién en homicidios de verdad quería perder unos días intentando demostrar que un político era culpable de un delito tan menor, particularmente cuando no estaba ni siquiera claro que ese político hubiera presentado oficialmente la denuncia? Después de todo, había sido el amigo doctor del senador quien había llamado al comisionado adjunto Woods; técnicamente, eso era suficiente para deducir que no había habido ninguna intención de presentar realmente una denuncia falsa. La tercera opción era la mejor, dijo Worden, aunque no tenía intención de ir por ese camino solo.

El capitán le preguntó a Worden cómo iba a proceder y qué iba a decir exactamente. Worden se lo describió tan detalladamente como pudo. El capitán repitió entonces la propuesta de Worden otra vez para que todos la tuvieran clara, y los cuatro hombres en la habitación acordaron que tenía sentido. Adelante, dijo el capitán. Hazlo.

Worden llegó al despacho del senador Young esa misma tarde. Dejó a James en la oficina, pues al joven inspector le faltaban seis años para poder recibir la pensión y, por tanto, corría un riesgo mucho mayor. Roger Nolan se presentó voluntario para ir en su lugar, y convenció a Worden diciéndole que quizá necesitara un testigo de lo que ocurriera durante la conversación. Y además, Nolan no sólo llevaba tiempo más que suficiente en el cuerpo como para superar cualquier tormenta, sino que además era negro, como el senador. Si algo de lo que dijera en esa reunión acababa haciéndose público, la presencia de Nolan evitaría que se hablase de racismo.

Larry Young recibió a los dos hombres en su despacho del centro de la ciudad y les dijo que no veía la razón por la que la policía fuera a querer perder el tiempo investigando el incidente. Era un asunto personal, explicó el senador, y tenía toda la intención de investigarlo personalmente.

Worden parecía mostrarse de acuerdo con la idea y a continuación procedió a ofrecerle al senador un informe de la investigación hasta el momento. Los inspectores no habían conseguido localizar a nadie en la calle McCulloh que hubiera presenciado el secuestro, ni tampoco habían descubierto ninguna prueba física en el parque Druid Hill, donde el senador afirmaba que le habían tirado de la furgoneta. Los pantalones que el senador había llevado esa noche no tenían la menor mancha de hierba en ellos. Del mismo modo, explicó Worden, las entrevistas con el asesor del senador y los padres del asesor habían planteado nuevas preguntas. El inspector le contó lo que sabían de aquella entrevista, y entonces le ofreció al senador la salida.

—Mi impresión es que se trata de una cuestión privada entre ustedes dos —dijo Worden—, algo que quizá prefirieran tratar en privado.

—Así es —dijo Young.

—Bien, si se cometió un crimen, lo investigaremos a fondo —dijo Worden—. Pero si no se ha cometido ningún delito, entonces eso pone fin a todo.

El senado comprendió inmediatamente la oferta que se le hacía, pero formuló unas pocas preguntas para asegurarse de que lo había entendido correctamente. Si les decía que no se había cometido ningún delito, eso cerraría la investigación, ¿era así? Y si les decía aquí y ahora que no se había cometido ningún delito, esa admisión no se utilizaría contra él, ¿correcto?

—No por mí —dijo Worden.

—Entonces —contestó el senador—, no hubo ningún secuestro. Preferiría solucionar este tema de forma privada.

Worden le dijo al senador que podía dar la investigación del departamento de policía por cerrada. El informe original del secuestro se había escrito como un informe sólo para la policía, como se hacía con todos los casos que implicaban a cargos electos. Y puesto que no había ninguna denuncia, no debería tampoco aparecer nada en los periódicos.

—Nuestro trabajo aquí ha terminado —dijo Worden.

Worden y Nolan le dieron la mano al senador y cerraron el trato. No habría ninguna investigación con un gran jurado ni una bola roja de la que toda una brigada de homicidios podría ordeñar horas extra, no habría preguntas incómodas sobre la vida privada del senador ni revelaciones públicas sobre el torpe intento de un político de crear un contrapeso a la agresión que él mismo había cometido. En vez de ello, la unidad de homicidios volvería a su labor habitual de resolver asesinatos. Worden regresó a la central y escribió el necesario informe de la reunión para el capitán, convencido de que había hecho lo correcto.

Pero el 14 de junio, una semana y media después de su visita al despacho del senador, la discreta solución de Worden saltó por los aires cuando todo el sórdido asunto se filtró a un periodista de televisión de la filial local de la CBS. Por la cantidad de información sobre el caso que manejaba el periodista, tanto Worden como James sospechaban que la filtración había procedido de dentro del departamento. Ese escenario tenía mucho sentido. No todo el mundo en la cadena de mando era aliado político del senador, y la extraña denuncia del secuestro podía utilizarse para avergonzarlo públicamente.

Por supuesto, una vez la información confidencial fue del dominio público, los jefazos de la policía y los fiscales empezaron a atropellarse unos a otros para evitar dar la impresión de que se había llegado a un pacto secreto o de que se había producido un encubrimiento. Presionado por un periodista, el alcalde en persona se metió en el asunto y ordenó que se publicara el informe de la denuncia original del secuestro. Con la prensa de repente amarrada a las puertas del Ayuntamiento, las prioridades cambiaron por completo. Una semana antes a los jefazos les había parecido bien que Worden concluyera la investigación de un crimen inexistente con discreción, permitiendo que los inspectores de homicidios regresaran a su trabajo; ahora a esos mismos jefes se les preguntaba en público por qué un influyente senador de Baltimore Oeste que había admitido haber hecho una denuncia falsa no había sido acusado. ¿Se había llegado a algún tipo de acuerdo con él? ¿Se mantuvo la denuncia en secreto para proteger al senador? ¿Qué tipo de influencia ejerció el senador en el desarrollo de la investigación?

Un continuo diluvio de titulares de periódicos y noticias en televisión obligó a los altos cargos de la ciudad a iniciar una investigación a fondo liderada por la oficina del fiscal del Estado, seguida por una investigación ante un gran jurado. Durante la semana siguiente hubo reuniones entre fiscales y jefes de la policía, seguidos por más reuniones entre fiscales y un influyente abogado contratado por el senador. Una tarde en particular, cuando Worden y James se iban a una reunión entre los fiscales y el abogado del senador en las oficinas de un bufete privado, al salir del edificio, los abordó el mismo periodista de televisión al que le habían filtrado la historia.

—Me pregunto quién le dijo que hoy había una reunión —dijo James, asombrado—. Sabe lo que va a pasar incluso antes que nosotros mismos...

Todo lo que Worden había querido evitar había acabado sucediendo. Había querido trabajar en asesinatos y ahora los asesinatos no eran lo prioritario. Había querido evitar perder tiempo y energías metiéndose sin motivo en la vida privada de un hombre; ahora él y otros tres o cuatro inspectores tendrían que perder incluso más tiempo aireando un trozo todavía mayor de esa vida privada. Worden, James, Nolan..., todos eran peones en un juego ridículo de políticas suicidas mientras los burócratas se pasaban unos a otros el futuro político de Larry Young como si fuera una patata caliente. ¿Y todo para qué? El día en que había convencido al senador para que se retractara de lo que había dicho, Worden tenía dos asesinatos abiertos y seguía participando activamente en la investigación ante el gran jurado del asesinato de la calle Monroe. Ahora nada de eso le importaba a nadie. Ahora lo único que querían los jefes es que se investigara a fondo el caso del senador del estado Larry Young y cómo se había retractado de una supuesta denuncia de secuestro. El departamento iba a enviar a algunos de sus mejores investigadores a la calle para que demostraran la no existencia de algo, para que probaran que un legislador del estado no había sido secuestrado por tres hombres en una misteriosa furgoneta. Luego se acusaría al senador de interponer una falsa denuncia —lo que constituía una mera falta— en preparación para un juicio que ni la oficina del fiscal ni el departamento de policía tenían la menor intención de ganar. Existía un acuerdo tácito para que el juicio no fuera más que una obra de teatro con público, un espectáculo que apaciguara a la opinión pública. Y la palabra de Worden —que se había ofrecido honestamente en la privacidad del despacho de un hombre acosado— ahora no significaba nada. Para el departamento, la palabra de Worden era un bien perfectamente fungible.

En una breve conversación que tuvo lugar unos pocos días antes de que el embrollo de Larry Young llegara a la prensa, el capitán mencionó la situación de Worden a Gary D'Addario y Jay Landsman.

—¿Sabéis? —dijo—. No me gustaría nada que un buen inspector como Worden acabara mal por todo esto de Larry Young...

¿No te gustaría nada? ¿Que no te gustaría nada? ¿Qué coño quería decir eso?, se preguntó D'Addario. El capitán había aprobado la oferta de un trato a Larry Young, todos lo habían hecho. ¿Cómo diablos iban a acabar cargándole el muerto a Worden? D'Addario se preguntó si el capitán trataba de hacerles llegar un mensaje o si simplemente dijo lo primero que se le pasó por la cabeza. Con Landsman de testigo, D'Addario habló cautelosamente, intentando concederle al capitán el beneficio de la duda.

—¿Por qué iba a acabar mal Worden, capitán? —preguntó con toda la intención—. Después de todo, estaba obedeciendo órdenes.

Sería injusto, concedió el capitán. Y no le gustaría que pasase. En ese momento D'Addario no sabía ya qué creer y se mordió la lengua. Si el comentario del capitán era una oferta de inmunidad, una sugerencia de que ambos podían evitar cualquier problema simplemente sacrificando a Worden, entonces D'Addario esperaba que su pregunta hubiera bastado para hundir el plan. Si el capitán sólo estaba dejando escapar tensión sin preocuparse de las consecuencias de lo que decía, mejor dejarlo pasar.

Landsman y D'Addario salieron confundidos del despacho del capitán. Quizá la idea de utilizar a Worden como cabeza de turco procedía del capitán, quizá de alguien más arriba. Quizá no habían interpretado correctamente el comentario. D'Addario no lo sabía, pero él y Landsman estaban de acuerdo en que si la idea de sacrificar a Worden tomaba cuerpo alguna vez, tendrían que entrar en guerra contra el capitán y quemar, si era necesario, hasta el último puente. Incluso para alguien tan curtido en la falta de ética de los mandos como D'Addario, la idea de Worden como cordero sacrificial era inadmisible. Worden era uno de los mejores hombres de la unidad y, sin embargo, en una crisis se lo consideraba carne de cañón.

La defensa que D'Addario había hecho de Donald Worden en el despacho del capitán había sido contenida, pero su tranquila y firme negativa a sacrificar a un inspector pronto fue conocida por todo el turno. Fue, y en esto todos los inspectores se mostraron de acuerdo, uno de los mejores momentos del teniente D'Addario y la prueba fehaciente de que era un hombre al que otros hombres podían seguir.

Porque una cosa era que D'Addario hubiera intentado contentar a la cadena de mando cuando el porcentaje de resolución de casos era bajo; eso no costaba nada y permitía que sus inspectores hicieran su trabajo con las mínimas interferencias posibles de los jefes. Además, ese mismo porcentaje de resolución que había hecho vulnerable a D'Addario en la primera parte del año era ahora su mejor aliado. Incluso con el diluvio de homicidios veraniegos que ya tenían encima, el porcentaje oscilaba alrededor del 70 por ciento, y el liderazgo del teniente, que antes se había cuestionado, ahora era de nuevo valioso para los jefes. D'Addario había dado la vuelta a la tortilla.

Pero incluso si el porcentaje de resolución hubiera sido bajo, D'Addario se habría sentido obligado a decir lo que dijo en el despacho del capitán. ¿Sacrificar a Worden? ¿A Donald Worden? ¿Al Gran Hombre? ¿En qué coño estaban pensando los jefes? No importa lo seriamente que hubieran considerado la idea, si es que la habían considerado, pero no se volvió a mencionar después de la conversación de D'Addario con el capitán. Y, sin embargo, el teniente sabía que su defensa de Worden sólo podía llegar hasta cierto punto; al final puede que a Worden no lo maltrataran por la parte que tuvo en el fiasco de Larry Young, pero el inspector estaba absolutamente en lo cierto al pensar que lo habían menospreciado.

Worden le había dado a otro hombre —un político, por supuesto, pero un hombre después de todo— su palabra. Y ahora, para salvar su imagen pública, el departamento de policía y el alcalde estaban mostrando cuánto valoraban esa palabra.

Aun así, incluso un inspector menospreciado tiene que comer, y, en esta mañana de verano, Worden atempera su ira con un poco de paciencia mientras espera a que Eddie y Dave Brown regresen de su escena del crimen. Cuando Dave Brown finalmente aparece en la oficina, entra en la sala del café tratando de molestar lo menos posible, consciente de que Worden lleva de mala leche una semana entera. Sin decir una palabra, deja el bocadillo vegetal con huevo frente al Gran Hombre y luego da media vuelta para regresar a su mesa.

—¿Qué te debo? —pregunta Worden.

—Nada, yo invito.

—No. ¿Qué te debo?

—No te preocupes, colega. Ya pagarás tú la próxima vez.

Worden se encoge de hombros, luego se sienta a desayunar. McLarney había tenido fiesta por la noche, y Worden, como el más veterano, había trabajado el turno de noche como supervisor en funciones. Había sido una noche miserable, y ahora Worden tenía por delante otra jornada completa pastoreando testigos hasta y desde el gran jurado que evaluaba el caso Larry Young. Aquel desastre probablemente le consumiría el resto de la semana.

—¿Qué había ahí fuera? —pregunta Worden a Dave Brown.

—Un puto asesinato de drogas, de los duros de roer.

—Vaya.

—Un negro muerto en un patio de unas adosadas. Cuando lo volvimos, todavía tenía su arma en los pantalones. Amartillada, con una bala en la recámara.

—Alguien desenfundó más rápido que él, ¿no? —aporta Rick James desde el otro lado de la habitación—. ¿Dónde le dispararon?

—En la parte superior de la cabeza. Como si el asesino hubiera estado encima de él o le hubiera disparado mientras se agachaba.

—Qué dolor.

—Tiene una herida de salida en el cuello y tenemos la bala, pero está completamente jodida, hecha una tarta. No servirá para las comparaciones balísticas.

James asiente.

—Necesito un coche para ir al depósito de cadáveres —dice Brown.

—Toma este —dice James, tirándole unas llaves—. Nosotros podemos caminar hasta el juzgado.

—No sé qué decirte, Rick —dice Worden con sarcasmo—. No sé si le podemos dar un coche para que haga el trabajo que tiene que hacer un policía. Si estuviera investigando a un senador o algo así, sería una cosa. Pero para investigar un asesinato, no creo que le debamos dar un coche...

James sacude la cabeza.

—Eh, pueden hacer lo que les de la gana —dice Worden—. A mí cobrar la nómina me hace feliz.

—Pues claro que sí —dice Dave Brown—. Y estarás ganando más dinero del que yo voy a ganar con este asesinato.

—Así es —dice Worden—. En lo que se refiere a la investigación de Larry Young, se ha levantado el límite de horas extras. De ahora en adelante, ya no me encargaré más de asesinatos. Con los asesinatos no se gana dinero...

Worden enciende otro Backwoods y se reclina contra el pladur verde, pensando que el chiste es a la vez gracioso y triste.

Hace tres semanas, el agente que descubrió el cuerpo de John Randolph Scott en un callejón de la calle Monroe se presentó ante el mismo gran jurado y se negó a contestar todas las preguntas sobre la inexplicada muerte del hombre al que había perseguido. El sargento John Wiley leyó una breve declaración al gran jurado en la que se quejaba por haber sido tratado como un sospechoso en el asesinato y luego invocó el derecho que le concedía la Quinta Enmienda a no declarar para no incriminarse. Los fiscales no le ofrecieron inmunidad a Wiley y, en consecuencia, se marchó del gran jurado, lo que hizo que, a efectos prácticos, la investigación de la calle Monroe se estancara definitivamente. En ausencia de otras pruebas, Tim Doory, el fiscal principal, no le pidió al gran jurado que formulara cargos contra nadie. De hecho, Doory tuvo que esforzarse para evitar que los miembros del gran jurado presentaran cargos después de oír el testimonio de Worden y James sobre las declaraciones contradictorias que habían hecho los agentes que habían participado en la persecución de Randolph Scott, pues varios miembros del jurado estaban más que dispuestos a hacerlo hasta que Doory los convenció de que se trataba de un juicio que estaba condenado a perderse. Presentad cargos ahora y perderemos el juicio por falta de pruebas, les dijo. Y si dentro de un año consiguiéramos pruebas nuevas, no valdrían para nada porque ya habríamos gastado nuestra única bala. A un hombre no se le puede juzgar dos veces por el mismo delito.

El discurso de Doory cerró a todos los efectos la investigación de la calle Monroe, dejando a Worden y a James un mal sabor de boca. Doory era un buen abogado, un fiscal meticuloso, pero ambos detectives sintieron tentaciones de buscar motivos ocultos en su decisión de no ir a juicio:

—Si el sospechoso hubiera sido Juan Sin Techo —declaró James en cierto punto—, sí que habría acabado en el banquillo de los acusados.

En vez de ello, la investigación de la calle Worden se consignó a un cajón aparte en el despacho del teniente administrativo, una tumba separada de los demás casos abiertos, un entierro adecuado para el que era el único asesinato con posible implicación policial que había quedado sin resolver en toda la historia del departamento.

Después de meses de duro trabajo, ese era un final difícil de asumir para Worden. Y en la pizarra, mientras tanto, los nombres de dos víctimas de marzo seguían escritos en rojo junto a la inicial de Worden. Sylvester Merriman esperaba que el Gran Hombre encontrara al testigo perdido, aquel adolescente que había huido del hogar social; Dwayne Dickerson esperaba que Worden consiguiera que algún vecino de la avenida Ellamont hablase. Y durante el resto de la semana, la brigada de McLarney trabajaría también el turno nocturno, lo que prácticamente garantizaba que a Worden le caería uno nuevo antes del sábado. Los últimos seis meses le habían dejado con un plato lleno de huesos y cartílagos. Sin embargo, ahora la ciudad de Baltimore le pagaba horas extra ilimitadas para que mascara la pierna herida de un político.

—Te diré algo —le dice el Gran Hombre a Rick James entre dos mordiscos al bocadillo—: esta es la última vez que permito que me utilicen. No estoy aquí para hacerles el trabajo sucio.

James no dice nada.

—No me importa una mierda Larry Young, pero si le das a un hombre tu palabra...

La palabra de Worden. Era sólida como una roca en el distrito Noroeste y tan valiosa como el oro cuando estaba en la vieja unidad de busca y captura. Diablos, si te encontrabas en una habitación con un inspector de robos del DIC que se llamaba Worden, creías inmediatamente cuanto te dijera. Pero esta era la unidad de homicidios, la tierra de las promesas olvidadas, y a Worden le estaban haciendo comprender otra vez que, en el momento en que quisieran, los jefes podían cambiar las reglas del juego.

—No importa lo que suceda —le dice a James, echando humo de tabaco hacia la ventana—. No pueden quitarte tu FIC.

James asiente; el comentario no es ni mucho menos un *non sequitur*. La Fecha de Incorporación al Cuerpo de Worden es 1962. Tiene los necesarios veinticinco años necesarios y uno de propina; Worden puede retirarse con la pensión completa en el tiempo que tarde en rellenar el formulario de jubilación.

—Siempre me puedo ganar la vida construyendo suelos de madera para terrazas y haciendo muros de mampostería...

El último inspector de policía nato de Estados Unidos haciendo de carpintero o paleta. Es una imagen deprimente y James no dice nada.

—... o comerciando con pieles. Hay mucho dinero en el comercio de pieles.

Worden termina de desayunar otra taza de café negro, seguida de otro cigarro. Luego limpia la mesa y espera al turno de las nueve de la mañana en un hosco y vacío silencio.

Miércoles 29 de junio

Fred Ceruti sabe que es uno de los malos cuando dobla la esquina de Whittier y ve la ambulancia. La llamada había sido a las 03:43 y eso había sido hacía media hora, calcula, así que ¿qué diablos está haciendo el tío todavía en la ambulancia?

El inspector lleva el Cavalier hasta justo detrás de las luces de emergencia del vehículo médico y luego se queda mirando unos momentos a los enfermeros que trabajan frenéticamente en la parte de atrás de la ambulancia. Sentado en el estribo de la ambulancia, un uniforme del distrito Oeste mira a Ceruti y le hace un gesto con el pulgar hacia abajo.

—No tiene buen aspecto —dice el uniforme cuando Ceruti sale del coche y se dirige a las luces rojas—. Llevan dándole veinte minutos y no consiguen estabilizarlo.

—¿Dónde le han disparado?

—En la cabeza. Y en el brazo.

La víctima se estremece en su litera, gimiendo y recogiendo y estirando las piernas en un gesto lento y repetitivo, —sacando las rodillas, bajando los pies— un gesto involuntario que avisa a un inspector de homicidios que puede ir colocando el cartel de libre. Cuando una víctima que ha recibido un disparo empieza a bailar de esa forma en la camilla de la ambulancia —a «bailar los pajaritos», como dice Jay Landsman—, ya puedes considerar el caso un asesinato.

Ceruti mira cómo los enfermeros se esfuerzan por colocarle a la víctima unos pantalones a presión. Inflados luego con aire, constriñen notablemente el flujo de sangre a las extremidades inferiores, manteniendo así la presión sanguínea en el torso y la cabeza. Para Ceruti, los pantalones a presión son una amenaza como todo lo demás; puede que ese artefacto sea capaz de mantener a un hombre vivo hasta que llegue a urgencias, pero el equipo de trauma al final tendrá que deshincharlos, y en ese momento la prensión se hunde y se abren las puertas del infierno.

—¿A dónde lo lleváis? —pregunta Ceruti.

—A conmoción y trauma, si podemos estabilizarlo —dice el conductor de la ambulancia—. Pero hasta ahora no lo hemos conseguido.

Ceruti mira arriba y abajo por la avenida Whittier y lee la escena del crimen como si fuera una lista de la compra bastante corta. Un calle secundaria oscura. Una emboscada. Sin testigos. Sin pruebas. Probablemente un asesinato de drogas. No te me mueras, cabrón. No te atrevas a morírteme.

—¿Fue usted el primero en llegar? —pregunta al uniforme.

—Sí. Unidad siete-A-treinta y cuatro.

Ceruti empieza a apuntar los detalles en su cuaderno y luego sigue al uniforme a un callejón entre las casas adosadas 2300 y 2302.

—Recibimos la llamada cuando se oyeron los disparos, y nos lo encontramos tendido justo aquí, con la cabeza contra la pared. Todavía tenía esto en la cintura cuando lo volvimos.

El policía sostiene un revólver de cinco disparos del .38.

Esto no va bien, piensa Ceruti, nada bien. Su anterior caso también había sido un asesinato por drogas en el distrito Oeste. Un chico que se llamaba Stokes al que habían matado en un callejón que salía de la calle Carrollton, un chaval muy delgado del que en la mesa del forense habían descubierto que era seropositivo. Ese caso también seguía abierto.

Ceruti llena un par de hojas de su libreta, luego camina una manzana y media hasta una cabina para pedir refuerzos. Landsman contesta al teléfono al primer timbrazo.

—Eh, Jay —dice el inspector—, este tío no parecía tener muy buen aspecto en la ambulancia.

—¿Ah, sí?

—Sí. Le han disparado en la cabeza y va a ser un asesinato. Será mejor que despiertes a Dunnigan...

No, le dice Landsman. Esta vez no.
—Coño, Jay. Yo me llevé el último...
—La llamada es tuya, Fred. Haz lo que tengas que hacer. ¿Vas a enviar a alguien aquí?
—No hay nadie a quien enviar. No hay testigos ni nada que se les parezca.
—Vale, Fred. Llámame cuando termines de revisar la escena.
Ceruti cuelga el teléfono con un fuerte golpe y maldice a su sargento. La breve conversación le ha convencido de que Landsman intenta joderle, enviándole solo a responder llamadas y no enviándole refuerzos cuando los pide. Pasó lo mismo en el homicidio de Stokes el mes pasado y en la paliza del suroeste en abril. Aquellos habían sido los dos últimos homicidios que había llevado la brigada de Landsman, y Ceruti había sido el principal inspector en los dos; este tío aquí en Whittier era el tercero seguido. Landsman lee la pizarra, se dice Ceruti. Sabe lo que pasa. Así que ¿por qué no agarraba a Dunnigan y le enviaba cagando leches aquí a hacerse cargo de este asesinato?
Ceruti sabía por qué. O al menos creía que lo sabía. Él no era el favorito de la brigada de Landsman, ni de lejos. Él y Pellegrini habían llegado al mismo tiempo, pero era Pellegrini quien había despertado el interés del inspector jefe, era Pellegrini con quien Landsman prefería responder a las llamadas. Tom no sólo era un candidato para el inspector jefe, sino también un compañero, un hombre serio que encajaba en la comedia de situación en la que vivía Landsman. Dos o tres buenos casos y Tom es repentinamente un prodigio, un candidato a novato del año. Ceruti es simplemente el otro, el chico nuevo que había venido de los distritos donde por diez centavos te daban una docena como él. Y ahora está solo.
Ceruti regresa de la cabina justo cuando la ambulancia se marcha. Trata de olvidar la conversación con Landsman y hace lo que tiene que hacer, trabajando lo poco que puede trabajar de este caso que pronto será un asesinato. Uno de los uniformes encuentra una bala en unos escalones de entrada cercanos, un .38 o .32, por el aspecto que tiene, pero demasiado mutilada como para resultar útil en una comparación balística. Un técnico del laboratorio llega unos pocos minutos después para embolsar la bala y tomar fotos de la escena. Ceruti se acerca a la cabina para decirle a Landsman que vuelve a la oficina.
O esa es su intención, al menos, hasta que ve a una mujer entrada en carnes en un porche de la avenida Orem que le mira de una forma extraña mientras camina hacia el teléfono. Cambia de dirección y pasea hacia la casa de forma tan despreocupada e indiferente como resulta posible, dado que son las cuatro de la mañana.

Increíblemente, los vio. Y más increíblemente todavía, está dispuesta a contarle a Ceruti lo que vio. Tres salieron corriendo después de que se oyeran los disparos, bajando por la calle a toda velocidad hacia una de las casas del otro lado de Orem. No, no los reconoció, pero los vio. Ceruti le hace varias preguntas más y la mujer se pone nerviosa, comprensiblemente, puesto que ella tiene que seguir viviendo en ese barrio. Si se la lleva del porche en ese momento, es como si anunciara a toda la calle que es una testigo. En vez de eso, Ceruti se marcha tras dejarle a la mujer su nombre y un número de teléfono.

De vuelta en la oficina, Landsman está mirando el canal de noticias cuando Ceruti regresa y tira la libreta sobre una mesa.

—Eh, Fred —dice Landsman fríamente—. ¿Qué tal ha ido ahí fuera?

Ceruti le fulmina con la mirada y luego se encoge de hombros.

Landsman se vuelve hacia la televisión.

—Quizá alguien te llame y te cuente algo sobre el asesinato.

—Sí. Quizá.

Tal y como lo ve Ceruti, su inspector jefe está siendo insensiblemente cruel. Pero para Landsman se trata de una ecuación muy sencilla. Llega un hombre nuevo y le enseñas el negocio, llevándolo contigo unos pocos casos hasta que aprende el juego. Si puedes, incluso le sueltas unos cuantos casos de los que se resuelven solos para que gane confianza en sí mismo. Pero en homicidios el programa de orientación laboral sólo llega hasta ahí. Después de eso, hay que nadar o ahogarse.

Es cierto que Landsman tiene un concepto muy alto de Pellegrini; también es cierto que prefiere trabajar un asesinato con Pellegrini que con cualquier otro de la brigada. Pero Ceruti ha pasado un año trabajando llamadas con Dunnigan o Requer vigilándolo, así que no es exactamente que lo hayan tirado desnudo a los lobos. Por eso Ceruti lleva razón al buscarle un sentido al hecho de que ha trabajado los últimos tres asesinatos de la brigada en solitario. Eran homicidios, y él es un inspector de homicidios y, en opinión de Landsman, ha llegado el momento de ver si Ceruti puede encontrarle el sentido a eso.

Fred Ceruti es un buen policía, traído a homicidios por el capitán tras cuatro años de experiencia en el distrito Este. Allí trabajó bien como policía de paisano en la unidad de operaciones, y en un departamento en el que se aplica la discriminación positiva, un buen policía de paisano negro no pasa desapercibido. Pero, aun así, ir a la unidad de homicidios del DIC tras sólo cuatro años de experiencia es un camino muy empinado, y las demás unidades del sexto piso estaban llenas de inspectores que habían saltado de la sección de crímenes contra personas. En las escenas del crimen y en los interrogatorios todavía había cosas que jamás se le escaparían a un investigador más experimentado y que Ceruti pasaba por alto. Esas limitaciones no se hicieron inmediatamente obvias cuando trabajó casos como secundario con Dunnigan o Requer. Tampoco se hicieron inmediatamente aparentes cuando Landsman empezó a enviarle solo a responder llamadas hace cuatro meses.

Muchas de las primeras salidas en solitario de Ceruti culminaron con el éxito, pero la mayoría de esos casos eran de los que se resolvían solos: el asesinato en febrero de una prostituta vino con tres testigos, y los agentes de la patrulla habían identificado y detenido al sospechoso de la agresión mortal en el distrito Suroeste mucho antes de que llegara el inspector.

Pero un asesinato doble de enero, consistente en dos asesinatos de drogas en una casa alijo del lado este, se había solucionado sólo después de bastante tensión entre Ceruti y su inspector jefe. Entonces, Ceruti no había querido acusar a un sospechoso con un caso que se basaba en un testigo con muchas reticencias. Landsman, sin embargo, necesitaba quitar aquellos dos asesinatos de la pizarra, y cuando Dunnigan consiguió después presionar al testigo para que presentara una declaración completa, el caso fue enviado a un gran jurado a pesar de las objeciones de Ceruti. En lo sustantivo, Ceruti tenía razón —el caso era demasiado endeble y la fiscalía lo desestimó antes del juicio—, pero en términos prácticos y políticos, la tardanza en resolverlo hizo que el inspector pareciera poco agresivo. De igual modo, el caso Stokes, el asesinato por drogas en un callejón del distrito Oeste, tampoco había ido bien. También allí Ceruti tenía a su favor el haber encontrado a una mujer que había visto huir a los pistoleros, pero prefirió no llevarla a la central. Considerando el riesgo que corría alguien que se supiera que iba a ser testigo, no era la peor decisión posible; Edgerton, por ejemplo, dejó a su testigo en la escena de aquel asesinato el mes pasado en la calle Payson. La diferencia era que Edgerton había hecho que su caso pasara del rojo al negro, y, en el mundo real, un inspector puede hacer lo que le venga en gana mientras resuelva sus casos.

El hecho de que un inspector nuevo como Ceruti tuviera dos casos abiertos consecutivos abiertos no constituía por sí mismo una amenaza. Después de todo, ni a Joseph Stokes ni a Raymond Hawkins, el hombre moribundo de la calle Whittier, nadie los iba a tomar por honrados contribuyentes, y, en la práctica, un inspector de homicidios podía pasar bastante tiempo sin que ninguno de sus casos llegara a juicio mientras ninguno de ellos fuera una bola roja. Al final, pues, el pecado de Ceruti no fue que dos asesinatos de drogas se le quedaran sin resolver. Su pecado fue más básico. Ceruti caería por desobedecer de forma reiterada el primer mandamiento del departamento de policía: ten las espaldas cubiertas.

En poco más de un mes desde ahora, Ceruti estará en la alfombra del capitán por el asesinato de Stokes en particular. Contribuyente o no contribuyente, la víctima de treinta y dos años de ese caso resultó ser hermano de una administrativa civil que trabajaba en el departamento de prensa de la policía. En virtud de esa posición sabía lo suficiente del departamento como para encontrar la unidad de homicidios y preguntar repetidamente sobre el estado de la investigación. De hecho, el estado de la investigación era que no había investigación. No había pistas nuevas, y la mujer que había presenciado la huida de los asesinos no pudo identificar a nadie. Ceruti pudo aplacar a la administrativa durante un tiempo, pero al final la mujer presentó una queja ante sus superiores. Y cuando estos superiores repasaron el archivo del caso, no encontraron nada. Ni informe inicial, ni informes de seguimiento ni ningún rastro documental que mostrara el progreso del caso o su ausencia. Y cuando el capitán se entera de que Ceruti ha dejado testigos vivos en sus dos últimas escenas del crimen, las cosas van de mal en peor.

—Eso es lo primero que se supone que aprendes cuando entras aquí —le dice más adelante Eddie Brown a Ceruti—. No importa lo que suceda, siempre tienes que hacer que el expediente del caso te cubra las espaldas. Lo escribes todo para que nadie pueda luego cuestionar las decisiones que tomaste.

Al final no es Landsman quien lleva el expediente vacío al despacho del capitán; está de vacaciones y es Roger Nolan el supervisor al que se asigna la queja de la mujer. Por ese motivo Landsman insistirá luego a todo el que quiera escucharle en que él no tuvo nada que ver con lo que le pasó a Ceruti. Eso es cierto solamente en el sentido más literal. De hecho, Landsman le envió solo a esos asesinatos con un aire de práctica indiferencia, para ver si ese inspector prosperaba o se hundía. Puede que Ceruti se equivocara al creer que su inspector jefe quería joderlo, pero tenía razón al pensar que, al final, Landsman hizo muy poco para evitar que le jodieran.

Es triste y doloroso, particularmente porque Ceruti es un tipo decente, un compañero inteligente y simpático. Pero hacia el final del verano, las quejas sobre el caso Stokes llegarán a su solución natural. El capitán y D'Addario mantendrían a Ceruti en el sexto piso, por supuesto, le deben al menos eso, aunque no sirva de consuelo a Ceruti. Hacia septiembre será un inspector de antivicio y se moverá entre las putas y proxenetas y corredores de apuestas en una oficina a tres puertas de distancia de homicidios. Y esa misma proximidad provocará momentos difíciles.

Una semana después del traslado, Ceruti está hablando con otro detective en el vestíbulo de la sexta planta cuando del ascensor sale Landsman, que mira sin entusiasmo al inspector.

—Eh, Fred, ¿cómo va todo?

Ceruti mira con furia a Landsman mientras este pasa a su lado, al parecer, ajeno a todo.

—Dime tú —dice Ceruti, volviéndose hacia su compañero—, si eso no ha sido lo más frío que has visto nunca.

Jueves 30 de junio

—Oigo lo que dices —le responde Terry McLarney—, pero no me creo que hables en serio.

Worden se encoge de hombros.

—No quieres marcharte de verdad, Donald. Tú adoras esto. Te morirás fuera de aquí.

—Tonterías.

—No, sólo estás cabreado. Deja pasar unos días.

—Ya he dejado pasar mucho tiempo. He dejado pasar veintiséis años.

—Eso es lo que quiero decir.

Worden le mira.

—¿Qué otra cosa vas a hacer? ¡Te vas a volver loco de aburrimiento!

Worden no dice nada durante un momento, luego saca las llaves de su camioneta.

—Se hace tarde, Terry. Es hora de que vaya tirando.

—Espera un minuto —dice McLarney, volviéndose hacia una pared de ladrillos al fondo del aparcamiento—. Tengo que mear. No te vayas todavía.

No te vayas todavía. No abandones una larga y tortuosa conversación entre dos hombres blancos con trajes arrugados, dos refugiados que llevan hablando en un aparcamiento vacío frente al número 200 de la calle West Madison desde hace más de una hora. Son las tres de la mañana y el edificio de dos pisos de la acera de enfrente, un establecimiento conocido como Kavanaugh's Irish Tavern, está oscuro y vacío, tras haber escupido a cuatro o cinco inspectores de homicidios hace más de una hora. Los dos hombres blancos son los dos únicos clientes que todavía andan por allí, pero sólo les queda una lata de cerveza caliente. ¿Por qué diablos iba a querer alguien marcharse?

—Escúchame, Donald —dice McLarney regresando a su lado—. Este es tu trabajo. Es lo que haces.

Worden niega con la cabeza.

—Esto es lo que hago ahora —dice—. Siempre puedo cambiar de trabajo.

—No puedes.

Worden se queda mirando a su inspector jefe.

—Quiero decir que no quieres. ¿Por qué ibas a querer cambiar? ¿Cuánta gente hay que sepa hacer lo que tú haces?

McLarney hace una pausa, esperando que algo de lo que ha dicho —cualquier parte— haga mella. Dios sabe que de verdad cree hasta la última palabra de lo que ha dicho. Worden estaba teniendo una mala racha, cierto, pero incluso por el año más mediocre de aquel hombre valía la pena hacer cualquier esfuerzo. Para un inspector jefe, tener a Worden en su brigada era como el sexo: cuando era bueno, era fantástico, e incluso cuando no estaba tan bien, seguía estando jodidamente bien.

Worden lo había demostrado en la misma última semana, resolviendo dos asesinatos gracias a poco más que su instinto y su talento. Lo hizo de forma elegante, haciendo que pareciera fácil, a pesar de que la peste de la catástrofe de Larry Young seguía en el ambiente.

Hacía seis días que a Worden y Rick James les había tocado un apuñalamiento en la calle Jasper, un chico negro de veintitrés años medio desnudo entre unas sábanas en un dormitorio del segundo piso. Los dos inspectores miraron una vez a su víctima y supieron inmediatamente que se trataba de una disputa entre amantes homosexuales. La profundidad y número de las heridas se lo indicaba: ningún otro motivo aparte del sexo produce esa exageración en el asesinato, y ninguna mujer podía abrir ese tipo de agujeros en el cuerpo de un hombre.

El cuerpo ya estaba saliendo del rígor mortis. Era una noche húmeda y la temperatura en aquella casa adosada debía de ser de 43 grados; aun así, los dos hombres se negaron a trabajar apresuradamente la escena. Varias veces, cuando el calor se hacía insoportable, Worden salía a la calle y se sentaba durante un rato en el banco de la esquina, sorbiendo tranquilamente un refresco que había comprado en un colmado. Se quedaron en esa escena durante horas. James trabajó el segundo piso y la zona inmediatamente alrededor del cuerpo. Worden revisó el resto de la casa, buscando todo lo que no encajara. En el dormitorio del tercer piso, el asesino, al parecer, había arrancado un vídeo de su mesa y había medio metido el aparato en una bolsa de basura de plástico antes de abandonar la idea de robarlo y huir. ¿Había sido realmente un robo? ¿O era más bien que alguien quería que lo pareciera?

Al final Worden bajó a la cocina, donde encontró el fregadero medio lleno de agua sucia. Metió la mano con cuidado y quitó el tapón. El fregadero se vació lentamente, revelando un cuchillo con la hoja rota.

Junto al arma del crimen había una toalla que todavía estaba rosa por la sangre; el asesino se había lavado antes de marcharse. Worden miró el mostrador de la cocina y vio una docena más o menos de platos, vasos y utensilios sin lavar, restos, al parecer, de la cena de la noche anterior. Un vaso, sin embargo, estaba en el extremo del mostrador, solitario y apartado de los demás. Worden llamó al técnico del laboratorio y le dijo que comprobara ese vaso en particular a ver si tenía huellas. Con el calor que hacía, Worden creía que el asesino podría haber bebido un poco de agua antes de marcharse.

La escena de la calle Jasper llevó cinco horas, después de las cuales James se dirigió al depósito de cadáveres, y Worden se encerró en una sala de interrogatorios con el compañero de habitación de la víctima, que también era el propietario de la casa. El compañero de habitación había descubierto el cuerpo después de volver de su trabajo nocturno y le había dicho a Worden que, cuando se había ido a trabajar, la víctima estaba con un amigo que había conocido en un bar. No había visto nunca antes a ese tipo y no sabía cómo se llamaba.

Worden presionó duramente al compañero de habitación, aprovechando el hecho de que estaba trabajando mientras su compañero estaba pasándoselo en grande en casa con algún otro tipo.

—Eso no te gustó, ¿verdad?

—No me importaba.

—¿No te importaba?

—No.

—Sé que eso te debió poner furioso.

—No estaba furioso.

El hombre se atuvo a su historia y Worden se quedó sin nada, o así parecía hasta más adelante esa misma tarde, cuando el Printrak consiguió identificar la huella que había en el vaso. La huella encajaba con la de un vecino del oeste de Baltimore de veintitrés años con una larga ficha de antecedentes policiales. A regañadientes, el propietario de la casa volvió otra vez a la unidad de homicidios e identificó al sospechoso entre varias fotos. El mérito de esa resolución fue del buen ojo de Worden, de su capacidad para determinar que aquel vaso de la cocina podía ser una prueba valiosa.

Cuatro noches después su notable memoria puso otro asesinato en negro cuando un agente de la sección táctica encerró a dos hombres del este de la ciudad acusados de robo de coches, y se descubrió que uno de ellos, Anthony Cunningham tenía una orden de busca y captura por asesinato que había escrito el propio Worden un mes antes. La orden había sido escrita y firmada poco después de que los inspectores de la unidad de robos encerraran a una banda de tipos de la parte este por unos atracos cometidos en la zona de Douglass Homes. Lew Davis, que había sido colega de Worden en robos hacía tiempo, cruzó el pasillo para darle la noticia.

—Ahora mismo tenemos ahí a un par que han cometido un montón de atracos —le dijo Davis a Worden—. ¿Tenéis algo por aquí que encaje con estos dos tipos?

Frente a la pizarra, Worden necesitó exactamente quince segundos para que su memoria de elefante escogiera un nombre entre los cincuenta: Charles Lehman, el hombre de cincuenta y un años que había sido asesinado en la calle Fayette mientras caminaba hacia su coche con una cena para llevar del Kentucky Fried Chicken. Fue el caso duro de roer de Kincaid de febrero.

—Tengo uno justo en esa zona —dijo Worden—. ¿Estáis hablando con este tío ahora mismo?

—Sí, está en la sala de interrogatorios grande. ¡Joder!, Donald, ya le tenemos por al menos doce robos.

Después de conferenciar brevemente con el chico en la sala grande, Worden sabía que gracias a él podría cerrar el caso Lehman. Llamaron al fiscal que estaba de guardia esa noche, Don Giblin, y empezaron las negociaciones. La oferta final del fiscal fue la siguiente: por identificar y testificar contra el hombre que disparó en el caso Lehman, once años por uno de los robos. No tendría inmunidad si estaba conectado de alguna manera con los asesinatos o los tiroteos.

Worden observó al chaval reflexionar sobre el trato; intentó una contraoferta:

—Cinco años.

—No me sirves de nada con sólo cinco años —le dice el fiscal al chico—. Un jurado no te creerá a menos que te comas diez por lo menos.

—Es demasiado —dice el otro.

—Ya, no crees que tengas que ir a la cárcel, ¿verdad? —dice Worden, asqueado—. ¿Qué hay de todas las personas a las que has robado? ¿Esa pobre anciana a la que disparaste en la calle Monument?

—No estamos hablando de ellos —replica el chico—, sino de mí.

Worden aparta la vista y abandona la sala, dejando que Giblin se ocupe de cerrar el trato. No fue agradable, de acuerdo, pero la orden de arresto de Anthony Cunningham, de veinticinco años, fue emitida esa misma noche. Ahora, con Cunningham en el bote, ese caso también está cerrado.

Cuatro noches, dos asesinatos. McLarney se pregunta cuántos inspectores se habrían fijado en que uno de los vasos estaba un poco más alejado de los demás. ¿Y cuántos otros habrían sabido conectar el caso Lehman y los demás robos de la zona este? Demonios, se dice

McLarney, muchos investigadores ni siquiera son capaces de recordar los casos que lleva su propia brigada, y mucho menos los expedientes de hace cinco meses de otra distinta.

—No puedes irte —le dice McLarney a Worden, intentándolo de nuevo.

Worden sacude la cabeza.

—No puedes —insiste McLarney, riéndose—. No te dejaré.

—Sólo dices eso porque vas a perder a un inspector. Eso es todo lo que te preocupa, ¿verdad? No quieres volver a entrenar a un tipo nuevo.

McLarney se ríe de nuevo y se echa hacia atrás en el asiento delantero de su coche. Alarga la mano y saca la última lata de la bolsa de papel.

—Si te vas, no quedará nadie capaz de joder a Dave Brown. Estará suelto.

Worden responde con una media sonrisa.

—Si te vas, Donald, empezará a creer que sabe lo que hace. Será peligroso. Y yo tendré que redactar larguísimos informes para el capitán semana sí y semana también.

—Waltemeyer le vigilará.

McLarney niega con la cabeza.

—Ni siquiera puedo creer que estemos hablando de esto...

Worden se encoge de hombros.

—Tú eres el que está hablando.

—Donald... —McLarney hace una pausa y mira al cruce que hay en dirección a la calle Monument. Worden hace girar las llaves de su coche con la mano.

—¿Le has visto? —pregunta McLarney de repente.

—¿Al chico de gris?

—Sí, con la sudadera.

—Sí, le he visto. Sólo ha pasado cuatro veces por aquí.

—Está avisando a alguien.

—Sí.

McLarney se queda mirando al otro lado del cruce. El chico es fibroso y de piel oscura, no tendrá más de dieciséis o diecisiete años, lleva pantalones de ciclista cortos y una sudadera con capucha. La temperatura casi supera los 30 grados, pero el chico tiene las manos en los bolsillos y la cremallera subida hasta el cuello.

—Se cree que somos víctimas —dice McLarney, riéndose por lo bajo.

—Dos tipos blancos y viejos, en un coche en un aparcamiento vacío, a esta hora del día —replica Worden—. No le culpo.

—No somos viejos —objeta McLarney—. Al menos yo no.

Worden sonríe, lanza las llaves con una mano y las caza al vuelo con la otra. Se dijo que regresaría directamente a casa después del turno de cuatro a doce. En lugar de eso, se ha pasado dos horas en la barra del Kavanaugh's, atizándose Jack Black. Pero durante la última hora ha bebido menos, porque a Worden no le gusta la Miller Lite que McLarney ha traído del supermercado, y se está serenando.

—Tengo que levantarme pronto —dice.

McLarney vuelve a negar con la cabeza.

—Ni hablar, Donald, no quiero ni oír hablar de esto. Has tenido un mal año, ¿y qué? Pues montas de nuevo, te concentras en otro caso y las cosas ya cambiarán. Ya sabes cómo es.

—No me gusta que me utilicen.

—No te han utilizado.

—Sí lo han hecho —dice Worden.

—Aún estás enfadado por lo de la calle Monroe, ¿verdad? No estábamos de acuerdo en eso, y no pasa nada, pero...

—No tiene nada que ver con la calle Monroe.

—¿Entonces qué pasa?

Worden hace una mueca.

—¿Es por lo de Larry Young?

—En parte —asiente Worden—. Definitivamente, tiene que ver con eso.

—Bueno, eso ha sido jodido, lo admito.

—Me han utilizado —repite Worden—. Para el trabajo sucio. Y no me gusta.

—Te han utilizado, de acuerdo —admite McLarney, reticente.

Worden gira imperceptiblemente la cabeza, y vuelve a ver al chico de la sudadera gris con el rabillo del ojo. Como un tiburón rodeando una lancha salvavidas, el muchacho está otra vez al otro lado del cruce, con las manos hundidas en los bolsillos, mirando a los dos hombres sin que dé la sensación de que los mira.

—Ya basta —dice McLarney. Se bebe el resto de la cerveza de un trago, y mete la mano en el bolsillo de su chaqueta mientras empieza a cruzar el aparcamiento. El chaval se ha movido otra vez, acercándose a los inspectores desde el otro lado de la calle.

—Terry, no vayas a dispararle —dice Worden, ligeramente divertido—. No quiero pasar mi primer día de vacaciones redactando un informe.

Cuando McLarney le alcanza, el chico ralentiza su caminar y parece confundido. El inspector jefe saca su placa y la mueve con un gesto que sólo indica irritación.

—Somos policías —le grita al chaval—. Ve a robar a otra parte.

El metal de la placa resplandece, y el chico ya ha salido disparado en dirección al otro lado de la calle, con las manos en alto como si fuera a rendirse.

—No voy a robar a nadie —grita por encima del hombro mientras se aleja—. Se ha equivocado, jefe.

McLarney espera a que el chaval desaparezca por la calle Madison y luego vuelve a retomar la conversación.

—Somos policías y tú no —dice Worden, divertido—. Eso ha estado bien, Terry.

—Creo que le hemos jodido la noche —dice McLarney—. Ha perdido una media hora con nosotros.

Worden bosteza.

—Bueno, jefe. Creo que es hora de irnos para casa...

—Pues sí —dice McLarney—, porque se me ha terminado la cerveza.

Worden da un suave golpecito en el hombro a su superior, y vuelve a sacar el llavero de su coche.

—¿Dónde tienes el coche?

—En Madison.

—Te acompaño.

—¿Quién eres, mi novia?

McLarney se ríe.

—Te podría ir peor.

—No creo.

—Escucha, Donald —dice McLarney abruptamente—. Espera un tiempo. Estás de mala leche y no te culpo, pero las cosas cambian. Sabes que esto es lo que te gusta hacer, ¿no? No quieres hacer otra cosa.

Worden le escucha.

—Sabes que eres mi mejor hombre.

Worden le fulmina con la mirada.

—De verdad que sí. Y me jodería mucho perderte, pero no te estoy diciendo esto por esa razón. De veras que no.

Worden vuelve a fulminarle.

—Bueno, de acuerdo, quizá lo digo por eso. Quizá te la estoy metiendo doblada y lo único que pasa es que no quiero quedarme sólo en la oficina con un loco de atar como Waltemeyer. Pero tú ya me entiendes. Deberías pensártelo un poco...

—Estoy cansado —dice Worden—. Ya he tenido bastante.

—Has tenido un año terrible. Lo de la calle Monroe, los casos que te han tocado... No has tenido suerte, pero eso cambiará. Seguro que sí. Y esto de Larry Young, bueno, ¿a quién le importa, en serio?

Worden sigue escuchando.

—Eres un policía, Donald. Que les den a los jefes, olvídate de ellos. Siempre van a jodernos y así seguirán. ¿Y qué? Que los jodan. ¿Dónde irás si no, si no sigues siendo policía?

—Conduce con cuidado cuando vuelvas a casa —le dice Worden.

—Escúchame, Donald.

—Ya te he oído, Terry.

—Prométeme una cosa: que no harás nada sin hablar conmigo antes.

—Serás el primero en saberlo —dice Worden.

—De acuerdo —dice McLarney—. Así podremos mantener esta conversación por segunda vez. Podré practicar mi discurso.

Worden sonríe.

—Mañana libras, ¿no? —pregunta McLarney.

—Sí. Me voy de vacaciones. Diez días.

—Ah, sí. Vale, pues descansa. ¿Vas a alguna parte?

Worden niega con la cabeza.

—¿Vas a quedarte en casa, eh?

—Tengo trabajo en el sótano.

McLarney asiente aunque enmudece de repente. Las taladradoras, la pintura y el mortero, todas las facetas del bricolaje siempre han sido un misterio para él.

—Conduce con cuidado, Terry.

—Estoy bien —dice McLarney.

—Vale.

Worden se sube en el coche, enciende el motor y conduce el vehículo hasta los carriles vacíos de la calle Madison. McLarney regresa a su propio coche, esperando contra toda esperanza, y se pregunta si algo de lo que ha dicho esta noche tendrá la menor importancia en la decisión de Worden.

SIETE

Es verano y la vida es fácil, dice Gershwin. Pero él no tuvo que investigar homicidios en Baltimore, donde el verano hierve y se abrasa y agrieta como si fuera un kilómetro de la carretera del diablo. De Milton a Poplar Grove, el calor es visible y se eleva en ondas desde el asfalto. Hacia el mediodía, el yeso de la fachada de la casa está caliente al tacto. No hay tumbonas en el jardín, ni aspersores ni piña coladas en un mezclador Waring de diez velocidades; el verano en la ciudad es calor y hedor y ventiladores de veintinueve dólares que escupen el maloliente aire de las ventanas de los segundos pisos de la mitad de las casas. Baltimore es un pantano de ciudad, construida en unos humedales de la bahía de Chesapeake por refugiados católicos temerosos de Dios que debieron de empezar a pensar que se habían equivocado cuando el primer mosquito del río Patapsco empezó a comerse su pálida y europea piel. El verano en Baltimore tiene su propia e implacable razón de ser, su propia masa crítica.

La temporada es un desfile interminable por las calles que tiene a la mitad de la población abanicándose en los escalones de entrada de sus casas, esperando la brisa del puerto, que parece que nunca consigue penetrar en la ciudad. El verano es un turno de cuatro a doce con porras y coches patrulla con detenidos en el distrito Oeste, con trescientos tipos duros en la acera de la avenida Edmonson entre Payson y Pulaski, mirándose con odio unos a otros y mirando a todos los coches de policía que circulan por esa calle. El verano es un refuerzo de noventa minutos en urgencias del Hopkins, un coro animal de maldiciones y promesas de los inquilinos de todos los calabozos de los distritos, una promesa nocturna de una nueva piscina de sangre en el suelo sucio de linóleo de, otra vez, un restaurante de comida para llevar de la calle Federal. El verano es un apuñalamiento en un bar de Druid Hill, una batalla a tiros que dura diez minutos en el Terrace, una disputa doméstica de todo un día que termina con marido y mujer luchando juntos contra los policías. El verano es la estación de los asesinatos sin motivo, de los cuchillos de cortar carne con la hoja rota y de las palancas torcidas; es la época en que de verdad se vive peligrosamente, la estación de la venganza inmediata y desproporcionada, el hábitat natural de los treinta y cinco grados centígrados y de la Discusión que Voy a Ganar. Un borracho apaga el partido de los Orioles en un bar de Pigtown; un chico del oeste baila con una chica del este en el centro recreativo frente a la calle Aisquisth; un chaval de catorce años choca con otro cuando ambos suben al autobús número 2: y la vida de todos y cada uno de ellos pende de un hilo.

En la mente de un inspector, el inicio del verano se puede fechar con precisión con el primer asesinato por falta de respeto que trae el calor. A pesar de que el respeto es el bien más escaso en la ciudad, de repente parece que es imprescindible defenderlo cuando el termómetro pasa de treinta grados. Este año el verano empieza una cálida noche de domingo en mayo, cuando un estudiante de dieciséis años del instituto Walbrook muere de una herida de bala en el estómago recibida durante una pelea que empezó cuando empujaron a un amigo y lo obligaron a entregar un polo que valía quince céntimos.

—Esto no ha tenido nada que ver con las drogas —dice Dave Hollingsworth, uno de los inspectores de Stanton, en una declaración destinada a tranquilizar a los periodistas y, a través de ellos, a las acaloradas masas—. Esto ha sido por un helado.

Es verano.

Cierto, las estadísticas sólo muestran un leve incremento de la tasa de homicidios durante los meses calurosos, si es que un aumento del 10 o 20 por ciento se puede considerar leve. Pero en la mente de cualquier inspector de homicidios, las estadísticas no dicen nada hasta que se suben a un coche patrulla del distrito Este para un fin de semana del 4 de julio. En las calles, el verano es algo con lo que hay que enfrentarse por mucha carne que luego pueda salvarse en los hospitales. Al diablo con los que la palman, te dirá un inspector veterano, son los atracos y agresiones con arma de fuego y los apuñalamientos y las palizas los que hacen que la brigada no pare en todo el verano. Más allá están los suicidios y las sobredosis y las muertes de personas sin nadie que las cuide, la típica rutina detallista de mierda que se vuelve insoportable cuando los cadáveres se pudren cerca de los cuarenta grados. Ni te molestes en mostrarle cuadros o gráficos a un inspector de homicidios, porque no significan nada para él. El verano es una guerra.

Si no, pregúntale a Eddie Brown una cálida tarde de julio en Pimlico mientras las chicas del barrio bailan unas con otras en los porches de las casas mientras los técnicos del laboratorio y los inspectores limpian una escena del crimen. Un joven ha muerto de un disparo que recibió sentado en el asiento del pasajero de un coche que circulaba por Pimlico hacia Greenspring en busca de otro tío que le encontró a él antes. Un asesinato a plena luz del día en una calle importante, pero el conductor del coche ha huido y nadie más ha visto nada. Brown saca una .32 cargada del coche mientras las chicas se mueven siguiendo un ritmo distorsionado por el altísimo volumen de los altavoces.

Primero un agudo gemido:

«*Hacen falta dos para que algo funcione...*»

Luego entra el bajo y otra soprano grita:

«*... hacen falta dos para hacerlo desparecer.*»

Número 1 con una bala. La canción del verano del gueto, con su profunda línea de bajos y esos gritos agudos en compás de a cuatro. Tambores monótonos, ritmo definido y una negrita de voz dulce repitiendo la misma letra de dos versos. En el este y el oeste, por toda la ciudad, los chicos de las esquinas de Baltimore luchan y mueren con la misma banda sonora.

¿Crees que el verano es una estación como las demás? Entonces pregúntale a Rich Garvey sobre el asesinato del 4 de julio en la calle Madeira en el distrito Este, en el que una mujer de treinta y cinco años termina un largo pleito con su vecina disparándole a bocajarro con un .32 y luego regresa a su casa y la deja agonizando en el suelo.

«*Hacen falta dos para que algo funcione...*»

Pregúntale a Kevin Davis por Ernestine Parker, una vecina de Pimlico de mediana edad que decide que lo peor no es el calor, sino la humedad, y le descerraja un tiro en la nuca a su marido con una escopeta. Y cuando Davis regresa a la oficina y entra los datos de Ernestine en el ordenador, descubre que es la segunda vez que muerde la manzana del pecado: había matado a otro hombre hacía veinte años.

«*... hacen falta dos para hacerlo desparecer.*»

Pregúntale a Rick James después de una mañana en las viviendas sociales de Hollander Ridge, donde un residente yace muerto en un colchón empapado de sangre tras haber subido tranquilamente arriba y haberse metido en la cama después de que una amiga lo apuñalase la noche anterior. O pregúntale a Constantine en su escena en la calle Jack, a media manzana de las viviendas de Brooklyn Homes, donde, en un dormitorio con sangre salpicada en las cuatro paredes, le aguarda el cadáver de una mujer de noventa años. Agredida, violada y sodomizada, la anciana fue finalmente asfixiada con una almohada, acabando así su calvario.

«*Hacen falta dos...*»

Pregúntales a Rick Requer o a Gary Dunnigan sobre esa pelea doméstica del noroeste, aquella en la que el hombre muerto tiene un agujero tan profundo en la garganta que le puedes ver todo el tórax por él, y su novia afirma que él siempre le pedía que le atacase con los cuchillos de cocina, para así demostrarle lo mucho que dominaba las artes marciales. O pregúntale a Worden y James sobre el cretino que trató de robar en una casa adosada del este de Baltimore sólo para ver cómo el sorprendido pero atlético inquilino usaba su propia pistola contra él. Se dispara un solo tiro durante la pelea y el hombre cae sobre el sofá agonizando.

—¡Levántate y lárgate antes de que te vuele los sesos! —dice el propietario de la casa, con la pistola en la mano.

—Ya lo has hecho —dice el ladrón, antes de perder el conocimiento.

El verano no necesita ningún motivo. Es una razón por sí mismo. Si no, pregúntale a Eddie Brown sobre el chaval de quince años que dispara a su amigo con un .22 defectuoso el sábado de Preakness en Cherry Hill y luego se niega a hacer ninguna declaración a la policía, convencido de que le juzgaran como menor. Luego pregúntale a Donald Kincaid sobre Joseph Adams, que se desangró de camino al Hospital Universitario después de haberse metido en una pelea con un adolescente de catorce años que le empujó a través del vidrio del escaparate de una tienda, un trozo del cual le cayó en la garganta como una guillotina de vidrio.

«Hacen falta dos...»

Cuerpos por todas partes mientras junio se desangra en julio, e incluso entre hombres para los cuales cierta indiferencia ante las debilidades y miserias humanas es una capacidad necesaria para la supervivencia, el verano produce su propio tipo de enfermedad. Esta es la unidad de homicidios del DIC, señor, y ni el calor ni la lluvia ni la melancolía impedirán que estos hombres se muestren insensibles. ¿Chistes crueles? Los más crueles. ¿Humor patibulario? El más patibulario. Y, preguntas, ¿cómo pueden hacerlo? Volumen. Así es, volumen. No van a permitir que se les venda más de lo que les corresponde, ni tampoco menos: no van a resolver ningún crimen antes de que llegue el momento.

Imagina a Garvey y Worden fumando juntos frente a un apartamento de un segundo piso de Lanvale, donde un anciano alcohólico yace muerto en el suelo con la botella vacía y el cuello roto. Lo más probable es que estuviera vivo cuando se cayó y luego sin querer lo matara su esposa, que estaba tan borracha como él y le partió el cuello al empujar con fuerza la puerta para entrar en la habitación.

—¿Quieres que sea un asesinato? —dice Worden con su tono serio, inspeccionando y luego encendiendo su puro.

—No nos iría mal para las estadísticas —bromea Garvey con el mismo cinismo.

—Entonces lo convertimos en un asesinato. ¿Qué se yo? Sólo soy un chico blanco y tonto de Hampden.

—Es de los que se resuelven solos....

—No creo que ella sea lo bastante fuerte como para matarlo.

—¡Qué diablos! —dice Garvey, como si agarrara una trucha—. Devolvamos este al río.

O a Jay Landsman representando otra de sus actuaciones del club de la comedia en la parte baja del parque Wyman, donde la anciana ocupante de un edificio alto habitado por ancianos se ha tirado de cabeza desde un balcón del piso veinte. Por lo que parece, la mujer se mantuvo bastante entera hasta que rebotó en un rellano del segundo piso, donde se quedaron su torso y su cabeza mientras sus piernas y trasero seguían hasta la planta baja.

—Ha caído en dos trozos —le dice Landsman al uniforme en la escena—, así que lo mejor será que escribas dos informes separados.

—¿Señor?

—No importa.

—Un tipo del sexto piso dice que estaba mirando por la ventana y la vio caer —dice el patrullero, repasando sus notas.

—¿Ah, sí? —dice Landsman—. ¿Y dijo algo ella?

—Vaya, no. Quiero decir que no lo sé, no lo pregunté.

—Bueno —dice Landsman—, pero ¿has encontrado ya el saltador?

—¿Saltador? —repite el uniforme, inquieto.

—El saltador —dice Landsman con seguridad—. Creo que resulta obvio que esta mujer en algún momento rebotó mal.

Será culpa del calor, porque ¿qué más puede explicar la montaña rusa que fue aquel turno de medianoche en agosto, cuando Harry Edgerton respondió a la llamada de un uniforme novato del Suroeste por una muerte, escuchó durante uno o dos minutos y luego le dijo al chico que no tenía tiempo de visitar la escena?

—Mira, estamos muy liados ahora mismo —dice, sosteniendo el teléfono con el hombro—. ¿Por qué no echas el cuerpo en la parte de atrás de tu coche y nos lo traes para que podamos echarle un vistazo?

—Está bien —dice el chaval, y cuelga.

—Oh, mierda —dice Edgerton, buscando a toda velocidad el número del operador del distrito Suroeste en una guía telefónica—. ¡Este se lo ha tragado de verdad!

Fue una noche infernal, con un asesinato, dos apuñalamientos, y un tiroteo con implicación policial. Pero dos noches más tarde, los inspectores de McLarney tientan de nuevo la suerte. Mientras esperan la primera llamada de la noche, Worden, James y Dave Brown se reúnen en el escritorio que hay en la sala de café, concentrando sus poderes psíquicos en las extensiones de los teléfonos, intentando convocar la existencia de algo que no sea otro homicidio en el gueto, de algo que les traiga infinitas horas extra.

—Siento algo.

—Calla. Y concéntrate.

—Lo estoy sintiendo.

—Sí, ya viene.

—Uno muy grande.

—Uno doble —dice Dave Brown.

—No, triple —añade James.

—Uno de los más duros de roer...

—En un lugar muy turístico de la ciudad...

—¡En Fort McHenry!

—¡En el Estadio Memorial!

—No —dice Brown, mentando la gran veta madre— ¡en el pabellón del puerto!

—¡A la hora de comer! —añade Woren.

—Oooh —dice Rick James—. Una vaca lechera.

La locura.

O imagina a Landsman y Pellegrini una semana después en el hotel Pennington en Curtis Bay, donde los tanques de almacenaje de la refinería se elevan sobre un maltratado vecindario de clase trabajadora en las estribaciones sur del puerto.

—Tercer piso —dice el recepcionista—, a la derecha.

El muerto tiene rígor mortis e ictericia. Estaba obviamente enfermo, y a sus pies hay una botella vacía de Mad Dog y una caja también vacía de donuts en la mesa. En última instancia, morir en el hotel Pennington es una triste redundancia.

Aun así un uniforme del distrito Sur, un agente nuevo en la calle, vigila la escena con esmero.

—Necesito que me digas la verdad sobre una cosa —le dice Landsman.

—¿Señor?

—Tú te comiste esos donuts, ¿verdad?

—¿Cómo?

—Los donuts, te los acabaste tú, ¿verdad?

—No, señor.

—¿Estás seguro? —pregunta Landsman con tono totalmente serio—. Quizá te comiste sólo uno, ¿verdad?

—No, señor. Cuando llegué, ya no quedaba ninguno.

—Está bien, pues, buen trabajo —dice Landsman, volviéndose

para marcharse—. ¿Qué te parece, Tom? ¡Un policía al que no le gustan los donuts!

Más que ninguna otra estación, el verano tiene sus propios horrores. Considera, por ejemplo, a Dunnigan y Requer en un turno de día con treinta y ocho grados a la sombra y un anciano entre los objetos acumulados en un apartamento en un sótano de la calle Eutaw. Un caso de descomposición con ganas que se cocinó allí durante siete o más días hasta que a alguien le molestó el olor y vio que había unos cuantos miles de moscas en el interior de una ventana.

—Si tenéis tabaco, fumad —dice el ayudante del forense, encendiendo él mismo un puro—. Si os parece que ahora huele mal, esperad a que tengamos que darle la vuelta.

—Se te va a reventar.

—Qué va —dice el ayudante—. Estoy hecho un artista.

Requer se ríe, y luego se ríe todavía más cuando los ayudantes intentan volver el hinchado fiambre y les explota como si fuera un melón maduro, con la piel resbalándole desde la caja torácica.

—Me cago en la hostia —dice el ayudante, dejando caer las piernas del muerto y volviéndose para contener las arcadas—. Me cago en la hostia y en mi puto trabajo.

—No es una bonita visión, colega —gruñe Requer, pegando una calada profunda a su cigarro y mirando aquella masa rodante de gusanos—. Se le mueve la cara, arroz frito con cerdo. Ya sabéis a qué me refiero.

—Este es uno de los peores que me ha tocado jamás —dice el ayudante, recuperando el aliento—. Por la cantidad de moscas, diría que lleva aquí por lo menos cinco o seis días.

—Una semana —dice Requer, cerrando su libreta.

Fuera, en el aparcamiento, un agente del distrito Central, el primer uniforme en llegar al apartamento, se ha apartado para comer sentado encima del capó de su coche patrulla, con un radiocasete sobre la guantera atronando con el mismo ritmo veraniego.

«*Hacen falta dos para que algo funcione...*»

—¿Cómo coño puedes comer después de esta llamada? —pregunta Dunnigan, genuinamente asombrado.

—Es que hoy es de rosbif —dice el policía, mostrando la segunda mitad del bocadillo con orgullo—. Además, sólo puedo comer una vez durante el turno.

En verano hace falta un listado de resultados para que la alineación no se desequilibre. Pon a Constantine y Keller en Pigtown, a resolver un asesinato en un bar donde el sospechoso resulta ser un chaval que fue declarado inocente del robo y asesinato de una anciana maestra hace cuatro años. Pon a Waltemeyer y a Worden en un club de *reggae* cerca de las vías del metro en el noroeste, con un jamaicano muerto y una docena de casquillos de nueve milímetros en la entrada y en el interior otros setenta jamaicanos que juran por el propio Yah que no vieron nada, tío. Pon a Dunnigan en Perkins Homes para un cuerpo que ha aparecido en un armario; Pellegrini en el Central para un cuerpo en las alcantarillas; Childs y Sydnor en el distrito Este para un esqueleto de mujer bajo el porche de una casa adosada, un esqueleto que tres semanas después se identificará como perteneciente a una persona desaparecida. Era una chica muy pequeña, dieciocho años recién cumplidos y cuarenta y cinco kilos, y el hijo de puta de su padrastro aprovechó la primera ocasión en que su mujer se marchó de la ciudad una semana. Invitó a tres amigos a casa un sábado por la noche, y, después de emborracharse con cerveza, los tres la violaron por turnos y luego la estrangularon enrollándole una toalla alrededor del cuello y tirando de los dos lados.

—¿Por qué me hacéis esto? —les dijo, suplicando.

—Lo siento —le dijo su padrastro—. Tenemos que hacerlo.

Los gritos y chillidos y maldiciones suben y bajan con la temperatura en el aire fétido y estancado. El punto culminante llega en la última y más calurosa semana de julio, seis días seguidos de calor de horno que hace que en la frecuencia de la policía no haya un segundo de silencio:

—4500 Pimlico, parte de atrás, una mujer gritando... 3600 Howard Park, una persona armada... 2451 de Druid Hill, por una agresión que se está produciendo ahora... Señal trece. Calhoun y Mosher. Señal trece... 1415 de Key Highway, un hombre pegando a una mujer...

Y entonces el operador lanza la llamada que todo el mundo teme, la emisión en el turno de día que sólo llega cuando el calor ha afectado de mala manera a la persona menos adecuada en el lugar menos indicado.

—Señal trece. 754 de la calle Forrest.

Empieza con un preso y un guardia peleándose al fondo del patio número 4. Pronto se les une un segundo preso, luego otro, luego un cuarto... cada uno de ellos con un bate de aluminio de *softball*. Un motín.

Los inspectores salen volando de la oficina de homicidios en grupos —Landsman, Worden, Fahlteich, Kincaid, Dave Brown, James— y se dirigen a la penitenciaría de Maryland, al este del centro de la ciudad, la gran fortaleza de piedra gris que ha funcionado como la prisión de máxima seguridad del estado desde que James Madison era presidente. La Pen, que es como se la conoce, es el final del camino de todas las causas perdidas en el sistema correccional del estado, el depósito final para los hombres que por algún motivo no pueden vivir en las prisiones de Jessup y Hagerstown. Hogar del corredor de la muerte, la Pen de Maryland almacena seres humanos que tienen una sentencia media de cadena perpetua, y su anticuado pabellón ha sido denominado como «el último círculo del infierno» en el informe del fiscal general del Estado. Los inquilinos de la Pen de Maryland no tienen nada que perder y, lo que es mucho peor, son conscientes de ello.

Durante quince minutos, los guardas de la Pen pierden por completo el control de los patios, en manos de más de trescientos presos armados con cuchillos caseros, palos y todo lo que han encontrado. En el patio, cuatro golpean con bates a dos guardas, a otro lo aporrean con una barra metálica de la zona de pesas. Un cuarto hombre huye hasta el interior de la prisión sólo para descubrir que la puerta de seguridad está cerrada. Desde el otro lado, una guarda que no se atreve a abrir mira aterrorizada desde el otro lado de la separación cómo seis o siete internos golpean y apuñalan al guarda hasta que su vida pende de un hilo. Otros veinte internos sacaron a otra guarda de una consulta clínica en el extremo sur del patio, le dieron una paliza y luego entraron en la clínica para machacar a un psicólogo de la prisión. Antes de que un destacamento de guardas llevados a toda velocidad por la entrada de la calle Madison los contengan, los presos prenden fuego a la clínica y queman todas las evaluaciones psicológicas que encuentran. Liderados por el subdirector de la prisión, los refuerzos recuperan la clínica y rescatan a la agente de prisiones y al psicólogo, que habían caído al suelo bajo una lluvia de golpes con barras metálicas. Los prisioneros son empujados lentamente hacia el fondo del patio, una retirada que sólo se convierte en una derrotada cuando dos guardas disparan sus escopetas desde la puerta de la clínica. Dos presos caen al suelo heridos de bala.

En las torres de los muros este y oeste de la penitenciaria, los guardas intentan disparar por encima de la cabeza de los presos, lo que sólo hace que aumentar la carnicería, pues dan indistintamente a guardas y amotinados. Justo fuera de una torre del muro oeste, otro guarda de la cárcel es abatido por los perdigones que dispara un guarda desde el muro este, a casi doscientos metros de distancia. No hay intentos de huida, ni se toman rehenes, ni se plantean demandas o entablan negociaciones. Es violencia por mor de la pura violencia, el reflejo del verano que existe en la ciudad que rodea los muros de la penitenciaria. Puedes encerrarlos y tirar la llave, pero los hombres que están dentro de la fortaleza de la calle Forrest se siguen moviendo al mismo ritmo que las calles.

Quince minutos después de que el último prisionero haya sido sacado del patio, llevado a una celda y encerrado, Jay Landsman pasea por los patios 3 y 4, anotando mentalmente las manchas de sangre que representan media docena de escenas del crimen. De las celdas del pabellón sur que le quedan inmediatamente encima, la ira de los presos se focaliza sobre él inmediatamente como si lloviera. Al caminar solo por el patio, lo identifican rápidamente como inspector de homicidios, quizá presos que él mismo metió allí.

—Puto blanco, mueve el culo hasta aquí y bájate los pantalones.

—Sal de mi patio, policía cabrón.

—Vete a la mierda, pasma. Vete a la mierda.

Este último comentario llega a Landsman. Sólo por un instante se detiene y se queda mirando los pabellones del sur.

—Sube aquí, maricón. Te vamos a joder como jodimos a las zorras de las guardas.

—Trae aquí tu culo blanco, maricón.

Landsman enciende un cigarrillo y saluda sonriendo a la fachada de piedra como si estuviera en algún tipo de crucero que se aleja del muelle. En ese momento es el gesto perfecto, mejor que una mirada airada o el típico dedo corazón extendido, y los abucheos e improperios se desvanecen. Sonriendo maniáticamente, Landsman saluda otra vez, y el mensaje queda claro: gilipollas, mi culo blanco de maricón se a va ir a casa esta noche a dormir en un maravilloso rancho con aire acondicionado y una mujer y doce cangrejos al vapor y un *pack* de seis cervezas. Vosotros vais a una celda a treinta y seis grados y a pasaros todo el fin de semana sin salir de ella. Buen viaje, estúpidos hijos de puta.

Landsman acaba su revisión del patio y habla con el subdirector. Hay nueve guardas hospitalizados. Tres presos han acabado también en urgencias. Las autoridades de la prisión son las responsables de la seguridad, pero homicidios se encargará del encausamiento de los presos que se considere que tomaron parte en el motín. Así es, al menos, en teoría. Pero es difícil para los guardas recordar un rostro en concreto cuando toda una turba los está linchando y golpeando con bates de aluminio; tras una hora, la lista provisional de sospechosos tiene sólo trece nombres identificados positivamente por las autoridades.

Landsman y Dick Fahlteich, el inspector principal del motín, hace que se lleve a esos sospechosos a la oficina del subdirector. Llegan de uno en uno, esposados y con grilletes y con expresión ausente. Una ojeada rápida revela que todos ellos son productos de Baltimore, y todos menos cuatro están allí por asesinato cometido en la ciudad. De hecho, muchos de los nombres le suenan a algún inspector. ¿Clarence Mouzone? Ese puto loco consiguió librarse de tres o cuatro asesinatos antes de que Willis lo cazara por otro. ¿Wyman Ushery? ¿No fue él quien mató a aquel chico en la estación Crown en la calle Charles en el 81? El caso Litzinger, creo. Coño, sí, era él.

Los acusados entran arrastrando los pies y escuchan impasiblemente, y Landsman les dice que fueron vistos atacando a este o aquel guarda. Todos los presos lo escuchan con estudiado aburrimiento, mirando a uno y otro inspector, buscando algo que les parezca familiar. Casi puedes oír lo que piensan: de ese no me acuerdo, pero ese otro estuvo en mi rueda de identificación, y ese de la esquina fue el que testificó contra mí en el juicio.

—¿Quieres decir algo? —pregunta Landsman.

—No tengo porqué decirte una mierda.

—Vale —dice Landsman, sonriendo—. Nos vemos.

Uno de los últimos hombres que pasan por aquel baúl de los recuerdos es un monstruo musculoso de diecinueve años, un niño con el tipo de físico de boxeador de los pesos pesados que sólo se consigue en la sala de pesas de una prisión. Ransom Watkins empieza a negar con la cabeza cuando Landsman está a medio discurso.

—No tengo nada que decir.

—Perfecto.

—Pero quiero saber una cosa de ese hombre de ahí —dice, mirando a Kincaid—. Apuesto a que no te acuerdas de mí.

—Claro que sí —dice el inspector—. Tengo buena memoria.

Ransom Watkins tenía quince años cuando Kincaid le encerró por el asesinato de Dewitt Duckett en el 83. Watkins era entonces más pequeño, pero igual de duro. Fue uno de los tres chicos del oeste que mataron a un chaval de catorce años en un pasillo del instituto Harlem Park y luego le quitó, mientras moría, su chaqueta de Georgetown. Otros estudiantes reconocieron al trío mientras huía de la escuela, y Kincaid descubrió la chaqueta de la víctima en el armario del dormitorio del sospechoso. A la mañana siguiente, Watkins y los otros tres intercambiaban chistes en un calabozo del distrito Oeste, encausados como adultos por asesinato.

—¿Te acuerdas de mí, inspector? —dice Watkins ahora.

—Sí, me acuerdo.

—Si recuerdas quien soy, ¿cómo puedes dormir por las noches?

—Pues duermo muy bien —dice Kincaid—. ¿Cómo duermes tú?

—¿Cómo crees que duermo? ¿Cómo crees que duermo cuando me metiste aquí por algo que no hice?

Kincaid niega con la cabeza y se recoge un hilo suelto de la costura de su pantalón.

—Sí que lo hiciste tú —le suelta al chico.

—Y una mierda —gime Watkins. La voz se le quiebra al continuar—. Mentiste entonces y mientes ahora.

—No —dice Kincaid tranquilamente—. Tú lo mataste.

Watkins le maldice de nuevo, y Kincaid le mira con total placidez. Landsman hace entrar a los guardas en cuanto Watkins empieza a hablar.

—Hemos acabado con este gilipollas —dice—. Traed al siguiente.

Pasan dos horas más antes de que los inspectores empiecen a recorrer el camino entre rejas de acero, detectores de metal y controles hasta el área de visitas en el segundo piso y las taquillas en las que se han guardado sus revólveres reglamentarios.

Frente a la puerta principal, los periodistas de televisión graban sus intervenciones para los noticiarios de la tarde mientras representantes del sindicato de guardas de prisiones critican, ante los medios, a los administradores de la prisión y exigen que se lleve a cabo la enésima investigación sobre las condiciones de vida en la Pen. Por la calle Eager, un joven en una bicicleta se para junto a la puerta de hierro forjado y escucha los gritos de los presos de las celdas de los pabellones oeste. Se queda durante un minuto o dos absorbiendo las obscenidades y los abucheos, antes de apretar el botón «Play» en un casete que lleva encajado en el manillar, y seguir pedaleando hacia Greenmount.

«*Hacen falta dos para que algo funcione...*»

Ritmo, grito, ritmo, grito. La liturgia irracional de otro verano en Baltimore, una banda sonora para una ciudad que sangra.

«*... hacen falta dos para hacerlo desparecer.*»

Landsman y Fahlteich suben al calor seco del interior del Cavalier y conducen lentamente hacia la autopista con las ventanas bajadas, esperando una brisa que no llega. Fahlteich mueve el dial de la radio de onda corta al 1100 para escuchar la emisora de noticias las veinticuatro horas, donde estas y otras historias van apareciendo al poco de producirse. *Doce heridos graves en el motín que se ha producido hoy en la Penitenciaría de Baltimore. Vigilante nocturno hallado muerto en una tienda de la calle North Howard. Y mañana tiempo parcialmente nuboso y calor, con máximas alrededor de los 35 grados centígrados.*

Otro día de recoger hojas de cuchillo dobladas y de pintar cuerpos con tiza en la acera. Otro día sacando balas de muros de mampostería y fotografiando la sangre en el extremo roto de una botella. Otra jornada de trabajo en las calles de la muerte.

Otra noche calurosa y húmeda que dura más de lo que hubieran deseado en una casa pareada del sur del Baltimore, donde la violencia se sirve de una disputa entre amantes. Edgerton camina por la escena del crimen y envía un par de testigos a la central antes de subirse a una ambulancia que va muy llena.

—¿Cómo le va, agente Edgerton?

El inspector mira a la camilla y se encuentra con la cara ensangrentada de Janie Vaughn. Janie del Remiendo, que es como los vecinos llaman al barrio de Westport, en el sur de Baltimore. Es una chica de buen corazón, de veintisiete años de edad, que la última vez que Edgerton la había visto iba con un chico que se llamaba Anthony Felton. El problema de Felton era su tendencia a matar a gente, a dispararles por dinero o por drogas la mayoría de las veces. El chico consiguió que le declararan inocente en dos investigaciones, pero por un tercer asesinato le cayeron quince años. Por la pinta que tenían las cosas en la ambulancia, el nuevo novio de Janie no era tampoco el epítome del autocontrol.

—¿Cómo estás tú?

—¿Tengo muy mal aspecto?

—Has tenido días mejores —le dice Edgerton—. Pero si a estas alturas todavía estás respirando, saldrás de esta... Dicen que ha sido Ronnie, tu novio.

—Pues sí.

—¿Y te ha atacado sin más?

—No sabía que llegaría a este punto.

—Desde luego, escoges auténticas perlas, ¿eh?

Janie sonríe y sus dientes blancos refulgen un instante entre la sangre y las heridas. Una chica dura, piensa Edgerton, no es de las que entran en *shock*. Va hacia el fondo de la ambulancia y mira más de cerca el rostro de Janie. Ve entonces las manchas, suciedad y residuos de metal del disparo, en su mejilla. Es una herida de contacto.

—¿Sabías que tenía un arma?

—Me había dicho que se había deshecho de ella, que la había vendido.

—¿Qué clase de arma es la que creías que había vendido?

—Una pequeña y barata.

—¿De qué color?

—Plateada.

—Muy bien, cariño, están a punto de salir para el hospital. Te veré otra vez allí.

La otra víctima, el novio de veintiocho años de la hermana mayor de Janie, ingresa cadáver en urgencias del Universitario, una víctima fallecida por la única razón que había tratado de intervenir cuando Ronnie Lawis empezó a moler a palos a Janie. Más tarde, en el hospital, ella le cuenta a Edgerton que fue por nada, que empezó porque Ronnie la había visto sentada en un coche con otro hombre.

—¿Cómo está Durrell? —le preguntó a Edgerton en urgencias, preocupada por el novio de su hermana—. ¿Vivirá?

—No lo sé. Está en otra parte del hospital.

Es mentira, por supuesto. En ese momento, Durrell Rollins está muerto en la camilla que Janie tiene inmediatamente a su derecha, con la boca aferrada a un catéter amarillo y el pecho atravesado por un solo disparo. Si Janie pudiera mover la cabeza o ver a través del vendaje que lleva en la cara, lo sabría.

—Tengo frío —le dice a Edgerton.

Él asiente y acaricia la mano de la chica, luego se detiene un momento para limpiarle la sangre de la mano izquierda con una toallita de papel. Sus pantalones marrones están salpicados de puntos rojo oscuro.

—¿Qué tal lo estoy haciendo?

—Eh, si te dejan sola aquí conmigo, es que estás bien —le dice Edgerton—. Es cuando hay ocho personas encima de ti cuando tienes que preocuparte.

Janie sonríe.

—¿Qué pasó, exactamente? —pregunta Edgerton.

—Pasó tan rápido... Él y Durrell estaban en la cocina. Durrell había entrado porque él me estaba pegando.

—Vuelve al principio. ¿Por qué empezó todo?

—Como te he dicho, me vio en un coche con ese tío y se volvió loco. Entró en casa y se fue abajo, y cuando subió, me puso una pistola en la cabeza y empezó a gritarme y todo eso, y entonces Durrell entró en la cocina...

—¿Viste cómo disparó a Durrell?

—No, entraron en la cocina y fue cuando yo oí el disparo...

—¿Hablaron Durrell y él?

—No, pasó demasiado rápido.

—No hubo tiempo para palabras, eh.

—Eso.

—¿Y luego fue a por ti?

—Sí, sí. Disparó el primer tiro e intenté agacharme, pero me caí en la calle. Se me echó encima y se puso sobre mí.

—¿Cuánto llevabais saliendo juntos?

—Casi un año.

—¿Dónde vivía él?

—En la casa.

—Pero lo que he visto allí no podía ser toda su ropa.

—No, tenía más ropa en el sótano. Tiene otra chica con la que está a veces en la avenida Pennsylvania. La vi una vez.

—¿La conoces?

—Sólo la he visto una vez.

—¿Dónde suele pasar el tiempo? ¿Dónde es probable que vaya?

—Al centro. Park y Eutaw. Por ahí.

—¿Algún lugar en especial?

—Al Sportman's Lounge.

—¿En Park y Mulberry?

—Sí. Conoce a Randy, el camarero.

—Muy bien, cariño —dice Edgerton, cerrando la libreta—. Ya puedes descansar tranquila.

Janie le aprieta la mano y luego le mira a los ojos.

—¿Durrell? —pregunta—. Está muerto, ¿verdad?

Él duda.

—Lo suyo pinta mal —dice.

Más tarde esa noche, cunado Ronnie Lawis regresa a la casa adosada vacía de Westport para recoger sus pertenencias, un vecino está en su porche, lo ve y llama a la policía. El uniforme del distrito Sur que responde a la llamada lo acorrala en el sótano y, después de ponerle las esposas, descubre un Especial del Sábado Noche* del .32 detrás de la caldera. Una comprobación de huellas en el NCIC al día siguiente demuestra que Lawis es, de hecho, un hombre llamado Fred Lee Tweedy, que había escapado el año anterior de una cárcel de Virginia donde cumplía condena por un asesinato anterior.

—Si me llamara Tweedy —dice Edgerton, leyendo el informe—, yo también me pondría un alias.

Otra llamada veraniega, otro caso resuelto en verano. Con la estación ha venido un nuevo y mejorado Harry Edgerton, al menos por lo que concierne al resto de su brigada. Contesta teléfonos. Se encarga de las llamadas. Escribe sus informes de 24 horas. Después de un tiroteo con implicación policial allí estaba Edgerton en medio de la sala del café, ordenando que se tomara declaración a uno o dos testigos. Si bien aún no totalmente convencido del transplante de carácter de Edgerton, Kincaid está al menos un poco más aplacado. Y aunque Edgerton no está

* Un Especial del Sábado Noche (*Saturday Night Special*) es una expresión peyorativa que se utiliza en Estados Unidos para referirse a una pistola o revólver barato. (*N. del T.*)

precisamente ganando premios por relevar temprano en el turno de noche o por su trabajo de día, sí que ha estado llegando a la oficina un poco antes y también, por lo general, marchándose más tarde que los demás.

Parte del cambio es mérito de Roger Nolan —el inspector jefe atrapado en el medio de todo aquello—, que habló con Edgerton sobre cómo evitarse líos, y le dio algunas lecciones prácticas sobre política en la oficina para que las aplicara de vez en cuando. Parte es mérito del propio Edgerton, que aceptó algunos de los consejos de Nolan porque se estaba cansando de ser el blanco de todas las pullas. Y parte es mérito de los demás miembros de la brigada —Kincaid y Bowman en particular— quienes también se esfuerzan por sostener la tregua.

Y sin embargo, todos los presentes en la sala saben que es una paz temporal y frágil, que depende de la buena voluntad de demasiada gente agraviada. Edgerton está dispuesto a aplacar a sus críticos hasta cierto punto, pero más allá de ese punto él es como es y hace lo que hace. Del mismo modo, Kincaid y Bowman están dispuestos a contenerse mientras la oveja no se aleje demasiado del rebaño. Siendo así las cosas, es difícil que la charla amable dure demasiado, aunque por ahora la brigada de Nolan parece poder sobrevivir junta.

De hecho, los chicos de Nolan están en racha. Investigan cinco o seis casos más que cualquiera de las otras brigadas del turno de D'Addario y resuelven un porcentaje mayor de ellos. Y no sólo eso: a la gente de Nolan le ha tocado cargar con nueve de los diecisiete tiroteos con implicación policial que se han producido este año. Y más que los asesinatos, son los tiroteos con implicación policial —con sus temas concurrentes de responsabilidades penales y civiles— los que pueden hacer que los jefazos desciendan sobre una brigada como una plaga de langostas. La cosecha de estos casos de este año ha pasado sin que los de arriba se dieran ni cuenta. Después de todo, desde el punto de vista de Nolan, está empezando a resultar un año bastante respetable.

Rich Garvey y sus ocho casos resueltos constituyen, por supuesto, un elevado porcentaje de la felicidad de Nolan, pero también Edgerton está empezando a estar en racha, una racha que se inició con el asesinato por drogas en la calle Payson a finales de mayo. Después de resolver ese caso, se encontró ocupado con el juicio a Joe Edison en el juzgado de Hammerman, una exitosa campaña legal de tres semanas para conseguir meter de por vida en la cárcel a un sociópata de diecinueve años por uno de los cuatro asesinatos de 1986 y 1987 por los que estaba acusado. Edgerton regresó a la rotación a tiempo para trabajar el turno de noche y encargarse de la llamada por el tiroteo en Westport, a la que seguirían dos casos resueltos más antes de que terminase el verano, uno de ellos duro de roer, un asesinato en la calle frente al enclave de tráfico de drogas de Old York Road. En la unidad de homicidios, cuatro casos resueltos seguidos suelen bastar para acallar a todos los críticos, y durante un breve periodo pareció reducirse la tensión en la brigada de Nolan.

En un turno de cuatro a doce de mediados de verano, Edgerton está sentado ante su mesa en la oficina principal, con el teléfono al hombro y un cigarrillo en la comisura de los labios.

Worden pasa por delante y Edgerton empieza una pantomima exagerada que hace que el detective de más edad saque un mechero Bic de los pantalones y lo encienda; Edgerton se inclina por encima de la mesa para prender el cigarrillo.

—Oh, vaya —dice Worden, manteniendo quieto el mechero—. Espero que nadie me vea haciendo esto.

Veinte minutos más tarde y todavía preso de la misma conversación telefónica, Edgerton hace señas a Garvey para que le encienda otro cigarrillo, y Worden, que mira desde la sala del café, lo ve.

—Eh, Harry, te estás acostumbrando demasiado a que chicos blancos te enciendan el cigarrillo.

—¿Qué puedo decir? —dice Edgerton, tapando con la mano el micrófono del teléfono.

—¿Tratas de demostrar algo, Harry?

—¿Qué puedo decir? —repite Edgerton, colgando el teléfono—. Me gusta el aspecto que tiene la escena.

—Eh —dice Kincaid, interviniendo en la conversación—, mientras Harry siga contestando llamadas, no nos importa encenderle los cigarrillos, ¿verdad, Harry? Sigue contestando ese teléfono y yo te aseguro que vendré a trabajar con una caja de cerillas en el bolsillo.

—Trato hecho —dice Edgerton, casi divertido.

—Estamos recuperando a Harry, ¿no? —dice Kincaid—. Lo estamos domando para que vuelva a homicidios. Mientras lo mantengamos apartado de Ed Burns, todo irá bien.

—Así es —dice Edgerton, sonriendo—. Ya fue lo bastante malo que Ed Burns me liara a mí y me embaucara para meterme en todas aquellas largas investigaciones, y me dijera que no os hiciera ni caso a vosotros... Todo fue culpa de Burns. Toda la culpa fue suya.

—¿Y dónde está ahora ese tío? —añade Kincaid—. Está allí con el FBI, y tu estás aquí con nosotros.

—Te utilizó, Harry —dice Eddie Brown.

—Sí —dice Harry, dando una calada a su cigarrillo—. Creo que el viejo Eduardo me la jugó.

—Te utilizó, abusó de ti y luego te dejó tirado como un condón usado —dice Garvey, desde el fondo de la sala.

—¿Habláis del agente especial Burns? —dice Ed Brown—. Eh, Harry, he oído que Burns ya tiene su propio despacho en la oficina del FBI. He oído que se ha mudado allí definitivamente.

—Su propio despacho y su propio coche —añade Kincaid.

—Eh, Harry —dice Ed Brown—. ¿Estás en contacto todavía con tu compañero? ¿Te llama alguna vez y te cuenta cómo van las cosas allí en Woodlawn?

—Sí, una vez me mandó una postal —dice Edgerton—. Decía: «Ojalá estuvieras aquí».

—Tú quédate con nosotros, Harry —dice Kincaid con cinismo—. Nos ocuparemos de ti.

—Sí —dice Edgerton—. Sé que lo haréis.

Considerando que se trata de Edgerton, esta es una conversación suave y casi afectuosa. Después de todo, esta es la misma unidad de homicidios en la que el diagnóstico de la diabetes de Gene Constantine fue recibido con una pizarra en la cafetería dividida con dos encabezamientos: «Aquellos a los que no les importa una mierda si Constantine muere o no» y «Aquellos a los que les importa una mierda si Constantine muere o no». El inspector jefe Childs, el teniente Stanton, la Madre Teresa y Barbara Constantine encabezaron esta última lista. En la columna más corta aparecían el propio Gene, seguido por el sindicato de funcionarios municipales. Con ese nivel de camaradería, Edgerton no está soportando nada fuera de lo normal en este turno de cuatro a doce. De hecho, la escena que se está representando en la oficina principal es una de las pocas actuaciones en las que Harry Edgerton se comporta como Uno Más de los Muchachos, un hombre de homicidios entre hombres de homicidios. No importa que Edgerton siga teniendo una elevadísima opinión de Ed Burns y de la investigación Boardley, que todavía está en marcha. Y no importa que Kincaid y Eddie Brown no crean de verdad que Edgerton quiera estar investigando asesinatos comunes y corrientes mientras su colega de toda la vida está en la oficina local del FBI armando una investigación por conspiración de malhechores que lleva dos años en marcha. Tampoco importa toda la mala sangre que ha habido anteriormente, porque ahora mismo Edgerton está trabajando asesinatos.

Es un nuevo Harry, que se ríe cuando sus colegas le aseguran que se van a ocupar de él, un hombre nuevo que, cada vez que entra en la oficina, anuncia que está listo para contestar el teléfono.

—A por él, Harry.

—No te hagas daño corriendo, Harry.

—Lo ha cogido la tercera vez que ha sonado. Que alguien convoque una puta rueda de prensa.

Edgerton se ríe, la imagen misma de la tolerancia. Pone una mano sobre el micrófono y se vuelve hacia ellos, fingiendo confusión.

—¿Y ahora qué se tiene que hacer? —pregunta, simulando no tener ni idea—. ¿Se habla por aquí?

—Sí, ponte la parte de arriba en la oreja y habla por la de abajo.

—Edgerton, unidad de homicidios.

—Así se hace, Harry, colega.

SÁBADO 9 DE JULIO

Aquí arriba hace más calor que en el infierno.

Son las tres de la mañana y en la sala del café hay treinta y tres grados o más. Al parecer, algún genio de los números del departamento de servicios fiscales ha decidido que el turno de medianoche no necesita ningún tipo de calefacción antes de febrero ni aire acondicionado antes de agosto, y ahora Donald Kincaid está en la oficina principal, con la camisa por fuera, en calzoncillos y calcetines y amenazando con desnudarse por completo si la temperatura no desciende antes del amanecer. Y tener a Kincaid desnudo en un turno de noche es algo peligroso.

—Oh, Dios mío —dice Rich Garvey, su rostro bañado en la luz azul y enfermiza del televisor—. Donald se ha quitado los pantalones. Que Dios proteja a todos los que duermen boca abajo.

Es una vieja rutina de la brigada de Nolan, una broma que se repite sobre que Kincaid busca amor durante el turno de noche y fuerza a los inspectores más jóvenes a recibir sus atenciones. La última noche, McAllister se quedó dormido en el sofá verde de vinilo sólo para despertarse muerto de miedo una hora después: Kincaid estaba sobre él, arrullándole suavemente.

—No, esta noche no —dice Kincaid, quitándose la corbata y tumbándose en el sofá—. Hace demasiado calor.

Todo el mundo en la habitación emite la misma oración: señor, haz que suene el teléfono. Has que esa extensión 2100 se ilumine con muerte y destrucción antes de que nos ahoguemos en nuestro propio sudor. Cualquiera en la habitación cogería ahora mismo un asesinato por drogas. Hasta uno doble, con dos esqueletos descompuestos en un sótano en alguna parte y sin un solo testigo o sospechoso a la vista. No les importa de qué vaya la llamada mientras puedan salir a la calle, donde, increíblemente, hay siete u ocho grados menos.

Roger Nolan ha conectado el vídeo en la oficina principal para que la brigada pueda ver alguna película horrible en la que todo el mundo persigue a todo el mundo en interminables carreras de coches. La primera película en la sesión triple del turno nocturno de Nolan suele ser excelente, y la segunda acostumbra a ser tolerable. Pero hacia las tres de la madrugada, Nolan siempre consigue dar con algo que irremediablemente produce somnolencia, y, en ese punto, el sueño empieza a parecer realmente atractivo.

El vídeo es la concesión de Nolan al infierno que es el turno de noche, al absurdo que es que seis hombres adultos se pasen una semana trasnochando juntos en un edificio de oficinas del centro. En Baltimore, un inspector de homicidios trabaja tres semanas de ocho a cuatro, luego dos semanas de cuatro a doce, luego una semana de turno nocturno. Lo que lleva a una extraña inversión: en cualquier momento dado, un turno entero de tres brigadas trabaja durante el día, dos brigadas trabajan de cuatro a doce y la brigada que entra a medianoche está sola en las horas en las que ocurren casi la mitad del total de homicidios. En un turno de medianoche movido, nadie tiene tiempo de pensar en películas ni en nada más. En un turno con dos asesinatos y un tiroteo con implicación policial, por ejemplo, nadie ni siquiera piensa en dormir. Pero en las noches tranquilas, en una noche como esta, los inspectores comprenden en primera persona en qué consiste el rígor mortis.

—La espalda me está matando —dice Garvey.

Por supuesto. Después de todo, intenta dormir sentado en una silla de oficina metálica, con la cabeza echada hacia atrás sobre el borde del respaldo. En el sexto piso hace más calor que dentro de una barbacoa el fin de semana del 4 de julio, y, aun así, Garvey sigue con la corbata puesta. Ese tipo es increíble.

Kincaid está roncando en el sofá verde. Bowman está a la vuelta de la esquina, donde no se le ve, pero la última vez que alguien pasó por delante también estaba echando una cabezada, con la silla apoyada contra la pared y sus cortas piernas apenas tocando el suelo. Edgerton está Dios sabe dónde, probablemente en la calle Baltimore matando marcianitos.

—Eh, Rich —dice Nolan, a paso y medio de la pantalla de televisión—. Mira esta parte. Esta parte casi hace que valga la pena ver toda la película.

Garvey levanta la cabeza a tiempo de ver cómo el tipo duro vuela a otro por los aires con algo que parece un lanzagranadas.

—Espectacular, Rog.

Nolan percibe el aburrimiento y se desplaza hacia la televisión sin levantarse de la silla de ruedas, empujándose con las piernas. Revisa el lomo de otra cinta.

—¿Y una película de John Wayne?

Garvey bosteza y luego se encoge de hombros.

—Lo que sea —dice finalmente.

—Tengo dos en esta cinta en las que el Duque muere —dice Nolan, que todavía está muy despierto—. Una curiosidad: ¿En cuantas películas muere el personaje que interpreta John Wayne?

Garvey mira a Nolan y ve no al inspector jefe de su brigada, sino a un enorme hombre negro con un tridente y cuernos en la cabeza. El círculo más profundo del infierno, como Garvey sabe ahora, es un edificio municipal sin aire acondicionado ni camas, con paredes pintadas de verde de hospital y con un superior que te pregunta sobre curiosidades a las tres de la mañana.

—En trece —dice Nolan, respondiendo su propia pregunta— ¿O eran catorce? Lo sacamos ayer por la noche... Creo que eran catorce. La que siempre se olvida todo el mundo es *La bruja roja*.

Nolan lo sabe. Nolan lo sabe todo. Pregúntale sobre los Oscar del año 1939 y te hablará de la pelea que hubo por el de mejor actriz secundaria. Pregúntale sobre la guerra del Peloponeso y te explicará las reglas básicas de la infantería de hoplitas. Menciona la costa oeste de Borneo y...; en fin, Terry McLarney cometió una vez ese error.

—¿Sabéis? —dijo durante un turno de cuatro a doce—. Creo que las playas de Borneo están hechas de arena negra.

En aquel momento, aquella afirmación pareció un solitario *non sequitur*, pero McLarney acababa de leer recientemente un volumen de quinientas páginas sobre la isla de Borneo, su primera conquista de un libro de la biblioteca de Howard County en quizá tres años. Un hecho es un hecho, pero McLarney llevaba intentando meterlo en una conversación desde hacía quizá un mes.

—Así es —dijo Nolan—. Son negras por las cenizas volcánicas. El Krakatoa afectó a una serie de islas por ahí abajo...

A McLarney se le puso cara de que su perro acababa de morir.

—... pero sólo el lado oste de la isla es completamente negro. Cuando estuve en el cuerpo, practicamos allí desembarcos.

—¿Tú has estado allí?

—En el 63 o así.

—Bueno —dice McLarney, largándose de allí—, esta es la última vez que me molesto en leer un libro.

Para un policía, Roger Nolan es muy intimidante y una potencia a tener en cuenta en cualquier juego de preguntas y respuestas. Mientras intenta acomodarse en la silla de metal, Garvey sucumbe a la disertación académica de su sargento sobre la mística de John Wayne. Escucha en silencio porque no puede hacer otra cosa. Hace demasiado calor como para escribir aquella orden de encausamiento. Hace demasiado calor como para leer el *Evening Sun* sentado en el escritorio de Sydnor. Hace demasiado calor como para bajar a la calle Baltimore y comprar un bocadillo de carne con queso. Hace demasiado calor.

¡Uf, que viene!

Garvey empuja la silla hacia la mesa de Edgerton y descuelga el teléfono a la primera llamada: el más rápido en desenfundar. Es su llamada. Es su vaca lechera. Es su billete para salir de allí.

—Homicidios.

—Distrito Noroeste, unidad seis-A-doce.

—Sí, ¿qué tienes?

—Es un anciano en una casa. No hay señales de heridas ni nada por el estilo.

—¿Hay señales de allanamiento?

—No, nada de eso.

La desilusión de Garvey se le nota en la voz.

—¿Cómo has entrado tú?

—La puerta de entrada estaba abierta. Un vecino vino a visitarle y lo encontró en su dormitorio.

—¿Vivía solo?

—Sí.

—¿Y está en la cama?

—Ajá.

—¿Cuántos años tiene?

—Setenta y un años.

Garvey da su nombre y su número de serie, sabiendo que si el agente ha malinterpretado la escena y el caso vuelve del forense convertido en un asesinato, será Garvey quien se lo tenga que comer. Aun así, suena bastante claro.

—¿Necesito algo más para el informe? —pregunta el policía.

—No. Has llamado al forense, ¿verdad?

—Sí.

—Entonces lo tienes todo.

Cuelga el auricular y separa la pegajosa y húmeda superficie en que se ha convertido su camisa del respaldo de la silla. Veinte minutos después, el teléfono vuelve a sonar con un apuñalamiento en la parte oeste, una menudencia que ha acabado con un chaval en urgencias del Universitario y otro en un calabozo del distrito Oeste que mira a Garvey y a Kincaid, que están fuera de su celda, a través de una niebla de cocaína.

—Se ha plantado aquí él solito y nos ha dicho que ha apuñalado a su hermano —dice el carcelero del distrito.

Garvey gruñe.

—¿Te parece que puede que esté drogado, Donald?

—¿Este? —dice Kincaid con tono fingidamente serio—. Qué va.

La llamada del apuñalamiento los tiene en la calle menos de veinte minutos, y cuando regresan a su oficina, Nolan está desmantelando el vídeo, y lo único que se oye son ronquidos en tres fases tan regulares que adquieren cierta cualidad hipnótica.

Edgerton ha regresado del país de los marcianitos, y pronto la brigada se sume en el peor de los sueños, ese tipo de sueño del que un inspector se levanta todavía más cansado de lo que se durmió, cubierto por una capa líquida de la oficina de homicidios de la que sólo puede librarse con una ducha de veinte minutos. Aun así, duermen. En una noche tranquila, todo el mundo duerme.

A las cinco, el teléfono vuelve a sonar finalmente, aunque ahora todo el mundo está dos horas más allá del momento en el que deseaban una llamada. El razonamiento general es que alguien lo bastante maleducado como para que le arrebaten la vida después de las tres de la madrugada no merece que lo venguen.

—Homicidios —dice Kincaid.

—Buenos días. Irwin, del *Evening Sun.* ¿Qué tuvisteis anoche?

Dick Irwin. El único hombre de Baltimore con un horario todavía más miserable que el de un inspector de homicidios. Llamadas a las cinco para entregas a las siete, cinco noches a la semana.

—Está todo tranquilo.

De vuelta al sueño durante media hora más o menos. Y entonces un momento de puro terror. Algún tipo de atronadora máquina, una especie de ariete, golpea contra la puerta del pasillo. Metal contra metal en la oscuridad, justo a la derecha de Garvey. Ruidos agudos y estridentes conforme una bestia nocturna y violenta se acerca a la dormida brigada, abriéndose paso a través del oscuro portal. Edgerton recuerda que su .38 está en el cajón superior izquierdo, un arma de fuego cargada con balas de punta hueca de 158 granos. Y gracias a Dios que está ahí, porque la bestia está entrando ahora en la habitación, proyectando su lanza de acero y golpeando su armadura de plomo contra la viga en el otro extremo de la sala del café. Mátala, dice la voz en la cabeza de Edgerton. Mátala ahora.

Una lámina de luz desciende sobre ellos.

—¿Qué coño...?

—Oh, diablos, lo siento —dice la bestia, contemplando la sala llena de hombres con los ojos legañosos—. No había visto que estabais todos durmiendo aquí.

Irene. El monstruo es una señora de la limpieza con acento del este de Baltimore y pelo entre rubio y blanco. La lanza de metal es una mopa, y la armadura que hace ruidos metálicos es el pulidor de suelos. Están vivos. Ciegos, pero vivos.

—Apaga la luz —consigue decir Garvey.

—Ahora mismo, cariño. Lo siento —dice ella—. Volveos a dormir, yo empezaré por fuera y os dejaré tranquilos. Volveos a dormir y os avisaré cuando llegue el teniente...

—Gracias, Irene.

Es la veterana conserje con corazón de oro y un vocabulario que sonrojaría a un carcelero. Vive sola en una casa adosada sin calefacción, gana una quinta parte de lo que ganan ellos y nunca llega más tarde de las cinco y media de la mañana para empezar a sacar brillo al linóleo del sexto piso. Las últimas navidades utilizó el poco dinero que no le hizo falta para comida y compró una mesa de televisión de madera de contrachapado como regalo para la unidad de homicidios. No importa el sufrimiento o las molestias que pueda causarles, no hay nada en el mundo que pueda hacer que esos hombres griten a esa mujer.

Eso no les impide, sin embargo, flirtear con ella.

—Irene, cariño —dice Garvey antes de que pueda cerrar la puerta—, ten cuidado, Kincaid va sin pantalones esta noche y estaba soñando contigo...

—Eres un mentiroso.

—Pregúntale a Bowman.

—Es cierto —dice Bowman, sumándose desde el fondo de la oficina—. Se quitó los pantalones y decía tu nombre en voz alta...

—Bésame el culo, Bowman.

—Será mejor que no se lo digas a Kincaid.

—Él también puede besarme el culo —dice Irene.

Como si le hubieran dado pie, Kincaid regresa del baño, aunque totalmente vestido, y necesita sólo un poco de ánimos de Bowman para empezar a rondar a la empleada.

—Vamos, Irene. Hazme un poco de caso.

—¿Por qué iba a hacerlo, Donald? —dice, entrando en el juego—. No tienes nada que yo quiera.

—Oh, claro que sí.

—¿Cómo? —dice, mirando hacia abajo con desdén— ¿Esa cosita minúscula?

La brigada entera se echa a reír a carcajadas. Dos veces cada turno nocturno, Kincaid le dice guarradas a Irene. Y dos veces cada turno nocturno, Irene le da réplica.

Más allá de la oscuridad de la oficina principal de la unidad, la sala del café y las oficinas que dan al exterior están iluminándose con la luz azul claro de la mañana. Y, les guste o no, todos los hombres de la sala están ya despiertos, apartados del sueño por el persistente cortejo de Kincaid a Irene.

Pero los teléfonos siguen en silencio y Nolan deja salir a Bowman justo después de las seis; el resto de la brigada se quedan sentados tranquilamente, intentando no moverse hasta que el aire acondicionado vuelva a encenderse para el turno de día. Los hombres se arrellanan en sus asientos, en una especie de trance colectivo. Cuando a y veinte suena la campanilla del ascensor, les parece el sonido más alegre del mundo.

—El relevo he llegado —dice Barlow, entrando en la habitación—. Todos tenéis un aspecto horrible... Excepto tú, Irene. Tú estás tan guapa como siempre. Estaba hablando con estos cabrones..

—Que te jodan —dice Garvey.

—Eh, caballero, ¿es esa forma de dirigirse al hombre que le está relevando?

—Chúpamela —dice Garvey.

—Inspector jefe Nolan —dice Barlow, fingiendo estar indignado—, ¿ha oído eso? Yo me he limitado a enunciar un mero hecho al decir que estos tipos tienen un aspecto horrible, y lo tienen, y me veo de repente insultado. ¿Ha hecho este calor de mierda aquí toda la noche?

—Más —dice Garvey.

—Es un honor conocerle, caballero —dice Barlow—. ¿Sabe? Es usted uno de mis héroes personales. ¿Qué pasó aquí anoche? ¿Algo?

—Nada de nada —dice Edgerton—. Aquí estuvo todo muerto.

No, piensa Nolan, escuchando desde un rincón de la sala. No muerto. Quizá lo que ha sucedido esa noche ha sido la ausencia de muerte. La muerte significa estar fuera en las calles de Baltimore, ganando dinero.

—Podéis iros todos —dice Barlow—. Charlie llegará en un par de minutos.

Nolan hace que Garvey y Edgerton se queden hasta que aparece el segundo hombre del turno de día, y deja que Kincaid escape a y media.

—Gracias, jefe —dice, dejando una hoja de ruta en el casillero de Nolan.

Nolan asiente, reconociendo su propia generosidad.

—Nos vemos el lunes —dice Kincaid.

—Sí —dice Nolan—. En el turno de día.

—Oh, Dios mío, otra Biblia.

Gary Childs coge el libro abierto de encima de un armario y lo lanza sobre una silla donde hay otra docena. El punto de libro se mantiene en su sitio aunque las páginas pasan empujadas por la fresca brisa del aire acondicionado. Lamentaciones, 2, 21.

> Por tierra yacen en las calles
> niños y ancianos;
> mis vírgenes y mis jóvenes
> cayeron a cuchillo;
> ¡has matado en el día de tu cólera,
> has inmolado sin piedad!

Una cosa hay que decir sobre la señorita Geraldine: se tomaba las Escrituras en serio, un hecho confirmado no sólo por la colección de biblias que tenía, sino también por las fotografías enmarcadas que tenía de ella arreglada con su ropa de domingo, predicando la buena nueva frente a las puertas de iglesias. Si la salvación es nuestra por la fe y no por nuestras obras, quizá Geraldine Parrish pueda consolarse pensando en ello mientras el furgón se la lleva. Pero si las obras cuentan para algo en el otro mundo, entonces la señorita Geraldine llegará con unas cuantas cosas apuntadas en su debe.

Childs y Scott Keller levantan la cama y empiezan a revisar los papeles que hay debajo. Listas de la compra, números de teléfono, formularios de los servicios sociales y seis o siete seguros de vida más.

—¡Joder! —dice Kelley, auténticamente impresionado— Aquí hay otro montón. ¿Cuántos tenemos ya?

Childs se encoge de hombros.

—¿Veinte? ¿Veinticinco? ¿Quién coño lo sabe?

La orden de registro para el 1902 de la calle Kennedy les da derecho a buscar toda una serie de objetos, pero, en este caso, nadie está destripando la habitación con la esperanza de encontrar una pistola o un cuchillo o balas o ropas ensangrentadas. En esta peculiar ocasión, buscan el rastro documental. Y lo están encontrando.

—Tengo más por aquí —dice Childs, vaciando los contenidos de una bolsa de papel en el colchón volcado—. Cuatro más.

—Desde luego —dice Keller—, es una zorra asesina.

Un patrullero del distrito Este que ha esperado abajo durante una hora vigilando a Geraldine Parrish y a cinco más en el salón del primer piso, llama suavemente a la puerta del dormitorio.

—Inspector jefe Childs...

—¿Qué?

—La mujer de abajo dice que se encuentra mal... Ya sabe, dice que tiene algún tipo de dolencia cardiaca.

Childs mira a Keller y luego al uniforme.

—¿Dolencia cardiaca, eh? —dice con desprecio— ¿Va a tener un ataque al corazón? Bajaré en un minuto y por mí se puede caer de la silla.

—Vale —dice el patrullero—. Me pareció que tenía que decírselo.

Childs revisa los papeles que han salido de la bolsa de papel y luego baja al salón. Los ocupantes de la casa adosada están apretados en el sofá y dos sillas, mirándole, esperando respuestas. El inspector jefe mira a la mujer gorda, de rostro triste, peluca a lo Loretta Lynn y vestido de algodón rojo, una visión auténticamente cómica dadas las circunstancias.

—¿Geraldine?

—Soy yo.

—Sé que es usted —dice Childs—. ¿Sabe por qué estamos aquí?

—No sé por qué están ustedes aquí —dice, tocándose suavemente el pecho—. No puedo estar sentada así. Necesito mis medicinas...

—¿No tiene la menor idea de por qué estamos aquí?

Geraldine Parrish niega con la cabeza y se toca de nuevo el pecho, reclinándose en su silla.

—Geraldine, tenemos una orden de registro y de arresto. Está usted acusada de tres cargos de asesinato en primer grado y tres intentos de asesinato...

Los otros ocupantes de la habitación miran cómo Geraldine empieza a emitir sonidos de ahogo. Cae sobre la alfombra, agarrándose el pecho y jadeando.

—Supongo que será mejor que llamemos a una ambulancia —dice—, aunque sea para no correr ningún riesgo.

El inspector jefe regresa arriba, donde él y Keller continúan metiendo todos los documentos, todas las pólizas de seguros, álbumes de fotos y trozos de papel en una bolsa de basura verde: es mejor así y revisarlo todo luego con más calma en la relativa tranquilidad de la oficina de homicidios. Mientras tanto, llega la ambulancia, que se va pocos minutos después, tras comprobar que Geraldine Parrish está perfectamente sana de cuerpo y de mente. Y al otro lado de la ciudad, en la casa que la madre de Geraldine Parrish tiene en la calle Division, Donald Waltemeyer está ejecutando una segunda orden de registro con la que consigue otras treinta pólizas de seguro y documentos relacionados con ellas.

Es el caso para terminar con todos los casos, la investigación que convierte el acto del asesinato en una farsa teatral. Este caso tiene tantos personajes extraños e improbables y tantos crímenes extraños e improbables que casi parece diseñado para convertirse en una comedia musical.

Pero para Donald Waltemeyer en particular, Geraldine Parrish es cualquier cosa menos cómica. Es, en efecto, una última lección en su propio viaje personal de patrullero a inspector. Después de Worden y Eddie Brown, Waltemeyer, de cuarenta y un años, es el hombre con más experiencia que tiene Terry McLarney. Llegó a homicidios en el 86 procedente de la unidad de paisano del distrito Sur, donde se había convertido en un personaje famoso, si no legendario. Y aunque los dos últimos años le habían enseñado a Waltemeyer todo lo que necesitaba saber sobre cómo enfrentarse a la serie habitual de asesinatos, este caso era completamente distinto. Al final, Keller y Childs y los demás inspectores asignados al caso regresarían a la rotación y recaería en Waltemeyer, como investigador principal, el proseguir la investigación de Geraldine Parrish, que le consumiría medio año mientras buscaba víctimas, sospechosos y explicaciones.

En una unidad en que la velocidad es muy valiosa es raro el caso que le enseña a un inspector a tener paciencia, que le enseña esas últimas lecciones que sólo se aprenden al embarcarse en las investigaciones más complejas y prolongadas. Un caso de ese tipo puede transformar por completo a un policía, permitiéndole ver su papel como algo más que una especie de picapleitos cuyo trabajo es despachar un asesinato tras otro de la manera más rápida posible. Y después de uno, dos o tres meses, este tipo de caso con muchas ramificaciones puede llevar a un policía al borde de la locura, un viaje que para Waltemeyer nunca fue muy largo.

Justo ayer, de hecho, estuvo incordiando a Dave Brown sobre algún caso hasta que Brown se sintió obligado a sacarle la regla primera de la sección primera del Código de Conducta del departamento y leérsela:

—«Todos los miembros del departamento se comportaran de forma discreta, educada y tranquila en todo momento y se abstendrán de utilizar un lenguaje descarnado o insolente y de utilizar profanidades» y —añadió Brown, fulminando con la mirada a su compañero—, quiero subrayar que dice «educada».

—Eh, Brown —dijo Waltemeyer, haciendo un gesto obsceno—. Enfatiza esto.

No es que Dave Brown no respete a su compañero, porque sí lo respeta. Y no es que no puedan trabajar juntos, porque cuando tienen que hacerlo, lo hacen. Es sólo que Waltemeyer está siempre intentando explicarle a Brown en qué consiste el trabajo de un policía, un comportamiento condescendiente que Brown sólo acepta de Donald Worden y de nadie más. Pero incluso en sus mejores días, Waltemeyer es probablemente el inspector más volátil de homicidios, con un temperamento que se dispara a la menor provocación y que nunca deja de sorprender al resto de la brigada de McLarney.

Una vez, poco después de que Waltemeyer hubiera llegado a la unidad, el propio McLarney parecía ocupado hablando con uno de los testigos de un asesinato. Llamó a Waltemeyer y le pidió que se encargara de una de las entrevistas, pero, en cuanto empezó a explicarle los detalles del caso, comprendió rápidamente que le resultaba más sencillo hablar él mismo con el testigo. No importa, explicó McLarney, lo haré yo mismo.

Sin embargo, luego, en varios momentos de la entrevista, McLarney miró hacia arriba y vio a Waltemeyer observándolo desde el pasillo. Tres minutos después de que terminase la entrevista, Waltemeyer se plantó en su oficina, le puso un dedo en la cara a McLarney y empezó a gritar como un loco.

—Maldita sea, yo sé hacer mi trabajo y si tú piensas que no, te vas a la mierda —le dijo a McLarney, que no pudo más que mirarlo alucinado—. Si no me crees, entonces envíame de vuelta al puto distrito.

Cuando Waltemeyer se marchó, hecho una furia, McLarney miró a los demás inspectores que había en la oficina, quienes, por supuesto, se estaban mordiendo los puños de las americanas para no echarse a reír a carcajadas.

Así era Waltemeyer. Era el tipo que trabajaba más duro en la brigada de McLarney, un investigador consistente agresivo e inteligente, y dos de cada cinco días se comportaba como un loco de atar. Un chico que había crecido en el sur de Baltimore en el seno de una familia numerosa de origen alemán, Donald Waltemeyer era una fuente interminable de diversión para McLarney, quien, si el turno era lento, muchas veces se entretenía provocando a su inspector nuevo hasta que conseguía que se metiese con Dave Brown. Y si se conseguía que Dave Brown le contestase, habitualmente el resultado era mucho mejor que ver la televisión.

Fuerte, con un rostro rojizo y una mata de espeso pelo negro como el carbón, Waltemeyer sufrió su momento de mayor vergüenza en homicidios una mañana en un pase de lista: un inspector jefe leyó un anuncio de que Waltemeyer había sido nombrado por abrumadora mayoría el ganador en el concurso de dobles de Shemp Howard, el Stooge* olvidado. A juicio de Waltemeyer, el autor de ese punto del orden del día sólo permanecería vivo mientras siguiera siendo anónimo.

* Los tres *Stooges* eran tres cómicos que se hicieron célebres a partir de los años veinte. Shemp Howard formó parte del trío hasta que sufrió un ataque al corazón. (*N. del T.*)

Ni su temperamento ni su aspecto habían sido obstáculo para que Waltemeyer se convirtiera en un policía de primera clase en las calles del distrito Sur, y todavía le gustaba pensar que seguía siendo el mismo patrullero que sobrevivía en las trincheras. Mucho después de su traslado a homicidios seguía haciendo un esfuerzo para no alejarse de sus viejos colegas del distrito, y a veces desaparecía por la noche con uno de los Cavaliers para visitar los puestos del sur o ir a algunos cambios de turno por allí. Era como si para él hubiera algo vergonzoso en haberse ido al centro al DIC, como si aquello fuera algo por lo que un policía de verdad debiera pedir perdón. Esa difusa vergüenza que Waltemeyer tan obviamente sentía por haberse convertido en un inspector era su rasgo más característico.

Una vez, durante el último verano, se llevó a comer a Rick James a Lexington Market, donde compró dos bocadillos de atún en una tienda de comida para llevar. Hasta ahí, magnífico. Pero entonces, en lugar de volver con la comida a la central y comer en la oficina, el inspector más veterano condujo hasta la plaza Union y aparcó el Cavalier en su último puesto de patrulla.

—Ahora —dijo Waltemeyer, empujando el asiento del conductor hacia atrás y poniéndose una servilleta sobre el regazo— vamos a comer como auténticos policías.

En opinión de McLarney, la inquebrantable adhesión de Waltemeyer a la ética del patrullero era su única debilidad. Homicidios es un mundo aparte y las cosas que funcionan en el distrito no siempre funcionan en la central. Los informes escritos de Waltemeyer cuando llegó a homicidios, por ejemplo, no eran mejores que los que se escribían en cualquier distrito, un problema típico de los hombres que pasaban más tiempo en la calle que frente a la máquina de escribir. Pero en homicidios los informes eran muy importantes, y lo que fascinaba a McLarney era que, después de que le explicasen a Waltemeyer por qué era importante que los informes fueran coherentes, el inspector se lanzó a una campaña sistemática y coronada por el éxito para mejorar su habilidad como escritor. Fue entonces cuando McLarney se dio cuenta de que Waltemeyer iba a ser un detective magnífico.

Ahora ni McLarney ni nadie más podía enseñarle a Waltemeyer muchas cosas que no supiera sobre cómo trabajar un asesinato. Ahora sólo los propios casos podían completar su formación, y sólo un caso como el de Geraldine Parrish podía hacerle progresar hasta el grado avanzado.

De hecho, el caso había empezado en marzo, a pesar de que entonces nadie en la unidad de homicidios había sabido reconocer lo que era. Al principio no parecía nada más que un rutinario caso de extorsión: una denuncia de una adicta a la heroína de veintiocho años que afirmaba que su tío le había exigido 5000 dólares para no encargarle a un asesino profesional que la matara. No estaba claro por qué alguien iba a querer matar a una encefalograma plano como Dollie Brown. La chica era un espectro frágil sin enemigos conocidos, marcas de pinchazos en todas las extremidades y apéndices y muy poco dinero o pertenencias. Sin embargo, alguien había intentado matarla y no una sola vez, sino dos.

El primer intento había sido hacía un año, cuando le dispararon en la cabeza durante una emboscada en la que mataron a su novio de treinta y siete años. También ese caso había sido originalmente de Waltemeyer, y, aunque seguía estando abierto, Waltemeyer creía que el novio había sido el objetivo del asesino y que el móvil del asesinato habían sido las drogas. Luego, después de que le dieran el alta en la unidad de *shock*-trauma en marzo, Dollie Brown había tenido la mala suerte de estar en la calle Division cuando un asaltante desconocido le cortó la garganta y huyó. De nuevo la chica sobrevivió, pero esta vez no había dudas de que ella había sido el objetivo.

En cualquier otro ambiente, dos asaltos como esos en un periodo de seis meses habrían llevado a un investigador a creer que, sin duda, había en marcha una campaña o conspiración para acabar con la vida de Dollie Brown. Pero esto era Baltimore Oeste, un lugar donde dos incidentes como estos —a falta de otras pruebas— pueden ser considerados con cierta seguridad como una coincidencia y nada más. La explicación más probable, razonó Waltemeyer, era que el tío de Dollie estaba simplemente intentando capitalizar los miedos de la chica y que esta le diera el cheque de 5000 dólares que había recibido, después de que le disparasen, de la junta estatal de compensación a las víctimas, un organismo del gobierno que aporta ayuda económica a los que han sido gravemente heridos en un crimen violento. Su tío sabía que había recibido ese dinero y le había dicho a su nieta que, a cambio de esa suma, intervendría matando al hombre que habían contratado para matarla.

Trabajando con una unidad secreta de la policía del estado de Maryland, Waltemeyer hizo que a Dollie y a su hermana, Thelma, les pusieran grabadores Nagra y las enviaron, bajo vigilancia policial, a una reunión con su tío. Cuando el hombre volvió a pedir dinero para evitar el asesinato, el intento de extorsión quedó plasmado en las grabaciones. Más o menos una semana más tarde, Waltemeyer le arrestó y cerró el expediente.

No fue hasta julio cuando el caso de Dollie Brown empezó a convertirse en algo realmente extraño, pues entonces un acusado de asesinato con el singularmente apropiado nombre de Rodney Vice empezó a hablar con los fiscales para intentar que le ofrecieran un trato. Y cuando

Rodney Vice abrió la boca, la trama no sólo se espesó, sino que se convirtió en todo un laberinto.

Vice había sido acusado de actuar como enlace en la contratación del asesinato de Henry Barnes, un hombre de mediana edad de Baltimore Oeste que había sido asesinado de un tiro con una escopeta mientras calentaba el motor de su coche una fría mañana de octubre. La esposa de la víctima había pagado a Vice un total de 5400 dólares por sus servicios al conseguirle un asesino a sueldo que matara a su marido, cuya muerte le permitiría cobrar una serie de seguros de vida. Vice le había dado una fotografía de Barnes y una escopeta a un sociópata agresivo que respondía al nombre de Edwin «Conrad» Gordon. Avisado de que su objetivo solía calentar su coche frente a su casa adosada cada mañana, Gordon pudo acercarse lo suficiente como para dispararle a bocajarro con la escopeta. Henry Barnes se marchó de este mundo sin saber qué le había pasado.

Todo habría ido según el plan si Bernadette Barnes hubiera sido capaz de mantener la boca cerrada. En lugar de eso le confesó a una compañera de trabajo en los servicios sociales municipales que había organizado el asesinato de su esposo.

—Ya te dije que iba en serio —le dijo a la mujer.

Alarmada, su compañera de trabajo llamó al departamento de policía y, tras varios meses de investigación de los inspectores del turno de Stanton, Bernadette Barnes, Rodney Vice y Edwin Gordon acabaron todos en la cárcel municipal de Baltimore, unidos en el mismo juicio penal. Y entonces fue cuando Rodney Vice y su abogado empezaron a tantear por todas partes con la esperanza de cerrar un trato que le garantizara a su cliente una condena no superior a diez años.

En la sesión de tanteo con abogados e inspectores en el juzgado Mitchell, a Vice le preguntaron cómo había sabido que Edwin Gordon era un hombre capaz de llevar a cabo un asesinato por encargo. Sin inmutarse, Vice aseguró a los inspectores y fiscales que Gordon llevaba ya un tiempo dedicado a ese tipo de trabajo. De hecho, llevaba varios años matando a gente por encargo de una mujer del este de Baltimore llamada Geraldine.

¿Cuánta gente?

Tres o cuatro que supiera Vice. Por no mencionar a aquella chica —una sobrina de Geraldine— que no acababa de morirse nunca por muchas veces que Gordon tratara de matarla.

¿Cuántas veces lo había intentado?

Tres, dijo Vice. Después de la última ocasión, en la que había disparado a la chica tres veces en la cabeza y aún así había sobrevivido, Gordon se quedó particularmente desanimado, y le dijo a Vice:

—Haga lo que haga la muy zorra no se muere.

Ese mismo día, Waltemeyer y Crutchfield confirmaron con Dollie Brown que Geraldine Parrish era efectivamente su tía y que, efectivamente, a la joven la habían atacado una tercera vez. Estaba paseando con su tía Geraldine en mayo cuando la anciana le dijo que la esperase un momento en una escalinata de la calle Hollins mientras ella entraba a por una cosa. Segundos después, un hombre corrió hacia ella y le disparó repetidamente en la cabeza. De nuevo la llevaron al Hospital Universitario, la trataron y la curaron. Por increíble que parezca no le dijo nada a los agentes que investigaron el caso sobre los anteriores intentos de asesinato que había sufrido. McAllister había llevado el caso de la calle Hollins y, como no sabía nada del caso de extorsión de Waltemeyer dos meses atrás, no escribió sobre ello nada más que un breve informe de 24 horas.

A medida que Vice hablaba, una nueva historia se sumó al folclore y las leyendas de la unidad de homicidios del Departamento de Policía de Baltimore, el relato de la insumergible Dollie Brown, la desamparada y necesitada sobrina de la señorita Geraldine Parrish, alias la Viuda Negra.

Rodney Vice también tenía mucho que decir sobre la señorita Geraldine. Después de todo, la cosa no se detuvo en Dollie Brown y los 12.000 dólares de la póliza de seguros que la tía Geraldine había obtenido en nombre de su sobrina. Había más pólizas y más asesinatos. Hubo un hombre en 1985, el cuñado de Geraldine, al que habían disparado en la calle Gold. Edwin Gordon también se había ocupado de eso. Y, además, la huésped que vivía en la casa de Geraldine en la calle Kennedy, una mujer mayor que Gordon tuvo que rematar con dos disparos. Fue la propia señorita Geraldine la que mandó a la anciana a una tienda china de la avenida North, y luego avisó a Gordon. Este se acercó tranquilamente a su objetivo, le disparó a bocajarro y después le dio el golpe de gracia con otro tiro en la cabeza, después de que la víctima se desplomara en la acera.

Los inspectores más veteranos se fueron del tribunal con la cabeza como un bombo. Tres asesinatos, tres intentos de asesinato, y eso sólo era lo que Vice había descubierto. Al regresar a la oficina, sacaron del limbo de los archivos todos los expedientes abiertos de asesinatos que se remontaban al menos tres años atrás.

Increíblemente, todo lo que contenían esos informes encajaba hasta la última coma con lo que les había contado Rodney Vice. El caso del asesinato en noviembre de 1985 de Frank Lee Ross, el marido de la hermana de Geraldine, lo había llevado Gary Dunnigan. En ese entonces, el inspector no había podido descubrir ningún motivo para el crimen.

Igualmente, Marvin Sydnor se había ocupado del tiroteo en el que había muerto Helen Wright, de sesenta y cinco años, que se alojaba en la casa de Geraldine en la calle Kennedy. A falta de indicios sobre el crimen, supuso que la anciana había muerto en un atraco que había terminado mal. Lo cierto es que Sydnor había dado con alguna pista durante un interrogatorio rutinario a Geraldine Parrish: incluso intentó que la casera se sometiera a la prueba del polígrafo, pero abandonó cuando la señora se presentó con una nota de su cardiólogo que decía que su salud no soportaría la tensión de un detector de mentiras. Además, según lo que contaba Vice, a la anciana le habían disparado en la cabeza semanas antes de su asesinato, pero había sobrevivido a ese primer ataque. Una casualidad que también fue desestimada como una mera coincidencia urbana.

El mero volumen de nueva información dejó claro que hacía falta un operativo especial, y a Waltemeyer —el que había llevado el caso de la extorsión original en marzo y también el tiroteo de Dollie Brown— pronto lo reasignaron a la brigada de Gary Child en el turno de Stanton. Con él trabajaban Mike Crutchfield, el inspector principal del caso de Bernadette Barnes, y más tarde Corey Belt, el perro perdiguero del distrito Oeste que tan bien lo había hecho en la investigación del ataque a Cassidy. A petición de Stanton, Belt había regresado a la unidad de homicidios, después de formar parte de una unidad especial que se había centrado en el caso de Geraldine Parrish.

Empezaron por entrevistarse en profundidad con Dollie Brown y los demás parientes de la señorita Geraldine, y lo que les decían era más increíble cada vez. Toda la familia parecía ser consciente de lo que Geraldine hacía, pero habían llegado a la conclusión de que su campaña por intercambiar vidas por pólizas era un aspecto rutinario e inevitable del negocio familiar. Nadie se molestó en llamar a la policía —Dollie ni siquiera había mencionado a su tía durante la investigación de la extorsión—, y lo que era aún peor, muchos familiares habían contratado pólizas de seguro nombrando como beneficiaria a Geraldine. Sobrinas, sobrinos, hermanas, cuñados, huéspedes, amigos y vecinos: los inspectores descubrieron cientos de miles de dólares estafados en pólizas de seguros. Y cuando disparaban a alguien, nadie de los que estaban en el ajo protestaba lo más mínimo.

Le tenían miedo. O al menos decían que la temían, y no solamente porque sabían que Geraldine Parrish contrataba a verdaderos sociópatas para que se encargasen de los asesinatos. Le tenían miedo porque creían que poseía un poder especial, que sabía hacer vudú o magia negra o estupideces similares de esas que se tragan a puñados en los bosques de Carolina. Podía doblegar la voluntad de un hombre, hacer que otro se casara con ella o que matara por ella. Es lo que les decía. Al cabo de un tiempo, cuando empezaron las muertes, todos terminaron creyéndola.

Pero el poder de la tía Geraldine no era tan obvio para los que no pertenecían al círculo familiar. Era una predicadora semianalfabeta que conducía un Cadillac gris y que vivía en una casa adosada de piedra blanca con paredes forradas de imitación de madera y baldosas desconchadas. Era fornida, y también fea; una mujer decididamente fea cuya inclinación por las pelucas y el lápiz de labios color rojo pasión recordaba a una prostituta de a veinte pavos el polvo de la avenida Pennsylvania. Geraldine ya había cumplido los cincuenta y cinco años cuando la unidad de homicidios de la ciudad finalmente echó abajo su puerta y la de casa de su madre en la calle Division.

El registro de ambas direcciones les lleva varias horas. Childs, Keller y Waltemeyer encuentran expedientes policiales y otros documentos repartidos por las dos casas. Mucho antes de que la búsqueda en la casa de la avenida Kennedy haya terminado, Geraldine es conducida al distrito Este en la parte de atrás de un coche patrulla, y llega a la oficina de homicidios mucho antes que los inspectores. Se sienta estoicamente en la sala de interrogatorios grande mientras Childs y Waltemeyer llegan y se pasan una hora o más en la sala del café, revisando pólizas de seguros, álbumes de fotografías y todos los documentos que habían confiscado durante el registro.

Los dos inspectores se dieron cuenta inmediatamente de que había una extraña abundancia de licencias de matrimonio. Llegaron a contar hasta cinco maridos simultáneamente, dos de los cuales vivían con ella en la avenida Kennedy. Los llevaron a la central como testigos después de la redada, y los dos se sentaron juntos, en el sofá al lado de la pecera; los dos creían que el otro no era nada más que un huésped de Geraldine. Cada uno estaba muy seguro del lugar que ocupaba en la casa. Y cada uno había suscrito una póliza de vida en la que habían nombrado a Geraldine Parrish o a su madre como beneficiarias.

Johnnie Davis, el marido de mayor edad, les dice a los inspectores que conoció a la señorita Geraldine en Nueva York, y que contra su voluntad le había intimidado para que se casase con ella y lo había traído a Baltimore para vivir en el sótano de la casa de la avenida Kennedy. La señorita Geraldine se quedaba todos sus cheques por invalidez a primeros de cada mes, y luego le devolvía unos pocos dólares para que pudiera comprarse comida. El otro marido, que respondía al nombre de Milton Baines, era en realidad el sobrino de la señorita Geraldine, y cuando su tía insistió en casarse con él durante un viaje de regreso a Carolina, había objetado, muy acertadamente, que sería una unión incestuosa.

—¿Por qué se casó entonces con ella? —le pregunta Childs.

—Tuve que hacerlo —explica— porque me había lanzado una maldición vudú y yo estaba obligado a hacer lo que ella decía.

—¿Cómo lo hizo?

Baines cuenta que su tía le cocinó un guiso con su propia menstruación y le miró mientras se lo comía, sin decirle nada hasta que hubo terminado. Luego, le contó lo que había hecho y le dijo que ahora ella tenía poder sobre él.

Childs y Waltemeyer se cruzan la mirada.

Baines sigue divagando. Dice que cuando siguió protestando porque no quería casarse con la hermana de su madre, la señorita Geraldine le llevó a ver a un anciano del barrio. Después de hablar brevemente con la futura novia, el viejo le aseguró a Baines que en realidad no era pariente de Geraldine.

—¿Quién era? —pregunta Childs.

—No lo sé.

—¿Y por qué le creyó?

—No lo sé.

Era increíble. Un caso de asesinato cuya única pauta de comportamiento era la locura cósmica. Cuando los inspectores le dicen a Milton Baines que el tipo que vive en el sótano también está casado con Geraldine, se queda estupefacto. Cuando añaden que tanto él como su rival estaban viviendo en la misma casa, esperando como cerdos el día de la matanza, acorralados por una loca de atar que terminaría por sacrificarlos a cambio de una póliza de seguros, se queda boquiabierto.

—Mírale —dice Childs, desde el otro lado de la oficina—. Era la próxima víctima. Casi se puede leer el número del expediente tatuado en su frente.

Waltemeyer adivina por las licencias de matrimonio y otros papeles que el marido número tres probablemente vive en Plainfield, Nueva Jersey, aunque no está muy claro si vivo o muerto. El número cuatro es el reverendo Rayfield Gilliard, con quien Geraldine se casó el pasado mes de enero. El paradero del buen reverendo es desconocido hasta que Childs repasa la carpeta azul donde guardan la lista de las muertes sin resolver durante ese año. Y, efectivamente, ahí comprueba que el matrimonio del pastor Gilliard, de setenta y nueve años, con la señorita Geraldine duró poco más de un mes. Su repentina desaparición de este mundo se debió, según el forense, a causas naturales, aunque no se practicó ninguna autopsia.

También están los álbumes de fotografías; ahí la señorita Geraldine no sólo guarda el certificado de defunción del reverendo Gilliard, sino también el de su sobrina de trece años, Geraldine Cannon. Según un recorte de periódico adjunto, la niña estaba al cuidado de su tía cuando falleció por una sobredosis de Freon en 1975, que se consideró accidental, aunque los médicos también lo atribuyen a una posible inyección de desodorante Ban. En la siguiente página del álbum, los inspectores encuentran una póliza de seguros por valor de 2000 dólares a nombre de la niña.

En el mismo álbum encuentran fotografías más recientes de Geraldine con un bebé. Se enteran de que se lo compró a una sobrina. Lo encuentran más tarde, esa misma semana, en casa de un pariente y lo ponen bajo custodia del Departamento de Servicios Sociales, después de que los inspectores descubran que hay suscritas pólizas de seguros a nombre de ese bebé que ascienden a más de 60.000 dólares.

La lista de víctimas potenciales no tiene fin. Un hombre que fue hallado tirado y moribundo en un sendero cerca de la zona noroeste tenía concertada una póliza de seguros; sobrevivió al ataque y más tarde le encontraron ingresado en un hospital y sometiéndose a rehabilitación. También dan con otra póliza, esta vez a nombre de la hermana menor de Geraldine, que murió por causas desconocidas unos años atrás. De otra página del álbum, Childs saca un certificado de defunción con fecha de octubre de 1986, a nombre de Albert Robinson. La causa de la muerte es homicidio.

Childs coge los papeles y se acerca a otra carpeta azul, la que contiene una lista cronológica de todos los homicidios de Baltimore. Abre el expediente que corresponde a los casos del año 1986 y repasa la columna donde consta el nombre de las víctimas:

Robinson, Albert B/M/48

10/6/86, disparos, NED, 4J-I6884

Casi dos años después, el caso sigue abierto. Rick James es el inspector principal. Childs lleva el certificado de defunción a la oficina, donde James está sentado en su escritorio, comiéndose distraído una ensalada del chef.

—¿Te recuerda algo? —pregunta Childs.

James echa una ojeada al certificado.

—¿De dónde has sacado esto?

—Del álbum de fotos de la Viuda Negra.

—No me jodas.

—Así es.

—Vaya, vaya —dice James, poniéndose de pie de un salto y agarrando la mano del inspector jefe—. Gary Childs va y resuelve mi caso.

—Ya, bueno, alguien tenía que hacerlo.

Albert Robinson era un alcohólico y drogadicto de Plainfield, Nueva Jersey. Fue hallado muerto al lado de la vía del tren, al pie de

Clifton Park, con un disparo en la cabeza. Tenía un nivel de alcoholemia en la sangre cuatro veces superior al permitido. Cuando investigó ese casa, James nunca pudo descubrir qué hacía un borracho del norte de Jersey en Baltimore Este. Quizá, se figuró, el tipo era un vagabundo que se había subido a un tren en dirección al sur para terminar acribillado por Dios sabía qué razón mientras el tren se paseaba por todo Baltimore.

—¿Cuál es la relación de la Viuda con Albert? —pregunta James, con repentina curiosidad.

—Aún no lo sé —dice Childs—, pero nos consta que Geraldine solía vivir en Plainfield...

—Joder.

—... y tengo el presentimiento de que en alguna pila de papeles encontraremos una póliza de seguros a nombre del fiambre.

—Oooh, me haces sentir cosas muy bonitas —dice James, riéndose—. Sigue hablándome así.

En la sala de interrogatorios grande, Geraldine Parrish se ajusta la peluca y se aplica otra capa de maquillaje, mirándose en una polvera. Nada de lo que ha sucedido ha afectado su preocupación por su apariencia. Tampoco ha perdido el apetito: cuando los inspectores le traen un sándwich de atún de Crazy John, se lo come entero, masticando lentamente, con el dedo meñique alzado mientras sostiene el sándwich.

Veinte minutos más tarde, pide ir al baño, y Eddie Brown la acompaña hasta la puerta de los lavabos. Sonríe y sacude la cabeza cuando su prisionera le pregunta si piensa entrar con ella.

—Vaya, vaya usted —le dice.

Se pasa unos cinco minutos dentro y, cuando vuelve a salir al pasillo, se ha repasado el pintalabios.

—Necesito mis medicamentos —dice ella.

—¿Cuáles son? —le pregunta Brown—. Tenía usted dos docenas de pastillas distintas en el bolso.

—Los necesito todos.

En la mente de Eddie Brown flota la estampa de una sala de interrogatorios con sobredosis del prisionero.

—Pues no podrá ser —dice, acompañándola de vuelta—. Tendrá que escoger tres.

—Conozco mis derechos —dice ella con amargura—. Tengo derecho constitucional a mis medicamentos.

Brown sonríe, sin dar crédito.

—¿De qué se ríe? Lo que usted necesita es religión, en lugar de quedarse de pie, riéndose de las personas decentes.

—¿Así que quiere darme religión, eh?

Geraldine entra despreocupadamente en la sala de interrogatorios, seguida de Childs y Waltemeyer. Al final, cuatro inspectores terminarán interrogando a esta mujer. Ponen las pólizas de seguro encima de la larga mesa y le explican una y otra vez que no importa si ella no apretó el gatillo.

—Si hizo que dispararan a alguien, entonces es culpable de asesinato, Geraldine —dice Waltemeyer.

—¿Pueden darme mis medicinas?

—Geraldine, escúcheme. Está acusada ya de tres asesinatos y, antes de que terminemos, probablemente la acusaremos de alguno más. Díganos ahora lo que realmente sucedió, hágame caso.

Geraldine Parrish mira hacia el techo y luego empieza a balbucear incoherencias.

—Geraldine...

—No sé de qué me están hablando, señores policías —dice repentinamente, con acento sureño—. Yo no disparé a nadie.

Más tarde, cuando los inspectores ya han abandonado cualquier esperanza de obtener una confesión coherente, Geraldine se queda sentada, sola, en la sala de interrogatorios, esperando a que terminen el papeleo para que la transfieran a la cárcel del condado. Está inclinada hacia delante, con la cabeza descansando sobre la mesa, cuando Jay Landsman pasa junto al cristal opaco que separa la sala del resto del mundo, y echa un vistazo sin que la mujer lo perciba.

—¿Es ella? —pregunta Landsman, recién llegado del turno de las cuatro a las doce.

—Así es —confirma Eddie Brown.

El rostro de Landsman se transforma con una sonrisa malévola y abre la palma de su mano. La descarga con un fuerte golpe contra la puerta metálica. Geraldine pega un salto.

—Uuuuuuuhhhhh —gime Landsman en su mejor imitación de un fantasma—. Ooooohhhh, aseeesiiinaaato....MUUUERRRTE...

—Dios, Jay. Ahora sí que la has jodido.

Geraldine Parrish se arroja bajo la mesa, de cuatro patas, y empieza a gimotear como una cabra loca. Encantado con los resultados, Landsman sigue ululando hasta que Geraldine termina acurrucada en posición fetal bajo la mesa, chillándole a las patas de metal.

—Uuuuuuhhh —gime Landsman.

—Aaahahhh —grita Geraldine.

—Ooohoahahhh.

Geraldine se queda en el suelo, lloriqueando aparatosamente, mientras Landsman regresa a la oficina principal como un héroe vencedor.

—Bueno —dice, con la misma sonrisa ladina—, supongo que la defensa argumentará enajenación mental.

Y es probable, aunque todos los que asisten a la actuación de Geraldine Parrish están ahora completamente seguros de que está cuerda. El espectáculo arrastrado por los suelos que ha ofrecido es una versión calculada y simplona de la verdadera locura. En conjunto ha sido bastante embarazoso, especialmente porque todo lo que emana de ella indica que es una mujer que siempre apuesta por la posición más ventajosa, pues es una manipuladora en busca de su mejor opción. Sus parientes ya le han contado a los inspectores que solía fanfarronear diciendo que era intocable; que podía matar a quien quisiera porque tenía cuatro médicos listos para testificar que estaba loca, si hacía falta. ¿Las divagaciones de una sociópata? Tal vez. ¿La mente de una niña egoísta? Quizá. Pero ¿era de verdad una mente desequilibrada?

Una semana atrás, antes de que salieran las órdenes de registro, alguien le mostró a Waltemeyer un perfil psicológico que el FBI había elaborado de la clásica viuda negra y asesina en serie. La unidad de ciencias del comportamiento de la Academia de Quantico lo había preparado, y el perfil indicaba que la mujer tendría treinta años o más, que no sería necesariamente atractiva, y que, sin embargo, al mismo tiempo haría ímprobos esfuerzos por exagerar sus proezas sexuales y manipular su aspecto físico. La mujer sería probablemente hipocondríaca y disfrutaría presentándose como una víctima. Esperaría recibir un trato especial, y luego se quejaría como una niña pequeña si no era así. Al comparar a Geraldine Parrish con ese perfil, parecía que un director de *casting* le hubiera adjudicado el papel porque encajaba a la perfección.

Después del interrogatorio, Roger Nolan y Terry McLarney escoltan a Geraldine Parrish a la cárcel municipal. Caminan tras ella, por el pasillo del sexto piso; Nolan está situado detrás de la mujer.

—Justo antes de llegar a los ascensores, se para de repente y va y se inclina hacia delante —les contó más tarde Nolan a los demás inspectores— como si quisiera que yo tropezara con su culo gordo. De verdad, la tía va de eso... En su mente, estaba convencida de que si le tocaba el culo, me enamoraría de ella y le pegaría un disparo a Terry McLarney con su propia pistola, y que ella y yo nos largaríamos en un Chevrolet sin matrícula, perdiéndonos en el horizonte.

El psicoanálisis de Nolan quizá basta para la anécdota, pero Waltemeyer apenas se está internando en el cerebro y el alma de Geraldine Parrish. Aunque los demás inspectores se conforman con creer que ya lo saben todo de esta mujer, ahora le toca a Waltemeyer determinar a cuánta gente asesinó, cómo lo hizo y por cuántas de esas muertes puede enjuiciarla.

Para Waltemeyer, este caso no es como ninguno de los que ha llevado antes. Es una investigación de las que marcan una carrera, en las que sólo un inspector veterano puede adentrarse. Hay recibos bancarios, registros de pólizas de seguros, un gran jurado, exhumaciones por doquier: cosas que ningún agente uniformado verá jamás. Un oficial que patrulla la calle rara vez vive un caso más allá del turno. Las llamadas de aviso de una noche no tienen nada que ver con el trabajo que hay al día siguiente. Incluso ante un homicidio, un inspector tampoco debe preocuparse del caso más allá de la detención final. Pero en este, el arresto sólo es el principio de un esfuerzo prolongado y laborioso.

En dos semanas a partir de ahora, Donald Waltemeyer, Corey Belt y Marc Cohen, que es ayudante del fiscal, estarán en Plainfield, Nueva Jersey, entrevistando a los amigos y parientes de Albert Robinson. Encontrarán a un marido superviviente de Geraldine y entregarán citaciones para obtener información sobre cuentas bancarias, recibos y pólizas de seguros. La mayor parte de las pruebas dejan un rastro burocrático interestatal, el tipo de labor de detalle que generalmente hace bostezar a los agentes de a pie. Pero cuando los tres hombres regresan a Baltimore, saben qué empujó a Albert Robinson a ir a Baltimore Este, donde moriría asesinado.

Vuelven a traer a Geraldine Parrish de su celda a la sala de interrogatorios. El inspector le coloca las pólizas de seguros delante y de nuevo le explica la realidad sobre el concepto de culpabilidad criminal.

—Está diciendo tonterías —le dice Geraldine a Waltemeyer—. Yo no he disparado a nadie.

—Está bien, Geraldine. No me importa si me dices la verdad o no —le dice el inspector—. Vamos a acusarte de otro asesinato. Albert Robinson.

—¿Quién es?

—Es un hombre de Nueva Jersey al que mandaste matar para quedarte con los 10.000 dólares de la póliza de seguros.

—Yo no he matado a nadie.

—Vale, Geraldine. Lo que tú digas.

Una vez más, Geraldine Parrish abandona la unidad de homicidios con las esposas, y de nuevo Waltemeyer se sumerge en el trabajo diario del caso, explorando nuevas pistas; esta vez se concentra en la muerte del reverendo Gilliard. Es un proceso largo y deliberado, la investigación de las idas y venidas de una mujer que ya ha sido arrestada y acusada de cuatro asesinatos. En un caso así, lo que hace falta no es un enjambre de agentes husmeando las calles en busca de huellas, sino un investigador profesional. Un inspector de policía.

Cuando Waltemeyer lleva ya meses metido en el caso, McLarney pasa al lado de su mesa y oye la admonición del inspector a Corey Belt, el prodigio de los distritos que fue destinado a la unidad de homicidios; han ampliado la duración de su destino para que ayude en la investigación del caso Parrish. En ese momento, Belt tiene muchas ganas de darle una lección a un testigo recalcitrante al estilo del distrito Oeste.

—En nuestra zona —le dice Belt a Waltemeyer— le pegaríamos un par de hostias bien dadas al cabrón y le meteríamos algo de sentido común en la sesera.

—Nada de eso. Presta atención: aquí no estamos en la calle. Eso no funciona aquí.

—Eso siempre funciona.

—Que no, atiende. Aquí tienes que aprender a ser paciente. Y a usar la cabeza.

Y McLarney se queda de pie ahí, escuchando un ratito, y luego sigue su camino, encantado y divertido ante la idea de que Donald Waltemeyer le pueda decir a otro tipo que se olvide de lo que aprendió en la calle. Al menos, la Viuda Negra había convertido a un sabueso de calle en un inspector de policía.

Martes 2 de agosto

Es una tarde de verano en el mercado de drogas de la avenida Woodland, y de repente un cuerpo que yace en el suelo destapa la caja de Pandora del factor racial. El chico muerto es decididamente negro, y los policías que están de pie observando la escena del crimen son decididamente blancos. El gentío está intranquilo.

—Esto se nos puede ir de las manos en un santiamén —dice un joven teniente, oteando el mar de rostros enfurecidos que esperan al otro lado del precinto policial—. Me gustaría sacar ese cuerpo de ahí lo más pronto posible.

—Ni te preocupes —dice Rich Garvey.

—Sólo tengo seis agentes aquí —dice el teniente—. Pediría refuerzos, pero no quiero dejar el otro sector vacío.

Garvey entorna los ojos.

—Que les den —dice suavemente—. No van a mover un dedo.

Nunca lo hacen. Después de ver cientos de escenas del crimen, Garvey ni siquiera oye los insultos que la muchedumbre les grita. Desde el punto de vista de un policía, que sigan vociferando tanto como quieran mientras no se metan en su camino. Y cuando alguno se salta la cinta y se cruza con tu escena del crimen, entonces es el momento de esposarle y meterlo en el asiento trasero de tu coche patrulla y esperar a que vengan a por él para llevarle a la cárcel. Así que no hay problema.

—¿Por qué no cubrís el cuerpo? ¡Demostrad algo de respeto por los muertos! —grita una chica gorda desde el otro lado del Cavalier.

La gente vitorea su frase, y la chica, más animada, sigue dándole:

—Para vosotros sólo es un negro más, ¿verdad?

Garvey se gira hacia Bob McAllister, que está de un humor de perros, mientras un policía tapa la parte superior del cuerpo con un trozo de plástico blanco.

—Venga —dice, anticipándose a la ira de su compañero—. Tengamos un poco de decoro.

El cuerpo sigue en la acera, atrapado en el cemento porque el equipo del laboratorio llega tarde puesto que ha tenido que atender un aviso en la otra punta de la ciudad. Es un caluroso día de agosto y sólo hay cuatro técnicos de guardia, fruto de una escala salarial que no anima precisamente a que la gente apueste por el creciente sector laboral del procesamiento de pruebas. Y aunque el retraso de casi cincuenta minutos empieza a parecer otra muestra pública y visible de la conspiración racista policial que asola las calles de Baltimore, a Garvey le importa un bledo. Que los jodan a todos, piensa. El chico está muerto y eso no va a cambiar, punto. Y si creen que un inspector de homicidios con dos dedos de frente va a desmantelar una escena del crimen para satisfacer a medio bloque de descontentos y desgraciados de Pimlico, entonces es que no saben de qué va la cosa.

—¿Cuánto tiempo van a dejarlo tirado? —grita un vecino del barrio—. No le importa quién le vea así, ¿verdad?

El joven teniente aguanta el chaparrón con nerviosismo, comprobando su reloj cada dos por tres, pero Garvey no dice nada. Se quita las gafas, se frota los párpados y se acerca al cuerpo. Levanta lentamente el plástico blanco para mirar el rostro del muerto. Lo contempla durante medio minuto, luego suelta el plástico y se aleja. Es un gesto que denota que se hace responsable: él es dueño de la escena.

—¿Dónde demonios están los del laboratorio? —dice el teniente, manoseando el micrófono de la radio de su coche.

—Que los jodan —dice Garvey, irritado por creer ni por un momento que esto es un problema—. Es nuestra escena del crimen.

Tampoco hay mucha escena que digamos. Un joven traficante de drogas llamado Cornelius Langley ha sido abatido en un tiroteo a plena luz del día, en la acera del bloque 3100 de Woodland. Y no hay nadie entre los curiosos que parezca dispuesto a soltar la lengua excepto para insultarlos.

Aun así, es la única escena del crimen que tienen y, por lo tanto, terreno propiedad de Garvey y McAllister. ¿Qué coño necesita la gente que les digan, aparte de eso?

El técnico del laboratorio tarda otros veinte minutos, pero, como siempre, la gente pierde interés mucho antes. Para cuando el técnico está concentrado fotografiando la escena y guardando los casquillos del .32 que hay en el suelo, los vecinos de la avenida Woodland sólo le observan con distraída curiosidad.

Pero justo cuando los inspectores están a punto de terminar su labor en la escena, de la gente que ocupa la zona más alejada de la calle, al otro extremo, surge una mujer, la madre desconsolada, que ya gime desesperada incluso antes de ver el cuerpo de su hijo. Su llegada pone fin a la breve tregua, y la gente empieza a vociferar de nuevo.

—¿Van a dejar que lo vea?

—Eh, esa es la madre, jodeos.

—No les importa una mierda. Son unos hijos de puta muy fríos.

McAllister intercepta a la mujer antes de que pueda ver a su hijo tirado en la calle. Les suplica a los parientes que se la lleven a casa.

—Aquí no puede hacer nada —dice, por encima de los gritos de la madre—. Tan pronto como podamos, nos pasaremos por su casa.

—¿Le han disparado? —pregunta su tío.

McAllister asiente.

—¿Está muerto?

McAllister vuelve a decir que sí con la cabeza, y la madre casi se desvanece, apoyándose en otra mujer, que la ayuda a regresar penosamente al Pontiac familiar que está en doble fila.

—Llévensela a su casa —repite McAllister—. Es lo mejor que pueden hacer.

Al otro lado de Woodland, cerca de Park Heights, los espectadores son aún más exagerados. Un joven señala a un testigo alto y desgarbado y lo acusa con vaguedades.

—Estaba ahí —le dice a un amigo, lo suficientemente alto como para que un policía le oiga—. Justo cuando dispararon al chico, echó a correr.

El agente da un paso en dirección al tipo, que se gira y huye por la acera. Otros dos agentes se unen a la persecución y lo atrapan en la esquina de Park Heights. Lo registran, encuentran una pequeña cantidad de heroína y llaman para que vengan a recogerlo, detenido, y lo ingresen en la cárcel.

A medio bloque de distancia, a Garvey le cuentan lo del arresto y se encoge de hombros. No, no es el que disparó, razona. ¿Qué hace el asesino esperando a que recojan el cadáver? Quizá fuera un testigo de lo que sucedió, todo lo más. O simplemente, un curioso.

—Bueno, vale, que lo detengan y lo lleven a la central —dice el inspector—. Gracias.

Normalmente, la detención rutinaria de un drogadicto en la avenida Woodland —el gran bulevar de la droga de Pimlico— no significa nada para el caso de un inspector. Generalmente, Garvey tiene muy buenas razones para escudriñar su último cadáver y sentirse una pelotita perdida entre la hierba. Pero este verano, un grito repentino y una persecución y un poco de droga en una bolsita de plástico son suficientes. Con eso basta para que la hermana más tonta se levante y se ponga a bailar.

Empezó con el caso de Lena Lucas, en febrero, y siguió con un par de homicidios en abril: un rompecabezas y dos casos pan comido, que solucionaron con detenciones en una semana o dos. Nada del otro mundo. Todos los inspectores tienen derecho a soñar con un poco de buena suerte. Pero cuando el asesinato de la calle Winchester también terminó con un arresto el pasado mes de junio, estaba claro que había una pauta.

En la calle Winchester sólo había un par de gotitas de sangre y una bala inservible cuando Garvey y McAllister llegaron a la escena del crimen. Seguro que ni siquiera habrían conseguido eso si el primer agente en llegar no hubiera sido Bobby Biemiller, del distrito Oeste, el que se iba de cervezas con McLarney.

—Os he mandado dos —les dijo Biemiller a los inspectores cuando estos se presentaron.

—¿Testigos?

—Ni idea. Estaban aquí cuando yo llegué, así que les puse las esposas y os los facturé.

Bob Biemiller, el amigo de los indefensos, el héroe de las masas oprimidas, el patrullero que fue votado Oficial Más Deseado para un Tiroteo en el Gueto por tres de entre los cinco inspectores de homicidio de Baltimore. Unos años atrás, el crimen del taxista de la calle School —el primer caso de Garvey como inspector principal— también contó con Biemiller como primer oficial. Es un buen recuerdo para Garvey porque lograron cerrar el caso con éxito. Es un buen tipo, este Biemiller.

—Bueno, cuéntame —le dice McAllister, divertido—. ¿Quiénes son esos desafortunados ciudadanos que has mandado a la trena, privándolos de su libertad?

—Una es la novia de tu hombre, creo.

—¿Ah, sí?

—Ajá. Estaba histérica.

—Bueno, algo es algo —dice Garvey, que es un hombre parco en elogios—. ¿Y por dónde anda nuestro chico?

—En el hospital.

En la entrada de urgencias, la ambulancia aún estaba aparcada frente a la puerta. Garvey miró dentro y saludó a un enfermero negro que estaba limpiando la sangre del suelo de la unidad médica número 15.

—¿Qué tal?

—Yo, bien —replica el enfermero.

—Tú ya lo veo. ¿Y él?

El enfermero sacude la cabeza, sonriendo.

—No me haces feliz.

Llegó muerto, pero los cirujanos le abrieron el pecho de todos modos para intentar masajear el corazón del chico. Garvey se quedó el tiempo suficiente como para escuchar a un médico de guardia gritarle a una enfermera que moviera al cadáver de la zona de urgencias.

—¡Está llegando una evisceración! —chilló el médico.

Sábado noche en Bawlmer.

—Evisceración —repite Garvey, disfrutando del sonido de la palabra—. ¡Qué gran ciudad!

El hospital no pudo salvar a la víctima, lo cual era de manual en un caso sin testigos fiables ni pruebas. Y sin embargo, en la unidad de homicidios, la novia del muerto confesó sin demasiados aspavientos que la raíz del asesinato era una deuda de ocho dólares. No, no vio nada, según decía, pero le suplicó a Tydee que no utilizara su pistola. A la mañana siguiente, McAllister y Garvey registraron el bloque 1500 de la calle Winchester y lograron localizar a un par de testigos.

En ese momento, Garvey no hizo una pausa para visitar el altar de la iglesia católica más cercana. Debería haberlo hecho, pero no lo hizo. En lugar de eso, se limitó a emitir una orden de arresto y volvió a entrar en la rotación de turnos, convencido de que su feliz racha se debía a una síntesis de habilidad investigadora y pura suerte.

Tuvo que pasar otra semana antes de que Rich Garvey comprendiera que la mano de Dios se había posado sobre él. El caso: un atraco en una taberna en Fairfield, en el mes de julio. El camarero, ya mayor, estaba muerto tras la barra de Paul's Case, y todos los clientes del establecimiento, demasiado borrachos como para encontrar las llaves de su casa y mucho menos identificar a los cuatro tipos que se llevaron la caja. Todos, excepto un chico en el aparcamiento, que resulta que apuntó la matrícula del Ford de color dorado que salió huyendo de la parte trasera del bar.

Ave María, madre de Dios.

Una rápida comprobación revela que la matrícula es de un coche a nombre de Roosevelt Smith, con dirección en Baltimore Noreste. Y efectivamente, cuando se presenta la policía en casa del sospechoso, el vehículo está aparcado delante, con el motor aún caliente. El pedazo de alcornoque de Roosevelt Smith tardó dos horas en la sala de interrogatorios, pero finalmente pagó su primera letra para la puerta número 3:

—Mira, esto es lo que creo que pasó —le dijo Garvey, ofreciéndole una alternativa y sin la ventaja de su traje elegante—. A este hombre le dispararon en la pierna, y se desangró porque el disparo le reventó una arteria. No creo que nadie quisiera matarlo.

—Se lo juro, le juro por Dios —gimoteó Roosevel Smith—. Le juro por lo más sagrado que yo no disparé a nadie. ¿Tengo pinta de asesino?

—Pues no sé —respondió Garvey—. ¿Qué aspecto tiene un asesino?

Una hora más y Roosevelt Smith admitió que estaba al volante del coche que huyó, a cambio de cincuenta pavos del botín. También les dio el nombre de su sobrino, que se había quedado en el bar durante todo el atraco. No sabía cómo se llamaban los otros dos tipos, le dijo a Garvey, pero su sobrino sí los conocía. Como si fuera consciente de que era responsabilidad suya mantener la investigación por la recta vía, el sobrino se entregó esa misma mañana e inmediatamente reaccionó a la técnica de interrogatorios clásica de McAllister, la apelación matriarcal a la culpa.

—Mi m-m-adre está enferma, de verdad —les dijo el sobrino, tartamudeando—. T-t-tengo que ir a mi casa.

—Seguro que tu madre estará muy orgullosa de ti, ¿verdad? ¿A que sí?

Diez minutos más y el sobrino tenía el rostro surcado de lágrimas y aporreaba la puerta para que vinieran los inspectores a tomarle declaración. Fue un buen hijo, y largó los nombres de los otros dos atracadores. Garvey, McAllister y Bob Bowman trabajaron contrarreloj y emitieron órdenes de registro de dos direcciones de Baltimore Este; llegaron a las casas antes de que amaneciera. En la casa de la avenida Milton detuvieron a otro sospechoso y confiscaron una escopeta del calibre .45 que los testigos decían haber visto durante el atraco. En el segundo domicilio encontraron al que disparó, un pequeño sociópata rapado de nombre Westley Branch.

Aún no habían localizado el arma del crimen, un revólver del .38, y a diferencia del resto de acusados, Branch se negó a declarar en la sala de interrogatorios, por lo que las pruebas contra él aún eran circunstanciales. Pero tres días más tarde llegaron los verdaderos pesos pesados del laboratorio: las huellas de Branch eran las mismas que las huellas halladas en la lata de licor Colt 45 que encontraron cerca de la caja registradora del bar de Fairfield.

Huellas, matrículas de coche, testigos que cooperaban: desde luego, Garvey estaba tocado por un ángel. Le habían impuesto las manos, tan seguro como que se pasaba el día de arriba abajo, en un coche sin distintivos, cruzando la ciudad mientras transformaba todos los actos criminales en una orden de detención. La huella del caso del bar de Fairfield, sin ir más lejos, merecía ser fruto de una ofrenda como las que pueblan el Antiguo Testamento. Como mínimo, Garvey debería haber sacrificado a una virgen, o a un cadete de policía o cualquier otra cosa que fuera el equivalente de Baltimore a un carnero inocente. Con unas pocas bendiciones y algo de fluido, seguro que el Gran Comandante de Turno del Cielo se habría apaciguado.

En lugar de eso, Garvey se limitó a regresar a su despacho y contestó el teléfono: el acto impulsivo de un hombre que ignora las exigencias del karma.

Ahora, de pie frente a la carcasa de un traficante de Pimlico, no tiene derecho a invocar a los dioses. No puede creer que el delgaducho que ahora va camino de la unidad de homicidios sepa nada de este asesinato. No tiene derecho a esperar que ese tipo termine haciendo frente a una condena en libertad condicional de cinco años por posesión de drogas. Y desde luego, no tiene motivos para imaginar que conozca a alguno de los atacantes de nombre, porque por casualidad estuviera en la cárcel de Jessup al mismo tiempo que ellos.

Y sin embargo, al cabo de una hora de despejar la escena del crimen de la avenida Woodland, Garvey y McAllister escriben como posesos en la sala grande de interrogatorios, escuchando como anfitriones de un educado informante de lo más cooperativo, llamado Reds.

—Estoy en libertad condicional —le dice el tipo a Garvey—. Si me acusan, terminaré otra vez en la cárcel.

—Reds, tienes que decirme qué piensas hacer con esto.

El hombre delgado asiente y acepta el trato tácito. Con un crimen, hace falta que se presente un fiscal de la central para pactar; con un delito menor como posesión de drogas, cualquier inspector tiene margen de maniobra para retirar los cargos con una rápida llamada a la fiscalía. Mientras Reds les cuenta todo lo que sabe del asesinato de la avenida Woodland, un inspector de homicidios está hablando con el comisionado adjunto del distrito Noroeste para que aprueben libertad sin fianza.

—¿Cuántos eran? —pregunta Garvey.

—Diría que tres. Pero sólo conozco a dos.

—¿Quiénes?

—Uno se llama Stony. Nos conocemos del rap.

—¿Y su verdadero nombre?

—No lo sé —dice Reds.

Garvey se lo queda mirando, incrédulo.

—¿Andáis juntos con lo del rap y no sabes cómo se llama?

Reds sonríe porque le han cogido en una mentira estúpida.

—McKesson —admite—. Walter McKesson.

—¿Y el otro tipo?

—Sólo sé que se llama Glen. Es uno de los chicos de North y Pulaski. Creo que Stony ahora trabaja para él.

El joven Glen Alexander era un recién llegado en las galerías de tiro de la avenida West North. McKesson tampoco es ningún perezoso: logró evitar una acusación de asesinato en el año 1981. Garvey lo sabe, eso y más, después de media hora de que el ordenador de la base de datos centralizada escupa datos. Alexander y McKesson estaban en Pimlico por negocios, ofreciendo muestras gratis a todos los drogatas de Park Heights, para expandir su mercado y su parte del pastel a costa del territorio de otro tipo. Uno de los hombres de los traficantes de Pimlico, Cornelius Langley, se lo tomó mal. Hubo un intercambio de amenazas en la avenida Woodland esa mañana, entre Langley y Alexander. Como MacArthur, el pequeño Glen salió por piernas avisando que regresaría, y como MacArthur, así lo hizo.

Cuando el Volvo dorado aparcó en la avenida Woodland, Reds estaba en un callejón. Venía de los apartamentos de Palmer Court, donde se había metido un chute. Salió a la avenida justo cuando McKesson apuntaba a Cornelius Langley.

—¿Dónde estaba Glen? —pregunta Garvey.

—Detrás de McKesson.

—¿Tenía una pistola?

—Creo que sí. Pero al que yo vi disparar al chico fue McKesson.

Langley siguió firme, un verdadero estoico, y se negó a huir incluso cuando empezaron a salir hombres del Volvo. El hermano pequeño de la víctima, Michael, estaba con él cuando el tiroteo empezó, pero se fue corriendo cuando Cornelius cayó abatido.

—¿Y Langley tenía pistola?

—No que yo viera —dice Reds, sacudiendo la cabeza—. Pero debería. Los chicos de North y Pulaski no juegan a los dados.

Garvey repasa lo sucedido por segunda vez, lentamente, y recopila algunos detalles más mientras escribe la historia de Reds en ocho o nueve folios. Incluso aunque no le libraran de su acusación por posesión de drogas, Reds no es muy buen testigo. Tiene una hoja de antecedentes policiales sin fin y marcas en los brazos dignas de un circuito de carreras. Sin embargo, Michael Langley es otra historia. McAllister va abajo y le trae un refresco a Reds. El hombre estira su cuerpo desgarbado, mientras la silla rechina contra el suelo.

—Toda esta droga me está destrozando —dice—. Os llevasteis mi mierda y ahora no tengo nada. ¿La vida es dura, sabes?

Garvey sonríe. Una media hora más tarde, llegan las órdenes del tribunal del distrito Noroeste, y Reds firma la hoja de reconocimiento personal y se introduce en el asiento trasero de un Cavalier. Van a acompañarle a un corto viaje, hasta la carretera de Jones Falls. En Cold Spring con Pall Mall, se agacha para que no le vean en un coche de policía, a pesar de que es uno sin distintivos.

—¿Quieres bajarte en Pimlico Road o en otro sitio? —pregunta Garvey, solícito—. ¿Es seguro para ti?

—Aquí está bien. No hay nadie. Entra por el lado de la calle.

—Cuídate, Reds.

—Tú también, tío.

Y desaparece. Se desliza fuera del coche tan rápidamente que, antes de que cambie el semáforo, ya está a medio bloque de distancia y avanza con presteza. No mira atrás.

A la mañana siguiente, después de la autopsia, McAllister interpreta su discurso patentado, «Por el bien de la víctima», delante de la madre del muerto. Lo hace con tan aparente sinceridad que a Garvey le dan ganas de vomitar, y se pregunta si McAllister terminará su sermón arrodillado. Está claro que Mac es un artista cuando se trata de una madre desconsolada.

Esta vez el espectáculo es por Michael Langley, que lleva desaparecido desde que oyó los tiros de la avenida Woodland que mataron a su hermano. Antes que testificar contra los tipos que se lo pelaron, el chico corrió hasta su casa, hizo una bolsa y se dirigió al sur, hacia las proverbiales tierras Langley en Carolina. Dígale que vuelva, le dice McAllister a la madre. Que vuelva para vengar la muerte de su hijo.

Y funciona. Una semana más tarde, Michael Langley regresa a la ciudad de Baltimore y a su unidad de homicidios, donde no pierde un segundo en identificar a Glen Alexander y Walter McKesson a partir de unas fotografías. Pronto Garvey vuelve a la oficina administrativa, e imprime dos órdenes de detención más.

Ocho casos resueltos. Mientras el verano sigue apretando el cuello del resto del turno, Rich Garvey vuelve a estar en comunión con la máquina de escribir, construyendo un año perfecto.

Martes 9 de agosto

La Noche del Infierno son tres hombres de un turno de medianoche que no termina, con los teléfonos que no paran de sonar y los cuerpos amontonados en el congelador del laboratorio forense como si fueran vuelos en espera de aterrizaje en el aeropuerto de La Guardia. Llega sin piedad, un cuarto de hora antes de las doce, y más de media hora después de que la brigada de Roger Nolan haya entrado por la puerta. Kincaid es el primero, luego McAllister y, finalmente, el propio Nolan. Edgerton llega tarde, como de costumbre. Antes de que nadie pueda terminarse ni siquiera el primer café, suena la primera llamada. Y esta vez es algo más que el cadáver de costumbre. Es un tiroteo en el que están implicados policías de la central.

Nolan llama a Gary D'Addario a su casa. El protocolo dice que, sin importar la hora que sea, el responsable de turno tiene que regresar al despacho para supervisar la investigación de cualquier incidente en el que estén mezclados agentes de la policía. Luego llama a Kim Cordwell, una de las dos secretarias asignadas a la unidad de homicidios. Ella también tendrá que echarle horas extras, para que el informe requerido a las veinticuatro horas esté perfectamente mecanografiado y en la mesa de todos los altos mandos a primera hora de la mañana.

El inspector jefe y sus dos hombres se dirigen luego a la escena del crimen, y dejan los teléfonos a cargo de la centralita hasta que Edgerton llegue para quedarse y organizar al personal de oficina. Nolan piensa que no tiene sentido prescindir de un hombre: un tiroteo en el que están implicados policías es por definición una bola roja, y por ende, todos arriman el hombro.

Se suben en dos Cavaliers y llegan al aparcamiento vacío de la avenida Druid Hill, donde la mitad de la unidad antivicio de paisano del distrito Oeste los espera, de pie alrededor de un Oldsmobile Cutlass que está estacionado allí. McAllister contempla la escena y experimenta un *déjà vu*.

—Quizá soy yo —le dice a Nolan—, pero esto me resulta familiar.

—Sé lo que quieres decir —responde el inspector jefe.

Sigue una breve conversación con el inspector jefe de la unidad antivicio del distrito Oeste. McAllister vuelve al lado de Nolan, luchando en silencio contra lo cómico de la escena.

—Es otro diez-setenta y ocho —dice McAllister, sarcástico. Acaba de crear otro código para la ocasión—. Es la típica mamada interrumpida por un tiroteo policial.

—Maldita sea —dice Kincaid—. Ya ni se la pueden chupar a un tío sin que le metan dos tiros.

—Esta ciudad es jodidamente dura —asiente Nolan.

Tres meses atrás, sucedió lo mismo en la calle Stricker; McAllister también fue el inspector principal de ese caso. Los hechos eran idénticos: el sospechoso contrata los servicios de una prostituta de la avenida Pennsylvania. El sospechoso aparca en un lugar aislado, se baja los pantalones y se concentra en recibir una felación valorada en veinte dólares. Se acercan unos policías de paisano de la antivicio del distrito Oeste; el sospechoso entra en barrena y hace algo que a los agentes les parece amenazador. Al sospechoso le cosen a balazos de una .38 y termina, con suerte, la noche en una sala de urgencias, reflexionando sobre las dulces alegrías de la fidelidad marital.

No es un buen sistema para hacer cumplir la ley. Es más bien feo. Sin embargo, con algo de mano izquierda y talento, ambos incidentes serán declarados justificables por la fiscalía. En un sentido legal estricto, claro que están justificados. Antes de disparar sus armas, los policías quizá creyeran que corrían peligro. Cuando le ordenaron que se rindiera, el sospechoso de la calle Stricker se volvió para coger algo de la parte trasera de su coche, y un agente le disparó en la cara, por miedo a que estuviera buscando un arma. En el incidente de esta noche, el oficial disparó a través del parabrisas, después de que el sospechoso arrollara a uno de los policías con su parachoques al intentar huir de ellos.

Sin embargo, para los inspectores de homicidios, un tiroteo policial justificado sólo significa que no había intención criminal en los actos de los agentes y que, en el momento de hacer uso de la fuerza, estos creyeron genuinamente que estaban en peligro. Desde el punto de vista legal, esta definición es tan estricta como un chicle gastado, y en el caso de los dos tiroteos de la unidad antivicio del distrito, los de homicidios no tienen manías en explorar ese abismo. El subterfugio inherente en cualquier caso de tiroteo con implicación de policías está claro para cualquier agente que lleve un par de años en las calles. Si a Nolan, McAllister o Kincaid les preguntaran en la escena del crimen si creían que los disparos estaban justificados, contestarían que sí. Pero si la pregunta es si el tiroteo es buena labor policial, la respuesta sería completamente distinta, o más bien, se abstendrían de responder.

En el reino del trabajo policial en Estados Unidos, el engaño se ha generalizado. En todos los departamentos policiales importantes, la investigación primaria de cualquier caso de tiroteo policial siempre se centra en que el incidente tenga el aire más limpio y profesional posible. Y en todos los departamentos, el sesgo en el fondo de una investigación de esas características se considera la única respuesta razonable para un público que necesita creer que los buenos policías siempre están mezclados en tiroteos por una buena razón; e igualmente, que los tiroteos por motivos dudosos sólo se deben a policías podridos. Una y otra vez, la mentira debe mantenerse.

—¿La señorita en cuestión ya está en la central? —dice Nolan.

—Pues sí —dice McAllister.

—Si es la misma que la de la calle Stricker, me voy a partir la caja con el chiste que va a correr: «Cada vez que se la mama a un tío, le manda al séptimo cielo».

McAllister sonríe:

—Si ya estamos, me voy para el hospital.

—Tú y Donald podéis iros para allá —dice el inspector jefe—. Yo me vuelvo al despacho y pondré las cosas en marcha.

Pero antes de que pueda irse, un agente que está cerca oye una llamada a todas las unidades por un tiroteo múltiple en la zona este. El policía sube el volumen y Nolan escucha la confirmación de la llamada: otro agente solicita que se notifique que ha habido un homicidio. Nolan toma prestado un *walkie-talkie* y confirma a la centralita que está respondiendo desde la escena del crimen de la central.

—Nos vemos allí —le dice McAllister—. Llame si nos necesita.

Nolan asiente, luego se dirige a la nueva escena mientras McAllister y Kincaid van hacia urgencias del Maryland General. Veinte minutos más tarde, el sospechoso de treinta y seis años —«un hombre honrado y trabajador», les asegura rápidamente, «felizmente casado»— está sentado en una sala del fondo, con el brazo derecho escayolado y en cabestrillo.

McAllister pronuncia su nombre.

—¿Sí, señor?

—Somos del departamento de policía. Este es el inspector Kincaid y yo soy el inspector...

—Escuchen —dice la víctima—. Lo siento mucho, muchísimo, y como intenté decirle al agente, yo no sabía que era un policía...

—Lo entendemos...

—No llevaba las gafas puestas y le vi acercarse haciendo gestos bruscos, y pensé que me estaban atracando, ¿sabe?

—No pasa nada— dice McAllister—. Podemos hablar después, pero lo importante es que tanto usted como el policía están bien.

—No, no —dice el sospechoso—. Yo estoy perfectamente bien.

—Genial. Pronto le llevarán a la central para que hablemos allí, ¿de acuerdo?

El sospechoso asiente, y los dos inspectores se dirigen a la salida.

—Un tipo amable —dice Kincaid.

—Mucho —refrenda McAllister.

Por supuesto, el pobre hombre está diciendo la verdad. Los dos inspectores han notado que las gafas del sospechoso estaban en el salpicadero del Oldsmobile. En un rincón oscuro, con los pantalones bajados hasta las rodillas, el tipo probablemente se sintiera vulnerable al distinguir una silueta de un hombre joven, vestido de calle, acercándose a su coche con algo brillante en la mano. La víctima de la calle Stricker también temió que se tratara de un atraco y, como era guarda de seguridad de un supermercado, trató de agarrar su porra cuando el primer policía abrió bruscamente la puerta del pasajero. El agente pensó que la porra era una escopeta, le disparó a la cara, y sólo gracias al arte de los médicos de urgencias del Universitario, el tipo salió con vida. Hay que decir, en honor del departamento, que el segundo tiroteo será la gota que impulsa al comisionado adjunto de operaciones a retirar las unidades antivicio de la calle el tiempo suficiente como para modificar los procedimientos en el control de la prostitución.

En el lado este, Roger Nolan se enfrenta al resultado de un triple tiroteo. La escena de North Monford es una visión dantesca: una joven muerta y otros dos miembros de la familia heridos. El sospechoso es el amante despechado de la joven; cuando esta puso fin a su breve relación, él decidió disparar a todos cuantos se cruzaron en su camino en la casa de la chica, y luego huyó. Nolan pasa dos horas en la escena, buscando testigos por el vecindario para mandarlos a la central, donde Kincaid está recibiendo a los que llegan primero.

Al regresar a la oficina de homicidios, Nolan echa un vistazo a la sala de interrogatorios pequeña y comprueba que la prostituta de esta noche no es la misma cuyo cliente fue disparado en la calle Stricker. Pasa a ver a D'Addario, que ya ha llegado, y habla con el agente de veintiséis años que apretó el gatillo y que está hecho un manojo de nervios en el despacho de D'Addario. Luego observa la intensa actividad de la oficina y no ve el rostro que busca.

Sentado en la mesa de Tomlin, marca el número de la casa de Harry Edgerton y escucha pacientemente los cuatro o cinco timbrazos.

—Hola.

—¿Harry?

—Ajá.

—Soy el inspector jefe —dice Nolan—. ¿Qué demonios haces en casa?

—¿Qué quiere decir?

—Hoy trabajas.

—No, tengo el día libre. Hoy y el miércoles.

Nolan hace una mueca:

—Harry, tengo la libreta de turnos delante y tus días libres son el miércoles y el jueves. Y hoy te toca con Mac y Kincaid.

—¿Miércoles y jueves?

—Sí.

—No puede ser. Está bromeando.

—Sí, Harry. Te llamo a la una de la mañana para joderte.

—No está bromeando.

—No —dice Nolan, casi divertido.

—Mierda.

—De la buena.

—¿Cómo va la noche?

—Un tiroteo policial y un asesinato. Nada más.

Edgerton jura por lo bajo.

—¿Quiere que venga?

—Joder, olvídalo y vuélvete a la cama —dice el inspector jefe—. Ya nos las apañaremos, y te tocará trabajar el jueves. Ya lo apuntaré.

—Gracias, Rog. Juraría que me tocaba el martes y el miércoles. Estaba seguro.

—Eres de lo que no hay, Harry.

—Sí, lo siento.

—Anda, vuelve a la cama.

Dentro de unas horas, cuando la noche se complique, Nolan lamentará su generosidad. Ahora, sin embargo, tiene todos los motivos para creer que puede pasar hasta el turno de mañana con sólo dos inspectores. McAllister y Kincaid ya han vuelto del hospital con el sospechoso y su brazo en cabestrillo. Ya están interrogándolo en el despacho de la administración. Por lo que parece, no hay sorpresas: después de una declaración de media hora con Kincaid y McAllister, lo que más desea la víctima es la oportunidad de disculparse con el poli que le disparó.

—Si pudiera verle unos minutos, me gustaría mucho estrecharle la mano.

—Eso quizá no sea muy buena idea, no ahora —dice Kincaid—. Está un poco alterado.

—Me hago cargo.

—Está muy mal por haberle tenido que disparar a usted.

—Sólo quiero que sepa que...

—Se lo dijimos —ataja McAllister—. Sabe que usted no se dio cuenta de que era un policía.

Finalmente, McAllister permite que la víctima utilice el teléfono de la oficina para llamar a su mujer, que vio a su marido hace menos de una hora y media, cuando se fue a alquilar una película y-vuelvo-en-cinco-minutos-cariño. Los inspectores escuchan con simpatía las patéticas explicaciones del pobre tipo, mientras cuenta que le han disparado en un brazo, que está detenido y acusado de atacar a un oficial de policía, pero que todo es un gran malentendido.

—Tendré que esperar a que fijen la fianza —le dice—, pero te lo explicaré cuando llegue a casa.

No menciona el cargo de actividad sexual ilícita, y los inspectores le tranquilizan diciéndole que no es su intención destrozar su matrimonio.

—Sólo tiene que asegurarse de que su esposa no venga el día del juicio —le aconseja Kincaid—. Si lo logra, no tendrá problemas.

De vuelta al despacho de D'Addario, el policía de paisano está redactando su propio informe del incidente. Ha seguido el consejo de su superior y ofrece una declaración voluntaria a los inspectores. Por ley, cualquier intento de extraer información de un policía contra su voluntad hace que dicha información no sea admisible en un tribunal de justicia. Los inspectores han recibido órdenes de los fiscales y sólo pueden solicitar una declaración en el caso de cualquier policía implicado en un tiroteo. Desde la investigación del caso de la calle Monroe, sin embargo, el sindicato de policías ha instado a los oficiales a que no realicen declaraciones de ningún tipo. Es una política que más tarde dará problemas. Después de todo, si un inspector de homicidios puede salvar a otro policía, no dudará en hacerlo. Pero cualquier policía que se niegue a explicar sus actos es carne de una investigación del gran jurado. Sin embargo, esa noche el comandante del distrito Oeste logra convencer a su hombre de que acepte una entrevista con sus colegas, lo cual da margen de maniobra a los inspectores del caso.

El informe del agente cuadra con lo que dice la propia víctima en su declaración: el agente de paisano se lanzó sobre el capó del coche, luego se acercó y disparó un único tiro a través del parabrisas. El interrogatorio de la prostituta lo corrobora. No es que viera mucho, les dice a los inspectores, porque su campo de visión estaba algo limitado.

Lenta y metódicamente, el informe de cinco páginas empieza a tomar cuerpo con el tecleo del procesador de textos de Kim Cordwell. Cuando lee el borrador, D'Addario indica algunos cambios con lápiz y sugiere que se reformulen algunos pasajes clave. Cuando se trata de informes sobre tiroteos policiales, D'Addario es un poco artista; ocho años en homicidios le han entrenado para que pueda anticipar las probables preguntas de los altos mandos. Muy raras veces —si es que alguna vez ha pasado— devuelven un informe que lleve la señal de aprobación del teniente. Aunque en el aparcamiento el uso de un arma fuera exagerado, excesivo y torpe, en su informe todo tiene una razón de ser perfectamente lógica.

Nolan observa el avance del papeleo y de nuevo se dice que esta noche podrán pasarse sin Edgerton y que es mejor, después de todo, que Harry trabaje a fondo el jueves en lugar de hacerle venir dos horas después del inicio del turno.

Pero dos horas más tarde, cuando parecía que la marea se había retirado, suena otra vez el teléfono. Esta vez es un tiroteo en la avenida North Arlington en la zona oeste. Kincaid deja atrás los últimos detalles del papeleo del caso del tiroteo policial, coge las llaves de un Cavalier y conduce durante unos veinte o treinta bloques para ver cómo amanece sobre el cuerpo de una adolescente. Su larga silueta está echada en el asfalto blanco de un callejón. Es un caso difícil y de piedra.

Cuando los inspectores del turno de día empiezan a llegar poco después de las siete, encuentran una oficina en estado de sitio. Nolan está mecanografiando su informe de 24 horas mientras sus testigos esperan en la sala de atrás para que los lleven de vuelta a la zona este. McAllister está fotocopiando su maravillosa obra sobre el tiroteo policial para que lo lean todos los gerifaltes. Kincaid está en la pecera, lidiando con tres chicos de la zona oeste que no quieren testificar en un tiroteo por temas de respeto entre traficantes que se desarrolló frente a ellos.

McAllister logra escaparse un poco después de las ocho, pero Kincaid y Nolan terminan el día en la hora punta de la tarde y en la oficina del forense, esperando que acaben de examinar y analizar sus respectivos fiambres. Esperan juntos, bajo el brillo antiséptico del pasillo de la sala de autopsias, y sin embargo, después de este turno estarán más separados que nunca.

El problema, como siempre, es Edgerton. A principios de la noche, Kincaid oyó la conversación de Nolan con el inspector ausente. Si no hubiera estado hasta el cuello de testigos e informes, habría montado un número al momento. Durante la terrible noche ha estado a punto de soltarle la caballería a Nolan, pero ahora que está solo con él, en el sótano de la calle Penn, está demasiado cansado para discutir. De momento, se conforma amargándose mientras piensa que, en toda su carrera, jamás olvidó ni un puñetero día cuándo tenía que presentarse a trabajar.

Pero Kincaid no se morderá la lengua, eso es seguro. El aire de compromiso, el pitorreo constante, el reconocimiento tácito del esfuerzo de Edgerton por ocuparse de más avisos: todo eso ya no cuenta a los ojos de Donald Kincaid. Está hasta aquí de tanta mierda. Está harto de Edgerton, de Nolan, y de su lugar en esta jodida brigada. Si te llaman a las 23:40, estás como un clavo a las 23:40 y ni un minuto más tarde. Si te toca trabajar el martes, te presentas el martes. No le ha dado al departamento veintidós años de su vida para tener que tragarse toda esa mierda.

Por su parte, Roger Nolan sencillamente no quiere saber nada más de eso. En su opinión, Edgerton es un buen hombre que trabaja más duro que muchos de los demás en sus casos y, además, está en racha y vuelve a resolver asesinatos. Vale, piensa Nolan, de vez en cuando Harry se va flotando hasta la capa de ozono. Bueno, se equivocó con su turno. ¿Y qué tiene que hacer con él? ¿Obligarle a redactar un formulario 95 explicando por qué es un cadete espacial? ¿Quitarle algunos días de vacaciones? ¿De qué serviría? Esa mierda no funciona con las patrullas ni tampoco es la forma de llevar un departamento de homicidios. Todos se sabían la historia de ese supervisor que una vez le había pedido a Jay Landsman que rellenara un 95 explicando por qué había llegado tarde a su turno. «Llegué tarde», escribió Landsman «porque, cuando salí por la puerta de mi casa para desplazarme hacia mi lugar de trabajo, había un submarino alemán aparcado frente a la salida». Para bien o para mal, así era la unidad de homicidios, y Nolan no pensaba meterse con un policía para que otro se sintiera mejor.

Ya no hay término medio. A la mañana siguiente, Kincaid controla su ira y no dice nada. Tampoco le dice nada a Edgerton, cuando este aparece en su turno del viernes.

—Ni siquiera es culpa de Harry —dice Kincaid a los otros miembros de la brigada—. Es la jodida responsabilidad de Nolan ocuparse de poner esto en orden.

Pero durante los siguientes días, la ira de Kincaid se convierte en furia blanca, y los demás —McAllister, Garvey, incluso Bowman, que probablemente apoyaría a Kincaid en este punto— tienen bastante sentido común como para ver que lo mejor que pueden hacer es quitarse de en medio. Al final, la inevitable explosión sucede en un turno de cuatro a doce, el siguiente día libre de Edgerton. Es un turno de gritos e insultos, acusaciones y réplicas, que termina con Nolan y Kincaid gritándose en la oficina central, vaciando todo su armamento en un duelo de esos que deja pocos pedazos para recomponer. Nolan deja claro que Kincaid le parece más problemático que otra cosa, le dice al inspector que se meta en sus asuntos, y luego le acusa de no trabajar lo suficiente en sus casos. Y aunque es cierto que Kincaid ha acarreado unos cuantos expedientes abiertos durante estos últimos dos años, también es verdad que Nolan le está ofreciendo el tipo de críticas que ningún policía veterano quiere escuchar. Por lo que respecta a Donald Kincaid, en cuanto haya una vacante en otro turno, se largará.

Después de que empezara a resquebrajarse hace casi un año, finalmente la brigada de Roger Nolan se está desmoronando.

OCHO

Las visiones, los sonidos, los olores...; no hay nada en el marco de referencias de un inspector de homicidios a lo que pueda equipararse aquel sótano de la calle Penn. Incluso las escenas del crimen, por violentas y brutales que sean, palidecen ante el proceso mediante el cual se disecciona y examina a los asesinados: esa es en verdad la visión más extraña.

Hay un propósito en esa carnicería, un auténtico valor para la investigación en toda esa sangre de la autopsia. Cualquier mente objetiva y que se distancie de los hechos comprende la necesidad legal de la autopsia; sin embargo, eso no hace que la realidad del procedimiento conmocione menos. Para la parte del inspector que se considera a sí mismo un profesional, la oficina del forense es un laboratorio. No obstante, para esa otra parte, la que se define en términos duros pero puramente humanos, el lugar es un matadero.

La autopsia hace evidente que el acontecimiento es el final absoluto. En las escenas del crimen, las víctimas están ciertamente muertas, pero en el momento de la autopsia se convierten en algo más —o menos— para lo inspectores. Después de todo, una cosa es que un inspector de homicidios se pueda distanciar emocionalmente del cadáver que constituye el centro del misterio que debe resolver, y otra muy distinta es ver ese mismo cadáver vaciado, ver la carcasa reducida a huesos y tendones y jugos, del mismo modo que a un coche se le quitan los cromados y los guardabarros antes de enviarlo al desguace. Incluso un inspector de homicidios —que es una persona especialmente curtida— tiene que ver bastantes autopsias antes de que la muerte se convierta en una conocida con la que tenga cierta familiaridad.

Para un inspector de homicidios, la oficina del forense es tanto una necesidad legal como una fuente de pruebas. La autopsia que realiza un patólogo es la base de todo juicio por homicidio simplemente porque, en todo caso de asesinato, debe primero probarse que la víctima murió por la intervención de algún humano y no por alguna otra causa. Pero más allá de este requisito básico, un forense hábil puede marcar la diferencia entre que un accidente se considere erróneamente un homicidio o, lo que es igualmente desastroso, que un homicidio sea atribuido a causas accidentales o naturales.

Para el forense, cada cuerpo cuenta una historia.

Con una herida de bala, un forense puede determinar por la cantidad y disposición del hollín, pólvora quemada y otros residuos, si una bala en concreto había sido disparada a bocajarro, a corta distancia o a una distancia superior a cincuenta o sesenta centímetros. Más allá de eso, un buen carnicero puede mirar las abrasiones de la herida de entrada y darte la trayectoria aproximada de la bala. En una herida de escopeta, el mismo patólogo puede leer la pauta de dispersión de los perdigones y determinar la distancia aproximada entre el cañón de la escopeta y su objetivo. De una herida de salida, un forense puede deducir si la víctima se encontraba en pie sin estar en contacto con nada o si estaba apoyada contra una pared o sobre el suelo o en una silla. Y cuando se le presenta un cuerpo con varias heridas, un buen forense puede decir no sólo cuál fue el proyectil letal, sino, en muchos casos, cuáles fueron disparados primero o qué heridas se recibieron después de la muerte y cuáles antes.

Dale a ese mismo doctor una herida de arma blanca y sabrás si la hoja tenía un filo o dos, si era lisa o dentada. Y si la herida es lo bastante profunda, un forense puede mirar las marcas que ha dejado la empuñadura y decirte la longitud y anchura del arma. Luego están las contusiones: ¿lo que golpeó a tu víctima fue un coche o un tubo de plomo? ¿Se cayó ese niño en la bañera o la niñera lo golpeó hasta matarlo? En cualquiera de estos casos, un ayudante del forense tiene la llave que abre la cámara de los secretos del cadáver.

Pero aunque un patólogo forense pueda confirmar que se ha cometido un asesinato, aunque además pueda aportar un poco de información básica sobre cómo se cometió, rara vez es capaz de hacer que un inspector de homicidios pase del cómo al quién. Demasiadas veces el muerto llega hasta el inspector como poco más que un contenedor que personas desconocidas han vaciado de vida en presencia de testigos desconocidos. Entonces el patólogo puede dar todos los detalles del mundo: trayectorias de bala, secuencia de las heridas, la distancia entre el asesino y la víctima en el momento del disparo..., y ninguna de esas cosas sirve para nada. Sin testigos, los resultados de la autopsia sólo valen para engordar el expediente del caso con más papeles. Sin un sospechoso al que investigar, todos los hechos médicos del mundo no pueden utilizarse para confirmar o desmentir la información obtenida en la sala de interrogatorios. Y a pesar de que un carnicero pueda ser todo un profesional en lo tocante a las heridas de un cuerpo humano, aunque recupere hasta el último trozo de plomo o cobre de la camisa de la bala que haya quedado dentro del cuerpo, eso apenas importa si no se ha encontrado ningún arma con la que hacer las pruebas balísticas.

En el mejor de los casos, la autopsia aporta información que el investigador puede utilizar para comprobar si sus testigos y sospechosos dicen la verdad. Una autopsia le confirma a un inspector unos pocos de hechos que efectivamente tuvieron lugar en los últimos momentos de vida de la víctima. También le confirma que hay otros pocos hechos que no pudieron haber tenido lugar. En unas pocas y benditas ocasiones en la carrera de un inspector, esos pocos hechos resultan importantes.

La investigación que hace el forense del cadáver, pues, nunca existe como un proceso independiente, sino que se conjuga con todo lo que el inspector ya ha aprendido en la escena del crimen y a través de los interrogatorios. Un ayudante del forense que crea que la causa y la forma de la muerte se pueden determinar en todos los casos solamente con un detallado examen del cuerpo está buscándose problemas. Los mejores patólogos empiezan leyéndose los informes de la policía y mirando las fotografías Instamatic tomadas por los ayudantes del forense en la escena del crimen. Sin ese contexto, la autopsia se convierte en un ejercicio sin sentido.

Ese contexto es también el motivo por el cual se suele requerir que un inspector de homicidios presencie la autopsia. La teoría es que el carnicero y el policía comparten conocimientos y que ambos salen de la sala de autopsias con más información de la que tenían al entrar. Sucede a menudo que la relación genera su propia tensión, con los médicos argumentando desde la ciencia y los policías desde la calle. Un ejemplo: un patólogo no encuentra semen ni desgarro vaginal y concluye que la víctima hallada desnuda en el parque Druid Hill no fue violada. Sin embargo, un inspector sabe que muchos delincuentes sexuales nunca llegan a eyacular. Más aún, su víctima trabajaba como prostituta a tiempo parcial y era madre de tres hijos. Así que, ¿y qué si no había desgarro? En otra ocasión, un inspector que vea un cuerpo con una herida de bala de contacto en el pecho, una segunda herida de contacto en la cabeza y múltiples hematomas y contusiones en el torso creerá que se encuentra frente a un asesinato. Pero las dos heridas de bala no descartan un intento de suicidio. Los patólogos han documentado casos en que una persona que intenta suicidarse se ha disparado repetidamente en el pecho o en la cabeza sin conseguir el resultado que buscaba, quizá porque le tembló la mano en el último momento, quizá porque el primer disparo distó de ser letal. Del mismo modo, los hematomas del pecho —aunque puedan parecer la obra de un agresor— podrían ser consecuencia de los esfuerzos de los familiares de la víctima que, tras oír los disparos, acudieran a la habitación e intentaran una reanimación cardiopulmonar de la víctima. ¿No había nota de suicidio? Lo cierto es que entre el 50 y el 75 por ciento de los casos, los suicidas no dejan una nota escrita.

La relación entre el inspector y el médico forense es necesariamente simbiótica, pero la ocasional tensión entre ambas disciplinas produce sus propios estereotipos. Los inspectores creen de verdad que cada nuevo patólogo sale del hospital con una mentalidad de hacerlo todo según el manual, un manual que sólo guarda una lejana relación con lo que ocurre en el mundo real. Así pues, a un médico nuevo hay que amoldarlo al puesto igual que una cartuchera de las que se cuelgan al hombro. Del mismo modo, los patólogos consideran que la gran mayoría de los inspectores de homicidios no son más que policías de calle venidos a más, sin preparación ni conocimientos científicos. Cuanta menos experiencia tenga un inspector, más probable es que lo perciban como un mero aficionado en el arte de la investigación de una muerte.

Hace un año o dos, Donald Worden y Rich Garvey estaban en la sala de autopsias de un asesinato con escopeta justo cuando John Smialek, el principal médico forense de Maryland, acompañaba a un grupo de residentes en la ronda diaria. Smialek acababa de llegar a Baltimore después de pasar por Detroit y Alburquerque y, en consecuencia, Worden probablemente no le pareció ni más ni menos experimentado que cualquier otro investigador de la policía.

—Inspector —le preguntó a Worden frente al grupo—, ¿puede usted decirme si esas son heridas de entrada o de salida?

Worden miró hacia el pecho del muerto. La regla general de las heridas de bala es que la entrada es pequeña y la salida grande, pero con una escopeta del calibre doce, las entradas también son bastante aterradoras. Si se dispara desde muy cerca, es difícil estar seguro de si el orificio es de entrada o de salida.

—Son heridas de entrada.

—Esas —dijo Smialek, volviéndose a los residentes con la prueba de la falibilidad de un inspector de policía— son heridas de salida.

Garvey vio cómo el Gran Hombre empezaba a calentarse lentamente. Era, después de todo, el trabajo de Smialek distinguir las entradas de las salidas, mientras que el de Worden era descubrir quién había hecho los agujeros. Dada la divergencia de perspectiva, son necesarios varios meses y aproximadamente una docena de cadáveres para que un inspector y un patólogo puedan trabajar bien juntos. Después de ese encuentro inicial, por ejemplo, pasó bastante tiempo antes de que Worden pudiera considerar a Smialek un buen carnicero y un buen investigador. Del mismo modo, pasó el mismo tiempo hasta que el doctor empezó a considerar a Worden como algo más que un pobre niño blanco tonto de Hampden.

Puesto que se requiere un informe de un médico forense en cualquier caso en el que sea probable que se haya cometido un asesinato, hace tiempo que la sala de autopsias se convirtió en parte de la rutina de un inspector de Baltimore. En un día cualquiera, la ronda de la mañana puede traer a la calle Penn a un policía del estado con un ahogado del oeste de Maryland o a un inspector del condado de Prince George con un asesinato por drogas del extrarradio de Washington D. C. Pero el espectacular caudal de violencia de la ciudad ha hecho que los policías de Baltimore sean parroquianos habituales en la oficina del forense y, en consecuencia, la relación entre los inspectores más veteranos y los patólogos con más experiencia ha ido haciéndose cada vez más estrecha. Demasiado estrecha, en opinión de Smialek.

Smialek había llegado a Baltimore convencido de que los vínculos que de manera natural se habían formado con la unidad de homicidios habían causado que la oficina del forense sacrificara parte de su estatus como agencia independiente. Los inspectores, en particular los procedentes de la ciudad, tenían demasiada influencia en las decisiones sobre la causa y forma de la muerte, demasiado peso en la decisión de si la muerte se declaraba un asesinato o se atribuía a causas naturales.

Antes de la llegada de Smialek, la sala de autopsias había sido un lugar mucho menos formal. Se habían compartido cafés y cigarrillos, y unos pocos inspectores se habían presentado algunos sábados por la mañana con unas cervezas para darles a los carniceros un poco de respiro después de la racha de muertes del fin de semana, que siempre se iniciaba con la violencia del viernes por la noche. Fueron días en que las bromas pesadas y el cachondeo formaban parte integral de la ronda de la mañana. Donald Steinhice, un inspector del turno de Stanton que sabía ventriloquía, había sido el responsable de algunos momentos antológicos, y muchos médicos forenses o sus ayudantes habían empezado una autopsia congelados ante lo que les parecía el muerto quejándose por tener las manos frías.

Sin embargo, la familiaridad desarrollada a lo largo de los años tenía también su lado negativo. Worden, por ejemplo, recordaba que en algunas de sus visitas a la sala de autopsias le había sorprendido lo atestada de cosas y lo desordenada que estaba; a veces, cuando la locura del fin de semana hacía que no quedaran camillas de metal para poner a los muertos, los cuerpos se apilaban en el suelo. Tampoco era insólito que se perdieran las pruebas, y su integridad era siempre dudosa, pues los inspectores nunca estaban seguros de si las fibras y cabellos que se encontraban en los cuerpos procedían de la escena del crimen o de la cámara frigorífica del forense. Y, lo que era más importante en opinión de Worden, antes había menos respeto por los muertos.

Smialek acabó con todo aquello por medio de una campaña para preservar la independencia de su trabajo y tener mejores condiciones, aunque lo hizo de un modo que perjudicó la camaradería creada en la calle Penn y convirtió aquel lugar en un sitio mucho menos divertido. Para enfatizar la profesionalidad de su departamento, insistió en que todo el mundo se dirigiera a él con el título de doctor, y no toleraba que nadie se refiriera a su oficina, ni siquiera de forma pasajera, como «la morgue». Para evitar enfrentamientos, los inspectores aprendieron a llamar al lugar —al menos cuando Smialek estaba delante— «la oficina de medicina forense». Los subordinados acostumbrados a un estado de cosas mucho menos formal, muchos de ellos patólogos de mucho talento, pronto cayeron en desgracia con el nuevo jefe, igual que los inspectores que no supieron captar el cambio de clima.

Una vez, al entrar en la sala de autopsias, Donald Waltemeyer cometió el error de desear a todos los necrófagos de la carnicería que tuvieran un muy buen día. Smialek les dijo a otros inspectores que si Waltemeyer seguía por ese camino lo haría con un agujero del culo corregido y aumentado. No eran necrófagos, declaró: eran doctores; no era una carnicería, era la oficina de medicina forense. Y cuanto antes aprendiera Waltemeyer estas cosas, antes sería de nuevo un guerrero feliz. Al final el veredicto de los inspectores sobre el régimen de Smialek estaba dividido: parecía que la oficina del forense estaba mejor organizada y era más profesional en algunos aspectos, pero, por otra parte, te alegraba la mañana beber una cervecita fría con el doctor Smyth mientras Steinhice hacía hablar a los muertos.

Por supuesto, la aplicación de criterios como alegría o comodidad a la sala de autopsias es, por sí misma, prueba más que suficiente de la peculiar psicología de los hombres de homicidios. Pero, para los inspectores, las visiones más horrendas eran precisamente las que exigían un mayor distanciamiento, y la calle Penn, incluso en un buen día, era una visión dantesca. De hecho, no pocos inspectores anduvieron muy cerca de vomitar las primeras veces que la visitaron, y dos o tres no se avergüenzan al confesar que todavía les causa problemas algunas veces. Kincaid puede soportar cualquier cosa excepto un cadáver en descomposición, caso en el cual es el primero en salir por la puerta. A Bowman no le molesta nada excepto cuando abren el cráneo y sacan el cerebro; no le molesta tanto el gesto en sí como el chasquido del hueso al partirse. Rick James todavía se pone un poco nervioso cuando ve en la mesa a un niño o a un bebé.

Pero más allá de esos puntuales momentos difíciles, la rutina diaria en la oficina del forense es, para un inspector, exactamente eso: rutina. Cualquier investigador con más de un año en la unidad ha presenciado autopsias con tanta frecuencia que se han convertido en algo familiar. Si tuvieran que hacerlo, la mitad de los hombres del turno probablemente podrían coger un bisturí y descuartizar un cuerpo como lo habían visto hacer tantas veces, aunque no tuvieran la menor idea de qué estaban buscando.

El proceso empieza con el examen externo del cuerpo, que es tan importante como la propia autopsia. Idealmente se supone que los cadáveres llegan a la calle Penn en las mismas condiciones en las que se hallaban en la escena del crimen. Si la víctima estaba vestida cuando se la encontró, se la deja vestida y se examina la ropa cuidadosamente. Si había señales de lucha, las manos de la víctima se habrán protegido en la escena con bolsas de papel (no pueden utilizarse bolsas de plástico porque producen condensación cuando el cuerpo se retira luego del congelador) para preservar los cabellos, fibras, sangre o piel que pudiera haber bajo las uñas o entre los dedos. Del mismo modo, si la escena del crimen estaba en una casa o en cualquier otro lugar donde se pueda pensar razonablemente que podrían encontrarse pruebas, los ayudantes del forense envolverán el cuerpo con una sábana blanca limpia antes de moverlo, atrapando así cabellos, fibras u otras pruebas de ese tipo para poder recuperarlas luego.

Al principio del examen externo, todos los cuerpos se sacan de la cámara frigorífica y se pesan. Luego se disponen sobre una camilla de metal, y una cámara cenital les saca las fotografías de registro antes de la autopsia. Luego el cuerpo se lleva a la zona de autopsia, una larga superficie de azulejos y metal en la que se pueden realizar hasta seis exámenes simultáneamente. Las instalaciones de Baltimore no poseen, como muchas otras salas de autopsia, micrófonos colgando del techo que permiten a los patólogos grabar sus descubrimientos para transcribirlos posteriormente. En vez de ello, los doctores toman apuntes periódicamente, utilizando carpetas y bolígrafos que guardan en un estante cercano.

Si la víctima estaba vestida, el patólogo intentará encajar los agujeros y rasgaduras de cada pieza de ropa con las correspondientes heridas: no sólo para confirmar que la víctima fuera asesinada de la manera que parece —un buen patólogo puede fácilmente ver si el cuerpo ha sido vestido después de haber recibido los disparos o las puñaladas—, sino que, en el caso de las heridas de bala, pueden comprobarse los agujeros de la ropa visualmente o hacer pruebas para comprobar si hay rastro de residuos balísticos.

Una vez las ropas de la víctima han sido examinadas de forma preliminar, se retiran cuidadosamente pieza a pieza para conservarlas como pruebas. Igual que en una escena del crimen, lo importante es la precisión, no la velocidad. Las balas y los fragmentos de bala, por ejemplo, muchas veces consiguen salir del cuerpo y se alojan en los pliegues de la ropa de la víctima, y a menudo esas pruebas se recuperan al desnudar lentamente el cuerpo.

En los casos en que se sospecha que puede haber habido agresión sexual, el examen externo incluye una búsqueda detallada de traumatismos internos. Se toman, además, muestras de vagina, boca y ano en busca de restos de semen, pues el semen recuperado durante la autopsia puede ser utilizado más adelante para vincular al sospechoso con el crimen.

Otras pruebas pueden recuperarse de las manos de la víctima. En un asesinato después de un forcejeo o de una agresión sexual, bajo las uñas se pueden encontrar restos de piel, cabellos o incluso sangre del asaltante. Si en la pelea se utilizó un cuchillo puede que en las manos de la víctima se aprecien heridas que se hizo al defenderse, un tramado de incisiones rectas y por lo general relativamente pequeñas. Del mismo modo, si en algún momento la víctima disparó un arma, particularmente una pistola o revólver de gran calibre, las pruebas químicas de detección de depósitos de bario, antimonio y plomo en el dorso de cada mano puede refrendar con pruebas ese hecho. El examen de las manos de una víctima puede significar también distinguir correctamente entre un homicidio y un suicidio; en aproximadamente el 10 por ciento de todas las heridas autoinfligidas, la mano que ha efectuado el disparo estará manchada de sangre y de partículas de tejido que habrán rebotado del canal de la herida.

Igual que un inspector contempla la escena del crimen e intenta encontrar las cosas que no encajan o que faltan, un patólogo conduce una autopsia de un modo similar. Cualquier marca, cualquier lesión, cualquier traumatismo sin explicación en el cuerpo es cuidadosamente anotado y examinado. Por ese motivo, los equipos de trauma de los hospitales tienen instrucciones de dejar los catéteres, vías y otras herramientas de intervención quirúrgica puestas, para que el patólogo pueda distinguir entre las alteraciones físicas que han ocurrido mientras se intentaba salvar a la víctima y las que tuvieron lugar antes de llegar a urgencias.

Una vez terminado el examen externo, empieza la autopsia propiamente dicha: el patólogo hace una incisión en forma de Y en el pecho con un escalpelo y luego utiliza una sierra eléctrica para cortar las costillas y retirar el frontal del pecho. En el caso de heridas que hayan penetrado en el cuerpo, el doctor seguirá la trayectoria de la herida en cada nivel de la infraestructura del cuerpo, anotando la trayectoria de la bala o la dirección de la herida de arma blanca. El proceso continúa hasta que se conoce toda la extensión de la herida y, en el caso de heridas de bala, hasta que a las heridas de entrada les corresponde una herida de salida o se recupera el proyectil del cuerpo.

A continuación se evalúan las heridas desde el punto de vista del posible efecto en la víctima. Una herida que atraviesa la cabeza, sin duda, tuvo que causar el colapso inmediato del sujeto, pero otra herida, un disparo en el pecho que atravesó un pulmón y luego la vena cava no debió de provocar la muerte hasta pasados quizá entre cinco y diez minutos, aunque al final debió demostrarse igual de letal. Por este proceso, un patólogo puede especular qué acciones pudieron ser físicamente posibles después de que recibiera la herida. Es siempre un proceso complicado, porque las víctimas de disparos no muestran la misma conducta repetitiva y coherente que se les atribuye en la televisión y en las películas. Por desgracia para los inspectores de homicidios, una persona gravemente herida muchas veces se niega a limitar la extensión de la escena del crimen haciendo el favor de caerse a la primera herida y esperar la ambulancia y la furgoneta de la morgue.

La distorsión de la televisión y de la cultura popular no es en ningún lugar más evidente que en la íntima relación de las balas y los cadáveres. Hollywood nos dice que un Especial del Sábado Noche puede tumbar a un hombre sobre la acera y, sin embargo, los expertos en balística saben que ningún proyectil que no sea un obús de artillería es capaz de hacer saltar por los aires a un hombre. No importa cuánto pese una bala ni qué forma tenga ni a qué velocidad viaje, es un proyectil demasiado pequeño para derribar a una persona por el mero impacto de su propia masa. Si las balas tuvieran de verdad esa potencia, el que las dispara se caería hacia atrás del mismo modo cuando apretase el gatillo. Y eso no ocurre ni con las armas más grandes.

De hecho, una bala detiene un cuerpo humano haciendo una de estas dos cosas: penetrando en el cerebro, el tronco encefálico o la médula espinal; causando daños de forma inmediata al sistema nervioso central; o dañando lo suficiente el sistema cardiovascular como para causar tal pérdida masiva de sangre en el cerebro que provoque el colapso. El primer escenario da resultado inmediatamente, aunque las posibilidades de que un tirador medio acierte el cerebro o la médula espinal de un objetivo se reducen a la suerte. El segundo escenario tarda más en desarrollarse porque el cuerpo humano tiene mucha sangre que perder. Incluso una herida de bala que efectivamente destruya por completo el corazón de la víctima le deja sangre suficiente como para mantener el cerebro irrigado diez o quince segundos más. Aunque la creencia popular de que la gente se cae al suelo después de recibir un disparo es, por lo general, correcta, los expertos han establecido que esa caída no tiene un motivo físico, sino que es una conducta aprendida. La gente cree que, cuando recibe un tiro, tiene que caer al suelo; así que, cuando recibe un tiro, se cae al suelo. La prueba de este fenómeno es obvia cuando se da el caso opuesto: hay infinidad de ocasiones en que personas —muchas veces gente cuyos procesos mentales están alterados por las drogas o el alcohol— reciben varios disparos que les provocan heridas mortales y, sin embargo, a pesar de la gravedad de sus heridas, continúan huyendo o resistiéndose durante mucho rato. Un ejemplo es el tiroteo de 1986 entre agentes del FBI y dos presuntos ladrones de bancos en Miami, una interminable pelea a tiros en la que murieron los dos sospechosos y dos agentes federales y otros cinco agentes resultaron heridos. Los patólogos descubrieron luego que uno de los pistoleros había sufrido una herida mortal en el corazón en los primeros minutos del enfrentamiento y, sin embargo, consiguió seguir en marcha durante al menos quince minutos, disparando a los agentes e intentando huir haciendo el puente a dos coches distintos antes de, por fin, derrumbarse. La gente con balas dentro, incluso si se trata de un número considerable de balas, no siempre se comporta según lo previsto.

Ni tampoco lo hacen las propias balas. Una vez sueltas en el interior de un cuerpo humano, esos pequeños pedazos de plomo tienden a ser impredecibles. Por un lado, las balas suelen perder su forma original. Las balas de punta hueca y las *wadcutter* tienden a aplastarse contra los tejidos, y todos los tipos de munición se pueden partir contra hueso. Del mismo modo, la mayoría de los proyectiles reducen sus revoluciones y su trayectoria de perforación al encontrar resistencia en el cuerpo, y empiezan a girar y a moverse en curvas, destrozando tejido y órganos a su paso. Cuando una bala entra en un cuerpo, también pierde dirección y rebota entre huesos y tendones siguiendo trayectorias variables. Esto es cierto tanto para los proyectiles más pequeños como para los más grandes. En la calle son las armas grandes —las .38, .44 y .45— las que provocan mayor respeto, pero la humilde pistola del .22 ha cobrado una peculiar fama. Cualquier vecino de Baltimore Oeste puede decirte que, cuando una bala de punta redonda del calibre .22, penetra bajo la piel de un hombre, rebota dentro como si fuera una bola en una máquina de millón. Y todos los patólogos parecen conocer alguna historia sobre una bala del .22 que entró por el costado izquierdo en la parte baja de la espalda, se cargó los dos pulmones, la aorta y el hígado, luego partió una costilla superior o dos antes de abrirse camino hacia el hombro superior derecho. Es cierto que un hombre que recibe un tiro de un .45 tiene que preocuparse de que hay un pedazo de plomo más grande atravesándolo, pero con una buena bala del .22 lo que tiene que preocuparle es que la pequeña cabrona no piensa marcharse hasta haber hecho el recorrido turístico completo.

La mayoría de los forenses utilizan un fluoroscopio o un aparato de rayos X para localizar aquellos pequeños fragmentos de aleación metálica que viajan hasta los rincones más inesperados. En Baltimore esa tecnología está disponible, y a veces algún carnicero la utiliza en situaciones en las que múltiples heridas de bala o balas que se han partido dificultan los intentos de recuperación. En su mayor parte, sin embargo, los veteranos de la calle Penn se enorgullecen de ser capaces de encontrar la mayoría de las balas y los fragmentos de bala sin necesidad de recurrir a las radiografías, guiándose simplemente por un cuidadoso examen de la trayectoria de la herida y su comprensión de las dinámicas de la bala dentro del cuerpo. Por ejemplo, una bala disparada en el cráneo de una víctima puede que no salga de la cabeza, sino que rebote por dentro del cráneo en el punto aproximadamente opuesto al orificio de entrada. La propia ausencia de orificio de salida haría obvio ese movimiento. Pero el patólogo veterano empieza la búsqueda sabiendo que las balas que rebotan dentro de un cráneo rara vez lo hacen en ángulo agudo. Por el contrario, lo más probable es que ese tipo de balas golpeen contra el hueso y luego se deslicen por el interior del cráneo en una trayectoria que forma un gran arco y que las lleva a reposar en el interior del hueso y a bastante distancia de la trayectoria original. Es un asunto casi esotérico y, en un mundo perfecto, algo que nadie tendría necesidad de saber. Tal es el conocimiento que se adquiere en la sala de autopsias.

El proceso continúa con la retirada de la placa torácica y el examen de los órganos internos. Los órganos están unidos unos con otros dentro de la cavidad principal del cuerpo. Se sacan juntos, como si fueran una sola cosa, y se colocan en los lavamanos que hay en el otro extremo de la sala. Se lleva a cabo entonces una cuidadosa disección del corazón, pulmones, hígado y otros órganos, en la que el patólogo busca señales de cualquier tipo de enfermedad o deformidad mientras continúa siguiendo las trayectorias de las heridas a través de los órganos afectados. Con los órganos retirados, pueden seguirse las heridas en los tejidos posteriores del cuerpo y pueden retirarse los proyectiles que se hayan alojado en esos músculos. Las balas y los fragmentos de bala, una clase fundamental de prueba física, se manejan, por supuesto, con máximo cuidado y se retiran a mano o con instrumentos suaves que no puedan rayar su superficie y, en consecuencia, complicar los posteriores análisis balísticos o marcas de rifle.

En la fase final del examen interno, el patólogo utiliza la sierra eléctrica para cortar la circunferencia del cráneo, cuya parte superior procede a hacer saltar con una herramienta similar a una palanca. Tirando desde detrás de las orejas, la piel de la víctima se dobla sobre la cara para localizar cualquier herida en la cabeza, y se retira el cerebro en sí, que se pesa y se examina. Para los observadores, inspectores incluidos, esta última fase de la autopsia es quizá la más dura. El sonido de la sierra, el «clac» del cráneo al soltarse por la presión de la palanca, la imagen de la piel de la cara cubierta por la del cuero cabelludo... Cuando el rostro de un individuo está cubierto por un amasijo de pliegues es cuando los muertos parecen más anónimos, como si todos hubiéramos caminando por este mundo con máscaras de Halloween compradas en la tienda de todo a cien que pueden retirarse con facilidad e indiferencia.

El examen concluye con una muestra de fluidos corporales —sangre del corazón, bilis del hígado, orina de la vejiga— que se utilizará en las pruebas toxicológicas que pueden identificar el uso de venenos o medir el consumo de alcohol o drogas. La mayor parte de las veces, un inspector pedirá, además, una segunda muestra de sangre para identificar la sangre de la escena del crimen o cualquiera de los objetos manchados de sangre que se confisquen en cualquier registro posterior. Los resultados de toxicología pueden tardar varias semanas, igual que la prueba de bario y antimonio en busca de restos de un disparo, que analiza el laboratorio del FBI en Washington. Las pruebas de ADN, otra ayuda a la identificación, que se introdujo a finales de la década de 1980, pueden identificar la procedencia de muestras de tejido usando sangre, piel o cabellos, y se han convertido en lo más avanzado de la ciencia forense. Pero ese proceso está más allá de las capacidades tanto de la oficina del forense como del Departamento de Policía de Baltimore. Cuando son relevantes para un caso y un inspector las solicita, las muestras se envían a uno de los pocos laboratorios privados seleccionados por las autoridades de Maryland, pero los resultados pueden tardar hasta seis meses, y eso es mucho tiempo esperando una prueba tan fundamental.

Una autopsia puede hacerse en menos de una hora, dependiendo de la complejidad del caso y de la extensión de las heridas o traumatismos. Cuando se termina, un ayudante retorna los órganos internos a la cavidad pectoral, vuelve a colocar el cerebro y la parte superior del cráneo y cierra las incisiones. El cuerpo se retorna al congelador y espera allí a que vengan de la funeraria. Las pruebas que se han reunido —muestras de sangre, de saliva o fluidos, recortes de uñas y balas o fragmentos de bala— se marcan, embolsan y entregan al inspector, que las llevará a la unidad de control de pruebas o al laboratorio de balística, asegurando así que no haya ninguna interrupción en la cadena de custodia.

Por su misma eficiencia, el proceso se acaba convirtiendo en algo cada vez menos extraordinario. Pero lo que sigue teniendo una gran fuerza emocional incluso para los inspectores veteranos es la sala de autopsias como visión panorámica, una especie de estación central de la muerte en la que hay cuerpos humanos en diversas fases de la línea de desguace. En una mañana de domingo con mucho movimiento, en el pasillo de fuera de la carnicería habrá ocho o nueve camillas de metal y puede que en el congelador esperen media docena más. Estar entre la acumulación nocturna de homicidios, accidentes de coche, ahogamientos y quemados, electrocuciones y suicidios, sobredosis y apoplejías siempre es una experiencia sobrecogedora. Blancos y negros, hombres y mujeres, ancianos y jóvenes, todos llegan a la calle Penn sin otro denominador común que una muerte inexplicada dentro de los confines del estado de Maryland. Más que ninguna otra imagen, el espectáculo del fin de semana en la habitación embaldosada le recuerda a un inspector de homicidios que trabaja en un negocio al por mayor.

Cada visita a la sala de autopsias reafirma la necesidad que tiene un inspector de un amortiguador psicológico entre la vida y la muerte, entre las formas horizontales de las camillas y las formas verticales que se mueven entre aquellas mesas de metal. La estrategia de los inspectores es sencilla y puede presentarse como una declaración: nosotros estamos vivos y vosotros no.

Es una filosofía en sí misma, una religión con sus propias celebraciones y rituales. Sí, aunque caminemos por el valle de la muerte, respiramos y nos reímos y tomamos café de un vaso de poliestireno, mientras que vosotros estáis desnudos y os han quitado todos los órganos vitales. Nosotros vestimos de azul y marrón y discutimos con el ayudante del forense sobre el partido de anoche de los Orioles, insistimos en que no pueden ganar sin otro buen bateador en el equipo. Vuestras ropas están rotas y empapadas de sangre, y es refrescante vuestra carencia de opiniones. Nosotros nos estamos planteando un desayuno tardío en horario de trabajo, a vosotros os están examinando el contenido del estómago.

Sólo por eso tenemos derecho a mostrarnos un poco arrogantes, a mantener la distancia incluso en el reducido espacio de la sala de autopsias. Tenemos derecho a caminar entre los muertos armados con nuestra falsa confianza, con nuestra engañosa astucia, con la seguridad complaciente de que todavía nos separa de ellos el mayor de los abismos. No nos burlamos de los cadáveres, tirados en sus lechos metálicos sobre ruedas, pero tampoco los humanizamos ni nos ponemos solemnes y recordamos nuestra mortalidad al verlos. Sólo podemos reírnos y bromear y ser testigos de lo que sucede en este lugar porque nosotros viviremos para siempre, y si no vivimos para siempre, al menos conseguiremos evitar dejar este valle sin haber muerto solos y sin testigos en el estado de Maryland. En la seguridad de nuestra imaginación sólo nos marcharemos al otro mundo en la comodidad de nuestro lecho cuando estemos muy arrugados y con un certificado de defunción firmado por un médico. No nos meterán en bolsas ni nos pesarán ni nos fotografiarán desde arriba para que Kim o Linda o cualquier otra secretaria de la sección de crímenes contra las personas pueda mirar las fotografías y decir que Landsman tenía mejor aspecto vestido. No nos abrirán por la mitad ni tomarán muestras de nosotros para que un funcionario anote, en una libreta pagada por el gobierno, que nuestro corazón estaba moderadamente hipertrofiado y que nuestro sistema gastrointestinal no tenía nada destacable.

—Mesa para uno —dice un ayudante, poniendo un cadáver en una mesa vacía de la sala de autopsias. Es un chiste muy viejo, pero también él está vivo y, por tanto, tiene derecho a un chiste viejo o dos.

Lo mismo sucede con Rich Garvey, que, al ver el cadáver de un varón particularmente bien dotado, dice:

—Oh, Dios mío, no me gustaría ver esa cosa enfadada.

O con Roger Nolan, que, al ver una distribución racial producto del azar, dice:

—Eh, doctor, ¿cómo es que a los blancos les da mesa enseguida y todos los negros están esperando en la entrada?

—Creo que por una vez —dice uno de los ayudantes— a todos los negros les gustaría que los blancos fueran los primeros en pasar por aquí.

En muy pocas ocasiones se levanta el velo y los vivos se ven obligados a reconocer honestamente a los muertos que tienen ante sí. Le sucedió a McAllister hace cinco años, cuando el cadáver en la mesa de metal era de Marty Ward, un inspector de narcóticos al que asesinaron en las trincheras de la lucha contra las drogas en la calle Frederick cuando una venta salió mal. Ward era entonces el compañero de Gary Child y uno de los inspectores más populares de toda la sexta planta. Se escogió a McAllister para que presenciase aquella autopsia porque alguien de la unidad tenía que hacerlo y los demás inspectores eran demasiado amigos de Ward. Eso, por supuesto, no lo hizo más fácil.

Para los inspectores, la regla general es que, si piensas en ello, si empiezas a concebirlo todo como relativo a seres humanos en lugar de a pruebas, vas camino de un lugar extraño y deprimente. Insistir en esta distancia es una habilidad que se aprende y, para los inspectores, es un rito de paso. A los nuevos se los mide por su predisposición a ver cómo se desmonta un cuerpo y luego ir al restaurante Penn, cruzando la calle Pratt, y tomarse un especial con tres huevos y una cerveza.

—Lo que distingue a un hombre de verdad de un piltrafilla —dice Donald Worden leyendo el menú una mañana— es si es o no capaz de sustituir ese horrible rollito de cerdo por el beicon.

Incluso a Terry McLarney, que es lo más parecido a un filósofo que hay en la unidad de homicidios, le resulta difícil hallar en la sala de autopsias algo más que humor negro. Cuando le llega el turno de estar en ese pequeño espacio compartido por vivos y muertos, su empatía por las formas en las mesas de metal se limita básicamente a su continuo y totalmente acientífico estudio de sus hígados.

—Me gusta fijarme en los que tienen la peor pinta, los que parece que hayan tenido una vida muy dura —explica McLarney con el rostro totalmente serio—. Si los abren y el hígado está duro y gris, me deprimo. Pero si está rosa e hinchado, eh, entonces voy feliz todo el día.

En una incómoda ocasión, McLarney estaba en la sala de autopsias cuando apareció un caso en el registro de entrada con la explicación de que, aunque la víctima no tenía historial médico, se sabía que bebía cerveza todos los días.

—Lo leí y pensé: qué cojones —reflexionó McLarney—, más vale que me busque una mesa vacía y me desabroche la camisa.

Por supuesto, McLarney sabe que no todo se puede superar con unas carcajadas. La línea entre la vida y la muerte no es tan gruesa ni tan recta como para que un hombre pueda caminar sobre ella todas las mañanas haciendo chistes mientras los médicos manejan el escalpelo y el bisturí. Una vez, en un momento muy poco habitual, McLarney intenta incluso encontrar palabras para algo más profundo.

—No sé vosotros —dice una tarde, dirigiéndose a los demás que hay en la oficina de homicidios—, pero siempre que voy allí abajo para una autopsia acabo convencido de que existe Dios y hay un cielo.

—¿La morgue te hace creer en Dios? —pregunta Nolan, incrédulo.

—Sí, si no en el cielo, entonces en algún lugar al que tu mente o tu alma va después de muerto.

—No hay ningún cielo —dice Nolan al resto del grupo—. Miras a tu alrededor en esa sala y te das cuenta de que sólo somos carne.

—No —dice McLarney, negando también con la cabeza—. Creo que vamos a alguna parte.

—¿Y por qué? —pregunta Nolan.

—Porque cuando los cuerpos se disponen de esa manera, toda la vida se ha extinguido y no queda nada. Están completamente vacíos. Si los miras a los ojos, ves que están totalmente vacíos...

—¿Y?

—Que entonces tienen que haber ido a otra parte, ¿no? No pueden desaparecer sin más. Tienen que ir a otro sitio.

—¿Así que sus almas van al cielo?

—Eh —dice McLarney riendo— ¿por qué no?

Y Nolan sonríe y sacude la cabeza, dándole a McLarney tiempo para que se escabulla con su incipiente teología intacta. Después de todo, sólo los vivos pueden hablar por los muertos, y McLarney está vivo y los muertos no. Por virtud de ese hecho innegable tiene derecho a ganar el debate incluso con un razonamiento poco convincente.

Viernes 19 de agosto

Dave Brown pilota el Cavalier hasta una manzana donde están las luces de emergencia azules, lo bastante cerca como para hacerse una idea general de la escena.

—Ya cojo yo este —dice.

—De verdad que eres un mierda —le dice Worden desde el asiento del pasajero—. ¿Por qué no te acercas y echas un vistazo antes de decidirte?

—Eh, lo he decidido ahora.

—¿No quieres ver antes si ya hay un detenido?

—Eh —repite Brown—, lo he decidido ahora.

Worden niega con la cabeza. El protocolo exige que, cuando dos inspectores están en un coche camino de la escena de un crimen, uno de ellos debe ofrecerse como inspector principal antes de conocer nada del caso. Por este acuerdo tácito se minimizan las discusiones en las que un inspector acusa a otro de coger los casos que se resuelven solos y de pasar de los duros de roer. Al esperar hasta que la escena del crimen queda a la vista, Dave Brown está pisando el límite de la norma, y Worden, como no podía ser de otra manera, se lo está haciendo saber.

—Pase lo que pase —dice Worden—, no te voy a ayudar con este caso.

—¿Es que te he pedido yo ayuda, joder?

Worden se encoge de hombros.

—No es que pudiera ver bien el cuerpo.

—Buena suerte —dice Worden.

Brown quiere este asesinato por el sitio en el que está la escena del crimen y, como razón, es bastante buena. Por un lado, el Cavalier está aparcado ahora en el número 1900 de la calle Johnson en el fondo de Baltimore Sur. Y el fondo de Baltimore Sur está en el vientre de Billyland. Billyland es una zona que se extiende desde Curtis Bay hasta Brooklyn y desde el sur de Baltimore hasta Pigtown y el parque Morrell, y constituye una unidad geográfica reconocible para todos los policías de Baltimore, una subcultura que se ha convertido en el hábitat natural de los descendientes de los virginianos y virginianos occidentales que abandonaron las minas de carbón y las montañas para alimentar de trabajadores las fábricas de Baltimore durante la segunda guerra mundial. Para disgusto de los grupos étnicos blancos asentados allí previamente, los *billies* tomaron calles enteras de casas de ladrillo rojo y mampostería en las estribaciones sur de la ciudad, un éxodo que definió Baltimore tanto como el movimiento en el norte de negros de Virginia y las dos Carolinas durante la misma época. Billyland tiene un lenguaje y una ética propios, un tejido social característico y diferente. Los billies no viven en Baltimore, sino en Bawlmer, que es como lo pronuncian ellos; es la influencia de los apalaches lo que da al lenguaje de los barrios blancos de la ciudad buena parte de su peculiar acento. Y aunque el descubrimiento del flúor ha hecho que hasta los billies más auténticos conserven más dientes con cada generación que pasa, nada evita que los tatuadores de la calle East Baltimore traten sus cuerpos como lienzos en blanco. Del mismo modo, una chica billy llamará a la policía cuando su novio le tire una botella de National Premium a la cabeza, y luego saltará con las uñas fuera sobre el uniforme del distrito Sur en cuanto llegue para arrestar a su hombre.

Los policías de Baltimore reaccionan ante la cultura de los billies con el mismo desdén y humor con el que reaccionan ante la cultura del gueto. Esta actitud, si acaso, confirma que lo que hace que los policías desprecien a la masa sucia no es racismo, sino, en todo caso, clasismo. Y en la unidad de homicidios en particular, el buen funcionamiento de la coalición de inspectores blancos y negros deja bastante claro este punto. Igual que Bert Silver se salva del rechazo general que producen las mujeres policía, Eddie Brown, Harry Edgerton y Roger Nolan son considerados casos especiales por los inspectores blancos. Si eres pobre y negro y tu nombre está flotando en algún punto de la memoria del ordenador de la policía de Baltimore, entonces eres un moreno y —según lo poco sofisticada que sea la mente del policía— quizá incluso un negrata de encefalograma plano. Si, no obstante, eres Eddie Brown y estás en la mesa de al lado, o Greg Gaskins de la oficina del fiscal del estado, o Cliff Gordy en el tribunal de primera instancia, o cualquier otro buen ciudadano que paga los impuestos, entonces eres un hombre negro.

En Billyland se aplica una lógica similar.

Puede que procedas de las mismas montañas que el resto de Pigtown, pero en la mente de un inspector eso no te convierte en un auténtico billy. Quizá seas sólo otro chico blanco; quizá hayas terminado el decimosegundo curso en el instituto Southern y hayas conseguido un trabajo decente y te hayas mudado a Glen Burnie o Linthicum. O quizá seas como Donald Worden, que creció en Hampden, o como Donald Kincaid, que habla con acento de las montañas y lleva un tatuaje en el dorso de la mano. Por otra parte, si te pasas media vida bebiendo en la B&O Tavern en la calle West Pratt y la otra mitad entrando y saliendo del juzgado del distrito Sur por robo, alteración del orden público, resistencia a la autoridad y posesión de fenciclidina, entonces para un inspector de Baltimore eres, sin duda, un auténtico billy, un paleto blanco, una cabra de ciudad, un agujero negro sin cerebro, concebido dentro de un grupo que cada vez tiene menos diversidad genética. Y si entorpeces su trabajo, te lo dirá a la cara.

Sea cual sea su opinión sobre la cultura billy, todos los inspectores de Baltimore están de acuerdo en que lo mejor de trabajar un asesinato en el lado blanco de la ciudad —además de la novedad, pues es muy poco habitual— es que los billies hablan. Hablan en la escena, hablan en las salas de interrogatorios, de verdad buscan el número de las oficinas de homicidios y llaman por teléfono para hablar. Y cuando se les pregunta si quieren permanecer en el anonimato, un buen billy pregunta que por qué coño iba a quererlo. Da su nombre auténtico y su dirección real. Ofrece también su número del trabajo, el número de teléfono y nombre de su novia, el teléfono de la madre de su novia, y te cuenta todo pensamiento que le haya pasado por la cabeza desde la escuela. El código de la calle —la regla del gueto que dice que un hombre jamás debe, bajo ninguna circunstancia, hablar con la policía— no quiere decir nada en Billyland. Quizá es porque entre los policías hay uno de los viejos muchachos, quizá es porque el típico billy de Baltimore es muy digno y nunca acabó de incorporar la mentira como forma de arte. Sea como fuere, el caso es que un inspector que trabaja un asesinato de un blanco en el distrito Sur o el Suroeste suele tener más información de la que puede utilizar.

Dave Brown sabe todo eso, claro. Y cuando ve el remolino de luces azules que rodea la escena del crimen tiene muy presente que necesita una resolución para equilibrar todo el rojo que tiene en la pizarra. Arrastra un par de casos abiertos, el más destacable el asesinato de Clayvon Jones, que no puede resolverse sin un testigo por muchas llamadas anónimas que den el nombre del sospechoso. Por lo general habría olvidado al joven Clayvon y atribuido la no resolución de su asesinato a un caso de mucha mala suerte, pero el regreso de Corey Belt del distrito Oeste para el operativo de Geraldine Parrish era, para Brown, un motivo de auténtica angustia. Sin duda, Belt había impresionado a McLarney en la investigación del asesinato de Cassidy y ahora estaba felizmente emparejado con Donald Waltemeyer, el compañero habitual de Brown, en la investigación de los asesinatos para cobrar el seguro de Parrish, que podía durar meses.

Anoche, sin ir más lejos, Brown había hecho alguna broma sobre su estatus. Sentado en la máquina de escribir de la oficina de administración al principio del turno de noche, escribió un corto y quejoso memorando a McLarney que dejó en el casillero del inspector jefe:

> Con el agente Corey (Soy una superestrella) Belt asomando por el horizonte, he pensado en dedicar unos momentos a presentarme a usted.
>
> Hasta que llegué a su brigada no era más que otro maniaco homosexual drogadicto de pelo largo. Trabajar bajo su dirección aprovechando sus conocimientos, talento, habilidad, bondad y amor me he convertido en un inspector de incuestionable capacidad. Teniendo en cuenta esto y, para mayor abundamiento, lo que sienten mis compañeros hacia mí (Worden: «Es un puto inútil»; James: «El cabrón nunca paga la ronda en el bar»; Ed Brown: «Ni siquiera sé de quién me estás hablando»), me preguntaba qué planes tendría usted para que CONTINUARA a su servicio.
>
> Permaneceré vigilante, esperando su respuesta. Respetuosamente (todo el mundo se aprovecha de mí),
>
> DAVID JOHN BROWN, inspector.
> ¿DIC? ¿Homicidios? (Para siempre, por favor, Dios)

McLarney encontró el memorando a la hora de empezar el turno de medianoche y lo leyó en voz alta en la sala del café, riéndose en los pasajes más obsequiosos.

—Es divertido —declaró al concluir—, verdaderamente patético, pero divertido.

Los problemas de Fred Ceruti no habían pasado desapercibidos y Dave Brown, al menos en su febril imaginación, sentía un poco de la misma tensión. Conduciendo hacia la calle Johnson había razonado que una salida de investigación hacia Billyland podía ser precisamente la cura que necesitaba.

—Bueno, Brown —dice Worden, saliendo del asiento del pasajero—, vamos a ver qué es lo que te ha tocado.

La mujer está boca abajo sobre el barro y la piedra, una figura pálida enmarcada por un semicírculo de coches patrulla. Es una mujer de poca estatura con pelo liso de un rojo cobrizo y cuyo top a rayas blancas y rojas está rajado y deja al descubierto casi toda la espalda; tiene los pantalones cortos de pana desgarrados en un lado, revelando las nalgas. Un par de bragas color crema, también desgarradas en el lado izquierdo, están bajadas hasta las rodillas y una sola sandalia descansa a unos pocos pasos de su pie derecho. En el cuello lleva un fino collar de oro, y un par de pendientes de oro en forma de aro han quedado sobre la grava a ambos lados de la cabeza. Al inspeccionarlos más de cerca, se observa que uno de los pendientes está ensangrentado, al parecer porque fue arrancado del lóbulo de la oreja izquierda de la mujer, que muestra laceraciones y sangre seca. Esparcidas cerca del cuerpo hay unas pocas monedas; con mucho cuidado, Worden saca veintisiete dólares en billetes de un bolsillo trasero. Joyas, dinero...; si fue un robo, no tuvo mucho éxito.

Dave Brown mira a Worden, consciente del hecho de que el Gran Hombre participa en esa investigación a regañadientes.

—¿Cuántos años dirías que tiene, Donald?

—Veinticinco. Quizá un poco mayor. No te sabría decir hasta que le demos la vuelta.

—Yo diría que veinticinco pueden ser muchos.

—Puede —dice Worden, inclinándose sobre la mujer—. Pero te diré cuál es la primera pregunta que tengo.

—Déjame adivinarlo. Quieres saber dónde está la otra sandalia.

—Exacto.

La escena es una parcela de gravilla que sirve como zona de carga y descarga de un viejo almacén de ladrillo rojo junto a la vía del ferrocarril. Hay tres camiones aparcados en el extremo este de la parcela, pero los conductores estaban durmiendo en la parte de atrás de las cabinas y no vieron nada; pasara lo que pasara allí, sucedió tan rápida o silenciosamente que no los despertó. El cuerpo está en el lado oeste de la parcela, cerca del almacén propiamente dicho, a quizá diez o quince pasos de la pared de cemento del muelle de carga. En el extremo del muelle hay un camión con remolque que impide que se vea el cuerpo desde la calle Johnson.

La encontraron dos adolescentes que vivían a pocas manzanas de allí y habían salido a pasear un perro al amanecer. A ambos los habían enviado los uniformes a la central, y pronto McLarney estará ocupado tomándoles declaración. Ambos son billies de tomo y lomo, con tatuajes de Harley-Davidson y antecedentes policiales por delitos menores, pero no hay nada en su historial que despierte sospechas.

Mientras Worden se encarga de los técnicos del laboratorio, Dave Brown empieza a caminar a lo largo de la parcela de grava, desde el muelle de carga hasta la hierba muy alta que ha crecido junto a las vías de ferrocarril. Salta sobre el muelle de cemento, luego camina alrededor de ambos lados del almacén. No encuentra la sandalia. Brown recorre una manzana y media por la calle Johnson, comprobando la alcantarilla, luego rehace sus pasos y va hacia el extremo sur de la parcela, donde salta hacia las vías y las revisa durante unas cuantas decenas de metros. Nada.

Para cuando regresa, el técnico del laboratorio ha recuperado el dinero y las joyas, fotografiado el cuerpo en su posición original y hecho un diagrama de la escena. Los ayudantes del forense han llegado también y tomado fotos con sus Polaroid, seguidos por dos cámaras de los noticiarios de la televisión que se han apostado en la entrada de la parcela y han rodado unos cuantos segundos para las noticias de mediodía.

—¿Pueden ver el cuerpo desde allí? —pregunta Worden, volviéndose hacia el sargento del sector.

—No. Los tapa el camión.

Worden asiente.

—¿Estamos listos? —pregunta Brown.

—Venga —dice el que manda entre los ayudantes del forense, poniéndose los guantes—. Volvámosla lentamente y sin tirones.

Con cuidado, los dos ayudantes le dan la vuelta al cuerpo y ponen a la muerta de espaldas. El rostro resulta estar en carne viva y ensangrentado. Y, más sorprendente todavía, unas marcas de ruedas de coche cruzan la parte superior del torso y la cabeza en diagonal.

—Caramba —dice Dave Brown—. Un atropello.

—Bueno, ¿quién iba a imaginárselo? —dice Worden—. Supongo que esto cambia las cosas.

El inspector más veterano se acerca al Cavalier, coge una de las radios de mano y abre el canal que emite a toda la ciudad.

—Sesenta y cuatro cuarenta —dice Worden.

—Sesenta y cuatro cuarenta.

—Estoy en una escena de un homicidio en la calle Johnson y necesito que venga un supervisor de la sección de investigaciones de tráfico.

—Diez cuatro.

Medio minuto después, un sargento de la SIT está en la radio y le explica al operador que no hace falta que vaya a la calle Johnson porque el incidente es un homicidio y no un accidente de tráfico. Worden escucha la conversación y se enfada cada vez más.

—Sesenta y cuatro cuarenta —dice Worden, interrumpiendo.

—Sesenta y cuatro cuarenta.

—Sé que es un homicidio. Necesito a alguien de la SIT aquí para que nos asesore.

—Diez cuatro —dice el hombre de tráfico, interviniendo de nuevo—. Estaré allí en unos minutos.

Increíble, piensa Worden, un ejemplo perfecto del gesto reflejo de ese-no-es-mi-trabajo. La sección de tráfico se encarga de los fallecidos en accidentes de circulación, incluyendo los atropellos en los que el conductor se da a la fuga, así que les cuesta enviar a un hombre si con eso se van a tener que quedar con el caso. McCallister y Bowman se encontraron con algo parecido en marzo cuando llamaron a los de tráfico después de encontrarse con un cuerpo con un impacto en el hombro en la avenida Bayonne en el noroeste de la ciudad. Los inspectores empezaron a peinar la escena en busca de restos de cromo y de pintura mientras el hombre de tráfico buscaba casquillos de bala.

—¿Lo has oído? —pregunta Worden, casi divertido—. Ese tío no ha dicho que vendría hasta que me ha oído decir que era un homicidio.

Dave Brown no contesta, preocupado por el cambio de escenario. Una muerte por accidente de tráfico requiere una aproximación totalmente distinta, pero ninguno de los dos inspectores cree que se trate de un accidente. Por un lado, el cuerpo está en una parcela de grava vacía y fue atropellado a menos de tres metros de distancia de la pared de cemento del muelle de carga: es difícil imaginar que un coche se pusiera a circular a gran velocidad en un sitio tan pequeño. Más importante todavía es la sandalia que falta. Si la mujer asesinada era una peatón, si fue víctima de un atropello y posterior fuga del conductor, entonces ¿por qué no estaba la otra sandalia por allí cerca? No, razonan los inspectores, no era una peatón; llegó a la escena en el coche que la mató y lo más probable es que tuviera que bajarse del coche apresuradamente, dejando atrás una de sus sandalias.

Al examinar el cuerpo más de cerca, Worden ve que hay hematomas por la forma aproximada de dedos en ambos brazos. ¿La agarraron por ahí? ¿La atacó el asesino antes de llevarla al coche y acabar con ella? Y los pendientes, ¿se los arrancó el movimiento de la rueda sobre su cabeza o se los arrancaron en una pelea anterior al atropello?

Ya sin temor a que le carguen el caso, el sargento del SIT llega momentos después. Tras examinar las marcas de rueda en la mujer muerta, empieza a hablar sobre el diseño radial de los neumáticos y sobre las mil pequeñas diferencias que hay entre los diversos fabricantes. Antes de que el cerebro se le vuelva yogur, Dave Brown interrumpe el discurso.

—¿Qué cree que la atropelló?

—Es difícil decirlo. Pero esos neumáticos son habituales en un coche deportivo. Un Datsun 280Z. O un Camaro. Algo así.

—¿Nada más grande?

—Quizá un poco más grande, pero tiene que estar en esa misma categoría de coches deportivos. Son neumáticos de alto rendimiento, como los que se ponen en un coche que rueda muy pegado al suelo.

—Gracias —dice Worden.

—De nada.

Dave Brown se acuclilla para examinar de cerca las huellas de la rueda.

—No hay duda de que es un asesinato, Donald —dice—. Estoy convencido de ello.

Worden asiente.

Pero los conductores que duermen en las cabinas de los camiones en el extremo opuesto de la parcela no oyeron nada, ni tampoco los empleados del ferrocarril de la oficina al otro lado de las vías recuerdan haber oído ningún ruido ni haber visto la luz de unos faros. Worden habla con el sargento del sector, que le dice que a eso de las cuatro de la mañana —poco más de dos horas antes de que se descubriera el cuerpo— se disparó la alarma de incendios del almacén. Los camiones de bomberos de los parques de bomberos de la avenida Fort y la calle Light fueron directamente a la parcela de grava, confirmaron que no había llamas ni humo y luego se marcharon, presumiblemente sin ver el cuerpo. O bien la mujer fue asesinada después de las cuatro de la mañana o la mitad del departamento de bomberos pasó con sus camiones por encima del cadáver. Y pensándolo bien, medita Worden, quizá lo hicieran.

El dato de la alarma de incendios hace que ambos inspectores comprendan que la mitad de su escena del crimen ya ha sido destruida. Si el arma que se ha utilizado ha sido un coche, las rodadas son muy importantes y, en una parcela de barro y grava, deberían ser fáciles de encontrar... siempre que, claro, todo un convoy de camiones de bomberos no circule por la escena del crimen, por no mencionar la media docena de coches patrulla presentes, todos los cuales se han detenido a sólo unos pasos del cadáver. Dave Brown podría pasarse un mes entero identificando rodadas para descartar las de todos los vehículos que han estado en la parcela. Con la esperanza de hallar una vía más sencilla, comprueba el cemento blanco del muelle de carga y el metal rayado de un contenedor de basura, en busca de golpes y rayadas nuevas.

—Es un sitio muy estrecho —dice—. ¿No sería fantástico que el tipo hubiera rayado el guardabarros al mover el coche por aquí?

Sería maná caído del cielo, pero incluso mientras habla, Brown sabe que la única prueba física que tiene es el propio cuerpo. Y dependiendo de lo que pase en la sala de autopsias dentro de dos horas, puede que también de esa prueba le quede muy poco. En contra de lo que había esperado, la calle Johnson se configuraba como un caso duro de roer; el viaje a Billyland no estaba resultando nada divertido.

Después de que el cuerpo haya desaparecido en la parte de atrás de una furgoneta, los dos inspectores caminan hacia la entrada de la parcela en la calle Johnson, donde a lo largo de las últimas dos horas se ha reunido un nutrido grupo de mirones. Una mujer joven hace gestos a Dave Brown para que se acerque y le pregunta el nombre de la víctima.

—No lo sabemos todavía. No hemos encontrado ningún documento de identificación.

—¿Tenía unos cuarenta y pico años?

—No, era joven. Mucho más joven, creo.

Con el inspector esforzándose por no perder la paciencia, la mujer explica lentamente que su tía se marchó de su casa en la calle South Light la última noche y no se la ha visto desde entonces.

—Todavía no sabemos quién es —repite Brown, dándole una tarjeta—. Si quiere llamarme más tarde, probablemente sabré algo más.

La mujer coge la tarjeta y abre la boca para hacer otra pregunta, pero Brown ya está en el asiento del conductor del Cavalier. Si el caso fuera un tiroteo común y corriente, los inspectores estarían matándose por conseguir una identificación y entrevistar a los parientes. Pero este caso depende de la autopsia.

Brown enciende en motor y lleva el Cavalier por la calle South Charles a ochenta kilómetros por hora sin ningún motivo en particular. Worden se lo queda mirando.

—¿Qué? —pregunta Brown.

Worden sacude la cabeza.

—Pero ¿qué pasa? Soy policía. Tengo permiso para conducir así.

—No conmigo en el coche.

Brown pone los ojos en blanco.

—Pasa por el Rite Aid de la calle Baltimore —dice Worden—. Necesito puros.

Como si aquello fuera el motivo que buscaba, Brown pisa a fondo y se salta todos los semáforos de camino al centro. En Calvert con Baltimore aparca en doble fila frente a la tienda y sale del asiento del conductor antes de que Worden pueda reaccionar. Hace señas al inspector más veterano para que no se mueva, y regresa un minuto más tarde con un paquete de sus cigarrillos y otro de Backwoods.

—Incluso te he traído uno de esos mecheros rosa que tanto te gustan. El de tamaño grande.

Una oferta de paz. Worden mira el encendedor y luego a Dave Brown. Ambos son hombres grandes, ambos están más apretados de lo que la dignidad exige en el interior de un coche familiar económico de dos puertas. Son carne aprisionada en ese coche, una visión de humanidad comprimida que de algún modo se abre a múltiples posibilidades cómicas.

—Dicen que hay que ser muy hombre para llevar un mechero rosa —dice Brown—. Muy hombre o un hombre familiarizado con estilos de vida alternativos.

—Ya sabes por qué necesito el de tamaño grande —dice Worden, encendiendo un puro.

—Porque no puedes meter tus dedos regordetes en los pequeños.

—Exactamente —dice Worden.

El Cavalier avanza entre los baches y placas metálicas de la calle Lombard con el tráfico del final de la mañana. Worden expulsa el humo por la ventanilla y mira cómo las secretarias y los hombres de negocios salen de los edificios de oficinas para comer temprano.

—Gracias por los cigarros —dice al cabo de una o dos manzanas.

—De nada.

—Y por el encendedor.

—De nada.

—Aun así no te voy a ayudar con este.

—Ya lo sé, Donald.

—Y conduces como un loco.

—Sí, Donald.

—Y sigues siendo un mierda.

—Gracias, Donald.

—Doctora Goodin —dice Worden señalando la camilla metálica que está justo fuera de la puerta de la sala de autopsias— ¿le toca a usted?

—¿Ese de allí? —dice Julia Goodin— ¿Es vuestro caso?

—Bueno, en realidad el inspector principal es el señor Brown, aquí presente. Yo sólo le acompaño para darle apoyo moral.

La doctora sonríe. Es una mujer pequeña, de hecho, muy pequeña, con pelo rubio muy corto y gafas de montura metálica. Y a pesar de la autoridad adicional que le confiere la bata blanca de laboratorio, es una mujer joven que se parece un poco a Sandy Duncan. Hablando en plata, Julie Goodin no tiene aspecto de carnicera y, considerando cuál es el estereotipo prevaleciente en esa profesión, probablemente eso sea un cumplido.

—Y también —dice Worden— porque Brown me ha prometido que me invitará a desayunar aquí enfrente.

Dave Brown fulmina a Worden con la mirada. Puros. Encendedor. Desayuno. Miserable viejo cabrón, piensa. ¿por qué no me traes también los recibos de tu hipoteca?

Worden responde con una sonrisa y luego se concentra en la patóloga, que ahora se encuentra de espaldas a los dos hombres. Está en el lavamanos metálico, cortando a través de los órganos de su cliente de esa hora, un hombre negro de mediana edad cuya vacía carcasa aguarda como bostezando en la mesa justo detrás de la doctora.

—Supongo —dice Worden— que está encantada de volver a trabajar conmigo, ¿no?

Julia Goodin sonríe.

—Siempre es interesante trabajar en sus casos, inspector Worden.

—Interesante, ¿eh?

—Siempre —dice ella sonriendo de nuevo—. Pero no podré ocuparme de ella hasta dentro de una media hora.

Worden asiente y va hacia la sala de pesaje con David Brown.

—Creo que de verdad se alegra de verme.

—¿Por qué?

—Tiffany Woodhous. El caso del bebé.

—Ah, claro.

La doctora Goodin lleva sólo unos pocos meses en la calle Penn, pero ya existe una historia entre ella y Worden. Fue una cagada en cadena de esas que pasan, y sucedió hace tres semanas cuando llegó una llamada que denunciaba sospechas de pederastia en Bon Secours, donde el cuerpo roto de un niño de dos años muerto recibió a Worden y Rick James en la sala de examen trasera. Tiffany Woodhous había llegado al hospital como un caso de fallo cardiaco, pero cuando los enfermeros de emergencias le metieron al bebé un tubo hasta el estómago, el único líquido que sacaron fue sangre de una herida anterior. Los médicos entonces se dieron cuenta de que se estaba desarrollando rígor mortis en el rostro y las extremidades. Ambos inspectores notaron un gran hematoma en la sien derecha del bebé, así como otros en el hombro, la espalda y el abdomen.

Asumiendo lo peor, los inspectores se llevaron a los padres a homicidios y, cuando supieron que había otros tres niños en la casa de la familia en la calle Hollins, contactaron con el departamento de servicios sociales. Pero después de un interminable interrogatorio, el padre y la madre mantuvieron que no tenían ni idea de qué podía haber causado esas heridas. Entonces su hija de trece años despertó nuevas sorpresas al mencionar un incidente que había ocurrido cuando su primo de diez años estaba cuidando al bebé. La hija dijo que ella estaba en el segundo piso de la casa cuando oyó un golpe; y que, cuando bajó a preguntar qué había pasado, su primo le explicó que había dado una palmada. Después de eso, le explicó la niña a Worden, ella se llevó a Tiffany arriba, pero la pequeña estaba callada e inquieta. Volvió a dejar al bebé sobre el sofá y lo vigiló mientras se dormía.

Worden y James estaban comprensiblemente ansiosos por entrevistar al niño, pero de repente no se lo encontraba por ningún lado. Había estado viviendo con su tía porque ya se había escapado de la casa de su abuela en Bennett Place, y ahora había huido también de la calle Hollins. En consecuencia, cuando Julia Goodin vio por primera vez el diminuto cadáver en la autopsia de la mañana siguiente, todo lo que tenía era la declaración de la hija y los obvios traumatismos del cuerpo, que incluían un golpe fuerte en la cabeza, que le había causado una hemorragia masiva. Eso bastaba para determinar preliminarmente que se podía tratar de un homicidio, una calificación que no tardó en filtrarse a la prensa.

Más tarde, esa misma mañana, sin embargo, ese niño de diez años fue finalmente localizado por agentes del distrito en un callejón detrás de la casa de su abuela, y conducido a la unidad de homicidios. En presencia de su madre y de un fiscal de menores, prestó una declaración completa. Les dijo a los inspectores que estaba solo con Tiffany poco antes de la una de la tarde cuando el bebé empezó a llorar. La levantó, jugó con ella hasta que se calmó y luego la sentó en el brazo de la mecedora del salón. Pero mientras el niño miraba la televisión, el bebé se cayó hacia atrás y se golpeó la cabeza con una bicicleta que estaba tirada en el suelo detrás de la mecedora. La pequeña se puso a llorar desconsoladamente y el niño salió corriendo afuera en busca de su prima. No la encontró y le entró el pánico. Justo entonces la niña de trece años regresó y los dos se dieron cuenta de que a Tiffany se le habían puesto los ojos en blanco. Pusieron al bebé en un colchón de espuma en el salón de la casa y oyeron cómo le salía de la garganta un ruido rasposo. Se dieron cuenta entonces de que Tiffany había dejado de respirar.

Intentaron resucitar a la niña, un intento frenético y torpe que explicaba los hematomas en el pecho, espalda y abdomen. La pequeña volvió a respirar y la pusieron de nuevo en el sofá. Dejó de respirar otra vez y de nuevo intentaron reanimarla, esta vez rociándola con agua fresca. Luego se llevaron a la niña al salón y la tendieron junto a su hermano de un mes. No llamaron a una ambulancia.

Cuando volvieron a entrevistar a la niña de trece años ese mismo día, se retractó de lo que había dicho. Había mentido por miedo a sus padres, y ambos adolescentes no habían pedido ayuda médica por el mismo motivo. Sólo cuando los padres regresaron a casa a las ocho de la noche se llamó finalmente a la ambulancia. El comportamiento de los niños había sido estúpido, y el resultado, trágico; pero, en opinión de Worden, aquel no era, por mucha imaginación que se le pusiera, un caso de asesinato.

Pero la oficina del forense, y Julia Goodin en particular, no estaba convencida de ello. Como patólogo en jefe, John Smialek apuntó que las heridas de la cabeza eran muy graves, más graves, de hecho, de las que se habría hecho un niño cayéndose de una silla. Pero Worden creía a su joven testigo, que había descrito la caída de la niña como una pirueta hacia atrás desde el brazo de la mecedora para ir a parar directamente sobre la barra del manillar de la bicicleta. Y cuando los inspectores convencieron a Tim Doory, en la oficina del fiscal del estado, de que no presentara cargos por el crimen, Smialek insistió en que se reunieran. La oficina del forense no tenía intención de cambiar la calificación, le dijo al fiscal, y le preocupaba que el caso fuera a parecer un encubrimiento de los inspectores que no querían acusar de asesinato a un niño de diez años porque sabían que jamás podrían ganar el caso ante un tribunal.

Fue una especie de duelo al sol, y el problema al que se enfrentaba Goodin era sencillo: un patólogo forense no puede equivocarse. Nunca, ni una sola vez. Ni siquiera en un diagnóstico provisional. Porque es una regla fundamental que cualquier error que cometa un experto en cualquier campo criminal —patología, pruebas, balística, código genético—, una vez reconocido públicamente, se convierte en patrimonio de todos los abogados defensores de la ciudad. Dale a un abogado un solo caso en el que la opinión de un experto pueda ser criticada y llevará ese tren directamente por la vía de la duda razonable. Y, más aún que en la mayoría de los casos, la muerte de una niña de dos años iba a ir directamente a los titulares de los periódicos.

«Muerte de niña declarada homicidio; no se presentarán cargos», declaró el *Sun*. El periódico citó una declaración de D'Addario:

—Tenemos la base para un caso, pero no podemos confirmar qué sucedió en la casa... Tenemos que ceñirnos al dictamen del forense.

Smialek contrarrestó lo dicho por D'Addario afirmando que la explicación del niño que cuidaba al bebé «no era consistente con las heridas [...] el bebé murió como resultado de las acciones de otra persona». El forense concedió, sin embargo, que la muerte podía ser consecuencia de una intervención accidental de otra persona, pero no había forma de saberlo. Esforzándose por hallar puntos de acuerdo, Smialek explicó cuidadosamente que un dictamen médico de homicidio no necesariamente comporta una acusación penal de homicidio. Mientras tanto, una portavoz del departamento de policía les hizo a los periodistas un resumen inteligente de la situación:

—No fue asesinada. Eso es todo lo que tengo que decir.

Al final la investigación de Tiffany Woodhous terminó de forma extraña para Worden, con un dictamen médico de homicidio por el que nunca se presentarían cargos. Otra consecuencia fue que la unidad de homicidios y la oficina del forense tuvieron que esforzarse por llegar a acuerdos bajo el escrutinio de la opinión pública, y fue, en retrospectiva, un tipo de caso en la media del año que estaba teniendo Worden.

Ahora, tres semanas después, el Gran Hombre está de vuelta en la calle Penn con otro cuerpo. Y quién sino Julia Goodin le espera en la sala de autopsias.

Los dos inspectores ven cómo su Juana Nadie de Billyland es pasada bajo la cámara de fotos de la sala exterior, y Worden le pide al ayudante que preste especial atención a las huellas de neumático en el brazo izquierdo y parte superior del torso. Quince minutos después siguen a su víctima a la sala de autopsias, donde empieza el examen externo en el primer espacio disponible, que resulta estar entre una víctima de un incendio de Prince George y un accidente de tráfico de Frederick.

La doctora Goodin es siempre muy cautelosa. Y después del lío que se montó con Tiffany Woodhous, ahora trabaja incluso con más calma. Se mueve lentamente alrededor del cuerpo, anotando la localización de las huellas de neumático, de las magulladuras, de las contusiones y de toda herida visible. Las anota todas en la primera hoja de su carpeta, que tiene dibujada una silueta de una mujer boca abajo. Comprueba cuidadosamente las manos en busca de pruebas y raspa las uñas, aunque no encuentra nada en las muestras que indique que la víctima luchara contra ningún asaltante. Presta especial atención a las espinillas y muslos de la víctima, buscando las delatoras marcas del parachoques que indicarían que había sido atropellada mientras estaba de pie y que luego el coche le había pasado por encima. Pero no hay nada.

Worden señala las marcas de dedos en los brazos.

—¿La agarraron antes? —pregunta.

Goodin niega con la cabeza.

—De hecho —dice—, eso son contusiones que se podrían haber producido cuando el vehículo la atropelló.

Worden menciona los pendientes, encontrados uno a cada lado de su cabeza, junto con mechones de pelo. ¿Podría haberlos arrancado un agresor violento?

—Lo más probable es que fueran arrancados cuando el coche le pasó por encima.

¿Y los pantalones rasgados? ¿Las bragas rotas? No, dice Goodin, sosteniendo ambas piezas de ropa juntas para demostrar que se partieron por el mismo lado, en el punto que resultaría el más débil si le pasara una rueda por encima.

—Esto lo pueden haber hecho las ruedas.

Worden suspira, se aparta y mira a Brown. Ambos inspectores ven claramente por dónde van los tiros, así que será mejor que dejen trabajar a la buena doctora y se retiren al restaurante Penn.

—Bueno —dice Worden—, estaremos al otro lado de la calle y volveremos en una media hora.

—Pueden tardar una hora.

Worden asiente.

El restaurante Penn es un local básicamente de comidas, un establecimiento propiedad de una familia griega, la mayoría de cuyos clientes proceden del complejo hospitalario al otro lado de la calle. La decoración es azul y blanca, bastante recargada de formica y con los inevitables murales con pinturas de la Acrópolis y un mapa del mar Egeo. Los *gyros* son excepcionales; los desayunos, aceptables; y la cerveza, fría. Brown pide el plato combinado de bistec y huevos fritos. Worden, una cerveza.

—¿Cómo quiere el bistec? —pregunta la camarera.

—Le gusta poco hecho —dice Worden, sonriendo.

Brown le mira.

—Vamos, David, pídetelo bien sangriento y demuéstranos que no te impresiona.

—Normal —dice Brown.

Worden sonríe y la camarera se marcha hacia la cocina. Brown mira a su veterano compañero.

—¿Tú qué crees?

—Yo apostaría ahora mismo que no lo va a calificar como asesinato —le dice Worden.

—No después de lo que le hiciste pasar la última vez —dice Brown con cinismo—. Desde luego, la arruinaste para el resto de nosotros.

—Bueno, qué quieres...

Comen y beben en silencio. Al terminar el bistec, Brown mira de nuevo a Worden.

—¿Sabes lo que voy a hacer? —dice—. Voy a tener que sacarla de ahí y enseñarle la escena.

Worden asiente.

—¿Crees que eso ayudará?

Worden se encoge de hombros.

—Sé que es un asesinato, Donald.

Brown termina el café y se fuma su segundo cigarrillo. En mayo había conseguido bajar a sólo dos pitillos al día gracias al método de la clínica Johns Hopkins. Ahora, cuando tosía, parecía un triturador de basura en el que se ha colado una cuchara.

—¿Listo?

—Sí.

Cruzan la calle, bajan por la rampa y pasan por el muelle de carga, atraviesan las puertas que marcan la entrada a la sala de descomposición; allí se examinan los casos más horribles, que se separan de los otros para que la vida en la calle Penn no sea totalmente insufrible. Ya en el mismo muelle de carga se percibe un rastro de un hedor insoportable.

En la sala de autopsias, Julia Goodin está terminando su examen. Como esperaban, les dice que nada en el cuerpo apunta concluyentemente a un homicidio. Particularmente importante es la ausencia de contusiones visibles en las piernas. Lo más probable, explica, es que la mujer ya estuviera tumbada en aquella parcela cuando la atropellaron. Los resultados de toxicología tardarán semanas, pero tanto Goodin como los inspectores imaginan que darán positivo como mínimo por alcohol y quizá también por drogas. Después de todo es una chica billy a la que han encontrado un domingo por la mañana; lo más probable es que hubiera ido, por lo menos, a dos bares la noche anterior. No hay semen ni ningún indicio directo de agresión sexual.

¿Cómo sabemos, pregunta Goodin, que no se cayó al suelo borracha antes de que la atropellaran? ¿Y si alguno de aquellos camiones con remolque no la vio en el suelo mientras iba marcha atrás hacia el muelle de carga?

Worden le comenta lo que ha dicho el hombre de tráfico sobre las marcas de ruedas, que sugerían que el vehículo que la había atropellado no había sido un camión sino un coche deportivo.

—Si una camioneta o un camión le hubieran pasado por encima —dice Worden—, habrían causado mucho más destrozo, ¿no?

—Es difícil decirlo.

Dave Brown saca el tema del zapato que falta. Si se hubiera caído borracha, ¿no estaría su sandalia por allí cerca? Es intrigante, admite Goodin, pero sigue sin estar convencida y arguye que, si la víctima estaba borracha, podría haber perdido la sandalia dos manzanas antes de caerse al suelo.

—Miren, chicos, si me traen algo concluyente, dictaminaré que es un homicidio —dice—. Pero ahora mismo no tengo otra opción que dejarlo pendiente.

Más adelante, esa misma tarde, Dave Brown regresa a la calle Penn y recoge a la doctora para llevarla a la escena del crimen, argumentando que tiene que ver la parcela para comprender que no es un lugar donde se pueda haber producido el típico atropello y posterior fuga del conductor. Goodin le escucha atentamente, examina el lugar y asiente, pero aun así se niega a considerar el incidente un homicidio.

—De todas formas sigo necesitando alguna prueba concluyente —insiste—. Tráigame algo definitivo.

Brown acepta la derrota con elegancia y, aunque sigue convencido de que el caso es un asesinato, comprende que tenga que dejarse pendiente. Después de todo, hace sólo tres semanas que Goodin declaró un asesinato sólo para ver cómo acto seguido nuevas pruebas ponían en tela de juicio su decisión; ahora el mismo grupo de vaqueros le pedían que declarara otro asesinato sin tener ninguna prueba concluyente. Probablemente sea un asesinato, medita Brown, pero ahora mismo probablemente deba ser declarado como pendiente.

Sin embargo, la decisión de Goodin crea otro tipo de problema. Un caso en que el dictamen del patólogo está pendiente no es, según la forma de pensar del departamento de policía, un asesinato. Y si no es un asesinato, no aparece en la pizarra. Y si no aparece en la pizarra, no existe. A menos que el inspector primario decida por sí mismo proseguir con la investigación de un caso calificado de pendiente, lo más probable es que, cuando el inspector reciba una llamada que le diga que *sí* es un asesinato, sea demasiado tarde para llevar a cabo una investigación efectiva. Si este caso se resuelve, será porque Dave Brown, de alguna manera, ha tenido capacidad para seguirlo, y Worden, por su parte, duda mucho de que la tenga.

De vuelta en la oficina de homicidios, los dos hombres se encuentran con que McLarney se ha encargado de todos los preliminares. Se ha empezado el papeleo, y los dos billies que han encontrado el cuerpo están dormidos en la pecera después de haber prestado declaración. Y la mujer con la que Brown habló en la escena ha vuelto a llamar; ha escuchado una descripción de la víctima que circula de boca en boca por el barrio y encaja con la de su tía. Brown le pregunta por las joyas de su tía, y la mujer describe tanto el collar como los pendientes. Le dice que no hay necesidad de que la familia vaya a la calle Penn para reconocer a la víctima; las heridas en la cara hacen que sea imposible. Más o menos una hora más tarde, una comparación de huellas dactilares identifica a la víctima como Carol Ann Wright, una mujer de cuarenta y tres años y aspecto juvenil que vivía a menos de dos manzanas de distancia de donde murió. Era madre de cinco hijos, y la última vez que su familia la vio con vida fue poco antes de las once de la noche del sábado, cuando fue a la calle Hanover a que la llevaran al distrito Sur, donde habían encerrado a uno de sus amigos.

Todavía no ha avanzado la tarde cuando Brown confirma que su víctima efectivamente visitó brevemente a un prisionero en los calabozos del distrito Sur y luego se marchó no se sabía a dónde. Y todavía no ha terminado esa misma tarde cuando su familia llama para contar el resto de la historia. Cumpliendo con las fervientes expectativas de Brown, la buena gente del sur de Baltimore habla entre ella y con la policía, circulando todo tipo de hechos relevantes y rumores.

Reconstruyendo la historia desde el final, Brown se entera de que poco después de que las televisiones identificaran a la víctima, a la sobrina de la víctima la llamaron unos amigos suyos del bar Helen's Hollywood, que estaba en la calle Broadway, en la zona de Fell's Point. Tanto la camarera como el propietario conocían a Carol, y los dos recordaban que se presentó allí a eso de la una de la mañana con un tipo llamado Rick, que era rubio, con el pelo largo y sucio y conducía un deportivo negro.

Poco después la familia vuelve a llamar con más información: antes de ir al bar aquella noche, Carol fue a la casa de una amiga en Pigtown un poco después de medianoche para comprar un poco de marihuana. Brown y Worden sacan un coche del garaje de la central y se presentan primero en la calle South Stricker, donde la amiga confirma la visita, pero dice que no pudo ver bien al tipo que trajo a Carol porque él se había quedado en el coche. Le pareció un tipo joven y de aspecto algo grasiento, con pelo largo y rubio. Su coche, dice, era azul o verde. Quizá de un verde azulado. Desde luego, no era negro.

Más tarde, esa noche, en Helen's, en la calle Broadway, los dos inspectores consiguen poco más de los parroquianos habituales y de los empleados del turno de noche. El tipo era rubio y llevaba el pelo largo y un poco ondulado. Y también llevaba bigote. Y era delgado.

—¿Cómo de alto? —pregunta Brown a la camarera— ¿Cómo yo?

—No —dice—. Más bajo.

—¿Cómo él? —dice, señalando a un cliente.

—Quizá un poco más bajo.

—¿Y qué hay del coche?

El coche. Nada es más frustrante para Brown y Worden que escuchar a aquella gente intentar describir el coche que atropelló a Carol Ann Wright. La mujer de la calle Stricker dice que era un utilitario azul o verde. El dueño del bar dice que era negro y deportivo, con paneles que se podían retirar en el techo y una insignia redonda en el capó, como un 280Z. No, dice la camarera, tenía esas puertas que se abren hacia arriba, como alas.

—¿Puertas como alas? —pregunta Brown, que no da crédito— ¿Cómo un Lotus?

—No sé cómo se llaman.

—¿Está segura?

—Creo que sí.

Es difícil desestimar el testimonio de la empleada porque, de hecho, salió afuera cuando cerraron y estuvo hablando con el tipo, que le contó que era un mecánico, un experto en la transmisión, y que él mismo se encargaba de la mecánica de su coche.

—Estaba muy orgulloso de ello —le dice a Brown.

Pero es muy difícil creerla cuando afirma que hay un grasiento mecánico llamado Rick que conduce por Baltimore Sur un Lotus a medida, de sesenta mil dólares, en el que lleva a chicas billy a la comisaría del distrito Sur. Sí, claro, piensa Brown, y Donald Worden es mi esclavo sexual personal.

Lo que resulta particularmente exasperante para los inspectores es que si aquellos testigos no consiguen identificar el coche correctamente —siendo el coche un objeto definido con su marca y modelo escritos en letras cromadas en su exterior—, entonces desde luego no se puede confiar en que siquiera se acerquen a dar una descripción correcta del tipo que lo conducía. Todos han mencionado el cabello rubio hasta los hombros, pero algunos dicen que lo llevaba sucio, otros que era ondulado. Sólo la mitad hablan del fino bigote, y en cuanto a la altura y peso del tío hay opiniones para todos los gustos. ¿Color de los ojos? Ni idea. ¿Rasgos distintivos? Oh, sí: conduce un Lotus.

Por lo general, una mala descripción es lo habitual. Cualquier buen inspector o fiscal sabe que la identificación de un desconocido es el tipo más débil de prueba; en un mundo tan abarrotado, la gente simplemente no tiene capacidad de recordar nuevos rostros. Muchos inspectores veteranos ni siquiera se molestan en incluir descripciones preliminares en sus informes por ese motivo: una descripción de un tipo de dos metros y ciento veinte kilos de peso resultará dañina cuando el sospechoso resulta que mide metro setenta y cinco y pesa ochenta kilos. Fieles al estereotipo, estudios policiales han demostrado que las identificaciones interraciales —negros identificando a blancos, y viceversa— suelen ser las menos fiables, pues ambas razas tienen problemas para distinguir a los miembros de la otra a primera vista. En Baltimore, al menos, la reputación de ser los peores en cuanto a descripciones e identificaciones se refiere se la llevan los coreanos, propietarios de muchas tiendas en el centro de la ciudad: «Todos se *palecen*», es el credo que siempre ofrecen a los inspectores de robos.

Pero este caso debería haber sido distinto. Por un lado, la identificación era de blanco a blanco. Por otro, el tipo estuvo en el bar más de una hora, revoloteando alrededor de Carol y conversando con los demás parroquianos y empleados. En conjunto, esta gente recuerda que el tipo dijo ser mecánico, un experto en transmisión, que bebía Budweiser, que mencionó un bar en concreto en Highlandtown con un nombre que sonaba a alemán y que todos olvidaron. Incluso recuerdan que se enfadó cuando Carol se levantó para bailar al ritmo de la música de la gramola con otra chica. Todo eso los parroquianos de Helen's lo almacenaron en su memoria y, aun así, a Brown no le queda más que una descripción parcial del tipo.

Frustrado, Brown revisa con la camarera la historia que le ha contado una segunda vez, y luego se va a conferenciar con Worden al fondo del bar, cerca de la mesa de billar.

—¿Estos son nuestros mejores testigos? —dice Brown—. No tenemos nada.

Apoyándose contra el teléfono de la pared de atrás, Worden le lanza a Brown una de esas miradas de qué-quieres-decir-nosotros-Kemosabe.

—El problema es que era hora de cerrar y estaban todos como una cuba —continúa Brown—. No se van a acordar de ese tío lo bastante bien como para hacer un retrato robot.

Worden no dice nada.

—Crees que no tiene sentido llamar al dibujante, ¿verdad?

Worden le mira con escepticismo. Incluso con buenos testigos, el dibujante nunca consigue hacer que su retrato se parezca al sospechoso. De algún modo, todos los negros acaban pareciéndose a Eddie Brown, y, según el color del cabello, todos los blancos son clavados a Dunnigan o Landsman.

Brown insiste.

—Aquí no hay bastante para un retrato robot, ¿verdad?

Worden alarga la mano.

—Dame veinticinco centavos.

Brown pesca una moneda de veinticinco y se la entrega a Worden, suponiendo que la usará para llamar por teléfono o poner una canción en la rocola.

—Brown, pedazo de mierda —dice Worden, embolsándose la moneda—. Acábate la cerveza y larguémonos.

Les queda el peor tipo de investigación posible, la de una aguja en un pajar. Tienen que encontrar a un tipo rubio llamado Rick que conduce un deportivo negro o quizá azul verdoso. No sin reticencias, Worden pone una descripción en un teletipo a los distritos. Había tenido la esperanza de evitar que esa información circulara demasiado libremente, porque si de alguna manera le llega al sospechoso el rumor de que tienen una descripción parcial de su coche, lo pintará de otro color o lo hará desaparecer o lo esconderá en algún garaje durante meses. El coche es una prueba esencial, y los dos inspectores lo saben.

Lo ideal es que los teletipos se lean en cada pase de lista en toda la ciudad y quizá en el resto del estado si un inspector los envía por el sistema informático MILES. Diablos, si un investigador cree que su hombre ha huido fuera del estado, puede ir a fondo y poner la descripción en el NCIC. Pero tanto los servicios de teletipos locales como los nacionales —como casi todo lo demás en el sistema de justicia penal— están desbordados hasta unos extremos absurdos. Habitualmente lo único que un policía recuerda del pase de lista son los elementos relativos a bolas rojas —asesinatos de policías o de niños— y algún que otro chiste. Al principio de un reciente turno de ocho a cuatro, Jay Landsman montó el numerito de leer un teletipo de un robo enviado por el condado de Baltimore en el que la propiedad robada consistía en dos mil litros de helado.

—Se cree que los sospechosos están mucho más gordos que antes...

En las comisarías de Baltimore, al menos, hay bastantes posibilidades de que una descripción de un asesino se lea en voz alta en el pase de lista, pero si alguien escucha o no, es cuestión de debate. A favor de Brown y Worden juega el hecho de que la chica había sido atropellada en el distrito Sur. Para los inspectores la policía de a pie de calle de los diversos distritos tiene ciertas características distintivas: los policías del Este protegen una escena del crimen mejor que nadie, la unidad de operaciones del Oeste tiene buenos informadores, y en el Sur y el Sureste hay todavía algunos tíos en la calle dispuestos a buscar a un sospechoso.

A lo largo de los días siguientes, los uniformes de esos distritos pararon todos los coches que vieron que coincidían con la descripción. El papeleo va a la central y acaba sobre la mesa de Brown, en la que los nombres y los números de matrícula se comparan con los datos del registro de vehículos y las fotos de identificación. Hay muchos datos, y Brown estudia cada uno de los informes cuidadosamente. Nada parece encajar: este tío tiene un 280Z negro con un techo extraíble, pero está quedándose calvo y tiene el pelo castaño. Este otro tiene un Mustang con daños en el morro y el pelo largo, pero de color negro como el carbón. Aquel es rubio y tiene el pelo largo, pero su Trans Am es color cobre claro.

Además de los vehículos que los policías detienen en los distritos, Brown y Worden se pasan días y noches apretados dentro del Cavalier investigando el asesinato, comprobando todo lo que les dice la familia de la víctima. Y cada día que pasa a la familia se le ocurre un nuevo sospechoso. Primero aquel tío de Middle River que seguro que se llamaba Rick y que había llamado a Carol una semana antes de que la mataran. La familia conserva el número de teléfono del tipo.

Cuando Brown y McLarney conducen a la dirección de Middle River, les abre la puerta un tipo con pelo rubio ralo y corto. Diablos, piensa Brown con optimismo, quizá se lo ha cortado. Pero en la central, en la sala de interrogatorios grande, los inspectores descubren que trabaja en la planta de Domino Sugar en Locust Point y no como mecánico. Y lo que es peor, el único coche que tiene es un viejo Toyota amarillo, que Brown revisa ese mismo día en el aparcamiento de la empresa. El hombre reconoce rápidamente que paseó a Carol Wright en su moto por la avenida Fort, pero se muestra auténticamente sorprendido cuando le dicen que ha muerto.

Otro chico de los que han parado los del distrito es rubio y tiene el tipo de coche correcto registrado en la dirección de su madre en el bulevar Washington, pero su coartada parece sólida. Un tercer billy es un mecánico que responde al nombre de Rick y vive en Anne Arundel: conocía a alguno de los amigos de Carol, según la familia. Brown le espera en su casa durante dos días, imaginando su deportivo negro, sólo para enterarse, cuando detiene al tío, de que la familia de la víctima ya le había llamado.

—Me dijeron que se pasaría usted por aquí —le asegura a Brown—. Pregúnteme lo que quiera.

Billyland. No sólo hablan con la policía, sino que hablan sin parar entre ellos, tanto que es inconcebible que un investigador pueda trabajar de forma eficiente. Tan pronto como uno de los miembros de la familia tiene noticia de un posible sospechoso, otro miembro de la familia le pide a un amigo de un amigo que pregunte al tío si tiene un coche deportivo negro y, si es así, si lo utilizó para atropellar a Carol Wright. En dos ocasiones, Brown va a Baltimore Sur para repetirle a la familia que no deben discutir el caso con nadie. Y en dos ocasiones le aseguran que van a cerrar el pico.

Dos días después, Brown está solo en un Cavalier mirando una calle que sale de la avenida Dundalk en busca de otro sospechoso. Espera allí cuatro horas, bebiendo café de 7-Eleven, alimentando su tos de fumador y mirando como chicos billy entran y salen de sus coches. Rara vez un inspector de homicidios dispone de tiempo para este tipo de vigilancia interminable, aunque tenga la paciencia necesaria para emprenderla. Pero de momento a Brown no le ha caído en la mesa ningún asesinato fresco, lo que le permite estar allí sentado durante horas con el aire acondicionado puesto. Con polvo blanco de un donut comprado en Hostess y *bluegrass* de los Apalaches sonando en la radio de onda corta, pronto se le ocurre que no ha pasado tanto tiempo vigilando una casa desde que estuvo en narcóticos. Al final del día, de hecho, está jodidamente orgulloso de sí mismo por ser tan cuidadoso, paciente y decidido, como cualquier inspector de verdad.

Al final, tras dos turnos de día enteros en el Cavalier, cuando está claro que no hay ningún coche negro cerca de la casa, Brown aborda al tipo y lo entrevista.

—Sí —dice su sospechoso—. Decían que le habían dado a usted mi nombre hace unos días. Pero no sé por qué lo hicieron.

Brown condujo de vuelta a la oficina de homicidios, dispuesto a tirar el expediente del caso al fondo del primer cajón vacío que encontrara.

—Quiero un asesinato en Baltimore Oeste —le dice a Worden—. No puedo aguantar más a todos estos putos blancos.

Worden, por su parte, ha permanecido en el caso, pero ha mantenido cierta distancia. Junto con el inspector más joven ha patrullado por Highlandtown buscando un bar con algo parecido a un nombre alemán. Y también se ha pasado horas sentado con Brown en muchas de esas mismas casas y aparcamientos, buscando el misterioso coche negro. Y, sin embargo, la presencia de Worden en ese caso tiene un significado, algo que Brown comprende de forma instintiva.

—¿Quieres que nos marchemos? —le pregunta Brown después de tres largas horas vigilando un apartamento en Marley Neck.

—El caso es tuyo —dice Worden, enmascarando con indiferencia su método socrático—. ¿Qué quieres que hagamos?

—Esperemos —dice Brown.

Aun así, al cabo de una semana no están más cerca de encontrar al asesino, y el caso de Carol Ann Wright se convierte en una muerte sin determinar, ni siquiera en un asesinato. Y ambos hombres saben que, sin una pista fresca, la tarea a la que se enfrentan es hercúlea. Tres días atrás llegó a homicidios una lista con los nombres y direcciones de todos los propietarios de 280Z del centro del estado de Maryland. Suponiendo que sus mejores testigos hubieran acertado la marca y modelo del coche, e incluso si su hombre era el que estaba registrado como conductor, la lista que escupió el ordenador tenía más de cien páginas.

El 30 de agosto, Worden hereda una auténtica bola roja, un chico de catorce años asesinado a tiros en el noroeste, sin motivo aparente, mientras volvía a casa de su trabajo en un restaurante de comida rápida. Cinco días después, Dave Brown y McLarney trabajan en la desaparición de una mujer de veintiséis años de Baltimore Oeste que no ha sido vista en una semana, aunque se ha detenido a dos drogadictos que estaban conduciendo su coche.

Cuerpos frescos. Pistas frescas. Del escritorio de Brown, si escuchas atentamente, oirás que sale un suave chirrido conforme el caso de Carol Wright frena y se queda definitivamente atrás.

La escena está en el sótano de una casa adosada. Es un lugar frío y húmedo, sin muebles, en la calle East Preston. En el suelo yace un hombre blanco, ya rígido, cubierto por un par de lonas de plástico y, encima, un par de figuritas de plomo de unos diez centímetros que representan a los Reyes Magos. Sí, señor: los tres hombres sabios, esas almas cándidas que transportan oro, incienso y mirra y visitan los pesebres benditos que se organizan en los prados de las iglesias cada Navidad. Es un toque original y extraño, piensa Rich Garvey. Alguien le abre la cabeza al tipo, le roba su dinero, arrastra el cuerpo al sótano, lo tapa con un plástico y encima coloca las tres figuras. Es una escena de la Natividad al estilo de Baltimore Este.

El nombre del muerto es Henry Plumer, y Garvey y Bob McAllister pronto se dan cuenta de que al tipo le han matado con un señor calibre, un .44 o un .45 probablemente, disparado a quemarropa a juzgar por los restos de pólvora. Plumer tenía sesenta y tantos años y, durante la mitad de su vida, había sido cobrador para la empresa Muebles Littlepage. Daba vueltas por el gueto todo el día, solicitando el cobro de las letras de los muebles y electrodomésticos de su compañía. El negocio era a crédito, sin entrada, y acababa atrayendo a los pobres con la ilusión de que pagarían sólo diez dólares por semana por un lujoso salón. En realidad, terminaba costándoles más que una educación universitaria, pero el bueno del señor Plumer llevaba tanto tiempo pateándose el barrio con su libretita a cuestas, que todos le conocían y le apreciaban. Se había convertido en toda una institución en el vecindario de Baltimore Este. Donald Kincaid hasta le conocía, porque su madre aún vivía en el bloque 900 de Collington, y se negaba a mudarse de su casa en la zona este aunque el barrio se cayera a pedazos a su alrededor.

Garvey ya sabe todo lo que hay que saber del señor Plumer, o al menos lo que contenía el teletipo enviado por la policía del condado ayer, con la notificación de que había desaparecido: tanto el viejo como su coche se perdieron en los bosques de las cercanías de Baltimore y la familia se preocupó. Garvey ya está bastante seguro de quién es el asesino del señor Plumer. No ha sido difícil, sabiendo quién es el dueño del sótano en cuestión y que sus antecedentes como drogadicto son numerosos.

Por lo que ha podido deducir, el montón de ladrillos de dos pisos es propiedad de un adicto de nombre Jerry Jackson, que fue una de las últimas personas que vieron vivo a Henry Plumer. De hecho, se fue de casa para su trabajo como limpiador en el Hospital Rosewood con el cuerpo de Plumer en su sótano, desangrándose. Los hechos son muy poco sutiles e indican que el propietario de la casa no tiene mucho cerebro. La sospecha se confirma cuando el teléfono del primer piso empieza a sonar veinte minutos después de que los inspectores lleguen. Garvey sube por las escaleras y descuelga el auricular.

—¿Hola?

—¿Quién es? —pregunta una voz de hombre al otro lado del hilo.

—Soy el inspector Garvey, de la unidad de homicidios —dice—. ¿Con quién hablo?

—Soy Jerry —responde la voz.

Qué considerado, piensa Garvey. Un sospechoso que llama a su propia escena del crimen.

—Jerry —dice Garvey—, ¿cuánto tardarás en llegar?

—Unos veinte minutos.

—Te estaré esperando.

En su primer contacto con la policía, Jerry Jackson ni se molesta en preguntar qué hace un inspector de homicidios en su casa, tampoco piensa en negar nada, ni en fingir sorpresa o angustia. Cuelga el teléfono sin demostrar asombro o preocupación ante el hecho de que estén analizando un cadáver en su sótano. Tampoco expresa curiosidad por saber quién es el muerto o por qué está ahí. Garvey espera a que el otro cuelgue, encantado de encontrar a un imbécil que se presta a cooperar tan amablemente.

—Eh, Mac —dice Garvey, después de colgar. Se acerca al rellano y desde el primer piso añade—: El que llamaba era Jerry.

—No me digas —dice McAllister desde el sótano.

—Sí, viene para aquí.

—Qué detalle —dice McAllister, sin pestañear.

Los inspectores siguen trabajando. Dos horas más tarde dejan de esperar a Jerry Jackson, el cual, a pesar de su gentil llamada, no ha hecho acto de presencia. Más tarde, por la noche y acompañados de un inspector del condado, se dirigen a Fullerton y le comunican la noticia a la familia Plumer. La viuda, de cierta edad, pierde el color y se desmaya. A la mañana siguiente está muerta, de un ataque al corazón, tan víctima de un homicidio como su marido.

A primera hora de la mañana, Jerry Jackson por fin regresa a la casa de la calle Preston, donde su propia esposa le recibe consternada, porque no le hace feliz encontrar cadáveres en su sótano. Fue la esposa la que localizó a Henry Plumer, y la que llamó a la policía después de enterarse, por gente del vecindario, de que no encontraban al viejo cobrador y que la última vez que le vieron vivo fue en la casa de los Jackson. Los rumores del asesinato habían recorrido la manzana un par de veces, y un amigo la había instado a que bajara al sótano para comprobar que no había pasado nada raro. Los dos iban por la mitad de la escalera cuando vieron los zapatos asomando por debajo de una lona. La mujer no avanzó más, pero el amigo levantó el plástico y ella atisbó lo suficiente como para convencerse de que se trataba del señor Plumer y que había visto tiempos mejores. En ese momento, la esposa de Jerry Jackson lo tuvo claro: sin esperar a que su marido volviera del trabajo, llamó a la policía.

Así que, para cuando Jerry Jackson llega a su casa y habla con su mujer, está más claro que el agua —hasta para él— que su plan, fuera cual fuera, no está funcionando. Sin embargo, no desaparece en las entrañas de Baltimore Este. Tampoco trata de reunir un puñado de dólares y comprarse un billete de autobús para Carolina. No señor. La última acción como hombre libre de Jerry Jackson es llamar a la unidad de homicidios y preguntar por Rich Garvey. Le gustaría hablar de ese cuerpo que ha aparecido en su sótano. Quizá, sugiere, pueda aportar algo a la investigación.

Pero cuando Jackson llega a la proverbial sala de interrogatorios, sus pupilas tienen el tamaño de partículas que sólo existen en el mundo de la teoría. Cocaína, piensa Garvey, pero al final decide que su sospechoso quizá sea capaz de balbucear algo inteligible. Después de pulirse lo de Miranda, la primera pregunta de los inspectores es, claro está, la más obvia.

—Vamos a ver, Jerry —dice Garvey, rascándose la coronilla en un gesto de confusión fingida—. Dime qué hacía el cuerpo del señor Plumer en tu casa.

Con calma, casi sin querer, Jackson les cuenta a los inspectores que efectuó su pago mensual al señor Plumer ayer por la tarde; luego el viejo tomó el dinero y se fue.

—Y no sé nada de ningún asesinato —continúa, hasta que se quiebra su voz— hasta que llamé a la casa de mi madre desde el trabajo ¡y me dicen QUE HAY UN JODIDO CADÁVER EN MI SÓTANO!

La primera parte de la frase sale en tono bajo pero tenso, y la segunda es un bramido enloquecido que traspasa las paredes de la sala de interrogatorios y llega, clara como un trueno, hasta el otro extremo del sexto piso.

Los inspectores, cada uno sentado al lado del sospechoso, cruzan una mirada y luego observan la mesa. Garvey se muerde el labio.

—¿Nos disculpas, eh, un momento? —dice McAllister, dirigiéndose al sospechoso como si este fuera Emily Post y el inspector acabara de empuñar el cubierto erróneo—. Tenemos que tratar un asunto, pero enseguida volvemos contigo, ¿de acuerdo?

Jackson asiente, parpadeando.

Los dos salen en silencio y cierran la puerta metálica a sus espaldas. Logran llegar al despacho adjunto sin derrumbarse; entonces, se parten de risa, aporreando las mesas y soltando risotadas.

—¡HAY UN CADÁVER EN MI SÓTANO! —grita Garvey, cogiendo por los hombros a su compañero y sacudiéndolo.

—No, un cadáver no: un *jodido* cadáver —corrige McAllister, riéndose.

—HAY UN JODIDO CADÁVER EN MI SÓTANO —vuelve a gritar Garvey—. ¡UN LOCO ANDA SUELTO!

McAllister sacude la cabeza, limpiándose las lágrimas de risa.

—Joder, ¿serán cabrones? Te vas de casa, a trabajar honradamente, llamas a tu madre y ella va y te dice que tienes un cadáver en el sótano...

Garvey se agarra al escritorio con ambas manos, tratando de recuperar la serenidad.

—Dios, lo que me ha costado no reírme en su cara —dice.

—No será que está colocado, ¿verdad? —dice McAllister, sarcástico.

—¿Él? Qué va. Un poco alterado, nada más.

—A ver, en serio. ¿Le tomamos declaración?

La pregunta tiene matices legales: cualquier declaración que Jerry Jackson realice ahora podría ser anulada porque no está en plenitud de facultades, químicamente hablando.

—Qué coño —dice Garvey—. Volvamos ahí dentro. Tenemos que acusarle. O hablamos con él ahora o no tendremos otra ocasión...

McAllister asiente y se dirige a la sala de interrogatorios. Desde fuera, los dos inspectores ven a Jerry Jackson bailando el baile de San Vito en su silla. Garvey empieza a reírse otra vez.

—Espera, espera un segundo —le pide a McAllister

Compone cara de póquer, vuelve a partirse de risa, se pone serio otra vez.

—Este hijo de puta me está matando.

McAllister pone la mano en el pomo, controlándose.

—¿Estás listo?—pregunta.

—Vale.

Los dos entran en la sala y se sientan de nuevo. Jackson espera otra pregunta, pero en lugar de eso McAllister le somete a un largo monólogo en el cual le explica que no tiene motivos para estar molesto o enfadado. Ninguno en absoluto. Después de todo, aquí sólo le hacen algunas preguntas, y él las responde. ¿No es así?

—No te hemos hecho nada, ¿verdad?

Pues no, admite el sospechoso.

—Ni tampoco te hemos hablado en mal tono, ¿verdad?

Pues no, admite el sospechoso.

—Y el trato que recibes es justo, ¿verdad?

Pues sí, admite el sospechoso.

—Bien, Jerry. Entonces, ¿por qué no nos cuentas —tranquilamente—, si te parece bien, la razón por la que hay un cadáver en tu sótano?

No es que importe mucho lo que diga. A la mañana siguiente, Garvey, McAllister y Roger Nolan han obtenido una declaración completa de la esposa de Jackson. También han entrevistado al sobrino que ayudó a Jerry Jackson a planear el robo y luego deshacerse del coche de Plumer. Hasta han hablado con el traficante local, a quien Jackson compró doscientos dólares de cocaína, con el dinero que le robó al viejo. Así que en resumen, el caso de la calle Preston no responde precisamente al perfil de un crimen perfecto, a juicio de los inspectores. Presumiblemente Jackson había pensado que ir a trabajar no despertaría sospechas, y que luego tendría tiempo de deshacerse del cadáver, al amanecer. Eso, suponiendo que el tipo tuviera un plan más allá de matar y robar al pobre señor Plumer para tener pasta suficiente con la que colocarse un día más.

Poco antes del cambio de turno de la mañana, Garvey está en su escritorio en la oficina central, peleándose con el papeleo y escuchando a Nolan filosofar sobre la clave del caso. Fue cuando regresamos y hablamos con su camello, dice Nolan. Ahí fue cuando resolvimos el caso.

En ese momento, Garvey y McAllister sueltan el bolígrafo y miran a su inspector jefe como si acabara de bajarse de una nave procedente de Marte.

—Hummm, Rog —puntualiza McAllister—. La clave del caso es que el asesino se dejó el cadáver en el sótano.

—Ah, sí —dice Nolan, riéndose aunque un poco alicaído—. Eso también.

Así que el año perfecto de Rich Garvey avanza a buen paso: como una cruzada divina, impermeable a la realidad, una campaña militar ajena a las cansinas reglas del homicidio que, sin embargo, sí afligen al resto de inspectores. Garvey logra identificar testigos, detectar huellas de sospechosos fichados, y hasta consigue la matrícula de los vehículos que huyen de la escena del crimen. Hasta tal punto que, si decides cometer un asesinato en Baltimore en el turno de Rich Garvey, ya te puedes ir buscando un buen abogado porque estarás bajo custodia una hora después.

Poco después de que Jerry Jackson vuelva a la tierra y a la cárcel, Garvey descuelga de nuevo el teléfono y anota una dirección en Baltimore Este. En esta ocasión es el peor tipo de llamada que puede tocarle a un inspector de homicidios. Garvey está tan seguro de eso que, cuando cuelga el auricular, les pide a todos que enuncien el caso que menos les gustaría llevar. McAllister y Kincaid no tardan ni medio segundo en responder «muerte en incendio provocado».

Para un inspector de homicidios, un asesinato con incendio es un tipo de tortura especial, porque el departamento de policía está esencialmente obligado a trabajar con lo que diga el investigador del departamento de bomberos, y si este dice que es un crimen, pues va a misa. Donald Kincaid tiene un expediente abierto con muerte por incendio provocado que casi con toda seguridad empezó con algo tan poco siniestro como un cortocircuito. En el lugar de los hechos, Kincaid observó la pauta de comportamiento del fuego, recorriendo la pared allí donde estaba la instalación eléctrica. Pero un pazguato del departamento de bomberos insistió en que era un incendio provocado. ¿Qué iba a hacer Kincaid, arrestar la caja de fusibles? Y eso no es todo: indefectiblemente, cuando un inspector tiene un crimen con incendio provocado entre manos y debe convencer a un jurado, este jamás cree que el fuego no fuera accidental, a menos que cuente con media docena de testigos. Incluso si hay un reguero de gasolina o cualquier otro líquido inflamable, un buen abogado dirá que a alguien se le derramó y luego se le cayó una colilla por error. A los jurados les gustan los cadáveres que tienen agujeros de bala o cuchillos de carnicero clavados en el pecho; por menos de eso, no se lo creen.

Sabedores de esta particularidad, Garvey y McAllister se meten en un coche sin distintivos y se dirigen a la escena del crimen con el corazón atenazado por el miedo y el asco. El lugar es un agujero de dos pisos en la calle North Bond y, claro está, no hay testigos. Sólo un montón de muebles quemados y un montoncito de cenizas crujientes en medio de la habitación. Seguramente un drogadicto, de cierta edad, quizá sesenta años.

El pobre bastardo yace en el suelo como si fuera una pila de huesos de pollo que alguien se olvidó de entregar, y el investigador del departamento de bomberos le muestra a Garvey una mancha oscura al otro lado de la sala. Dice que es un ejemplo de manual de comportamiento del fuego. Cuando limpian el hollín, efectivamente aparece una zona más oscura que la de alrededor. Así que Garvey tiene un fiambre y un fuego que se expande de manual y una mujer borracha que saltó por la ventana trasera cuando empezó el incendio y que ahora está en el Union Memorial, respirando con una mascarilla de oxígeno. El investigador del departamento de bomberos les dice que la mujer es la novia del muerto.

Completamente seguros de que lo de la calle North Bond es su peor pesadilla, Garvey y McAllister se dirigen al hospital conscientes de que la suerte y las bendiciones han llegado a su fin. Entran en la sala de urgencias del Union Memorial y saludan a los dos inspectores de la brigada de incendios provocados, que están de pie al lado del mostrador de las enfermeras como un par de topes de biblioteca. Les dicen que la versión de la mujer herida es mentira; según ella el fuego empezó accidentalmente, con una colilla en el cenicero.

Eso es lo que les dijo a los chicos de la brigada de incendios mientras la atendían en la sala de urgencias, pero ahora no pueden entrevistarse con ella porque ha inhalado mucho humo y le cuesta hablar. Garvey quizá ya ha cazado a su pirómano, pero no tiene forma alguna de construir un caso sólido. Habida cuenta del problema, la idea de que un asistente del laboratorio forense tenga el caso pendiente durante un tiempo —como por ejemplo, una década— es cada vez más atractiva para ambos inspectores. Así que en la autopsia de la mañana siguiente, si Garvey logra salir victorioso, él y McAllister regresarán a la oficina con la sincera esperanza de que si entrechocan los talones tres veces, el caso desaparecerá como por arte de magia.

Tal y como le han ido las cosas en los últimos meses, el mero hecho de que Rich Garvey piense algo así indica una cierta falta de fe, una ligera despreocupación por su propio destino. Porque dos semanas más tarde, la mujer del Union Memorial fallece por inhalación de humo y lesiones relacionadas; y dos días después, Garvey se presenta en la calle Penn y les asegura a los médicos que el caso corresponde a un homicidio. Así las cosas, puede cerrar el expediente y resolverlo, gracias a la providencial muerte de su única sospechosa. Después de todo, a un buen inspector jamás le avergüenza dar carpetazo burocrático a un caso peliagudo.

Con el incendio, son diez casos resueltos sobre diez desde el mes de febrero y el asesinato de Lena Lucas. Asesinatos por drogas, peleas de barrio, atracos, muertes por incendio imposibles de llevar a juicio... Eso no le importa a Rich Garvey, el hijo de puta más afortunado del turno de quince hombres de D'Addario. Aparentemente, el año perfecto, como una fuerza de la naturaleza, sigue viento en popa.

Sábado 1 de octubre

El inspector de homicidios sube y baja las escaleras de la calle North Durham en busca de un poco de cooperación, de una pizca de responsabilidad cívica.

—No vi nada —dice la joven del número 1615.

—Oí un golpe muy fuerte —dice el tipo del 1617.

El 1619 no contesta.

—Dios bendito —dice la señora del 1621—. No sé nada de eso.

Tom Pellegrini sigue preguntando; casi para interesarse por el caso, porque quiere encontrar un indicio a partir del cual a un inspector como él le importe un carajo la mancha de sangre que ha aparecido en mitad de la acera del bloque 1600.

—¿Estaba en casa cuando sucedió? —pregunta a otra chica, en la puerta del 1616.

—No estoy segura.

No está segura. ¿Cómo puede no estar segura? A Theodore Johnson le dispararon con una escopeta a quemarropa, le partieron por la mitad en el centro de una estrecha callejuela con dos hileras de casas adosadas a lado y lado. El ruido del tiro debió de llegar hasta la avenida North.

—¿No está segura de si estaba casa?

—Quizá estuviera.

No es mucho después de visitar el barrio entero, puerta a puerta. No es que Pellegrini pueda echarle la culpa a los vecinos por su reticencia a abrir la boca. En la calle se dice que el muerto era un camello local que dejó de pagar en el momento equivocado, y su proveedor acababa de dejarle claro a todo el mundo que con él no se juega. La gente que hay detrás de cada puerta tiene que vivir en la calle Durham, mientras que Pellegrini sólo es un turista ocasional.

Sin nadie remotamente parecido a un testigo, Pellegrini tiene un cuerpo en el callejón que va hacia la calle Penn y una mancha de sangre en el pavimento. También tiene un casquillo de escopeta, abandonado por el tirador en otro callejón a la vuelta de la esquina. Tiene una calle tan oscura que, para sacar las fotografías, le han pedido al vehículo de la unidad de emergencia que encienda los faros. Y dentro de una hora, Pellegrini tendrá a la hermana de la víctima, en el despacho de Jay Landsman, que intentará contarle al inspector un cuento sobre la gente que tal vez tuviera algo que ver con el tiroteo. Y Jay Landsman también tendrá dolor de cabeza.

Theodore Johnson se suma al recuadro blanco que ocupan Stevie Braxton y Barney Erely en la sala del café. Braxton, el chico con antecedentes de aquí a Alaska que encontraron apuñalado en la avenida Pennsylvania. Y Erely era el sin techo al que dieron una paliza hasta matarlo en la calle Clay. Son nombres escritos en tinta roja que cabalgan el tablero con la inicial de Pellegrini atada al cuello, las bajas de una campaña que dura un año, el tiempo que llevan con el asesinato de Latonya Wallace. Es una simple criba, así de sencillo. Pellegrini es capaz de vivir con eso a cuestas. Después de todo, tiene una niña de once años violada y asesinada, y ni Theodore Johnson ni un ajuste de cuentas entre traficantes realmente importa, en el balance final del universo. La muerte de hoy recibirá un par de miradas de atención de la unidad de homicidios, dos rondas de interrogatorios y algunos testigos renuentes. Pero llegará un momento en que el inspector principal pondrá la carpeta en la bandeja de pendientes.

Meses más tarde, Pellegrini se siente un poco culpable por eso. Piensa en los casos que ha sacrificado en nombre de una niña. Con la misma recriminación a la que se somete cuando piensa en Latonya Wallace, se pregunta si debió haber interrogado con más firmeza al muchacho de la redada de enero en el distrito Oeste. El que dijo que había visto a uno de los tiradores de Gold y Etting. Se preguntará si tendría que haber presionado más a la novia de Braxton, que no parecía muy afectada por el asesinato. Y también se preguntará por los rumores que la hermana de Theodore Johnson le cuenta; son datos que jamás comprobará.

Claro que podría haberle pasado el caso al inspector secundario. Vernon Holley vio la escena al mismo tiempo que él, y se haría cargo si Pellegrini rechazara el caso para concentrarse en el de Latonya Wallace. Pero Holley lleva poco tiempo en la brigada: es un inspector negro veterano, que ha sido trasladado desde la unidad de robos para reemplazar a Fred Ceruti. Ha salido para cubrir la llamada de un asesinato con Rick Requer, hace un par de semanas, pero eso no es suficiente para determinar si está listo, incluso en el caso de un inspector experimentado como Holley. Y falta un hombre en la brigada, para empezar: Dick Fahlteich ha solicitado el traslado, después de seis años en homicidios, a la unidad de delitos sexuales. Fahlteich no pudo con los cadáveres. Era un inspector con talento que, a pesar de todo, cada vez gestionaba menos llamadas y menos casos, y empezaba a trabajar a un ritmo que los demás comparaban peligrosamente con el de Harry Edgerton. La carga de trabajo y el horario —junto con la desasosegante humillación de que no le ascendieran a inspector jefe en varias ocasiones— ha empujado a Fahlteich al otro lado del pasillo del sexto piso más o menos al mismo tiempo que Ceruti emprendía el mismo camino. Al menos, Fahlteich pudo escoger.

No, se dice Pellegrini. Con tres hombres en la brigada y un inspector recién trasladado, él se comerá el caso Theodore Johnson. Al menos, le debe a Holley intentarlo durante un par de días. A un novato no es buena idea mostrarle en vivo y en directo cómo se quema un policía por exceso de trabajo.

Así que Pellegrini se arma de valor y lucha contra su estado de ánimo. Se presenta en la calle Durham y elabora un informe competente de la escena del crimen, luego recorre el bloque de apartamentos en busca de testigos que sabe perfectamente no aparecerán jamás. Holley se ausenta temprano, y regresa a la central para empezar a entrevistar a los familiares y a un par de chavales que estaban en la escena del crimen y que no se comportaron como ardillas asustadas cuando los primeros agentes se presentaron. Es el único motivo de que estén ahí, esperando.

Todos los hombres de la brigada de Landsman aceptan sin abrir la boca el súbito cambio de papeles: ahora Pellegrini es el veterano cansado. Nueve meses en el caso de Latonya Wallace le han cambiado. Su metamorfosis de recluta recién llegado a rata apaleada de las trincheras ya ha acabado. Sería exagerado decir que puede mirar a Holley y reconocerse en él, un par de años atrás. Holley ya tenía experiencia en la unidad de robos, mientras que Pellegrini llegó a homicidios sin ningún tipo de preparación criminal. Pero Holley se está dejando la piel en el caso de la calle Durham, como si fuera el único asesinato en la historia del universo. Exuda confianza. A su lado, Pellegrini se siente como si tuviera cien años.

Los dos inspectores trabajan en el caso de la calle Durham hasta mediodía, repasando la información que les ha dado la hermana, para luego intentar verificarla. Un ex policía tiene familia en el mismo bloque. No se atreven a declarar, pero el ex policía, que salió rebotado del departamento a causa de un escándalo de corrupción hace veinte años, aún conserva suficiente instinto residual como para llamar al departamento y darles el nombre de un posible implicado. Pellegrini y Holley encuentran al chico esa misma mañana, le meten en una sala de interrogatorios durante varias horas y salen con las manos casi vacías. Luego, lentamente, después de correr un par de vueltas más alrededor del expediente, Holley acepta el veredicto tácito de su mentor. Se aleja, en busca de una cosecha mejor, con Gary Dunnigan y Requer.

Y la encuentra. Con Requer, en una pelea doméstica que termina mal en la calle Bruce: una tragedia, una chica joven que muere a causa de la paliza que su novio cocainómano le propina. Deja un bebé huérfano que llora agarrado a una mujer policía, gimiéndole al mundo mientras la radio de la agente escupe llamadas de aviso repartidas por toda la ciudad. Después de ese caso, Holley se ocupa de otro crimen por maltratos en Cherry Hill; lo remata con Dunnigan. Son dos casos fáciles y ambos le hacen ganar confianza. En diciembre, Holley ya estará llevando casos como inspector principal.

Sin embargo, para Pellegrini, el éxito de su brigada no significa mucho. La caída en desgracia de Ceruti, la partida de Fahlteich, la educación de Holley: son escenas de una obra en la que Pellegrini ya no tiene ningún papel sustancial. El tiempo se ha detenido para un inspector, dejándole sólo en el escenario, atrapado por el mismo atrezo, las mismas frases y la misma triste escena.

Tres semanas atrás, Pellegrini y Landsman volvieron a registrar el apartamento del Pescadero en la calle Whitelock, con una orden extendida más por la tranquilidad mental de Pellegrini que por otra cosa. Han pasado meses y la posibilidad de recuperar algo del apartamento es nimia. Pero Pellegrini, que sigue creyendo que el dueño de la tienda es su mejor candidato a sospechoso, está convencido de que, al registrar la casa de tres pisos de Newington el pasado mes de febrero, abandonaron la pista de Whitelock. En concreto, Pellegrini recuerda vagamente un pedazo de moqueta roja en el salón del Pescadero durante el registro de febrero; meses más tarde, pensó en las fibras y pelos que el forense extrajo de algunas superficies del cuerpo de la niña; algunas eran hebras de tejido rojo.

Moqueta roja, fibras rojas. Pellegrini comprende que ahora tiene más motivos para darse una buena palmada en la cabeza. El contenido del expediente H88021 se ha convertido para él en un paisaje cambiante, donde cada árbol, cada pedrusco y cada arbusto parece moverse como si fuera un sueño. Y no sirve de nada decirle que esto le pasa a cualquiera en un caso; esa sensación en la boca del estómago, como si todas las pistas se perdieran, y las pruebas desaparecieran a una velocidad superior a la que el inspector es capaz de percibirlas. Todos los inspectores de la unidad han pasado por una etapa parecida: miran una escena del crimen u observan los resultados de un registro, ven algo y luego vuelven a mirar, y ya no está ahí. Demonios, quizá nunca estuvo allí. O quizá sí, pero uno ha perdido la capacidad de verlo.

Es la materia de la que está hecha la Pesadilla, ese sueño recurrente que de vez en cuando estropea el descanso nocturno de todo buen inspector. Cuando estás en las garras de la Pesadilla, te mueves en los confines casi familiares de una casa adosada —llevas una orden de registro en la mano, quizá, o sólo estás vigilando el vecindario— y por el rabillo del ojo ves algo. ¿Qué es? Algo importante, eso sí lo sabes. Algo que necesitas. Una mancha de sangre. Un casquillo de bala. Un pendiente dorado en forma de estrella. No estás seguro, pero cada fibra de tu ser te dice que tienes el caso ahí, frente a ti, listo para cerrarlo. Pero apartas la vista un momento y, cuando vuelves a mirar, ya no está. Es un lugar vacío en tu subconsciente, una oportunidad perdida que se burla de ti. La Pesadilla aterroriza a los inspectores más jóvenes; algunos incluso sufren ese sueño durante su primera escena del crimen, convencidos de que el caso se está evaporando, etéreo, frente a ellos. En cuanto a los veteranos, la Pesadilla los jode. La conocen lo suficiente, han pasado por ella muchas veces, lo bastante como para no escuchar todas las voces que hablan desde el fondo de sus mentes.

Sin embargo, en este caso, la Pesadilla se ha hecho con Pellegrini. Le ha dicho que emita una segunda orden de registro para el apartamento del Pescadero, le ha exigido que reúna suficientes indicios para volver a meterse por una puerta trasera que ya había explorado. La redada de septiembre deja al Pescadero tan indiferente y aburrido como la vez anterior, lo cual no es muy sorprendente. Tampoco se obtienen hebras de moqueta roja: Pellegrini encontró los restos que recordaba de la otra vez, en el suelo del dormitorio, pero resulta que es plástico, imitación de moqueta para exteriores. El pequeño pendiente azul que encontraron en un rincón de la sala tampoco significa nada para la investigación. Los parientes de Latonya Wallace —con quienes los inspectores se ponen en contacto unos días después— dicen que jamás llevaba pendientes de distintos juegos. Si su cadáver apareció con una estrellita dorada en un lóbulo, seguro que en la otra también llevaba otra. Para estar seguro, Pellegrini se sube a un Cavalier y va a visitar a la madre. Le muestra el pendiente azul; ella está un poco sorprendida al ver al inspector en su casa, siete meses después de la muerte de su hija, y le confirma que el pendiente azul no es de Latonya.

En cada rincón del laberinto se abren nuevas puertas. Una semana después del segundo registro en la calle Whitelock, Pellegrini está ocupado en el interrogatorio de un ladrón de coches que fue detenido por la policía del condado el pasado mes de julio. Es un joven perturbado, con antecedentes de enfermedad mental, y ha intentado suicidarse tres veces en el centro penitenciario del condado. Luego va y le suelta a un agente que conoce el nombre de dos culpables de asesinato. Uno, responsable de un crimen por drogas en un bar de Baltimore Noroeste. Y el otro, el asesino de una niña en Reservoir Hill.

Howard Corbin se fue a hacer la entrevista preliminar y regresó con la historia de un encuentro casual en el callejón que hay detrás del bloque 800 en Newington, donde el ladrón de coches dice que se está metiendo cocaína con su primo. Pasa una niña por el callejón, y el ladrón oye que su primo le dice algo a la cría. Esta le contesta —una niña con mochila y trenzas— y parece que se conocen. Pero cuando su primo se abalanza sobre la cría, el ladrón de coches se asusta y se larga. Cuando le muestran una fotografía de Latonya Wallace, se echa a llorar.

Lentamente, la historia toma cuerpo. El ladrón tiene un primo, efectivamente, que vivía en el número 820 de la calle Newington y antecedentes penales de impacto, pero ninguno relacionado con delitos sexuales. Pero Corbin dijo que el muchacho había recordado lo de las trenzas y la mochila. Eran detalles que habían salido a la luz al principio de la investigación, pero había pasado tanto tiempo que hacían creíble la versión del ladrón.

Pellegrini y Corbin registraron las casas vacías del bloque 800 de Newington y sacaron un Chevy Nova abandonado del jardín trasero de una casa habitada en el mismo bloque. El coche había pertenecido al primo del ladrón, y este afirmaba que su pariente guardaba un machete y una navaja en el maletero del coche. Ese vehículo y otro que pertenecía a la hermana del primo fueron enviados al laboratorio para que lo procesaran. Negativo. Aun así, interrogaron durante largas horas al ladrón de coches.

Poco a poco, cuando los hechos empezaron a estropear una buena historia, la versión del ladrón cambió. Recordó repentinamente que, un día, su primo había abierto el maletero del coche de su hermana y le había mostrado una bolsa de plástico con una cremallera. Entonces el primo bajó la cremallera y apareció el rostro de la niña. Y luego...

No cabía duda de que el ladrón de coches estaba loco de atar. Pero su historia contenía suficientes detalles sólidos, y la única forma de descartarla era investigándola a fondo. Habría que localizar al primo, interrogarlo, y verificar o desechar su declaración. Y también tendrían que someter al ladrón de coches al detector de mentiras.

Además de esa joya, Pellegrini también tenía otro expediente de color crema en su escritorio, con el nombre de un tipo de la avenida Park en el encabezado: contenía una mezcla de hechos y rumores respecto a un posible sospechoso que se había comportado de forma extraña en los últimos meses, y que en una ocasión le había enseñado sus genitales a una niña. También guardaba los informes de violaciones que llegaban de la central, junto con notas de las cinco o seis entrevistas que habían mantenido con los amigos y ex amigos del Pescadero.

Todo eso está esperando a Pellegrini mientras reflexiona sobre el asesinato de Theodore Johnson en la calle Durham. Y cuando la pausa ha terminado, sigue preguntándose si debería haberse concentrado en el crimen del camello en lugar de obsesionarse otra vez con Latonya Wallace. Se dice que si trabaja en el caso de la calle Durham lo bastante duro, quizá lo resuelva. Por otro lado, si se vuelca en el de la niña, nunca se sabe de dónde puede salir la pista salvadora.

Para los demás inspectores del turno, es la peor clase de optimismo. Latonya Wallace es historia; Theodore Johnson es carne fresca. Y la mayor parte de sus colegas opinan que Pellegrini se está pasando tres pueblos. Es comprensible que un inspector joven repita registros en el apartamento de un sospechoso, que prolongue las investigaciones acerca de los antecedentes de los implicados, o que preste atención a la declaración de pajarracos suicidas. Qué coño, quizá incluso haga falta en el caso de una niña muerta. Pero no nos engañemos, se dicen: Tom Pellegrini está fuera de control.

Entonces, una semana después de la muerte de Theodore Johnson, esta opinión colectiva da un vuelco repentino cuando llega un informe del laboratorio al escritorio de Pellegrini, y los hombres del turno se enteran de su contenido.

El autor del informe es Van Gelder, de la sección de rastreos y huellas. El tema del documento son las manchas negras en los pantalones de la niña. El veredicto es alquitrán y hollín con pedacitos de madera quemada. Restos de un incendio, lisa y llanamente.

El laboratorio se ha tomado su tiempo, pero por fin ha comparado las marcas negras en los pantalones de Latonya Wallace con las muestras que Pellegrini obtuvo en la tienda incendiada del Pescadero, dos meses antes. El informe declara que las dos muestras son consistentes, si no idénticas.

¿Qué podemos decir? Pellegrini presiona a las batas blancas. ¿Es similar o es exactamente igual? ¿Podemos decir más allá de toda duda que Latonya Wallace estuvo en la tienda de la calle Whitelock?

Van Gelder y los demás no se mojan. Si quiere, pueden enviar las muestras al laboratorio de Alcohol, Tabaco y Armas de Rockville. Es uno de los mejores del condado, y quizá ellos también logren sacar más conclusiones. Hablando en general, le dice Van Gelder, las marcas en los pantalones y las muestras de la tienda poseen la misma tipología de características. Son muy similares y sí, podrían proceder de los restos de esa tienda. Por otra parte, también podrían deberse a otro incendio donde los restos presentaran la misma composición química.

Una semana después de la fría depresión de la calle Durham, Pellegrini pasa de la euforia a la desesperación. Nueve meses después del levantamiento del cadáver de Latonya Wallace, el informe del laboratorio ha aportado la primera prueba sustancial para el expediente, y el único indicio físico que relaciona el crimen con el Pescadero. Pero si los analistas del laboratorio sólo se atreven a decir que las dos muestras son muy similares, entonces la prueba queda en el ámbito de la duda razonable. Es un principio, pero a menos que las batas blancas puedan ser más tajantes, no es nada más.

Unos días después de la llegada del informe, Pellegrini le pide al capitán que autorice una búsqueda en el ordenador central de todas las denuncias fechadas desde el 1 de enero de 1978 hasta el 2 de febrero de 1988. Buscan la dirección de cada incendio provocado que esté registrada en el sistema, en el área de Reservoir Hill comprendida entre las avenidas North y Park, Druid Park Lake Drive y la avenida Madison.

La teoría es muy sencilla: si el laboratorio no puede afirmar que esas muestras son de la tienda de la calle Whitelock, entonces quizá el inspector, repasando cada caso hasta remontarse un par de años, pueda demostrar que no podrían proceder de ningún otro sitio.

Al resto de policías de la unidad de homicidios, el inspector que sólo vive y duerme para el caso de Latonya Wallace quizá haya perdido la perspectiva, pero para el propio Pellegrini, el caso del expediente H88021 se está ordenando lentamente. Ocho meses después, la carpeta tiene pruebas frescas, un sospechoso factible, una teoría verosímil.

Y lo mejor de todo es que hay una dirección en la que trabajar.

VIERNES 7 DE OCTUBRE

—Bueno —dice McLarney, admirando el tablero—. Worden ha vuelto.

Y en negro. Tres noches seguidas en el turno de medianoche de finales de septiembre, y tres asesinatos para el Gran Hombre y Rick James. Dos casos cerrados, y la pizarra al otro lado de la sala del café ya ostenta las muestras del avance en el tercer caso: «Cualquier llamada sobre una prostituta llamada Lenore que trabaja en la avenida Pennsylvania pasádsela a Worden o James, o llamadles a casa. Re: H88160».

Lenore, la puta misteriosa. Según los testigos, es el único testigo del apuñalamiento mortal de su ex novio, que fue visto por última vez discutiendo con el actual enamorado de la chica, en el bloque 2200, antes de caer al suelo con un horrendo agujero en la parte superior del pecho. Ahora, dos semanas después, el novio actual ha muerto de cáncer, muy convenientemente, y, por lo tanto, si la escurridiza mujer de negocios se presenta en la central y realiza una declaración honesta, lo más probable es que el caso número 3 también se resuelva y quede apuntado en tinta negra. Para lograrlo, la brigada de McLarney lleva aterrorizando a las putas de la avenida durante las últimas dos semanas, acercándose a tocarles las narices a todas las nuevas y espantar a los clientes. La cosa está tan mal que las chicas les hacen gestos para que se larguen en cuanto se bajan del coche.

—No soy Lenore —gritó una a Worden, la semana pasada, antes de que este abriera la boca.

—Ya lo sé, cariño. ¿La has visto?

—No ha salido esta noche.

—Bueno, pues dile que si se pasa a hablar con nosotros, dejaremos de molestaros. ¿Nos haces ese favor?

—Si la veo, se lo diré.

—Gracias, querida.

Labor policial clásica, de esa que a uno le lleva a recorrer las calles de la ciudad. Sin asquerosos políticos, ni jefes traicioneros, ni jóvenes policías asustados que dicen que no saben nada del chaval muerto en el callejón. La calle sólo da criminales mentirosos y ladrones, y Worden no se queja. Es su trabajo. Y el de él, también.

El regreso a la rutina le permite una cierta satisfacción a Worden, aunque los últimos tres casos no rebosaban precisamente de complejidad e interés. El primero era casi accidental: tres camellos adolescentes en una casa adosada de la zona oeste, maravillados con el plato fuerte del sábado noche que su anfitrión les había vendido, cuando de repente se dispara con el cañón apuntando al pecho de uno de ellos. El segundo era una paliza en Highlandtown: el homicidio de un jovenzuelo que yacía tendido en un callejón detrás de la avenida Lakewood, que murió tras recibir un golpe, caer al suelo y darse en la cabeza. El tercero era el apuñalamiento de la avenida Pennsylvania, que aún esperaba la llegada de la señorita Lenore.

No, la verdad era que lo que anunciaba el regreso de Worden no era la calidad de los casos, sino el volumen. Tanto si el caso se resolvía como si no, la solidez siempre estaba presente en los expedientes del Gran Hombre. De hecho, lo de la calle Monroe era uno de sus mejores trabajos en mucho tiempo. Pero un año antes, Worden era una máquina, y McLarney recordaba esa época como un atleta recuerda un campeonato. En aquel entonces, la brigada más o menos seguía los preceptos de trabajo de un anuncio de cereales: dáselo a Worden, él se lo traga todo. Venga, dale ese también, otro más, y luego el caso con el que Dave Brown o Waltemeyer llevan un tiempo peleándose. ¿Lo ves? ¡Le gusta!

Este año había sido distinto. La calle Monroe, el asunto Larry Young, los casos pendientes de marzo y abril; el año se había desarrollado como un agónico ejercicio de frustración, y hacia el verano nada indicaba que la mala racha de Worden tendría fin.

A finales de agosto y principios de septiembre, el bofetón de cruda realidad fue una víctima de catorce años llamada Craig Rideout, abatido por disparos de una escopeta, que apareció a primera hora de la mañana en un prado de Pimlico. Llevaba muerto varias horas antes de que nadie encontrara el cuerpo, o avisara a la policía. Worden se deslomó durante días hasta rastrear el origen del tiroteo: una pandilla que realizaba atracos en la zona noroeste con un Mazda rojo. Habló con los informantes de su viejo sector y comprobó, en concreto, las denuncias de otros atracos que habían terminado mal: un tipo que no paga impuestos con una dirección en Cherry Hill y un historial delictivo que incluye detenciones por atraco armado. Worden no sólo logró relacionar al chico con el Mazda rojo que todo el vecindario había visto en la zona noroeste, sino que también descubrió que el chico pasaba mucho tiempo con pandillas de la zona de Park Heights, cerca de la escena del crimen.

Durante un par de noches, Worden se sentó ante la casa del chico, esperando a que algo parecido a una banda de ladrones se reuniera alrededor del Mazda. Sin pruebas, Worden sólo podía rezar para que su sospechoso volviera a salir a la calle con la escopeta en ristre para intentar otro robo. Entonces, un acto inexplicable de otro inspector hizo estallar el caso. Dos semanas después del asesinato de Rideout, Worden llegó para el turno de cuatro a doce y se enteró de que Dave Hollingsworth, el inspector del turno de Stanton que llevaba otro asesinato en el noroeste se había presentado en Cherry Hill e interrogado a su sospechoso. Al instante, los atracos con escopeta de la zona noroeste se detuvieron abruptamente. No más Mazdas rojos, no más paseos de su sospechoso hasta Park Heights.

Pasaron varios meses hasta que Worden volvió a saber algo de su sospechoso. En esa ocasión, el chico de Cherry Hill protagoniza un informe de 24 horas. Es el cadáver en el pavimento, abatido por personas desconocidas en una calle al lado del bulevar Martin Luther King. El asesinato de Rideout siguió inscrito en tinta roja y, para Worden, se convirtió en una metáfora. Como todos los implicados, era una buena labor policial con final nefasto, y como todo lo que había pasado ese año, seguía sin resolverse.

Pero el caso Rideout sólo fue un puñetazo en una combinación izquierda-derecha. A mediados de septiembre, el mamporro cayó en un tribunal atestado de casos del distrito Central, cuando el senador Larry Young fue llevado a juicio por su conocida falta.

Aunque juicio quizá no es la palabra más adecuada para lo que sucede. Es más bien un espectáculo, en realidad: el despliegue público por parte de fiscales y policías que, de hecho, no tienen ninguna intención de llevar la acusación agresivamente. En lugar de eso, Tim Doory, de la oficina del fiscal, se ocupa en persona del caso, con suficiente vigor como para perder. Al describir las circunstancias en las que el senador fingió su propio secuestro, Doory no llamó al ayudante del senador como testigo, y así privó intencionalmente al estado del motivo para la falsa declaración y evitó cualquier revelación incómoda en el estrado de los testigos acerca de la vida privada del senador.

Fue un gesto amable y honorable que Worden comprendió y aceptó.

Lo que no aceptó fue la necesidad de la manifestación pública; le enfureció que la fiscalía y el departamento de policía tuvieran tantas ganas de demostrar que perseguirían el tipo de faltas menores, de estupidez sin sentido, como la que Larry Young había cometido, y por la que fue acusado, juzgado y declarado inocente. Aun así, cuando llegó el momento de testificar, Worden se apoyó en el respaldo con aparente indiferencia. El abogado del senador le preguntó por la conversación clave en la que Young admitió que no había habido ningún crimen; el inspector no dudó en pegarle el mayor puñetazo posible a la acusación.

—Veamos si lo entiendo, inspector. Usted le dijo al senador que no le acusarían de nada si admitía que no se había producido ningún crimen.

—Le dije que yo no presentaría cargos.

—Pero sí está acusado.

—No le he acusado yo.

Worden luego reconoció que el senador sólo admitió lo de la falsa denuncia cuando le dijeron que, si lo hacía, la investigación se detendría en ese punto. También describió en detalle el final de su conversación con Young, cuando el senador declaró que no había habido ningún crimen y que se ocuparía del asunto personalmente.

El abogado defensor terminó su interrogatorio con una tensa sonrisa de satisfacción.

—Gracias, inspector Worden.

Desde luego que gracias. Una vez quedó claro que la admisión del senador se parecía mucho al resultado de una coacción, y el fiscal que no acababa de explicar el motivo de la falsa denuncia, el juez del tribunal del distrito no tardó en emitir el veredicto de inocencia.

Al dejar la sala del tribunal, Larry Young se acercó a Donald Worden y le tendió la mano.

—Gracias por no mentir —dijo el senador.

Worden le miró, sorprendido.

—¿Por qué iba a hacerlo?

En esas circunstancias, era un insulto extraordinario. Después de todo, ¿por qué iba a mentir un inspector de policía? ¿Para qué iba a cometer perjurio? ¿Por qué arriesgar su propia integridad, por no hablar de su trabajo y su pensión, para ganar un caso como este? ¿Para colgar la piel de un político en su muro de trofeos? ¿Para lograr el respeto infinito de los adversarios políticos de Larry Young?

Como todos los policías, Worden poseía una mirada cínica, pero no era precisamente estoico. Los asesinatos por resolver y la mentira descarada —los dos grandes temas de su año echado a perder— aún parecían importarle más que a muchos jóvenes inspectores. No se le notaba, pero en Worden persistía un núcleo de furia, una callada rebelión contra la inercia y el politiqueo de su propio departamento. Esas emociones asomaban a la superficie en contadas ocasiones; en lugar de eso, hervían en las profundidades de su ser y alimentaban su elevada e insubordinada hipertensión. De hecho, Worden sólo dio rienda suelta una vez a la rabia que sentía durante el caso Larry Young. Sucedió en una breve conversación en la sala del café, cuando Rick James trató de animar el estado de ánimo de su compañero.

—Eh, tranquilo, ya está fuera de tu control —dijo James—. Joder, ¿qué más puedes hacer?

—Te diré lo que puedo hacer —rugió Worden—. Estoy dispuesto a meter mi pistola en la boca de alguien, y ese alguien está en el interior de este edificio.

Después de eso, James le dejó tranquilo. ¿Qué más se podía decir?

Al mismo tiempo, Terry McLarney entró en un estado de depresión clínica cuando se enteró de que Worden se había interesado por un puesto de investigador en la oficina del forense. Worden se nos va, les dice al resto de hombres de la brigada. Lo vamos a perder por culpa de la mierda de año que ha tenido.

—Y además, tiene aspecto de estar cansado —les dijo a los demás—. Jamás he visto a Donald con tan mala cara.

McLarney se aferró al resto más exiguo de esperanza: lograr que Worden volviera a la calle, con nuevos casos que resolver. Buenos asesinatos, llamadas como Dios manda. McLarney estaba convencido de que si algo podía reactivar a Worden, ayudarle a dejar atrás la porquería del pasado año, era el trabajo policial de verdad.

Pero el caso Monroe había sido exactamente eso, y también el caso Rideout. Y habían acabado horriblemente mal. Ni siquiera el propio Worden estaba seguro de qué había ido mal, y no tenía ni idea de adónde iba el túnel en el que estaba metido, o si tenía una luz al final. Lo más amable que podía decirse de Donald Worden era que se había acostumbrado a viajar a oscuras.

Luego, de repente, empezó a parpadear una lucecita. A finales de septiembre, el turno de medianoche le trajo el espectacular triplete de casos, cuando Worden se ocupaba de todos los fiambres que caían en su campo de visión. Y una semana después de resolver esos casos, volvió a tocarle otro hueso. No había por dónde coger el caso: una mujer desnuda y destripada había aparecido detrás de una escuela elemental en la avenida Greenspring. La había descubierto el funcionario de Correos, más de doce horas después del crimen. Sin identificación ni nada que encajase en ningún informe de personas desaparecidas.

Lo hermoso del trabajo de Worden en esa investigación no fue la solución, aunque increíblemente logró encontrar un sospechoso después de que el expediente quedara abierto durante más de un año. No, lo mejor fue que no permitió que la mujer siguiera siendo una Juana Nadie —«un miembro de la familia de los ciervos», como solía decir—

para terminar enterrada a costa del Estado (por doscientos dólares) sin que sus parientes o sus amigos supieran nada más de ella.

Se pasó seis días en la calle, buscando un nombre. La televisión y los periódicos no querían publicitar el rostro de la mujer: era, a todas luces, un cadáver. Sus huellas no dieron ningún resultado en las bases de datos locales ni federales. Y aunque el cuerpo parecía limpio —señal de que la mujer vivía en alguna parte, no en la calle—, nadie se acercó a denunciar la desaparición de su madre, o su hermana o su hija. Worden visitó el grupo para mujeres sin techo en la cercana avenida Cottage. También se dio una vuelta por los centros de desintoxicación de drogas y alcohol, porque en la autopsia el hígado de la víctima tenía un color grisáceo. Peinó las calles que había alrededor de la escuela elemental, y también la ruta de autobús más cercana.

El golpe de suerte fue la noche anterior, cuando paseó la fotografía por todos los bares y supermercados de Pimlico. Finalmente, una persona en el bar Preakness se acordó de que la muerta tenía un novio, llamado Leon Sykes, que solía vivir en la avenida Moreland. Ya no estaba allí, pero un vecino le dijo que lo intentara en el 1710 de Bentalou. Allí una joven escuchó a Worden y le acompañó hasta el 1802 de Longwood, donde Leon Sykes estudió la fotografía y dijo que la muerta se llamaba Barbara.

—¿Apellido?

—Nunca lo supe.

Pero Leon se acordaba de dónde vivía la hija de la muerta. Y así, gracias al simple y sólido trabajo policial, Juana Nadie —una mujer negra de veintitantos años— se convirtió en Barbara Womble, de treinta y nueve años, que vivía en el 1633 de la avenida Moreland.

Esos seis días y noches en Pimlico dejaron claro a todo el mundo que Worden había vuelto, después de superar su peor año.

El retorno triunfal del Gran Hombre también vino acompañado de su incesante y renovada tortura contra Dave Brown, cuyo abandono del caso de Carol Wright no había pasado desapercibido para el veterano inspector. Durante una parte del mes de septiembre, la excusa de Brown fue la investigación del caso Nina Perry, que había empezado cuando un par de drogatas fueron arrestados en el coche de una mujer cuya desaparición había sido denunciada una semana antes. Trabajando con McLarney, Brown había cerrado el caso con elegancia, presionando a uno de los sospechosos hasta que confesó el asesinato, y luego llevó a los inspectores hasta los restos descompuestos de la víctima, que había arrojado en unos bosques del condado de Carroll.

Worden observó cómo se desarrollaba el caso Nina Perry y pensó que tal vez, sólo tal vez, un inspector de verdad anidaba en el cuerpo de

David John Brown. El caso Perry era un buen trabajo, del tipo que enseña a un policía un par de cosas acerca de su trabajo. Pero la generosidad de Worden se detuvo ahí.

—Clayvon Jones y Carol Wright —declaró Worden a finales de septiembre—. A ver qué hace con esos dos casos.

Pero Clayvon Jones no fue la verdadera prueba, no después de que Eddie Brown apareciera, pavoneándose en la sala del café cuatro días antes, con una carta de la cárcel municipal de Baltimore en su mano derecha.

—Habla con tu papi —dijo el inspector, dejando caer la cara en el escritorio con un gesto aparatoso. Dave Brown leyó tres líneas antes de volverse y empezar a rezar en dirección a la pared de pizarra verde.

—Gracias, Jesús. Dios mío, Jesús y María, gracias. Gracias, Dios mío. Gracias.

—¿Te cuido o qué? —dijo Eddie Brown.

—Divinamente. Eres mi papi preferido.

La carta había llegado a la oficina administrativa esa misma tarde, una misiva garabateada por un preso que había sido testigo del asesinato de Clayvon Jones en el patio de la zona este, el pasado junio. Tres meses más tarde, necesitaba sacarse de encima una acusación por tráfico de drogas. Dirigió su carta a la unidad de homicidios, y contenía detalles sobre la escena del crimen que sólo un verdadero testigo podía conocer.

No, el crimen de Clayvon Jones no iba a ser una lección. En la considerada opinión de Worden, fue una resolución demasiado fácil, otro laurel aplastado bajo el peso del culo de Brown. Eso dejaba a Carol Wright, la mujer atropellada en aparcamiento de Baltimore Sur. Durante unas semanas, Brown al menos había hablado de repasar de nuevo el expediente de Carol Wright y revisar las viejas pistas. Pero en el tablero Carol Wright aún no constaba como un asesinato, y por lo tanto no existía. Ahora ya ni siquiera mencionaba el caso y el inspector jefe de Brown, McLarney, tampoco se dejaba las cejas en el tema. Con los casos de Nina Perry y Clayvon Jones resueltos y en negro, McLarney sentía un creciente aprecio por el talento de Dave Brown.

En opinión de McLarney, el caso Perry en concreto contaba mucho. Brown había trabajado muy duro, y había resuelto un caso con una verdadera víctima. Ese arresto había elevado a Brown a la categoría de héroe-de-la-semana, y por lo tanto tenía derecho a una cerveza o dos en el Kavanaugh's con su querido y devoto inspector jefe. De hecho, McLarney estaba tan contento por cómo había ido el caso Perry que se quedó con Brown hasta que terminó el papeleo y los informes sobre las pruebas. Sólo se acobardó cuando tuvo que recoger las ropas infestadas de gusanos de la víctima en la oficina del forense.

—Joder, Dave. Te ayudaré con eso mañana —dijo McLarney, después de olisquear el hedor—. Volvamos a por esto mañana.

Dave Brown aceptó rápidamente y regresó a la central satisfecho, hasta que se acordó de que McLarney no trabajaba al día siguiente.

—Espera —dijo, aparcando el Cavalier en el garaje—. Tú no trabajas mañana.

McLarney soltó una risita.

—En lugar de cabeza tienes una patata irlandesa.

—¿Me has llamado patata irlandesa?

—Me has tomado el pelo, condenado... —Era el nuevo y mejorado Dave Brown el que hablaba; quedaba lejos el inspector que había redactado la misiva por-favor-déjeme-quedarme-en-homicidios un mes antes. Un hombre tiene que sentirse muy seguro para llamar patata irlandesa a su superior inmediato, incluso en el entorno relajado de un departamento de homicidios. Y claro está, a McLarney le encantaba. Se sentó frente a una máquina de escribir esa misma tarde e inmortalizó lo sucedido en un memorando dirigido al teniente.

Para: Teniente Gary D'Addario, Unidad de Homicidios

De: Inspector Jefe Terry McLarney, Unidad de Homicidios

Asunto: Comentarios étnico-despectivos realizados por el inspector David John Brown.

Señor:

Me dirijo a usted con tristeza y decepción para denunciar el flagrante y despiadado ataque emocional al que fui sometido en la fecha de hoy. Es algo a lo que nunca me había enfrentado en este ilustre departamento, y esperaba no hacerlo jamás. Sin embargo, debe ser usted informado de que, en la fecha de autos, el inspector David John Brown ha atacado verbalmente con malignidad a mis ancestros, pues se ha referido a mí como «patata irlandesa».

Usted, que procede de una estirpe igualmente antigua, sin duda, entenderá mi vergüenza y tristeza. Como sabe, mi madre nació y se crió en Irlanda y mi padre procede de las buenas gentes que se vieron obligadas a huir de la sagrada isla durante la terrible hambruna de la patata, lo cual hizo que el comentario «patata irlandesa» fuera especialmente ofensivo y doloroso.

Señor, preferiría que este grave asunto se solucionara internamente, y lo dejo en sus manos, pues quiero evitar la angustia y vergüenza que mi familia sufriría como resultado de la publicidad generada por el juicio. Así, he decidido no presentar ninguna queja frente al Comité del Departamento de Derechos Civiles, aunque me reservo el derecho de denunciarle frente al Comité Nacional de Relaciones Laborales si la investigación interna se demuestra insuficiente. Brown solía patrullar por el puerto, así que conoce bien la zona. De hecho, se conoce también la avenida Edmonson y ....

Era divertido. Demasiado, pensó Worden al leer una copia del memorando. La obvia satisfacción de McLarney con Dave Brown estaba convirtiendo a Carol Wright en poco más que un recuerdo lejano. Si el caso de Nina Perry significaba algo, pensó Worden, era hora de que Brown lo demostrara. ¿Realmente quería ser inspector de homicidios? ¿Sabía siquiera lo que eso quería decir? ¿O sólo estaba allí para cobrar horas extras y cerrar el Kavanaugh's noche sí y noche también? Si McLarney no iba a meterle caña a Dave Brown, entonces el Gran Hombre se ocuparía del tema personalmente. Durante tres semanas, de hecho, Worden ya se ha metido a fondo en la mierda del joven inspector, esperando por si surge algo nuevo en un caso que Brown querría ver desaparecer. Es el estilo Worden al completo: frío, exigente y hasta un poco insoportable. Para Dave Brown, el hombre que sólo quiere disfrutar de su éxito, no hay alegría ni perdón y ninguna vía de escape posible.

Hoy, en el turno de ocho a cuatro, el joven inspector es tan tonto que le pillan leyendo el *Rolling Stone* en la salita del café, un acto de pura indolencia. A Worden le basta con entrar en la sala para estar seguro de que el expediente de Carol Wright no está encima del escritorio de Dave Brown.

—Ins-*pec*-tor Brown—dice Worden, imprimiendo desprecio en cada sílaba.

—¿Qué?

—Inspector Brown...

—¿Qué quieres?

—Seguro que te gusta oír eso, ¿verdad?

—¿Oír el qué?

—Inspector Brown. Inspector David John Brown.

—Que te jodan, Worden.

Worden se queda mirando al otro tan fijamente y durante tanto tiempo que Brown ya no se puede concentrar en la revista.

—Deja de mirarme, viejo bastardo.

—No te estoy mirando.

—Y una mierda.

—Es tu conciencia.

Brown le mira, sin comprender nada.

—¿Dónde está el expediente de Carol Wright? —dice Worden.

—Tengo que preparar el informe para la acusación del caso de Nina Perry.

—Eso fue el mes pasado.

—Y tengo a Clayvon en busca y captura, así que déjame en paz, joder.

—Mi corazón sangra orina por ti —dice Worden—. No te he preguntado por Clayvon Jones, ¿verdad? Te he preguntado qué hay de nuevo con Carol Wright.

—Nada. No hay nada. Estoy en un callejón sin salida con ese asunto.

—Ins-*pec*-tor Brown...

Dave Brown abre el cajón derecho y coge la funda de su pistola. Saca a medias su .38. Worden no se ríe.

—Dame una moneda de veinticinco centavos —dice el viejo inspector.

—¿Para qué coño la quieres?

—Dámela.

—Si te la doy, ¿te callarás y me dejarás en paz?

—Tal vez —dice Worden. Dave Brown se pone de pie y mete la mano en el bolsillo de sus pantalones para sacar la moneda. La arroja a Worden, se vuelve a sentar y hunde la cara en la revista. Worden le da diez segundos y vuelve a empezar:

—Ins-*pec*-tor Brown...

NUEVE

JUEVES 13 DE OCTUBRE

En el fondo, todos los crímenes son iguales.

Esta vez le han disparado; no es un apuñalamiento ni una paliza. Esta vez, la pequeña figura pesa un poco más y lleva el pelo suelto, sin trenzas, con una gorrita de colores vivos. Esta vez, los análisis vaginales sí aportan pruebas de que ha habido violación, pues hay rastros de semen. Esta vez no desapareció camino de la biblioteca, sino en una parada de autobús. Y esta vez, la niña tiene un año más: doce en lugar de once. Pero, en todos los aspectos que importan, es lo mismo.

Nueve meses después de que descubrieran a Latonya Wallace en un callejón de Reservoir Hill, Harry Edgerton vuelve a contemplar el acto de maldad sin paliativos, en otra calle de Baltimore. El cuerpo está vestido y arrugado, al borde del suelo de cemento de un garaje detrás de una casa adosada vacía, en el bloque 1800 de la calle West Baltimore. El único disparo de bala está alojado en la base del cráneo. Parece del calibre .32 o .38, a primera vista. Dispararon muy cerca.

Se llamaba Andrea Perry.

Y su madre se entera al ver las noticias de la noche, y al ver fugazmente a un ayudante de la oficina del forense sacar una camilla para retirar el cuerpo, a menos de una manzana de su hogar en la calle Fayette. Andrea sólo lleva una noche desaparecida, y la víctima sin identificar de la que hablan en la televisión podría corresponder a una chica de más edad, quizá incluso una mujer joven. Pero su madre lo sabe.

El proceso de identificación en la calle Pen es doloroso, una escena durísima incluso para los ayudantes del forense, que asisten a cosas así unas cuatro o cinco veces al día. Más tarde, en la oficina de homicidios, Roger Nolan apenas empieza a hablar con la madre cuando ésta se derrumba, inconsolable.

—Váyase a casa —le dice—. Ya hablaremos mañana.

Más o menos en ese momento, Edgerton está de pie en la sala de autopsias y observa otro post mórtem para otra niña asesinada. Esta vez, sin embargo, Edgerton es el inspector principal. De hecho, el único. Y esta vez, se dice, las cosas van a ser distintas.

El caso de Andrea Perry es de propiedad exclusiva del redomado solitario de la unidad de homicidios, y eso es casi una contradicción en términos: mira, mira, la bola roja para el inspector solitario.

El asesinato de la niña lo tiene todo para ser un caso importante —una cría muerta, un asesinato y una violación brutales, la historia que abre todos los informativos—. pero esta vez no hay ningún alto mando en la escena del crimen, ni una tropa de reclutas que peine el vecindario el segundo día. Esta vez, los gerifaltes no aparecen.

Quizá se habrían presentado si no hubiera sido Edgerton el que tomara nota del aviso. Porque los hombres de D'Addario ya se han volcado en un frente común, en el que todo el turno al completo se ha entregado en cuerpo y alma a un único caso. Han convocado a hombres adicionales de todos los distritos por una niña. Por una buena causa, han seguido a los sospechosos durante días y meses y han sacrificado varios casos por una única y pequeña vida. Y nada de eso ha importado. El caso Latonya Wallace se estropeó y era un recordatorio permanente, para todos los hombres del turno, que el tiempo, el dinero y el esfuerzo no significaban nada cuando no había pruebas. Al final, era un caso abierto como cualquier otro —especialmente trágico, sin duda— pero abierto, al fin y al cabo, y responsabilidad de un solo inspector.

El éxito es su propio catalizador; y el fracaso, también. No habían logrado ninguna detención por la muerte de la primera niña, así que el mismo turno de inspectores tenía muy poco que darle a la investigación de la muerte de la otra. Para Andrea Perry no habría movilización general ni declaración de guerra. Ya estaban en octubre y no quedaban más armas en el arsenal.

El hecho de que el caso sea de Edgerton lo hace todo más fácil. De todos los hombres del turno de D'Addario, es el único al que jamás se le ocurriría pedir más ayuda. Nolan está con él, claro; Nolan siempre está con él. Pero aparte del inspector jefe, todos los demás inspectores de la brigada se concentran en sus propios casos. Así que si Edgerton quisiera ayuda, tampoco sabría a quién pedírsela. Desde el momento en que pisa la escena del crimen, está solo. Así sea.

Es el principio, y Edgerton se dice que no cometerá los mismos errores que, según cree, enterraron el expediente de Latonya Wallace. Si lo hace, al menos serán sus errores. Ha sido testigo de cómo Tom Pellegrini perdía casi un año torturándose por los defectos de la investigación, reales o imaginarios. La mayor parte de esa angustia siempre va incluida en un caso abierto, pero Edgerton sabe que tiene que ver con la sensación de Pellegrini de que el código bola roja del caso Latonya Wallace le privó, en cierto modo, de llevar las riendas del mismo. Landsman, Edgerton, Eddie Brown, los agentes del operativo: todos se habían convertido en un obstáculo para Tom, especialmente los veteranos que llevaban más tiempo en la unidad que Pellegrini y que, por lo tanto, influían más en la marcha del caso. Bueno, piensa Edgerton. Eso le pasó a Tom. Yo no tendré ese problema.

En primer lugar, porque él sí cuenta con una escena del crimen; no es únicamente el sitio donde se han deshecho del cadáver de la niña, sino que es la verdadera escena del crimen. Edgerton y Nolan han acudido solos a la llamada, y por una vez se han tomado su jodido tiempo con el cuerpo. Se han asegurado de que todo está en orden, de que nadie ha tocado el cuerpo hasta que están totalmente listos para dejarlo ir. Han recogido las huellas y registrado cuidadosamente la disposición de la ropa; aunque está completamente vestida, la chaqueta y la blusa están mal abrochadas.

Junto con el técnico del laboratorio que analiza la escena, Edgerton encuentra varios cabellos en la blusa de la niña, y anota hasta el menor rasguño. Al avanzar por el callejón, encuentra un casquillo del .22, aunque la herida de la cabeza parece resultado de un calibre mayor. Cuando el boquete está en una parte carnosa del cuerpo, al inspector le resulta más difícil determinar el calibre del arma porque la piel se expande en el punto de contacto y luego vuelve a su estado original, tras la trayectoria de la bala. Pero un impacto en la cabeza conserva la circunferencia correcta; es, pues, probable que el casquillo del .22 no tenga nada que ver con el asesinato.

No hay rastro de sangre. Edgerton examina la cabeza y el cuello de la víctima en la escena del crimen. Se convence de que murió y se desangró allí, contra la base de cemento del patio. Seguramente la arrastraron hasta el callejón y la obligaron a arrodillarse, como si fuera una ejecución, antes de dispararle en la nuca. No hay orificio de salida; durante la autopsia, el forense recupera una bala redonda y notablemente preservada del calibre .32. Además, las muestras vaginales que dan positivo para la presencia de semen contienen suficiente fluido como para contrastar contra un tipo sanguíneo o un test de ADN. En comparación con el caso de Latonya Wallace, el asesino de Andrea Perry ha dejado un buen rastro de pruebas tras de sí.

Pero cuando interrogan a los dos jóvenes que los agentes de uniforme mandaron a la central, no logran casi nada. Al parecer, ninguno de los dos descubrió el cadáver. Uno le dice a los inspectores que se lo dijo el otro; y el segundo dice que estaba caminando por la calle Baltimore cuando una anciana le contó que había una muerta en el callejón. No quiso ir a ver, le dice a Edgerton, sino que se limitó a decírselo al otro, que avisó a un policía. ¿Quién era la anciana? No tiene ni idea.

El caso avanza, y Edgerton trabaja meticulosamente, a su ritmo. Los agentes de la zona oeste han peinado el barrio con cuidado, pero Edgerton dedica días y días a crear su propio esquema de los bloques adyacentes, anota los nombres de los residentes de cada casa y los contrasta para encontrar delincuentes con antecedentes penales. Es un vecindario jodido, endurecido porque es la frontera inferior entre el distrito Oeste y el Sur. En la calle Vine, que está a una manzana de distancia, el mercado de las drogas atrae a todo tipo de basura al barrio, que se añade a la lista de sospechosos potenciales. Es el tipo de investigación que saca lo mejor de Edgerton, porque explota sus mejores virtudes. Él es capaz, más que ningún otro inspector de la unidad, de trabajarse un barrio hasta la extenuación, y obtener datos de todos y cada uno de los paseantes que caminan por sus calles.

En parte es gracias a su aspecto: negro, delgado y bien afeitado, con pelo de color sal y pimienta y un espeso bigote. Es atractivo, a su relajada manera. En las escenas del crimen, las chicas del barrio se plantan al otro lado del precinto policial y se ríen, señalándole y mirándolo con intención. Le llaman inspector Edge.[1] A diferencia de muchos de sus colegas, Edgerton trabaja con sus propios informadores, a menudo chicas negras menores de dieciocho años, cuyos novios están en la calle pegándose tiros por un puñado de drogas y cadenas de oro. Una y otra vez, un chico del barrio va camino de la sala de urgencias del Hopkins con el pecho acribillado, y su busca suena aún antes de que llegue la ambulancia. En la pantalla, aparece el número de una cabina telefónica de la zona este.

Edgerton está cómodo en el gueto, más de lo que el mejor inspector blanco lo estará jamás, y más que la mayoría de los policías negros. Porque Edgerton sabe hablar como si no fuera un poli. Sólo Edgerton se habría preocupado de limpiar la sangre de las manos de una muchacha herida en la sala de urgencias del Hospital Universitario. Sólo él podría compartir cigarrillo con un camello en el asiento trasero de un coche patrulla en la calle Hollins y salir con una confesión completa. En los supermercados, en las salas de espera, en los vestíbulos de los bloques, Edgerton conecta para siempre con personas que no tienen ningún motivo para confiar en un inspector de homicidios. Y ahora, en el caso de Andrea Perry, una verdadera víctima, esa conexión llega con aún más facilidad.

1. *Edge*: filo, cuchillo. (*N. del T.*)

La familia y los vecinos le dicen que la niña fue vista por última vez a las ocho de la noche anterior, mientras acompañaba a su hermana de dieciocho años hasta la parada de autobús de la calle West Baltimore. La hermana dice que, cuando ya estaba en el vehículo, vio a Andrea caminar hacia el norte, en dirección al bloque 1800 de Fayette, y hacia su casa. Cuando la hermana regresó a las once y su madre ya se había ido a dormir, ella también se retiró. La familia no se dio cuenta hasta la mañana siguiente que la niña jamás había llegado a su casa. Presentaron una denuncia en personas desaparecidas y mantuvieron la esperanza hasta el informativo de la noche, que dio la noticia del cadáver encontrado a una manzana de distancia.

Días después del asesinato, la cobertura de los medios se ha desvanecido. El crimen de Andrea Perry no es una bola roja, ni para el departamento ni para nadie, y a medida que pasa el tiempo, Edgerton se pregunta por qué. Quizá el hecho de que la niña tenga un año más, o porque el vecindario es menos estable y menos céntrico que Reservoir Hill. Por la razón que sea, los periódicos y las televisiones no siguen cubriendo el crimen, y, por lo tanto, no hay llamadas, ni soplos anónimos como los que acompañaron la muerte de Latonya Wallace.

De hecho, la única llamada anónima relacionada con el caso llegó unas pocas horas después de que el cuerpo fuera descubierto: una voz masculina y aguda les dio el nombre de una mujer de Baltimore Oeste. Afirmó que la había visto huir del callejón después de que se oyeran unos disparos. Inmediatamente, Edgerton decide que la historia no se sostiene. Este crimen no lleva el sello de una mujer; el semen, al menos, así lo dice. Igual que con Latonya Wallace, el culpable es un hombre que actuó solo y por motivos que difícilmente compartiría con otros hombres, y mucho menos con una mujer.

Entonces, quizá la mujer fantasma sea un testigo del crimen. Qué va, vuelve a decidir Edgerton. El asesino escogió el callejón y el garaje abandonado para cometer un crimen anónimo. Mató a la niña para evitar que le identificara como violador, así que ¿para qué demonios iba a disparar, habiendo otra persona en el callejón? Edgerton estaba completamente seguro de que el asesino llevó a la niña hasta allí y esperó hasta que estuvieron solos. Y entonces empujó a la niña contra el muro y sacó la pistola.

Gary Dunnigan, el que habló con el comunicante anónimo, escribió un informe y se lo entregó a Edgerton. Éste digirió la información y comprobó el nombre de la mujer en la base de datos, para verificar que no se tratara de una candidata seria a sospechosa. Incluso habló con los parientes y vecinos de la mujer, y la investigó a fondo hasta que despejó cualquier duda. Pero durante la primera semana de la investigación optó por no convocar a la mujer a la central para interrogarla.

Después de todo, el soplo no tiene ni pies ni cabeza, y además, ha obtenido más información de sus visitas al barrio. Alguien le ha dicho que la muerte de la niña se debe a una venganza contra uno de sus parientes; otro, que se trata de un acto malvado de un traficante que sólo busca demostrarle al vecindario lo duro que es. Y corren rumores acerca de dos camellos de la zona, ninguno de los cuales tiene una coartada.

Por una vez, y para diversión de los demás inspectores, Edgerton llega cada día a la oficina muy temprano, y coge las llaves de un Cavalier. Luego desaparece en Baltimore Oeste. Casi todas las tardes, Edgerton sigue trabajando hasta que llega el cambio de turno, y no regresa hasta bien entrada la noche. Algunos días, Nolan está con él, otros trabaja solo. En el resto de la brigada, nadie sabe dónde está cuando sale. En la calle, y sin compañero, Edgerton puede ser más efectivo que la mejor y más compenetrada pareja de policías. Entiende las ventajas de trabajar en solitario; los que le critican, no. Hay inspectores en la unidad de homicidios que jamás pondrían el pie en el gueto sin un compañero, y que siempre buscan pareja cuando se trata de ir a husmear en Baltimore Oeste.

—¿Quieres compañía? —se preguntan rutinariamente los policías. Y en aquellas raras ocasiones, cuando un inspector se dirige a las barriadas pobres solo, siempre le advierten:

—Cuidado, amigo, que no te tumben.

Desde fuera, Edgerton comprende que la camaradería de la unidad es una muleta en la que apoyarse. La mayor parte de las veces, Edgerton se adentra en los vecindarios de bloques más peligrosos y encuentra testigos; igualmente, la mayor parte de las veces, los demás inspectores que avanzan por las mismas calles de dos en dos salen con las manos vacías. Edgerton aprendió hace mucho que hasta el testigo más dispuesto a cooperar se sincerará con más facilidad con un policía en lugar de dos. Y tres inspectores se parecen mucho a un escuadrón antidisturbios a ojos de un testigo reticente. La verdad, pura y simple, es que la mejor manera de que un policía resuelva un caso es patearse la calle solo y encontrar un testigo.

Los mejores inspectores entienden esta regla no escrita del trabajo policial: a menudo, Worden obtiene mejores resultados cuando está solo en su Cavalier, conduciendo tranquilamente por el barrio y hablando con la gente que se metía en sus casas al avistar a la delegación compuesta por Worden, James y Brown. Pero hay inspectores en la unidad que sienten verdadero temor ante la idea de salir solos a la calle.

Edgerton no tiene ese problema; lleva su actitud como si fuera un escudo. Hace dos meses, estaba en Edmonson con Payson investigando un crimen por drogas y, sin pensarlo dos veces, se alejó de la escena del crimen y recorrió el peor tramo de la avenida Edmonson a solas, pasando en medio de un grupo de camellos de esquina como si fuera Charlton Heston en la Universal. Buscaba testigos o, por lo menos, alguien que quisiera susurrar en el oído de un poli la verdad de lo que había pasado en la calle Payson, una hora antes. En lugar de eso, unas cincuenta caras negras le miraron mal, en un silencio furioso.

Y sin embargo, siguió adelante, aparentemente ajeno a la hostilidad que lo rodeaba, hasta que en la esquina de Edmonson y Brice vio a un chico, de catorce o quince años, dándole una bolsa de papel a otro muchacho mayor que echó a correr al otro lado del bloque. Para Edgerton, era una ocasión de oro. Delante de todos los que estaban en la calle, cogió al chico del hombro y lo arrastró hasta el Cavalier, aparcado en la otra esquina y lo interrogó acerca del asesinato.

Un agente de uniforme de la zona oeste, que observaba la escena del crimen a dos manzanas de distancia, le aconsejó prudencia:

—No debería haber ido solo a esa calle—le dijo a Edgerton—. ¿Y si se hubiera liado una buena?

A lo cual Edgerton sólo pudo sacudir la cabeza.

—Lo digo en serio, hombre —insistió el agente—. Nuestra pistola sólo tiene seis balas.

—Y yo ni siquiera tenía eso —se ríe Edgerton—. Me olvidé el arma.

—¿¿¿Qué???

—Pues sí, me la dejé encima de la mesa.

Un policía en Edmonson y Brice sin pistola. Los agentes de la zona oeste estaban boquiabiertos. A Edgerton no le importaba.

—Este trabajo—les dijo— es actitud en un 90 por ciento.

Ahora, en el caso de Andrea Perry, Edgerton vuelve a otro barrio de Baltimore Oeste, y se mezcla con los nativos como pocos policías pueden hacer. Habla con los ocupantes de todas las casas adosadas que dan a su callejón, charla con los tipos que se pasan horas en los bares y en las esquinas. Trabaja desde la parada de autobús hasta la casa de la víctima en la calle Fayette, y comprueba cada residencia en busca de un testigo que pudiera haber visto a la niña acompañada de un adulto. Cuando el esfuerzo se revela infructuoso, empieza a contrastar las denuncias por ataques sexuales de los distritos Oeste y Sur.

De hecho, Edgerton, muy al principio de la investigación, se preocupa de llamar personalmente a los responsables de las unidades operativas de los distritos Sur, Suroeste y Oeste para informarles del caso. Les dice que busquen a cualquier individuo implicado en actividades sexuales con niñas, o que tenga alguna relación con el robo de un arma del calibre .32. Pide que le avisen si les llega información remotamente relacionada con el caso. Eso también es distinto de lo sucedido con el caso de Latonya Wallace, en el que convocaron a los responsables de distrito a la central para que ayudaran en la investigación. Para esta niña, Edgerton decide que los distritos no irán a la central, sino que esta irá a los distritos.

Sólo en una ocasión, el día después del descubrimiento del cadáver, hay señales del esfuerzo común que normalmente va de la mano en un caso de bola roja, y es Nolan quien lo impulsa. Para guardar las apariencias, les pide a McAllister, Kincaid y Bowman que colaboren durante un día para peinar mejor la zona.

Cuando revisan el expediente, algunos inspectores de la brigada se preguntan en voz alta por qué Edgerton no siguió la pista de la llamada anónima de inmediato. Al menos, dicen, podría ir a buscar a la mujer que el tipo acusó de salir corriendo del callejón para interrogarla.

—Es lo último que quiero hacer—dice Edgerton, explicándole su estrategia a Nolan—. Si la traemos aquí, ¿qué le digo? Sólo tengo una pregunta que hacerle, y después me quedo seco. No tengo nada.

En opinión de Edgerton, es un error que muchos inspectores cometen demasiado a menudo: lo mismo sucedió con el Pescadero en el caso de Latonya Wallace. Detienes a un tipo, le llevas a la sala de interrogatorios sin munición de verdad y sale una hora después, más confiado que antes. Y si tenías la menor información de utilidad, la has echado a perder, y lo único que has logrado es que sea más difícil intimidarlo y conseguir una confesión cuando vuelve por segunda vez.

—Le pregunto por qué razón salía corriendo del callejón, y me dice que no sabe de qué hablo—le dice Edgerton a Nolan—. Y tiene razón. No sé lo que digo.

Ni siquiera está seguro de que la mujer a quien el comunicante anónimo acusó realmente estuviera en la zona del asesinato esa noche. Pero aun si lo creyera, no se arriesgaría a interrogarla hasta que estuviera seguro de tener éxito.

—Y si todo falla, entonces sí. La traeré aquí y le haré una pregunta—declara el inspector—. Pero no antes.

Nolan está de acuerdo.

—Es tu caso —le dice a Edgerton—. Hazlo a tu manera.

Aparte de la ayuda de la brigada en lo que respecta a las visitas por el barrio, Edgerton trabaja en el caso completamente solo. Incluso D'Addario guarda las distancias. Le pide a Nolan informes sobre el avance de las investigaciones, y ofrece su ayuda si hace falta, pero por lo demás deja que Edgerton y su inspector jefe sigan el ritmo que más les conviene.

El contraste entre la respuesta de D'Addario al caso de Latonya Wallace y el que ahora ocupa a Edgerton es notable. El inspector espera que el margen de maniobra que les ha concedido el teniente sea, en parte, una muestra de confianza en sus inspectores. Lo más probable, reflexiona Edgerton, es que D'Addario quedara harto del despliegue bola roja del caso. Los hombres adicionales y el dinero habían obtenido tan pocos resultados en el asunto de Reservoir Hill que quizá ahora el teniente no quisiera tomar el mismo camino otra vez. O quizá, como todos los demás en el turno, estuviera demasiado cansado como para emprender otra campaña bélica.

No obstante, Edgerton también sabe que las cosas no suceden en el vacío. Le dejan tranquilo, en parte porque D'Addario puede permitírselo. El día en que descubren el cuerpo de Andrea Perry, el porcentaje de casos resueltos reluce como un cerdo bien cebado, al 74 por ciento, con cinco órdenes de busca y captura por asesinatos pendientes. Es una cifra buena, comparada con la del año anterior y la media nacional. Así pues, D'Addario puede volver a tomar decisiones sin preocuparse del gasto público ni de las percepciones de los altos mandos. En una charla con Pellegrini, Edgerton se entera de que el teniente ya ha expresado su descontento ante la marea investigadora que siguió a la muerte de Latonya Wallace. En varios puntos del caso, Landsman y Pellegrini le dijeron a D'Addario que menos es más, y el teniente pareció estar de acuerdo. Si la tasa de casos resueltos hubiera sido más alta, si el departamento no lo hubiera pasado tan mal en ese momento, con los asesinatos de mujeres en el noroeste, quizá las cosas habrían sido distintas. Ahora, con el tablero más negro que rojo, la unidad ya ha recuperado su equilibrio político. Gracias al trabajo duro, a una cierta habilidad y no poca suerte, el reino de D'Addario ha sobrevivido a la amenaza y disfruta de nuevo de su merecida gloria. Y si el alto porcentaje de casos resueltos y los sentimientos de D'Addario acerca de cómo abordar un caso bola roja no fueran suficiente para dejar a Edgerton tranquilo, hasta el propio inspector se daría cuenta de que lleva el caso sólo porque el asesinato ha caído en manos de la brigada de Nolan.

Nolan tiene absoluta confianza en los métodos de Edgerton, y es el inspector jefe con menos probabilidades de pedir ayuda al resto del turno y a D'Addario en especial. De los tres inspectores jefe, sólo McLarney y Nolan se cuentan entre los verdaderos discípulos del teniente. Durante el largo año de apuros que ha pasado D'Addario con el capitán, Nolan no se ha mojado. Y últimamente, el teniente se regodea recordándoselo.

Hace dos noches, los tres inspectores jefe estaban en la sala del café. D'Addario se disponía a irse a casa, pues había terminado el turno de cuatro a doce.

—Según mi reloj son las doce en punto—declaró con cierto dramatismo—. Y sé que, antes de que el gallo cante tres veces, uno de vosotros me traicionará...

Los inspectores jefe se ríen, nerviosos.

—... pero está bien, Roger. Lo entiendo. Haz lo que tengas que hacer.

Edgerton es un hombre de Nolan, así que no está muy seguro de por qué le permiten trabajar solo. Quizá D'Addario tenga fe en él, o la nueva filosofía del teniente sea que las bolas rojas queden en manos del inspector principal. O tal vez es que Roger Nolan es el único inspector jefe que no le pedirá nada a su teniente. Quizá, piensa Edgerton, es un poco de todo. Para un tipo tan ajeno a la maniobra política como él, siempre resulta difícil orientarse en la marea de intereses cruzados.

Sean cuales sean las razones de D'Addario, Edgerton comprende que el efecto es el mismo: han soltado la cuerda. Andrea Perry no se convertirá en otra Latonya Wallace, y Edgerton no será otro Pellegrini. Adiós a los operativos, a los perfiles psicológicos del FBI, a las fotografías aéreas de la escena del crimen, a los cien mil debates sin fin entre toda una brigada de inspectores de homicidios. En lugar de eso, este asesinato pertenece a un solo hombre en la calle, con tiempo y espacio para resolver el caso. O para terminar colgado en el intento.

Lo que suceda antes.

Es un tribunal precioso, de formas clásicas verdaderamente impresionantes. Tiene puertas de bronce, mármoles italianos, maderas nobles y techos artesonados en tonos dorados. Es el Tribunal Clarence M. Mitchell Jr. de la calle Calvert, y es una proeza arquitectónica, más rotunda y gloriosa que cualquier otro edificio construido en Baltimore.

Si la justicia se midiera únicamente por la grandeza de su templo, entonces un inspector de Baltimore no tendría nada que temer. Si la piedra esculpida y los paneles tallados a mano garantizaran una venganza justa, entonces el Tribunal Mitchell y su edificación anexa al otro lado de la calle —la vieja oficina de Correos que ahora es el Tribunal Este— serían santuarios para los agentes de policía de Baltimore.

Los primeros patronos de la ciudad no escatimaron en medios cuando mandaron erigir los dos exquisitos edificios en el corazón del centro urbano, y en los últimos años, sus descendientes han demostrado la misma generosidad para preservar y renovar la belleza de ambas estructuras. Desde el tribunal procesal penal hasta las salas de los jurados, pasando por los vestíbulos delanteros hasta los pasillos posteriores, el complejo judicial existe para que las generaciones de policías y abogados puedan caminar por los pasillos de la justicia y sentir que sus espíritus se elevan. Un inspector avanza con paso ligero por el pórtico restaurado de la antigua oficina de Correos, o pasea por el elegante despacho panelado del juez Hammerman, y tiene todos los motivos del mundo para ir con la cabeza muy alta, sabedor de que ha llegado a un lugar donde la sociedad exige que el culpable pague el precio del crimen. Aquí se hará justicia; todo el trabajo duro que se ha hecho en el centro podrido de la ciudad se transformará ahora, sin duda, en un veredicto limpio y solemne de culpabilidad. Un jurado de doce personas respetables, hombres y mujeres ponderados que se levantarán como un solo ser para emitir ese veredicto, que impondrá sobre el acusado, un hombre malvado, la ley de las personas decentes y valientes.

Entonces, ¿por qué todos los inspectores de Baltimore entran en el tribunal con la cabeza gacha y muestran su placa con aburrimiento veterano a los ayudantes del *sheriff* que vigilan la entrada y el detector de metales del vestíbulo de la primera planta? ¿Cómo pueden avanzar tan pesadamente hacia los ascensores, ciegos a la belleza que los rodea? ¿Cómo es posible que aplasten sus colillas en los suelos de piedra con tanta indiferencia y luego empujen las puertas del despacho de un fiscal como si fuera la mismísima entrada al purgatorio? ¿Cómo logrará un inspector de homicidios traer su mejor labor policial al santuario de la justicia, su destino final, con ese aspecto de total resignación?

Lo más probable es que lleve toda la noche despierto, con dos asesinatos y un apuñalamiento a cuestas durante el turno de medianoche. Sin duda, el mismo inspector que tiene que declarar como testigo en el tribunal de Bothe esta tarde acaba de terminar su papeleo atrasado justo a tiempo de ver entrar al turno de día. Seguro que se ha pasado otra hora engullendo cuatro tazas de café seguidas y unos huevos revueltos. Ahora seguramente está acarreando bolsas de papel llenas de indicios, pruebas y muestras desde la unidad de control de pruebas hasta el cubículo, en el tercer piso, de algún abogado, donde le informarán de que su principal testigo no se ha presentado y tampoco contesta a las llamadas del ayudante del *sheriff*. Aparte de estos pequeños detalles, el mismo inspector —si sabe lo que le conviene— tendrá que presentarse en la arena legal con la mente concentrada en algo más que visiones trascendentes de victoria moral. En el fondo de su corazón, un inspector veterano no se inspira en la gloria de un tribunal, sino en la Regla Número Nueve del decálogo, a saber:

9A. Para un jurado, cualquier duda es razonable.
9B. Cuanto mejor es el caso, peor es el jurado.

Y, además de las reglas 9A y 9B:

9C. Un buen hombre es difícil de encontrar, pero encontrar doce y reunirlos en un mismo lugar es un milagro.

Un inspector que avanza por los pasillos de la justicia con nada menos que un firme y familiar escepticismo en el sistema legal norteamericano es un hombre listo para ser pisoteado. Después de todo, una cosa es ver que tu mejor caso queda hecho trizas gracias a doce de los mejores ciudadanos de Baltimore, y otra muy distinta contemplar cómo lo hacen en un estado de inocente incredulidad. Es mejor aprender a no esperar casi nada cuando cruzas las puertas del tribunal, y así entrarás en los relucientes pasillos con una absoluta anticipación del desastre que está a punto de tener lugar.

Los cimientos —de piedra sólida y firme— en los que se basa el sistema legal norteamericano afirman que el acusado es inocente hasta que le condene el voto unánime del jurado. Es mejor que salgan libres más de cien culpables, a que un solo inocente sea castigado. Bueno, si nos ceñimos a eso, el sistema judicial de Baltimore funciona como un reloj.

Por ejemplo: en ese año de la trayectoria del sistema judicial penal de Baltimore, se presentaron cargos contra doscientos acusados en relación con ciento setenta casos de asesinato resueltos.

De estos doscientos acusados:

Cinco casos están pendientes de juicio dos años después. (En dos de ellos, se dictó orden de busca y captura, pero la policía no logró detener a los sospechosos.)

Cinco murieron antes del juicio o durante la detención. (Tres de las muertes fueron suicidios, otra por incendio provocado por el propio acusado para matar a otra persona, y el quinto cayó abatido por la policía.)

Seis no fueron a juicio, porque los fiscales estimaron que las muertes fueron actos de defensa propia justificables, o resultado de causas accidentales.

Dos acusados terminaron en un psiquiátrico cuando el juez estimó que no fueron responsables de sus actos.

Tres acusados de dieciséis años o menos serán juzgados por homicidio en un tribunal para menores.

Dieciséis casos no llegarán al tribunal por falta de pruebas. (De vez en cuando, un inspector de policía sin pruebas suficientes intentará jugársela y detener a su sospechoso con la esperanza de que una estancia en la cárcel le haga reflexionar y dé lugar a una confesión en posteriores interrogatorios.)

Veinticuatro acusados, después de que la fiscalía presente cargos, verán su caso sobreseído o suspendido provisionalmente. (Un sobreseimiento representa la imposibilidad inequívoca de que el caso se vea frente al gran jurado; una suspensión provisional sitúa el caso en una bandeja de pendientes, aunque la fiscalía puede optar por reabrir el caso en un año si surgen nuevos indicios. La mayor parte de las veces, las suspensiones provisionales pasan a sobreseimiento.

Tres acusados no llegarán a juicio cuando se descubra que, de hecho, son inocentes de los crímenes de los que se los acusa. (La regla de que uno es inocente hasta que se demuestre lo contrario realmente significa algo en la ciudad más grande de Maryland, donde es bastante habitual que un inocente termine acusado o incluso condenado por un crimen violento. Es lo que sucedió, por ejemplo, en el tiroteo de Gene Cassidy y de nuevo otras tres veces en sendos asesinatos en casos de inspectores del turno de Stanton. Los acusados fueron identificados erróneamente por varios testigos —en un caso, la víctima moribunda; en otros dos, por gente que pasaba por allí— y, finalmente, después de una investigación más detallada, resultó que no eran culpables. No es nada raro que se acuse al hombre equivocado a partir de pruebas más bien flojas, y entonces aún es más normal que el gran jurado le acuse. Pero después de eso, las probabilidades de que un inocente acabe entre rejas son mínimas. Después de todo, a los fiscales de Baltimore les cuesta lo suyo lograr que condenen a un culpable; el único escenario posible en el que un hombre inocente es acusado a partir de pruebas escasas es uno donde el abogado de la defensa no evalúa bien el caso y obliga a su cliente a declararse culpable.)

Culpable o inocente, vivo o muerto, loco o cuerdo: la criba elimina a sesenta y cuatro de los doscientos casos iniciales, es decir, casi el 30 por ciento, antes de que ni uno solo vaya a juicio. Y de los ciento treinta y seis hombres y mujeres que quedan:

Ochenta y uno aceptarán los tratos que se les ofrecen antes del juicio. (Once de ellos se declararán culpables de asesinato en primer grado con premeditación, treinta y cinco de asesinato en segundo grado, treinta y dos de homicidio y otros tres de cargos menores.)

Cincuenta y cinco acusados se arriesgarán a ir a juicio, ya sea frente a un jurado o un juez. (De estos, veinticinco saldrán libres después de un juicio con jurado. Veinte de los otros treinta acusados serán declarados culpables de asesinato en primer grado, seis de asesinato en segundo grado y cuatro de homicidio.)

Si se suman las treinta condenas a las ochenta y una declaraciones voluntarias de culpabilidad, el elemento disuasorio de asesinar en Baltimore está claro como el agua: ciento once ciudadanos han sido condenados por homicidio.

En este año en concreto, la posibilidad de ser condenado por un crimen después de que te detengan las autoridades es del 60 por ciento. Y si incluimos en esa ecuación los homicidios no resueltos en los que no se produjeron detenciones, la posibilidad de terminar arrestado y condenado por arrebatar la vida de otra persona en Baltimore baja hasta el 40 por ciento.

Y después de esto, la minoría desafortunada a la que le toca recibir no sufre una penitencia en consonancia con sus crímenes. De esos ciento once condenados por homicidio ese año, veintidós hombres y mujeres —un 20 por ciento del total— recibirá una condena de cinco años o menos de cárcel. Otros dieciséis —el 14 por ciento del total— serán condenados a menos de diez años. Teniendo en cuenta que la política de libertad condicional de Maryland hace que los presos cumplan un tercio de su condena, se puede decir con bastante seguridad que, tres años después de haber cometido un crimen, menos del 30 por ciento de la promoción del 88 de la unidad de Baltimore está aún entre rejas.

Los fiscales y los inspectores comprenden las estadísticas. Saben que, incluso en el mejor de los casos —uno de esos que el fiscal del Estado tiene ganas de llevar a juicio—, la posibilidad de éxito es de tres entre cinco. Así, cualquier caso en donde haya el menor indicio de que el crimen se ha cometido en defensa propia, o cuando los testigos son flojos o las pruebas ambiguas, son los primeros que se quedan por el camino, y se convierten en suspensiones o sobreseimientos.

Pero no todos los casos que terminan en un trato son necesariamente flojos. En Baltimore es posible cerrar un caso sólido con un trato; sucede cuando ni el acusado ni su abogado se presentarían a juicio en lugares como Anne Arundel o Howard o el condado de Baltimore. Pero en la ciudad, los fiscales saben que hay casos en los que, cuando van a juicio, suelen terminar soltando a los acusados.

La diferencia es, sencillamente, la Regla Número Nueve.

La lógica operativa de un jurado de la ciudad de Baltimore es un proceso tan fantástico como cualquiera de los misterios del universo. Este es inocente porque parece tan educado y ha hablado muy bien durante su declaración, ese porque no había huellas en el arma que corroboraran el testimonio de cuatro testigos. Y ese de ahí está diciendo la verdad cuando afirma que le arrancaron una confesión a golpes; lo sabemos porque, claro está, ¿quién coño confesaría un crimen si no le arrean bien?

En una decisión particularmente notable, un jurado de Baltimore declaró a un acusado inocente de asesinato, pero culpable de ataque con intención de asesinar. Creyeron el testimonio de la testigo, que vio al acusado apuñalar a la víctima en la parte trasera de una calle bien iluminada, y luego echó a correr para salvarse ella. Pero también creyeron al forense cuando les explicó que, de las numerosas heridas que había recibido el muerto, una en el pecho era la que le había provocado la muerte. Los jurados llegaron a la conclusión de que no podían estar completamente seguros de que el acusado apuñalara a la víctima más de una vez. Presumiblemente, otro atacante enloquecido habría pasado por ahí, después del primero, tomó su cuchillo y terminó el trabajo.

A los jurados no les gusta discutir. No les gusta pensar. No les gusta estar sentados durante horas, revisando pruebas y testimonios y alegatos de la defensa y la acusación. Desde el punto de vista de un inspector de homicidios, un jurado en un caso penal se resiste a cumplir su obligación de juzgar a otro ser humano. Después de todo, este proceso que etiqueta a la gente como asesinos y criminales es desagradable y doloroso. Los jurados quieren irse a casa, escaparse, dormirse. Nuestro sistema legal prohíbe un veredicto de culpabilidad si queda la más mínima duda acerca del acusado. Pero en realidad, a los jurados les gusta la duda, y encerrados con el estrés de la sala de deliberaciones, todas las dudas se convierten en razonables motivos para emitir un veredicto de inocencia.

La duda razonable es el eslabón más débil de la cadena de cualquier fiscal. Cuando el caso es complejo, las dudas se multiplican. En consecuencia, la mayoría de los veteranos de la fiscalía, que llevan mil cicatrices de anteriores rifirrafes, prefieren un homicidio sencillo, un caso fácil con uno o dos testigos. Es un alegato más fácil, y también es más fácil para los jurados aceptarlo. Creen o no creen a los testigos, pero, sea como sea, no se les ha pedido que piensen mucho, ni que presten atención durante largo rato. Pero el expediente más grueso —ese que un inspector construyó durante semanas y meses, el que contiene una montaña de indicios que no son obvios, y que necesita un fiscal capaz de juntar las piezas de un rompecabezas delicado— es el tipo de caso que, si termina frente a un jurado, puede acabar muy pero que muy mal.

Porque, al menos en Baltimore, el jurado medio no quiere pasarse horas contemplando las inconsistencias del alegato de la defensa, o la compleja red de testimonios que suele hacer falta para reventar una coartada falsa, o las discrepancias entre el informe del forense y la tesis de que el acusado lo hizo en defensa propia. Es demasiado complicado y abstracto. El jurado medio quiere tres ciudadanos de pie que afirmen que lo vieron todo, y un par más que les expliquen las razones por las que el asesino hizo lo que hizo. Con el arma del crimen, unas huellas y una identificación por ADN —Dios mío—, el jurado está listo para repartir un justo castigo.

Sin embargo, para un inspector, los casos circunstanciales son los que a menudo representan la mejor labor policial, y por esa razón la Regla 9B posee un profundo significado. En teoría, los casos fáciles van solitos a juicio. Pero los mejores —esos de los que se enorgullecen un buen policía— siempre terminan con los peores jurados.

Como con cualquier elemento de la maquinaria de justicia penal, el tema racial también influye en el sistema de jurados de Baltimore. Puesto que la gran mayoría de la violencia urbana son crímenes de negros contra negros, y que los jurados se seleccionan de entre una población que es negra en un 60 o 70 por ciento, los fiscales de Baltimore van a juicio sabiendo que el crimen se verá a través del cristal de la sospecha histórica de la comunidad negra de que el departamento de policía y el sistema judicial están controlados por blancos. El testimonio de un agente o inspector negro se considera, por lo tanto, necesario la mayor parte de las veces, como un contrapeso para el joven acusado que, siguiendo el consejo de su abogado, lleva su traje de los domingos y la Biblia bajo el brazo. Que las víctimas sean negras importa menos; después de todo, no pueden pasearse frente al jurado como un ejemplo de probidad cristiana.

El factor raza en el sistema judicial es reconocido por fiscales y abogados —blancos y negros— aunque el tema rara vez aflora durante el juicio. Los mejores abogados, sin importar de qué raza son, se niegan a manipular al jurado utilizando triquiñuelas relacionadas con eso; los otros pueden hacerlo con las sugerencias más indirectas. Así, la raza es una presencia tácita que acompaña a casi todos los jurados hasta la sala de deliberaciones. Una vez, en una rara referencia, la abogada de la defensa, que era negra, se señaló el antebrazo durante su alegato frente a un jurado compuesto por doce hombres y mujeres de esa misma raza. «Hermanos y hermanas dijo, y dos inspectores blancos se pusieron como motos al oírla, sentados en las últimas filas de la galería—, creo que todos sabemos de qué va este caso.»

Pero sería erróneo afirmar que los jurados de Baltimore son más indulgentes sencillamente porque hay más porcentaje de afroamericanos. La desconfianza de la comunidad negra frente al sistema legal es un fenómeno real, pero los fiscales más veteranos te dicen que algunos de los mejores jurados que han tenido eran de negros, mientras que los peores y más indiferentes eran mayoritariamente blancos. Más que el color de su piel, lo que ha podrido al sistema judicial en Baltimore es ese factor que supera todas las fronteras raciales: la televisión.

Si uno busca doce personas al azar en Baltimore —en las zonas negras de Ashburton y Cherry Hill, o en las blancas de Highlandtown o Hamilton—, lo más seguro es que entre ellos encuentre a ciudadanos inteligentes y con criterio. Algunos habrán terminado el instituto, dos o tres habrán ido a la universidad. La mayoría serán gente trabajadora; unos pocos, profesionales liberales. Baltimore es una ciudad obrera, un pedazo del cinturón de herrumbre de la Costa este que jamás se recuperó cuando la industria del acero y del transporte marítimo norteamericano se fueron al garete. Una buena parte de la población está en paro, y sigue siendo una de las ciudades con una tasa de escolarización más baja. Los contribuyentes han huido de la ciudad durante más de dos décadas, y la gran mayoría de las clases medias y altas, negras y blancas, de Baltimore ahora viven en los alrededores de la ciudad. Son, esencialmente, la población censal de la cual se nutren los jurados del condado.

Así pues, la mayor parte de los que ponen pie en un tribunal lo hacen con el simplismo acerca del crimen y el castigo que se puede ver en una pantalla de 19 pulgadas. Más que otra cosa, es el tubo catódico —no el fiscal, ni el abogado defensor ni, desde luego, las pruebas— lo que conforma la mente de un jurado de Baltimore. La televisión garantiza que los jurados lleguen a un juicio con unas expectativas ridículas. Los jurados quieren ver el asesinato, para empezar: ver cómo se desarrolla frente a ellos, en una cómoda grabación que puedan detener o parar. O como mínimo, que el culpable se ponga de rodillas en el estrado y suplique piedad. Para qué recordarles que las huellas sólo se recuperan de una escena del crimen en menos del 10 por ciento de los casos: el jurado medio quiere huellas en la pistola, huellas en el cuchillo, huellas en todos los pomos de la casa, las ventanas y hasta en las llaves. ¿Vamos a contarles que los informes del laboratorio casi nunca terminan contribuyendo a construir un caso? El jurado quiere ver pelos y fibras y huellas de pisadas, o cualquier asomo de pseudociencia que la televisión lleva publicitando desde que se reemitían los episodios de *Hawai 5 0*. Cuando un caso llega redondo, con varios testigos y numerosas pruebas, entonces los jurados exigen un motivo, una razón, algo que le dé sentido al asesinato que ya ha sido demostrado. Y en esas raras ocasiones en las que a un jurado lo han convencido de que sí, es él, el tipo que va a ir a la cárcel ha cometido el crimen, entonces quieren estar seguros de que realmente es una mala persona. Y que ellos no son malas personas por esa cosa tan terrible que se disponen a hacerle.

En la vida real, es imposible garantizar la absoluta certeza acerca del crimen y de la culpabilidad que la televisión ofrece. Tampoco es fácil esperar que un jurado abandone sus expectativas, aunque los fiscales que saben lo que hacen nunca dejan de intentarlo. En Baltimore, los fiscales suelen llamar a expertos en huellas dactilares con cierta frecuencia, en casos en donde no se disponen de huellas.

Por favor, explíquele al jurado en qué proporción suelen recuperarse huellas de una escena del crimen y cuándo no. Indíqueles el motivo por el cual muchas personas, en función de su bioquímica en el momento de los hechos, no dejan ninguna huella dactilar. Infórmeles de cómo se pueden borrar y eliminar las huellas dactilares. Háganles saber la forma en que las condiciones atmosféricas afectan a las huellas. Explíquenles lo difícil que es sacar una huella dactilar del puño de una navaja o de una pistola.

Igualmente, los inspectores saben que suben al estrado para librar una batalla perdida contra los últimos seis episodios de la serie de abogados de turno —todo empezó con *La ley de Los Ángeles*—, en las que los protagonistas, que son abogados mucho más guapos de los que nos han tocado hoy, fíjate, siempre desfilan frente al jurado con primorosas bolsitas etiquetadas que contienen cuchillos, pistolas y se llaman «prueba número 1 de la acusación» y «prueba número 2 de la defensa».

Un buen abogado defensor puede generar una nube de humo y dudas durante diez minutos, obsequiando con una mirada ofendida a un inspector que trata de explicar que las armas tienen la mala costumbre de abandonar la escena del crimen antes de que la policía llegue.

¿Qué quiere decir con eso de que no tiene el arma del crimen? ¿Cree usted, ni por un instante, que este jurado condenará a mi cliente sin el arma del crimen? ¿Cómo que podría estar en cualquier parte? ¿Trata de decirnos que después de cometer un asesinato, el acusado huyó, se llevó la pistola con él y luego la escondió? ¿O insinúa que la tiró por el puente de la bahía de Curtis?

En *Colombo*, la pistola siempre está escondida en el armarito del bar, detrás de la botella de vermú. Pero ¿usted no comprobó la botella de vermú, verdad, inspector? No, porque no tiene el arma del crimen. Señoría, solicito que retiren las esposas al pobre corderito y le devuelvan al lado de su familia, que tanto le quiere.

Los fiscales e inspectores de Baltimore opinan, como un solo hombre, que la televisión se ha cargado irremisiblemente el concepto de un jurado que reflexiona y pondera el caso; ha sido estrangulado por líneas argumentales que carecen de toda ambigüedad, en donde todas las preguntas encuentran una respuesta. El resultado es que los responsables de castigar a un criminal en Baltimore ya no se tragan el mito a lo Norman Rockwell, con doce hombres sin piedad en mangas de camisa, discutiendo acerca de las verdaderas pruebas con un calor atroz. En el mundo real, más bien son doce descerebrados que se repiten una y otra vez que el acusado parece un tipo normal y callado. Luego se ríen de la corbata que ha escogido el fiscal. Los abogados de la defensa suelen decir que ese tipo de ideas acerca de los jurados proceden de policías y fiscales amargados, pero la verdad es que la falta de fe que los inspectores y fiscales sienten hacia el sistema judicial va más allá de eso. No se trata de que el gobierno gane todos los casos; el sistema no funciona así. Pero ¿alguien cree de verdad que el 45 por ciento de los acusados de homicidio contra los que se presentan cargos —el último tramo del largo y estrecho cuello de botella del sistema legal— son todos inocentes?

Así que los jurados son una especie de factor disuasorio para los fiscales, que están dispuestos a cerrar tratos por condenas menores, o aguantar que el caso termine pendiente, antes que gastar el tiempo y el dinero de los contribuyentes en casos de acusados que son claramente culpables, pero cuyos expedientes llegan al tribunal con escasas pruebas irrefutables. Un abogado defensor competente, o de oficio, sabe que en la mayoría de los casos, un jurado es lo último que el fiscal quiere, y utiliza eso como elemento de negociación cuando está cerrando un trato para su cliente.

Para los inspectores, la decisión de pactar o dejar un caso pendiente es un punto sensible en la permanente relación de amor y odio que mantienen con la fiscalía del Estado. Vale, piensa el inspector, están de nuestra parte. Bueno, trabajan para encarcelar a los criminales y cobran la mitad de lo que les pagarían en un bufete de abogados privado. Pero los buenos sentimientos salen volando por la ventana cuando un joven ayudante del fiscal, que apenas terminó la carrera hace dos años, abandona el caso de un crimen por drogas que al inspector le ha llevado tres semanas cerrar. Cuando eso sucede, lo ve todo rojo. Yo me he deslomado para traerle un puñado de testigos, algo reticentes, y ¿para qué? ¿Para que este inútil con un traje a rayas y una corbata chillona lo arroje a la bandeja del limbo? Joder, ni siquiera ha tenido las narices de llamarme, ni siquiera de preguntar por el expediente y cómo podríamos salvar el caso.

Está claro que algunos casos tienen poca base y hay que tirar la toalla. Otros llegan al tribunal como casos supuestamente sólidos, sólo para autodestruirse en cuanto los testigos empiezan a desfilar. Todos los inspectores de homicidios saben cuál es la pura verdad: que las cosas se tuercen. Pero también creen que hay muchos casos que están en la frontera, y otros que son sólidos, que terminaron perdidos porque un fiscal sin experiencia se encargó de darles el golpe de gracia.

Un buen inspector entiende que hay cosas inevitables y comprensibles. Como pasa en muchas partes, la fiscalía del Estado en Baltimore trabaja con poco personal y menos fondos. La sección que se ocupa de preparar los casos para el tribunal se compone de un núcleo de veteranos competentes y un puñado de recién llegados, abogados jóvenes que han ascendido después de pasarse años en los juzgados de distrito. Algunos serán buenos abogados procesales, otros no, y unos pocos son un peligro en la sala. Un inspector siempre espera que le toque un fiscal capaz, pero también sabe que el sistema funciona con el método de la criba, para todo. Los homicidios se reparten de forma tal que el mayor número de casos —sobre todo allí donde hay verdaderas víctimas, o aquellos en los que hay múltiples acusaciones o crímenes— vaya a parar a manos de los fiscales más experimentados, con la esperanza de que, en los casos más importantes, el fiscal no se vea superado por la nube de abogados defensores más avezados que, bien de forma privada bien por convocatoria del tribunal, gravitan hacia los homicidios.

Los inspectores también saben que es mejor pactar en al menos dos tercios de los casos por asesinato que parecen más viables. Aunque casi todos los que están fuera del sistema legal consideran que «trato» es una vulgaridad, los que se ganan la vida en los tribunales admiten que es una necesidad estructural. Sin los tratos, el sistema se detendría, incapaz de seguir avanzando, con los casos amontonándose en los tribunales igual que los aviones esperan a que los autoricen a aterrizar en Atlanta. Incluso con la tasa actual de tratos frente a juicios, el retraso entre una condena por asesinato y el momento en que se juzga el caso oscila entre seis y nueve meses.

Para un inspector, hay una gran diferencia entre un buen trato y uno malo. Segundo grado y treinta años de condena casi siempre es un trato respetable, excepto si hablamos de actos de verdadera maldad, como abusos sexuales a menores o asesinatos por robo. Si el caso está en la frontera, segundo grado y veinte años no está mal, aunque no se oye precisamente el férreo puño de la justicia descargarse sobre el condenado. Lo más probable es que le suelten, en libertad condicional, después de unos siete o diez años de condena. En un verdadero caso de homicidio —un asesinato doméstico, fruto del miedo o del impulso, que de todos modos no se puede llamar accidente—, cualquier condena que vaya de dos a diez años es razonable. Pero es más difícil tragarse que un fiscal permita un trato de segundo grado para un asesinato especialmente duro, o que considere homicidio lo que es un asesinato, o que rebaje un homicidio a una muerte accidental. Incluso en situaciones así, los inspectores no suelen despegar los labios si el fiscal no les pregunta, y generalmente no lo hacen. En la unidad de homicidios, la filosofía, pulida por los vientos del tiempo, es que el caso está con el fiscal. Tú has hecho tu trabajo, y que le den si no piensa hacer el suyo.

Hay ocasiones, sin embargo, en la que un inspector no puede evitar cruzar la línea de demarcación emocional.

Por ejemplo, es sabido que Worden le dirá algo a un fiscal joven si piensa que va a abandonar un caso demasiado rápido, o si parece asustado ante la idea de presentar cargos. A veces Landsman también hace algo parecido, y Edgerton, si tiene ocasión, le dirá a un fiscal cómo debe presentar su caso y también redactará el alegato final por él. En la unidad, muchos hombres se acuerdan de un caso o dos que les dejó marca. Garvey aún no ha vuelto a hablar con el ayudante del fiscal que aceptó segundo grado para el asesinato de Myeisha Jenkins, una niña de nueve años que murió apaleada por el novio de su madre cuando esta le dejó, y que acabó en un recodo de la carretera de Baltimore a Washington. Garvey le dijo al fiscal que era un pedazo de mierda por haber aceptado ese trato, y se lo dijo de tal modo que el tipo ni siquiera se molestó en discutírselo.

Si el caso le importa lo bastante, un inspector presionará o incluso argumentará a favor de una estrategia en concreto. Pero al final las decisiones sobre qué enfoque legal hay que darle al caso no las toma él. Desde la escena del crimen hasta que se produce la condena, el tribunal es la única parte del proceso en la que el inspector es un participante pasivo, un jugador que depende enteramente de las decisiones de los demás. El inspector está ahí para testificar, y ayudar a los abogados tanto como sea posible. Estos, a su vez, tienen su propia opinión sobre la función de los inspectores. Algunos fiscales consultan a los inspectores sobre las pruebas y el tipo de presentación que sería buena para el caso, y suelen preguntárselo a los inspectores más veteranos, los que han visto más juicios que los propios fiscales. En cambio, otros les consideran poco más que atrezo, o recaderos, que solamente tienen que presentarse a tiempo, con los testigos adecuados y pruebas sólidas.

Los inspectores de homicidios pasan por otro alejamiento del caso: como testigos, están incomunicados y, por lo tanto, no pueden asistir al juicio ni escuchar a los demás testigos. Los inspectores de Baltimore se pasan el 90 por ciento de su tiempo en el edificio de los juzgados sentados en duros bancos de madera en los pasillos, o llevando las bolsas de pruebas de la sala a la oficina del fiscal, o persiguiendo a un testigo que supuestamente tenía que presentarse esa tarde, pero que no ha aparecido, o incluso camelándose a las secretarias de la unidad de crímenes violentos. El rato que se pasa entre pasillos de mármol y salas con paneles de madera es un extraño limbo para un inspector, un período de no existencia que se interrumpe brevemente cuando es llamado a testificar.

El estrado es el último momento del proceso en que la experiencia de un inspector cuenta para algo. Casi siempre, el testimonio de los civiles —preparados por el fiscal antes del juicio— ofrecerá la prueba más determinante. Pero en todos los casos, el testimonio del inspector en relación con la escena del crimen, la localización de los testigos y las declaraciones del sospechoso son la base del caso que construye la acusación. Entre los fiscales se cree que la actuación de un inspector en el estrado de los testigos raras veces gana un caso, pero puede destrozarlo a fondo.

Antes de subirse al estrado, un inspector que sabe lo que hace estudia a fondo el expediente. Después de todo, han pasado seis meses y los cadáveres se han amontonado entre la detención y el juicio. En 1987, un inspector —que ya no estaba en la unidad de homicidios— contestó a la pregunta de un fiscal con una elaborada descripción de la escena del crimen y de la investigación subsiguiente. Al cabo de un minuto o dos vio que el fiscal le hacía unas muecas extrañas. Hasta el acusado tenía una expresión rara.

—Hummm, espere un momento —dijo el inspector, dándose cuenta gradualmente del desastre—. Señoría, creo que estaba recordando otro caso...

Anulación automática del juicio, con M mayúscula de Mierda.

Otros inspectores prefieren llevarse la carpeta al estrado, pero con algunos jueces eso es peligroso. Un expediente típico contiene notas, informes sobre posibles sospechosos y pistas falsas que terminaron descartadas, y algunos jueces permiten al abogado de la defensa que explore durante el contrainterrogatorio todas esas investigaciones que terminaron en dique seco. Con un sospechoso alternativo, sacado a toda prisa de un expediente policial, y un juez tolerante, un abogado defensor tiene media carrera ganada de cara al jurado.

Mark Tomlin es un inspector que siempre copia las notas de lo que va a decir en el juicio en la parte posterior de la hoja de antecedentes del acusado. Una vez, cuando Tomlin estaba testificando, un abogado defensor solicitó ver las notas más de cerca, y empezó a sugerir que se admitieran como pruebas. Cuando volvió el papel, y vio el historial del cliente al completo, le devolvió la hoja al inspector sin decir otra palabra.

Los inspectores veteranos van a juicio sabiéndose el caso del derecho y del revés, sus puntos débiles y lo que es irrefutable. Pueden anticiparse a una línea de interrogatorio del abogado y contestar debidamente. No significa que sus respuestas vayan a manipular nada, sino que estarán pensadas para causar el menor daño posible. Si, por ejemplo, el abogado de la defensa sabe que un testigo señaló al acusado en una rueda de identificación, pero que no lo vio mientras hojeaba los álbumes de sospechosos el día antes, seguro que pregunta por eso. Un inspector listo se adelantará y, durante su respuesta, mencionará que en el álbum había una fotografía del acusado cuando este tenía seis años, que el pelo del acusado en la foto era distinto, que no tenía bigote y todo lo que haga falta, hasta que el abogado le cierre la boca. Como llevan generaciones soportando a testigos policiales astutos y manipuladores, los abogados de la defensa se han aficionado al estilo responda-sí-o-no-a-la-pregunta-por-favor, lo que obliga al policía a que el fiscal reaccione ante la pregunta antes de poder contestarla.

Por otra parte, si un inspector está declarando y no está seguro de por dónde van los tiros de la defensa, empezará a dar respuestas un poco más prudentes y se extenderá menos, aunque no será impreciso, al menos hasta donde se pueda detectar. Un testigo profesional no termina arrinconándose en una declaración en la que generalice excesivamente, porque un buen abogado sabe cómo desenterrar la excepción:

—Inspector, usted afirma que, después del arresto del señor Robinson, no se produjeron más robos en la zona norte y de Longwood.

—Sí, señor.

—Inspector, aquí tengo una denuncia por robo fechada precisamente...

Los policías veteranos suben al estrado con una buena regla bajo el brazo: no mienten. Al menos, no los buenos; jamás los pillan en ninguna contradicción flagrante. El perjurio puede destrozar una carrera, cargarse una pensión y quizá, si la mentira es lo bastante grande y estúpida, incluso comporte una condena. Para un inspector, falsificar las pruebas materiales o atribuir erróneamente declaraciones a sospechosos o testigos que no corresponden, es un riesgo mucho mayor que la hipotética recompensa. ¿Hasta qué punto le importa —realmente— a un inspector que un acusado de asesinato vaya a prisión? Logra detener a unos catorce al año, quizá un par de cientos durante toda su carrera. ¿Por qué va a creer que el mundo se acaba si pierde un caso? Si es un tiroteo policial, o alguien a quien conoce, entonces las cosas quizá cambien, pero no por algo que sucedió en el bloque 1900 de la calle Etting la noche del sábado del verano pasado.

La única excepción notable a la proverbial honestidad de un buen testigo policial, el único punto del proceso legal sobre el que los agentes de la ley mienten casi siempre, o por decirlo de otro modo, exageran, es la causa probable.

Para los inspectores antivicio o de narcóticos en concreto, fijar los requisitos legales y correctos para una detención o un registro se ha convertido en un jueguecito ridículo. No resulta sorprendente: no basta con afirmar que el sospechoso es un recadero que lleva diez minutos apostado en la esquina. No, la ley requiere que el agente haya observado al acusado realizar operaciones sospechosas en una zona conocida por albergar tráfico de drogas. Luego, tras inspeccionar más de cerca la escena, el policía detecta una bolsita de plástico asomando del bolsillo de la sudadera así como un bulto en el cinturón del individuo, lo cual indica presencia de arma de fuego.

Claro.

La causa probable en una redada callejera siempre será una broma cósmica, un engaño sistémico. En algunos lugares de Baltimore, la causa probable se reduce a que un tipo se quede mirando un coche patrulla dos segundos más de lo que un inocente haría. Los tribunales no pueden reconocerlo, pero en el mundo real te quedas mirando a un tipo hasta que estás seguro de que lleva mierda hasta el cuello, luego le registras, encuentras las drogas y la pistola, y sólo entonces tienes tu justificación legal para la detención.

En homicidios, donde la mitad del juego también consiste en registrar y detener a los sospechosos previa declaración jurada para cada dirección objeto de registro, la causa probable tiene que ser muy clara. Después de todo, hace falta que un juez firme la orden sólo para entrar en el vestíbulo de la casa. Un inspector que sepa redactar bien quizá pueda forzar un caso con causa probable floja o exagerada y obtener la firma de un juez de guardia, pero está obligado a preparar una declaración jurada con algo de sentido.

El único momento real de vacilación que pasa un inspector de homicidios cuando testifica no tiene que ver con la causa probable, sino que sucede cuando la defensa le pregunta si obligó al acusado a declarar o si su cliente solicitó un abogado antes de realizar su declaración. En el fondo de su corazón, un buen policía sabe que toda declaración es, en cierto modo, fruto de la presión ejercida sobre el detenido, aunque no llega a ser ilegal. Así que se atiene a una definición legalista y puede decir que no, por lo que su testimonio no es perjurio. Después de todo, le leyeron los derechos al acusado y firmó su formulario 69. Tuvo su oportunidad.

—Pero ¿quería un abogado?

Bueno, a ver, podría replicar el inspector, ¿cómo definiría la palabra *querer*? Probablemente la mitad de los sospechosos que van a la sala de interrogatorios dicen que quieren a un abogado o que quizá necesitarán a un abogado, o que deberían hablar con un abogado. Si siguen insistiendo, si realmente quieren a ese abogado y no van a soltar la lengua, entonces el interrogatorio ha terminado. Pero cualquier inspector con dos dedos de frente intentará, al menos una vez, convencerlos de que no lo hagan, porque saben que no hay ningún juez del Tribunal Supremo esperando al otro lado de la puerta.

—¿Mi cliente solicitó a un abogado?

—No, no lo hizo.

En el estrado de los testigos, la última regla del inspector de homicidios es que no es personal. Nada lo es, ni lo que sucede entre el inspector y el acusado, o en el intercambio con los abogados. Cuando testificas, las apariencias cuentan. Un policía que pierda la calma y muestre desprecio o malicia hacia el acusado o su abogado defensor automáticamente se convierte en la encarnación frente al jurado del malvado sistema legal, de una cruzada y no de un juicio. El abogado de la defensa te llama mentiroso, y tú lo niegas impasible. Declara que tu investigación es un desastre de incompetencia, y tú también lo niegas. Su cliente te jode con la mirada desde el banquillo de los acusados, y tú lo ignoras.

Para un inspector con experiencia, eso es muy fácil. Después de todo, si es un típico caso de homicidio, lo más seguro es que la indiferencia sea genuina. Pero incluso cuando el caso le importa, un veterano no hace nada que así se lo indique al acusado, nada que diga que el veredicto será relevante en el mundo en que vive. En cierto modo, esa actitud le ofrece al acusado menos que la ira o el desprecio. En el juicio, el mensaje del inspector hacia el acusado es claro e inequívoco: ganes o pierdas, sigues siendo una mierdecilla marginal. Si el jurado te condena, vas a estar en chirona durante un tiempo. Y si no hace su trabajo, sigues sin importar una mierda. En seis meses volverás a la cárcel municipal, bajo otra acusación, eso es lo que dice la actitud del policía. Eso, o que alguien de mi turno estará por ahí dándote por saco una de estas noches.

Visto así, resulta extraño que el acusado tampoco se lo tome personalmente. Entran en el tribunal, después de pasar calor en las celdas del sótano. Están esposados de pies y manos, echan un vistazo a su alrededor y buscan la mirada del inspector. A menudo, saludan o hacen una inclinación de cabeza en dirección a su leal oponente. Si el juicio va para largo, en el curso de las sesiones algunos incluso se acercan y estrechan la mano del inspector o murmuran un agradecimiento sin sentido y sin razón, como si el inspector les hiciera un favor al presentarse en el tribunal.

Pero a veces, cuando el acusado está tocando las narices más allá de lo habitual —haciendo aspavientos en la sala, significándose con gestos o muecas, mirando de reojo e insultando por lo bajo al juez y al fiscal—, el inspector cruza la barrera psicológica. Sólo entonces reconoce al acusado como a un individuo, y puede llegar a deducirse que el resultado del caso le importa un carajo.

A principios de año, Dave Brown estaba en la sala cuando se dictaba sentencia contra dos acusados de la zona oeste, de veintidós y catorce años, acusados de matar a un pastor anciano durante un robo, cerca del Hospital Universitario, la pasada primavera. Brown se quedó callado mientras el portavoz del jurado leía los veredictos de primer grado. El acusado de más edad perdió la calma. Se volvió y miró al inspector con furia.

—¿Estás contento, hijo de puta?

La sala se quedó en silencio, expectante.

—Sí —dijo Brown—. Estoy contento.

En la sala de un tribunal, es la máxima expresión que se permite un policía.

Miércoles 19 de octubre

En su atestado despacho del cuarto piso de los juzgados del distrito Oeste, Lawrence C. Doan recoloca una pila de expedientes legales y se pasa los dedos por la base de sus mechones de pelo negro, para tranquilizarse. Hoy ni un pelo fuera de sitio. Hoy el nudo de la corbata está recto, como debe ser. Hoy las solapas de la chaqueta están impecables. Todo está en su sitio y no hay problema, excepto que va a presentar cargos por asesinato contra un acusado, hoy, en Baltimore. Es como conducir una camioneta Winnebago a través del ojo de una aguja.

Y ahora, cuando lo único que quiere Doan es que le dejen en paz para poder revisar sus notas y preparar su alegato inicial, un inspector de homicidios entra por la puerta para pasear a su fiscal por una serie de temas triviales, un acto deliberado de sadismo nacido del mismo impulso que lleva a los niños pequeños a arrancarles las alas a las moscas.

—¿Estamos preparados? —pregunta Garvey.

—Estamos preparados —dice Doan—. ¿Vienes a mi despacho diez minutos antes de empezar el juicio a preguntármelo?

—Sólo te pido que no jodas mi caso, Larry.

—¿Cómo iba a joderlo yo? —pregunta Doan—. Cuando me llegó, alguien lo había jodido antes.

Garvey lo ignora.

—Las fotos entran conmigo, ¿no? —pregunta, dudando sobre el orden de las pruebas.

—No —dice Doan, intentando pensar en cosas más importantes—. Las fotos entrarán con Wilson. ¿Dónde está Wilson? ¿Has llamado al laboratorio?

—¿Y las balas? —pregunta Garvey, ignorándolo—. ¿Necesitas las balas hoy?

—¿Qué balas? ¿Dónde está Wilson? ¿Sabe que...

—Las balas del maletero del coche.

—Hummm, no. Hoy no. Puedes llevarlas a control de pruebas —dice Doan, preocupado—. ¿Sabe Wilson que tiene que venir esta tarde?

—Creo que sí.

—¿Crees que sí? —dice Doan—. ¿Crees que sí? ¿Y Kopera?

—¿Qué pasa con él?

Doan empieza a cambiar de color.

—No vas a sacar a Kopera esta tarde, ¿no? —pregunta Garvey.

Doan hunde la cabeza entre sus manos, contemplando los hechos que conoce. El déficit del presupuesto federal está fuera de control, la capa de ozono se reduce, veinte países de mierda tienen armas nucleares, y yo, Lawrence Doan, estoy atrapado en una pequeña habitación con Rich Garvey a diez minutos de tener que pronunciar el alegato inicial.

—No, no necesito a Kopera —dice Doan, recobrando la calma—. Pero probablemente necesitaré a Wilson.

—¿Quieres que lo llame? —pregunta Garvey, ahora en broma.

—Sí —dice Doan—. Sí, por favor. Llámale.

—Bueno, Larry, si así te quedas más tranquilo, le llamo...

Doan fulmina a Garvey con la mirada.

—No se te ocurra mirarme así, cabrón —dice el inspector, apartándose la chaqueta del traje para dejar al descubierto la pistolera en su cadera y poner la mano en la culata—. Te voy a llenar de plomo aquí y ahora, y todo el mundo en el juzgado dirá que fue justificado.

El fiscal responde con su dedo corazón, y el inspector levanta la pistola unos pocos centímetros en la pistolera y luego se echa a reír.

—F. Lee Doan —dice Garvey, sonriendo—. Será mejor que no pierdas este caso, hijo de puta.

—Bueno, si tú hubieras hecho bien tu puto trabajo y me hubieras traído algunos testigos...

El lamento de siempre de los fiscales, oído mil veces al día por miles de agentes de policía en mil juzgados distintos.

—Tienes testigos —replica Garvey—. Romaine Jackson, Sharon Henson, Vincent Booker...

Ante la mención del nombre de Booker, Doan le lanza otra mirada asesina al inspector.

—Bueno —dice Garvey encogiéndose de hombros—, es un testigo, después de todo...

—Ya hemos hablado de esto, maldita sea —dice Doan, cada vez más enfadado—. No quiero que Vincent Booker declare como testigo. Eso es lo último que quiero.

—Vale —dice Garvey, encogiéndose de hombros—. Pero creo que te equivocas.

—Sí —dice Doan—, ya sé que lo crees. Y estoy seguro de que, si perdemos el caso, serás el primero en decir que tú ya me lo advertiste.

—Coño, pues claro que sí —dice Garvey.

El fiscal se masajea las sienes y luego mira hacia el montón de papeles que tiene sobre la mesa y que representan el caso del Estado contra Robert Frazier en el asesinato de Lena Lucas. Para fastidiar un poco a Garvey, ha exagerado lo mal que están las cosas: el caso contra Frazier es sólido y sí tiene testigos. Pero sigue siendo una acusación fundamentada en pruebas circunstanciales y, por tanto —como les gusta decir a los fiscales— depende de circunstancias fuera de su control. Sin un testigo ocular o el arma del crimen, sin una confesión completa o un motivo obvio, la red que conecta a Frazier con la muerte de su amante será muy fina. Para Garvey, que ha investigado el caso, Vincent Booker forma parte de esa red, y evitar que testifique como estrategia procesal sólo debilita el caso. Pero para Doan Vincent Booker es un cañón suelto en la cubierta del barco, un testigo al que el jurado podría considerar un sospechoso alternativo.

Después de todo, Vincent vendía la cocaína de Frazier. Conocía a Lena Lucas y ya había admitido estar al corriente de los acontecimientos que precedieron a la muerte de su padre. El propio Garvey creía que Vincent probablemente estuvo presente cuando Frazier exigió que el viejo Booker le devolviera la droga que se había llevado de la habitación de su hijo. Lo más probable es que Vincent se quedará quieto como un pasmarote mientras Frazier utilizaba su cuchillo para cortar repetidamente a su padre en la cara mientras le preguntaba dónde estaba el paquete. Puede que siguiera allí cuando al final Frazier utilizó el arma. Teniendo en cuenta esa posible secuencia de acontecimientos, nadie podía estar seguro de a dónde conduciría el testimonio de Vincent.

No, piensa Doan de nuevo, el riesgo de hacer testificar a Vincent Booker es mayor que el beneficio que se podría sacar de su testimonio, aunque intentar convencer de ello a Garvey es inútil. El inspector está seguro de que el abogado de Frazier, Paul Polansky, va a utilizar a Vincent Booker como sospechoso alternativo de todas maneras. Garvey cree que mantener a Vincent en un segundo plano favorecerá la estrategia de la defensa.

Esa diferencia de opinión unida a las preocupaciones habituales sobre la logística relativa a las pruebas y a los testigos basta para acabar con las últimas esperanzas que tenía Doan de un poco de tranquilidad antes de empezar el juicio. En vez de eso, un inspector y su fiscal empiezan el día tirándose los trastos a la cabeza.

Doan sonríe y luego echa a su torturador del cubículo para disfrutar de unos pocos segundos de silencio. Un veterano de los juzgados de Baltimore, Larry Doan es bajito y fornido, con pelo negro, tez pálida, quevedos y un ojo justo lo bastante bizco como para romper la simetría de su rostro. En la sala del juzgado, la apariencia y forma de ser de Doan sugiere un estado casi permanente de aflicción; a veces parece encarnar todos los clichés sobre el fiscal estresado y mal pagado de una gran ciudad, con su maletín lleno de mociones, respuestas a mociones y estipulaciones, con sus valores superados por la creciente marea de desesperación humana. Si la oficina del fiscal del Estado en Baltimore necesitó alguna vez a alguien que fuera el vivo ejemplo del trabajo del fiscal, Doan sería la persona perfecta.

Entre los demás abogados de la división jurídica, la reputación de Doan es razonablemente buena. Se dice de él que es justo, razonable y metódico tanto con las pruebas como con los testigos. Se prepara bien para los juicios, y su alegato final es siempre competente y muchas veces notable, aunque quizá no tan contundente ni emotivo como algunos quisieran. Pero en un aspecto es un premio extraordinario para un inspector de homicidios al que le preocupe de verdad un caso: Doan lucha a muerte. Si se le garantiza que el acusado es culpable y que no se puede llegar a ningún acuerdo previo razonable, Doan no tiene miedo de llevar a juicio casos difíciles. Como cualquier abogado, odia perder, pero está dispuesto a perder si la única alternativa a esa derrota es olvidarse del tema o un sobreseimiento.

Garvey cuenta con ello: sabe que Doan luchará, igual que sabe que las pruebas contra Robert Frazier son suficientes, pero no abrumadoras. Bromas aparte, está contento de que le haya tocado Doan en este juicio.

El inspector sale del cubículo del fiscal, baja por la escalera hasta el tercer piso y se queda frente a la puerta del juzgado de Cliff Gordy. Hay dos bancos en el pasillo y un tercero en la alfombrada antesala que precede al juzgado de Gordy. Puesto que es un testigo que debe permanecer aislado, Garvey hará de aquellos tres bancos su oficina durante la semana siguiente, mientras una causa que ha trabajado muy duro para construir avanza sin él.

Para Garvey, verse relegado a ser un ayudante del fiscal es siempre difícil de aceptar. Donan no es uno de esos abogados que quiere que a un policía se le vea y no se le oiga, sino que está dispuesto a aceptar consejos. Por otra parte, va a escuchar esos consejos, evaluarlos y luego llevar el caso a su manera. Garvey, que conoce el caso de Lena Lucas mejor que nadie, no es famoso precisamente por su tacto ni por su delicadeza; de hecho, no ha dado todavía con una opinión sobre algo que no se atreva a ofrecer. Y sin embargo, es Doan quien debe atravesar las puertas dobles del juez Gordy y conseguir llevar a buen puerto el juicio, mientras que Garvey debe permanecer fuera y hacer de pastor de pruebas y testigos. La riña de esa mañana en la oficina de Doan revela este cambio de estatus: en febrero era Garvey quien sudaba el caso, esforzándose por desenterrar hasta la última prueba posible. Ahora Garvey tiene tiempo para bromear e incordiar. Ahora puede fingir no saber si Wilson, el del laboratorio, se va a presentar o no al juicio. Ahora puede criticar la estrategia del caso y exigir la victoria. Ahora es Larry Doan quien tiene que tirar del carro.

No obstante, Garvey desea fervientemente ganar este caso. En primer lugar, jamás ha perdido un caso que se haya juzgado frente un jurado, y le gustaría mantener impecable ese admirable historial. En segundo lugar, le gustaría vengar a Lena Lucas. Era una adicta a la cocaína y ayudaba a Frazier a traficar, pero, aun así, era una buena madre para sus hijas y nunca había hecho daño a nadie excepto a ella misma. Tanto las hijas de Lena como su hermana estaban programadas como testigos del Estado, y las tres están esperando con Garvey. El resto de la familia está ya dentro de la sala, pero antes, esa misma mañana, habían saludado a Garvey en el pasillo como si fuera Moisés bajando del Sinaí. Buena gente, piensa Garvey, sentado en el banco. Se merecen ganar.

El hombre del momento, Robert Frazier, ya está dentro de la sala, sentado en la mesa de la defensa junto a su abogado con una edición encuadernada en tapa dura del Nuevo Testamento frente a él, con un punto de libro de cartón metido en el Evangelio según San Lucas. Frazier lleva un traje oscuro de corte elegante y una camisa blanca nueva, pero de algún modo nada de ello enmascara realmente a qué se dedica. Justo antes de que entre el jurado, Frazier se estira, empuja hacia atrás la silla y bosteza como un hombre que se siente a gusto en aquel juzgado. Se vuelve para mirar a los miembros de la familia Lucas que están en la última fila, se queda contemplándolos un momento y luego se vuelve a girar hacia adelante.

Las mociones previas se dirimieron ayer por la mañana. Doan rechazó con éxito algunos intentos rutinarios de Paul Polansky, que intentó que la identificación que había hecho de su cliente la joven Romaine Jackson —que había visto a Frazier entrar en el edificio de Lena desde su ventana del tercer piso— fuera declarada inadmisible. Polansky afirmó que la foto de Frazier destacaba indebidamente en el conjunto que le mostraron a la chica porque estaba en la esquina superior izquierda y porque los otros hombres parecían más jóvenes y menos delgados. Gordy denegó esa moción, y también otra que pretendía anular la orden de registro que habían escrito Garvey y Donald Kincaid para el Chrysler de Frazier después de su arresto. Se habían encontrado balas del .38 en el maletero.

El resto del día se pasó seleccionando el jurado, un proceso que se llama *voir dire* y durante el cual se interroga a los posibles jurados para ver si tienen prejuicios sobre temas relativos al caso. *Voir dire* es, en sí mismo, una parte fundamental de la estrategia del juicio en la que los fiscales utilizan su limitado número de «vetos» para eliminar a aquellos jurados que hayan recibido una paliza de la policía, tengan parientes en el sistema penitenciario o en general consideren el sistema penal de Estados Unidos como una estafa más de los pérfidos perros capitalistas que gobiernan el mundo. Al mismo tiempo, el abogado defensor utiliza sus vetos para eliminar todos aquellos que tienen familiares en la policía, que hayan sido víctimas de un crimen o que de verdad crean que si el hombre que está sentado en la mesa de la defensa está acusado de un crimen, es que debe de ser culpable. Puesto que la población de Baltimore por lo general pertenece a una o más de estas categorías, el *voir dire* del caso Lucas llevó bastante tiempo y se prolongó hasta que ambos abogados hubieron agotados sus vetos.

Desde su silla en la mesa de la acusación, Doan contempla el producto de sus esfuerzos del día anterior salir de la sala del jurado. Es un típico jurado de Baltimore, mayoritariamente negro, mayoritariamente femenino. Polansky no se esforzó mucho en conseguir jurados blancos dispuestos a juzgar a su cliente negro ni, en el mismo sentido, Larry Doan eliminó a ninguno de los pocos candidatos blancos. Aun así, viendo cómo los miembros del jurado toman asiento, Doan se siente satisfecho. La mayoría son trabajadores, pero, con la única excepción de la chica de la primera fila, todos parecen ser inteligentes y estar atentos, lo que resulta clave en un caso como este. La chica de la primera fila, sin embargo, traerá problemas. Doan la ve hundida en su asiento, con los brazos cruzados y mirando al suelo. Ya está aburrida y el juicio todavía no ha empezado; sólo Dios sabe cómo estará después de cuatro días de testimonios.

El juez Clifton Gordy llama al orden y empieza su preámbulo explicando los rudimentos legales del juicio al jurado. Alto, tranquilo y serio, Gordy resulta una figura impresionante en el estrado. Su lenguaje es preciso, su humor afilado y su carácter a veces parece, al menos a ojos de los abogados, tener cierta tendencia a la tiranía. Los abogados que no se levantan cuando protestan en el juzgado de Gordy suelen ser ignorados. Gordy conoce bien la ley y a sus abogados; Doan, por ejemplo, trabajó para Gordy cuando el juez dirigía la división jurídica. Y hay otro detalle del juez que le viene bien a Doan en este caso: Gordy es negro, y eso le quita un poco de mordiente al hecho de que dos judíos blancos estén debatiendo sobre la libertad de un hombre negro en un tribunal. Ciertamente ayudará a los miembros negros del jurado a creer que el sistema de justicia criminal de verdad los representa también a ellos.

Mientra Gordy termina su introducción y Doan se levanta para empezar su alegato inicial, Garvey espera en la antesala, peleándose con el crucigrama del *Sun*.

—Arma británica —dice Garvey—. Cuatro letras.

—S-T-E-N —dice Dave Brown desde el otro extremo del banco, donde espera por si acaso los testimonios hacen que el juicio se centre en Purnell Booker—. En los crucigramas siempre que se refieren a un arma británica es una Sten.

—Tienes razón —dice Garvey.

Se pierden el saludo de Doan al jurado, su advertencia de que este es un caso de asesinato, un asesinato horrible y truculento en el que se ha arrebatado de forma premeditada una vida humana. A continuación, Doan empieza el largo y trabajoso proceso mediante el cual se libera a los jurados de las ideas incorrectas que tienen sobre lo que es un juicio.

—Esto no es la televisión —le asegura al jurado—. A diferencia de las series de televisión, el móvil o motivo del asesinato no es un elemento del asesinato en primer grado. No se sabe exactamente por qué sucedió. Es algo que te gustaría saber, es algo que la persona que juzga el caso querría saber, pero no es necesario saberlo para probar que se ha cometido un crimen.

Y entonces, siguiendo un guión estándar, Doan habla del rompecabezas, la metáfora judicial que utilizan prácticamente todos los fiscales de Estados Unidos para ganarse el sueldo. Verán, le dice Doan al jurado, este caso es como un rompecabezas. E igual que un rompecabezas que lleva un tiempo en casa, puede que le falte alguna pieza.

—Pero, señoras y señores, a pesar de las piezas que faltan, cuando se reconstruye el rompecabezas, todavía puede verse cuál es su imagen y qué es lo que refleja.

Doan se lanza entonces a explicar la historia de Charlene Lucas. Toca todos los puntos esenciales: su relación con Robert Frazier, su adicción a las drogas, la propia escena del crimen y la investigación que siguió al asesinato. Doan le habla al jurado sobre Romaine Jackson, que identificó a Frazier como el hombre que regresó con Lena la noche del asesinato; habla sobre la entrevista inicial de Frazier con Garvey, en la que el acusado ofreció una coartada y se comprometió a llevar su propia .38; les habla de Sharon Denise Henson, «Nee-Cee», que no pudo corroborar la coartada de Frazier. Les habla del montón de ropa y de la desnudez de la víctima y de la ausencia de señales de que nadie hubiera entrado en la casa forzando una puerta o ventana, señales todas ellas de que Lena Horne fue asesinada por alguien a quien conocía íntimamente.

—Denle al señor Frazier un juicio justo —le dice Doan al jurado—. Denle su juicio y hagan justicia también a Charlene Lucas y a su familia, que está aquí hoy. Y después de que hayan reunido todas las piezas y terminen el rompecabezas, van a ver una imagen, y esa imagen será la del acusado matando a Charlene Lucas. Gracias.

El fiscal no menciona el asesinato de Purnell Booker ni que los informes balísticos relacionan ese crimen con el de Lucas. No menciona a Vincent Booker, que había admitido haberle dado a Frazier sus balas *wadcutter* del .38 antes de los dos asesinatos y les había dicho a los policías que su padre había sido asesinado por quitarle la droga de Frazier. Por decisión del tribunal en una moción previa al juicio, el asesinato de Booker provocaría prejuicios, y no puede mencionarse en presencia del jurado, una regla que conviene a ambas partes, puesto que igual que Doan sabe que Vincent Booker es un riesgo, también lo es para Polansky. Un buen abogado no hace nunca una pregunta cuya respuesta ignore, y con Vincent Booker Polansky no puede estar seguro de cuáles serán las respuestas. Como abogado de Frazier necesita agitar el espectro de Vincent Booker lo justo para convencer al jurado de que existe un sospechoso alternativo viable. Pero también él ha decidido no arriesgarse a llamar a Booker como testigo. Los cañones sueltos en cubierta pueden ir hacia cualquiera de los dos lados.

Durante su alegato inicial, Polansky asegura a los jurados que Robert Frazier «ha estado luchando en la prisión municipal de Baltimore durante los últimos ocho meses para venir aquí y contarles la historia de la muerte de Lena, para decirles que, debido a una quizá deficiente investigación policial, arrestaron al hombre equivocado, a decirles que él no es de ninguna manera, forma o modo culpable de este asesinato».

Mi cliente no es un santo, le dice Polansky al jurado. ¿Drogas? Sí, vendía drogas. ¿Una pistola del calibre .38? Sí, tenía una pistola. Escucharán cosas buenas y cosas malas sobre Robert Frazier, declara Polansky, pero ¿acaso algo de todo eso le convierte en culpable de este asesinato?

—En varias ocasiones a lo largo de este caso —dice Polansky—, hay un hombre llamado Vincent Booker que está relacionado con Charlene Lucas y que tiene acceso a su apartamento... Bueno, esto no es *Perry Mason* y la gente no se pone en pie y confiesa un asesinato. Pero la historia que ha venido a contarles Robert Frazer indica que Vincent Booker fue quien cometió el crimen.

Polansky continua su refutación, explicando que Frazier cooperó plenamente con la policía, que se presentó voluntariamente en comisaría, pero que pronto quedó claro que los inspectores se centraban en él como sospechoso con exclusión de todas las demás vías de investigación. No trajo su revólver, cierto; tenía miedo de que le acusaran de posesión ilícita de armas, y estos inspectores obviamente estaban intentando cargarle el asesinato. Y lo estaban haciendo después de que él intentara ayudarlos a encontrar al asesino de Lena.

—El señor Doan les ha hablado de un rompecabezas y tiene razón —dice Polansky, encontrando un punto de coincidencia con la acusación—. Pueden ver una imagen aunque les falte una pieza, o tres, o cuatro, o cinco piezas. Pero si les faltan demasiadas piezas...

En la antesala, Garvey se está desesperando por un rompecabezas de distinta naturaleza. Cuando el juzgado suspende la sesión para comer, sigue sumergido en el crucigrama del *Evening Sun* después de haber luchado duro y alcanzado un empate con ese rompecabezas del periódico. Dave Brown está dormido sentado en el banco, con la carpeta del caso Booker sobre el regazo.

La justicia hace una pausa para comer. Los inspectores se marchan, comen y regresan al banco de la antesala, desde donde ven un continuo desfile de testigos del Estado entrar y salir durante la sesión de la tarde: la hija mayor de Lena Lucas, para que testifique sobre la relación de Frazier con su madre y para que desmienta la noción de que Vincent Booker tenía acceso a su apartamento; el vecino de arriba del 17 de North Gilmor, para que testifique cómo descubrió el cuerpo y la hora de la muerte; el primer agente del distrito Oeste que llegó al lugar, para que atestigüe que la escena del crimen permaneció intacta y cuente cómo se encontraron las pruebas; Wilson, del laboratorio Criminal, para que traiga las fotos de la escena del crimen y hable de los intentos de conseguir huellas; Purvis, de la sección de pruebas, para que testifique sobre la comparación de huellas latentes y sobre cómo todo lo que se tomó de la calle Gilmor estaba relacionado con Charlene Lucas y nadie más.

Cuando el alguacil viene finalmente a por Garvey, el inspector casi ha terminado el crucigrama, atascado por un río francés de cinco letras. Tras dejar el periódico en el banco, Garvey avanza hacia el estrado vestido con su traje azul oscuro de rayas, el vestido del poder que le da la necesaria seguridad en sí mismo. La corbata republicana, las gafas..., señoras y señores del jurado, les presento al vicepresidente de márquetin y ventas del departamento de policía.

—Buenas tardes —dice Doan con voz de actor de teatro—. ¿Cuánto tiempo lleva usted en el Departamento de Policía de Baltimore?

—Más de trece años —dice Garvey ajustándose la corbata.

—De esos trece años, ¿cuántos ha pasado en la unidad de homicidios?

—Los últimos tres y medio.

—¿Sería tan amable de decirle a los señores y señoras del jurado cuantos casos de asesinato ha investigado usted durante ese periodo de tiempo?

—Me han asignado personalmente más de cincuenta casos.

—Y —dice Doan, guiándolo—, supongo que habrá estado usted implicado de una forma u otra en más casos.

—En muchos más, sí —dice Garvey.

Lentamente, Doan lleva al inspector a la escena del crimen del 17 de North Gilmor. Garvey describe el apartamento, prestando especial atención a los detalles de seguridad, incluida la alarma antirrobo que había sido desactivada. Aporta una descripción detallada de la escena, y el jurado de nuevo oye que no se forzaron ni puertas ni ventanas, que había un montón de ropa apilada y que había arañazos en el cabezal de la cama, todo lo cual sugiere que fue apuñalada mientras estaba echada en la cama. Entonces, cuando Doan se lo pide, Garvey se acerca al jurado, donde Doan le hace repasar las fotos de la escena, inmediatamente admitidas como pruebas.

Las fotos en sí mismas son siempre fuente de considerables problemas en la sala, pues los abogados defensores argumentan que las fotos de la víctima ensangrentada es innecesariamente perjudicial, y los fiscales rebaten que las fotos tienen valor probatorio para un jurado. Los fiscales suelen ganar este debate, como lo gana Doan en este caso. Entonces Lena Lucas y sus heridas se muestran a los jurados en todo su esplendor desde varios ángulos a pesar de las continuas objeciones de Polansky. Los jurados parecen impresionados.

Garvey está junto al jurado durante diez minutos antes de regresar al estrado, donde Doan le hace repasar cómo se peinó la escena del crimen y cómo fueron las entrevistas con los vecinos. El fiscal pregunta expresamente por la iluminación en la calle Gilmor frente a la casa adosada, y Garvey describe la luz de vapor de sodio que hay en mitad de la manzana, el cimiento sobre el que se sostendrá el posterior testimonio de Romaine Jackson.

—En este momento no tengo más preguntas para el inspector Garvey —dice Doan después de veinte minutos de testimonio—. Sin embargo, me gustaría volver a llamarlo más adelante.

—De acuerdo —dice Gordy—. ¿Quiere usted preguntar al testigo, señor Polansky?

—Por los mismos motivos limitaré mis preguntas al testigo a lo sucedido en la escena.

Por mí, perfecto, piensa Garvey, tranquilo y sereno en el estrado. Si sólo se tiene que preocupar de las preguntas típicas sobre la escena del crimen, tiene poco de lo que preocuparse. No habrá mucha controversia esta tarde.

Polansky se detiene un rato en el tipo de heridas, haciendo que el inspector se muestre de acuerdo con él en que las heridas de arma blanca se produjeron antes que la herida de bala en la cabeza, como prueba la presencia de heridas defensivas en las manos. El abogado de la defensa también pasa un rato hablando del bolso vacío, la bolsa de arroz rota y las cápsulas de gelatina vacías en el suelo del dormitorio.

—Así que, por lo que parece, los asaltantes que atacaron y asesinaron a la señorita Lucas probablemente se llevaron las drogas que guardaba en el bolso.

—Protesto —dice Doan.

El juez coincide en que la pregunta del abogado es demasiado especulativa, pero la imagen de Vincent Booker planea sobre el juzgado. ¿Para qué, después de todo, iba Frazier a asesinar a alguien para quitarle unas drogas que ya eran suyas de antemano? No había motivo a menos que, desde luego, quisiera que el asesinato pareciera estar motivado por las drogas.

Polansky sigue avanzando, relatando los instrumentos relativos al consumo de drogas que había dispersos por la escena, para transmitir la misma idea al jurado de otro modo. Hace que Garvey vuelva a la ropa apilada. El apartamento estaba muy ordenado ¿no era así? Sí, muy ordenado, concede Garvey.

—Era la clase de persona que no se quitaba la ropa y la dejaba en el suelo, sino que la recogía, doblaba y dejaba guardada. ¿No le parece?

Oh, Dios, piensa Garvey, que astuto cabrón.

—No —dice el inspector—, no estoy de acuerdo.

Polansky deja esa aparente contradicción para que el jurado medite sobre ella y pasa a la prueba número 2U, una fotografía del suelo del dormitorio después de que se levantara la cama. El abogado defensor señala un paquete de cigarrillos Newport visible en el suelo.

—¿Y había un cenicero? —pregunta a Garvey.

—Si, lo había —dice Garvey.

—¿Pudo determinar usted si la señorita Lucas era fumadora?

Oh, mierda, piensa Garvey. Se lo va a pasar en grande con esto.

—No recuerdo si lo pude determinar o no.

—¿No cree que eso podría haber resultado significativo?

—Estoy seguro de que la pregunta surgió durante la investigación —dice Garvey, tratando de pasar de puntillas por el borde del campo minado—. Obviamente, la respuesta no debió resultar significativa.

—¿Le preguntó a su hija o a alguien de su entorno cercano si era fumadora?

—No recuerdo haberlo hecho específicamente.

—Si no fumaba, ¿no está usted de acuerdo en que encontrar un paquete de cigarrillos era algo sobre lo que valía la pena investigar?

—Estoy de acuerdo en que si no lo era, el paquete de cigarrillos habría debido investigarse —dice Garvey, con la voz cortante.

—Habría sido interesante averiguar quién en su entorno más próximo era fumador —continua Polansky—. Porque usted asumía que allí hubo alguien cercano a ella porque no había ventanas ni puertas forzadas, ¿correcto?

—Correcto —dice Garvey.

—Así que podría ser significativo descubrir si alguien cercano a ella o cualquiera de los posibles sospechosos de los que hablaremos más adelante era fumador y, más concretamente, fumador de Newport.

—Protesto —dice Doan, intentando un placaje—. ¿Va a hacer la defensa alguna pregunta?

—Sí —dice Polansky—. ¿Está usted de acuerdo en que se trata de algo significativo?

—No —dice Garvey, recuperándose del golpe—, porque no sabemos cuándo se puso ahí el paquete de cigarrillos. Estaba debajo de la cama. Ciertamente habría sido algo que hubiéramos podido mirar, pero de ninguna manera se habría podido basar una investigación en él.

—Bien —dice Polansky—, excepto por ese hecho, caballero, ¿no estaría usted de acuerdo en que la señorita Lucas era una persona muy pulcra y que no era probable que dejase un paquete de cigarrillos en el suelo durante un largo periodo de tiempo?

—Protesto —dice Doan.

—¿No es mucho más probable que el paquete de cigarrillos fuera dejado allí la noche del asesinato?

—¡Protesto!

—¿Puede usted responder a la pregunta con un grado razonable de certeza? —tercia Gordy— ¿Sí o no?

Desde la mesa del fiscal, Doan mira al inspector, moviendo la cabeza arriba y abajo de una manera apenas perceptible. Aprovecha la salida, quiere decir. Aprovecha la salida.

—Sí.

—Denegada.

—Bajo la cama parecía haber una cantidad apreciable de suciedad. Las áreas visibles de la casa estaban ordenadas y limpias, pero yo no calificaría la zona de debajo de la cama como ordenada y limpia.

—¿Estaba el teléfono debajo de la cama? —dice Polansky.

—Sí —dice Garvey, mirando la foto—. Lo volvimos a poner ahí para sacar la foto.

—¿Es razonable pensar que el teléfono no estuvo allí durante un largo periodo de tiempo?

—No sé cuándo se puso el teléfono allí —dice Garvey.

Una parada parcial de un inspector veterano. Polansky, satisfecho con el terreno ganado, cambia de tema y pregunta por los cabellos que el laboratorio encontró en la sábana y que se analizaron en la sección de pruebas. ¿Se compararon con los de alguien?

—Sólo con un cabello no se puede saber a quien pertenece —dice Garvey, ahora en guardia.

—¿No se puede saber nada más de un cabello? ¿No hay ninguna prueba científica a la que se lo pueda someter y que resulte útil en una investigación de homicidio?

—No hay forma de saber si un cabello en particular procede de una persona en concreto.

—¿Pueden al menos saber si se trata de cabello de un hombre negro o un hombre blanco? —pregunta Polansky.

Garvey cede.

—Sí, pero poco más.

El inspector y el abogado defensor se mueven en círculo uno alrededor del otro durante algunas preguntas más hasta que queda claro lo que Polansky quiere decir: el cabello que se recuperó de la escena del crimen no se comparó con el de nadie. Aunque tal comparación habría resultado inútil, la insistencia de Polansky deja la impresión de que la investigación de Garvey no fue precisamente exhaustiva.

Hasta el momento, Polansky se ha ganado el sueldo. Garvey lo demuestra al final de las preguntas, cuando el abogado defensor le pregunta por la hora de la muerte.

—El rígor mortis estaba extendido y empezaba a remitir —dice el inspector—. Además, estaban las manchas de sangre seca debajo de su cabeza. La sangre estaba espesa y coagulada, y en los bordes ya se había secado en la alfombra. Me pareció que llevaba muerta veinticuatro horas.

Polansky y Doan levantan la vista. Veinticuatro horas situarían la hora de la muerte en la tarde del día anterior.

—¿Llevaba muerta veinticuatro horas? —pregunta Polansky.

—Así es —dice Garvey.

Doan fulmina con la mirada al testigo, a ver si consigue que Garvey piense un poco en lo que está diciendo.

—¿Así que su conclusión es que debió ser asesinada a, al menos, las cinco de la tarde del día 21? —pregunta Polansky.

Entonces Garvey se da cuenta de lo que ha dicho.

—Lo retiro. No, lo siento. Me he confundido. Quería decir al menos doce horas.

—Eso es lo que me pareció que quería decir usted —dice Polansky—. Gracias, no hay más preguntas.

En el turno de repregunta, Doan vuelve a los cabellos recuperados, pero eso sólo sirve para que Polansky, en su réplica, pueda volver a sugerir que el inspector no se mostró interesado de verdad en investigar todas las pruebas disponibles:

—Si hubiera comparado esos cabellos, ¿no habría podido usted averiguar si pertenecían al señor Frazier o a la señorita Lucas o a un tercero? ¿No es así?

—Si hubiéramos comparado sus cabellos, habríamos podido averiguar si eran similares —repite Garvey con voz cansina.

—Cosa que usted tuvo la posibilidad de hacer, pero no hizo —dice Polansky.

—No sentí ninguna necesidad de hacerlo —dice Garvey.

—Pues es una pena, señor. Gracias.

Este último comentario le toca las narices a Doan, que se vuelve en su silla para mirar a Polansky.

—¡Por favor! —le dice, sarcásticamente. Luego mira al juez y añade—: No tengo más preguntas.

—El testigo puede retirarse —dice Gordy.

Así termina el primer día. En el pasillo, cinco minutos después, Garvey se encuentra a Polansky y finge estar enfadado. Cierra un puño como si estuviera a punto de golpearle.

—Miserable picapleitos —dice, sonriendo.

—Eh, tranquilo —dice Polansky, un poco a la defensiva—. No es nada personal, Rich. Sólo hago mi trabajo.

—Oh, ya lo sé —dice Garvey, dándole al abogado un golpecito en el hombro—. No me quejo.

Pero Doan no es tan fácil de apaciguar. Mientras vuelve a su oficina acompañado por Garvey, suelta una retahíla de selectos epítetos dirigidos a su digno adversario.

Los cabellos, los Newport... no eran más que humo, la materia prima de cualquier buen abogado defensor. El humo es la teoría que dice: cuando no quieras discutir las pruebas del Estado, crea tus propias pruebas. No hay duda de que Robert Frazier está dispuesto a subir al estrado y declarar que Vincent Booker fuma Newport.

Garvey sabe que el paquete de cigarrillos puede resultar un problema, y se disculpa ante Doan.

—Estoy seguro de que me encargué de ello en la escena. Es sólo que no recuerdo específicamente cómo.

—No te preocupes por eso —dice Doan caritativamente—, pero ¿podríamos...

—Voy a hablar con Jackie y Henrietta inmediatamente —dice Garvey, adelantándose—. Larry, estoy seguro de que los cigarrillos eran de Lena, pero no recuerdo quién me lo dijo.

—Vale —dice Doan—. Las tonterías sobre los cabellos no me importan un comino, pero sí que se apuntó algunos tantos con lo de los cigarrillos. Tenemos que cerrarle ese camino.

MARTES 20 DE OCTUBRE

El segundo día del juicio, Larry Doan se mueve rápidamente para recuperar el terreno perdido.

—Señoría —dice Dohan en cuanto se reanuda el juicio—. El Estado llama otra vez al estrado a Henrietta Lucas para dos nuevas preguntas.

Polansky se imagina lo que se le viene encima.

—Señorita Lucas —pregunta el fiscal—, ¿era usted consciente de que su madre fumaba en el momento de su muerte?

—Sí —dice la hija mayor de Lena.

—¿Sabe, aproximadamente, cuando había empezado a fumar?

—Más o menos a principios de año.

—Y —pregunta Doan— ¿sabe usted qué marca de cigarrillos fumaba?

—Newports.

Polansky, sentado en la mesa de la defensa, sacude la cabeza. Pero no está dispuesto a rendirse. En su turno de preguntas se esfuerza por dar a entender que Robert Frazier pasaba más tiempo con su amante que su hija mayor y podía saber mejor si Lena fumaba o no. Insinúa que era una coincidencia muy extraña que una mujer de cuarenta años empezara a fumar dos meses antes de morir. Le pregunta a su hija si ha preparado su testimonio con el fiscal, insinuando al jurado la idea de que puede que le hayan dicho qué debía contestar. De nuevo, es un buen trabajo. Otra vez Polansky se gana el jornal. Sin embargo, cuando Henrietta Lucas abandona el estrado después de prestar testimonio durante cinco minutos, el paquete de cigarrillos ya no supone una amenaza real.

Doan sube al estrado a continuación a John Smialek, quien describe la autopsia y la naturaleza de las heridas y aporta como prueba una serie de fotografías en blanco y negro en las que se ven las heridas con todo detalle. Las fotos de la cámara cenital de la calle Penn capturan el exceso de violencia mucho mejor que las que se hicieron en la escena: tres heridas de bala —una con espesas quemaduras de pólvora en el lado izquierdo del rostro, otra en el pecho y otra en el brazo izquierdo—; once heridas de arma blanca en la espalda, más heridas superficiales en el cuello y la mandíbula inferior; y heridas defensivas en la palma de la mano derecha. Lena Lucas aparece ese día en el juzgado en forma de diez fotografías admitidas como prueba a pesar de las continuas objeciones del abogado de Robert Frazier.

Pero los testimonios de la mañana son solo el preludio del combate de verdad, una guerra de credibilidad que se inicia más adelante ese día cuando una chica de diecisiete años, obviamente aterrorizada, pasa frente a Robert Frazier y sube al estrado.

Romaine Jackson está literalmente temblando cuando presta juramento; los miembros del jurado pueden verlo. Se sienta recatadamente, con las manos sobre el regazo y la mirada clavada en Doan, negándose a ver al hombre alto y negro que hay en la mesa de la defensa. Doan, en sus peores pesadillas, imagina a esta testigo viniéndose abajo por el miedo. La imagina incapaz de contestar, incapaz de decir la verdad sobre lo que vio desde su ventana de la calle Gilmor aquella noche, incapaz de recordar las cosas sobre las que han hablado en las reuniones anteriores a la vista. Y sería comprensible e incluso perdonable. El estado de Maryland no le permite ni votar ni comprar una cerveza y, sin embargo, el fiscal del Estado le exige que identifique a un sospechoso de asesinato en una vista pública.

—Me llamo Romaine Jackson —dice suavemente, respondiendo a las preguntas del secretario—. Vivo en el 1606 de la calle West Pratt.

—Señorita Jackson —dice Dohan con su voz más tranquilizadora—, trate por favor de hablar un poco más alto para que las damas y caballeros del jurado puedan oírla mejor.

—Sí, señor.

Tan lenta y calmadamente como le resulta posible, Dohan va formulando las preguntas básicas que llevan a aquella noche en la calle Gilmor, al momento en que estaba mirando por la ventana del tercer piso antes de quedarse dormida. Las respuestas de la chica son casi monosilábicas y el secretario del juzgado le tiene que recordar otra vez que se acerque al micrófono al hablar.

—¿Tuvo usted ocasión en algún momento de ver a su vecina Charlene Lucas frente a su apartamento? —pregunta Doan.

—Sí.

—¿Sería tan amable de decirle a las damas y caballeros del jurado aproximadamente qué hora era cuando la vio?

—Entre las once y las doce de la noche.

—¿Iba sola o con alguien más?

—Con alguien —dice la chica—. Con un hombre.

—¿Está ese hombre en la sala?

—Sí —dice la chica.

—¿Puede señalar a ese individuo?

Los ojos de Romaine Jackson se apartan del fiscal durante medio segundo, lo justo para seguir la dirección que indica su mano derecha, que apunta a Robert Frazier.

—Es él —dice en voz baja, la mirada otra vez fija en Doan.

El fiscal avanza lentamente.

—¿Podría describir qué aspecto tenía el acusado esa noche?

—Llevaba un abrigo negro. Y una chaqueta negra como esta.

—¿Llevaba algo en la cabeza?

—Un sombrero.

—¿De qué color?

—Un sombrero blanco —dice, llevándose una mano a la frente—, de golf, con una hendidura y la visera bajada por delante.

Ahora está llorando, lo justo para que se note pero no lo bastante como para que Doan piense en parar. Contestando a las preguntas del fiscal, la chica le cuenta al jurado que Lena y el hombre alto caminaron hacia la casa de ella, que estaba en la puerta de al lado, y que luego desaparecieron de su vista. Les dice que se durmió mientras oía el ruido de una pelea en uno de los pisos más bajos de la casa de al lado y que después se enteró de que había habido un asesinato.

—Señorita Jackson —pregunta Doan—, después de descubrir o de que le dijeran que Charlene Lucas había sido asesinada, ¿fue usted a la policía a contarles lo que había visto?

—No —dice llorando otra vez.

—¿Y, por qué, señorita?

Polansky protesta.

—Se desestima —dice Gordy.

—Estaba asustada —dice la chica—. No quería mezclarme con aquello.

—¿Sigue asustada?

—Sí —dice, con un hilo de voz.

Asustada pero firme, Romaine Jakson se reafirma en su testimonio cuando la interroga Polansky. El abogado defensor ataca los márgenes de su historia: la iluminación de la calle aquella noche; la hora a la que estuvo mirando por la ventana; los motivos por los cuales miraba por la ventana; si realmente era posible que hubiera oído una discusión que tuviera lugar en la casa de al lado... Polansky no puede ser excesivamente duro con esta chica. Aunque sus tácticas más agresivas podrían hacer que su testimonio se tambalease, el jurado no se lo perdonaría. Lo único que puede hacer es dar a entender que la chica está equivocada, que quizá no esté tan segura de haber visto a Robert Frazier cuando dice que le vio. Polansky sigue castigando las esquinas del testimonio de la chica durante media hora, prolongando su agonía pero avanzando muy poco en cuanto a cambiar lo fundamental de su versión. Para cuando abandona el estrado bien entrada la tarde, su forma recatada de aferrarse a la verdad ha conferido a su intervención una fuerza extraordinaria.

—Caramba, Romaine, cariño —dice Garvey, atrapándola mientras se va a toda prisa hacia las puertas del juzgado—. Eh, ahora dime la verdad. ¿A que no ha sido tan horrible?

—Sí —dice ella, llorando y riendo a la vez—, sí que lo ha sido.

—Venga, vamos —dice el inspector abrazándola—. Apuesto a que hacia el final empezó a gustarte aunque fuera un poquito.

—No —dice ella, riendo—. Nada de nada.

Media hora después, cuando Doan sale del juzgado, Garvey va hacia él y le acorrala en uno de los pasillos del tercer piso.

—¿Cómo lo ha hecho mi niña ahí dentro?

—Ha estado fantástica —dice Doan sin exagerar—. Asustada, pero fantástica.

Pero aún queda mucho para que todo termine. Los testimonios del día siguiente ponen fin al caso del Estado, con abogado y fiscal peleándose sobre las pruebas balísticas y la munición del .38 recuperada en el caso. Con Dave Brown en el estrado, Doan intenta limitar el testimonio a las balas del .38 encontradas en el coche de Frazier después de su arresto, mientras que Polasky, esforzándose mucho por no violar las mociones previas al juicio que le impiden mencionar el asesinato de Purnell Booker, presiona a Brown con la cuestión de una orden de registro anterior, cuando los inspectores recuperaron las balas *wadcutter* del .38 y los cuchillos de debajo de la cama de Vincent Booker. Es una cuestión delicada —ningún abogado quiere cruzar la línea que haga que el asesinato de Booker entre en el testimonio— y son necesarias no menos de cuatro conferencias con Gordy antes de llegar a un acuerdo sobre el testimonio de Brown. Doan, que vuelve a preguntar al testigo después de que termine la defensa, se asegura de que Brown testifique que los cuchillos que se recuperaron en casa de Vincent Booker fueron examinados y no se encontró en ellos rastro de sangre, pero aún así Polansky ha conseguido de nuevo, con unas pocas preguntas, agitar el espectro de un sospechoso alternativo.

Lo vuelve a hacer cuando Joe Kopera, de la unidad de armas de fuego, sube al estrado después de Brown. Doan lleva a Kopera a hablar de las balas que se usaron para matar a la víctima, así como de las balas del .38 que se encontraron en el coche de Frazier después de su arresto. Todas esas balas son del mismo calibre, afirma Kopera. Pero ese testimonio, aunque limitado, le abre la puerta a Polansky a subrayar que las balas que mataron a Lena Lucas son *wadcutters* del .38, mientras que las que se encontraron en el coche de su cliente son también balas del .38, pero de punta redonda.

—Así que lo que está usted diciendo —dice Polansky— es que aunque las balas que se encontraron en el coche de Robert Frazier eran, de hecho, del calibre .38, no eran el mismo tipo de balas del .38 que se encontraron en la escena del crimen.

—Si, señor, así es.

—Y algunas de las balas, doce de las balas que se encontraron en la residencia de Vincent Booker, no sólo eran del calibre .38 sino también de tipo *wadcutter*. ¿No es así?

—Sí —dice Kopera.

Si Rich Garvey pudiera oír esto, si pudiera oír a Polansky agitar el espantajo de Vincent Booker frente al jurado, sentiría el impulso de retorcerle el pescuezo a Doan. La única manera de contrarrestar el testimonio de Polansky es establecer con claridad el vínculo que existe entre las balas requisadas a Vincent Booker y las tomadas a Robert Frazier, y la única manera de hacerlo es llevar a Vincent Booker al estrado. El propio Booker podría testificar que le dio las *wadcutter* a Frazier la noche del asesinato, que Frazier le había dicho que iba a recuperar las drogas que le había quitado su padre y le había pedido munición. Pero ese testimonio plantearía más dudas de las que resolvería; en opinión de Doan, la única alternativa sensata era dejar de hablar de ese tema.

Cuando el Estado termina su intervención, los observadores presentes en el juzgado no se ponen de acuerdo sobre qué parte va ganando. Doan ha establecido correctamente los cimientos de su caso y ha guiado a Romaine Jackson con éxito en su difícil testimonio. Pero Polansky también lo ha hecho muy bien en algunos momentos y puede que su hábil forma de utilizar a Vincent Booker convenza al jurado. Pero Doan no ha terminado todavía. Sorprende a Polansky con un último testigo, un testigo que el abogado defensor no se esperaba ver declarando contra su cliente.

—Señoría —dice Doan, después de que el jurado se haya retirado para comer—. Pido que cuando se llame a Sharon Denise Henson sea llamada como testigo del tribunal.

—¡Protesto! —dice Polansky, casi gritando.

—En vista de la protesta de la Defensa, ¿cuáles son sus razones, señor Doan? —pregunta Gordy.

El fiscal recuerda el intento de Robert Frazier de utilizar a su segunda novia como coartada en el asesinato de la primera, así como el subsiguiente interrogatorio de los inspectores a Nee-Cee Henson, en el que admitió que Frazier se había marchado de su cena muy temprano y no había regresado hasta por la mañana. Henson firmó una declaración escrita a ese efecto y después prestó testimonio en el mismo sentido ante un gran jurado; ahora, con Frazier enfrentándose a la posibilidad de cadena perpetua sin fianza, se está retractando y diciéndole a Doan que ahora recuerda aquella fiesta con más claridad. Frazier, dice, se marchó sólo un rato al principio y luego se quedó con ella hasta el amanecer.

La mujer había empezado a retractarse de su testimonio semanas atrás, al firmar una declaración para un investigador privado contratado por Polansky. Su actitud no sorprende a Doan, que sabe que ha visitado repetidamente a Frazier en la cárcel municipal. Ahora le pide a Gordy que la llame al estrado como testigo hostil. Para el fiscal, Sharon Henson es valiosa precisamente porque su testimonio no será creíble.

—Sería una injusticia que este jurado se viera privado de verla y escucharla —dice Doan— y el Estado se hallaría en una situación imposible si hubiera de llamarla como testigo de la acusación.

—¿Señor Polansky? —pregunta Gordy.

—Señoría, ¿sería posible responder... responder a la petición del señor Doan después de un receso para poder estudiar las consecuencias?

—Denegado.

—¿Puedo al menos tener un minuto para leerme esto? —dice, echándole un vistazo a la moción escrita que ha presentado el Estado.

—Puede —dice Gordy, la viva imagen de la irritación y el aburrimiento—. Mientras el señor Polansky lee ese documento, diré para que conste por escrito que este tema fue anticipado en conversaciones entre las partes y el juez desde el principio de este juicio.

Polansky se toma unos cuantos minutos más, luego intenta una réplica, defendiendo que la actual versión de los hechos que explica la señorita Henson no difiere dramáticamente de su testimonio anterior. No parece, defiende Polansky, que sus dos declaraciones sean tan inconsistentes como para justificar que sea el juez quien la llame como testigo.

—¿Tiene intención usted de llamarla como testigo de la Defensa?

—Bueno, no lo sé —dice Polansky—. No puedo comprometerme a ello en este momento, señoría.

—Porque si fuera a hacerlo, no habría necesidad de que me planteara la moción de la Fiscalía.

—Estoy de acuerdo —dice el abogado defensor— en que lo más probable es que no la llame.

Gordy anuncia entonces su decisión: Aunque está mintiendo para salvar a su hombre, Sharon Henson testificará contra él. La mujer sube al estrado después de la pausa para comer y empieza un calvario que durará bastante más de una hora. Si no estuviera en juego la libertad de un hombre, si no hubiera una familia sentada entre el público rezando porque alguien les vengue, la actuación de Henson en defensa de su novio podría considerarse una comedia. Con un vestido de noche de terciopelo negro, gorro y echarpe de piel, su propio aspecto hacía difícil tomarse en serio su testimonio. Consciente de que había llegado su gran momento en este drama, presta juramento y cruza las piernas en el estrado como si quisiera imitar a las mujeres fatales de todas la películas de cine negro de serie B. Incluso el jurado se ríe un poco por lo bajo.

—¿Cuántos años tiene usted, señorita? —pregunta Doan.

—Veinticinco.

—¿Conoce a un individuo llamado Robert Frazier?

—Sí, lo conozco.

—¿Ve a ese individuo hoy aquí?

—Sí.

—Señálelo, por favor.

La mujer señala hacia la mesa de la defensa y, entonces, por un instante, sonríe levemente al acusado. Frazier no mueve un músculo.

Doan establece la relación de Sharon Henson con Frazier para que el juzgado la conozca y luego dirige sus preguntas a la noche de su fiesta y del asesinato. En sus declaraciones a Garvey y al gran jurado Henson reconoció que había estado bebiendo y tomando drogas, pero había asegurado de forma inequívoca que Frazier se había marchado de la fiesta tarde esa noche y no había regresado hasta la mañana siguiente. Ahora recuerda algo totalmente distinto.

—¿Sigue considerándose hoy en día la novia del señor Frazier? —pregunta Doan.

—¿De verdad tengo que contestar a eso?

—Sí —dice Gordy—. Responda a la pregunta.

—Sí, me considero.

—Y durante el tiempo en que el señor Frazier ha estado encarcelado, le ha visitado en la cárcel, ¿no es así?

—Sí.

—Bien, ¿cuántas veces le ha visitado?

—Tres veces.

Doan se recrea y le pide a Henson que detalle los regalos de San Valentín que recibió de Frazier antes del asesinato. Luego regresa abruptamente al tema del revólver del .38 que Frazier le había dejado para que se lo guardara después del asesinato, el arma que Frazier le había vuelto a coger cuatro días antes de que Garvey y Kincaid se presentasen a entrevistarla.

—Y cuando le pidió que le diera el arma —dice Doan, sin ninguna inflexión en la voz—, ¿le dijo a usted para qué la quería?

—Sí, lo hizo.

—¿Y que le dijo, señorita?

—Que la policía vendría a hablar conmigo y que él les había dicho que yo tenía su arma, pero que no me la había pedido.

—¿Y? —pregunta Doan, levantando la vista de sus notas.

Sharon Henson fulmina con la mirada al fiscal antes de contestar:

—Me pidió que no se la diera a los policías —dice, e inmediatamente lanza una mirada arrepentida a su novio.

—¿Le dijo a usted que la policía vendría a buscar el arma y que no quería que usted la entregara? —pregunta Doan.

—Sí, eso es lo que recuerdo.

Hasta ahí, perfecto. Doan sigue preguntando sobre la noche de la fiesta. Hace que la mujer recite la lista completa de invitados y el menú y, cuando dice que tiene mala memoria, Doan le recuerda lo que hablaron hace sólo diez días en su despacho.

—Entonces ¿no me dijo usted que había tomado queso y jamón, coles silvestres, maíz en mazorca, langosta y vino?

—Sí —dice ella, impertérrita.

Doan la guía a lo largo de los acontecimientos de la fiesta: la llegada de Frazier, su partida para recoger la langosta, su vestimenta la noche de la fiesta...

—¿Qué llevaba puesto el señor Frazier?

—Iba de beis.

—¿De beis?

—De beis —repite ella.

—¿Llevaba pantalones beis?

—Ajá.

—¿Una camisa beis?

—Sí.

—¿Lleva puesta alguna chaqueta?

—Un abrigo —dice ella.

—¿Qué tipo de abrigo? —pregunta Doan.

—Beis.

—¿Llevaba algo más beis?

El jurado se ríe. Henson los mira con irritación.

—¿Su sombrero? —pregunta Doan.

—Era como un gorro de golf.

—¿De esos que tienen visera por delante? —pregunta Doan.

—Con hendidura —dice ella, asintiendo.

De repente, Larry Doan cambia de tercio con Sharon Henson. Saca a colación la declaración que hizo ella ante los inspectores y la que realizó frente al gran jurado.

—Cuando habló con la policía, ¿no les dijo usted que el acusado llevaba una chaqueta negra que le llegaba a la cadera?

—Hablé con la policía —dice, cautelosa ante el cambio en el tono de voz de Doan.

—Señorita, responda, ¿sí o no?

—No me acuerdo.

—¿No se acuerda?

—No.

—¿Recuerda haberle dicho al gran jurado lo que llevaba puesto el acusado?

—Protesto, señoría —dice Polansky.

Gordy deniega la protesta.

—¿Sí o no? —insiste el juez.

—Puede que me lo preguntaran —dice ella, enfadada—. No me acuerdo.

Y así sigue durante media hora, con Doan leyendo las transcripciones y Sharon Henson afirmando que no recordaba nada.

—¿No es cierto, señorita, que durante la fiesta discutió usted con el señor Frazier?

—Sí.

—¿Y él se marchó de su apartamento después de la discusión?

—No.

—¿No se marchó de su apartamento?

—Se marchó durante unos veinte minutos, sí.

—Y cuando regresó, ¿qué hizo?

—Siguió charlando con los demás invitados.

—Y se quedó toda la noche. ¿Es eso lo que quiere usted decirles a las damas y caballeros del jurado?

—Sí —dice.

—Y usted quiere que la crean, ¿verdad?

Polansky salta inmediatamente con una protesta.

—Denegada —dice Gordy.

Y en ese punto Sharon Henson mira al otro lado de la sala a Larry Doan y sonríe dulcemente. Es como si de verdad creyera que está destruyendo el caso de la acusación cuando, de hecho, está demoliendo toda la actuación de Paul Polansky, el abogado defensor.

—¿Es así, señorita? —pregunta Doan—. Usted quiere que crean que se quedó toda la noche con usted, ¿es así?

—Bueno, eso fue lo que sucedió.

—¿Son sus recuerdos de lo sucedido el día 22 de febrero más claros hoy de lo que lo eran el 17 o el 10 de marzo?

—¿Marzo? No. Sí.

—¿Están más claros hoy? —dice Doan, dejando entrever su irritación.

—Quiero decir que he hablado con la gente que estuvo en la fiesta.

Doan mira al jurado, ofreciéndoles la interpretación completa de «hay que ver lo que tiene que oír uno».

—De acuerdo —dice, negando con la cabeza—. Así que habló usted con otros invitados a la fiesta y eso aclaró sus recuerdos.

—Me hizo ver algunas cosas que no vi aquella noche ni después.

—¿Se refiere a cosas como el tiempo que estuvo su novio en su apartamento? ¿Necesitaba usted que otra persona le dijera cuanto tiempo estuvo su novio en su apartamento?

—Perdóneme, señor —sisea la mujer—. Esa noche yo estaba bajo los efectos de las drogas y el alcohol.

—Entonces —pregunta Doan, pronunciando cada palabra lentamente—, ¿cómo es posible que recuerde algo ahora?

En la mesa de la defensa, Polansky está sentado con la mano contra su frente, presumiblemente pensando en lo bien que había ido el caso hasta entonces. Sus sutiles estrategias habían quedado desarticuladas por este simple vodevil. Los cigarrillos Newport, los cabellos sin comprobar y el espectro de Vincent Booker, todo eso se había ido al garete con el trabajo de demolición que Doan había realizado con Sharon Henson para diversión de toda la sala. En ocasiones, los jurados se habían reído tan fuerte que Gordy había tenido que utilizar el mazo para llamar al orden.

Fuera del juzgado, Rich Garvey se pone nervioso conforme el testimonio de Henson se alarga. Sólo cuando sale Doan comprende la magnitud de la victoria.

—¿Qué ha pasado con Nee-Cee? —pregunta al fiscal mientras caminan por el pasillo del tercer piso—. ¿Cómo ha ido?

Doan sonríe como si una aleta dorsal emergiera de entre las rayas de su traje.

—He acabado con ella. La he destrozado —le dice al inspector—. El suelo de la sala está lleno de sangre.

—¿Tan mal ha estado ella?

—Ha sido para mearse de risa. El jurado se ha descojonado —dice Doan, incapaz de esconder lo mucho que se ha divertido—. Te lo digo de verdad: la he descuartizado ahí dentro.

Desde ahí el viento sopla a favor. Si Sharon Henson se hubiera ceñido a la verdad, si hubiera estado dispuesta a darle al estado la declaración que le había dado en marzo, no hubiera sido más que otra pieza del rompecabezas circunstancial de la acusación. Sin embargo, prefirió cometer perjurio y, en consecuencia, se ha convertido, en la mente de los miembros del jurado, en una prueba de la desesperación de Robert Frazier.

El lunes, las declaraciones de testigos empiezan de nuevo con el regreso al estrado de Rich Garvey y con el relato paso a paso de la investigación que había llevado al arresto de Frazier. En las preguntas de la defensa, Polansky se esfuerza en remarcar que su cliente colaboró con la investigación desde el principio, la predisposición de Frazier a ir a la Central y a ser interrogado sin un abogado presente. En un momento particularmente revelador, Polansky le pregunta sobre las heridas de arma blanca y el revólver, dando a entender que quizá el uso de dos armas indica que hubo dos personas implicadas en el asesinato.

—¿Cuántos años lleva usted en la policía? —pregunta a Garvey.

—Trece.

—Y ha investigado muchos casos de homicidio, directa o indirectamente...

—Así es —dice Garvey.

—¿Ha tenido alguna vez un caso en que la víctima muriera por una herida de arma blanca y otra de bala y sólo hubiera un asesino? —pregunta Polansky.

—Sí —dice Garvey tranquilamente.

—¿Cuántos? ¿Qué caso? Nómbrelo.

—En el caso de Purnell Booker tuvimos indicios de que sólo hubo un asesino.

Toma ya, piensa Garvey. Con una sola y lúcida respuesta, el mismo jurado al que se le ha pedido que se preocupe por el misterioso Vincent Booker tiene también ocasión de preocuparse por el hecho de que en algún otro punto de este caso existe otro Booker que también ha sido víctima de un asesino. Polansky pide consultar con el juez.

—Ni siquiera estoy seguro de qué hacer, si pedir juicio nulo o no —le dice a Gordy.

El juez sonríe y niega con la cabeza.

—No va a hacer nada de eso porque ha sido usted quien le ha preguntado.

—Yo no le he preguntado eso —protesta Polansky.

—Ha contestado a su pregunta —dice Gordy—. ¿Qué es exactamente lo que me pide? ¿Qué quiere que haga? ¿Por qué ha venido hasta aquí?

—No lo sé —dice Polansky—. Estoy dudando sobre si sacar a la luz todo.

—No voy a permitir que el testigo abra la puerta del establo sólo por esa respuesta.

—Gracias —dice Polansky, todavía un poco sorprendido—. No tengo... entonces no tengo ninguna petición.

El segundo testimonio de Garvey es una cuidadosa redención por el que había prestado el primer día del juicio, pero casi es superfluo. También lo es el testimonio de Robert Frazier, que sube al estrado al día siguiente para explicar él mismo al juez y al jurado que no tenía ningún motivo ni deseo de matar a Charlene Lucas. Pero el testimonio de Frazier ya ha sido puesto en entredicho por Sharon Henson, cuya intervención ha afectado a todo lo que ha oído después el jurado. Más aún, el testimonio de Henson contrastó poderosamente con el otro testimonio esencial del caso: Romaine Jackson era joven, estaba asustada y no quería declarar cuando identificó a Robert Frazier como el hombre al que vio con Lena la noche del asesinato; Sharon Henson era arisca, tenía mal genio y trató a todo el mundo con desprecio cuando se subió al mismo estrado para retractarse de lo que ella misma había dicho anteriormente.

Esa es precisamente la comparación que hace Doan en su alegato final al jurado. Rich Garvey, al que le ha sido permitido entrar en la sala como observador, ve como varios jurados asienten mientras Doan pinta un vívido retrato de ambas mujeres, una, la joven inocente que dice la verdad; otra, una prevaricadora corrupta. De nuevo les recuerda el testimonio de Henson sobre la ropa de su novio. Hace especial hincapié sobre un pequeño detalle de la declaración, un diminuto fragmento extraído tras una semana de discusiones legales. Cuando Romaine Jackson testificó, le pidieron que describiera el sombrero del acusado.

—Se llevó las manos a la cabeza y dijo que tenía una hendidura —recuerda Doan, llevándose las manos a la cabeza como había hecho la joven—. Una hendidura... ¿Y eso qué importa?

Sharon Henson, le dice al jurado. Un día después Sharon Henson subió al estrado para intentar ayudar a su novio. Oh, dice Doan, imitándola, iba todo vestido de beis. Abrigo beis. Pantalón beis. Zapatos beis. Probablemente ropa interior beis y una gorra de golf beis...

Y el fiscal hace una pausa para conseguir un mayor efecto.

—... con una hendidura.

Llegados a ese punto hasta el jurado de la primera fila —el que preocupaba a Doan al principio del juicio— asiente.

—Señoras y señores, después de ver y oír a Romaine Jackson y oír después esa descripción de una mujer que está haciendo todo lo que puede para ayudar a este acusado, ¿puede quedarles alguna duda de que la persona a la que Romaine Jackson dijo ver es el acusado?

Una deducción impecable, piensa Garvey mientras Doan repasa para el jurado el resto de las pruebas y les insta a que usen el sentido común

—Cuando reúnan todas las piezas, el rompecabezas del que hablamos mostrará una imagen clara. Y verán sin lugar a dudas que este hombre...

Doan se gira y señala hacia la mesa de la defensa.

—... a pesar de todas sus protestas es el hombre que asesinó brutalmente a Charlene Lucas en las primeras horas de la mañana del 22 de febrero de 1988.

Polansky responde con lo mejor de su arsenal, haciendo una lista de las pruebas del Estado en una pizarra y luego tachándolas de una en una conforme ofrece explicaciones alternativas para su existencia. Se esfuerza por quitarle credibilidad al testimonio de Romaine Jackson y por resucitar a Vicent Booker como alternativa lógica al acusado. No obstante, ni siquiera menciona a Sharon Henson.

En su respuesta final al jurado, Larry Doan tiene la temeridad de ir a la pizarra de Polansky y escribir sus propios comentarios en el diagrama de su oponente.

—Protesto, señoría —dice Polansky, molesto y cansado—. Me gustaría que el señor Doan pintase en su propia pizarra.

Doan se encoje de hombros fingiendo sentirse avergonzado. El jurado se ríe.

—Denegada —dice Gordy.

Polansky niega con la cabeza; sabe que el juego ha terminado. Y a nadie le sorprende cuando, sólo dos horas después de los alegatos finales, se vuelve a convocar el tribunal y los jurados vuelven a ocupar su puesto en la sala.

—Señor presidente, por favor, póngase en pie —dice el secretario—. ¿Cómo declaran ustedes al acusado, Robert Frazier, en el proceso número 18809625, en cuanto a la acusación de asesinato en primer grado, no culpable o culpable?

—Culpable —dice el presidente del jurado.

Entre el público, sólo la familia Lucas reacciona. Garvey se queda con la mirada en blanco mientras el jurado emite su veredicto. Doan mira de reojo a Polansky, pero el abogado defensor sigue tomando notas. Robert Frazier tiene la mirada fija hacia delante.

En el pasillo del tercer piso, diez minutos después, Jackie Lucas, la hija pequeña, encuentra a Garvey y se le abraza al hombro.

Garvey se sorprende por un instante. Hay ocasiones como esta, momentos en que los supervivientes y los inspectores comparten esa especie de victoria que, siempre demasiado tarde, les entregan los tribunales. Demasiadas veces, sin embargo, la familia ni siquiera acude a la sala o, si lo hacen, sienten el mismo desprecio hacia el acusado que hacia las autoridades.

—Lo hemos conseguido —dice Jackie Lucas besando suavemente a Garvey en la mejilla.

—Sí, lo hemos conseguido —dice Garvey, riéndose.

—Va a ir a la Pen, ¿verdad?

—Desde luego —dice—. Gordy le va a echar unos cuantos años.

Doan sale de la sala después de la familia y Garvey y Dave Brown le felicitan de nuevo por su alegato final. Escribir en la pizarra de Polansky, le dice Garvey a Doan, fue un detalle genial.

—¿Te gustó? —dice Doan.

—Muchísimo —responde Garvey, riéndose—. Fue un gesto con muchísimo estilo.

Sus voces resuenan por el pasillo mientras rememoran los momentos más destacados del juicio. Garvey y Brown escuchan por primera vez una recapitulación detallada del desastre de Sharon Henson. Están riéndose a carcajadas cuando Robert Frazier entra en el pasillo, con las manos esposadas a la espalda y dos ayudantes del *sheriff* como escolta.

—Shhh —dice Brown—. Llega el hombre del momento.

—¿Estáis listos para la tradicional mirada de odio? —pregunta Garvey—. Yo creo que nos la hemos ganado.

Brown asiente.

Larry Doan sacude la cabeza y luego se va tranquilamente hacia la escalera que lleva a su despacho. Los inspectores esperan unos segundos más a que se aproximen Frazier y los agentes. Lenta, silenciosamente, el acusado pasa con la cabeza gacha y sujetando en las manos unos documentos del tribunal. No les mira a los ojos. No hay palabras airadas.

—Joder —dice Garvey, recogiendo su maletín del banco del pasillo—. Este tío es un muermo.

VIERNES, 21 DE OCTUBRE

Una vez más hacia el mismo viejo suelo, de nuevo a la brecha. Una vez más hacia la boca abierta de aquel callejón, hacia el infernal trozo de pavimento que en el pasado no le había ayudado en nada.

Tom Pellegrini aparca el coche en Newington y luego camina por un callejón lleno de basura y hojarasca. El otoño ha vuelto a cambiar la trastienda de la avenida Newington, haciéndola parecer más de lo que es. Para Pellegrini, el callejón sólo tiene el aspecto correcto cuando hace más frío, cuando coincide con la visión pálida y lúgubre a la que se acostumbró hace meses. En ese callejón no debería haber estaciones, piensa. Nada debería cambiar hasta que yo descubra qué fue lo que sucedió aquí.

Pellegrini camina por el insulso callejón y atraviesa la entrada del 718 de Newington. Se queda donde estaba el cuerpo, mirando de nuevo la parte de atrás de la casa, la puerta de la cocina, la ventana y la escalera metálica que baja del tejado.

Rojo-naranja. Rojo-naranja.

Los colores del día. Pellegrini comprueba la madera de la parte de atrás de la casa cuidadosamente, busca algo, cualquier cosa, que pueda ser rojo o naranja.

Nada.

Mirando por encima de la valla hecha con una cadena, Pellegrini estudia la casa de al lado. El patio del 716 de Newington está ahora vacío. Andrew y su Lincoln hecho polvo hace tiempo que desaparecieron, el último, embargado de forma permanente por la financiera que le había dado el crédito para comprarlo, el primero, echado de casa por su sufrida y religiosa mujer.

Rojo-naranja. Rojo-naranja.

La puerta de atrás del número 716 está pintada de rojo y, además, más o menos del tono adecuado. Pellegrini cruza al patio de al lado para ver mejor. Sí, desde luego: la capa exterior es de pintura roja y bajo ella hay otra de pintura naranja.

Qué cabrón, piensa Pellegrini, tomando una muestra de la pintura de la puerta. La combinación del rojo y el naranja es lo bastante característica como para que el inspector esté casi seguro de que ha dado con lo que buscaba. Ocho meses después del primer interrogatorio, Andrew se ha convertido de repente en un sospechoso y nadie está más sorprendido que Pellegrini.

Si no fuera por la pintura de la puerta de atrás del 716 de Newington, el inspector no se lo creería. Andrew es un pieza, seguro, y la teoría original de Jay Landsman de que el Lincoln se había utilizado para guardar el cuerpo tuvo su mérito. Pero no hay nada en el historial de Andrew que lo identifique como delincuente sexual ni tampoco el largo interrogatorio al que sometieron al hombre les despertó ninguna sospecha. Pellegrini, por su parte, había dejado de presionar a Andrew en cuento el maletero del Lincoln había salido limpio de las pruebas. Y luego, cuando Andrew había superado la prueba del polígrafo con su declaración, Pellegrini prácticamente se había olvidado de aquel hombre. Pero la pintura seca rojo-naranja era una prueba física y tenía que tener algún tipo de explicación. Y, sólo por eso, Andrew había vuelto a escena.

La pintura seca era una nueva aunque tardía prueba que le hubiera parecido cómica a Pellegrini si las circunstancias no hubieran sido tan desesperantes. La puñetera cosa había estado en el departamento de control de pruebas desde el primer día de la investigación, y todavía seguiría allí si él y Landsman no hubieran bajado a revisar la serie de pruebas una última vez.

Esa visita abajo había sido rutinaria. Durante semanas, Pellegrini había estado revisando el caso de Latonya Wallace junto con las pruebas que se habían reunido, intentando dar con alguna nueva vía de investigación. Al principio, Pellegrini esperaba encontrar algo que llevara a un sospechoso nuevo, algo que hubiera pasado por alto la primera y segunda vez que habían revisado el expediente. Luego, después de que el análisis químico de las manchas en los pantalones de la niña las vinculase, aunque fuese lejanamente, con la tienda quemada del Pescadero, Pellegrini había vuelto a las pruebas a ver si encontraba algo más que pudiera relacionar al Pescadero con el asesinato.

En vez de eso, encontró el resto de pintura. Él y Landsman lo habían descubierto la tarde después de que la ropa de la niña hubiera sido enviada al laboratorio. Van Gelder estaba estudiándola y, de hecho, fue él quien observó primero aquella mota de color pegada en el interior de los muslos amarillos.

Parecía ser una pintura semiesmaltada en distintas capas, con el rojo pintado sobre el naranja. Un único color hubiera sido más difícil de localizar, pero ¿cuántos objetos en Reservoir hill habían sido pintados de color naranja y luego de rojo? Y ¿qué pintaba aquel trocito de pintura dentro de las mallas de la niña? ¿Y cómo demonios no lo habían visto las dos primeras veces que habían observado el cuerpo?

Incluso a pesar de la alegría que sentía por haber descubierto una prueba nueva, Pellegrini estaba enfadado por no haberla descubierto al principio. Van Gelder no le ofreció ninguna explicación ni Pellegrini quiso escucharla. El asesinato de Latonya Wallace era la investigación más importante del año; ¿cómo era posible que el análisis de las pruebas no hubiera sido impecable?

Ahora, en pie en la parte de atrás de la avenida Newington, la frustración de Pellegrini es completa. Porque todo parece indicar que la pintura no lleva en dirección al Pescadero, y es hacia el Pescadero hacia donde Pellegrini quería ir. Era el Pescadero el que no había pasado la prueba del detector de mentiras; era el Pescadero quien conocía a Latonya Wallace y la había pagado para que trabajase en su tienda, y era el Pescadero el que carecía completamente de coartada para la noche en la que la niña había desaparecido. El Pescadero: ¿quién sino iba a ser el asesino?

Durante meses, Pellegrini había pasado todo el tiempo que había podido investigando la vida de ese tendero, preparándose para un último interrogatorio de su mejor sospechoso. De una forma que resultaba hasta cómica, el Pescadero había acabado acostumbrando a su acoso. A cada vuelta de la esquina de su vida se encontraba con un inspector de policía obsesionado que le estudiaba, reunía información sobre él y esperaba. Tom Pellegrini había escarbado en cada recoveco de la pequeña y tranquila existencia de aquel hombre en busca de más datos.

A estas alturas se conocían perfectamente. Pellegrini sabía más sobre el Pescadero de lo que le apetecía recordar, sabía más de aquel desastre de viejo que cualquiera que no fuera familiar suyo. El Pescadero conocía el nombre propio de su perseguidor, así como su voz y su forma de ser; sabía cómo solía empezar una conversación el inspector o como hacía las preguntas. Y, lo mejor de todo, sabía —tenía que saber— exactamente lo que Pellegrini buscaba.

Cualquier otro hombre hubiera montado un escándalo. Cualquier otro hombre hubiera llamado a un abogado que hubiera llamado al departamento de policía y les hubiera amenazado con una demanda por acoso. Cualquier otro hombre, pensaba Pellegrini, se hubiera plantado frente a él y le hubiera dicho lo que era de esperar: usted y su placa pueden irse a la mierda si creen que me dedico a matar niñas. Pero nada de eso había ocurrido.

Desde aquel segundo interrogatorio en la oficina de homicidios, ambos hombres habían tenido una serie de extrañas conversaciones, cada una más amistosa que la anterior, todas derivando de la afirmación inicial del Pescadero de que no sabía nada de aquel asesinato. Pellegrini terminaba todas las conversaciones recordándole al propietario de la tienda que la investigación continuaba y que probablemente los inspectores necesitaran volver a hablar con él. Inmediatamente, el Pescadero le garantizaba que seguiría cooperando plenamente con la policía. En un momento anterior de ese mismo mes Pellegrini había fantaseado con la idea de volverlo a llevar a la oficina de homicidios en un futuro cercano. Obviamente, al sospechoso la idea no le hizo ninguna gracia, pero aún así no se negó a ir.

Cuantas más cosas sabía el inspector sobre el Pescadero, más le parecía que el anciano era capaz de haber matado a la niña. No había nada definitivo en su historia, nada a lo que pudieras aferrarte para decir que el hombre era peligroso o un psicótico. De hecho, el pasado del hombre reveló una pauta bastante común de relaciones fallidas con mujeres. A lo largo del tiempo, el inspector había localizado y entrevistado a parientes, antiguas novias y a la ex mujer del Pescadero, todas las cuales habían coincidido en que aquel hombre tenía problemas para relacionarse con las mujeres. Unas pocas llegaron a sugerir que le iban las chicas jóvenes, pero sus historias carecían de detalles concretos. Pellegrini entrevistó también a las compañeras de Latonya Wallace, así como a los niños que habían trabajado para el Pescadero o se habían aventurado en su tienda al salir del colegio. Desde luego, habían hablado de que era un mujeriego. Era muy promiscuo, le dijeron al inspector, había que andarse con cuidado con él.

La única mujer a la que Pellegrini no había podido encontrar era la supuesta víctima de la antigua acusación de violación contra el Pescadero presentada en la década de 1950. Pellegrini sacó los informes de aquel caso del archivo de microfilms y los estudió a fondo, pero la adolescente que supuestamente había sido atacada no llegó a testificar en el juicio y, al parecer, se habían retirado los cargos. Utilizando cuanto tenía a su alcance, desde el listín telefónico a los registros de los servicios sociales, Pellegrini organizó una búsqueda febril de aquella mujer, que ahora tendría cuarenta y pico años y que, si vivía todavía en Baltimore, probablemente no estaría registrada con su apellido de soltera. Pero no logró encontrarla y, al final, Pellegrini accedió a ser entrevistado en un programa de la televisión local para poder mencionar en él el nombre de la mujer y su última dirección conocida y pedirle a cualquiera que tuviera información sobre ella que llamara a la unidad de homicidios.

Durante la emisión, Pellegrini anduvo con cuidado de no explicar qué relación tenía la mujer con el caso y tampoco mencionó el nombre del Pescadero. Pero sí reconoció al presentador del programa que tenía un sospechoso. Pellegrini comprendió inmediatamente que había cometido un error cuando el presentador se volvió hacia la cámara y declaró:

—Los inspectores de la unidad de homicidios de la policía creen que saben quien mató a Latonya Wallace...

Esa breve aparición pública tuvo a Pellegrini amarrado a su escritorio escribiendo memorandos durante días y el departamento de policía se vio obligado a emitir un comunicado de prensa anunciando que aunque el inspector Pellegrini había identificado a un posible sospechoso en el asesinato, otros investigadores seguían otras vías de investigación. Lo peor fue que todo aquello no sirvió para que apareciera la víctima de la antigua violación.

Por encima de todo lo que había aprendido sobre su principal sospechoso, había un dato en particular que, en la mente de Pellegrini, destacaba sobre los demás. Quizá fuera una coincidencia, pero era una coincidencia escalofriante, y había tropezado con ella mientras comprobaba los últimos diez años de casos abiertos de personas desaparecidas que implicaran a chicas muy jóvenes. En febrero, los investigadores habían comparado el caso de Latonya Wallace con otros asesinatos no resueltos de niños, pero sólo recientemente se le había ocurrido a Pellegrini que también deberían examinarse los casos de desaparecidos. Revisando los informes, dio con un caso de 1979 en el que una niña de nueve años había desaparecido de casa de sus padres en la calle Montpelier y no se había vuelto a saber de ella. Y la calle Montpelier fue lo que hizo que se le ocurriera una idea: Pellegrini acababa de salir a entrevistar a una persona cuya familia había sido socia del Pescadero en una tienda de ultramarinos que había tenido antes. Esa familia había vivido en la calle Montpelier durante los últimos veinte años; el Pescadero los había visitado a menudo.

Los viejos informes de personas desaparecidas no tenían fotografías, pero un par de días después, Pellegrini condujo hasta el edificio del Baltimore Sun y pidió permiso para consultar el archivo fotográfico del periódico. Todavía guardaban dos fotografías de la niña desaparecida, ambas copias en blanco y negro de sus fotos del colegio. En la biblioteca del periódico, Pellegrini se quedó quieto de pie contemplando las dos fotografías y sintió algo muy extraño. Desde todos los ángulos, aquella niña se parecía muchísimo a Latonya Wallace.

Quizá aquel inquietante parecido fuera solo casualidad: quizá cada detalle aparentemente insignificante era un hecho aislado que no tenía relación con nada más. Pero la exhaustiva investigación del pasado del Pescadero que había realizado convenció a Pellegrini de que necesitaba interrogarlo una vez más. Después de todo, le habían dado al viejo muchísimas oportunidades de parecer menos sospechoso y, sin embargo, no lo había conseguido. Pellegrini razonó que se debía a sí mismo otra oportunidad con aquel tío. Y mientras Pellegrini se preparaba para aquel último interrogatorio, una minúscula mota de pintura se materializó en la media de la chica, tentándole con otro sospechoso y otro rumbo para el caso.

La tentación se hace más fuerte cuando Pellegrini regresa de Reservoir Hill y visita el laboratorio de pruebas con muestras frescas de la puerta de atrás del 716 de Newington. Y, claro, Van Gelder dictamina inmediatamente que proceden de la misma fuente que la mota hallada en el cadáver. De repente, Andrew adelanta a codazos al Pescadero.

Una breve conversación esa misma tarde con la ex mujer de Andrew revela que su sospechoso todavía trabaja en la Administración de Autopistas, así que Pellegrini visita el garaje de Fallsway y llega justo cuando está acabando el turno del sospechoso. Cuando le pregunta si le importaría acompañarle a las oficinas de homicidios para contestar unas preguntas más, Andrew se muestra visiblemente alterado, casi hostil.

No, le dice a Pellegrini, quiero un abogado.

Más tarde esa misma semana, el inspector regresa a Reservoir Hill con un técnico del laboratorio para un registro de tres horas del 716 de Newington en el que se concentra en la sala del sótano donde Andrew tenía su bar y su televisión y pasaba la mayor parte de su tiempo libre. Nueve meses es mucho tiempo para que las pruebas se hayan conservado; al final, Pellegrini se marcha sin nada más que una muestra de una alfombra que tiene algo que puede o no ser una mancha de sangre.

Aún así Andrew ha empezado a comportarse como un sospechoso con algo que ocultar, y la mota de pintura le parece a Pellegrini un fragmento minúsculo pero irrevocable de verdad: en algún punto del proceso, Latonya Wallace acabó con un fragmento de la puerta trasera de Andrew entre su pierna y la media.

Durante un breve periodo es difícil no sentirse animado por estos avances. Pero menos de una semana después, Pellegrini realiza otro viaje a la avenida Newington y, mientras pasea por enésima vez por el callejón, ve que hay trozos de pintura de la puerta trasera de Andrew por todos los patios adyacentes. Durante la última visita había visto inmediatamente que la pintura de la puerta se estaba pelando pero ahora, al fijarse en el pavimento entre los números 716, 718 y 720 de Newington, ve motas rojo-naranjas esparcidas por todas partes por el viento y la lluvia, que relucen ante él como una veta de oro falsa. La mota de los muslos ya debía de estar en el suelo cuando el cuerpo de la niña se dejó en el patio trasero del 718 de Newington. Pero Pellegrini no está dispuesto todavía a abandonar. ¿Cómo, se pregunta, acabó la mota dentro de las medias? ¿Cómo pudo entrar entre la pierna y las medias a menos que lo hiciera después de que desnudaran a la niña?

Van Gelder responde pronto a esa pregunta. Al comprobar de nuevo las pruebas, el analista del laboratorio comprueba que las medias están ahora del revés, como sin duda debían de estar durante la reciente revisión de Landsman y Pellegrini. Lo más probable es que le quitaran las medias al cuerpo de la niña durante la autopsia y hayan permanecido del revés desde entonces. Aunque por un tiempo pareció lo contrario, la mota de pintura había estado en la parte de fuera de las medias desde el principio.

Con la explicación de Van Gelder a Pellegrini le cuesta poco imaginar como fue el resto de la historia: Andrew se puso nervioso pero, ¿quién no se pone nervioso cuando un inspector de homicidios quiere interrogarlo? Y en cuanto a la muestra de la alfombra, Pellegrini sabe que hay poquísimas posibilidades de que sea de sangre humana. Al diablo con Andrew, piensa. No es un sospechoso, es una semana de trabajo para nada.

El Pescadero, el sospechoso de asesinato más duradero de la historia, vuelve a ocupar el centro del escenario.

Donald Waltemeyer agarra a la chica muerta por los dos brazos para detectar si hay rigidez en manos y dedos. Las manos de la chica lo siguen sin dificultad, dando a la escena la apariencia de una macabra danza horizontal.

—Está mojada —dice.

Milton, el drogata del sofá, asiente.

—¿Qué hiciste? ¿Meterla en agua fría?

Milton vuelve a asentir.

—¿Dónde? ¿En el baño?

—No, simplemente la rocié con agua.

—¿Agua de dónde? ¿De esa bañera?

—Sí.

Waltemeyer se acerca al baño, donde comprueba que la bañera sigue cubierta de gotas de agua. Es un viejo cuento tradicional entre los drogadictos: se puede recuperar a alguien de una sobredosis metiéndolo en agua fría, como si un baño pudiera limpiarles lo que se han metido en las venas.

—Déjame que te pregunte una cosa, Milton —dice Waltemeyer—. ¿Ella y tú usáis el mismo equipo o tú te metes tu mierda con otra cosa?

Milton se levanta y se acerca al armario.

—No me lo enseñes, gilipollas —dice Waltemeyer—. Si me lo enseñas, te tendré que encerrar.

—Oh.

—Sólo contesta a la pregunta. ¿Usasteis la misma jeringa?

—No, yo tengo una propia.

—Muy bien. Ahora siéntate y explícame otra vez qué ha pasado.

Milton vuelve a contar su historia, sin esconder nada. Waltemeyer escucha de nuevo cómo la chica blanca llegó para meterse un chute y cómo eso era algo que solía hacer porque tenía un marido al que no le gustaba que se drogase.

—Como ya he dicho, me trajo esa caja de pasta porque había utilizado un poco de la mía la última vez que vino.

—¿Esta caja de macarrones de aquí?

—Sí. La trajo ella.

—¿Tenía su propia droga?

—Sí. Yo tengo la mía y ella traía la suya.

—¿Dónde estaba sentada cuando se chutó?

—En esta silla de aquí. Se chutó y se quedó dormida. La volví a mirar al cabo de un rato y no respiraba.

Waltemeyer asiente. El caso está más claro que el agua y aunque sólo sea por eso, se siente bien. Tras tres meses siguiendo la pista a Geraldine Parrish y a sus parientes desaparecidos, incluso una simple sobredosis es un alivio. Waltemeyer se había dicho a sí mismo que si no volvía a entrar en la rotación en este turno de noche, iba a volverse loco. Y McLarney estuvo de acuerdo.

—Tus hojas de ruta son cada vez más caóticas —le había dicho el inspector jefe hacía una semana—. Es como si estuvieras pidiendo socorro a gritos.

Y quizá era así. Waltemeyer había llevado el caso Parrish tan lejos como había podido, aunque tendría que trabajar más cuando empezaran los preparativos del juicio. Y aún así no había conseguido averiguar exactamente qué le había sucedido al último marido de Geraldine, el anciano reverendo Rayfield Gilliard, que había muerto tras unas pocas semanas de matrimonio. Un pariente les había dicho que la señorita Geraldine había molido dos docenas de pastillas de valium, había sazonado con ellas la ensalada de atún del reverendo y luego había contemplado tranquilamente como el anciano sucumbía a una embolia. La historia parecía creíble así que el doctor Smialek y Marc Cohen, el fiscal del estado adjunto encargado del caso, se mostraron a favor de pedir una orden de exhumación. Hubo días en que Waltemeyer llegó a pensar de verdad que aquel caso no terminaría nunca.

Todo lo cual hacía que aquella sobredosis resultase bastante agradable. Un cuerpo, un testigo, una página de un informe de veinticuatro horas sobre la mesa del teniente administrativo... el trabajo de un policía tal y como Waltemeyer lo recordaba. El técnico del laboratorio está trabajando duro y el forense viene de camino. Hasta el testigo quiere cooperar y, al parecer, no miente. Todo fluye con elegancia hacia la inevitable resolución hasta que aparece el primer agente que llegó a la escena y dice que el marido de la chica muerta está abajo.

—¿Le necesitamos para identificar el cuerpo? —pregunta el uniforme.

—Sí —dice Waltemeyer—, pero no si va a subir aquí y volverse loco. No quiero eso.

—Le advertiré.

El marido llega al pie de las escaleras con una expresión de increíble dolor. Es un hombre atractivo, de treinta y tantos, alto y con el pelo castaño claro.

—Si va a subir usted allí, tiene que mantener la calma —dice el agente.

—Lo comprendo.

Al oír pasos en las escaleras, Waltemeyer se vuelve hacia la joven y se da cuenta de que el tirante izquierdo del sujetador y parte de la copa están expuestos, con el suéter bajado por el brazo en busca de la marca de pinchazo. Inclinándose en el último momento sobre el cuerpo, levanta el suéter delicadamente hasta dejarlo sobre el hombro.

Para un inspector, es un gesto pequeño pero extraordinario; extraordinario porque la noción de intimidad pierde la mayor parte de su significado tras unos pocos meses trabajando en asesinatos. Después de todo, ¿qué hay menos íntimo que el hecho de que un extraño, casi un intruso, evalúe los últimos momentos en la tierra de otro ser humano? ¿Qué podría ser menos privado que un cuerpo descuartizado en una autopsia o un dormitorio vacío después de un registro o una nota de suicidio leída y fotocopiada y grapada a la primera página de una denuncia de la policía? Tras un año o dos en las trincheras, la intimidad es algo de lo que todo inspector aprende a burlarse. Más rápido que la compasión, la sinceridad o la empatía, es lo primero que se pierde cuando se trabaja en la policía.

Hace dos meses a Mark Tomlin le tocó la primera y única muerte autoerótica del año. Fue un ingeniero de treinta y muchos, atado en su cama y con ropa interior de cuero, que se ahogó con una bolsa de plástico que él mismo se había puesto en la cabeza. Había poleas y palancas que controlaban las cuerdas con las que la víctima estaba atada y, moviendo un brazo en cierta dirección, el hombre podría haberse liberado. Pero mucho antes de que pudiera hacerlo se desmayó por falta de oxígeno, consecuencia de la bolsa de plástico que se había colocado en la cabeza para producirse hipoxia, un estado alterado de conciencia producido por la privación de oxígeno en el que, supuestamente, la masturbación resulta mucho más placentera. Aquel dormitorio era un lugar muy extraño y Tomlin, por supuesto, no pudo evitar enseñar las polaroids que tomó a unos pocos miles de policías. Después de todo, el tío estaba muy gracioso descomponiéndose con su ropa interior de cuero, los brazos atados por encima de su cabeza, los pies unidos por unas esposas en los pulgares y con revistas de *bondage* esparcidas por el vestidor. Era todo tan raro que nadie lo hubiera creído sin las fotografías. En aquel caso no quedó mucho espacio ni para la privacidad ni para la dignidad.

Casi todos los inspectores se han encontrado con dos o tres escenas del crimen en las que algún pariente ha intentado, por razones de decoro más que de engaño, vestir a un muerto. Del mismo modo, casi todos los inspectores se han encargado de una docena de sobredosis en las que madres y padres se han sentido obligados a esconder la aguja y la cuchara antes de que llegara la ambulancia. Un suicidio hizo que un padre reescribiera dolorosísimamente la nota de la víctima para excluir una admisión especialmente vergonzosa. El mundo siempre insiste en valores y costumbres, aunque esas cosas a los muertos ya no les importan. El mundo siempre intenta aportar un poco de dignidad, un poco de decoro, pero los policías siguen llamando al furgón de la morgue; entre ambos, se abre un abismo que no puede salvarse.

En la oficina de homicidios de Baltimore la privacidad es una idea nacida muerta. La unidad, después de todo, es como una especie de vestidor, un purgatorio dominado por hombres en el que treinta y seis inspectores e inspectores jefes entran y salen de las vidas de los demás sin cesar, riéndose cuando el matrimonio de tal inspector se viene abajo o cuando aquel otro muestra signos inequívocos de ser un alcohólico.

Un inspector de homicidios no es ni más ni menos degenerado que cualquier otro varón norteamericano de mediana edad, pero puesto que pasa su vida entera fisgando en los secretos de otra gente, valora poco los suyos. Y en un mundo en el que el acto del asesinato premeditado se convierte en rutina, los pecados más sutiles palidecen en comparación. Cualquiera puede beber mucho y estrellar su coche en una carretera secundaria, pero un inspector de homicidios puede explicarle al resto de su brigada esa historia con un tono que transluce la misma cantidad de bravuconería que de vergüenza. Cualquiera puede ligar con una mujer en un bar del centro, pero un inspector de homicidios entretendrá luego a su compañero con un monólogo cómico en el que describirá con todo lujo de detalles lo que sucedió más tarde en el motel. Cualquiera puede mentirle a su esposa, pero un inspector de homicidios se sentará en medio de la sala del café gritando por teléfono que tiene que trabajar hasta tarde en un caso y que si no se lo cree se puede ir al infierno. Y entonces, después de convencerla, colgará el auricular y se irá directamente al colgador de los abrigos.

—Me voy al Market Bar —les dirá a los otros cinco inspectores que estarán, todos ellos, estarán conteniendo las carcajadas—. Pero si vuelve a llamar, decidle que estoy en la calle.

Un inspector sabe que ahí afuera hay otro mundo, otro universo en el que la discreción y la intimidad todavía significan algo. Sabe que, en algún lugar lejos de Baltimore, hay contribuyentes que confieren valor a la idea de una muerte digna y privada, de una buena vida que llegue a su tranquilo final extinguiéndose en algún lugar cómodo e íntimo con elegancia y en soledad. Han oído hablar mucho de ese tipo de muerte, pero rara vez la han contemplado. Para ellos, la muerte es violencia y errores de cálculo, sinsentidos y crueldad. ¿Y qué importa la intimidad en una carnicería así?, preguntará un inspector.

Hace varios meses, Danny Shea, del turno de Stanton, condujo hasta un alto edificio de apartamentos cerca del campus de la Hopkins respondiendo a una llamada por la muerte de una persona sola. Era una anciana profesora de música, que estaba en su sofá con el rígor mortis ya extendido, con la partitura de un concierto de Mozart todavía entre las manos. La radio FM sonaba suavemente en el salón, sintonizada en una emisora de música clásica del final del dial. Shea reconoció la pieza.

—¿Sabes qué es lo que suena? —le preguntó a un uniforme, un joven que escribía el informe sobre la mesa de la cocina.

—¿Qué es qué?

—Lo que suena en la radio.

—No.

—Es Ravel —dijo Shea—: «Pavana para una infanta difunta».

Fue una muerte bella y natural, sorprendente en su perfección. Shea se sintió de repente como un intruso en el apartamento de la anciana, un extraño en un acto genuinamente íntimo.

Una sensación similar embarga ahora a Donald Waltemeyer cuando ve a la drogadicta muerta y oye a su marido subiendo las escaleras. No hay nada bello ni emotivo en la muerte de Lisa Turner: Waltemeyer sabe que tenía veintiocho años, que había nacido en Carolina del Norte y que estaba casada. Y por razones que van más allá de lo que él puede comprender vino a este antro en un segundo piso para chutarse heroína hasta matarse. Fin de la historia.

Y, aún así, algo hace contacto durante un instante, algún viejo fusible del cerebro de Waltemeyer que hace tiempo dejó de funcionar de repente se sobrecarga. Quizá es porque la chica era joven, quizá porque está guapa con ese suéter azul claro. Quizá es porque hay que pagar un precio por toda esa intimidad, porque no se puede estar tanto tiempo tan cerca de todo aquello sin sufrir consecuencias.

Waltemeyer mira a la chica, escucha al marido subir con dificultad las escaleras y, de repente, casi sin pensar, sube el suéter caído que ha resbalado por el hombro de una mujer muerta.

Cuando el marido aparece en la puerta, Waltemeyer hace inmediatamente la pregunta:

—¿Es ella?

—Oh, Dios —dice el hombre—. Oh, Dios mío.

—Bueno, ya vale —dice Waltemeyer, haciendo un gesto al uniforme—. Gracias, caballero.

—¿Quién coño es él? —dice el marido, fulminando a Milton con la mirada—. ¿Qué coño está haciendo aquí?

—Sácalo de aquí —dice Waltemeyer, poniéndose delante para bloquear la visión del marido—. Llévatelo abajo.

—Sólo dígame quién es, maldita sea.

Los dos uniformes agarran al marido y empiezan a empujarlo fuera del apartamento. Tranquilo, le dicen. Tranquilo.

—Estoy bien. Estoy perfectamente —les dice en el pasillo—. Estoy bien.

Le guían hasta el otro extremo del recibidor y se quedan con él mientras se apoya en el pladur y recupera el aliento.

—Sólo quiero saber qué hacía aquel tipo allí con ella.

—Es su apartamento —le dice uno de los uniformes.

Es obvio el dolor del marido y el uniforme le da la información obvia:

—Sólo vino aquí a drogarse. No estaba tirándose al tipo ni nada de eso.

Otro pequeño acto de caridad, pero no es lo que busca el marido.

—Ya lo sé —dice el marido rápidamente—. Sólo quería saber si fue él quien le dio las drogas, sólo eso.

—No. Ella trajo sus propias las drogas.

El marido asiente.

—No conseguí que parara —le dice al policía—. Yo la quería, pero no conseguí que parara. No me escuchaba. Me dijo donde iba a ir porque sabía que yo era incapaz de detenerla...

—Ya... —dice el policía, incómodo.

—Era tan bonita.

El policía no dice nada.

—Yo la quería.

—Ajá —dice el policía.

Waltemeyer acaba de trabajar la escena y conduce de vuelta a la oficina en silencio, con todo el acontecimiento descrito en una página y media de su libreta. Se encuentra todos los semáforos de la calle St. Paul en verde.

—¿Qué te ha tocado? —pregunta McLarney.

—Poca cosa. Una sobredosis.

—¿Drogadicto?

—Una joven.

—¿Ah, sí?

—Guapa.

Muy guapa, piensa Waltemeyer. Se podía ver que, si se hubiera limpiado y arreglado, hubiera sido especial. Cabello largo y negro. Ojos grandes y verdes como los semáforos.

—¿De cuantos años?

—Veintiocho. Estaba casada. Al principio me pareció mucho más joven.

Waltemeyer se acerca a una máquina de escribir. En cinco minutos todo aquello será sólo otro informe de 24 horas. En cinco minutos le podrás preguntar sobre aquel suéter caído y no sabrá de qué le estás hablando. Pero ahora, ahora mismo, todavía es algo real.

—¿Sabes? —le dice a su sargento—. El otro día mi hijo vino a casa del colegio, se sentó conmigo en el salón y me dijo: «Eh, papá, en el colegio me han dado coca... »

McLarney asiente.

—Y yo pensé, oh, mierda, ya estamos. Y entonces sonríe y me dice: «Pero yo he pedido una Pepsi.»

McLarney se ríe suavemente.

—Hay noches en que sales y ves cosas que no te sientan bien —dice Waltemeyer de repente—. ¿Sabes lo que quiero decir? Cosas que no te sientan nada bien.

Martes, 1 de noviembre

Roger Nolan coge el teléfono y empieza a remover el tarjetero de la oficina de administración en busca del número de casa de Joe Kopera. El mejor experto en balística del departamento tiene que trabajar esta noche.

Del pasillo llega el sonido de fuertes golpes en la puerta de la sala de interrogatorios grande.

—Eh, Rog —dice uno de los inspectores de Stanton—, ¿es tu hombre el que está metiendo todo ese ruido?

—Sí. Estaré allí en un segundo.

Nolan encuentra el número, llama a Kopera y le explica la situación rápidamente. Cuando termina la llamada los golpes son todavía más fuertes.

—Eh, Rog, haz que el cabrón ese se esté quieto, ¿quieres?

Nolan atraviesa la pecera y sale al pasillo. El mismo diablo tiene la cara apretada contra la ventana de la puerta, con las manos haciendo visera en los ojos a ver si consigue ver a través del cristal semiplateado.

—¿Qué te pasa?

—Tengo que ir al baño.

—Al baño, ¿eh? Y supongo que también querrás un poco de agua.

El diablo necesita mear. El diablo encarnado quiere un vaso de agua. Nolan niega con la cabeza y abre la puerta de metal.

—Maldita sea —le dice al sospechoso—. Cada vez que pones a uno de esos hijoputas en la sala de interrogatorios pierden en control de la vejiga y empiezan a marearse por la deshidratación... Bien, vamos, sal de una vez...

El sospechoso sale lentamente de la sala. Es un varón negro de treinta y un años, delgado, con pelo corto y entradas y unos profundos ojos marrones. Su rostro es redondo y en su gran boca le falta un diente y otro está muy salido. Lleva una sudadera una talla demasiado grande y sus zapatillas de tenis están viejas. Nada en su aspecto hace sospechar el abominable acto que ha cometido: no hay nada en su rostro que inspire miedo, nada en sus ojos que se pueda llamar extraordinario. Es totalmente normal y, por ese motivo también inspira desprecio.

Se llama Eugene Dale y la ficha salida del ordenador que está sobre el escritorio de Harry Edgerton contiene suficiente material suficiente para dos asesinos. La mayoría de los arrestos son por violación, intento de violación y posesión de armas de fuego; de hecho, Dale está ahora mismo en libertad condicional, pues el departamento de prisiones del estado lo acaba de liberar después de haber cumplido nueve años de condena por agresión sexual.

—Si no sales en tres minutos —le dice Nolan en la puerta del aseo de caballeros—, voy a entrar a sacarte. ¿Entendido?

Eugene Dale sale del aseo de caballeros dos minutos después con aspecto manso. Nolan lo acompaña de vuelta por el pasillo.

—Necesito beber algo —dice el sospechoso.

—Pues bebe —dice Nolan.

Dale se detiene en la fuente de la oficina y cuando acaba de beber se seca con la manga. El sospechoso es devuelto a su cubículo, donde aguarda a Edgerton, que está en esos momentos en otra sala de interrogatorios, hablando con la gente que conoce mejor a Dale y absorbiendo todos los datos posibles sobre él para el interrogatorio que se avecina.

El drama hubiera sido más redondo si Eugene Dale hubiera aparecido como consecuencia de algún acto de genio deductivo. Para los inspectores que habían sufrido el caso de Latonya Wallace, hubiera sido un momento de justicia y perfección que alguna sutil conexión en el expediente del caso de Andrea Perry hubiera hecho que aquel hombre se materializase en una sala de interrogatorios. Y para Harry Edgerton hubiera sido un acto de verdadera reivindicación si algún descubrimiento brillante durante su solitaria y metódica investigación les hubiera dado su nombre.

Pero, como suele suceder, la justicia poética es ajena a este lugar. Edgerton hizo todo lo posible por encontrar a su sospechoso pero, al final, fue el sospechoso quien lo encontró a él. En busca y captura por el asesinato de un niño, el hombre que aguarda nervioso en la sala de interrogatorios grande esperó dos semanas enteras antes de ir y violar a otra niña.

Aún así, cuando llegó la denuncia de la segunda violación, todo el mundo en la unidad supo inmediatamente qué significaba. Fue Edgerton quien preparó el terreno para ese reconocimiento con la gente de operaciones de tres distritos distintos, al avisarles de que estuvieran atentos a cualquier cosa sexual o que implicase un arma del calibre .32. Así que cuando la denuncia de la segunda violación llegó a la unidad de operaciones del distrito Sur, una agente, Rita Cohen, supo inmediatamente de qué se trataba. La segunda víctima era una niña de trece años a la que Dale atrajo a una casa adosada vacía en la calle South Mount donde la amenazó con una pistola «plateada» y la violó. Dale dejó vivir a esta niña, pero la advirtió de que, si le contaba a alguien lo que había pasado, la encontraría y le pegaría un tiro en la cabeza. La joven víctima prometió no decir nada pero hizo exactamente lo contrario en cuanto llegó a casa y encontró a su madre. Y sucedía que conocía el nombre y la dirección de su agresor, pues su mejor amiga era la hija menor de la novia de Dale.

El crimen fue tan estúpido como malvado. La hija de la novia había llegado a ver a Dale acompañar a la víctima a casa justo antes de la agresión, y quizá fuera ese el motivo por el cual no mató a la niña de trece años después de violarla. Aunque sabía que había un testigo, abandonó toda cautela para satisfacer su compulsión con otra niña.

Después de llamar a homicidios y tomar declaración a la víctima, los policías de paisano del distrito Sur escribieron una orden de registro y arresto para la dirección de Dale en la calle Gilmor, que estaba a pocas manzanas de distancia de donde había sido asesinada Andrea Perry. El arresto había sido programado para hoy y aunque Edgerton tenía el día libre, Nolan acompañó a los agentes del distrito Sur a la casa y le aseguró a Edgerton que si conseguían algún tipo de prueba o un sospechoso viable, tendría que incorporarse de inmediato.

Menos de media hora después de llegar a la dirección de la calle Gilmor, Nolan estaba al teléfono con su inspector diciéndole, como diría luego a Kopera, que fuera a la oficina. Eugene Dale no estaba en casa cuando los policías irrumpieron en su domicilio, pero en un armario del piso de arriba, un agente del distrito Sur encontró un revólver del calibre .32 cargado con balas automáticas. Eso era todo lo que Nolan necesitaba saber. No sólo a Andrea Perry la mataron con un .32 sino que el informe de balística mostró suaves estrías en la bala, lo que sugería que se había utilizado munición de pistola automática en un revólver. Y cuando Nolan habló con los demás habitantes de la casa de la calle Gilmor, también ellos encajaron con el expediente del caso.

La novia de Dale, Rosalind, se mostró extrañamente cooperativa cuando fue interrogada por Nolan, igual que una amiga suya, Michelle, que al parecer salía con el ex novio de Rosalind. Ambas expresaron cierta sorpresa inicial ante la idea de que Eugene pudiera estar relacionado con el asesinato o la violación; al final, sin embargo, después de un largo interrogatorio con Edgerton, se mostraron de acuerdo en que Dale era exactamente el tipo de hombre que podría hacer algo así. Y una vez el inspector supo un poco más de Rosalind, acabaron convencidos de que estaban siguiendo la pista correcta. Al recordar la llamada anónima que había llegado a la oficina de homicidios justo después del asesinato de Andrea Perry, la llamada en la que una voz de hombre había afirmado ver a una mujer huir de la escena del crimen cuando sonaron los disparos, Edgerton le preguntó el nombre de aquella misteriosa mujer a Michelle y Rosalind.

—¿Loretta? —dijo Rosalind—. Es la hermana de mi ex novio. Somos buenas amigas.

Pero Loretta Langley no era buena amiga de Eugene Dale; se habían caído fatal desde que se conocieron, explicó Rosalind. En ese momento a Edgerton no le quedó ninguna duda que quien había hecho aquella llamada anónima no era otro que el propio Eugene Dale, intentando estúpidamente culpar a la mejor amiga de su novia de una violación y asesinato.

Días después, para darse el gusto de comprobar que había acertado al no interrogar a Loretta Langley con la sola base de la llamada anónima, Edgerton se entrevistará con ella y le dirá, por primera vez, la atención que había recibido durante las primeras horas de la investigación. Cuando le pregunten si hubiera pensado en el mejor amigo de su novio si le hubieran hablado de la llamada, contestará que no. Si hubiera hablado con ella tres semanas atrás, Loretta Langley no hubiera supuesto nada más que otro callejón sin salida; ahora es un eslabón más en la cadena que une a Eugene Dale con el asesinato de una niña.

Edgerton llegó a la unidad de homicidios bastante antes de que Nolan empezara a revisar el papeleo del distrito Sur sobre la denuncia de violación. Más adelante esa misma tarde, mucho después de que Nolan hubiera vuelto a la oficina después del registro, Eugene Dale se presentó en la dirección de la calle Gilmor. Antes de que lo detuviera la unidad de operaciones del distrito que lo estaba esperando, tuvo tiempo de enterarse de que había habido un registro policial y de hacer a su novia una pregunta muy significativa:

—¿Han encontrado la pistola?

Acabó en la sala de interrogatorios grande y se quedó allí, ignorado por todos, durante horas, mientras Edgerton interrogaba a Michelle y Rosalind. Se quedó allí mucho después de que llegara Kopera y llevara el revólver, un H&R del .32, número de serie AB 18407 —un arma ahora rebozada en polvo de localizar huellas dactilares— al laboratorio de abajo.

Mucho después de que Nolan lo haya acompañado al aseo, Eugene Dale sigue sentado solo, aburrido y cabreado. Pasa tanto tiempo que cuando Edgerton entra finalmente en la sala su sospechoso —fiel a la regla— está casi dormido. Como el interrogatorio empieza pasadas las diez de la noche, no hay charla previa ni trato amable; de hecho, Edgerton trata a su sospechoso con inconfundible desprecio.

—Si quieres hablar conmigo, te escucho —dice el inspector empujando el formulario de derechos hacia Dale—. Si no quieres decir nada, me limitaré a acusarte de asesinato y me iré a casa. Me importa un bledo la opción que escojas.

—¿Qué quiere decir? —dice Dale.

Edgerton le echa el humo de cigarrillo en la cara. Con otro asesino, tanta estupidez sería divertida. Con Andrea Perry, se le atraganta.

—Mírame bien —dice Edgerton, levantando la voz—. Te acuerdas de la pistola que tenías en el armario, ¿verdad?

Dale asiente lentamente.

—¿Dónde crees que está esa pistola ahora mismo?

Dale no dice nada.

—¿Dónde está? Piensa un poco, Eugene.

—La tienen ustedes.

—La tenemos —dice Edgerton—. Así es. Y ahora mismo, mientras hablamos, hay expertos abajo que están relacionando ese revólver con la bala que sacamos de la cabeza de la chica.

Eugene Dale niega con la cabeza ese razonamiento. De repente, ambos escuchan un fuerte estallido. En el piso de abajo, casi inmediatamente debajo de donde están, Joe Kopera está disparando con el .32 a un profundo contenedor de agua para obtener las balas usadas necesarias para la comparación.

—Esa que oyes es tu pistola —dice Edgerton—. ¿La oyes? La están estudiando ahora mismo.

—No es mía.

—Estaba en tu puto armario. ¿De quién coño va a ser? ¿De Rosalind? Si le enseñamos el arma a la otra niña de quien abusaste, va a decir que es tuya, ¿verdad?

—No es mía.

Edgerton se levanta, con la paciencia totalmente agotada tras cinco minutos en una habitación con este hombre. Dale mira al inspector, su rostro es una mezcla de miedo y sinceridad.

—Eugene, me estás haciendo perder el tiempo, joder.

—Yo no...

—¿Con quién crees que estás tratando? —pregunta Edgerton, levantando la voz—. No tengo tiempo para oír tus estúpidas chorradas.

—¿Por qué me grita?

¿Que por qué te grito? Edgerton se siente tentado de gritarle al hombre la verdad, de explicarle un poco del mundo civilizado a un hombre que vive en sus afueras. Pero eso sería desperdiciar saliva.

—¿No te gusta que te chillen?

Dale no dice nada.

Edgerton sale de la sala de interrogatorios con una chispa de ira prendida en su interior, un fuego que pocos asesinos consiguen despertar dentro de un inspector. En parte es por lo estúpido que había sido el primer intento de declaración de Dale, en parte es su forma infantil de negar lo sucedido, pero al final no que más enfada a Edgerton es simplemente la magnitud del crimen. Ve la foto del colegio de Andrea Perry dentro de la carpeta y se aviva su furia. ¿Cómo pudo la vida de esa niña ser destruida por una escoria como Eugene Dale?

La reacción habitual de Edgerton ante un hombre culpable era un leve desdén que bordeaba la indeferencia. En la mayoría de los casos no se esforzaba en fastidiar a sus sospechosos; ¡diablos!, ya tenían bastantes problemas. Como la mayoría de inspectores, Edgerton creía que puedes hablar con un asesino. Puedes compartir cigarrillos con él y llevarlo al aseo y reírte de sus chistes si son graciosos. Puedes incluso comprarle una lata de Pepsi si está dispuesto a firmar todas las páginas de la declaración.

Pero esto es distinto. Esta vez Edgerton no quería ni respirar el mismo aire que el sospechoso. Su ira era de verdad lo bastante profunda como para ser considerada odio, un sentimiento que, en este caso, sólo podía proceder de un inspector negro. Edgerton era negro y Eugene Dale y Andrea Perry también: las habituales barreras de raza habían desaparecido. Ese hecho hacía que Edgerton pudiera hablar con gente en la calle y saber cosas, que pudiera ir a las viviendas sociales de Baltimore Oeste y salir sabiendo cosas que un inspector blanco nunca sabría. Incluso el mejor policía blanco siente la distancia que existe cuando trabaja con víctimas negras y sospechosos negros; para él son como de otro mundo, como si su tragedia fuera el resultado de una patología del gueto contra la que él está inmunizado. Trabajando en una ciudad en la que el noventa por ciento de los asesinatos son cometidos por negros y tienen víctimas negras, puede que un inspector comprenda la naturaleza de la tragedia de una víctima negra, puede que diferencie entre la buena gente que debe ser vengada y la mala gente a la que debe perseguir. Pero, al final, nunca responde con la misma intensidad; sus víctimas más inocentes despiertan su empatía, pero no le angustian; desprecia a sus sospechosos más despiadados, pero no los odia. Edgerton, sin embargo, no estaba lastrado por esas distinciones. Eugene Dale era totalmente real para él, igual que lo podía ser Andrea Perry, así que su furia ante ese crimen era personal.

La reacción de Edgerton a Dale le separaba del resto de su brigada, pero esta vez no había nada único en ello: ser un inspector negro en homicidios requería un especial sentido del equilibrio, capacidad para tolerar los excesos de muchos colegas blancos, para ignorar los comentarios cínicos y las pullas de hombres para los que la violencia de negros contra negros representaba el orden natural de las cosas. Para ellos, la clase media negra era simplemente un mito. Habían oído hablar de ella, habían leído sobre ella, pero que los partiera un rayo si habían conseguido encontrarla en la ciudad de Baltimore. Edgerton, Requer, Eddie Brown, eran negros y eran esencialmente de clase media, pero eso no demostraba nada. Eran policías y, por tanto, lo supieran o no, eran todos irlandeses honorarios. Esa lógica permitía que el mismo inspector que no tenía ningún problema en ser el compañero de Eddie Brown, cuando una familia negra se mudaba a la casa de al lado de la suya, comprobara los nombres de sus nuevos vecinos en el ordenador de la policía.

Los prejuicios eran profundos. Bastaba que un hombre fuera a la sala del café y escuchara a un veterano inspector analizar científicamente los cráneos de los chicos de color: «... ahora bien, el que tiene la cabeza en forma de bala, ese es un asesino a sangre fría, es peligroso. Pero los de cabeza en forma de cacahuete son sólo camellos y ladronzuelos. Y ojo con el que se balancea hacia atrás, por lo general...»

Los inspectores negros vivían y trabajaban dentro de esos límites, ofreciéndose tácitamente como refutación a las escenas del gueto que veían sus compañeros cada noche. Si un tipo blanco aún así no lo entendía, que se jodiera. ¿Qué más podía hacer un policía negro? ¿Llamar a la NAACP? Edgerton y los demás inspectores negros no podían ganar esa pelea y, por tanto, no peleaban.

Pero Edgerton sí cree que puede ganar en su pelea con Eugene Dale. Y cuando entra en la sala de interrogatorios por primera vez está deseando darse una pausa para que Dale se cueza un poco antes de tomarle declaración completa en una segunda conversación.

Abajo, en el laboratorio de balística, Joe «no las compares» Kopera, el decano de los técnicos en armas de Baltimore, tiene ambas balas bajo el microscopio y las gira lentamente en la bandejita de muestras, alineando las estrías y marcas en el visor partido. Por las marcas más obvias de ambas balas, Kopera determina casi inmediatamente que son proyectiles del calibre .32 del mismo tipo de arma, en este caso un revolver del .32 con la mira desviada a la izquierda. Esto quiere decir que los surcos del interior del cañón —que son distintos en cada arma—

imprimen un total de seis profundas grietas en la parte final del proyectil, y que esas grietas giran hacia la izquierda.

Con ese dato, Kopera puede afirmar que la bala que mató a Andrea Perry fue disparada con un revólver de modelo igual o similar al que se capturó en el registro que se había hecho esa tarde en casa de Dale. Pero saber si la bala fue disparda con la misma arma requiere más: las marcas de estrías —pequeños arañazos causados por las imperfecciones y los residuos que hay dentro del cañón— deben encajar también. Kopera deja el microscopio encendido y sube arriba a tomarse un café y conferenciar con los inspectores.

—¿Cuál es el veredicto? —pregunta Nolan.

—El mismo tipo de arma y de munición. Pero me va a llevar un tiempo estar seguro.

—¿Te ayudará si te decimos que es culpable?

Kopera sonríe y entra en la sala del café. Edgerton ya está de nuevo en la sala grande, sufriendo la segunda declaración de Dale. Esta vez, Edgerton menciona la posibilidad de que haya huellas dactilares en el arma aunque, de hecho, el técnico del laboratorio no pudo encontrar ninguna huella latente antes de que el arma fuera a Kopera.

—Si no es tu revólver, ¿qué vas a decir cuando encontremos tus huellas por todas partes?

—Sí es mío —dice Dale.

—El revólver es tuyo.

—Ajá.

Edgerton casi puede oír el sonido del cerebro de Dale moviéndose en la oscuridad. La Salida. La Salida. ¿Dónde está mi Salida? Edgerton ya sabe por qué ventana tratará de salir su sospechoso.

—Quiero decir que el revólver es mío, pero que yo no he matado a nadie.

—¿Es tu revólver pero no has matado a nadie?

—No. Esa noche se lo dejé a un par de tipos. Me dijeron que lo necesitaban para asustar a alguien.

—Permitiste que se lo llevaran un par de tíos. Presentía que ibas a decir algo así.

—No sabía para qué lo necesitaban...

—Y estos tíos fueron y violaron a esa niña —dice Edgerton, con la mirada fija en el sospechoso— y luego se la llevaron al callejón y le pegaron un tiro en la cabeza, ¿no?

Dale se encoge de hombros.

—No sé qué hicieron con ella.

Edgerton le mira fríamente.

—¿Cómo se llaman tus amigos?

—¿Cómo se llaman?

—Sí. Tendrán nombre, ¿no? Les dejaste tu revólver, así que al menos sabrás quienes eran.

—Si se lo digo, les meto en un lío.

—Coño, claro que les metes en un lío. Les van a acusar del asesinato, ¿sabes? Pero es o ellos o tú. Así que ¿cómo se llaman?

—No se lo puedo decir.

Edgerton ha tenido bastante.

—Estás a punto de ser acusado en un caso en el que se pedirá la pena de muerte —dice, subiendo cada vez más la voz por el enfado— pero no me vas a decir los nombres de los misteriosos amigos que tomaron prestada tu pistola porque les meterías en un lío. ¿Es esa tu historia?

—No puedo decir quienes eran.

—Porque no existen.

—No.

—Tú no tienes amigos. No tienes un puto amigo en todo el mundo.

—Si se lo digo, me matarán.

—Si no me lo dices —grita Edgerton— te voy a meter en el Corredor de la Muerte. Tú eliges...

Eugene Dale mira a la mesa y luego otra vez al inspector. Niega con la cabeza y levanta los brazos, un gesto de rendición, de petición de auxilio.

—A la mierda —dice Edgerton, levantándose otra vez—. No sé ni por qué pierdo el tiempo contigo.

Edgerton sale de la sala de interrogatorios grande dando un portazo y presenta una media sonrisa a su inspector jefe.

—Es inocente.

—¿Ah, sí?

—Sí. Unos amigos suyos le pidieron prestado el revólver y al devolvérselo se olvidaron de decirle que habían violado y matado a una niña.

Nolan se ríe.

—¿No te cabrea muchísimo cuando pasa esto?

—Te juro que estoy dispuesto a darle una paliza a ese tío.

—Tan mal lo llevas, ¿eh?

Edgerton pasea hasta la sala del café para tomarse otro vaso pero, al cabo de cinco minutos, Eugene Dale tiene algo más que decir. Golpea estruendosamente la puerta, pero Edgerton no le hace caso. Al final, Jay Landsman sale de su oficina par ver qué es todo aquel escándalo.

—Inspector, señor, ¿puedo hablar con usted un momento?

—¿Conmigo?

—Si, señor. Ese otro policía no quiere escucharme y...

Landsman niega con la cabeza.

—Te irá mejor si no hablas conmigo —dice Landsman— porque lo que yo quiero hacer es entrar ahí y darte una paliza por lo que le hiciste a esa chica. No te...

—Pero yo no le hice...

—Eh —dice Landsman—. Si quieres hablar conmigo lo vas a tener que hacer sin dientes, ¿entiendes? Estás mucho mejor con el inspector.

Dale se retira a la sala y Lansman cierra de un portazo y regresa a su escritorio, pensando que su día ha mejorado un poco.

Cinco minutos después, regresa Edgerton al pasillo lo bastante calmado como para volverlo a intentar. Cuando abre la puerta de metal, Kopera pasa junto a él saliendo de la escalera.

—Tenemos un ganador, Harry.

—Fantástico, doctor K.

—Las estrías son suaves pero no hay problemas para identificar el arma.

—Perfecto, muchas gracias.

Edgerton cierra la puerta con otro portazo tras de sí y se lo pone muy clarito a Eugene una última vez: hay una víctima viva que los identificará a él y a su arma. Hay un informe de balística que identifica su revólver como el utilizado en el crimen. Y, ah, sí, están aquellas huellas suyas en el arma...

—Me gustaría decirle el nombre de mi amigo.

—Vale —dice Edgerton—. Dímelo.

—Pero no sé cómo se llama.

—No sabes cómo se llama.

—No. Me lo dijo pero lo he olvidado. Su apodo es Lips. Vive en Baltimore Oeste.

—No sabes cómo se llama pero le dejaste tu revólver.

—Ajá.

—Lips, de Baltimore Oeste.

—Así es como le llaman.

—¿Cómo se llama el otro tipo?

Dale se encoje de hombros.

—Eugene, ¿sabes qué creo?

Dale le mira, un vivo retrato de la voluntad de cooperar.

—Creo que te vuelves a la cárcel.

Sin embargo, Edgerton sigue trabajando sobre aquella historia absurda y sale del interrogatorio antes del amanecer con una declaración de once páginas en la que Dale, en una versión casi final de los acontecimientos, le presta el arma a Lips y a otro hombre del este de la ciudad cuyo nombre Dale le dice al inspector. Al parecer, el segundo hombre es alguien a quien Dale le debe una del pasado. Dale admite que vio a

Andrea Perry jugando con su prima y admite también haber estado en la calle y haber oído el disparo en el callejón. Llega incluso a sugerir que, aunque sus amigos le devolvieron la pistola con una bala menos, y aunque creía que habían violado y matado a la chica, no fue a la policía porque no quería verse mezclado en todo aquello.

—Estoy en libertad condicional —le recuerda a Edgerton.

Cuando llega el alba a la oficina de homicidios, Edgerton está ante la máquina de escribir de la oficina de administración, escribiendo el documento de dos páginas en el que se detallan los cargos a su sospechoso. Pero cuando lo lleva a la sala de interrogatorios y se lo enseña a Dale, el sospechoso lo lee rápidamente y lo rompe en pedazos, subiendo así todavía más en la estima de Edgerton, cuyas habilidades como mecanógrafo dejan mucho que desear.

—No le hace falta nada de esto —dice Dale— porque le voy a decir la verdad. Yo no maté a esa chica. De hecho, no sé quién la mató.

Edgerton escucha la versión número tres de los hechos.

—No sé quién la mató. El motivo por el que le he dicho lo de antes era para proteger a mi novia y a mi familia. Yo trabajo todo los días mientras sus parientes están todo el día entrando y saliendo del apartamento. Todas sus hermanas y hermanos utilizan el apartamento mientras yo estoy durmiendo en el dormitorio.

Edgerton no dice nada. Llegados a este punto ¿para qué va a molestarse en hablar?

—Uno de ellos debió de guardar ese revólver en el armario. Uno de ellos debe de ser el asesino.

—¿Sabías que el arma estaba en tu armario? —le pregunta Edgerton, casi aburrido.

—No, no lo sabía. Sé que te pueden caer cinco años por tener un arma. No sé quién tenía un arma en casa. De verdad que no.

Edgerton asiente, luego sale de la sala de interrogatorios y vuelve a la máquina de escribir de la oficina de administración.

—Eh, Roger, mira lo que ha hecho ese gilipollas —dice mostrando los trozos de sus documentos de cargo—. Tardé cuarenta minutos en redactarlo.

—¿Y te lo ha roto?

—Sí —dice Edgerton riéndose—. Me dijo que no me hacía falta porque ahora me iba a decir la verdad.

Nolan niega con la cabeza.

—Eso te pasa por dejarle poner las manos en los documentos.

—Quizá lo pueda pegar con celo —dice Edgerton, muy cansado.

La última declaración de Eugene Dale concluye cuando los inspectores del turno de día están pasando lista en la oficina principal, y muchos de esos hombres están ya en la calle antes de que Edgerton acabe de reescribir las hojas de arresto.

La furgoneta del distrito Sur llega más o menos una hora después y Dale es esposado para el viaje al juzgado en el que se fijará la fianza. Al salir por el pasillo pregunta por Edgerton y por la posibilidad de hacer otra declaración. Esta vez nadie le hace caso.

Pero habrá un último encuentro. Más o menos una semana después del arresto, Edgerton deja su arma en la entrada de la calle Eager de la Prisión Municipal de Baltimore y sigue a un guardia hasta el agujero del segundo piso que los administradores de la prisión llaman enfermería. Es un largo camino ascendente por escaleras metálicas y a lo largo de una sala abarrotada de desgracias humanas. Los internos están callados y miran a Edgerton cuando pasa por la zona administrativa de la unidad médica.

Una fornida enfermera le hace un gesto para que se detenga.

—Ahora lo suben de la celda.

Edgerton le muestra la orden judicial, pero ella ni se molesta en leerla.

—Cabellos, pelos del pecho y de la zona pública y sangre —dice—. Supongo que ya habrá hecho esto antes.

—Mmm-hmmm.

Eugene Dale aparece caminando lentamente por una esquina y se detiene al ver a Edgerton. Cuando la enfermera señala que lo lleven a una sala de examen, Dale se acerca lo bastante para que Edgerton vea sus moratones y hematomas, señales obvias de que le han dado una buena paliza. Incluso en la cárcel, los crímenes de ese hombre han merecido una atención especial de los demás reclusos.

Edgerton sigue a su sospechoso a la sala de examen y mira mientras la enfermera prepara una aguja.

Dale mira la jeringa y luego a Edgerton.

—¿Para qué es esto?

—Tenemos una orden para obtener unas muestras de tu cuerpo —dice Edgerton—. Vamos a comparar tu sangre y cabellos con el semen y los cabellos que encontramos en la niña.

—Ya les di sangre.

—Esto es distinto. Esto es una orden del tribunal para que se hagan estas pruebas.

—No quiero hacerlas.

—No tienes opción.

—Quiero hablar con un abogado.

Edgerton le entrega el papel a Dale y señala la firma del juez al final de la página.

—Por esto no te dan un abogado. Está firmado por un juez, ¿lo ves? Tenemos derecho a sacarte sangre y muestras de cabello.

Eugene Dale niega con la cabeza.

—¿Para qué necesitan mi sangre?

—Para pruebas de ADN —dice Edgerton.

—Quiero hablar con un abogado.

Edgerton se acerca a su sospechoso y baja la voz.

—O dejas ella que te saque un poco de sangre y te arranque unos pelos por las buenas o lo haré yo mismo, porque esta orden me da derecho a hacerlo. Y te garantizo que te va a ir mejor si lo hace ella.

Eugene Dale se sienta en silencio, casi al borde de las lágrimas, mientras la enfermera le pone la aguja en el brazo derecho. Edgerton mira desde la pared opuesta como le sacan sangre y luego le arrancan unos cabellos de la cabeza y el cuerpo. El inspector está a punto de marcharse, con las muestras en la mano, cuando Eugene Dale le vuelve a hablar.

—¿No quiere hablar conmigo otra vez? —pregunta—. Quiero decir la verdad.

Edgerton le ignora.

—¿No quiere saber la verdad?

—No —dice Edgerton—, no contada por ti.

MIÉRCOLES, 9 DE NOVIEMBRE

Rich Garvey está temblando de frío en el vacío previo al amanecer de la avenida Freemont, mirando un montón de ropa manchada de sangre, dos casquillos gastados del .38 y una fiambrera de plástico azul que contiene dos bocadillos envueltos en papel de aluminio. O sea, que no hay pruebas físicas.

Robert McAllister está temblando también junto a Garvey, peinando la misma avenida Freemont y las calles adyacentes en busca de cualquier rastro de actividad humana. Por si no fuera lo bastante malo que la calle estuviera desierta, tampoco se ve ninguna luz en las casas adosadas. O sea, que no hay testigos.

En los pocos segundos que pasan antes de que hable nadie, Garvey mira a McAllister y McAllister a Garvey y ambos se comunican sin palabras el mismo pensamiento.

Vaya caso te ha tocado, Mac.

Caramba, que duro es este caso que te ha caído, Garv.

Y, sin embargo, antes de que nada poco apropiado pueda suceder entre ambos compañeros, el primer agente que ha llegado a la escena, un chaval llamado Miranda, un esforzado soldado joven que todavía está maravillado por su trabajo, se acerca y les da un pequeño detalle:

—Cuando llegué aquí todavía podía hablar.

—¿Podía hablar?

—Oh, sí.

—¿Y qué dijo?

—Bueno, nos dijo quien le había disparado...

Si de verdad existe el equilibrio en este universo, si hay una fuerza positiva y otra negativa que mantienen el orden de todas las cosas, entonces en algún lugar hay un ying que equilibra el yang de Rich Garvey. En alguna parte hay otro policía veterano, irlandés, sin duda, con gafas de montura metálica y un bigote oscuro y lumbago. Y está de pie junto a su undécimo asesinato por drogas seguido sufriendo en silencio, negociando con un Dios indiferente una mínima prueba física o un testigo, aunque sea ignorante y no coopere. El anti-Garvey es un buen policía, un buen investigador, pero últimamente ha empezado a dudar de su capacidad, al igual que su inspector jefe. Está bebiendo un poco de más y gritándole a sus hijos. No sabe nada ni de equilibrio ni de orden ni de la lógica del Tao ni de su alter ego en la ciudad de Baltimore que está resolviendo homicidios caprichosamente acumulando en uno la buena suerte de dos hombres.

—Oh, por favor, continua.

—Dijo que le había disparado Warren Waddell.

—¿Warren Waddell?

—Sí, dice que su amigo Warren le pegó un tiro por la espalda sin ningún motivo. No paraba decir: «No puedo creer que me haya disparado, no puedo creerlo.»

—¿Y tú oíste todo esto?

—Estaba justo a su lado. Mi compañero y yo lo oímos todo. Me dijo que ese tipo, Warren, trabaja con él en un lugar llamado Precision Concrete.

Sí señor, así se hace. Todo iba de mal en peor en la parte de atrás de la ambulancia pero lo dijiste, dijiste lo que tenías que decir. Dejaste atrás algo para que un inspector de homicidios no se olvidara de ti y por eso Rich Garvey te da las gracias.

Una declaración a las puertas de la muerte, la llaman los abogados, una prueba admisible en un tribunal de Maryland si la víctima ha sido informada por el personal médico competente de que está a punto de morir o si hay cualquier otro indicio de que creía que va a morir. Y aunque no es inusual que las víctimas hablen antes de morir, rara vez lo que dicen resulta útil a un inspector de homicidios, y muchas menos veces todavía resulta relevante para el caso.

Todos los inspectores de homicidios tienen su historia favorita sobre las últimas palabras de una víctima de asesinato. Muchas de estas historias se centran en el código callejero y en su observancia incluso al final de la vida. Una cuenta los últimos instantes de un drogadicto de Baltimore Oeste que todavía podía hablar cuando llegaron los policías.

—¿Quién te ha disparado?

—Os lo digo en un minuto —declaró la víctima, al parecer sin ser consciente de que le quedaban unos cuarenta segundos de vida.

Con graves heridas de arma blanca en el pecho y en la cara, un hombre agonizante afirmó que se había cortado afeitándose. Otra víctima, a la que dispararon cuatro veces en el pecho y en la espalda, aseguró con su último aliento que quería encargarse él mismo de ese tema.

Pero quizá la historia más clásica de declaración a las puertas de la muerte corresponda a Bob McAllister. En el 82, durante sus primeras semanas como inspector de homicidios, Mac había trabajado en un largo operativo junto con otros inspectores e ido de secundario en unas pocas llamadas pero, a parte de eso estaba bastante verde. Con la esperanza de que aprendiera de un veterano lo emparejaron con el inspector Jake *el Serpiente* Coleman, alias *El Príncipe de Poliéster*, un peso gallo que era toda una leyenda en el cuerpo. Así, cuando llegó una llamada por un tiroteo en la avenida Pennsylvania, Jake Coleman salió por la puerta con McAllister en su estela.

El muerto en Pennsie y Gold se llamaba Frank Gupton. McAllister todavía recuerda el nombre sin titubear; también recuerda que el caso sigue tan abierto como el Cañón del Colorado.

—Estaba vivo cuando llegamos —dijo el primer agente en la escena.

—¿Ah, sí? —dijo Coleman, animado.

—Sí. Le preguntamos quién le había disparado.

—¿Y?

—Ha dicho: «Que te jodan».

Coleman le dio a McAllister una palmada en la espalda.

—Bueno, hermano —gruñó, impartiendo una primera lección al inspector más joven— parece que has conseguido tu primer asesinato.

Ahora, en pie en la avenida Fremont, Garvey y McAllister saben lo bastante sobre su víctima, un tal Carlton Robinson, para decir que, fuera lo que fuera, no estaba hecho de la misma pasta que Frank Gupton. Carlton quería ser vengado.

Una hora después de limpiar la escena, los dos inspectores están en una casa adosada del oeste de la ciudad hablando con la novia de Carlton, que había preparado la fiambrera de la víctima y se había despedido de él con un beso cuando el hombre se había ido temprano a trabajar.

La entrevista resulta muy difícil. La novia está preñada con el hijo de Carlton y él la estaba manteniendo y hablando de matrimonio. Sabe que él habitualmente cogía el autobús para ir al trabajo en Pennsylvania y North y conoce el nombre de Warren Waddell como el de un compañero de trabajo que a veces cogía el mismo autobús. Pero Garvey y McAllister sólo pueden hablar con ella unos minutos antes de que el sonido del timbre del teléfono inunde el pequeño apartamento. El hospital, piensa Garvey, consciente de cuales serán las noticias.

—No —gime ella, dejando caer el auricular al suelo y derrumbándose en brazos de una amiga—. No, maldita sea. No...

Garvey es el primero en levantarse.

—¿Por qué me está pasando esto?

Luego McAllister.

—¿Por qué... ?

Los dos inspectores dejan sus tarjetas en la cocina y se marchan. Hasta ahora todo —desde la fiambrera, pasando por la predisposición de Carlton a dar el nombre de su asesino a las lágrimas de su novia— parece indicar que están ante una auténtica víctima.

Unas pocas horas después, en una tienda de donuts en Philadelphia Road, en el este del condado de Baltimore, el director de Precision Concrete confirma la historia:

—Carlton era un tipo estupendo, un tipo fenomenal de verdad. Era uno de mis mejores trabajadores.

—¿Y Waddell? —pregunta Garvey.

El director pone los ojos en blanco.

—Me asombra que lo matase, quiero decir, que me asombra que lo hiciera pero que al mismo tiempo no me sorprende, ¿sabe?

Warren estaba como una cabra, dice el director. Venía a trabajar día sí día no con una pistola semiautomática metida en el cinto de los tejanos y fardaba con un gran fajo de billetes y le decía a todo el mundo lo bien relacionado que estaba con los que movían droga.

—¿Se relacionaba con traficantes?

—Oh, sí.

Era difícil hacer que Waddell se pusiera a trabajar. Él prefería pasar el rato explicándole al resto del equipo lo peligroso que era y diciéndoles que ya había matado a gente antes.

Bueno, pensó Garvey, escuchando como el director seguía enrollándose, eso al menos era verdad. En la oficina, una hora antes, los inspectores habían comprobado el nombre de Waddell en el ordenador y habían sacado una impresionante ficha de antecedentes que culminaba con una condena por asesinato en segundo grado hacía doce años. De hecho, Waddell acababa de salir en libertad condicional.

—Está loco de atar —dice el director, un billy de tomo y lomo con el pelo rubio y sucio—. Saben, a veces me asustaba tratar con él... No puedo creer que haya matado a Carlton.

Para los parroquianos de la hora punta matutina que desayunan en el mostrador del Dunkin' Donuts, la conversación es un espectáculo sorprendente. El director escogió el sitio porque estaba cerca de la obra que supervisaba. Los oficinistas del mostrador piden que les rellenen la taza de café y miran por encima de sus periódicos como un par de inspectores de paisano trabajan en un asesinato.

—¿Cómo era Carlton?

—Carlton era un muy buen trabajador —dice el director—. No estoy seguro, pero creo recordar que fue Carlton quien le consiguió a Waddell el trabajo con nosotros. Sé que siempre venían a trabajar juntos.

—Cuéntenos qué pasó ayer en el trabajo —dice Garvey.

—Ayer —dice el director, sacudiendo la cabeza—. Ayer fue todo una broma. Estaban bromeando, saben, tomándole el pelo a Warren.

—¿Sobre qué?

—Sobre diversas cosas, ya saben. Sobre como se comportaba y no pegaba golpe en el trabajo.

—¿Se burló de él también Carlton?

—Todos se burlaron un poco de él. Le dijeron que era un gilipollas y eso no le gustó.

—¿Por qué le dijeron que era un gilipollas?

—Bueno, en fin —dice el director, encogiéndose de hombros ante la pregunta—, porque es un gilipollas.

Garvey se ríe.

En un momento dado, le dice el director, Waddell sacó a relucir su semiautomática y declaró crípticamente que mañana era día de elecciones y que los días de elecciones siempre mataban a alguien. Garvey conocía la teoría sobre la ola de calor del verano y la teoría de la luna llena y las muertes en el centro de la ciudad, pero nunca había oído nada sobre el día de las elecciones. Esa era nueva.

—Hábleme de esa pistola.

El director describe la pistola como una semiautomática de nueve milímetros con un cargador de dieciocho balas. Los casquillos recuperados en la escena eran del .38, pero tanto Garvey como McAllister saben que la mayoría de gente no sabe distinguir un .38 de un nueve milímetros a primera vista. Warren estaba orgulloso de su pistola, dice el director, recordando que Waddell le había explicado que siempre mezclaba munición de punta hueca y punta redonda en el cargador, alternando balas de una y de otra.

—Esa es la mejor forma de matar a un hombre —le decía Waddell a todo el que estaba dispuesto a escucharlo.

También eso encaja cuando los dos inspectores regresan a la ciudad para ver como un ayudante del forense retira las balas del cuerpo de Carlton Robinson. Es una mañana tranquila en la calle Penn, un doble suicidio o asesinato-suicidio del condado de Montgomery, otro suicidio de Anne Arundel, dos probables sobredosis, un colapso inexplicado y una niña de diez años a la que ha atropellado un camión. Los inspectores no tienen que esperar más que una hora para confirmar que la mitad de las balas recuperadas son de punta hueca y el resto munición normal de punta redonda.

Las pruebas balísticas están teñidas de ironía. El 9 de noviembre no sólo es día de elecciones en Maryland, sino también el día en que entra en vigor la tan pregonada ley del Especial del Sábado Noche. Aprobada por la legislatura del Estado en primavera a pesar de una campaña en contra de 6,7 millones de dólares impulsada por la Asociación Nacional del Rifle, la ley instituía un comité para que identificara y prohibiera la venta de armas baratas en Maryland. Presentada como una victoria sobre los opositores al control de armas y un instrumento para limitar la violencia con armas de fuego, en realidad la ley no es más que un ejercicio político inútil. Desde la década de 1970 las armas baratas sólo son responsables de un puñado de los homicidios de la ciudad; hoy en día hasta los adolescentes van por ahí con semiautomáticas en los pantalones del chándal. Smith & Wesson, Glock, Baretta, Sig Sauer... hasta los gilipollas del mundo, Warren Waddell incluido, tienen armas de calidad. Y aunque la pionera ley de control de armas de Maryland es la niña de los ojos de los líderes políticos del Estado, ha llegado unos quince años tarde.

El día del asesinato de Carlton Robinson, Warren Waddell llama al director para decirle que no va a ir a trabajar. También le pregunta a su empleador si puede llevarle el cheque que tenía que cobrar el día siguiente y reunirse con él en el otro extremo de la ciudad. Anticipando esa petición, los inspectores le dicen a los supervisores de la empresa de construcción que le expliquen a Waddell que tiene que ir a las oficinas en Essex y firmar por el cheque en persona. El director le dice exactamente eso y luego le pregunta si de verdad ha matado a Carlton.

—Ahora no puedo hablar —dice Waddell.

Luego, para sorpresa de propios y extraños, Waddell se presenta a la mañana siguiente a reclamar su cheque, mira a las secretarias con suspicacia, da media vuelta y se va corriendo. Él y el amigo que le ha llevado son arrestados en un control policial a dos o tres kilómetros de allí. Cuando los policías del condado le registran, descubren que Waddell lleva encima una gran cantidad de dinero, una tarjeta American

Express y un pasaporte estadounidense. Al ser arrestado no hace ninguna declaración y luego se granjea el cariño de Garvey y McAllister fingiendo un dolor de estómago en el viaje de regreso a la ciudad, haciendo que los inspectores pierdan dos horas con él en el hospital Sinai.

Todo lo que saben del caso apunta a Waddell como asesino: las últimas palabras de la víctima, las peleas y amenazas en el trabajo el día anterior, la mezcla de balas de punta hueca y punta redonda y la conducta del sospechoso después del asesinato. Y, sin embargo, cuando Garvey lleva el caso a la oficina del fiscal del Estado, le dicen que es un caso fácil de llevar a juicio, pero que el juicio se perderá.

La piedra de toque —las últimas palabras de Carlton Robinson— puede resultar inadmisible simplemente porque los agentes en la escena del crimen no informaron a la víctima de que se estaba muriendo. Tampoco Robinson les dijo a los agentes específicamente que pensaba que estaba muriéndose. En vez de eso, los agentes hicieron lo natural. Llamaron a la ambulancia y se quedaron junto a la víctima, diciéndole a Robinson que aguantara y asegurándole que si permanecía consciente lograría sobrevivir.

Sin un reconocimiento de la muerte inminente por parte de la víctima o de los que la asistían, la acusación de Robinson sería demolida por cualquier abogado defensor que conociera mínimamente el código penal de Maryland.

Y sin esa declaración a las puertas de la muerte, sólo tenían pruebas circunstanciales bastante endebles. Habiendo pasado ya en su experiencia anterior por todo el proceso de una investigación de asesinato, Waddell no muestra el menor interés en los interrogatorios ni tampoco la orden de registro consigue localizar el arma del crimen.

Garvey, por supuesto, no tiene otra opción que acusarle por asesinato. Por un lado sabe que Warren Waddell asesinó a Carlton Robinson. Por otro, se debe a sí mismo cerrar el caso en este Año Perfecto. Pero incluso mientras se llevan a Waddell a la cárcel municipal para encerrarlo hasta que empiece el juicio, el inspector sabe que este es un caso que tendrán que rescatar los abogados.

Frustrado por la reacción inicial de la oficina del fiscal del estado, Garvey le pide a Don Giblin, su compañero de golf de la unidad de crímenes violentos, que le consiga un fiscal veterano. Garvey ha visto lo suficiente de la división jurídica para saber que la mitad de lo fiscales del Estado adjuntos de la oficina miraran un expediente como ese e inmediatamente declararán que el problema jurídico que plantea es irresoluble. Igual que en el caso de Lena Lucas, necesita un luchador.

—Consígueme uno bueno, Don —le dice a Giblin por teléfono—. Sólo te pido eso.

DIEZ

Preparad vuestras moradas,
¡Fa la la la la la la la!
Hay fiambres a patadas,
¡Fa la la la la la la la!
Habla y si tienes sesos
¡Fa la la la la la la la!
Dinos quien se cargó a esos,
¡Fa la la la la la la la!
Dinos que tú no lo hiciste
¡Fa la la la la la la la!
Hay dos testigos que no viste
¡Fa la la la la la la la!
¿Qué puedes perder si hablas?
¡Fa la la la la la la la!
Tienes sangre en las bambas
¡Fa la la la la la la la!
Tienes toda mi atención
¡Fa la la la la la la la!
Confiesa sin dilación
¡Fa la la la la la la la!

Canción de Navidad
de la unidad de homicidios

VIERNES, 2 DE DICIEMBRE

Donalt Waltemeyer deja que Mark Cohen cave su propia tumba para divertirse un rato. El proceso, tal y como está, consiste en dos fases diferenciadas, y el estado de ánimo de Cohen cambia notablemente entre una y otra. El primer metro de la excavadora es rápido e indoloro, y

Cohen apenas parpadea. Para los cuarenta centímetros restantes hacen falta palas y uñas, y Waltemeyer observa que el rostro del abogado se arruga con algo más que expectación.

Es pálido y delgado como un alambre, lleva gafas y tiene rizados mechones de pelo rubio. Cohen tiene el aspecto de un ciudadano decente, más aún comparado con Waltemeyer, el pedazo de hombretón que está de pie a su lado. Forman una extraña pareja: el Hardy enfundado en un traje de tres piezas, al lado de un Laurel musculoso, de clase trabajadora. Cohen es un buen tipo, uno de los mejores fiscales de Baltimore, y a Waltemeyer no le podría haber tocado un abogado mejor para el inmenso coloso en que se ha convertido el asesinato de Geraldine Parrish. Pero Cohen no es un policía, y cuando las palas comienzan a hundirse cada vez más profundamente en el barro, empieza a tener mal aspecto. Compasivo, Waltemeyer le ofrece una vía de escape.

—Hace frío aquí fuera —dice.

—Pues sí —asiente Cohen, con el cuello del abrigo subido para protegerse del viento—. Voy a esperar un rato en el coche.

—¿Quiere las llaves para encender la calefacción?

—No, estaré bien.

Waltemeyer observa a Cohen avanzar lentamente por el campo embarrado y cubierto por dos centímetros de nieve. El abogado camina de puntillas con sus botas L. L. Bean, y con las manos se recoge el borde de los pantalones para que no rocen con el barro y la nieve. Waltemeyer sabe que el frío no es lo único que flota en el ambiente. El hedor —muy leve, pero intenso— ha tomado el aire helado, y procede del agujero de más de un metro de profundidad. Cohen no ha podido evitar olerlo.

Cuando tocan sólido, el inspector se vuelve hacia el agujero y avanza un paso para mirar por el borde.

—¿Qué ha sido eso?

—Es la parte de arriba —dice el responsable del cementerio—. Un trozo de la caja, ahí mismo.

Los dos hombres que están en el agujero concentran las palas, con cuidado, alrededor de los bordes de la caja de madera, para liberar el ataúd del barro que está pegado a los lados. Pero en cuanto cavan un poco más, la madera ya no aguanta y cruje, rompiéndose.

—Sacadlo, deprisa —dice el tipo del cementerio—. No vayamos a liarla más.

—Vaya porquería de ataúd —dice Waltemeyer.

—Ya lo creo —dice el tipo, con voz de aguardiente y forma de pera—. Lo enterró con el más barato que encontró.

Seguro que sí, piensa Waltemeyer. La señorita Geraldine no iba a gastar el dinero que se ganaba con el sudor de sus crímenes en un funeral como Dios manda; y más teniendo en cuenta la parentela que dependía de ella. Incluso ahora, desde la cárcel municipal, Geraldine Parrish está luchando para que la nombren heredera del dinero y las propiedades del reverendo Rayfield Gilliard, mediante una demanda civil contra la familia del finado que está pendiente de sentencia en un tribunal de distrito.

En cuanto al propio reverendo, está en alguna parte debajo de ese montón de barro, una fosa común en el extremo sur de la ciudad. Lo llaman Monte Sión: es un cementerio consagrado, una especie de tierra santa para los desgraciados de este mundo.

Y una mierda, piensa Waltemeyer. Es una lengua de tierra yerma que se alarga hasta Hollins Ferry Road, y que es propiedad de la mayor funeraria de la ciudad, un negocio cuyo volumen arranca beneficios hasta del entierro más barato. Al sur hay un barrio de viviendas sociales, y al norte el instituto Landsdowne Senior. En la cima de la colina, cerca de la entrada del cementerio, hay un supermercado; y al pie, un riachuelo contaminado. Por doscientos cincuenta dólares el cliente obtiene una caja de madera sencilla y metro y medio de barro. Si nadie reclama el cuerpo, y es el estado de Maryland quien abona la factura, el precio se reduce a doscientos pavos. Joder, piensa Waltemeyer, si Monte Sión ni siquiera tiene aspecto de cementerio. Sólo hay unas pocas lápidas que marcan lo que deben ser las tumbas de miles de personas.

No, Geraldine no había tirado la casa por la ventana por su último marido, pero claro, tenía otros dos viviendo con ella en la calle Kennedy. La conquista más reciente de la Viuda Negra se tuvo que conformar con el modelo de ataúd más barato, sin nicho ni lápida. Aún así, al responsable del cementerio no le había representado ninguna dificultad localizar la tumba, media hora antes, al recorrer la porción de tierra desnuda con un aire de certidumbre fruto de la práctica.

—Esta ahí —dijo.

Fila 78, tumba número 17.

—¿Seguro que está ahí? —preguntó Waltemeyer.

—Pues sí —dijo el responsable, algo sorprendido por la pregunta—. Una vez los metemos en el agujero, se supone que se quedan dentro.

Si, como era de esperar, la tumba contenía los restos del reverendo Rayfield Gilliard que buscaban, de setenta y ocho años de edad, entonces las batas blancas de la calle Penn podrían hacer algo con el caso. Incluso en un cadáver que lleva diez meses enterrado se puede detectar la presencia de sustancias extrañas. Veinte pastillas de valium, por ejemplo, molidas y servidas en su última ración de atún. Desde luego, le dijo Smialek a Waltemeyer cuando se ponían de acuerdo para redactar la orden de exhumación: si eso es lo que buscamos, lo encontraremos.

Aún así, lo cierto es que el reverendo Gilliard lleva enterrado desde el pasado mes de febrero, y Waltemeyer se pregunta si realmente van a encontrar algo que valga la pena ahí abajo. El tipo del cementerio dice que los cuerpos enterrados en invierno se congelan cuando están bajo tierra y se descomponen más lentamente que los enterrados en verano. Al inspector eso le parece de sentido común, pero ¿quién tiene en cuenta de este tipo de cosas? Waltemeyer no, si podía evitarlo. Y aunque era divertido contemplar las muecas incómodas de Mark Cohen, tenía que admitir para sus adentros una verdad igual de incómoda: esto le preocupaba.

Encuentras un cadáver en la calle, y es un asesinato. Trazas su perfil en tiza en la acera, dibujas la forma en que yace en el pavimento, le sacas fotografías, compruebas qué tiene en los bolsillos, le das la vuelta sin miramientos. En ese momento, y durante las horas siguientes, es todo tuyo. Tanto, que después de un par de años ya ni te acuerdas de lo que le has hecho. Pero una vez el cuerpo ha sido enterrado, cuando el pastor ha pronunciado las exequias y la tierra cubre el ataúd, es distinto. No importa que no sea más que un campo embarrado, ni que la exhumación forme parte de un proceso de investigación necesario. Para Waltemeyer, es difícil creer que tiene derecho a interrumpir el descanso eterno de un muerto.

Naturalmente, sus colegas de la unidad de homicidios reaccionan ante estas dudas con la misma cálida sinceridad por la que son conocidos y admirados los policías de Baltimore. Desde primera hora de la mañana, después del pase de lista, se han estado metiendo con él. «Joder, Waltemeyer, ¿qué clase de capullo eres? Bastantes fiambres tenemos en esta puta ciudad, como para que ahora vayas escarbando por los cementerios como el jodido Bela Lugosi, en busca de más huesos.»

Y Waltemeyer sabía que había una pizca de razón en sus palabras. En términos de culpabilidad criminal, la exhumación parecía ligeramente redundante. Tenían a Geraldine y al asesino a sueldo, Edwin, e iban a acusarles de tres homicidios y varios intentos de asesinato contra Dollie Brown. También contaban con pruebas suficientes para acusar a Geraldine y a otro pistolero de un cuarto asesinato, la muerte de Albert Robinson, el viejo borracho de Nueva Jersey hallado en las vías del tren de Clifton Park en el año 86. Waltemeyer había acompañado a Corey Belt y Mark Cohen hasta el condado de Bergen durante unos días para reunir testigos y preparar bien esa acusación. Cuatro o cinco asesinatos. ¿Cuándo llega el momento en que otro cargo por el mismo crimen ya no importa?

Mientras observa a los hombres que siguen cavando y explorando los trozos rotos del ataúd podrido, Waltemeyer se pregunta si vale la pena. En cualquier caso, la señorita Geraldine irá a la cárcel y, pase lo que pase después de la exhumación, no consolará a la familia del reverendo Gilliard. Por otra parte, el inspector tiene que admitir que, igual que las batas blancas de la calle Penn, él también siente curiosidad.

Los dos hombres arrojan un pedazo roído de madera y se quedan de pie frente a la caja. Waltemeyer se inclina y mira.

—¿Y bien? —dice el responsable del cementerio.

Waltemeyer mira la fotografía de Gilliard, luego echa un vistazo al ataúd. El muerto tiene bastante buen aspecto, teniendo en cuenta las circunstancias.

—Es muy pequeño —dice el inspector—. En la foto parece más corpulento.

—Al enterrarlos adelgazan —dice el otro, impaciente—. Los pobres cabrones no siguen gordos una vez están ahí abajo.

No, piensa Waltemeyer. Me imagino que no.

Los dos hombres no pueden con el peso del ataúd. Al cabo de diez minutos, abandonan y ceden el puesto a los ayudantes del laboratorio forense, que se limitan a subir los restos por turnos utilizando una lona de plástico.

—Genial, Waltemeyer —le dice el ayudante mientras sale del agujero, cubierto de barro—. Te has ganado mi afecto para siempre.

Con el cuerpo rescatado, Waltemeyer y los demás inician el lento y trabajoso regreso por la sucia carretera que cruza Monte Sión. El inspector avanza con cuidado en el Cavalier y contempla a los hombres cargando los restos en la camioneta negra. Luego mira a Mark Cohen a través del parabrisas. El fiscal tiene la mirada baja y parece preocupado.

—¿Le ha visto? —le pregunta a Cohen.

Cohen apenas levanta la vista. Tiene el rostro hundido en su maletín, y está atareado con los documentos que lleva en su interior.

—Mark, ¿ha podido verle?

—Sí —responde por fin Cohen—. Le he visto.

—Menuda estampa, ¿eh? —dice Waltemeyer—. Como si estuviéramos en una película de terror o algo así.

—Vámonos —dice Cohen—. Tengo que volver a la oficina.

Sí, piensa Waltemeyer. Definitivamente, lo ha visto.

El inspector opta por no asistir a la autopsia, que va como una seda. Los carniceros se hacen con muestras de tejido y órganos para toxicología, y luego comprueban los restos para identificar posibles señales de golpes. Es una perfecta labor de exploración médica que podría convertirse en un caso práctico para los exámenes de patología forense. Al menos, eso parece, hasta que un ayudante está cosiendo la cavidad torácica y se fija en la pulsera de identificación hospitalaria en la muñeca del cadáver. El nombre está borroso pero aún se lee claramente, y no es Rayfield Gilliard.

Veinte minutos después, suena el teléfono en la unidad de homicidios. Un inspector atiende, y luego grita hacia la salita del café:

—Waltemeyer, tienes al forense por la uno.

Waltemeyer se sienta en el escritorio de Dave Brown, coge el auricular y se inclina hacia delante. Al cabo de un par de segundos, se lleva la mano a la cabeza y el dedo índice y el pulgar al puente de la nariz.

—¿Lo dices en serio? —Se echa hacia atrás y mira hacia el techo amarillento. Tiene la cara distorsionada en una mueca cómica, una imitación en cartón piedra del desconsuelo. Saca un lápiz de uno de los cajones y empieza a garabatear en el dorso de una tarjeta de empeño, repitiendo lo que apunta:

—Brazalete de hospital... Eugene... Dale... Hombre negro...

Muy bien.

—¿Y nadie se dio cuenta hasta después de la autopsia? —pregunta.

Mejor aún.

Waltemeyer cuelga y se da medio minuto antes de volver a utilizar el teléfono. Marca la extensión.

—¿Capitán?

—Sí —responde la voz al otro lado del hilo.

—Aquí Waltemeyer —dice el inspector, cubriéndose aún con los dedos el puente de la nariz—. Capitán, ¿está sentado?

—¿Por qué?

—Tengo buenas y malas noticias.

—Primero las buenas.

—La autopsia ha sido un éxito.

—¿Y las malas?

—Se la hemos hecho al tipo equivocado.

—Estás de broma.

—No, no estoy de broma.

—Joder.

Eugene Dale. Un pobre desgraciado que tuvo la mala suerte de ser enterrado el mismo día que el reverendo Gilliard. Y ahora está en la morgue de la calle Penn, en una camilla y algo estropeado después de lo que le han hecho los chicos de la bata blanca. No hay muchas cosas que puedan alterar a un policía de homicidios en este mundo, pero en opinión de Waltemeyer, interrumpir el descanso de un muerto inocente podría ser una de ellas. Se pregunta si Dale tiene familia. El nombre le suena.

—¿Así que has sacado al fiambre equivocado? —le dice un inspector del turno de Stanton, que está haciendo horas extras porque tiene un juicio— ¿Quién es el infeliz?

—Un bastardo que se llama Eugene Dale.

—¿Eugene Dale?

—Ajá.

—¿D-A-L-E?

Waltemeyer asiente.

El otro inspector señala al tablero y a los dos nombres apuntados en la sección de Roger Nolan.

—Es el nombre del sospechoso de Edgerton.

—¿Quién?

—Eugene Dale.

—No lo entiendo —dice Waltemeyer, confundido.

—El tipo que Edgerton detuvo por matar a la niña —dice el inspector—. Tiene el mismo nombre que el fiambre que has desenterrado.

Waltemeyer mira el tablero.

—Eugene Dale —repite, leyendo las letras escritas en tinta negra— Joder.

—¿Dónde está Edgerton ahora? —pregunta el otro inspector.

—Hoy tiene el día libre —dice Waltemeyer, absorto en sus pensamientos. ¿Qué coño importa quién es el muerto? No es Rayfield Gilliard, eso seguro. Waltemeyer escucha impasible mientras el otro inspector llama a Edgerton y le empieza a dar los detalles.

—Harry, ¿tu sospechoso era júnior no se qué, verdad? ¿Se llamaba Eugene Dale Jr., o Eugene Dale III o algo así?

El otro inspector asiente, mientras escucha la respuesta. Waltemeyer no oye la conversación pero puede imaginarse la confusión de Edgerton.

—Y el padre de Dale murió hace poco... Sí, en febrero o por ahí... De acuerdo, sí... Bueno, Harry, pues no te lo vas a creer pero Waltemeyer acaba de exhumar al padre de tu sospechoso y los carniceros de la morgue le han hecho una autopsia... No, no bromeo.

Bueno, basta, se dice Waltemeyer mientras se va a por café. No voy a quedarme aquí aguantando este pitorreo todo el día. No importa que Edgerton esté al otro lado de la línea, escuchando el relato de la extraña coincidencia e imaginándose otro viajecito a la cárcel. No importa que Edgerton se imagine una conversación con el joven Dale, en la que le dice que el Departamento de Policía de Baltimore ha exhumado a su padre y le ha abierto en canal por la sencilla razón de que su hijo mató a una niñita y mintió sobre lo que había hecho. No importa que un inspector del turno de Stanton se vaya corriendo al escritorio de Mark Tomlin, y le cuente la aventura de Waltemeyer en el cementerio, para que Tomlin pueda dibujar una de sus caricaturas y colgarla en la pared de la sala de café. Todo eso no importa nada.

Esto no tiene gracia, piensa Waltemeyer.

Deja al otro inspector hablando con Edgerton. Va a por un Cavalier y regresa a Monte Sión.

—¿Otra vez por aquí? —le saluda un enterrador en la entrada de Hollins Ferry.

—Otra vez —replica Waltemeyer—. ¿Dónde puedo encontrar al señor Brown?

—Está en la oficina.

Waltemeyer se dirige hacia la pequeña cabaña del enterrador, que hace las veces de despacho. El encargado está saliendo, y se encuentran a medio camino.

—Señor Brown, usted y yo tenemos que hablar —dice Waltemeyer, mirando el suelo.

—¿Qué pasa?

—Es por que el cuerpo que hemos desenterrado esta mañana...

—¿Qué pasa con él?

—Era el cadáver equivocado.

El encargado ni parpadea.

—¿Equivocado? ¿Y cómo lo han sabido? —pregunta.

Waltemeyer le oye y siente la tentación de agarrarle por el cuello y apretar. ¿Qué cómo lo han sabido? Obviamente, el tipo debe de creer que después de diez meses enterrado, un cuerpo se parece a otro. Mientras no lleve vestido, todo vale, ¿no?

—Llevaba la pulsera del hospital —dice Waltemeyer, luchando por contener su enfado—. Dice que es Eugene Dale, no Rayfield Gilliard.

—Dios mío —dice el responsable, sacudiendo la cabeza.

—Vayamos a su despacho a ver qué dicen sus registros.

Waltemeyer sigue al hombre hasta el interior de la cabaña. Allí observa mientras el otro saca tres juegos de tarjetones de un archivo metálico —los entierros correspondientes a enero, febrero y marzo— y empieza a repasarlos.

—¿Cómo dice que se llamaba?

—Dale. D-A-L-E.

—No fue en febrero —dice el encargado. Revisa los entierros de marzo, hasta que llega a la cuarta tarjeta del montón. Eugene Dale. Fallecido el 10 de marzo. Enterrado el 14 de marzo. Sección DD, fila 83, tumba número 11. Waltemeyer coge las tarjetas de febrero y encuentra a Rayfield Gilliard. Fallecido el 2 de febrero. Enterrado el 8 de febrero. Sección DD, Fila 78, tumba número 17.

Ni siquiera están una al lado de la otra. Waltemeyer se queda mirando al encargado.

—Me dio el lugar de una tumba que está a cinco filas de distancia.

—Bueno, pues no está dónde debería.

—Eso ya lo sé —dice Waltemeyer, subiendo la voz.

—Quiero decir que está en el lugar correcto, pero no dónde debería.

Waltemeyer mira al suelo.

—Yo no estaba ese día —dice el tipo—. Debieron confundirse. La culpa es de otro.

—¿De otro?

—Sí.

—Así que si sacamos a Eugene Dale de su tumba, ¿allí estará Gilliard?

—Quizá sí.

—¿Por qué, si los enterraron con un mes de diferencia?

—O quizá no —dice el otro.

Waltemeyer toma los tarjetones y empieza a clasificarlos, buscando entierros que tuvieran lugar alrededor del 8 de febrero. Para su sorpresa, todos los nombres le suenan. Son tarjetas que corresponden a informes de veinticuatro horas.

Aquí está James Brown, el asesino de Gilbert, el chico que fue apuñalado en Año Nuevo. Y Barney Erely, el viejo borracho que Pellegrini encontró apalizado en el callejón cerca de la calle Clay unas semanas después de lo de Latonya Wallace, al que mataron porque eligió un mal sitio dónde defecar. Está Orlando Felton, el cadáver descompuesto de la calle North Calvert, muerto por sobredosis, un caso que cerraron McAllister y McLarney, el pasado mes de enero. Y el crimen por drogas de Keller, en el mes de marzo, el muchacho con el improbable apellido de Ireland que ganaba dinero a montones traficando en la zona este. Joder, toda esa pasta y su familia dejó que le enterraran allí. También está el asesinato de Lafayette Court, ese que resolvió Dunnigan... Los tres bebés muertos en el incendio provocado que le tocó a Steinhice... El tiroteo mortal que llevó Eddie Brown, el de la calle Vine. Waltemeyer sigue leyendo, entre asombrado y divertido. Ese era de Dave Brown, el otro de Shea. Tomlin llevó ese otro...

—No tiene ni idea de dónde está —dice Waltemeyer, dejando las tarjetas— ¿No es cierto, señor Brown?

—No exactamente. Ahora mismo, no.

—Ya.

En ese momento, Waltemeyer está a punto de tirarlo todo por la borda y abandonar la búsqueda de Rayfield Gilliard. Sin embargo, los forenses insisten. Tienen un homicidio entre manos y una orden de exhumación firmada por un juez del condado de Baltimore, y por lo tanto los de Monte Sión están obligados a encontrar el cuerpo.

Tres semanas después vuelven a intentarlo, cavando en seis hileras de barro a partir de la tumba donde el Estado ha vuelto a enterrar a Eugene Dale Sr., en un ataúd mejor del que rompió en pedazos. Esta vez Waltemeyer no pregunta por qué el encargado insiste en la nueva localización, quizá porque teme que no tenga ni idea. Utilizan la misma excavadora, los mismos enterradores, y vienen los mismos ayudantes del laboratorio, que transportan el segundo cadáver, más pesado, hasta la superficie. Comprueban las muñecas cuidadosamente en busca de una identificación.

—Este se le parece más —dice Waltemeyer, esperanzado, echándole un vistazo a la fotografía.

—Se lo dije —declara el encargado, orgulloso.

Entonces, uno de los ayudantes le quita un calcetín al pie izquierdo y revela un trozo de etiqueta atado al dedo gordo. Sólo se ve W-I-L. Wilson? Williams? Wilmer? Quién sabe, y a quién le importa si este bastardo no es Rayfield Gilliard.

—Señor Brown —le dice Waltemeyer al encargado, sacudiendo incrédulo la cabeza—. Es usted de lo que no hay.

El otro se encoge de hombros y dice que a él sí le parece que es el tipo que buscan.

—Puede ser que la etiqueta esté mal —ofrece.

—Joder —dice Waltemeyer—. Sacadme de aquí antes de que pierda los estribos.

Al abandonar el cementerio, Waltemeyer sale al mismo tiempo que uno de los enterradores. El hombre confirma sus peores temores. En febrero, cuando el suelo estaba helado y había varios centímetros de nieve, el encargado les ordenó que abrieran una fosa común cerca del riachuelo. Era un terreno de más fácil acceso para la excavadora. Metieron unos ocho o nueve ataúdes en el mismo agujero. Así es más fácil, les dijo el encargado.

Waltemeyer parpadea deslumbrado por el sol de la mañana mientras el enterrador termina de contarle la historia. El inspector achica los ojos y contempla el paisaje desolado. Desde la entrada del cementerio, en la cima de la colina, se ve buena parte del horizonte de la ciudad: el centro comercial, el edificio USF&G, el rascacielos del banco de Maryland. Los edificios del gueto, la ciudad del puerto, el país de buena vida. A los nativos les gusta decir que si no puedes vivir en Bawlmer, entonces no puedes vivir en ninguna otra parte.

¿Dónde deja eso a Barney Erely? ¿Y a Orlando Felton? ¿O Maurice Ireland? ¿Por qué sus vidas son tan irrelevantes, tan equivocadas como para que sus almas perdidas terminen enterradas bajo un trozo de tierra cubierta de barro, al lado de los relucientes rascacielos de la ciudad burlándose de ellos? Borrachos, adictos, camellos, matones, hijos nacidos de padres equivocados, mujeres maltratadas, maridos odiados, víctimas de atracos, algún que otro testigo inocente, todos hijos de Caín, víctimas de Caín: son las vidas que la ciudad pierde cada año, son los hombres y las mujeres que aparecen en las escenas del crimen y llenan las neveras de la morgue de la calle Penn, y no dejan más rastro que la tinta roja o negra con la que escriben su nombre en el tablero del departamento de homicidios. Nacen, son pobres y mueren violentamente. Luego, les entierran anónimamente en el barro de Monte Sión. Cuando vivían, la ciudad no tenía nada que ofrecer a sus almas desperdiciadas; ahora que han muerto, ya están totalmente perdidos.

Gilliard y Dale y Erely y Ireland: nadie podía ayudarles ahora. Aunque alguien quisiera preservar el recuerdo de un ser querido y darle una verdadera lápida, en un cementerio de verdad, ya no podría. Las tumbas sin nombre y el patético archivo de tarjetas del encargado se habían encargado de eso. La ciudad debería erigir un monumento a su propia indiferencia: la Tumba de la Víctima Desconocida, así podría llamarse. En Gold con Etting, con una guardia de honor policial. Bastaría con tirar algunos cartuchos vacíos frente a la estatua o lo que fuera, y dibujar con tiza la silueta de una persona cada media hora. Y que la banda del instituto de Edmonson tocara de vez en cuando, cobrándoles un pavo a los turistas.

Perdidos cuando estaban vivos y también ahora que han muerto. Los descerebrados que llevan Monte Sión se han ocupado de eso, piensa Waltemeyer, echándole una última mirada a la lastimera colina. Por unos doscientos pavos por tumba, el encargado está dispuesto a echarlos en el primer agujero que encuentre porque, qué demonios, a quién se le iba a ocurrir que alguien iba a preguntar por esos desgraciados. Waltemeyer recuerda su primer encuentro con el responsable del cementerio. El pobre bastardo debió de quedarse acojonado cuando llegaron con la orden de exhumación.

Después de la segunda intentona, no seguirán buscando el cuerpo del reverendo Gilliard. El expediente de la señorita Geraldine ya cuenta con suficientes cargos por asesinato y tendrán que prescindir de éste. Nadie se atreve a vaciar más tumbas: ni los forenses ni los abogados ni los policías. Sin embargo, para Waltemeyer esos sentimientos llegan demasiado tarde. Es cierto que la investigación de Geraldine Parrish ha sido el caso más importante de su carrera, y que su incansable labor le ha granjeado la reputación de ser uno de los veteranos más experimentados de la unidad de homicidios. Pero sus aventuras en Monte Sión también le han dado una reputación completamente distinta.

Como si desenterrar el cuerpo de un pobre desgraciado no fuera bastante para su conciencia católica, cuando vuelva en enero al despacho encontrará una nueva placa en su mesa, de esas que puedes encargar en cualquier ferretería. Dice: «Inspector *Enterrador* Waltemeyer».

LUNES, 5 DE DICIEMBRE

—No me gusta como está estirado —dice Donald Worden, inclinándose sobre la cama—. Boca arriba, de lado... Como si alguien le hubiera empujado.

Waltemeyer asiente.

—Creo —dice Worden, mirando a su alrededor— que los forenses nos dirán que ha sido un asesinato.

—Creo que tienes razón —dice Waltemeyer.

No hay ningún golpe visible, ni orificios por impacto de bala ni heridas con objeto cortante, ni tampoco hematomas o contusiones. Sólo un poco de sangre seca en los labios, pero eso podría ser resultado de la descomposición. Tampoco hay señales de lucha o pelea en la habitación del motel. Pero el viejo está de lado, bajo las sábanas, con la espalda arqueada en un ángulo raro, como si alguien le hubiera empujado hasta esa posición, para comprobar si seguía vivo.

Es un hombre del sur de Maryland, de sesenta y cinco años y blanco. Era muy conocido entre los empleados del Eastgate Motel, una colección de camas dobles y papeles pintados horrendos a veinticinco dólares la noche, en la vieja carretera 40 de Baltimore Este. Una vez a la semana, Robert Wallace Yergin iba a Baltimore desde su casa en Leonardtown, se alojaba una noche en el Eastgate y se la pasaba trayéndose chicos jóvenes a la habitación.

Para eso, al menos, la situación del motel Eastgate era perfecta. A unas manzanas de Pulaski con la calle East Fayette, el motel está a un par de bloques del extremo de Patterson Park, dónde por veinte dólares se consiguen los servicios de cualquier rubio entre doce y dieciocho años. Los pedófilos que frecuentan la avenida Eastern no son nuevos; los hombres de toda la costa Este la conocen. Hace unos años, cuando la brigada antivicio logró cazar a una red de pornografía infantil, encontraron guías prácticas de prostitución masculina de las principales ciudades norteamericanas. En Baltimore, según decían los manuales, los sectores más prometedores eran Wilkens, cerca de la calle Monroe y Patterson Park, a lo largo de la avenida Eastern.

El recepcionista y los demás empleados de Eastgate no sólo conocen la afición de Robert Yergin por los chicos menores de edad, sino que también pueden identificar y describir al muchacho de dieciséis años que ha sido la pareja habitual de Yergin durante los últimos meses. Es de Baltimore, según le cuentan a Worden; un chico de la calle que encontró un sitio dónde cobijarse, en el campo, al lado del viejo pervertido, a cambio de una onza o dos de carne. Cuando Yergin venía a Baltimore a por carne más fresca, se traía al chico y este aprovechaba para visitar a sus antiguos amigos.

—Quizá fue él quien se llevó el coche —dice el empleado de limpieza, de unos veinticinco años, que encontró el cadáver—. Pudo tomarlo prestado o algo así.

—Tal vez —dice Worden.

—Cuando llegaste y viste que estaba muerto —dice Waltemeyer—, ¿tocaste el cadáver o le diste la vuelta para ver si aún vivía?

—Qué va —dice el empleado—. Me di cuenta enseguida de que estaba muerto y no toqué nada.

—¿Ni en la habitación? —insiste Worden—. ¿Nada de nada?

—No, señor.

Worden le hace un gesto al joven y lo atrae al otro extremo de la habitación para hablar con él discretamente. Con mucha calma, explica al empleado que esta muerte será clasificada como asesinato. El otro comprende que dice la verdad. Worden le tranquiliza:

—Sólo nos interesa el crimen —dice el inspector—. Si te has quedado con algo que no deberías, dínoslo y no te pasará nada. ¿Me comprendes?

El empleado lo entiende. Dice:

—No he robado nada.

—Muy bien, de acuerdo —dice Worden.

Waltemeyer espera a que el empleado se vaya y luego mira a Worden.

—Pues si no se llevó la cartera, habrá sido otra persona.

Empieza a parecer un caso de hombre conoce a chico, hombre se desnuda, chico estrangula a hombre, le roba dinero, tarjetas de crédito y el Ford Thunderbird y se aleja por el horizonte de Baltimore. A menos, claro está, que el chico que lo hizo viviera con él. Entonces la historia va más o menos igual, con variantes: hombre conoce a chico, hombre se lleva a vivir al chico con él, chico se cansa de mariconear y estrangula a su casero. Eso también encajaría, piensa Worden.

El técnico del laboratorio de guardia es Bernie Magsamen. Es un buen tipo, uno de los mejores, así que se toman su tiempo en la escena del crimen; obtienen huellas dactilares de la mesita de noche y de los vasos que hay cerca de la cama y en el lavabo. Dibujan la escena y toman varias fotografías del cuerpo en esa extraña posición. Revisan cuidadosamente las pertenencias del viejo, buscan lo que falta, lo que podría estar ahí o lo que no debería estar.

Lo hacen porque saben que se trata de un asesinato. Lo saben y actúan con la misma seguridad con que otros hombres dirían que es una mera habitación de motel o que su ocupante está muerto. Para Worden y Waltemeyer, la muerte de Robert Yergin es un asesinato, aunque la víctima tenga sesenta y cinco años y tenga sobrepeso y haya comprado lotería para un ataque al corazón, una embolia o cualquier otra forma de muerte natural. Para ellos, es un asesinato aunque no haya indicios de lucha ni señales de golpes en el cuerpo. Es un asesinato, aunque no haya rastro de petequias en el blanco de los ojos, la pista que durante la autopsia indica muerte por estrangulación. Es un asesinato incluso después de que Worden encuentre la cartera de la víctima, con el dinero y las tarjetas de crédito, en el bolsillo de la chaqueta del muerto, lo cual indica que si quien lo mató era un ladrón, lo hizo fatal. Es un asesinato porque Robert Yergin, que se acuesta con jóvenes a los que apenas conoce, está echado en una postura extraña y su Ford Thunderbird del 88 no aparece. ¿Qué más necesita saber un buen policía?

Menos de tres horas después, Donald Worden está esperando junto con Donald Kincaid en el otro extremo de la ciudad, observando un rastro de sangre de unos diez metros, que termina en un charco púrpura después de cruzar una casa adosada vacía de la calle West Lexington. Y aunque el hombre cuya carótida pintó el cuadro aún se aferra a la vida en el hospital Bon Secours, saben que esto también se convertirá en un asesinato. Worden lo sabe, no sólo por la enorme cantidad de sangre que está repartida por las paredes y el suelo del sucio corredor, sino también porque no tiene ningún sospechoso a la vista.

Dos huesos en una noche: el nuevo estándar que mide la efectividad de un inspector de Baltimore. Cualquier profesional puede encadenar una serie de acertijos en noches sucesivas, o llevar dos casos que se resuelven solos en un turno de medianoche algo duro. ¿Pero qué lleva a un hombre que hereda el expediente de un caso abierto a contestar el teléfono tres horas más tarde, agarrar un par de guantes de plástico y una linterna, y salir pitando para hacerse cargo de un aviso de tiroteo en Baltimore Oeste?

—Vaya, vaya —musita McLarney a la mañana siguiente, mientras observa los nuevos nombres inscritos en el tablero—. Creo que por fin ha llegado el día en que Donald no se fía de nadie para llevar un asesinato.

Este es el Donald Worden alrededor del cual Terry McLarney ha construido una brigada, el Worden a quien Dave Brown jamás podrá satisfacer, el Worden a quien Rick James adora llamar compañero. Dos escenas del crimen, dos autopsias, dos visitas a la familia, dos interrogatorios, dos tandas de papeleo, dos solicitudes al banco de datos central para obtener dos historiales completos, y ni una palabra de queja del Gran Hombre. Ni siquiera la más mínima sugerencia para que Waltemeyer vaya solo al asesinato de Eastgate, o para que Kincaid prescinda de inspector secundario para el caso de la calle Lexington.

No, señor. Worden se ha hecho con un paquete de cigarrillos, una taza de café y la firma de McLarney en el formulario de horas extra. No ha dormido en veinticuatro horas y si alguno de los casos despega, tampoco verá una cama en otras doce. Es un camino largo y pedregoso: una forma ridícula de ganarse la vida, al menos para un adulto. Es lo más cerca de la inmortalidad que un policía se sentirá jamás.

Al final, resucitó. Al final, se limitó a tranquilizarse, a esperar que sonara el teléfono con la cura que siempre llegaba. Asesinatos, uno detrás de otro, cada uno una variante única de la misma maldad eterna. Solamente crimen y castigo, repartido entre los inspectores, policías y agentes en raciones aproximadamente similares. Dios sabe que Worden ha hablado muchas veces de largarse: en este trabajo, le gusta decirles a sus colegas, te comes al oso hasta que él te come a ti, y yo pienso irme antes de que ese cabrón tenga hambre.

Fanfarronadas. Nadie se lo traga. Donald Worden jamás soltará esa placa: tendrá que ser al revés.

Tres días después de que a Worden le toquen dos asesinatos en un solo turno, los casos están resueltos. En el caso Yergin, fue porque Worden se dedicó a interrogar sin descanso al compañero adolescente de la víctima, una conversación que deja muy claro que a falta de otro sospechoso, el amiguito del muerto está en el primer lugar de la lista de Worden. Dos días después, el chico —aún bastante asustado— llama a la unidad de homicidios para decirles que ha oído que unos chicos blancos se pasean por Pigtown y Carroll Park conduciendo el Thunderbird del viejo.

Worden y Waltemeyer se dirigen hacia la parte alta del distrito Sur, donde el segundo habla con algunos de sus antiguos colegas. Los agentes del distrito Sur tienen fama de leerse los comunicados de homicidio de cabo a rabo, pero es que además, por su ex compañero Waltemeyer harán lo que haga falta, incluso si hay que parar hasta al último Ford modelo Thunderbird de la zona. Una hora después de la visita de los inspectores, dos agentes de la zona Sur detienen al coche en cuestión en el cruce de Pratt y Carey, y también arrestan al conductor, un chapero de diecisiete años. Worden y Waltemeyer se reparten el interrogatorio del sospechoso durante una larga sesión hasta que admite que estuvo en la habitación del motel. Afirma que el anciano murió de un ataque;

no sabe que la autopsia ya ha demostrado que murió por asfixia. Cuando los dos inspectores terminan de tomarle declaración y le dejan solo, el chico se levanta y utiliza el espejo semiplateado que da al otro lado de la sala de interrogatorios para reventarse algunos granitos y mirarse, como si fuera un adolescente cualquiera que está a punto de salir de fiesta un viernes por la noche.

El asesinato de la calle Lexington, una pelea por una pequeña cantidad de droga, se resuelve al registrar de nuevo los alrededores de la escena del crimen. La memoria fotográfica de Worden recuerda el rostro del viejo que abre la puerta de un apartamento en el bloque 1500: era uno de los mirones que merodeaba en una esquina la noche del asesinato. Efectivamente, el viejo admite que lo vio todo e identifica al asaltante a partir de un álbum de sospechosos con antecedentes. Es un caso flojo, basado en un único testigo hasta que el sospechoso llega la central. Entonces Worden le propina el proverbial método del paternalista tipo de pelo blanco y ojos azules y le convence para que confiese. Su sistema es tan bueno que dos semanas después, el sospechoso llama al inspector desde la cárcel municipal para contarle un cotilleo sobre un asesinato que no tiene nada que ver con ellos.

—Inspector Worden, también quería desearle una Feliz Navidad —le dice al hombre que le metió entre rejas—. Para usted y los suyos.

—Muchísimas gracias, Timmy —dice Worden, algo emocionado—. Muchos recuerdos para ti y para tu familia.

Dos casos resueltos. Para Worden, las últimas semanas de un año que ha sido enormemente frustrante avanzan ahora sin dificultad, como si formaran parte del guión televisivo de una serie de policías y ladrones donde todos los crímenes se resuelven y quedan explicados antes de la siguiente pausa publicitaria.

Tres días antes de Navidad, el Gran Hombre y Rick James acuden a resolver un tiroteo en Baltimore Este. Se alejan de la Central en una noche de diciembre tan húmeda que la ciudad está cubierta, en lugar de nieve, por una espesa capa de niebla. Mientras el Cavalier avanza por la calle Lafayette, los dos inspectores tratan de ver a través de la neblina para distinguir el perfil de las casas adosadas a ambos lados de la calle.

—Como una sopa —dice James.

—Siempre he querido resolver un asesinato en la niebla —dice Worden, casi nostálgico—. Como Sherlock Holmes.

—Ya —dice James—. Ese tipo siempre daba con los fiambres en medio de esta porquería.

—Porque era Londres —dice Worden mientras ralentiza en el semáforo de Broadway.

—Y el culpable era un tipo que se llamaba Murray. Todo el rato, Murray no se qué...

—¿Murray? —dice Worden, confundido.

—Sí, el malo se llamaba Murray.

—Moriarty. Quieres decir que el malo era el profesor Moriarty.

—Eso —dice James—. Moriarty. Si nos cae un asesinato esta noche, tendemos que buscar a un negro que se llame Moriarty.

Y les toca un asesinato, un tiroteo en plena calle que parece un hueso duro de roer pero sólo hasta que Worden se queda observando el mar de rostros oscuros, como un pálido peregrino que espera a que se disipe la hostilidad natural de la gente; es un policía correcto y educado que espera el soplo anónimo del nombre del criminal.

Poco antes del amanecer de ese mismo turno, cuando el papeleo ya está mandado y la televisión que hay en la oficina sólo muestra la carta de ajuste, Donald Worden se pasea por entre los escritorios, extrañamente animado, en busca de algo en que ocupar el tiempo. James está dormitando en la sala del café; Waltemeyer prepara el informe de veinticuatro horas en el despacho administrativo.

Mientras prepara una cafetera, el Gran Hombre observa la tapa de plástico de una lata de café sin abrir. Luego, con una expresión del todo científica en la cara, envía el disco volando por los aires estancados de la oficina.

—Mirad esto —dice, recogiendo su nuevo juguete. Vuelve a mandarlo hacia arriba, esta vez en un perfecto bucle contra el techo.

—Y ahora —dice, preparando otro lanzamiento— más allá del arco iris.

Worden vuelve a tirar el círculo de plástico. Desde la zona de administración, Waltemeyer levanta la vista de la máquina de escribir, momentáneamente distraído por lo que, por el rabillo del ojo, sólo identifica como un objeto volador no identificado. Mira a Worden con curiosidad y luego vuelve a concentrarse en el informe, como si desechara la idea.

—Venga, Donald —grita Worden—. Ven aquí.

Waltemeyer levanta la mirada.

—Venga, Donald. Sal y juega conmigo.

Waltemeyer sigue tecleando.

—Señora Waltemeyer, ¿cree que Donald podría venir a jugar con nosotros?

Worden vuelve a arrojar el disco de plástico hacia el panel de cristal que separa las dos zonas de la oficina justo en el instante en que el teniente adjunto, que llega una hora antes del turno de día, pasa frente a la pecera en dirección a su despacho. El plástico rebota en el cristal exterior y cruza con ligereza por delante de una columna, hasta la puerta abierta del despacho de Nolan. El teniente se detiene en el umbral, maravillado ante la rara y extraordinaria estampa: Donald Worden, feliz.

—¿Sí? —pregunta el teniente, asombrado.

—Todo está en la muñeca, teniente —dice Worden, sonriente—. En la muñeca.

Viernes 9 de diciembre

La Regla Número Diez del manual del homicidio: también hay algo llamado el crimen perfecto. Siempre ha existido, y quienquiera que afirme lo contrario es un romántico inocentón, o un loco al que se le han olvidado todas las reglas, desde la número uno hasta la nueve.

Por ejemplo: aquí tenemos a un hombre negro llamado Anthony Morris, de veintiún años de edad, muerto de un disparo en la zona Oeste de Baltimore, Maryland. El señor Morris había sido alguien en el negocio del tráfico de drogas; los policías de la zona oeste le encontraron en un patio abandonado del barrio de Gilmor, donde una persona o personas desconocidas le dispararon repetidamente con un arma del calibre 38, alojando en el proceso varias piezas de metal en el cuerpo del señor Morris.

Cuando las retiraron del cadáver a la mañana siguiente, los forenses descubrieron que todas las pequeñas bolitas metálicas estaban fragmentadas y no tenían marcas a partir de las cuales elaborar una comparación válida. Como el arma era un revólver, tampoco había casquillos. Aún así, a falta de un arma o de una bala o de un casquillo relacionado con otro crimen —algo con qué compararlos—, estos problemas son pura teoría. Además de eso, la escena del crimen es un patio de asfalto en pleno invierno, sin huellas ni pelos ni fibras sintéticas ni pisadas ni nada que se parezca a pruebas o indicios físicos. Los bolsillos de la víctima tampoco contienen nada que sirva como pista. Y el señor Morris no les dijo nada a los agentes ni a los enfermeros que llegaron al lugar de los hechos: nada sorprendente, porque ya estaba muerto.

¿Qué hay de los testigos? En este turno de medianoche, no hay seres humanos en los alrededores de Gilmor. La casa a la que da el patio está vacía, pendiente de una renovación urbanística, y el lugar dónde Anthony Morris se encaminó a su frío y triste final es un espacio oscuro y completamente desprovisto de vida de barrio. No hay semáforos, no hay luces en las casas, ni paseantes, ni vecinos, ni supermercados ni bares abiertos.

Menudo lugar para cargarse a alguien, piensa Rich Garvey mientras contempla el patio desierto. De hecho, es ideal. Anthony Morris muere tiroteado en una ciudad de más de 730.000 habitantes y en realidad la escena del crimen habría podido estar en el desierto de Nevada o la tundra ártica o cualquier otra zona salvaje y desierta.

La llamada que les llevó hasta allí hablaba de ruido de disparos. No hay ninguna denuncia de tiroteos, ni de un cadáver, ni siquiera pueden hablar con la gente que encontró a la víctima, porque fueron ellos. No pasaba nadie, no hay familiares desconsolados, ni dueños de las esquinas mirándoles desde el otro lado. Mientras McAllister trabaja en la escena del crimen, Garvey se queda ahí de pie, temblando en la madrugada, esperando alguna remota sugerencia de vida en los alrededores. Calidez o luz que indiquen un lugar dónde un inspector pueda dirigirse para hacer preguntas.

Nada. El silencio es total y la escena está vacía. Sólo están Garvey, su compañero, y los habituales del distrito Oeste, en un remolino de luces de emergencia azules, solos con un cadáver en la ciudad que duerme. Garvey se dice que no tiene importancia, que alguien en algún lugar está a punto de hablar con él para contarle lo que le pasó a Anthony Morris, para hablarle de él y de sus enemigos. Quizá la familia, o su novia, o un amigo de infancia del otro lado del barrio. O una llamada anónima a la unidad, o una nota de uno de sus informadores encarcelados por una acusación menor y que busca una salida fácil.

Porque cuando uno ha tenido un año perfecto, no hay escena que falle, por floja que sea. Después de todo, ¿cómo habría acabado lo de la calle Winchester si Biemiller no hubiera detenido a la novia en la escena del crimen? ¿O en el robo del bar Fairfield, si el chico del aparcamiento no hubiera recordado la matrícula del coche que huía? ¿O el asesinato de Langley en Pimplico, cuando la policía arrestó a un tipo por posesión de drogas a menos de una manzana, y resultó que era un testigo ocular?

Vale, se dice Garvey. No tengo nada. Bueno, ¿qué hay de extraño en eso? Excepto en los casos en que el pan comido te salta al cuello, todos parecen flojos cuando les echas la primera ojeada.

—Quizá tengas suerte con una llamada —dice un agente uniformado.

—Quizá sí —concede Garvey, amablemente.

Fieles a esa esperanza, él y McAllister se presentan en el salón de una casa adosada una hora más tarde, en una habitación llena de supervivientes. La madre de la víctima, sus hermanas, hermanos y primos están desperdigados por la estancia, mientras los inspectores están de pie, erguidos en el centro, como si ejercieran una cierta fuerza centrípeta.

En el calor silencioso de la sala atiborrada, Garvey observa a McAllister mientras se lanza hacia la exposición habitual en donde repasa lo que la familia debe y no debe hacer, ahora que pasan por su Momento de Pérdida. Garvey siente admiración por el arte con que Mac trata a las familias: con la cabeza ligeramente ladeada, las manos entrelazadas a la altura de la cintura, es el perfecto pastor. Expresa su más sentido pésame en tonos pausados y en voz baja. Hasta hace gala de un ligero y enternecedor tartamudeo que despliega en los momentos más tensos, y que le dota de un cierto aire de vulnerabilidad. Una hora antes, en la escena del crimen, mientras charlaban frente al cadáver, McAllister soltaba chistes tan rápido como el que más. Ahora, con la madre del muerto, es el rey del Dar y el Recibir. Como un jodido Phil Donahue en gabardina.

—No deben ir ahora a la oficina forense. De hecho, aunque quisieran ir no les dejarían pasar...

—¿Dónde? —dice la madre.

—Donde el forense —repite McAllister, más lentamente—. Pero no se preocupe por eso ahora. Lo único que tienen que hacer es ponerse en contacto con una funeraria, la que deseen, y decirles que recojan el cuerpo en la oficina del forense de la calle Penn con Lombard. Ellos sabrán qué hacer. ¿Me ha entendido?

La madre asiente.

—Bueno. Vamos a intentar descubrir quién hizo esto, pero necesitaremos que ustedes nos ayuden... Y estamos aquí para esto.

Entra el vendedor de milagros. McAllister se emplea a fondo, con su monólogo «No-podemos-devolverle-la-vida-pero-sí-vengarle», durante el cual la madre asiente. Garvey mira a su alrededor en busca de alguna señal en el rostro de los presentes, un pequeño indicio de incomodidad en cualquier pariente que sepa algo. Los más jóvenes parecen distantes, como si estuvieran desconectados, pero algunos aceptan las tarjetas. Aseguran a los inspectores que no saben nada, pero que si se enteran de algo les llamarán de inmediato.

—Y nuevamente, permítanme que les exprese nuestro pésame por su pérdida—dice McAllister, al abrir la puerta para irse.

Garvey observa la habitación llena de caras impasibles. Madre, hermanos, hermanas, primos y amigos; todos parecen ignorar el motivo del asesinato. El teléfono no tiene pinta de ir a sonar mucho con este caso, piensa.

—En fin, no duden en llamarnos si descubren algo o si les llega alguna información —termina McAllister.

Garvey avanza hasta la puerta y sale el primero. Cuando los dos inspectores ya están fuera, se gira hacia su compañero y se dispone a explicarle por qué cree que McAllister debería ser el inspector principal encargado de esta batalla perdida. Pero no dice nada; en lugar de eso, mira por encima del hombro hacia un joven, primo de la víctima, que les ha seguido furtivamente hasta el exterior.

—Disculpe, agente...

McAllister también se da la vuelta, lo cual no hace sino contribuir a la incomodidad del joven. Tiene algo que decir y piensa hacerlo.

—Disculpe —repite, con un hililIo de voz.

—¿Sí? —dice Garvey.

—¿Podría... um...?

Hete aquí el momento, piensa Garvey. Ahora llega el pariente transido de dolor que se aleja unos pasos prudenciales del resto de la familia para contarles esa pequeña verdad que andan buscando. El primo tiende la mano y McAllister la toma. Garvey le sigue el cuento, casi como si su compañero fuera en verdad de oro puro, como si de algún modo hubiera trascendido la realidad y se hubiera convertido en el Midas de los homicidios del gueto.

—¿Puedo...?

Sí, piensa Garvey. Sí que puedes. Claro que puedes contárnoslo todo, hasta el último detalle de lo que sabes de tu primito Anthony. Dinos qué drogas se chutaba, o con cuáles traficaba, o por qué se peleó con un cliente la noche anterior. Dinos qué problema de dinero tuvo con un proveedor rabioso que terminó jurando que se las pagaría. Dinos quiénes eran sus amiguitas o los que amenazaron con saltarle la tapa de los sesos porque se lió con sus novias. Dinos qué dice la calle después del asesinato, o aún mejor, dinos el nombre del tipo que fanfarronea acerca del crimen por los bares del barrio. Dínoslo todo.

—¿Podría... um... hacerles una pregunta?

¿Una pregunta? Pues claro, también. Seguro que quieres saber si la confidencia quedará en el anonimato. Mira, por nosotros, a menos que seas un testigo ocular o algo así, puedes quedarte en la anonimia, en la metonimia o en la pandemia. Somos tus amigos, ¿comprendes? Nos gustas. Nos caes bien. Vamos a llevarte a la Central y te invitaremos a café y donuts. Somos policías. Confía en nosotros. Dínoslo todo.

—¿Qué quieres preguntarnos? —dice McAllister.

—Es que... eso que dicen...

—¿Sí?

—Dicen que mi primo Anthony está muerto.

Garvey mira a McAllister y este mira sus zapatos para no echarse a reír.

—Ajá, sí —dice McAllister—. Lamento decirle que ha recibido una herida mortal. Es lo que le hemos dicho a su madre ahí dentro.

—Joder —dice el primo, genuinamente asombrado.

—¿Hay algo más que quieras comentarnos?

—Pues no —dice el primo.

—De nuevo, nuestras condolencias.

—Vale.

—Estamos en contacto.

—Vale.

Punto final. Historia. Ha sido una bonita racha: diez casos, uno detrás de otro, empezando con Lena Lucas y el viejo Booker el pasado mes de febrero. Pero ahora Garvey entiende con cada fibra de su ser que el genio del porche es un mensajero cósmico, una premonición andante de todo lo que es cierto en un crimen.

Las palabras del primo retrasado del muerto eran incoherentes pero para Garvey, son la confirmación de todas las reglas del código. No hay sospechoso, así que la víctima, por supuesto, no sobrevive. Y cuando no hay sospechoso, tampoco hay pruebas para el laboratorio, ni posibilidad de que la víctima supere sus heridas. Y si Garvey logra encontrar un testigo, seguro que mentirá, porque todos mienten. Y si se hace con un sospechoso, el tipo se quedará dormido en la sala de interrogatorios, seguro. Y si este caso, construido con pinzas, llega alguna vez a las puertas del juzgado y se presenta frente a un jurado, todas las dudas serán razonables. Y sobre todo: es bueno ser bueno, pero es mejor tener suerte.

El primo descerebrado es una señal inconfundible, un recordatorio de que las reglas siguen siendo válidas, incluso para alguien como Rich Garvey. No importa que dentro de diez días lleve un crimen por drogas en la zona Este, y esté cargando contra la puerta de una casa adosada para detener al atacante bajo las lucecitas parpadeantes de un árbol de Navidad decorado. Ni tampoco que el año que viene sea una cruzada, tan exitosa como cualquier otra. Ahora, en este momento, Garvey observa al primo de Anthony Morris deslizándose hacia el interior de la casa y sabe, con la fe y la certidumbre que proporciona la religión, que no llamará ningún soplón de la cárcel municipal y que nadie oirá nada por las calles de al zona Oeste. El nombre del muerto jamás se inscribirá en el tablero en tinta negra; será un caso abierto mucho después de que Garvey esté cobrando su pensión.

—Mac, ¿lo he soñado? —pregunta, riéndose, de regreso a la oficina—. ¿O realmente ha existido esa conversación?

—No, no —dice McAllister—. Seguro que te lo has imaginado. Olvídalo.

—Ins-peeec-tor —dice Garvey, en una mala imitación de un balido—. ¿Está intentando decirme que mi primo ha muerto?

McAllister se ríe.

—Siguiente caso —dice Garvey.

En un trabajo cualquiera, la perfección es un objetivo etéreo y escurridizo, una idea que se contradice con la pelea cotidiana. Para un inspector de homicidios, la perfección ni siquiera es una posibilidad. En las calles de la ciudad, el Año Perfecto es un susurro, un fragmento moribundo de esperanza, pálido, escuálido y débil.

El Crimen Perfecto le da siempre de hostias.

Domingo, 11 de diciembre

—Mira —dice Terry McLarney, observando los rincones de la calle Bloom con una inocencia burlona—. Ahí hay un criminal.

A media manzana de distancia, el chico de la esquina parece oírle. Se gira abruptamente para escudarse de los faros del Cavalier, y avanza por la calle mientras se lleva una mano al bolsillo y saca un periódico enrollado. McLarney y Dave Brown observan cómo el diario cae suavemente al suelo, cerca de una alcantarilla.

—Qué fácil es patrullar —dice McLarney, con tintes nostálgicos en la voz—. ¿Sabes qué quiero decir?

Dave Brown lo sabe. Si el Chevy sin distintivos fuera un coche patrulla, si llevaran uniformes, si Bloom y Division fueran calles de su sector, habrían detenido al muchacho en un santiamén. Sería tan fácil como arrojar a la rata contra la pared, esposarle y custodiarle hasta dónde ha dejado caer el periódico. Recogerlo y mostrarle el cuchillo que ocultaba, las jeringuillas, las bolsitas de plástico o todo eso junto.

—Cuando estaba en la zona Oeste, había dos tipos en mi brigada —recuerda McLarney—. Apostaban cuál de los dos salía y hacía una detención antes que el otro, lo antes posible.

—En la zona Oeste, serían unos cinco minutos —dice Brown.

—Menos —responde McLarney—. Al cabo de un tiempo, les dije que tendrían que hacerlo más difícil. Sabes, mejor que una detención por posesión ilícita. Pero no les gustó la idea. Demasiado trabajo.

Brown gira por la calle Bloom y luego se dirige a Etting. Contemplan la misma escena, más veces: un chico alejándose de su esquina y arrojando paquetes de plástico envueltos en bolsas de papel, o corriendo hacia los bloques de casas.

—Mira esa casa de ahí —dice McLarney, señalando hacia una pila de ladrillos pintados de dos pisos—. Ahí me dieron una buena. Justo en el pasillo de esa casa. ¿Te lo he contado alguna vez?

—Creo que no —dice Brown, educadamente.

—Nos llamaron porque había un tipo merodeando con un cuchillo. Cuando llegué, me miró y se largó corriendo hacia la casa...

—Totalmente culpable —dice Brown, girando a la derecha para ir hacia la avenida Pennsylvania.

—Así que yo también eché a correr tras él y resulta que en el salón hay como una convención de negros, todos sanotes y corpulentos. Fue de lo más raro; nos miramos todos durante unos segundos.

Dave Brown se echa a reír.

—Le puse la mano en el hombro a mi chico y se me tiraron encima. Cinco o seis a la vez.

—¿Qué hiciste?

—Pues eso, me dieron una buena —dice McLarney, riéndose—. Pero tampoco solté a mi presa. Para cuando la patrulla acudió a mi solicitud de ayuda, todos se habían escabullido exceptuando mi chico, que terminó recibiendo por lo que me habían hecho sus amigos. La verdad es que lo sentí por él.

—¿Y a ti que te pasó?

—Me dieron puntos en la cabeza.

—¿Antes o después de que te disparasen?

—Antes —dice McLarney—. Eso fue cuando estuve en la Central.

Con el ánimo aligerado por el paseo nocturno en las calles de Baltimore Oeste, Terry McLarney rescata una historia tras otra del almacén de su cerebro. A McLarney siempre le pasa lo mismo cuando va en coche por la zona Oeste. Puede atravesar el gueto y acordarse de eso tan raro que sucedió en aquél rincón, o de un comentario divertido que un día oyó en esa calle de más allá. Por encima, todo parece formar parte de una pesadilla, pero si se analiza más de cerca, McLarney es capaz de señalar la perversa elocuencia del desfile de escenas, la comedia sin fin del crimen y el castigo urbano.

Esa esquina de ahí es dónde dispararon a *Mocos* Boogie.

—¿*Mocos* Boogie? —repite Brown, incrédulo

—Así le llamaban sus amigos —dice McLarney—. Imagínate los demás.

—Encantador.

McLarney se ríe y empieza a narrar la parábola de *Mocos* Boogie, que se metió en el juego ilegal del barrio, esperó a que las apuestas engordaran y luego agarró el dinero y echó a correr. Uno de los jugadores, iracundo, le descerrajó un tiro.

—Así que llevamos a unos cuantos testigos a la oficina y nos contaron que *Mocos* Boogie participaba en partidas ilegales y que luego siempre se escapaba con el dinero de las apuestas, y que se habían cansado.

Dave Brown conduce en silencio, siguiendo apenas la digresión histórica.

—Así que le pregunté a uno, claro, que por qué dejaban al Mocos meterse en la partida una y otra vez si siempre intentaba quedarse la pasta.

McLarney hace una pausa para causar efecto.

—¿Y? —dice Brown.

—Me miró con una expresión extrañada —dice McLarney—. Y dijo: «Teníamos que dejarle jugar... Esto es América».

Brown se echa a reír a carcajadas.

—Me encanta —dice McLarney, satisfecho.

—Es genial. ¿De verdad te dijo eso?

—Joder, pues claro que sí.

Brown vuelve a reírse. El buen humor de McLarney es contagioso, aunque la excursión de la noche no esté dando sus frutos.

—No creo que haya salido esta noche —dice Brown, recorriendo la avenida Pennsylvania por quinta o sexta vez.

—No sale jamás —dice McLarney.

—Joder con la puta de marras —dice Brown, dando un golpe al volante—. Estoy hasta las narices de esta mierda.

McLarney mira a su compañero, casi encantado, como si quisiera animarle.

—Quiero decir que somos la unidad de homicidios, la policía criminal, la élite de investigadores altamente entrenados que siempre caza al puto culpable...

—Joder, ves con cuidado, me estás poniendo cachondo —dice McLarney.

—¿Y quién es ella? Una adicta de a veinte pavos el polvo en la avenida Pennsylvania que lleva tres meses escabulléndose. Es jodidamente embarazoso, esa es la verdad.

Lenore, la Puta Misteriosa. El único testigo del apuñalamiento de la avenida Pennsylvania en septiembre, el que le tocó a Worden. Es la mujer que puede poner punto final al caso si declara que su último novio, ya muerto, mató a su anterior novio, también muerto, en una pelea por sus afectos. Para Brown y para Worden y para el resto de los hombres de la brigada, la cosa está pasando de castaño oscuro: los paseítos nocturnos por la avenida, las detenciones de prostitutas y adictos que no sirven de nada y que no les ayudan a encontrar a la escurridiza señorita Lenore, siempre a prudencial distancia de los inspectores. Les han dicho de todo:

—Estuvo por aquí la noche anterior.

—¿Nore? La he visto hace un rato en la calle Division.

—Creo que salía de un supermercado dos calles más allá...

Joder, piensa Brown. No es suficiente con que la jodida no tenga un sitio dónde caerse muerta, ni dirección conocida. No, es que encima se mueve como si tuviera alas. ¿Cómo coño la encuentran sus clientes?

—Quizá no existe —dice McLarney—. Tal vez todo sea una burla y ese hatajo de desgraciados se la han inventado. Para ver cuánto tiempo nos pasaremos patrullando y buscándola.

McLarney sonríe divertido al pensar en una puta de veinte dólares que desafía las leyes de la metafísica. Es un espectro translúcido, camina por las calles de Baltimore Oeste inmune a las fuerzas de la ley. Los que le pagaron su tarifa juran que es real, pero para generaciones de inspectores de homicidios, es materia de ensueño, destinada a formar parte de la contribución de Baltimore al folclore americano tradicional: como Paul Bunyan, el Caballero sin Cabeza de Tarrytown o el barco fantasma *Mary Celeste*. Lenore, la Puta Misteriosa.

—¿Y entonces, cómo es que James tiene sus antecedentes en el expediente del caso? —contraataca Brown—. ¿O cómo explicas que yo tenga su fotografía en el bolsillo?

—Joder, porque es un engaño bien montado —dice McLarney, riéndose.

—Que le den a esa zorra —dice Brown, aún irritado—. No está aquí.

—Qué coño —dice McLarney—. Demos una vuelta más y nos largamos.

No tienen la menor posibilidad de encontrarla, claro. Pero a McLarney le encanta dar vueltas por el barrio, en la zona Oeste, en un caso que ya no le importa a nadie. Ni a Worden ni a James ni a Brown. Y desde luego, no al fiambre ni, en este caso, al asesino. Ni siquiera a McLarney le importa un carajo. Esta noche se trata de pura y dura labor policial, sin presión ni dolor, sin ningún coste emocional para los dos hombres que patrullan. No se juegan nada, pase lo que pase.

Para McLarney, sobre todo, la caza de Lenore es una agradable distracción, en el mismo sentido en que el asesinato que llevó con Waltemeyer el mes pasado fue agradable. ¿Qué podría importar menos que un robo entre camellos en un callejón de Pimlico, en donde la víctima es un drogadicto y el testigo miente sin parar? Y después el joven sospechoso, apodado Danny *el Gordo*, que dice que es inocente y que clama para que se haga justicia en el salón de la casa de sus abuelos donde los inspectores le han encontrado, mientras los agentes registran la residencia para encontrar el arma del crimen.

—Venga, deja de llorar —le dice McLarney al chico, un pedazo de armario que le saca un palmo de altura—. Cálmate...

—¡Yo no he matado a nadie! —grita Danny *el Gordo*, zafándose hasta que McLarney se ve obligado a arrinconarle contra el fregadero, con una mano alrededor del cuello del muchacho.

—Venga, cálmate, te digo —repite McLarney—. No querrás que te haga daño.

—¡Yo no he hecho nada...!

—Mírame —dice McLarney, fulminándole con la mirada—. Estás detenido. ¿Quieres que sea por las buenas o por las malas?

Desde el otro lado de la cocina, se oye la voz de un agente del distrito noroeste, que silencia al sospechoso, nervioso y alterado, con un simple comentario:—Por el amor de Dios, chico. Has cometido un crimen de hombre adulto. Compórtate como tal.

Más tarde esa noche, McLarney llevó una coca-cola y una barrita de chocolate a la sala de interrogatorios y se reconcilió con el chaval. Luego se sentó en su escritorio y pensó en lo sencillo y extrañamente agradable que era todo. Cuando nada importa, se dice McLarney, es cuando realmente ama su trabajo.

Lo mismo pasa esta noche. Si no encontramos jamás a Lenore, y sigue siendo un misterio, entonces viviremos para siempre conduciendo por Baltimore en un cachivache de cuatro cilindros, contándonos viejas historias y soltando bromas y observando a los chicos mientras arrojan sus paquetes de droga por las esquinas. Pero si la encontramos, tendremos que regresar, y volver a contestar al teléfono: habrá otro caso, uno que quizá sea real, de los que duelen. Una mujer violada y destripada, un bebé maltratado, un policía que fue tu compañero y al que llamabas amigo, con la cabeza agujereada.

Eso es lo peor. Ese caso es el más real, brutal y despiadado de todos. El tiroteo de Cassidy sigue presente en la mente de McLarney como ningún otro caso, y es una herida que sangra cada vez que piensa en ello. Todos sus esfuerzos lograron la recompensa correcta; Butchie Frazier fue sentenciado en la sala de la juez Bothe hace un par de meses, y salió esposado y escupiendo por última vez. No obtendría la condicional antes de que pasaran veinticinco años. El veredicto, la sentencia, todo eso contaba en la mente de McLarney; Dios sabe dónde estaría si no lo hubieran declarado culpable. Pero lo cierto es que sólo era eso, una condena en un tribunal, una victoria de juzgado, suficiente solo mientras Gene Cassidy estuviera presente en la sala.

No, al final la cosa no era tan sencilla, ni para McLarney ni, desde luego, para Gene. Después de aprender a utilizar un perro guía en una escuela de Nueva Jersey, Cassidy había vuelto a la universidad y se había enrolado en un curso en el York College. Eran los primeros pasos firmes en una larga carretera de regreso a su vida, y aun así la recuperación se había topado varias veces, casi rutinariamente, con la burocracia de una ciudad que trataba a un oficial de policía ciego como si fuera uno más entre cientos. El departamento tardaba meses en pagar las facturas de los especialistas y de los fisioterapeutas; los médicos se quejaban a Cassidy y este les decía que hablaran con el departamento. Las solicitudes de equipamientos especiales —como el ordenador con teclado *braille* y lectura de textos automática, para que Cassidy pudiera estudiar— se movía a través de la maraña burocrática como una tortuga artrítica. Un día, una amiga de Patti Cassidy llamó a un programa de radio al que habían invitado al alcalde, para preguntarle si el ordenador iba a llegar antes de que empezaran las clases del mes de septiembre.

Les llevó más de un año organizar una ceremonia para la entrega de la medalla de Cassidy, algo que McLarney supuso que sucedería unas pocas semanas después de que regresara del hospital. Un policía muerto habría disfrutado de un funeral con honores militares: la guardia de gala, el saludo con los veintiún disparos, la bandera doblada que el comisionado entrega a la viuda. Pero un policía herido paraliza al departamento. Es como si a los altos mandos les costara saber qué deben decir, y mucho menos qué hacer.

Para McLarney, la reacción burocrática a la penosa situación de Cassidy rozaba la obscenidad, y en los meses que siguieron al tiroteo, se hizo una promesa. Si alguna vez me matan en el cumplimiento del deber, les dijo a los demás inspectores, no quiero que haya ningún gerifalte con un rango mayor que el de inspector jefe en mi funeral. Exceptuando a D'Addario, que es un amigo. Sí, Dee tiene permiso para estar ahí. Pero no quiero guardia de honor, ni gaitas, ni comisionados, ni delegaciones de la media docena de departamentos de Baltimore. Sólo quiero que esté Jay Landsman gritando «¡Presenten armas!», después de lo cual un centenar de policías de Baltimore alzarán una lata de Miller Lite y las abrirán todas a la vez, y las chapas resonarán como una lluvia de disparos.

La ceremonia de Gene Cassidy, cuando por fin tiene lugar, es sólo un poco más formal. La noche después de la última redada en busca de Lenore, McLarney vuelve al distrito Oeste, a la sala del pase de lista en la comisaría de la avenida Riggs, a observar desde un extremo de la estancia al turno de cuatro a doce mientras se sientan en unas dos docenas de sillas. El propio Gene ha pedido que la ceremonia se celebre aquí, justo en el momento en que su antiguo turno se dispone a salir a la calle. McLarney estudia los rostros y se da cuenta de que la mayoría de los compañeros de Cassidy ya no están ahí. Algunos se han trasladado a otros turnos, otros distritos, o a departamentos de policía mejor pagados en otros condados. Aún así, el momento en que el teniente de turno ordena que se haga el silencio y que se pongan en pie, todos obedecen como un solo hombre. También Cassidy, que está en primera fila, con Patti a su lado.

Los altos mandos y los periodistas se congregan en la sala. El comisionado pronuncia unas palabras, se baja del estrado y le entrega a Cassidy la Medalla al Valor y la Medalla del Honor, las condecoraciones más importantes que se conceden en el departamento.

McLarney observa la escena; luego coroneles y gerifaltes se alejan hasta que en la sala sólo quedan Gene, su familia y sus amigos del distrito Oeste. McLarney, Belt, Biemiller, Tuggle, Wilhelm, Bowen, el teniente Bennett y otra docena de agentes se concentran en dar cuenta del bufete mientras escuchan el *rock'n'roll* que suena en una minicadena. Cuentan bromas y anécdotas; Cassidy y su perro acompañan a una de las sobrinas del policía en una visita por las dependencias de la comisaría. Terminan, extrañamente, en las celdas.

—Eh, Gene —le saluda el policía responsable, abriendo la puerta—. ¿Qué tal?

—Todo bien. ¿Cómo va la noche?

—Floja.

Cassidy se queda con su perro justo frente a las celdas mientras el otro le toma las huellas dactilares a la niña y le enseña una celda vacía. Le demostración queda interrumpida por un ruido que llega del fondo de la hilera de celdas.

—Joder, ¡que alguien me quite las esposas!

—¿Quién es? —grita Cassidy, girando la cabeza hacia el origen del ruido.

—¿Por qué coño tengo que llevar esposas si estoy metido en la puta celda?

—¿Quién habla?

—Yo, joder.

—¿Y tú quién eres?

—Soy un jodido preso.

—¿Qué has hecho? —pregunta Cassidy, divertido.

—No he hecho nada. ¿Quién eres tú?

—Me llamo Gene Cassidy. Solía trabajar aquí.

—Que te den.

Y Gene Cassidy se echa a reír. Por un último instante, se siente como en casa.

Los uniformes crujen de puro nuevos, y sus rostros son suaves y no están surcados por cicatrices ni arrugas. Tienen diecinueve, veinte o quizá veintidós años todo lo más. Son totalmente devotos y vírgenes, más allá de toda duda. En sus mentes, libres y puras, aún resuena el lema del departamento, «Proteger y servir». Son cadetes, una clase del condado cercano de Anne Arundel. Veinticinco futuros policías, listos y preparados para la excursión de esa mañana, de la clase en la academia hasta el primer círculo del infierno.

—¿Os gusta lo que veis? —pregunta Rick James, señalando a la galería. Los cadetes se ríen nerviosamente desde el borde de la sala de autopsias. Algunos miran, otros intentan no hacerlo, unos pocos observan, incrédulos.

—¿Es usted inspector? —pregunta un chico en primera fila.

James asiente.

—¿De homicidios?

—Ajá. En Baltimore.

—¿Está llevando un caso?

No, piensa James. Me paso todas las mañanas en la sala de autopsias. Es que me encanta: las vistas, los ruidos, la atmósfera. James siente la tentación de tomarles el pelo, pero lo deja estar.

—Sí. Uno de estos es mío.

—¿Cuál? —pregunta el chico.

—Está en el pasillo.

Un ayudante, que está acabando de trabajar en uno de los cuerpos, levanta la vista.

—¿A quién esperas, Rick?

—El pequeño.

El ayudante echa un vistazo al pasillo y vuelve a concentrarse en la tarea que tiene entre manos.

—Será el siguiente, ¿de acuerdo?

—Perfecto, no hay problema.

James camina entre dos cadáveres para saludar a Ann Dixon, forense adjunta y una heroína para los inspectores de toda la ciudad. Dixie viene con acento británico y opiniones típicas de un inspector norteamericano. Además, aguanta lo que le echen en Cher's o en el Kavanaugh's. Si necesitas que te hagan la autopsia de un fiambre en el estado de Maryland, Dixie es la mejor.

—Doctora Dixon, ¿cómo está usted en esta hermosa mañana?

—Muy bien, gracias —responde desde la mesa de disección.

—¿Qué hay de nuevo?

Dixie se da la vuelta mientras sostiene un cuchillo de hoja alargada en una mano y un afilador en la otra.

—Ya me conoces —dice, frotándolos—. Sigo buscando al hombre perfecto.

James sonríe y va a la oficina del fondo a por un café. Regresa cuando su víctima ya está en la camilla en el centro de la sala de autopsias. El cuerpo desnudo y rígido ocupa la bandeja metálica principal.

—Te diré una cosa —dice el ayudante, mientras aplica el escalpelo contra la piel del cadáver—. Me gustaría mucho hacerle esto al tipo que hizo esto otro.

James mira a la clase de cadetes que observan en silencio petrificado. Después de una media hora en la sala de autopsias, seguramente han creído que ya estaba, que se habían acostumbrado a las estampas y los sonidos y los olores de la morgue de la calle Penn. Luego los carniceros han sacado a este desgraciado de la nevera, y los muchachos se han dado cuenta de que no, de que lo de acostumbrarse va para largo. Desde el centro de la sala, James ve a algunos que apartan la vista mientras otros se esfuerzan por seguir mirando y el horror se pinta en sus caras. En un rincón, una cadete oculta la mirada en la espalda de un compañero más alto. No puede mirar ni siquiera un segundo.

Y no es de extrañar. El cuerpo no es más que una isla pequeña y marrón que flota en un mar de acero inoxidable. Tiene forma de niño, con las manitas alargadas hacia arriba y los dedos encogidos. Es un bebé de dos años, muerto por la paliza que le dio la pareja de su madre. El tipo aún tuvo la sangre fría de vestir el cuerpo hinchado y sin vida y llevarlo a urgencias en el hospital Bon Secours.

—¿Qué ha pasado? —le preguntan los médicos al hombre.

—Estaba jugando en la bañera y se cayó.

Lo dice con una calma que bordea la fanfarronada, y lo repite cuando James y Eddie Brown llegan al hospital. Durante toda la noche lo repite como un mantra en la sala de interrogatorios. Michael estaba en la bañera. Michael se cayó.

—¿Por qué lo vestiste? ¿Por qué no lo llevaste de inmediato al hospital?

No quería que se constipara.

—¿Cómo es que no hay agua en la bañera?

La vació.

—¿Que vaciaste la bañera? ¿El bebé estaba inconsciente y tú te paras a quitar el tapón?

Sí.

—Le has dado una paliza hasta que lo has matado.

No. Michael se ha caído.

Los médicos del Bon Secours no son tontos; en el cuerpecito de Michael Shaw había más hematomas negros y azules que piel morena. Sus heridas equivalen a las que habría sufrido en un accidente de automóvil a más de cincuenta kilómetros por hora. Los forenses de la calle Penn tampoco tienen ninguna duda: muerte por traumatismos repetidos. Al pobre crío le arrancaron la vida a golpes, literalmente.

Aún así, hasta que empieza el examen externo de los patólogos, Rick James no siente un profundo, irreprimible asco.

—¿Has visto eso? —indica el forense, apartando las diminutas piernas—. Está partido en dos.

Es una atrocidad. El bebé de dos años tenía una hemorragia interna y el ano desgarrado por el amante de veintidós años de su madre, el tipo que le hacía de niñera.

Con la boca abierta y los ojos vidriosos, los cadetes de Anne Arundel están atrapados y obligados a contemplar cómo el forense despieza el cadáver del bebé en el otro extremo de la sala. La lección del día.

De camino a la Central, James no dice nada. ¿Qué se puede decir?, por el amor de Dios. No es mío, intenta decirse. No ha pasado donde yo vivo. No tiene nada que ver conmigo.

Es la defensa estándar, el refugio establecido de un inspector de homicidios. Sólo que esta vez no es cierto del todo. Esta vez no hay ningún agujero negro donde enterrar la furia.

De vuelta en la oficina, James recorre el largo pasillo azulado que se aleja de los ascensores, y luego mira por el cristal plateado y observa al tipo que espera en la sala de interrogatorios. Ahí está, sólo y reclinado en la silla, con los pies sobre la mesa.

—Míralo —le dice James al agente uniformado que ha venido a custodiar al prisionero hasta la cárcel—. Míralo, ¿te lo puedes creer?

El tipo está silbando, tranquilamente, y pone un pie sobre la mesa y después otro, primero una zapatilla, luego otra; sólo puede extender los pies tanto como se lo permiten las cadenas de los tobillos. Lleva cordones nuevos —amarillos y verdes—, dos colores por zapatilla, como se llevan ahora. Dentro de dos horas, el responsable de las celdas del distrito suroeste le quitará esos cordones para evitar que pueda utilizarlos en un suicidio, pero ahora mismo constituyen el único elemento del universo del detenido, un lugar cada vez más pequeño.

—Míralo —repite James—. ¿No te dan ganas de arrearle hasta que se le caiga la mandíbula?

—Eh, estoy contigo —dice el agente.

James mira al policía y vuelve a mirar al interior de la sala. El chico nota una sombra al otro lado del panel acristalado y gira la silla.

—Tíos —dice con un ligero acento del oeste—. Necesito ir al baño, eh.

—Míralo, joder —dice James.

Podría entrar y darle una paliza. Podría convertir a ese pedazo de mierda en una pulpa de carne y sangre y ninguno de los demás policías abriría la boca. Los agentes se concentrarían en su papeleo mientras los demás inspectores bloquearían el pasillo, o quizá se meterían en la sala para darle un par de hostias en persona. Y si el coronel se acercara por el pasillo para saber a qué se debía el escándalo, sólo tendrían que hablarle del pequeño Michael Shaw, solo y en silencio para siempre, encima de la bandeja de acero inoxidable.

¿Y alguien podría decir que estaría mal? ¿Es que alguien cree que un castigo tan simple y rápido sería menos que justo? El honor, para un policía, es no golpear a un hombre que lleva esposas o que no puede defenderse, no golpear a un hombre para obtener una confesión y no golpear a un hombre que no se lo merezca. ¿Brutalidad policial? A la mierda con eso. La labor policial siempre ha sido brutal. La buena labor policial, además, es discretamente brutal.

Hace un año, en esta misma sala de interrogatorios, Jay Landsman era el supervisor que llevaba un caso de asalto policial en Fells Point: una pelea de borrachos en la que varios sospechosos habían utilizado una tubería de plomo y habían dejado la vida de un agente de la zona Sureste colgando de un hilo.

—Ahora que estás aquí —dijo Landsman, mientras acompañaba al atacante hasta la sala— voy a quitarte las esposas porque, ya sabes, no soy ningún tipo duro ni nada de eso, pero creo que eres un cobarde y no me vas a causar problemas, ¿verdad?

Landsman le quitó las esposas y el prisionero se frotó las muñecas.

—Sabía que eras un cobarde, pero lo que no sabía era que fueras un cabrón.

El tipo saltó de la silla como si llevara muelles y le dio a Landsman en un lado de la cabeza. Después, Landsman le dio tanta estopa que guardaba una Polaroid de recuerdo de cómo había terminado el prisionero en el cajón superior de su escritorio. Landsman salió de la sala de interrogatorios justo cuando el teniente de servicio entraba por el otro extremo del pasillo.

—¿Qué coño pasa aquí?

—Eh —le dijo Landsman al capitán—. El hijo de puta intentó atizarme.

James también podía decir lo mismo ahora: este bastardo que sodomizó y asesinó a un bebé de dos años intentó atizarme y le di una buena lección. Fin del informe.

—Venga —dice el agente, pensando lo mismo—. Yo te cubro, tío. A mí también me gustaría verlo.

James se da la vuelta, mira al agente con una extraña expresión y luego se va con una sonrisa incómoda y avergonzada. Sería estupendo quitarle las esposas a este cabrón y hacerle daño. Joder, hasta con las esposas puestas tendría más oportunidades de las que le dio al pobre crío. La justicia pura y dura pediría algo más que la condena perpetua para Alvin Clement Richardson; la justicia pura y dura pediría que el bastardo se quedara inmóvil, indefenso e incapaz de detener los golpes que cayeran sobre él.

Y luego, ¿qué? Después de reducir a un sádico a una pulpa sanguinolenta en una sala de interrogatorios, ¿qué quedaría de Rick James? El crío está muerto. Nada va a devolverle la vida. ¿La madre? A juzgar por su comportamiento en los interrogatorios de la mañana, le importa un pito. Ha sido asesinato, le dicen. Ha golpeado a tu bebé tan fuerte, que los médicos dicen que parece como si le hubiera atropellado un coche. Ha matado a tu hijo.

—No creo que lo hiciera —responde ella—. Alvin quiere a Michael.

Claro que James podría haberle dado una paliza, pero ¿para qué y para quién? ¿Para calmarse? ¿Por satisfacción? Alvin Richardson es un sádico hijo de puta más en una ciudad llena de sádicos hijos de puta, y de hecho, su crimen es de lo más normal. Keller y Crutchfield trabajaron en un caso con una niña de dos años asfixiada el pasado mes de agosto; ese mismo mes, Shea y Hagin detuvieron a una niñera que había quemado con agua caliente a un bebé de un año hasta matarlo. En septiembre, a Hollingsworth le tocó el estrangulamiento de un bebé de nueve meses a manos de su madre.

No, piensa James. Podría dejar a este capullo molido a palos y luego arrojarlo a la enfermería de la cárcel y todo seguiría igual. El lunes tocaría volver al trabajo y mirar por la ventana de la sala de interrogatorios y allí habría otro sociópata. James vuelve a sonreírle al agente, sacude la cabeza y regresa a la oficina principal.

—Eddie Brown —dice, acercándose a la máquina de café— hazme un favor y llévate a ese tío de ahí, ¿quieres? Si no, voy a machacarlo vivo.

Brown asiente, se acerca al tablero y saca la llave de la sala de interrogatorios del gancho.

Martes 20 de diciembre

Jay Landsman va de un lado a otro de la oficina de la unidad de homicidios, comparando tres versiones de tres testigos distintos. Había esperado una noche tranquila, incluso tener la oportunidad de irse con

Pellegrini a tomarse unas cervezas después del cambio de turno, pero ahora no tiene un segundo que perder: uno está en la sala grande, otro en el cubículo y el tercero en el sofá al lado de la pecera, esperando su turno. En opinión de Landsman, cada uno tiene más pinta de culpable que el anterior.

Donald Kincaid sale de la sala grande con unas hojas de notas en la mano. Cierra la puerta antes de hablar con Landsman.

—Parece que coopera —dice Kincaid.

—¿Te parece?

—Por el momento.

—Creo que coopera demasiado —dice Landsman—. Creo que este hijo de puta se nos está meando encima y dice que está lloviendo.

Kincaid sonríe. Esta sí que es buena, Jay.

—Bueno, el que está en el sofá intenta colgarle el mochuelo, ¿verdad? —dice Kincaid—. Y, definitivamente, es el que estaba interesado en la chica, ¿me explico? Me pregunta si la tía le sacó de sus casillas.

Landsman asiente.

La chica no hablará. Está muerta en un lavabo de hombres de la fábrica de detergentes Level Brothers, en la carretera Broening. Las heridas son furibundas, así que el crimen parece pasional. Pero eso sería demasiado fácil; además, el marido de la víctima tiene coartada. Estaba en el aparcamiento escuchando la radio en su coche y esperando a que bajara su mujer después de acabar el turno. El vigilante de seguridad de la fábrica fue allí a buscarlo después de encontrar el cadáver.

Así que olvidémonos del marido, piensa Landsman, y vamos a repasar la lista. ¿Amante? ¿Ex amante? ¿Alguien que quería ser su amante? Aún es joven y aún es guapa. Llevará casada un año o así, pero eso no significa mucho; quizá tuviera algún amiguito en la fábrica. Y se le fue de las manos.

—Joder, es que, ¿qué coño estaba haciendo en el lavabo de hombres? —dice Kincaid—. ¿Entiendes por dónde voy?

—Ya —dice Landsman—. Opino lo mismo, Donald.

Landsman vuelve a mirar al interior de la sala grande donde Chris Gaul está sentado en la mesa frente a la Primera Ardilla y toma notas repasando su versión de mierda una vez más. Graul es nuevo en la brigada de Landsman. Viene de la unidad de fraude económico y sustituye a Fahlteich, que lleva ya varios meses en la unidad de delitos sexuales. Después de un par de años de rastrear billeteras y cheques falsos, Graul quería estar en la unidad de homicidios. Y después de seis años en la brigada de Landsman, Dick Fahlteich había visto suficientes asesinatos para toda una vida. La unidad de los violadores, con un horario de nueve a cinco y de lunes a viernes, es para Fahlteich como si le hubieran jubilado, pero con la misma paga.

Landsman observa a su nuevo inspector trabajando al otro lado del cristal. Graul a cambio de Fahlteich, Vernon Holley para sustituir a Fred Ceruti: ha sido un año de cambios en su brigada, pero Landsman no se queja. Con todo el tiempo que llevaba en la unidad de robos, Holley llegó y se puso a trabajar al cien por cien, y ahora se podía ocupar solo de un caso sin necesidad de supervisión. Graul también era un hallazgo, aunque Landsman sabía que Graul se llevaba bien con Stanton desde que estuvieron juntos en narcóticos y que el recién llegado intentaría cambiar de turno a la primera ocasión. Bueno, si eso pasaba después de que Graul hubiera demostrado lo que valía, Landsman podría pedirle a Stanton un buen inspector a cambio.

Sospechosos, víctimas, inspectores... Los jugadores cambiaban, pero la máquina seguía escupiendo y avanzando a trompicones. De hecho, los hombres de D'Addario habían mejorado su porcentaje de casos resueltos y ahora estaban casi empatados con el otro turno. La unidad, en conjunto, había llegado al 72 por ciento de casos resueltos, justo por encima de la media nacional. Todas las quejas acerca de las cifras de principios de año, la histeria y los nervios que provocaban las horas extras, los asesinatos de la zona Noroeste y el caso de Latonya Wallace que no avanzaba; todo eso no significaba demasiado a final de año. De algún modo, las cifras siempre se enderezan cuando llega el mes de diciembre.

Y Landsman no contribuye poco: su brigada tiene un porcentaje del 75 por ciento de casos resueltos, el más alto del turno de D'Addario. La brigada de Nolan y los hombres de McLarney habían pasado por unas rachas brutales a principios de otoño; ahora le tocaba a Landsman y a los suyos resolver un caso tras otro.

Llevaban dos meses acertando sistemáticamente. Dunnigan empezó por cerrar la emboscada por drogas de la plaza Johnston, y luego Pellegrini le siguió resolviendo un caso de homicidio en Alameda, un tiroteo accidental: un idiota que se cargó a un chico de catorce años mientras hacía el imbécil con su nueva semiautomática. Luego Holley, Requer y Dunnigan se ocuparon de un par de crímenes entre marido y mujer y una semana después, Requer se hizo con un caso difícil, un asesinato por drogas en la zona de ventas entre Gold y Etting. Durante el mes siguiente, todos los hombres de la brigada se llevaron otro gato al agua, y cerraron sus respectivos casos en un par de días a lo sumo. La suerte parecía seguir a la brigada, así que se le pegó un poco a Pellegrini, que cogió una llamada una noche de invierno y le tocó su segunda muerte accidental por tiroteo consecutiva. Hasta el destino pareció sentirse obligado a disculparse.

Esta noche, si tiene tiempo, Landsman echará un vistazo a su sección en el tablero y mirará, satisfecho, los renglones escritos en tinta negra. Doce casos cerrados uno detrás de otro, y ahora este extraño apuñalamiento en el interior de una fábrica, mientras trescientos empleados estaban trabajando en el turno de noche. No va a dejar que una chorrada le ponga fin a su racha. ¿Matan a una chica en horario laboral en una fábrica? Esto no se convertirá en un hueso, no señor. Va a ser que no, piensa Landsman. Este caso es pan comido, tiene una clave y sólo tengo que encontrarla.

Al llegar a la fábrica de Lever Brothers esa noche más temprano, Graul y Kincaid habían al segundo piso del edificio principal, donde habían encontrado el cuerpo de Ernestine Haskins, la encargada de la cafetería, de treinta años de edad. Le habían cosido el pecho a puñaladas, pero el corte letal había sido en la yugular. Le habían arrancado el sostén y la blusa, lo cual sugería un móvil sexual; igual que las manchas y el rastro de sangre entre los lavabos individuales y las heridas defensivas en los antebrazos indicaban una breve pelea. El arma, probablemente un cuchillo largo de cocina, no estaba allí.

La cafetería había cerrado después de servir la cena a los empleados, aunque el área no estaba cerrada y cualquier empleado podía acceder a ella. Justo antes de que se descubriera el cuerpo, Haskins y otros dos empleados masculinos estaban limpiando y preparándose para irse. Sólo por ese motivo, tenían que interrogar más detalladamente a los compañeros de Ernestine. Uno había descubierto el cuerpo y el otro había estado con ella en la cocina unos minutos antes.

Mientras esperaban que el turno de la fábrica terminase, los dos inspectores procesaron la escena, recorrieron la cafetería y comprobaron el resto del segundo piso, en busca de un rastro de sangre o de cualquier detalle fuera de lo normal. En el cambio de turno, que se produjo poco antes de la medianoche, Kincaid bajó a la puerta exterior de la fábrica para observar a todos los obreros fichar a la salida, junto al guardia de seguridad, desfilando lentamente frente al policía. Miró a todos los hombres directamente a la cara y luego estudió sus zapatos y los dobladillos de sus pantalones, esperando encontrar manchitas delatoras de color rojo oscuro.

Mientras tanto, Graul siguió una pista que le dio uno de los empleados de la cafetería en el primer interrogatorio, aún en la escena del crimen. Cuando le preguntó si Ernestine Haskins tenía amigos o amantes en la fábrica, el empleado mencionó a un hombre que estaba trabajando precisamente en ese momento. Cuando los vigilantes de seguridad le llevaron a la cafetería, el tipo no demostró ninguna sorpresa al ser informado del crimen. Eso no significa mucho de por sí: el rumor sobre el asesinato se había extendido por toda la fábrica antes de que llegaran los inspectores. Sin embargo, lo que resultaba más extraño era que no tenía ningún problema en admitir que Ernestine Haskins le había interesado. Sabía que estaba casada, pero aún así, le había parecido que era amable con él y que quizá se hubiera apuntado si él le hubiera propuesto ir más allá.

Kincaid y Graul inspeccionaron la ropa del hombre, pero no encontraron manchas ni desgarros. Tenía las manos limpias y sin cortes y no había rasguños ni rastro de heridas en la cara. Aunque lo cierto era que, si resultaba ser el asesino, había tenido tiempo de limpiarse mucho antes de que apareciera la policía. Llegó el coche patrulla; se llevaron a la Central tanto al pretendiente como a los dos empleados de la cafetería.

Después de dos horas en la escena del crimen, los dos inspectores volvieron a la oficina. Landsman había distribuido a los tres recién llegados en sendas salas, donde, en su opinión, habían hecho gala de un comportamiento roedor.

La Primera Ardilla, el empleado de cafetería que le había dado a Graul la pista sobre el pretendiente, siguió colaborando solícitamente con los inspectores y sugiriendo todo tipo motivos que podrían haber llevado al tipo a asesinar a Ernestine. El otro empleado, la Segunda Ardilla, no parecía saber nada del asesinato de su jefa. Y la Tercera Ardilla, el obrero de la fábrica que se había sentido atraído por Ernestine, parecía ahora extrañamente indiferente ante su muerte violenta, como si no fuera más que otro incidente cotidiano en la fábrica.

Después de pasarse una hora contrastando las versiones, yendo y viniendo, comprobando lo que decía uno y verificando las afirmaciones de otro, Landsman ya se había formado no una, sino varias, opiniones. La Segunda Ardilla, el que estaba en la sala grande, era un imbécil descerebrado. Quizá también, culpable. La Primera Ardilla, que esperaba en el cubículo, era jodidamente amable, demasiado. Amablemente culpable, pues. Y la Tercera Ardilla, que esperaba en la pecera, era un capullo y seguro que, además, era culpable.

Y ahora, después de tres horas de investigación, Landsman mira como Kincaid regresa a la sala donde Graul sigue escuchando, resignado, una retahíla de mentiras. Empieza a amanecer y hasta ahora Landsman ha sido la viva estampa de la paciencia. No ha habido gritos. Ni interrogatorios salvajes. Ni humor sádico entre el caos de la investigación criminal.

En parte, Landsman se contiene porque este es aún el segundo caso de Graul y está intentando no agobiar al nuevo inspector; y también porque Ernestine Haskins —como Latonya Wallace— parece una verdadera víctima. No importa lo que le hayan hecho a Landsman dos décadas en el departamento, pero le han enseñado la diferencia entre un crimen y un asesinato. Después de todo, una cosa es que el inspector se eche unas risas con los agentes cuando están frente al cuerpo de un camello muerto; y otra cosa muy distinta, comportarse así cuando la muerta es una esposa joven y con la blusa arrancada, el cuello rebanado y el marido esperándola en el aparcamiento. Incluso para Landsman, hay cosas que no son graciosas. Y a pesar de su reputación, sabe que hay momentos en que una bronca no es lo más aconsejable. Durante horas, deja que Graul y Kincaid lleven el peso de la investigación, esperando a que se les acaben las preguntas para tomarles el relevo. A primera hora de la mañana, cuando los responsables de la cafetería llaman a la unidad de homicidios para decirles que falta la recaudación del día en la caja fuerte de la cocina, Landsman recupera su actitud habitual.

—¿Qué coño es esta mierda? —dice entrando de nuevo en la salita.

La Primera Ardilla mira sorprendido a Landsman cuando éste hace su aparición.

—¿Qué rollo nos estás contando?

—¿Cómo?

—Esto es un atraco.

—¿El qué?

—Este jodido asesinato. Falta la recaudación del día.

El empleado sacude la cabeza. Yo no he sido, le dice a Landsman, pero quizá quiera hablar con el otro chico que trabaja en la cocina. Siempre hablaba de quedarse con la pasta. Intentó convencerme para que lo hiciéramos juntos.

Landsman reflexiona, da la vuelta girando sobre sus talones y se dirige hacia la sala grande, donde el pretendiente de la chica —que ahora parece haberse olvidado de ella— está aporreando la puerta porque quiere ir al baño.

—Agentes...

—Un segundo —grita Landsman, y se dirige hacia la pecera, donde espera el segundo empleado.

—¡Tú! —le dice a la Segunda Ardilla— ¡Levántate!

El hombre sigue a Landsman por el pasillo hasta el cubículo, que ahora está vacío porque Graul ya ha llevado al primer empleado a la pecera, atravesando la oficina principal. Sillas musicales para las ardillas.

—¿Qué has hecho con el dinero? —le dice Landsman, amenazador.

—¿Qué dinero?

Pregunta equivocada. Landsman empieza a presionar a la Segunda Ardilla: le dice que lo saben todo del robo, que es un crimen muy serio, que han oído que le había echado el ojo a la caja fuerte, que Ernestine Haskins los descubrió y se enfrentó al jefe de la banda en el lavabo y la mataron para que no se fuera de la lengua.

—No sé nada de ningún dinero.

—Eso no es lo que dice tu amiguito.

El tipo mira a su alrededor en busca de algo a lo que agarrarse. Kincaid y Graul le devuelven la mirada, impasibles.

—Pero, ¿estás tonto? —dice Landsman—. Él te ha denunciado.

—¿Qué...?

—Que dice que tú la mataste.

—¿Yo...?

Joder, piensa Landsman. ¿Es que tengo que dibujártelo, o qué? Lenta y penosamente, la Segunda Ardilla se pone al día.

—¿Dice que yo la maté?

—Exactamente.

—Fue él —dice el hombre, enfadado—. Él lo hizo.

Bien, piensa Landsman, regresando a la oficina. Puedo trabajar con esto. Después de todo, acaban de transformar un hueso duro de roer en un simple caso de disyuntiva preposicional: y/o. Ahora a un buen inspector sólo le queda poner a la Primera y la Segunda Ardilla juntos en la misma jaula.

Pero al girar la esquina de la pecera, Landsman llega demasiado pronto y pilla a la Primera Ardilla metiendo fajo tras fajo de billetes en el forro de la chaqueta de su compañero de trabajo.

—¿Qué coño te crees que estás haciendo?

El joven se queda congelado: le han pillado con las manos en una masa muy, muy grande.

—¡Dame eso, joder! —grita Landsman, agarrando al tipo del brazo y arrojándolo de nuevo al pasillo.

El forro está repleto de billetes de cinco, de diez y de veinte. El resto del dinero está aún en los bolsillos interiores de la chaqueta del tipo. La Primera Ardilla mira a Landsman con ojos de corderito mientras Graul y Kincaid se acercan corriendo al oír los gritos.

Landsman sacude la cabeza, asombrado.

—Estamos ahí, hablando con este tipo, y el jodido hijo de puta está sentado en el sofá y voy y lo pillo metiendo la pasta en el abrigo del otro.

—¿Ahora mismo? —dice Kincaid.

—Sí, justo ahora. Acabo de cazarlo.

—Joder.

—Pues sí —dice Landsman, riéndose por primera vez en toda la noche—. ¿A que es para morirse?

Horas después, el culpable confiesa el asesinato a su manera («Le puse el cuchillo en el cuello pero no la maté. Debió de moverse o algo así»), y Landsman se sienta en el despacho grande para repasar el caso, mientras Graul mecanografía la orden.

—Todas esas chorradas que nos contaba sobre este y aquel —le dice Landsman a Kincaid—. Debería de haberme dado cuenta antes.

Quizá sí, y quizá eso encierra una lección. Cuando trabajas con asesinatos, la preparación, la paciencia y la sutileza sólo te ayudan hasta cierto punto; a veces, si se supera una cantidad determinada de precisión, pasa a ser una carga. Por ejemplo, Tom Pellegrini, que se pasa la noche del asesinato de Ernestine Haskins igual que ha pasado muchas otras noches en los últimos dos meses, en busca de un enfoque racional para algo que no lo es, porque no hay explicación científica en un lugar donde nada es exacto. El método de la locura de Landsman se basa en una lógica dura y pragmática, que nace del cruce entre impulso y rabia repentina. La locura de Pellegrini, en cambio, se expresa como una búsqueda obsesiva de la gran respuesta racional.

En el despacho anexo, el escritorio de Pellegrini está decorado con una docena de testimonios de su solitaria y quijotesca campaña. Material de lectura sobre nuevas técnicas de interrogatorio, currículums de entrevistadores profesionales y compañías privadas especializadas en la planificación de interrogatorios, libros sobre comunicación no verbal y el lenguaje corporal, incluso algunos informes de una entrevista con una médium que Pellegrini organizó con la esperanza de que las técnicas de investigación extrasensorial fueran más fructíferas que la mayoría de las estrategias habituales. Está todo apilado al lado del expediente de Latonya Wallace.

Para Pellegrini, hay que tener en cuenta el otro lado: el instinto no basta, y la emoción puede vencer a la razón. Han interrogado dos veces al Pescadero en uno de los cubículos, y dos veces han optado por confiar en sus instintos, en la experiencia acumulada de los agentes. En ambas ocasiones, ha vuelto a su casa en coche patrulla. Y sin confesión —Pellegrini lo sabe muy bien— no tiene nada más que darle a esta investigación. Los testigos jamás aparecerán, o quizá ni siquiera existieron. La escena del crimen será un misterio para siempre. Jamás podrán recuperar pruebas de ningún tipo.

En su última oportunidad con el Pescadero, el inspector principal del caso Latonya Wallace deposita todas sus esperanzas en la razón y en la ciencia. Landsman puede llevarse por delante a otros veinte sospechosos igual que ha hecho con el asesino de Ernestine Haskins, pero Pellegrini seguirá pensando lo mismo. Ha leído y estudiado y revisado cuidadosamente los anteriores interrogatorios a los que ha sometido a su mejor sospechoso. Y en el fondo de su corazón, cree que debería de existir alguna certeza, un método por el cual extraer la confesión deseada de un hombre culpable como si se derivase de una ecuación que los inspectores de Baltimore aún no han sabido formular.

Sin embargo, un mes antes, cuando Pellegrini estaba rumiando el caso del segundo tiroteo accidental, Landsman volvió a demostrar que la cauta racionalidad era una carta inútil para la partida que juegan los inspectores. También en esa ocasión había esperado en el banquillo mientras su inspector interrogaba a tres testigos distintos que ofrecían explicaciones distintas para un tiroteo que había matado a un adolescente, un nativo americano. Estaban bebiendo cerveza y jugando a videojuegos en el salón, decían todos. De repente llamaron a la puerta del apartamento. Y apareció una mano por la puerta entreabierta. Y esa mano sostenía un arma. Y luego disparó un único y repentino disparo.

Pellegrini hizo que los jóvenes repitieran sus versiones una y otra vez, esperando a que aparecieran las microseñales subliminales, como dicen los manuales de detección de mentiras. Se fijó en que los ojos de uno se iban hacia la derecha cuando respondía; según el libro, es que mentía. Otro se retrepó sobre la silla cuando Pellegrini se inclinó hacia él; según el libro, era un introvertido, un testigo al que no podía presionar rápidamente.

Con el inspector jefe esperando, Pellegrini repasó las declaraciones durante más de una hora, detectó algunas contradicciones y destapó unas cuantas mentiras obvias. Lo hizo metódica y pacientemente. No le sirvió de nada.

Poco después de la medianoche, Landsman decidió que ya tenía bastante. Arrastró a uno de los críos, el gordito, hasta su despacho, cerró la puerta de golpe y se dio la vuelta furioso, mientras descargaba un puñetazo en el escritorio. La bombilla fluorescente tembló, se rompió en pedazos contra el linóleo y el chico se protegió, temiendo una lluvia de golpes que nunca llegó.

—¡Estoy hasta las narices de ti!

El chico miró a la pared, aterrorizado.

—¿Me has oído? ¡Basta de chorradas! ¿Quién fue?

—No lo sé. No vi nada...

—¡Me estás mintiendo! ¡No me mientas!

—Yo...

—¡Joder, joder! ¡Te lo advierto!

—No me pegue, no...

En la pecera, el amigo del gordito y el tercer testigo, un adolescente negro de la zona sureste, lo oían todo. Y cuando la *blitzkrieg* Landsman avanzó arrollándolo todo a su paso por el pasillo, los peores temores del chico negro pudieron con él. Empezó a temblar como una hoja. El inspector cogió al chico, lo metió en la oficina del teniente y empezó a escupir blasfemias. Todo había terminado en treinta segundos.

Landsman volvió a su despacho al cabo de unos minutos y le dijo al gordito:

—Basta de mentiras. Tu amiguito se ha ido de la lengua.

El chico asintió, casi aliviado.

—No quería dispararle a Jimmy. La pistola se me disparó sin querer, de verdad.

Landsman sonrió, gravemente.

—Se le ha roto la lámpara —dijo el chico.

—Pues sí. Vaya por Dios —respondió Landsman, abandonando el despacho.

Fuera, en el despacho adjunto, Pellegrini saluda a su inspector jefe con una sonrisa y una expresión de disculpa.

—Gracias, jefe.

Landsman se encoge de hombros y sonríe.

—Aún estaría hablando con ellos si no hubieras hecho eso —dice Pellegrini.

—Joder, Tom, tú habrías hecho lo mismo, antes o después —le dice Landsman.

Pero Pellegrini no contesta, algo inseguro. En ese momento, Landsman acaba de dar una lección que es una contradicción, un inquietante contrapeso a la metódica búsqueda de respuestas empíricas en la que Pellegrini tanto cree. La lección de Landsman dice que la ciencia, el análisis y la precisión no son suficientes. Le guste o no, a veces un buen inspector de policía tiene que apretar el gatillo.

JUEVES 22 DE DICIEMBRE

Felices fiestas les desea la Unidad de Homicidios de Baltimore, donde un Santa Claus de porexpán cuelga de la puerta de la oficina anexa, con el rostro destrozado por un profundo y sangriento disparo a bocajarro en medio de la frente del viejo santo. La herida se hizo con un cortaplumas, la sangre con un rotulador, pero el mensaje está claro: Santa, tío, que esto es Baltimore. Ándate con cuidado.

En las paredes reforzadas de metal de la oficina principal, Kim y Linda y las demás secretarias de la sexta planta han colgado unas pocas tiras de papel rojo y dorado, algunos renos de cartón y unos bastoncitos de caramelo. En la esquina noroeste de la oficina está el árbol de la unidad, que este año tiene una decoración austera pero al que se le han ahorrado los despliegues de cinismo de otros años. Hace algunos, unos pocos inspectores sacaron unas cuantas fotos de la morgue de los expedientes, la mayoría, fotos de camellos muertos y de asesinos a sueldo, unos cuantos de los cuales habían sido absueltos de cargos de asesinato. Recortando con cuidado, los inspectores liberaron aquellos cuerpos cosidos a balazos de las fotos y, presa del espíritu navideño, pegaron alas dibujadas a mano en los hombros de los muertos. En cierta manera fue muy tierno. Tipos duros como Squeaky Jordan y Abraham Partlow parecían auténticos angelitos colgando así de las ramas de poliuretano.

Incluso los adornos que empezaron como gestos sinceros, parecen pequeños y derrotados de antemano en este lugar en el que las expresiones «paz en la tierra» y «hombres de buena voluntad» no tienen nada que ver con el día a día. En el aniversario del nacimiento de su salvador, a los hombres que trabajan en homicidios no los salva nadie, siguen atrapados en la misma rotación de tiroteos, apuñalamientos y sobredosis. Y, sin embargo, las brigadas que trabajan en el turno de cuatro a doce y durante la Nochebuena reconocerán la Navidad aunque no puedan celebrarla. Porque, qué diablos, una ironía tan grande hay que celebrarla de algún modo.

Un año antes no hubo mucho caos por Navidad, solo un par de tiroteos en el oeste de la ciudad. Pero hace dos años todas la líneas telefónicas estaban ocupadas y el año anterior a ese también fue un auténtico infierno, con dos homicidios domésticos y un asesinato a tiros muy grave que tuvieron a la brigada de Nolan corriendo hasta el amanecer. En esas Navidades, el relevo llegó temprano y se encontró con que los hombres de Nolan sufrían una extraña fiebre navideña y estaban representando una serie de homicidios navideños en la oficina principal.

—¡Zorra! —gritaba Nolan, apuntando con el dedo a Hollingsworth—. ¡Me has regalado lo mismo que el año pasado! ¡BANG!

—Hijo de puta, ya tengo una tostadora —respondía Hollingsworth, devolviéndole el disparo con el dedo a Requer—. ¡PUM!

—¿Ah sí? —decía Requer, disparando a Nolan—. Bueno, pues este año has vuelto a quemar el relleno.

Y su pequeño entremés teatral no estaba tan lejos de la realidad: en un turno legendario de Navidad a principios de la década de 1970, un padre mató a su hijo por una discusión sobre la carne oscura y la carne clara en la mesa de la cena de Nochebuena. Le clavó el cuchillo de cortar carne en el pecho al chico para asegurarse que se le serviría carne primero a él.

Cierto, el capitán siempre se acuerda de que suban al turno de noche un respetable surtido de *delicatessen*. Cierto también que el turno de Navidad es la única noche del año en la que un inspector puede sacar una botella de su escritorio y dejarla en la mesa sin preocuparse de que la vea algún oficial errante. Aún así, el turno de Navidad en homicidios sigue siendo el turno más deprimente que pueda imaginarse. Y la suerte ha querido este año que el cambio de turno de tres semanas de los hombres de D'Addario caiga la mañana del 25 de diciembre. Landsman y McLarney trabajaran con sus brigadas la Nochebuena de cuatro a doce, seguidos por los hombres de Nolan en el turno de medianoche y luego otra vez por los hombres de McLarney que entran en el relevo del turno de día el día 25.

A nadie le gusta ese calendario pero Dave Brown, por su lado, ha encontrado una forma de suavizar su rigor. Siempre se esfuerza por apuntarse pronto para las vacaciones y, este año, con una hija de un año y fervientes sueños de felicidad doméstica, no tiene previsto estar cerca de la Central la mañana de Navidad. Naturalmente, esta absurda noción de Brown se convierte en otra de la larga lista de cosas por las que, en opinión de Donald Worden, es necesario putearlo. Una lista que, resumiendo, es algo así:

1. Brown no ha hecho una mierda con el caso de Carol Wright, que sigue sin ser nada más que un accidente de tráfico sospechoso.

2. Acaba de volver tras cinco semanas de baja médica por una operación en la pierna en el Hopkins, un procedimiento supuestamente necesario por algún tipo de misterioso daño en los nervios o espasmos musculares que un hombre de verdad hubiera ignorado completamente con un par de cervezas.

3. Todavía tiene que demostrar que posea alguna habilidad como inspector de homicidios.

4. El sábado no podrá ir a Pikesville a conseguirle *bagels* de ajo en el turno del domingo porque resulta que ese día es Navidad.

5. Peor aún, tiene los arrestos de marcharse de vacaciones mientras el resto de la brigada tiene que trabajar los dos extremos de un cambio de turno.

6. Y, en definitiva, es un pedazo de mierda.

Worden, con su notable memoria, no necesita escribir en ninguna parte su pequeña y saludable lista. En vez de ello, la mantiene en la punta de la lengua, para así mantener a aquel hombre más joven con él en contacto con algunas de las verdades esenciales de la vida.

—Brown, eres un pedazo de mierda —le dijo en el ascensor hace una semana por la noche—. ¿Sabes cuantos días he estado de baja médica desde que ingresé en el cuerpo?

—Sí, miserable cabrón, lo sé —contestó Brown, levantando la voz—. No has estado de baja ni un apestoso y jodido día. Sólo me lo has contado un millón de veces, maldito...

—Ni un solo día —dice Worden, sonriendo.

—Ni un solo día —dice Brown imitándolo con voz de falsete—. ¡Déjame en paz de una puta vez!, ¿quieres?

—Pero a ti te duele un poquito la pierna y...

—Era una enfermedad grave —gritó Brown, perdiendo la paciencia—. Tuvieron que operarme, una operación peligrosa en la que me podía haber quedado...

Worden se limitó a sonreír. Tenía al pobre chico exactamente donde quería; de hecho, ya hacía semanas que lo tenía allí. Worden se había puesto tan insoportable que después del encuentro en el ascensor, el expediente el caso de Carol Wright regresó repentina y mágicamente del olvido y abandonó los armarios archivadores para ocupar un lugar más destacado en la mesa de David Brown.

—No tiene nada que ver con Worden —insistió Brown en aquel momento—. Este caso lleva jodiéndome durante meses y ya me había propuesto volver a ponerme con él en cuanto me reincorporara después de mi baja médica.

Quizá sí. Pero ahora, desde el otro lado de la sala del café, Worden mira con cierta satisfacción personal cómo el inspector más joven pasa un día volviéndose a familiarizar con la joven billy muerta en el aparcamiento de grava.

Brown repasa el contenido del expediente, volviéndose a familiarizar con los informes de oficina, las fotos de la escena, los seguimientos y las fotos de identificación policial de una docena de sospechosos que no dieron resultado. Lee una vez más las declaraciones de los testigos del Hollywood Bar de Helen, las declaraciones que hicieron borrachos medio groguis que creían que el asesino conducía un Lotus personalizado por las calles de Baltimore. Revisa de nuevo los informes de todas las detenciones que se efectuaron de coches deportivos negros y compactos en los distritos del sur de la ciudad.

No hay nada peor que un asesinato billy, piensa Brown, contradiciendo cualquier opinión que hubiera sostenido antes. Odio a los billy: hablan cuando se supone que tienen que callar, te joden la investigación, te hacen perder tiempo contándote su vida entera. Que se joda este caso, se dice a sí mismo. Que me den un asesinato por drogas en los barrios bajos donde nadie vio nada, medita. Que me den algo con lo que pueda trabajar.

Brown vuelve a leer las diversas descripciones del sospechoso que le dieron los parroquianos, las declaraciones contradictorias sobre la longitud del pelo, el estilo de peinado, el color de sus ojos y todo lo demás. Alinea en la mesa las fotografías de identificación sacadas de un montón de casos viejos y busca algo que encaje vagamente, pero sin una descripción medianamente competente, es una tarea imposible. No solo eso, sino que todas las fotografías de identificación le parecen perturbadoramente parecidas. Le parece que todos aquellos billy miran a la cámara con una mirada de oh-así-que-esto-es-la-foto-de-mi-ficha-policial; todos tienen tatuajes, la dentadura en mal estado y una camiseta sin mangas tan sucia que podría sostenerse sola.

Mira esta escoria, piensa Brown, tomando una foto del montón: un auténtico billy de tomo y lomo. El chico es obviamente un loco de los coches, tiene el pelo negro y liso y lo lleva largo hasta la mitad de la espalda y peinado con la raya en el medio. Tiene los dientes jodidos —vaya sorpresa— y unas cejas rubias muy raras. Joder, el chaval tiene una expresión tan ausente que por sí sola valdría como causa probable para un registro por drogas...

Mierda, tiene las cejas rubias. Muy rubias, piensa Brown, sorprendido.

El inspector sostiene la fotografía de identificación cerca de sus ojos, que saltan arriba y abajo entre el pelo y las cejas del chico. Negro, rubias. Negro, rubias. Oh, por favor, no me jodas; están ahí mismo, en la fotografía, claras como el agua. ¿Cómo coño no las vi la primera vez?, se pregunta buscando el informe que inicialmente venía grapado con la foto.

Está claro que el nombre del chaval llegó cuando la policía lo paró en Pigtown. Algún agente del distrito Sur debió de obedecer a aquella alerta que habían enviado a las patrullas en agosto. Brown encuentra el informe y lo recuerda: el tipo conducía un Mustang negro con techo solar. No era exactamente el tipo de techo extraíble que habían descrito los testigos y el coche tampoco era exactamente un Lotus. Pero se le parecía. Y un Mustang sí llevaría neumáticos bajos de alto rendimiento como los que había descrito el tipo de tráfico. Pero la primera vez que Brown había leído el informe, lo había descartado. El agente del distrito afirmaba de forma inequívoca que el conductor del coche tenía el pelo negro y lo único en que coincidían todos los testigos era en que el acompañante de Carol Wright era rubio. Hacía sólo una semana, después de reabrir el caso, se había molestado en pedir a la sección de identificaciones que le enviaran las fotos de los sospechosos menos viables como aquel. Y sólo ahora se daba cuenta del detalle de las cejas.

—Donald, mira esto.

Worden se acerca, esperando algo poco convincente.

—Esta foto es de un arresto un par de semanas después de mi asesinato. Mira las cejas.

El inspector más veterano estudia la fotografía de identificación y levanta una de sus propias cejas. ¿Por qué diablos un billy rubio iba a teñirse el pelo de negro? Quizá al revés hubiera algún caso, pero ¿de rubio a negro? ¿Cuándo se ha visto que un joven haga eso?

Ha estado fino, admite Worden para sí mismo. Ha estado jodidamente fino.

Puesto que han transcurrido cuatro meses ya no hay muchas esperanzas de recuperar pruebas físicas, así que no será hasta después de fiestas cuando Brown y Worden salgan a la calle a investigar esta nueva pista. Pero cuando sacan al chico de casa de su novia en Pigtown una mañana de enero, el pelo de Jimmy Lee Shrout está teñido de rojo y él se comporta como si los hubiera estado esperando desde agosto. El viejo Mustang, que encuentran frente a la casa de su novia ese mismo día, será remolcado hasta el garaje de Fallsway, donde Worden lo está esperando con un técnico del laboratorio. Con el coche subido en un gato hidráulico, el inspector y el técnico empiezan a retirar las manchas grasientas de los bajos y durante los primeros diez minutos sólo encuentran suciedad, trozos de papel y fragmentos de hojas de árboles, hasta un punto en que el técnico del laboratorio empieza a mofarse de la posibilidad de que quede algo útil en la parte inferior del chasis tanto tiempo después del incidente.

—Bueno —contesta Worden, tirando del extremo de un delgado filamento e intentando soltarlo del eje delantero—, entonces, ¿cómo llamarías a esto?

—¡Vaya!

Worden desatasca con cuidado el filamento del eje, en el que está enrollado tres veces. Al final, tiene en sus manos un largo cabello rojo.

—¿De qué color tenía el pelo la víctima? —pregunta el técnico.

—Rojo —dice Worden—. Era pelirroja.

Más tarde ese mismo día, Lee Shrout esperará a los inspectores en la sala de interrogatorios grande y, cuando la espera se le haga demasiado larga, se dormirá. Más tarde todavía, le mostraran una imagen de Carol Wright y les dirá a Brown y a Worden que recuerda haberla recogido cuando hacía autostop en la calle Hanover. También recuerda que fue a ver a alguien en el distrito Sur y que luego la llevó a un bar en Fell's Point. Sí, Helen, así se llamaba. Bebieron un poco, ella bailó, luego se ofreció a llevarla a casa, pero ella lo llevó al aparcamiento del Sur de Baltimore donde ella se fumaba su maría. Él quería irse a casa y dormir. Ella se enfadó y salió del coche, tras lo cual él se quedó dormido dentro. Despertó al cabo de un momento y se marchó de allí.

—Jimmy, la atropellaron en ese aparcamiento.

—Yo no fui.

—Jimmy, fuiste tú.

—Había bebido. No me acuerdo.

Más tarde, en una segunda sesión, Jimmy Shrout admite recordar que topó con algo mientras salía del aparcamiento de grava. Le dice a los inspectores que creyó que había topado con un bordillo o algo así.

—Jimmy, en ese aparcamiento no hay bordillos por ninguna parte.

—No me acuerdo —insiste el chico.

Brown tiene curiosidad por un detalle en particular:

—¿En algún momento después de aquel día encontraste alguna sandalia en tu coche?

—¿Una sandalia?

—Como una chancla de verano.

—Sí, unas pocas semanas después me encontré en el coche algo así. Pensé que era de mi novia y la tiré.

Al final, no será nada más que homicidio imprudente, que a lo sumo supone dos o tres años de condena en la penitenciaria del Estado. El problema con los atropellos es el mismo que existe con las víctimas de un incendio: sin testigos no hay forma de hacer que un jurado se crea que alguien que murió en esas circunstancias no fuera víctima de un accidente.

Todo eso está todavía en el futuro, pero hoy, en el momento en que Dave Brown se da cuenta en la foto de identificación de Jimmy Lee Sprout de que se ha teñido el pelo, el caso se ha resuelto, y se ha resuelto como un asesinato, no como un accidente de tráfico, no como un caso pendiente de calificar por el forense. Dave Brown tiene motivos para estar muy satisfecho. A pesar de lo que el fiscal o el jurado digan luego, hoy la muerte de Carol Wright se resuelve como un crimen. Pelo negro, cejas rubias, caso cerrado.

Hay otro caso que también se resuelve. Unas pocas horas después de que Brown le enseñe la fotografía de identificación y le pida que se fije en el color del pelo, Worden ve como Brown recoge sus cosas y se va a la sala del café a recoger su abrigo.

—Jefe —dice Brown a McLarney, que está sentado frente a Worden—, a menos que me necesites para algo, me voy de vacaciones.

—Está bien, Dave, felices fiestas —dice McLarney.

—Donald —dice Brown, despidiéndose del veterano inspector—, felices fiestas.

—Lo mismo digo, David —contesta Worden—. Feliz Navidad para ti y los tuyos.

Brown se para en seco. ¿David? ¿No Brown? ¿Y Feliz Navidad? ¿No «felices fiestas, pedazo de mierda»? ¿Ni siquiera «que tengas buenas vacaciones, capullo inútil»?

—¿Qué ha sido eso? —pregunta Brown, volviéndose hacia Worden.— ¿Feliz Navidad, David? ¿No vas a meterte conmigo? El mes pasado salí por esa puerta al son de «feliz día de Acción de Gracias, pedazo de mierda».

—Feliz Navidad, David —repite Worden.

Brown niega con la cabeza y McLarney se echa a reír.

—¿Quieres que diga que eres un pedazo de mierda? —dice Worden.— Pues diré que eres un pedazo de mierda.

—Eh, no, no, sólo estoy confundido.

—Oh, así que estás confundido —dice Worden, ahora sonriendo—. En ese caso, dame veinticinco centavos.

—Siempre le estás dando monedas de veinticinco —dice McLarney—. ¿Por qué Worden siempre anda sableándote monedas de veinticinco centavos?

Dave Brown se encoge de hombros.

—¿No lo sabes? —pregunta Worden.

—No tengo la menor idea —dice Brown, sacándose una moneda del bolsillo y lanzándosela al inspector más viejo—. Es Donald Worden. Si quiere veinticinco centavos, se los doy.

Worden sonríe extrañamente ante este particular vacío en los conocimientos de Dave Brown.

—Bueno —pregunta Brown, mirando a Worden—, ¿hay algún motivo en particular?

Todavía sonriendo, Worden sostiene el último donativo entre el pulgar y el índice, con el brazo extendido hacia arriba para que la moneda reluzca un poco reflejando la luz de los fluorescentes.

—Veinticinco centavos —dice Worden.

—Sí. ¿Y?

—¿Cuánto tiempo llevo siendo un policía? —pregunta Worden, dando rienda suelta a su acento de Hampden.

Y por fin Dave Brown lo entiende. Veinticinco centavos, veinticinco años. Una afirmación pequeña pero simbólica de Worden.

—Muy pronto —dice Worden sonriendo—, te voy a pedir un centavo más.

Brown sonríe comprendiendo la lógica de Worden. Ha aprendido sobre lo que ni siquiera se había interrogado a sí mismo, ha recibido una respuesta a una pregunta que nunca pensó formular. Si Worden te pide veinticinco centavos, se los das. Es el Gran Hombre, por el amor de Dios, el último policía nato de Estados Unidos.

—Eh, Brown —dice Worden, devolviéndole la moneda al inspector más joven—. Te deseo feliz Navidad.

Brown se queda en el centro de la sala del café, con la moneda en la mano y con la frente arrugada por la confusión.

—Necesitas esa moneda, Donald, quédatela —dice, tirándola de vuelta.

Worden se la vuelve a tirar a Brown con el mismo movimiento fluido con el que la recoge.

—Hoy no quiero tu dinero. Hoy no.

—Puedes quedártelo.

—David —dice Worden, empezando a perder la paciencia—, quédate tu puta moneda. Y que pases una feliz Navidad con tu familia y nos vemos después de las fiestas.

Brown mira a Worden con extrañeza, como si hubiera reordenado de repente todos los muebles de su cabeza. Duda en el umbral, esperando Dios sabe qué.

—¿A qué esperas? —pregunta Worden.

—Nada —responde Brown finalmente—. Feliz Navidad, Donald.

Parte como un hombre libre, que ha pagado sus deudas y los favores que debía.

VIERNES, 23 DE DICIEMBRE

Tom Pellegrini está sentado como si fuera Ahab en el borde de la mesa de reuniones del coronel en la sexta planta, mirando fijamente a la ballena blanca que él mismo ha creado.

Al otro lado de la mesa está quien, en su opinión, es el asesino de Latonya Wallace, pero el Pescadero no tiene aspecto de asesino de niños; en realidad, nunca lo ha tenido. El tendero tiene ya bastante años y es un típico habitante del Oeste de Baltimore, cuya chaqueta oscura y poco elegante, sus pantalones anchos y sus botas son una silenciosa declaración de rendición que comprende cualquier trabajador. Menos típica es la pipa de fumar que lleva en un bolsillo de la chaqueta, un objeto que, para Pellegrini, nunca se avino con su imagen. Para un vecino de la calle Whitelock parecía algo un poco afectado, una pequeña isla de rebelión que asomaba en este océano de conformidad humana. En varias ocasiones durante el año pasado Pellegrini había sentido tentaciones de agarrar aquella cosa humeante y apestosa y tirarla todo lo lejos que pudiera.

Hoy lo ha hecho.

Entre tantos otros temas que están por decidir, lo de la pipa es un asunto menor, pero para Pellegrini ahora incluso los pequeños detalles son importantes. Al Pescadero le gusta su pipa y aunque sólo sea por eso, no puede tenerla. Durante los anteriores interrogatorios el tendero, en momentos críticos, había aspirado el humo de su pipa como si aquello fuera una respuesta y Pellegrini había llegado a asociar el olor del tabaco del Pescadero con la imperturbable calma e indiferencia del tipo. Y así, cuando el Pescadero se mete la mano en el bolsillo ni cinco minutos después de sentarse en la mesa, Pellegrini le dice que no saque la pipa.

Esta vez todo tiene que ser distinto. Esta vez el viejo tendero tiene que entender que le han derrotado, que saben su secreto más oscuro incluso antes de que él lo revele. Tiene que olvidarse de todas las anteriores veces que ha venido a la central; tiene que negársele la comodidad de esos recuerdos y en tanto que parte de esos recuerdos, tiene que negársele su pipa.

Y más cosas, se dice Pellegrini, serán también diferentes. El hombre sentado al otro lado de la mesa, frente al Pescadero, es prueba suficiente de ello.

Durante los meses de preparación para este enfrentamiento final, la idea del interrogatorio como ciencia clínica se ha convertido en una religión para Pellegrini, y la empresa Interrotec Associates Inc. en concreto, en sus sacerdotes. Pellegrini ha devorado el material escrito de la empresa así como todos los casos de interrogatorios culminados con éxito en toda una serie de investigaciones militares y gubernamentales, así como también en casos criminales. La empresa era buena; los departamentos de policía que habían trabajado con sus interrogadores lo confirmaron al llamarlos para pedir referencias. Los agentes de la empresa se definían como «especialistas en interrogatorios, asesores y editores dedicados a la investigación, desarrollo y mejora del arte de la obtención de información». Sonaba pomposo, desde luego, pero Pellegrini sostuvo que en el caso de Latonya Wallace, a diferencia de cualquier otro, la calidad y precisión de este último interrogatorio era fundamental.

Pellegrini había armado su memorando de petición del interrogador alrededor de ese argumento y se cuidó de insistir mucho en el prestigio y la reputación de la empresa y en no sugerir en ningún momento que la unidad de homicidios de Baltimore carecía de la experiencia necesaria. Utilizar a los interrogadores de esa empresa durante un fin de semana costaba unos mil dólares, y para un departamento con pocos medios como el de Baltimore —donde no hay presupuesto para pagar a los informadores callejeros, así que mucho menos para contratar fuera refuerzos para la investigación— la petición de Pellegrini era algo extraordinario.

Landsman le apoyó, por supuesto. No porque creyera demasiado en la ciencia en la que se basaba todo aquel asunto, sino simplemente porque Pellegrini era el investigador principal del caso. Era su asesinato y este era el sospechoso al que había investigado y perseguido durante diez meses. En opinión de Landsman, el tema estaba claro: su inspector tenía derecho a continuar con su caso de la manera que creyera mejor.

El capitán también apoyó la propuesta y el memorando de Pellegrini fue pasando de unos galones a otros mayores encontrando sorprendentemente poca resistencia en el camino. El caso de Latonya Wallace había sido una auténtica cruzada para el departamento en general y eso había provocado que, excepcionalmente, los jefes pensaran igual que sus inspectores.

Se adjudicó el dinero. Se contactó con la gente de Interrotec y se fijó una fecha. Hacía una semana. Pellegrini había visitado la calle Whitelock y al Pescadero hacía una semana y también ayer, recordándole a su sospechoso que probablemente necesitaría hablar con él el viernes y sugiriéndole que su cooperación seguía siendo necesaria.

Y ahora iba a empezar.

—¿Comprende por qué está aquí? —dice el hombre al otro lado de la mesa. Habla sin levantar la voz pero en un tono duro. Su voz parece impartir a cada sílaba una duplicidad de emociones: ira y empatía, paciencia interminable e impulso agresivo.

Según lo que ve Pellegrini, Glenn Foster tiene auténtico talento para interrogar, y el inspector le deja dirigir esta última carga. Como vicepresidente de Interrotec y reconocido experto en el campo del interrogatorio a delincuentes, a Pellegrini le hablaron de Foster como si fuera una especie de bala mágica, un interrogador que había sido usado por diversos departamentos de policía en dieciocho investigaciones criminales y que había conseguido resultados todas las veces. El Pentágono había utilizado a Foster para entrevistas delicadas por motivos de seguridad nacional y fiscales e inspectores veteranos que habían trabajado con la gente de Interrotec ponían la mano en el fuego por él.

Además del refuerzo que ha contratado, Pellegrini tiene a su favor otros elementos. Esta vez cuenta con el alquitrán y las muestras de madera quemada, la virtual identificación de las manchas en los pantalones de la niña con los residuos de la tienda destruida del Pescadero en la calle Whitelock. Se trataba de pruebas, desde luego, que era algo con lo que no habían podido contar en los primeros dos interrogatorios de aquel comerciante.

Por otra parte, el intento de Pellegrini de aislar la tienda como el único lugar lógico de donde podía proceder el material quemado se había demostrado inútil. La petición que hizo al ordenador dos meses atrás de incendios y llamadas a los bomberos en Reservoir Hill durante los últimos años había dado como resultado más de cien direcciones distintas dañadas por el fuego. Ahora, meses después del asesinato, no había forma concebible de que Pellegrini pudiera eliminar muchas de esas direcciones ni de que estuviera seguro de qué edificios estaban realmente en ruinas en febrero. Algunos habían sido reparados desde entonces; otros llevaban años vacíos; otros —pequeñas estructuras o partes de estructuras que ardieron en incendios pequeños que no se denunciaron ni provocaron intervención de los bomberos— podían no aparecer siquiera en la lista del ordenador. No, el análisis químico sólo valdría para usarlo durante el interrogatorio y nada más. Pero un arma así, usada sabiamente, podía hacer milagros.

Una vez le concedieron su petición de ayuda de un experto en el interrogatorio, Pellegrini se dijo a sí mismo que si este último enfrentamiento no producía resultados, podría cerrar el caso con la tranquilidad de haber hecho todo lo posible. Se dijo a sí mismo que no habría remordimientos, que dejaría el maldito expediente del caso en un cajón y volvería a la rotación —esta vez volvería de verdad— y trabajaría duro en otros asesinatos. No habría más Theodore Johnson. No más Barney Erelys. Se lo dijo a sí mismo y a Landsman, pero Pellegrini confiaba más en sus posibilidades de lo que dejaba entrever; de hecho, le costaba mucho imaginar que este último asalto al Pescadero fracasase. Habían fichado a un interrogador de primera, un hombre que enseñaba criminología en la universidad y que daba conferencias en academias de policía de toda la nación. Tenían el análisis químico de los restos quemados. Y, después de todos estos meses, seguían teniendo a un sospechoso que conocía a la víctima, que no había pasado la prueba del detector de mentiras, que carecía de coartada, que encajaba con el perfil psicológico que el FBI había hecho del asesino, que tenía un historial con antecedentes de agresión sexual y cuya predisposición a someterse a una investigación prolongada y dura estaba demostrada. Esta vez, pensaba Pellegrini, podían ganar. Él podía ganar.

Desde el otro lado de la mesa de reuniones, Pellegrini escucha mientras Foster daba vueltas alrededor del sospechoso como un astuto depredador que estudia todas las posibles debilidades de su presa.

—Escúcheme —dice Foster.

—Hmmm —dice el Pescadero, levantando la vista.

—¿Comprende por qué está aquí?

—Porque me han traído ustedes.

—Pero sabe por qué, ¿verdad?

El Pescadero no dice nada.

—¿Por qué está usted aquí? —pregunta Foster.

—Es por aquella chica —dice el Pescadero, incómodo.

—La chica —dice Foster.

—Sí —dice el Pescadero después de una pausa.

—Diga cómo se llamaba —dice Foster.

El Pescadero le mira desde el otro lado de la mesa.

—Diga su nombre.

—¿Su nombre? —dice el Pescadero, visiblemente alterado.

—Usted sabe como se llamaba.

—Latonya —el comerciante deja caer el nombre como si fuera una confesión. Con cada respuesta, Pellegrini puede sentir como el Pescadero pierde un poco de control. Foster es bueno, piensa Pellegrini. Jodidamente bueno. Hacer que el Pescadero diga el nombre de la muchacha, por ejemplo: ¿Qué mejor técnica para hacer que un tipo tan introvertido como el viejo tendero salga de su caparazón?

Nacido y criado en lo más profundo del Cinturón de la Biblia, Foster había empezado a trabajar como agente de la ley después de un breve periodo como ministro baptista, una experiencia que marcó las pautas y el tono de su discurso. Podía utilizar su voz como una maza, potente y acusatoria, y al instante siguiente hablar con un suspiro suave que insinuaba que conocía todos tus secretos.

—Déjeme que le diga para que he venido —le dice Foster al Pescadero—. Estoy aquí porque he visto antes a tipos de su ralea. Lo sé todo sobre ustedes...

El Pescadero levanta la vista con curiosidad.

—He visto a miles como usted.

Pellegrini contempla a su sospechoso intentando interpretar su lenguaje corporal. Según los libros que ha leído, la mirada hacia abajo, hacia la mesa o hacia el suelo, es una señal inequívoca de engaño, igual que los brazos cruzados y el echarse hacia atrás en la silla revela que se trata de un introvertido que no acepta que lo controlen. A Pellegrini le parece que todo lo que ha leído y estudiado durante los últimos tres meses es relevante para este momento. Y ahora se va a poner a prueba todo ese conocimiento.

—... y usted nunca se ha encontrado con alguien como yo —le dice Foster al Pescadero—. No, nunca. Puede que otros le hayan hablado antes, pero no de la forma en que voy a hablarle yo. Yo sé quien es usted...

Pellegrini escucha mientras el interrogador se embarca en un monólogo implacable, una diatriba interminable durante la que Foster se transforma de un mero mortal en una enorme figura de omnipotente autoridad. Es el procedimiento estándar en cualquier interrogatorio largo, el soliloquio inicial en el que el inspector establece su propio mito de invencibilidad. Para los inspectores del departamento de Baltimore, el discurso suele consistir en asegurar al sospechoso que se está enfrentando con la reencarnación de Eliot Ness y que todo el que sea tan idiota como para sentarse en esa silla y mentirle al inspector favorito de Dios lo único que hace es reservar plaza en el Corredor de la Muerte. Pero a Pellegrini le parece que Foster le está dando al monólogo habitual mucha más intensidad dramática.

—... lo sé todo sobre usted...

Foster es bueno, desde luego, pero es sólo una de las armas del arsenal. Mirando a su alrededor en la sala, Pellegrini puede estar tranquilo sabiendo que, para este interrogatorio, ha traído la artillería pesada.

Como con el segundo interrogatorio del Pescadero —el encuentro en febrero en el despacho del capitán— esta confrontación también ha sido coreografiada. Una vez más las fotografías de la chica muerta se han dispuesto directamente frente al sospechoso. Esta vez, sin embargo, Pellegrini está utilizando todo lo que había en el expediente, no sólo las fotografías en color de la escena del crimen sino también las grandes fotos en blanco y negro de la cámara cenital de la calle Penn. Hasta el último insulto a Latonya Wallace —la ligadura alrededor del cuello; las finas y profundas incisiones; el largo y desgarrado corte de la evisceración final— todo se dispone ante el hombre que Pellegrini cree que es el asesino. Las fotografías han sido escogidas para causar el máximo impacto, aunque Pellegrini sabe que una treta psicológica tan brutal puede ser contraproducente para conseguir la confesión.

Es un riesgo que todo inspector corre cuando revela demasiado de su caso en una sala de interrogatorios y, en este caso en concreto, el riesgo es doble. No sólo un abogado defensor podría argumentar luego que el Pescadero había confesado conmocionado e influido por el horror de las fotografías, sino que ese mismo abogado podría argumentar que la confesión en sí no incluía ninguna información que permitiese ser corroborada de forma independiente. Después de todo, incluso los hechos que los inspectores habían mantenido en secreto en febrero —las marcas de estrangulación, el desgarro vaginal— estaban ahora pegados en la pared de la sala de reuniones. Incluso si el Pescadero al final se derrumba y cuenta cómo asesinó a la niña, nadie podrá probar más allá de la duda razonable que tal confesión sea auténtica, a menos que lo que diga el Pescadero contenga algún detalle adicional que no proceda de lo que le han mostrado los policías y que pueda ser confirmado de forma independiente.

Pellegrini sabe todo eso; sin embargo, las fotografías se han colgado en los paneles de corcho, una obscenidad satinada tras otra, todas mirando al comerciante, todas apelando a su conciencia. El inspector razona que no habrá ningún otro interrogatorio después de este, así que no es necesario guardar los secretos del asesinato para una ocasión futura.

En el centro del corcho, Pellegrini ha colocado sus ases. Primero está el análisis químico del alquitrán y la madera quemada tanto de los restos de los pantalones de la chica como de la tienda del Pescadero. Cada muestra está representada por un gran gráfico de barras y los dos gráficos son notablemente parecidos. El análisis de las muestras, preparado por el laboratorio de pruebas de la Oficina de Alcohol, Tabaco y Armas de Fuego, fue un trabajo agotador y el laboratorio además ha aportado a un analista experto. Si Pellegrini necesita asesoramiento inmediato, está ahora mismo fuera de la sala, preparado y dispuesto a ayudar. Igual que Jay Landsman y Tim Doory, el fiscal que dirige la Unidad de Crímenes Violentos, que evaluará los resultados del interrogatorio y tomará la decisión final sobre si acusar o no de asesinato.

Por encima de las tablas del tablero de corcho, Pellegrini ha colocado un mapa municipal de la zona de Reservoir Hill, con entre ochenta y cien estructuras marcadas en amarillo, cada una de ellas origen de una llamada a los bomberos durante los últimos cinco años. La tienda del Pescadero en la calle Whitelock, sin embargo, está marcada de color naranja oscuro. El mapa es, en todos los sentidos, una mentira, un engaño que Pellegrini puede utilizar sin miedo a que le descubran. Lo cierto es que no ha podido eliminar la mayoría de aquellos puntos amarillos del mapa. Cualquiera de ellos podría, teóricamente, ser el lugar en que se mancharon los pantalones de la niña. Y, sin embargo, por lo que se refiere a este interrogatorio, nada de eso importa. En este interrogatorio Pellegrini le dirá al Pescadero que el análisis químico no ha dejado ninguna duda: las manchas negras de los pantalones de la niña asesinada procedían del cuadrado naranja oscuro en el recodo que hacía la calle Whitelock.

El análisis químico —la clave de este interrogatorio— les situaba en una posición de fuerza y además les brindaba la Salida. Quizá no la mató usted, le puede decir Foster. Quizá no la tocó y la violó y luego la estranguló hasta que se le fue la vida. Quizá no fuera usted quien después cogió un cuchillo de cocina y la apuñaló hasta asegurarse de que estaba muerta. Pero, puede decir Foster, usted sabe quién es el asesino. Usted lo sabe porque la mataron ese martes por la noche y luego la dejaron en su tienda quemada durante todo el miércoles. La dejaron allí y esperaron hasta el lluvioso y oscuro amanecer del jueves. Estaba en aquella tienda y el hollín y el rastro de madera quemada en sus pantalones lo demuestra. Si usted no la mató, quizá lo hiciera otro —alguien a quien usted conoce o quizá alguien cuyo nombre usted no recuerda— y la escondiera dentro de su tienda.

Más allá del cebo del análisis químico, Pellegrini no tiene gran cosa: la prueba del detector de mentiras no superada; el hecho de que reconocía haber tenido una relación anterior con la víctima y la ausencia de coartada verificable. El caso es motivo, oportunidad y aparente engaño, unidos a una solitaria prueba física. En el fondo del bolsillo de la chaqueta Pellegrini guarda una fotografía, un último as que jugar en el momento clave. Pero esa antigua fotografía no puede ser considerada una prueba; es, y el inspector lo sabe, poco más que una corazonada.

Foster prosigue con los meandros de su monólogo inicial. Tras pasarse media hora dejando clara su experiencia, el veterano interrogador procede a entronizar también a Pellegrini. Foster reconoce que el Pescadero y su principal perseguidor se han encontrado antes pero, explica, Pellegrini no abandonó este caso tras aquellas primeras conversaciones. No, dice Foster, sino que siguió trabajando sobre usted. Continuó reuniendo pruebas.

El Pescadero permanece impasible.

—Lo que va a pasar aquí hoy es distinto a lo que sucedió en sus anteriores charlas con el inspector Pellegrini —dice Foster.

El tendero asiente ligeramente. Un gesto extraño, piensa Pellegrini.

—Ha estado aquí antes, pero no dijo la verdad —dice Foster, doblando la esquina y lanzándose hacia la primera colisión—. Lo sabemos.

El Pescadero niega con la cabeza.

—Le digo que lo sabemos.

—Yo no sé nada.

—Sí —dice Foster suavemente—. Sí sabe.

Lenta, deliberadamente, Foster empieza a explicar la comparación química de los pantalones de la chica muerta y las muestras de la tienda de la calle Whitelock. En el momento adecuado, Pellegrini recoge de una bolsa de pruebas marrón los pantalones manchados y los pone sobre la mesa, señalando las manchas negras cerca de las rodillas.

El Pescadero no reacciona.

Foster continua presionando, señalando a una fotografía de la chica muerta detrás de la avenida Newington, mostrando al propietario de la tienda quemada que las manchas estaban en los pantalones de la chica cuando la encontraron.

—Ahora mire esto —dice, señalando al informe de la comparación química—. Estos gráficos muestran de qué están hechas estas manchas y estos de aquí son la composición de las muestras que el inspector Pellegrini sacó de su tienda.

Nada. No reacciona.

—Mira este mapa —le dice Pellegrini, señalando el tablero de corcho—. Hemos comprobados todos los edificios de Reservoir Hill donde ha habido un incendio y ninguno encaja con estas manchas.

—Ninguno, excepto su tienda —añade Foster.

El Pescadero niega con la cabeza. No está enfadado. Ni siquiera está a la defensiva. A Pellegrini aquella ausencia de reacción lo está poniendo de los nervios.

—La chica estuvo en su tienda y se manchó allí los pantalones —dice Foster—. Esas manchas se las hizo en su tienda o bien antes o bien justo después de ser asesinada.

—Yo no sé nada de todo eso —dice el Pescadero.

—Sí, sí sabe —dice Foster.

El Pescadero niega con la cabeza..

—Bien, entonces, dígame ¿cómo fue a parar a los pantalones de la chica esa substancia de su tienda?

—No puede ser. No sé cómo ha podido pasar.

Por algún motivo no están consiguiendo llegar a aquel hombre. Los interrogadores regresan a los elementos de apoyo visual y recorren el mismo camino una segunda vez. Foster le explica de nuevo la situación al comerciante desde el principio, muy lentamente, para que no se pierda la lógica irrebatible de lo que le dicen.

—Mire estas barras de aquí —dice Foster señalando el análisis químico—. Son exactamente iguales. ¿Cómo puede explicar eso?

—No puedo... No sé cómo.

—Sí lo sabe —dice Foster—. No me mienta.

—No estoy mintiendo.

—Bien, entonces ¿cómo explica las manchas?

El Pescadero se encoje de hombros.

—Quizá —sugiere Foster—, quizá no la mató usted. Quizá usted sabe quién lo hizo. Quizá dejó que otro la escondiera en su tienda. ¿Es eso lo que trata usted de ocultarnos?

El Pescadero levanta la vista del suelo.

—Quizá alguien le pidió que guardara algo en su tienda y usted ni siquiera sabe de qué se trataba —dice Foster, explorando posibilidades—. Tiene que haber alguna explicación, porque Latonya estuvo en su tienda.

El Pescadero niega con la cabeza, al principio suavemente, luego con energía. Se echa hacia atrás en su silla y cruza los brazos. No se lo está tragando.

—No puede ser que estuviera en mi tienda.

—Pero estuvo. ¿La puso allí alguien?

El Pescadero duda.

—¿Quién la puso allí?

—Nadie. Allí no la puso nadie.

—Bueno, desde luego estuvo allí. Este informe lo confirma.

—No —dice el Pescadero.

Un callejón sin salida. Instintivamente Foster elude la confrontación y los dos inspectores empiezan a repasar con su sospechoso todas sus declaraciones. Pellegrini insiste particularmente en busca de la más remota insinuación de una coartada y hace todas las preguntas preliminares de nuevo. Lenta, dolorosamente, recibe las mismas respuestas —sobre su relación con Latonya, su coartada un tanto vaga, sus sentimientos hacia las mujeres— desde el otro lado de la mesa, y por primera vez en diez meses, el Pescadero empieza a mostrar cierta impaciencia. Y su respuesta a una de las preguntas cambia:

—¿Cuándo vio a Latonya por última vez? —pregunta Pellegrini por quizá décima vez.

—¿Qué cuando la vi por última vez?

—Antes de que la mataran.

—El domingo. Se pasó por la tienda.

—¿El domingo? —pregunta Pellegrini, sorprendido.

El Pescadero asiente.

—¿El domingo anterior a su desaparición?

El Pescadero asiente de nuevo.

Es una grieta en las murallas. En los interrogatorios anteriores, el comerciante siempre había sostenido que no había visto a la niña en las dos semanas anteriores al asesinato y Pellegrini no había encontrado ningún testigo que pudiera refutarlo definitivamente. Ahora el Pescadero, él solito sin ayuda de nadie, está situando a la chica en su tienda dos días antes del asesinato y sólo unos días después del incendio que destruyó la tienda de la calle Whitelock.

—¿Para qué fue a su tienda?

—Se pasó a ver si podía ayudar después del incendio.

Pellegrini duda. ¿Está mintiendo para compensar las pruebas químicas, pensando que una visita anterior a la tienda quemada podría explicar las manchas en los pantalones? ¿O había mentido en los interrogatorios anteriores para tratar de distanciarse al máximo de la chica muerta? ¿Está diciendo ahora la verdad porque no se acuerda de lo que había dicho antes? ¿Se ha confundido? ¿Se acaba de acordar ahora de esa visita?

—Las otras veces que hablamos dijiste que no habías visto a Latonya desde dos semanas antes de que desapareciera —dice Pellegrini—. Ahora resulta que la viste el domingo antes.

—¿Dos semanas?

—Dijiste que no la habías visto en dos semanas.

El Pescadero niega con la cabeza.

—Eso es lo que nos dijiste en todas las ocasiones anteriores. Lo tenemos por escrito.

—No me acuerdo.

Algo sucede. Lenta, cuidadosamente, Foster lleva al tendero al borde del abismo, regresa al informe de la Oficina de Alcohol, Tabaco y Armas de Fuego y a la persistente lógica de las muestras químicas.

—Si no fue usted quien la llevó a la tienda —pregunta el interrogador— ¿Quién fue?

El Pescadero niega con la cabeza. Pellegrini mira su reloj y se da cuenta de que llevan cinco horas enteras dándole. El tiempo es importante: una confesión obtenida en seis o siete horas de interrogatorio tiene mucho más valor probatorio que otra extraída tras diez o doce horas.

Ahora o nunca, piensa Pellegrini, sacándose de la manga su último truco. De un bolsillo de su chaqueta sale la fotografía de la niña de la calle Montpellier, tan parecida a Latonya, que desapareció en la década de 1970. Pellegrini había conservado una de las fotografías que había encontrado en el archivo del periódico hace unos meses y la había guardado para un momento como este.

—Dime —dice Pellegrini, entregándole la vieja fotografía al sospechoso— ¿sabes quién es?

Tocado por el acoso de Foster, el Pescadero baja la vista hacia la fotografía y de repente parece venirse abajo. Pellegrini ve como se inclina hacia adelante, baja la cabeza y se aferra con ambas manos al borde de la mesa de reuniones.

—¿Conoce a esta chica?

—Sí —dice el Pescadero en voz baja—. La conozco. —Asiente, con visible dolor. Aquel hombre, que en todos los encuentros anteriores se ha mostrado imperturbable como una roca está viniéndose abajo ante sus ojos. Ahora esta al borde del precipicio mirando hacia abajo, listo para saltar.

—¿De qué la conoces?

El Pescadero duda unos instantes, aferrado con las manos al borde de la mesa.

Luego, tan rápidamente como había llegado, el momento se va. Toda la conmoción que había provocado la vieja fotografía se evapora abruptamente. El Pescadero se echa hacia atrás en su silla, se cruza de brazos y durante un instante mira a Pellegrini directamente a los ojos con una expresión que clara amenaza. Si quieres atraparme, parece decir con los ojos, vas a tener que tirar de mí todo el camino.

—Me pareció —dice el Pescadero— que era una fotografía de Latonya.

Y una mierda, piensa Pellegrini. Los interrogadores cruzan la mirada y Foster se lanza a un nuevo asalto, esta vez con la voz reducida a poco más que un suspiro y con el rostro a sólo unos centímetros del rostro del tendero.

—Escúcheme. ¿Me está usted escuchando? —dice Foster—. Voy a decirle la verdad. Voy a decirle lo que sé...

El Pescadero clava la mirada en él.

—He visto antes a los de su calaña. Me los he cruzado muchas, muchas veces. Sé de qué va usted. Todos lo sabemos. Tom lo sabe. Todos nosotros lo sabemos porque nos las hemos visto antes con los de su ralea. A usted le gustan las chicas jóvenes y usted les gusta a ellas, ¿verdad? Y le va bien por el momento, porque mientras ellas mantengan la boca cerrada usted no tiene de qué preocuparse...

Pellegrini mira a su sospechoso y se sorprende al ver que el Pescadero asiente lentamente con la cabeza, al parecer de acuerdo con lo que oye.

—Pero tiene usted una regla, ¿verdad? Tiene usted una regla que tiene que seguir, y esa regla debe respetarse en todo momento y los dos sabemos cual es, ¿verdad?

De nuevo, el Pescadero asiente.

—Si gritas, mueres —dice Foster—. Si gritas, mueres.

El Pescadero permanece en silencio.

—Esa es la única regla que tiene usted, ¿no es así? Si gritan, tienen que morir. A usted le gustan mucho y le gusta cuando a ellas les gusta usted, pero si gritan, las mata. Y eso es lo que pasó con Latonya y lo que pasó con esta chica de aquí —dice Foster, señalando a la vieja fotografía—. Gritó y murió.

A Pellegrini le parece que pasa una eternidad hasta que el sospechoso recupera la compostura, antes de que deje de asentir con la cabeza en respuesta a lo que dice Foster. Cuando por fin lo consigue, su postura es definitiva, inamovible.

—No —dice el hombre con firmeza—. Yo no le hice nada a Latonya.

El frío tono de la voz del Pescadero obliga a Pellegrini a hacer su propia confesión: se ha acabado. Lo han perdido. Se habían acercado mucho, Pellegrini lo sabía. El método, los secretos y el talento de Foster eran poderosos y el plan que habían fijado estaba bien pensado y había sido ejecutado fielmente, pero al final, el expediente del caso era el que era. No existe, Pellegrini comprende ahora, ninguna bala mágica, ninguna ciencia oculta que deba aprenderse. Al final, la Respuesta está siempre en las pruebas, así de claro y simple.

Antes de que empezara el interrogatorio, de hecho, Foster había intentado que Tim Doory cambiara el cargo a asesinato en base solamente al informe de la OATAF, argumentando que una vez se viera acusado de asesinato el Pescadero se sentiría más inclinado a confesar. Era posible pero, ¿qué sucedería si no confesaba? ¿Qué harían entonces con el cargo? ¿Retirarlo antes de ir a juicio? ¿Pedir una suspensión? Este era un caso muy mediático, del tipo al que a ningún fiscal le gusta perder. No, le dijo Doory, le acusaremos cuando tengamos pruebas. Foster aceptó la decisión, pero el hecho de que pidiese el cargo había preocupado a Pellegrini y Landsman; era la primera señal de que el interrogador no podía caminar sobre las aguas. Ahora Doory pasea con Landsman arriba y abajo por el pasillo al que da la sala de reuniones, consultando su reloj a cada tanto. Seis horas y pico.

—Eh, Jay —dice el fiscal—. Llevan más de seis horas. Me quedaré por aquí una hora y pico más, pero más allá no creo que nos sirva de mucho una confesión.

Landsman asiente y luego se acerca a la sala de reuniones y escucha las voces que salen del interior. Por los largos silencios deduce que las cosas ya no van bien.

Después de siete horas seguidas de interrogatorio, Pellegrini y Foster salen a hacer un cigarrillo y tomarse un descanso de veinte minutos. Doory coge su abrigo y, mientras camina con Pellegrini hacia el ascensor, le dice al inspector que le llame a casa si sucede algo.

Landsman y el técnico de la OATAF substituyen a los interrogadores principales en la sala de reuniones y se esfuerzan por retomar el hilo.

—Deja que te haga una pregunta —dice Landsman.

—Adelante.

—¿Crees en Dios?

—¿Que si creo en Dios? —pregunta el Pescadero.

—Sí. No quiero decir si eres religioso o no. Quiero decir si crees que existe un Dios.

—Oh, sí, creo que existe un Dios.

—Sí —dice Landsman—. Yo también.

El Pescadero asiente.

—¿Qué crees que le hará Dios a la persona que mató a Latonya?

Es un disparo a ciegas de Landsman, pero el Pescadero es ya un veterano de los interrogatorios y la treta le parece débil y muy previsible.

—No lo sé —dice el Pescadero.

—¿Cree que él siente que Dios le castigará por lo que le hizo a esa niña?

—No lo sé —dice el Pescadero—. Tendría que preguntárselo a él.

Cuando Pellegrini y Foster regresan a la sala de reuniones, Landsman sigue disparando cañonazos al azar. Pero toda la tensión que se había creado durante las primeras seis horas ha desaparecido completamente. A Pellegrini le fastidia ver que Landsman está fumando un cigarrillo y, lo que es peor, que el Pescadero está fumando su pipa.

Aún así le dedican el resto de la tarde y hasta que empieza a anochecer —un total de catorce horas— y presionan a su sospechoso más fuerte y más tiempo de lo que la mayoría de los jueces permitirían. Y lo saben, frustrados, enfadados y seguros de que no habrá ninguna otra oportunidad, lo hacen igualmente. Cuando el interrogatorio finalmente se detiene por agotamiento, al Pescadero se le envía primero a la pecera y luego a una mesa de la oficina de homicidios, desde donde mira la televisión sin prestarle atención mientras espera a que llegue un coche patrulla del distrito Central que lo lleve a la calle Whitelock.

—¿Estás viendo ese programa? —le pregunta a Howard Corbin, que levanta la vista y ve que están haciendo una telecomedia.

—No, para nada —dice Corbin.

—¿Puedo cambiar de canal? —pregunta el tendero.

—Desde luego —dice Corbin—. Adelante.

Corbin se siente cómodo con aquel hombre; siempre se ha sentido cómodo con él. A pesar de los muchos meses trabajando en el caso de Latonya Wallace, el viejo inspector jamás creyó que el Pescadero tuviera nada que ver con el asesinato. Tampoco lo creía Eddie Brown e incluso Landsman había compartido sus dudas durante un tiempo. Al final, el Pescadero se había convertido en una obsesión únicamente para Pellegrini.

—¿Puedo encenderme la pipa —pregunta el tendero.

—A mí no me importa —dice Corbin, volviéndose hacia Jack Barrick, que está al otro lado de la habitación—. Jefe, ¿te importa si fuma?

—No —dice Barrick—. Me da absolutamente igual.

No hay ninguna escena final para Pellegrini y el Pescadero, no existe ningún último intercambio de frase ni ninguna escena dramática. Cuando gana, un inspector puede ser divertido y elegante, incluso generoso; cuando pierde, se esforzará al máximo en fingir que no estás ahí. El largo día termina en dos habitaciones distintas y con dos escenas distintas. En una habitación un hombre celebra su libertad cambiando canales en el televisor y fumando tabaco barato en su pipa. En la otra, un inspector quita de su mesa un expediente hinchado y muy usado, recoge su arma, su maletín y su chaleco y sale con pasos pesados hacia un pasillo que sólo lleva a un ascensor y a una oscura calle de la ciudad.

Les perteneces.

Desde el momento en que se te ocurrió, les perteneces, te convertiste en su propiedad. Puede que no lo creas; diablos, puede que ni siquiera lo imagines. Estabas seguro de que no te atraparían nunca, seguro de que podrías ver sangrar dos corazones y salirte con la tuya. Pero te podrías haber ahorrado problemas llamando tú mismo al 911. Desde el principio, fuiste como un regalo.

Pero eh, te pareció buena idea cuando lo hiciste, ¿verdad? Te llevaste a Ronnie al dormitorio de atrás, le apuñalaste en una docena de sitios con el cuchillo de cocina antes de que comprendiese qué sucedía. Ronnie gritó un poco, pero su hermano no oyó nada con la música tan alta que tenía puesta en el otro dormitorio. Sí, tuviste a Ronnie para ti solo y cuando fuiste por el pasillo hacia el otro dormitorio, te imaginaste que el hermano de Ronnie se merecía más de lo mismo. El chico estaba todavía en la cama cuando saltaste sobre él, y miró el cuchillo como si no entendiera para qué lo traías.

Así que te los cargaste a los dos. Te cargaste a Ronnie y al hermano de Ronnie y cargártelos significaba que te quedabas todo el paquete. Sí, te quedaste aquella mierda a la antigua, tío, mataste por ella, y ahora mismo ya deberías haber salido por la puerta y estar muy lejos de allí fumando un poco del producto que te habías ganado a pulso.

Pero no, sigues allí, mirando tu mano asesina. La has jodido, te has hecho un corte muy grande mientras Ronnie estaba desangrándose a chorros y el cuchillo estaba mojado y resbaladizo. Estabas clavándoselo cuando la mano simplemente te resbalo por el mango y la hoja te cortó profundamente la palma. Así que ahora, cuando deberías estar al otro lado de la ciudad ensayando el discurso de «yo no sé nada», estás aquí, sentado en una casa llena de hombres muertos, esperando que te deje de sangrar la mano.

Intentas limpiártela en el baño, poniéndola bajo un chorro de agua fría. Pero no sirve de nada, sólo hace que sangres un poco más despacio. Tratas de envolverte la mano en una toalla de baño, pero la toalla pronto es un bulto carmesí que tiras al suelo del baño. Caminas hasta la sala de estar, con la mano dejando un rastro rojo en la pared de las escaleras, la barandilla y el interruptor de la luz del piso de abajo. Luego envuelves la mano derecha en la manga de tu sudadera, te pones encima el abrigo y sales corriendo.

Corres hasta la casa de tu novia, las pulsaciones que sientes en la mano te dicen que no tienes elección, que vas a seguir sangrando a menos que te arriesgues. Escondes el paquete y te cambias de ropa, pero sigues sangrando. Cuando llegas a West Belvedere está a punto de amanecer y corres hacia el hospital pensando en qué historia vas a contar.

Pero no importa. Les perteneces, colega.

Tú no lo sabes, pero eres suyo desde el momento en que vinieron temprano a relevar al turno de noche del viernes conforme amanecía el último día de este condenado año. No habían ni siquiera cambiado el café de la cafetera cuando sonó el teléfono, y fue el mayor, el policía con el pelo blanco, el que apuntó los detalles en una tarjeta usada de una tienda de empeños. Un asesinato doble, les había dicho el operador, así que los tres decidieron acercarse a Pimlico a ver tu obra.

Para el pálido italiano de pelo negro, el más joven, eres una bendición. Trabaja tu escena del crimen como le hubiera gustado trabajar otra: sigue hasta el último rastro de sangre y toma muestras de todas las habitaciones; se toma su tiempo con los cuerpos antes de que los envuelvan en sábanas para preservar las pequeñas pruebas que puedan contener. Trabaja aquella escena como si fuera la última escena del crimen que va haber en la tierra, como si aquellos no fueran los hermanos Fullard sino dos víctimas que le importasen a alguien. Vuelve a tener mono, colega, y necesita resolver un caso como tú necesitabas esa cocaína.

Estás a punto de convertirte en propiedad de ese otro, también, ese policía que parece un oso con pelo blanco y ojos azules. Se apunta como inspector secundario y ayuda con la escena del crimen ante de acercarse a la gente para empezar a trabajar a los posibles testigos. Le gusta investigar asesinatos y está contento de volver al Noroeste para un caso. El Gran Hombre empezó este año en un agujero del que salió trepando con sus propias garras, y tienes la mala suerte de encontrarte en el que para ti es el peor lado de esa gráfica.

Y no te olvides de ese inspector jefe, el bromista que viste chaqueta de cuero, que desde finales de octubre está en racha. Planea sobre toda su escena del crimen, contemplando tu gesta y encajando las primeras piezas de tu triste y pequeño rompecabezas. Se lo toma de forma personal y declara que antes muerto que permitir que su brigada acabe el año con un asesinato doble sin resolver.

Aquí está el titular de la mañana, colega: los tres hombres te tienen bien atrapado con sus ganchos y eso que ni siquiera te han conocido todavía. A estas alturas ya han marcado tu rastro de sangre desde el baño y a lo largo de las escaleras. Ya están hablando por la radio de un coche patrulla del Noroeste, pidiendo que se compruebe toda la gente que ha ido a los hospitales de la ciudad con apuñalamientos o cortes. Trabajan en los hermanos Fullard, preguntando a quienes les conocían con quién solían ir y quién solía ir con ellos. Te han calado bien.

Si lo comprendieras, si comprendieras algo de cómo trabajan, al menos habrías cogido un taxi e ido a un hospital de fuera de la ciudad. Y, como mínimo, habrías explicado una historia mejor que la que le contaste a la enfermera de urgencias. Que te habías cortado la mano saltando una valla, dijiste. Una de esas vallas metálicas que hay en la escuela de Park Heights. Sí, exacto: resbalaste.

Pero todo el mundo puede ver que el corte que te has hecho no te lo ha causado un avalla. Es demasiado profundo y demasiado recto. ¿Crees que tu historia va a colar? ¿Crees que el policía que acaba de acercarse a las enfermeras va a creerse una sarta de chorradas como esa?

—Landsman, de homicidios —le dice el policía a la enfermera en jefe, mirando hacia ti—. ¿Es ese de allí?

No sientes pánico ni nada de eso. Todavía no saben nada: te aseguraste de que aquellos dos tíos estaban muertos. Te has deshecho del cuchillo. No dejaste testigos. Puedes estar tranquilo.

—Déjame ver la mano —dice el policía con la chaqueta de cuero.

—Me he cortado con una valla.

Comprueba la mano durante unos buenos diez segundos. Luego mira la sangre que tienes en la manga del abrigo.

—Y una mierda.

—Es verdad.

—¿Te has cortado en una valla?

—Sí.

—¿En qué valla?

Le dices en qué valla. El hijo de puta, piensas, cree que no tengo cerebro como para pensar en una valla en concreto.

—Sí —dice, mirándote directamente—. Sé donde está. Vamos allí ahora mismo a ver.

¿A ver? ¿A ver qué?

—Estás sangrando como un cerdo en un matadero —te dice—. Será mejor que haya algo de sangre cerca de esa valla, ¿no?

¿Sangre cerca de la valla? No pensaste en eso y él sabe que no pensaste en eso.

—No —te oyes decir—. Espere.

Sí, espera. Está allí en la sala de urgencias del Sinaí escuchando como tu pequeño mundo se viene abajo. Ahora te llama cabrón mentiroso, te dice que no tardarán ni dos horas en identificar la sangre de tu vendaje con la que hay en la pared de la escalera. Tampoco se te había ocurrido eso, ¿verdad?

—Está bien, estuve allí —dices—. Pero yo no les maté.

—Ah, sí —dice el policía—. ¿Y quien les mató?

—Un jamaicano.

—¿Cómo se llama?

Piénsalo bien, colega. Piénsalo bien.

—No sé cómo se llama, pero también me atacó a mí. Me dijo que me mataría si decía algo de él.

—Eso te dijo. ¿Y cuándo te lo dijo?

—Me trajo al hospital.

—¿Te trajo aquí? —pregunta—. Les mata a ellos y a ti sólo te hace un pequeño corte y te trae al hospital.

—Sí, al principio salí corriendo, pero...

Deja de mirarte y le pregunta al residente si te puede dar el alta. El policía te vuelve a mirar, sonriendo extrañamente. Si lo conocieras, si supieras algo, sabrías que ya se está riendo de ti. Te ha calado como un asesino mentiroso y miedica y te ha lanzado al montón con los otros cien de este año. Los hermanos Fullard, bañados en sangre y tiesos por el rígor mortis en sus dormitorios, son ya nombres en rojo en la parte de la pizarra de Jay Landsman.

Vas hasta la central encerrado en un coche patrulla, aferrándote a la historia que te has inventado, convencido de que todavía puedes salir de esta. Piensas —si se le puede llamar pensar a eso— que de algún modo les harás creer en un misterioso jamaicano que te cortó la mano y te llevó hasta el hospital.

—Cuéntame más de ese jamaicano —dice el policía mayor con el pelo blanco después de dejarte en una sala de interrogatorios—. ¿Cómo se llama?

Está frente a ti, al otro lado de la mesa, y te mira con esos ojos azules como si fuera una especie de morsa.

—Sólo sé cómo le llaman en la calle.

—¿Y? ¿Cómo le llaman?

Y se lo das. Un apodo real de un jamaicano real, un colega de casi treinta años que sabes que vive a una manzana o manzana y media de los Fullard. Sí, ahora sí que estas pensando bien, tío. Les has dado algo que no es totalmente falso pero no es lo bastante real como para que les sirva de algo.

—Eh, Tom —dice el inspector de pelo blanco hablando con el policía más joven que ha entrado en la habitación con él—. Hablemos un momento.

Puedes ver sus sombras al otro lado de la ventana semiplateada de la sala de interrogatorios mientras hablan en el pasillo. La vieja morsa se marcha. Se abre la puerta y el policía joven, el italiano, entra con un bolígrafo y unos papeles.

—Te voy a tomar declaración —dice—, pero antes tengo que informarte de tus derechos...

El policía habla y escribe lentamente, dándote tiempo para que ordenes tu historia. Estabas allí colocándote con Ronnie y su hermano, le dices. Entonces ellos invitaron al jamaicano y poco después hubo una discusión. Nadie vio que el jamaicano iba a la cocina y cogía un cuchillo. Pero tú le viste utilizar el cuchillo para matar a Ronnie y luego al hermano de Ronnie. Intentaste agarrar el cuchillo pero te cortaste y saliste corriendo. Luego, cuando ibas caminando hacia tu casa, el jamaicano se acercó a ti en coche y te dijo que subieras. Te dijo que su problema era con los otros dos y que a ti te dejaría en paz mientras mantuvieras la boca cerrada.

—Por eso mentí y dije lo de la valla al principio —le dices, mirando al suelo.

—Hmmm —dice el joven policía, sin dejar de escribir.

Y entonces la morsa de pelo blanco vuelve a entrar en la habitación y trae una foto de identificación en blanco y negro, la fotografía del joven jamaicano cuyo apodo diste no hace ni diez minutos.

—¿Es este el tipo? —te pregunta.

Joder. Maldita sea. No es posible.

—Es él, ¿no es así?

—No.

—Eres un mentiroso de mierda —dice la morsa—. Este es el tipo al que has descrito y vive justo en la casa que has dicho. Te quieres quedar conmigo, gilipollas.

—No, ese no es el tipo. Es otro tipo que se le parece...

—Te creías que no íbamos a saber de quién nos hablabas, ¿verdad? —dice—. Pero yo solía trabajar en tu barrio. Conozco a la familia de este chico desde hace años.

A aquel tipo se le da un apodo y vuelve diez minutos después con una puta fotografía. No te lo puedes creer, pero, claro, es que no conoces a la morsa ni a su memoria, que es un arma mortal. No lo sabes, porque si lo supieras no habrías abierto la boca.

Dentro de unos meses, cuando a un adjunto al fiscal del Estado le caiga entre manos este caso, el jefe de su equipo de la división jurídica le dirá que seguro que lo pierden, que sólo se basa en pruebas circunstanciales. Y eso te podría dar algunas esperanzas si los nombres que aparecen en el informe de la fiscalía no fueran Worden, Landsman y Pellegrini. Porque Worden tirará de rango y hará una petición directa al director de la división jurídica, y Pellegrini asesorará al fiscal adjunto sobre cómo puede ganar el caso. Y al final será Landsman quien suba al estrado en el juzgado de Bothe y le cuele a tu abogado de oficio hasta una vaca con cencerro sin que se de cuenta, cargando todas sus respuestas con tantas especulaciones, información no relevante pero incriminatoria y rumores que en un momento dado mirarás a tu abogado con desesperación. Al final no importará que el laboratorio permitiera que todas las muestras de sangre se pudrieran antes del juicio, ni que la fiscalía no quisiera llevar el caso a juicio, ni que subas al estrado y le cuentes al jurado tu cuento del jamaicano asesino. No importará porque desde el momento en que cogiste aquel cuchillo de la cocina les perteneces. Y si no eres consciente de ello ahora, ya te darás cuenta cuando tu abogado cierre su maletín y te diga que te levantes y te tragues dos sentencias de cadena perpetua consecutivas gentileza de un irritado Elsbeth Bothe.

Pero ahora, ahora mismo, todavía estás luchando, te esfuerzas por parecer la viva imagen de la inocencia en esa sala de interrogatorios. Tú no les mataste, suplicas cuando llega el tipo del coche de policía con las esposas, fue el jamaicano. Les mató a los dos y te hirió a ti en la mano. De camino a los ascensores ves el pasillo y la oficina de homicidios, dentro de la cual están los hombres que te están haciendo todo eso: el policía con el pelo blanco y el otro más joven con el pelo negro; el inspector jefe que te abordó en el hospital, los tres tranquilos y seguros. Tú sigues negando con la cabeza, suplicando, esforzándote por parecer una víctima. Pero ¿cómo ibas a saber cómo se comporta una víctima?

En cuatro meses te convertirás en una pregunta de conocimientos generales para estos hombres. En cuatro meses, cuando aparezcan las citaciones judiciales en sus buzones, los hombres que te arrebataron tu libertad leerán tu nombre impreso por un ordenador y se preguntarán quién coño eras: Wilson, David. Juicio con jurado. Coño, pensarán, ¿cuál era Wilson? Ah, sí, aquel doble de Pimlico. Sí, aquel encefalograma plano que contaba el cuento sobre el jamaicano.

Con el tiempo tu tragedia quedará consignada en un cajón de la oficina de administración y luego en un trozo de microfilm en algún punto de los intestinos de la sede de la policía. Con el tiempo no serás más que una ficha en el cajón T-Z del archivador de sospechosos, junto con otras diez mil más. Con el tiempo, no serás nada.

Pero hoy, cuando el policía te pone las esposas y comprueba el papeleo, eres el preciado botín tras la batalla, el Santo Grial de otra cruzada en el gueto. Para los inspectores que te ven marcharte eres testimonio vivo de una devoción que el mundo no ve. Para ellos, eres lo que da sentido a unas vidas honorables dedicadas al servicio de una causa perdida. Conforme languidece esta tarde de diciembre, para ellos tú eres un orgullo.

Si el turno hubiera sido tranquilo puede que se hubieran ido directamente a casa, cenado un poco y dormido hasta la mañana siguiente. Pero ahora ya no será una noche tranquila; has matado a dos personas y has mentido sobre ello, demostrándole a Donald Worden que había nacido para ser inspector de homicidios. Eres el primer paso del largo camino de regreso de Tom Pellegrini, la primera oportunidad de redención para un policía joven. Te has convertido en dos nombres en negro bajo la placa con el nombre de Jay Landsman, las últimas entradas del año para un inspector jefe veterano que de nuevo ha conseguido que su turno tenga el mejor porcentaje de resolución de casos.

Y ahora, una vez terminado el papeleo, puede que se dirijan a Kavanaugh o al Market Bar o a algún otro tugurio en el que un policía pueda beberse un asesinato a tragos. Es Nochevieja y puede que levanten un vaso o dos y brinden por ello mismos, o por alguno de ellos, o por lo que queda de la última hermandad auténtica. Pero no brindarán por ti esta noche. Tú eres un asesino de mierda; ¿por qué iban a brindar por ti? Y, sin embargo, pensarán en ti. Pensaran en lo bien que supieron leer la escena del crimen, en cómo te hicieron retractarte de tu historia en el hospital, en cómo incluso consiguieron una foto del jamaicano al que intentaste inculpar y en cómo hicieron que te tuvieras que comer con patatas también esa historia. Pensarán en ti y sabrán, como sólo puede saber un inspector, que el trabajo policial bien hecho puede ser una obra de arte. Pensarán en ti y beberán un poco más, quizá se rían un poco más alto de lo normal cuando Landsman cuente la historia de cómo detenía a los coches con un medidor de velocidad por radar hecho con una caja de copos de avena o la de Phyllis Pellegrini en Riker's Island.

Diablos, puede incluso que se queden en Kavanaugh hasta que cierre y pasen el resto de la noche en el aparcamiento, comparando batallitas e intentando recuperar la sobriedad antes de que amanezca y tengan que conducir de vuelta a casa y encontrarse con su mujer que ya estará levantada y maquillándose y con sus niños correteando por la casa. Regresarán a su casa, al olor del desayuno en la cocina, a un dormitorio con las persianas bajadas y las sabanas removidas por el sueño de otra persona. Otra mañana en la que el mundo girará sin ellos, otro día de otro año, hecho a la medida de aquellos que caminan de día y tratan con los vivos.

Y dormirán hasta que anochezca.

EPÍLOGO

Los límites de este relato —del 1 de enero al 31 de diciembre de 1988— son necesariamente arbitrarios, un calendario artificial de días, semanas y meses impuesto en la larga trayectoria de la vida de estos hombres. Los inspectores de homicidios del turno de Gary D'Addario llevaban tiempos juntos cuando empezó esta crónica y todavía siguen juntos después de que haya terminado. Los nombres, rostros, escenas, casos y veredictos cambian. Sin embargo, la violencia diaria en cualquier gran ciudad de Estados Unidos aporta un escenario constante sobre el que parece que los inspectores de homicidios trabajan con un coraje eterno. Unos pocos hombres son transferidos a otros trabajos, otros pocos se jubilan y otros son asignados a largas investigaciones, pero la unidad de homicidios sigue siendo siempre esencialmente la misma.

Lo cuerpos siguen cayendo. El teléfono sigue sonando. Los chicos en la oficina de atrás siguen rellenando sus hojas de ruta y discutiendo por las horas extra. El teniente administrativo sigue calculando el porcentaje de resolución de casos diariamente. En la pizarra sigue habiendo nombres en rojo y en negro. Mucho después de que los casos se tornen borrosos o desaparezcan por completo de la memoria de un inspector, el trabajo en sí continua conservando un atractivo especial.

Todos los años, la unidad de homicidios de Baltimore celebra una cena en la sala del sindicato de bomberos en Canton, en la que un centenar o más de personas que son o fueron inspectores de homicidios comen, beben y montan una juerga enorme todos juntos para celebrar y recordar todo lo visto, hecho y dicho por hombres que pasaron la mayor parte de sus vidas investigando asesinatos. Jimmy Oz, Howard Corbin, Rod Brandner, Jake Coleman... cada año el auditorio se llena de hombres que se aferran a los recuerdos del trabajo más difícil que tendrán jamás. No todos los que acuden fueron grandes inspectores; de hecho, hay algunos que en sus tiempos fueron bastante mediocres. Peor incluso, el peor de ellos pertenece a una hermandad especial y tiene un estatus especial por haber vivido durante un tiempo en el lado más oscuro de la experiencia americana.

Aunque parezca extraño, no hablan demasiado de sus casos y, cuando lo hacen, los asesinatos en sí son puramente un decorado. Las historias que cuentan van sobre sus compañeros, sobre chistes contados en escenas del crimen y cosas vistas durante las vigilancias en coches sin distintivos; sobre aquel coronel tan imbécil o sobre aquel fiscal de legendaria audacia o sobre alguna enfermera jefe rubia y de piernas largas del Hopkins, la joven, aquella a la que le iban los policías. ¿Qué diablos se hizo de ella?

En la cena de homicidios de 1988 las historias fueron sobre Joe Segretti, quien en una escena del crimen en las viviendas sociales de Waddy Court en el este de Baltimore una vez le quitó a una víctima un harapo sangriento de la cara y, al ver que el rostro había quedado impreso en sangre sobre la tela, la declaró inmediatamente el Santo Sudario de Waddy:

—Ha sucedido un milagro en Baltimore —le aseguró a su compañero—. Tenemos que llamar inmediatamente al Papa.

Hubo historias sobre Ed Halligan, un antiguo compañero de Terry McLarney, que una vez iba tan borracho que se le cayó el expediente de un caso abierto en una alcantarilla un día de lluvia mientras caminaba de vuelta a casa. Cuando McLarney fue a rescatarle la mañana siguiente, se encontró con que todo el expediente estaba secándose colgado en perfecto orden en la sala de estar de la casa de Halligan. Y todos recordaban al mítico Jimmy Ozazewski —«Jimmy Oz»— un auténtico personaje que una vez resolvió una bola roja y procedió a conceder entrevistas en televisión desde su propia casa en las que aparecía vestido con un esmoquin y fumando en una pipa importada.

Y se acordaban también de los hombres que ya no estaban allí, como John Kurinji, el ucraniano loco que nunca aprendió a insultar correctamente y llamaba a sus sospechosos «hijos de zorra-zorra» y se quejaba de su «joputo» trabajo. Fueron Jay Landsman y Gary D'Addario los que recibieron la llamada para ir a la casa de Kurinji en el condado, donde encontraron su placa y la funda de su pistola ordenadamente dispuestas sobre la mesa. Kurinji estaba en el baño, arrodillado dentro de la bañera con la esterilla doblada debajo de él y la sangre escurriéndose a través de ella por el desagüe. El suicidio de un inspector, limpio y metódico: Landsman sólo tendría que abrir el grifo del agua para limpiar la sangre y le quedaría la bala.

—Que se joda —dijo D'Addario cuando Landsman empezó a perder el control—. Cuando lo hizo sabía que lo encontraríamos así.

Historias del tabernáculo de la comisaría, páginas de un «Libro del Crimen» que no tiene principio ni final. En 1988 treinta inspectores, seis inspectores jefes y dos tenientes escribieron en él algunas historias nuevas —comedias, tragedias, melodramas y sátiras—, historias que se oirían en muchas reuniones futuras como aquella.

La mejora del porcentaje de resolución acabó con cualquier amenaza de entidad hacia el puesto de Gary D'Addario como teniente de un turno de homicidios, pero la intriga política de 1988 se cobró un precio. Para salvarse a sí mismo y a sus hombres de algo peor, aceptó lo justo para dejar contentos a los jefes. Apretó para que hubiera un poco menos de horas extra, presionó a sus inspectores para que trabajaran en más casos y escribió algunos memorandos pidiendo que hubiera un seguimiento de ciertos expedientes. La mayoría de cosas podían clasificarse bajo el encabezamiento de males menores y asumibles.

Cierto, la relación de D'Addario con el capitán nunca había sido especialmente buena, pero los acontecimientos de 1988 desilusionaron completamente a ambos hombres. A D'Addario le pareció que el capitán exigía absoluta lealtad de sus subordinados pero no ofrecía esa misma lealtad a los que trabajaban para él. Había dado a entender que no estaba dispuesto a proteger a Donald Worden durante el desastre de Larry Young y, desde luego, tampoco quiso proteger a D'Addario cuando todos los nuevos asesinatos quedaban sin resolver. En opinión del teniente, era una pauta que se venía repitiendo demasiado a menudo.

D'Addario sobrevivió: ocho años como oficial en homicidios hacen que cualquiera se convierta en un experto en supervivencia. Y, de paso, consiguió que sus hombres hicieran un buen trabajo policial e incluso, a veces, un trabajo excelente. Pero D'Addario era un hombre orgulloso y el precio de permanecer en homicidios era demasiado alto. Una noche de 1989, cuando llamaron a D'Addario para que fuera a la oficina muy temprano por la mañana porque se había producido un tiroteo con implicación policial, se enteró de que había una plaza de teniente en antivicio, y cuanto más pensaba en el asunto, más le gustaba. En antivicio se trabajaba de nueve a cinco, tendría su propio coche y su propio mando. Se fue a ver al coronel esa misma semana y su traslado se aprobó de inmediato. Un mes después, la unidad de homicidios tenía un nuevo teniente de turno, también un buen hombre, justo al mandar y simpático con sus hombres. Pero su antecesor le había puesto el listón muy alto. Como un inspector dijo sucintamente: «No es un Dee.»

Cuando escribo estas líneas, D'Addario es el comandante de la sección de antivicio del Departamento de Policía de Baltimore. Uno de sus mejores inspectores allí es Fred Ceruti, que todavía está resentido por lo qúe sucedió en 1988, pero que promete que acabará volviendo a homicidios.

—Eh —dice riendo—, todavía soy joven.

Técnicamente, Harry Edgerton sigue siendo inspector de homicidios, aunque los últimos dos años parecen indicar otra cosa.

Ed Burns, el único inspector al que Edgerton estuvo jamás dispuesto a considerar su compañero, retornó brevemente a la unidad de homicidios a principios de 1989 tras completar junto al FBI una investigación de dos años sobre la organización del tráfico de drogas de Warren Boardley en las viviendas sociales de Lexington Terrace. Como principales protagonistas de una guerra de bandas en los barrios bajos, se creía que Boardley y sus lugartenientes eran responsables de siete homicidios sin resolver y de catorce tiroteos. La investigación federal acabó enviando a los principales miembros de la organización a la cárcel con condenas que oscilaron entre doble cadena perpetua y dieciocho años sin posibilidad de libertad condicional. Edgerton, que había sido apartado de aquella investigación por una disputa presupuestaria entre las agencias federales y locales, celebró los arrestos de noviembre de 1988 de Boardley y sus hombres uniéndose a Burns y otros agentes en los equipos que fueron a detenerlos.

Casi inmediatamente después de que se cerrara en caso Boardley, Burn y Edgerton fueron ambos asignados a un operativo de la DEA para una investigación de otro traficante violento más. Linwood «Rudy» Williams ya había sido declarado inocente en dos juicios por asesinato, un cargo de posesión de armas de fuego y dos cargos por tráfico de drogas en los tribunales del estado de Maryland cuando la DEA empezó su investigación a mediados de 1989; se sospechaba que estaba detrás de cuatro homicidios cometidos en el área de Baltimore y eso solo entre 1989 y 1990. En marzo de 1991 Williams y seis de sus adláteres fueron condenados en un juzgado federal como parte de una acusación federal por tráfico organizado de estupefacientes. El investigador principal de aquella investigación, que había durado todo un año, era Ed Burns; Edgerton fue uno de los dos principales testigos de la acusación.

El éxito de la investigación a Williams, que implicó escuchas telefónicas, micrófonos en salas y habitaciones, análisis de activos y un uso extensivo de un gran jurado federal, fue tal que incluso los críticos de Harry Edgerton en la unidad de homicidios tuvieron que sentarse y aplaudir. La opinión general era que con Rudy Williams en una cárcel federal, los inspectores de homicidios de la ciudad se ahorraban entre tres y cuatro casos al año. Pero dentro del departamento de Baltimore, el debate sobre la utilidad de las investigaciones tan prolongadas continúa; tanto a Edgerton como a Burns les han dicho que después del juicio a Williams deben reincorporarse a la unidad de homicidios y a la rotación regular.

Edgerton se quedó más o menos satisfecho con el caso de Andrea Perry. Su sospechoso en la violación-asesinato, Eugene Dale, se convirtió en el único de los doscientos acusados de homicidio en 1988 en ser juzgado bajo la ley de pena de muerte de Baltimore. (Los fiscales tomaron la decisión de pedir la pena capital cuando los resultados de las pruebas de ADN de la sangre de Dale confirmaron que el semen que se había encontrado en el cuerpo de la chica de doce años era suyo.) Aunque el esfuerzo por conseguir la pena de muerte no tuvo éxito, Dale fue condenado por asesinato en primer grado y por violación en segundo grado, y sentenciado a cadena perpetua sin posibilidad de libertad condicional.

Cuando Edgerton regrese a la unidad de homicidios, si es que regresa, no está claro cual será su puesto. La brigada de la que se marchó en 1989, la de Roger Nolan, ya no existe.

La brigada empezó a disolverse a principios de 1989, primero por la pérdida de Edgerton, que se marchó al operativo de la investigación de Williams. Poco después, Donald Kincaid partió en un intercambio entre las cuatro brigadas que llevó a dos hombres de Stanton a la brigada de Nolan. Kincaid se fue a trabajar con Jay Landsman y, durante un tiempo, estuvo a gusto y Landsman también por haber incorporado a su equipo a un inspector con tanta experiencia. Pero, a los pocos meses, Kincaid se metió en una nueva pelea, esta vez con el nuevo teniente, que trató de atar corto a algunos veteranos de la unidad, entre ellos Kincaid. Al final, el enfado de Kincaid pudo con él y en el verano de 1990 tomó su pensión y se retiró después de veinticuatro años trabajando en el departamento.

Su guerra con Edgerton, y luego con el teniente, señala una de las auténticas verdades sobre la vida en cualquier departamento de policía. Para un inspector o un policía de calle la única satisfacción real es el trabajo en sí mismo; cuando un policía se pasa cada vez más tiempo enfadándose por los detalles, está acabado. La actitud de sus colegas, la indiferencia de sus superiores, la mala calidad del material, nada de eso importa si todavía amas el trabajo y todo importa si ya no lo amas.

El asesinato de Latonya Kim Wallace —el ángel de Reservoir Hill, como se la conocía en Baltimore— sigue sin resolver. Los expedientes del caso se han vuelto a meter en un cajón; los inspectores de la brigada de Landsman ya no investigan activamente la muerte, aunque siguen todas las pistas nuevas que llegan.

Para Tom Pellegrini el caso dejó un legado de frustración y dudas que tardó un año entero en superar. Bien entrado 1989 seguía trabajando en algunos detalles de aquella investigación a expensas de otros casos. Al final le resultó un magro consuelo que la investigación se llevara a cabo con más diligencia y perseverancia que ninguna otra que se recordara recientemente; de hecho, a más esfuerzo, más frustración.

Meses después de interrogar por última vez al Pescadero, Pellegrini volvió al expediente del caso una vez más y repasó las pruebas existentes, compilando información y luego elaborando un completo memorando para la oficina del fiscal. En él defendía que se podía armar un caso contra el viejo comerciante basado en pruebas circunstanciales pero lo bastante fuerte como para llevarlo a un gran jurado. Pero no sorprendió a Pellegrini que Tim Doory se negara a llevar a juicio el caso. El asesinato de la niña era demasiado tentador para los periódicos como para arriesgarse a un juicio con una red de pruebas tan fina o tirarse el farol de presentar cargos contra el sospechoso con la esperanza de que eso precipitara una confesión. Y varios de los inspectores que también habían trabajado en el caso seguían sin creer que el viejo fuera el asesino. Si de verdad era culpable, razonaban, tres largos interrogatorios hubieran, al menos, descubierto algunos agujeros más grandes en su historia.

Pellegrini aprendió a vivir con la ambigüedad. Dos años después de entrar por primera vez en aquel patio trasero de la avenida Newington podía decir, por fin, que lo peor del caso de Latonya Wallace había pasado y ya no le dolía. Empezó 1990 con ocho casos resueltos seguidos.

A principios de ese año empezó una pequeña pero reveladora tarea. Lenta y metódicamente empezó a ordenar los contenidos de las carpetas de Latonya Wallace para hacerlos más accesibles y comprensibles para cualquier inspector que tuviera que utilizarlos más adelante. Fue un tranquilo pero necesario reconocimiento de que podía ser que Tom Pellegrini ya no estuviera allí cuando se supiera la verdad, si es que se sabía alguna vez.

Rich Garvey sigue siendo Rich Garvey, un inspector para el que cualquier año es más o menos igual que el anterior. Su campaña de 1989 fue tan exitosa como la de 1988 y su porcentaje de resolución de casos en 1990 era la mejor.

Pero una revisión rápida de los casos de 1988 revela que el Año Perfecto fue, en muchos sentidos, una ilusión. Por ejemplo, el asesinato en verano del barman en Fairfield, el caso de robo que empezó cuando un cliente recordó la matrícula del coche que huyó, terminó desastrosamente. A pesar del testimonio de dos cómplices, que confesaron y aceptaron condenas de veinte y treinta años, los dos otros acusados fueron declarados inocentes por un jurado después de dos juicios nulos. El acusado al que se imputaba la comisión material del crimen, Westley Branch, fue declarado inocente a pesar de que se había encontrado una huella suya en una lata de Colt 45 junto a la caja registradora. Garvey no estuvo en la sala el día en que se leyó el veredicto, lo que fue una suerte: los acusados celebraron el veredicto con gritos de alegría y chocando las manos en alto.

Era la primera vez que Garvey perdía un caso en el juicio, pero le seguirían otras frustraciones. Otro caso de asesinato en el que había trabajado con Bob Bowman en diciembre de 1988 se hundió en el juicio cuando un familiar de la víctima subió al estrado y exoneró al asesino; Garvey se enteró luego de que la familia había estado en contacto con el acusado antes del juicio y algún dinero había cambiado de manos. Del mismo modo, la muerte de Cornelius Langley, la víctima del asesinato por drogas a plena luz del día en la avenida Woodland en agosto, quedó también sin vengar. La fiscalía abandonó el caso después de que Michael Langley, el principal testigo del estado y hermano de la víctima, fuera él mismo asesinado en 1989 en un asesinato por drogas no relacionado con el de Cornelius.

Pero también hubo victorias. La condena de Robert Frazier por el asesinato de Lena Lucas acabó en cadena perpetua sin libertad condicional; y lo mismo sucedió con el juicio por el asesinato de Perry Jackson, el tipo de Baltimore Este que había asesinado a Henry Plumer y luego había dejado el cadáver en su sótano. Quizá el resultado más satisfactorio se produjo en el caso de Carlton Robinson, el joven obrero asesinado cuando iba a trabajar una helada mañana de noviembre, asesinado porque a su amigo y compañero de trabajo, Warren Waddell, le habían llamado gilipollas en el trabajo el día anterior. La piedra de toque de esa acusación era lo que la víctima les había dicho a los primeros policías en llegar a la escena del crimen, su declaración final en la que decía que quien le había disparado era Waddell. Y, sin embargo, no estaba claro si Robinson creía estar muriendo o si los agentes y los enfermeros se lo habían dicho, lo que ponía en tela de juicio si sus palabras debían ser consideradas o no por el jurado.

Garvey pidió un fiscal bueno para esa causa y se lo dieron. Bill McCollum, un jurista con mucha experiencia en la unidad de criminales profesionales de la oficina del fiscal del Estado, volvió a interrogar a los enfermeros que respondieron a la llamada y averiguó que Carlton

Robinson, de camino al hospital, había reconocido abiertamente que se estaba muriendo. Meses después, los enfermeros recordaban la llamada por la herida de bala del 9 de noviembre por la fecha: también ellos se habían dado cuenta de que tuvo lugar el día que entraba en vigor la tan cacareada nueva ley del Estado sobre armas de fuego.

Al final, un jurado en el juzgado del juez Bothe halló a Warren Waddell culpable de asesinato en primer grado, un veredicto que le supuso una condena de cadena perpetua sin libertad condicional, esto último debido a que Waddell acababa de estar en libertad recientemente por un cargo de homicidio. En el momento en que escribo estas líneas, no obstante, el veredicto ha sido invalidado por un tribunal de apelación de Maryland debido a que el juez Bothe hizo unos comentarios delante del jurado que pudieron influirles. Todavía no se ha fijado fecha para el nuevo juicio.

Aún así, el caso contra Waddell sigue siendo viable, una victoria arrancada de las fauces de la derrota gracias a un buen trabajo del fiscal, y Garvey se permitió cierta satisfacción personal al final del primer juicio.

Mientras un ayudante del *sheriff* se llevaba a Warren Waddell por las escaleras de mármol hacia los calabozos del sótano, el acusado miró hosco al inspector durante un segundo de más. Garvey respondió inclinándose sobre la barandilla y diciéndole al hombre que acababa de ser condenado en un susurro que todo el mundo pudo oír:

—Hasta luego, gilipollas.

McCollum, que estaba hablando con otro abogado a pocos pasos de allí, hizo súbitamente la conexión:

—No acabas de decir lo que creo que acabas de decir, ¿verdad?

—Joder, pues claro —dijo Garvey—. Alguien tenía que decirlo.

De las tres brigadas que sirvieron bajo el mando de D'Addario en 1998, sólo la de Terry McLarney sigue intacta.

Eddie Brown pasa tranquilamente de un caso al siguiente, inmune, al parecer, al paso del tiempo. Rick James, que trabajó duro mucho tiempo en el asesinato de la taxista Karen Renee Smith, ha salido de debajo de la sombra de Worden y ya puede ser considerado un veterano. De hecho, la campaña de James en 1988 fue casi tan exitosa como la Rich Garvey: Alvin Richardson, que había violado y asesinado a aquel chico de dos años en noviembre, fue condenado por el jurado a cadena perpetua, y Dennis Wahls, que había conducido a la policía hasta la joyas robadas y se había implicado a sí mismo en el asesinato de la taxista, se declaró culpable de asesinato en primer grado y aceptó una sentencia de cadena perpetua. Clinton Butler, el hombre a quien Wahls nombró como el hombre que había golpeado a Karen Smith hasta matarla, fue juzgado dos veces en los tribunales de Baltimore. A pesar del testimonio de Wahls y de las pruebas que lo corroboraban, el primer jurado fue incapaz de tomar una decisión y el segundo declaró a Butler inocente.

El caso más importante de la carrera de Donald Waltemeyer fue a juicio en 1989, cuando los fiscales llevaron a Geraldine Parrish al juzgado del juez Bothe por el asesinato de Albert Robinson, el alcohólico de Plainfield, Nueva Jersey, que fue encontrado muerto cerca de las vías del tren en Clifton Park en 1986. Geraldine conocía a Albert Robinson de su iglesia en los bajos de un edificio en Plainfield y años antes le había convencido para firmar un seguro de vida y ponerla a ella como beneficiaria. De los cuatro asesinatos que se le imputaban, el de Robinson era el que tenía más pruebas que lo corroboraban. Un trío de fiscales le contó al jurado un relato increíble y a veces cómico en el que Geraldine y un puñado de cómplices condujeron hasta Nueva Jersey e hicieron subir a Robinson a un coche prometiéndole alcohol. Unas horas después, le pegaron un tiro y lo dejaron, dándolo por muerto, tirado en una carretera cerca de Atlantic City. A pesar de su aparatosidad, las heridas fueron sólo superficiales y Robinson sobrevivió, pero había bebido tanto que no recordaba nada del incidente. Unos pocos meses después, la banda regresó a Nueva Jersey, volvió a convencer al borracho para que se subiera al coche y esta vez condujeron hasta Baltimore, donde un amigo adolescente de una de las sobrinas de Geraldine terminó el trabajo cerca de las vías del tren, dejando a Rick James con un caso duro de roer.

Geraldine no decepcionó en el juicio. En un momento dado tuvo un ataque delante del jurado. Se quedó flácida sobre su silla sacando espuma por la comisuras de la boca. Un aburrido Elsbeth Bothe le ordenó que se comportarse, lo que puso fin al espectáculo. Más adelante, prestando declaración en el estrado, Geraldine afirmó que la habían engañado unos hombres que la obligaban a entregarles las pólizas de seguro y a identificar para ellos a posibles víctimas.

No fue convincente y al jurado no le costó alcanzar un veredicto. Geraldine Parrish fue sentenciada a cadena perpetua, tras lo cual se declaró culpable de los tres asesinatos restantes y recibió otras tantas cadenas perpetuas. Nadie se sintió más aliviado de ver el final del caso que Donald Waltemeyer, que regresó de pleno a la rotación en cuanto terminó el juicio.

El compañero de Waltemeyer, Dave Brown, ya no vive en un continuo tormento. Durante los últimos dos años, Donald Worden ha concedido al joven inspector cierto, si no respeto, al menos sí reconocimiento a regañadientes. Es cierto, sin embargo, que en el verano de 1989 el Gran Hombre empezó a cobrar a Brown 25 centavos por cada mensaje de teléfono que recibía.

Y en cuanto al propio Terry McLarney, sigue en la hermandad. En 1989 ignoró una persistente tos hasta que no pudo tenerse en pie, y luego tuvo que pasarse meses recuperándose de una infección bacteriana en el corazón. No se esperaba que regresara a homicidios, pero regresó en sólo cuatro meses, con mejor aspecto del que había tenido en muchos años.

Con veintiocho años de servicio y todavía en activo, Donald Worden sigue siendo un agente de policía de la ciudad de Baltimore y la pieza fundamental de la brigada de McLarney. Y ahora es un hombre casado. La boda tuvo lugar en el verano de 1989 y la mayoría del turno estuvo allí. Un brindis siguió al otro y todos los invitados acabaron el banquete en Kavanaugh, con Diane subida a un taburete con su traje de novia y el Gran Hombre ejerciendo de anfitrión vestido con un esmoquin hecho a medida.

El matrimonio implicaba que Worden tenía que trabajar como mínimo un año más para conseguir que su esposa tuviera pensión completa, pero ese punto llegó y pasó y él sigue ahí, trabajando asesinatos. Ha seguido de cerca el expediente de la calle Monroe investigado las pocas pistas que han llegado a la unidad en los últimos dos años. Sin embargo, la muerte de John Raldolph Scott en un callejón que sale de la calle Monroe sigue siendo un caso abierto, el único caso de tiroteo con implicación policial sin resolver en toda la historia del departamento. Los agentes implicados siguen casi todos en la calle aunque algunos, entre ellos el sargento John Wiley, fueron reasignados dentro del departamento a tareas administrativas.

Pero otros resultados fueron más gratificantes. Una vez el año pasado, Worden conducía hacia la escena de un tiroteo a primera hora de la mañana cuando pasó por la parada de autobús del centro de la ciudad y vio a un marinero con el pelo cortado a lo militar caminando con un hombre de aspecto andrajoso por la calle West Fayette. La combinación le pareció extraña a Worden y la archivó inmediatamente en esa memoria que tiene y, cuando el marinero apareció muerto esa misma mañana, molido a golpes durante un atraco en un aparcamiento cercano, Worden se acercó a Kevin Davis, el inspector principal del caso. Worden le dio a Davis una descripción completa del sospechoso; los dos hombres se subieron a un Cavalier juntos y encontraron a su hombre en cuestión de horas.

Los periódicos dijeron que el crimen se había resuelto por pura suerte, demostrando una vez más lo poco que este mundo entiende sobre lo que significa ser un inspector de homicidios.

Una postdata: En 1988, 234 hombres y mujeres murieron de forma violenta en la ciudad de Baltimore. En 1989, 262 personas fueron asesinadas. El año pasado, los asesinatos en la ciudad volvieron a aumentar y llegaron a 305, la peor cifra en casi veinte años.

En el primer mes de 1991, la ciudad ha tenido una media de un asesinato al día.

NOTA DEL AUTOR

Este libro es un trabajo periodístico. Los nombres de los inspectores, acusados, víctimas, fiscales, agentes de policía, forenses y demás personas identificadas en este libro son sus nombres reales. Los acontecimientos que se describen en este libro sucedieron como se describen.

Mi investigación empezó en enero de 1988, cuando me uní a la unidad de homicidios del Departamento de Policía de Baltimore con el improbable rango de «policía becario». Como suele pasar cuando un periodista se queda en un sitio el tiempo necesario, me convertí en un mueble más de la unidad, en una parte benigna de la vida cotidiana de los policías. Al cabo de pocas semanas se comportaban como si permitir que un reportero fisgara en el caos de una investigación criminal fuera algo enteramente normal.

Para que mi mera presencia no interfiriera con las investigaciones, accedí a vestirme para el papel. Tuve que cortarme el pelo, comprarme varias americanas, corbatas y pantalones de vestir y quitarme un pendiente con un diamante que me había ayudado poco a granjearme el cariño de los inspectores. A lo largo de mi año en la unidad nunca me identifiqué ante nadie como agente de la ley. Pero mi aspecto, unido a la presencia de otros policías, a menudo llevaba a los civiles e incluso a otros policías a creer que, de hecho, yo era un inspector. A los periodistas acostumbrados a identificarse inmediatamente cuando cubren una noticia, esto les puede parecer un pecado de omisión. Pero anunciar mi condición de periodista en las escenas del crimen, durante los interrogatorios o en urgencias en los hospitales hubiera perjudicado dramáticamente las investigaciones. En resumen, no había otra forma de hacer este libro que no identificarme.

Aún así, existía cierta ambigüedad ética cada vez que citaba a un testigo, a un médico de urgencias, a un guarda de prisión o al pariente de una víctima que asumía que yo era un policía. Por ese motivo, he tratado de conceder a estas personas el mayor grado de anonimato posible, intentando equilibrar los criterios de justicia y privacidad con la necesidad de precisión.

Todos los inspectores del turno del teniente D'Addario firmaron formularios de consentimiento antes de ver nada del manuscrito. Otros personajes importantes del libro también aprobaron que se utilizaran sus nombres. Para conseguir estos consentimientos les prometí a los inspectores y a otras personas que podrían revisar las partes relevantes del manuscrito y sugerir cualquier cambio necesario para mejorar su fidelidad a los hechos. También les dije a los inspectores que si había algo en el manuscrito que no fuera esencial para la historia y que pudiera perjudicar sus carreras o sus vidas, podían pedirme que lo eliminase y yo consideraría su petición. Al final, los inspectores pidieron poquísimos cambios y el puñado de modificaciones que accedí a hacer se refería a cosas mundanas, como el comentario de un inspector sobre una mujer en un bar o las críticas de otro hacia uno de sus superiores. No permití ningún cambio que se refiriera a cómo se había trabajado en un caso ni que alterara o silenciara el mensaje del libro.

Además de los inspectores, el propio Departamento de Policía tenía un derecho limitado a revisar el manuscrito, pero sólo para asegurarse de que no se revelaban pruebas de casos abiertos (calibres de balas, forma de la muerte o ropa que vestía la víctima) en situaciones en que tales hechos, si se mantenían en secreto, podrían ayudar a identificar a un sospechoso. De la revisión del departamento no se derivó ningún cambio ni ninguna eliminación de texto.

Representantes de la oficina del fiscal del Estado en Baltimore y de la Oficina del Forense también revisaron las partes relevantes del manuscrito sólo para asegurar su precisión y fidelidad a los hechos. Igual que los inspectores, podían sugerir cambios, pero no imponerlos.

La mayor parte del diálogo en esta narrativa —quizá el noventa por ciento— procede de escenas y conversaciones que yo presencié personalmente. En algunos pocos casos, sin embargo, ocurrieron acontecimientos importantes en turnos en los que yo no estaba trabajando o cuando estaba ocupado presenciando las actividades de otros inspectores. En esos casos, fui con mucho cuidado de no citar directamente diálogos largos y he intentado utilizar sólo las frases que los inspectores recordaban expresamente. Y cuando muestro los pensamientos de un personaje, no se trata de meras suposiciones mías: en todos los casos las acciones subsiguientes de ese personaje han hecho que esos pensamientos fueran evidentes o yo he hablado de la cuestión con esa persona posteriormente para cerciorarme de qué pasaba por su cabeza. Y al revisar el material con los inspectores me he esforzado en asegurarme de que sus pensamientos estuvieran reflejados lo más fielmente posible.

Por la colaboración sin precedentes ni parangón del Departamento de Policía de Baltimore estoy agradecido al difunto Comisionado de Policía Edward J. Tilghman así como al actual comisionado, Edward V. Woods. También estoy agradecido al Comisionado Adjunto para Operaciones, Ronald J. Mullen; al coronel jubilado Richard A. Lanham y al Comisionado Adjunto Joseph W. Nixon, ambos directores en distintos periodos de 1988 de la División de Investigación Criminal; al Capitán John J. MacGillivary, comandante de la sección de Crímenes contra las Personas; al teniente Stewart Oliver, teniente administrativo de esa misma sección; así como a la legión de altos cargos, oficiales, agentes y técnicos del Departamento de Policía de Baltimore que se esforzaron por ayudarme en cuanto necesité.

Este proyecto no hubiera sido posible sin la valiosa ayuda del director Dennis S. Hill, responsable de relaciones públicas del departamento de Baltimore, y la del teniente Rick Puller y el sargento Michael A. Fray del gabinete jurídico del departamento de policía.

También me gustaría dar las gracias al Forense en Jefe, el doctor John E. Smialek y a otros miembros de la oficina del forense por su ayuda y sus consejos; y al doctor Smialek y a Michael Golden, portavoz del Departamento de Sanidad del Estado, por permitirme acceder a la Oficina del Forense. En la Oficina del Fiscal tengo que dar las gracias al fiscal del Estado Stuart O. Simms, a Timothy V. Doory, Jefe la Unidad de Crímenes Violentos, y a Ara Crowe, Jefe de la División Jurídica.

En el terreno editorial, este libro ha venido al mundo gracias al devoto y persistente esfuerzo de John Sterling, editor jefe en Houghton Mifflin, que vio las posibilidades del proyecto desde el principio y simplemente se negó a dejar que se perdiera ni la menor de ellas. Su paciencia, talento y profesionalidad son responsables de mucho de lo que está bien escrito en estas páginas; de lo otro, me declaro culpable yo. Este libro se benefició además del denodado trabajo de Luise M. Erdmann, que demostró que la corrección de un manuscrito, cuando se hace bien, es más un arte que un oficio. Gracias también a Rebecca Saikia-Wilson y a todos los demás que en Houghton Mifflin apoyaron tanto este proyecto.

Estoy también agradecido a mis editores en el *Baltimore Sun*, que me permitieron abandonar completamente mi trabajo y apoyaron inquebrantablemente el proyecto, incluso después de que me saltara una o dos fechas de entrega. Gracias a James I. Houck, redactor jefe; a Tom Linthicum, editor de la sección metropolitana; a Anthony F. Barbieri, editor de la sección local; y a la *coach* de escritura Rebecca Corbett, que ha sido una fuente de consejos y ánimo desde que empecé a hacer rondas nocturnas con la policía en el *Sun* hace ocho años.

Me gustaría agradecer a Bernard y Dorothy Simon, mis padres, su ayuda durante los últimos tres años, que ha sido esencial, así como dar las gracias a Kayle Tucker, cuyo amor y constante apoyo han sido igual de valiosos para mí.

Y lo más importante, este libro no hubiera podido existir sin la ayuda de los tenientes de turno Gary D'Addario y Robert Stanton y los cuarenta inspectores e inspectores jefe que trabajaron en la unidad de homicidios en 1988. Ellos fueron los que de verdad se arriesgaron con este libro y espero que ahora sientan que, de alguna manera, valió la pena.

Finalmente, un apunte sobre un último dilema ético. Si un periodista convive con las personas sobre las que informa durante un largo periodo de tiempo, la familiaridad y la amistad puede a veces complicar la relación. Teniendo eso en cuenta, empecé mi etapa en la unidad de homicidios siguiendo una política de estricta no intervención. Si sonaba el teléfono en la oficina principal y no había nadie más que yo para contestar, entonces es que esa llamada no hubiera sido contestada. Pero los mismos inspectores contribuyeron a corromperme. Empezaron con mensajes telefónicos y luego siguieron con correcciones y lectura de pruebas («Tú eres escritor. Mírate este informe.»). Y compartí con los inspectores un año entero de comida rápida, discusiones de bar y humor de comisaría: incluso para un observador entrenado, resultó difícil mantener la distancia.

En retrospectiva, estuvo bien que el año terminase cuando lo hizo, antes de que alguno de los inspectores me provocara para que interviniera en su trabajo de alguna forma realmente dañina. Una vez, en diciembre, me encontré cruzando esa línea, «uniéndome a los nativos» como dicen los periodistas. Estaba en el asiento de atrás de un coche sin distintivos que circulaba por la avenida Pennsylvania, acompañando a Terry McLarney y Dave Brown a buscar a un testigo. En un momento dado, los inspectores detuvieron el coche bruscamente junto al bordillo para abordar a una mujer que encajaba con la descripción. Ella caminaba con dos hombres. McLarney saltó del coche y cogió a uno de los hombres, pero el cinturón del abrigo de Brown se enganchó con el del coche y lo tiró de nuevo sobre el asiento del conductor cuando intentó salir.

—¡Corre! —me gritó mientras se peleaba con el cinturón del coche—. ¡Ayuda a Terry!

Armado con mi bolígrafo, seguí a McLarney, que estaba forcejeando para tirar a uno de los hombres sobre un coche aparcado mientras el segundo lo miraba con mala leche.

—¡ENCÁRGATE DEL OTRO! —me gritó McLarney, señalando al segundo hombre.

Y así, en un momento de debilidad, un reportero de un periódico empujó a un vecino de su ciudad contra un coche aparcado y realizó uno de los cacheos más patéticos e incompetentes de los que se tiene noticia. Cuando llegué a los tobillos del tipo miré por encima de mi hombro y vi que McLarney estaba destrás mío.

Estaba, por supuesto, riéndose a carcajadas.

David Simon
Baltimore
1991

CASO CERRADO

En la década y media que ha pasado desde que terminó de escribir este libro, David Simon ha pasado de ser un periodista novato de dudosa habilidad que vestía camisetas, llevaba un pendiente de diamante en la oreja e iba a todas partes con su libretita, a un escritor prestigioso que ha ganado varios premios, un guionista célebre y un productor de televisión de éxito. Durante esos mismos quince años yo he ascendido exactamente un rango.

Pasaron los años sin que volviera a saber mucho de Dave, excepto por un par de cenas de homicidios y las fiestas de jubilación de Gary D'Addario y Eugene Cassidy. Entonces, un día, mi hijo me llamó desde Carolina del Norte.

—Papá, hay una serie en HBO sobre todo tu departamento de policía.

Le contesté que conocía *The Wire* y le pregunté a Brian si la veía. Me respondió casi con reverencia.

—Papá, todo el mundo en el cuerpo de marines ve *The Wire*.

Simon lo había vuelto a lograr.

En 1988, cuando unos mandos confusos permitieron que Dave pasara un año con nosotros, mis colegas y yo sonreímos y jugamos con él como bebés a los que les hubieran puesto un juguete nuevo en la cuna. Para nuestro disfrute, Dave, un joven abstemio, se emborrachaba como una cuba con sólo unas pocas cervezas. Se venía con nosotros después del trabajo, quizá esperando encontrar entonces el Santo Grial de Homicidios, pero al final se dio cuenta de que sólo queríamos maravillarnos con el espectáculo de alguien capaz de emborracharse con tres pequeñas latitas de líquido.

Dave se tomó a bien todas aquellas burlas amistosas y pronto se movía entre nosotros sin que nos diéramos cuenta. Se convirtió en la proverbial cucaracha en la pared, que absorbía cuanto sucedía mientras los demás andábamos demasiado ocupados lidiando con los asesinatos como para preocuparnos por cómo nos estábamos comportando en su presencia. Al principio teníamos mucho cuidado con lo que decíamos en presencia de Dave. Nos controlábamos, vigilábamos nuestro lenguaje e incluso nuestra metodología. Pero al cabo de un tiempo estábamos demasiado ocupados como para que todo eso nos importara y cuanto más trabajo teníamos, más escribía él. Aunque le permitimos estar presente durante los interrogatorios rutinarios, a veces hubo temas legales que impidieron que estuviera físicamente presente en la habitación durante ciertos interrogatorios. Por aquel entonces no teníamos los espejos transparentes por un lado y los micrófonos que hoy son habituales en las salas de interrogatorio de cualquier departamento de policía. Aprendimos a abrir la puerta despacio para evitar darle un golpe en la cara a David. Escuchaba a través de las rendijas en el marco de la puerta y tenía un oído excelente, a juzgar por la exactitud con la que reprodujo luego interrogatorios enteros. Cuando se publicó *Homicidio* nos felicitamos de lo bien que Dave había capturado el caos controlado que invade toda unidad de homicidios de una ciudad: el ritmo de montaña rusa de algunas investigaciones, las frustraciones, los triunfos y la continua corriente de incomprensible violencia.

Los ya no tan confusos mandos reaccionaron a esta obra novedosa y original preguntando al asesor legal del departamento de policía si se nos podía acusar de conducta inapropiada para un agente de policía. Se impusieron los sensatos y no se nos acusó formalmente de nada, aunque muchos vimos como nuestras evaluaciones de rendimiento caían como pesas de plomo en una charca contaminada. Pero luego vino la serie de la NBC basada en el libro y el periodo que pasó Dave con nosotros, iluminado por Hollywood, todo se vio desde un punto de vista más positivo.

Nosotros, los policías, estamos obsesionados con describir a nuestros congéneres: varón hispano, varón negro, varón blanco, todo el mundo definido en su categoría. Nos sentamos en el estrado y decimos: «El varón negro entró por la puerta delantera, luego el varón negro salió por la puerta trasera» como si el varón negro pudiera en algún momento convertirse en un varón blanco o púrpura si no lo mencionamos en todas las partes de la frase. Reconociendo esa limitación, he aquí como recuerdo a David Simon según era hace quince años.

Era un tipo blanco. Al verlo por primera vez sabías, con una sola mirada, que nadie le pediría nunca intercambiar su orina por la de él. Aunque decía que había sido reportero en un periódico antes de ser becario con nosotros, no pudimos verificarlo. No recuerdo haberle visto por allí antes, a pesar de que puede que hubiera estado y que yo le hubiera mirado directamente a los ojos y no me acuerde. No era fácil de recordar. De una altura media, su físico no destacaba en nada. De hecho, no era ni siquiera un físico. Había un cuerpo allí, desde luego, pero estaba desprovisto de todo lo que habitualmente uno asocia con un cuerpo, como los músculos. Los pocos que tenía estaban astutamente escondidos entre los huesos y la carne. Nunca comprendí como un tipo podía ir todos los días con una libreta en una mano y un bolígrafo en la otra sin desarrollar unos brazos más fuertes. Entonces tenía pelo, aunque ralo y del tipo me-queda-poco-en-este-mundo. Desde entonces, ese pelo ha fallecido, revelando que debajo había una cúpula reluciente cuyo pelo más cercano está en las cejas. Bajo esas cejas hay unos ojos de color indeterminado. Quizá verde, quizá marrón. Todo se reduce a:

«Varón blanco, uno ochenta, setenta y cinco kilos, calvo, mal vestido, expresión de sorpresa, olor a cerveza, en posesión de una libreta vieja, visto por última vez... »

Para mí, uno de los fragmentos más emotivos de *Homicidio* es cuando Donald Waltemeyer le arregla la ropa a una drogadicta muerta por sobredosis para que esté presentable justo antes de que su marido la vea para identificar el cadáver. Dave lo llamó un «pequeño acto de caridad» y me pareció típico de Waltemeyer. Yo fui el jefe de Donald durante mucho tiempo y nunca lo entendí del todo, pero lo respetaba inmensamente.

Waltemeyer y yo viajamos dos veces a una zona rural de Indiana. Un pirómano había provocado allí un incendio, matando a su novia y a sus dos hijos pequeños. Luego se fue a Baltimore, provocó otro incendio, lo atrapamos y se sintió obligado a confesar su anterior crimen a su compañero de celda, un travesti que nos llamó inmediatamente. Fuimos en avión para la vista preliminar, pero cuando llegó el juicio, Donald, cuya claustrofobia era conocida, dijo que mejor fuéramos en coche. Alquiló un Cadillac de color rosa que él definió como de color vino.

Una mañana, mientras comíamos en un bar, varios vecinos se acercaron a preguntarnos si éramos los policías de Baltimore y a darnos las gracias. Nos alegró mucho vernos tan apreciados y Donald, radiante, comentó su sorpresa ante la facilidad con la que la gente nos identificaba. Con el Cadillac aparcado frente al bar, le recordé que estábamos en una ciudad pequeña y conservadora, nos acompañaba un travesti y conducíamos un Cadillac rosa. Reflexionó mientras masticaba y finalmente dijo:

—Te he dicho que no es rosa, es color vino.

La muerte de Donald nos entristeció a todos.

El trabajo ha cambiado un poco durante los últimos quince años. El llamado efecto *CSI* ha elevado las expectativas de los jurados a niveles absolutamente irracionales y eso se ha convertido en la pesadilla de los fiscales de todo el país. Hay más intimidación a los testigos y, como no podía ser de otra manera, una correspondiente reducción de la colaboración ciudadana. Las bandas han descubierto Baltimore. El tráfico de drogas no ha disminuido. Hay menos casos que se resuelven solos y más casos duros de roer. En la parte positiva, existe la prueba de células epiteliales (me encanta esa palabra). Esa prueba irrumpió en la escena del crimen hace solo unos años, como si fuera una droga maravillosa impulsada por los avances en la recopilación de pruebas y la mejora de los análisis de ADN. Puedes ponerte una máscara, lavarte las manos y tirar tu revólver en el puerto, pero no puedes evitar que tu piel vaya dejando tu ADN por todas partes. Y, sin embargo, en el gran esquema de las cosas, estos cambios son muy menores y el trabajo sigue siendo básicamente el mismo que era cuando lo retrató David Simon. Todo consiste en escenas del crimen, entrevistas e interrogatorios que se desarrollan con un paisaje de humanidad defectuosa de fondo.

Y siempre será así.

TERRY MCLARNEY
Teniente, Homicidios
Baltimore
Mayo de 2006

POST MORTEM

Para contar cómo surgió la idea de escribir este libro, tengo que remontarme veinte años, al día de Nochebuena que pasé con Roger Nolan, Russ Carney, Donald Kincaid y Bill Lansey mientras observaba algún caos rutinario y me preparaba para escribir un reportaje sobre las costumbres navideñas de los que investigan asesinatos. Por mi parte, debo decir que disfruté, algo perversamente, con una noche de paz y de amor aderezada por un doble apuñalamiento en Pimlico y pensé que a algunos lectores del *Baltimore Sun* también podría interesarles lo peculiar del asunto.

Así que llevé una botella a la Central, me deslicé frente al policía de guardia y acompañé a la brigada de homicidios durante el turno de noche. Hubo un tiroteo, una sobredosis y el mencionado apuñalamiento. Más tarde, cuando terminaron con el papeleo y en la televisión de la oficina sonaba un recital matutino de villancicos, me senté a charlar con los policías de guardia mientras Carney servía el licor.

Se abrieron las puertas del ascensor y apareció Kincaid, que regresaba del último tiroteo del turno; un lío desganado que terminó con la víctima en urgencias, con un disparo en el muslo. Viviría para ver otro año nuevo.

—La mayoría de personas se levanta, va a mirar el árbol de Navidad y encuentran un regalito. Una corbata o una cartera nueva o algo así —reflexionó Kincaid—. Y a este pobre bastardo le regalan una bala por Navidad.

Todos reímos. Y entonces —nunca olvidaré ese momento— Bill Lansey dijo:

—Joder, la de cosas que pasan aquí. Si alguien escribiera sobre lo que sucede en este sitio durante un año, saldría un libro cojonudo.

Dos años después, Bill Lansey, Dios le bendiga, murió de un ataque al corazón y yo no me sentía bien conmigo mismo. A pesar de los beneficios que obtenía el periódico donde trabajaba, estaban recortando los seguros médicos de sus empleados y toreándose a sus representantes sindicales: se avecinaba una huelga, situación que sería recurrente en el gremio de los periodistas en las dos décadas siguientes. En ese momento, odiaba a mis jefes y como preveía que las cosas no irían a mejor pensé que sería bueno pedir una excedencia, algo que me permitiera conservar el trabajo en el periódico pero sin tener que pisar la redacción por un tiempo.

Recordé la observación de Lansey y le escribí al comisionado de la policía de Baltimore, Edward J. Tilghman. ¿Sería posible, le pregunté con fingida inocencia, observar a sus inspectores durante un año?

Sí, me dijo. Sería posible.

Hasta el día de hoy, aún no sé por qué tomó esa decisión. El capitán responsable de la unidad de homicidios se oponía a la idea, y también el comisionado adjunto, el número dos del departamento. Y una breve encuesta entre los inspectores reveló rápidamente que pensaban que era una idea horrible dejar que un periodista husmeara en la unidad. Para mi inmensa suerte, un departamento de policía es una organización paramilitar con una rígida cadena de mando. No es, de ninguna manera, una democracia.

Jamás logré preguntarle a Tilghman el motivo de su decisión. Murió antes de que se publicara el libro e incluso antes de que yo terminara el proceso de documentación. «¿Que por qué te dejó entrar?», me dijo Rich Garvey un día. «Pues porque tenía un tumor cerebral. ¿Qué otro motivo podía tener?».

Tal vez. Pero años más tarde, el comandante del Departamento de Investigación Criminal, Dick Lanham, me dijo que había otras razones más sutiles. Cuando le preguntaron por mi presencia en el cuerpo, Tilgham dijo que los años que había pasado como inspector de homicidios habían sido los mejores de su carrera. Supongo que me gusta creer que sus motivos eran tan puros como eso, aunque Garvey seguramente tampoco iba desencaminado.

En cualquier caso, llegué a la unidad en enero de 1988 con el improbable cargo de policía becario, y pasé el día de Año Nuevo con los policías que estaban de guardia —los diecinueve inspectores y supervisores, todos hombres— en el turno del teniente D'Addario.

Las reglas eran bastante sencillas. No podía comunicar lo que veía a mi periódico y tenía que obedecer las órdenes de los inspectores jefe y de los inspectores a quien seguía. No podía citar a nadie directamente a menos que aceptaran que sus nombres salieran a relucir. Y cuando tuviera el manuscrito listo, la división jurídica del departamento lo revisaría. No para censurarlo, sino para asegurarse de que no revelaba detalles clave de juicios o casos pendientes. Al final, no hubo ningún cambio después de la revisión departamental.

Turno tras turno, mientras los inspectores me miraban cansados, llené libretas de notas con lo que, hoy en día, me parece un frenético flujo de conciencia de frases, detalles, datos biográficos e impresiones generales. Leí todos los expedientes de los inspectores de la unidad del año anterior y también los de los casos de homicidio más importantes que había cubierto cuando era periodista de sucesos: los tiroteos de la casa Warren, los asesinatos Bronstein y la pelea entre bandas de Barksdale en los bloques Murphy, del 82; y el crimen de Harlem Park del 83. No podía creerlo: iban a dejarme entrar en la oficina administrativa y pedir los expedientes de todos los casos que yo quisiera, para revisarlos a placer. No me echaban de las escenas del crimen, ni de las salas de interrogatorio. No podía creer que el alto mando del departamento no cambiara de opinión de forma colectiva, que no me arrebataran la tarjeta de identificación y me arrojaran como un perro a la calle Frederick.

Pero los días se convirtieron en semanas y los inspectores —hasta las almas cautas que cambiaban el tono de voz cuando yo aparecía— pronto se olvidaron de actuar, de fingir que eran personas distintas de las que eran.

Aprendí a beber. Invitaba a algunas rondas de vez en cuando y los policías no perdían la oportunidad de invitarme a su vez, para demostrarme que tenía mucho que aprender. Una noche, mientras salía tambaleándose del Market Bar, Donald Worden —que me había dejado seguirle a todas horas, pero sin disimular un cierto desprecio— me miró furioso como si me viera por primera vez y gruñó: «Está bien, Simon. ¿Qué coño quieres saber? ¿Qué cojones crees que vamos a enseñarte?».

No supe qué decirle. Tenía libretas y libretas de notas apiladas en mi escritorio, una torre de detalles aleatorios marcados con puntos que me confundía y me intimidaba. Intenté trabajar seis días a la semana, pero mi matrimonio se iba al garete y, a veces, trabajé siete días. Si los inspectores se iban de cañas después de trabajar, a menudo les seguía.

Cuando había turnos de noche, en ocasiones, hacía doblete, llegaba a las cuatro y me quedaba durante todo el turno, hasta la madrugada. Otras veces, salíamos a las doce y bebíamos hasta el amanecer. Volvía a casa tropezando por las esquinas y dormía hasta que anochecía. Para mi sorpresa, descubrí que si te obligas a beber después de una noche de borrachera, te sientes algo mejor.

Una mañana de febrero, tenía resaca y llegaba tarde al pase de lista de primera hora. Worden me llamó para decirme que habían encontrado una niña muerta cerca de Reservoir Hill. Llegué a la escena del crimen diez minutos después, contemplé el cuerpo destripado de Latonya Wallace y el principio de una investigación que se convertiría en la espina dorsal de este libro.

Me concentré en el caso. En Pellegrini, el nuevo. En Edgerton, el inspector secundario, un lobo solitario, y en Worden, la conciencia gruñona de la unidad. Hablé menos, escuché más y aprendí a sacar el bolígrafo y la libreta de notas discretamente, para no alterar los delicados momentos de la vida cotidiana de la brigada.

Al cabo de un tiempo, como había devorado todos los documentos relacionados con el caso y había presenciado más de un turno en donde los inspectores repasaban sus notas, me convertí en una especie de mostrador básico de información:

—¿Dónde está Barlow?

—En los tribunales. Parte dieciocho.

—¿Está Kevin con él?

—No, está en con los abogados.

—¿Con quién?

—Rick James y Linda. Garvey también ha ido.

—¿Quién lleva el caso de Payson, el de ayer por la noche?

—Edgerton. Se fue a casa después de pasar por la morgue y vuelve a las seis.

Pero sobre todo, para estos hombres yo era una excusa cómica, una distracción veinteañera y divertida, «como un ratoncito atrapado en una jaula llena de gatos», como dijo Terry McLarney. «Tienes suerte porque estamos muy aburridos».

Si me iba a una autopsia, Donald Steinhice ponía su mejor voz y me estudiaba mientras yo miraba los cadáveres, igual que Dave Brown me arrastraba al restaurante de la calle Penn para comer un plato abyecto de *chorizo* con huevos, y medir así el temple del novato. Si estaba presente en un interrogatorio exitoso, Rich Garvey se volvía hacia mí y me preguntaba si tenía alguna pregunta, y se burlaba abiertamente de mis torpes impulsos periodísticos. Y si caía rendido en el turno de medianoche, me dejaban Polaroids que me habían sacado mientras dormía, con la cabeza hacia atrás y la boca abierta y sendos inspectores imitando una felación, con los pulgares saliendo por sus braguetas.

McLarney redactó mi hoja verde, la evaluación semi-anual que los policías de Baltimore tanto odian. «Metomentodo profesional», escribió en el resumen de mis actividades. «Las responsabilidades del becario Simon no están definidas, aunque su higiene es satisfactoria y parece saber bastante acerca de nuestras actividades. Sus apetitos sexuales siguen siendo sospechosos, no obstante».

En casa, en un colchón en el suelo del dormitorio, puesto que la mayoría de los muebles ya estaban en casa de mi ex mujer, me pasaba horas llenando páginas blancas en el portátil, con divagaciones hiperbólicas, vaciando las libretas de notas, intentando organizar todo lo que veía cada día en expedientes separados, en biografías y cronologías con algún sentido.

El caso Latonya Wallace siguió abierto. Me mortificaba, no sólo porque un asesino andara libre y porque la ejecución de una niña hubiera quedado impune. No, estaba demasiado concentrado en el manuscrito que pronto tendría que redactar como para perder un instante pensando en términos morales. En lugar de eso, me preocupaba el hecho de que el libro no tuviera un clímax, que su conclusión quedara abierta, vacía y fallida.

Bebí más, aunque hacia verano los inspectores, quizá por pena, me invitaban tanto como yo a ellos para que no reventara mi tarjeta de crédito. Con el fin de evitar el quid de la cuestión —escribir, realmente— desperdicié una o dos semanas entrevistando a los inspectores en profundidad, con una grabadora, y obtuve el tipo de material en el que la gente que lleva meses siendo honesta y directa hablan a un micrófono y de repente son conscientes de que la posteridad está ahí.

Edgerton resolvió otro caso de asesinato de una niña y, sin saberlo, la madre de la víctima se convertiría en uno de los personajes principales de mi siguiente libro, *La esquina*. Ella Thompson empezó a existir un día, en una puerta de la calle Lafayette, en el rostro de una madre desencajado por el dolor. Cuatro años después, entraba por casualidad en un centro recreativo de la calle Vincent y me di de bruces con ella —accidentalmente— cuando empezaba a contar otra historia, esa que incluso los mejores investigadores sólo pueden entrever.

Durante ese año en la unidad de homicidios, jamás sentí que me había integrado. Lo cual no tenía la menor importancia, en ningún sentido. No para mí, al menos. Me comportaba como debía, y en las escenas del crimen y en los juzgados hacía lo que me indicaban los inspectores y los supervisores. En última instancia, me lo pasé muy bien y disfruté inmensamente de la compañía de esos hombres. Durante cuatro años había escrito sobre asesinatos de una forma agarrotada, bidimensional; llenaba las columnas de la sección metropolitana con el tipo de periodismo que reduce la tragedia humana, especialmente allí donde las víctimas son negras o mestizas, a pedazos de información, fáciles de digerir y sin personalidad:

> Un hombre de 22 años de la zona oeste de Baltimore fue abatido ayer en un cruce de calles cerca de su casa, en un incidente presuntamente relacionado con el tráfico de drogas. Los inspectores no cuentan con motivos o sospechosos para este caso, según informó la policía.
>
> Antwon Thompson, residente en el bloque 1400 de la calle Stricker, fue descubierto por unos agentes que acudieron a la llamada...

De repente, me habían concedido acceso a un mundo oculto, si no abiertamente ignorado, por ese desapasionado periodismo. No estaba frente a asesinatos que cambiaran el curso de la actualidad política. Ni tampoco eran carne de obras teatrales perfectamente montadas que rezumaran moralidad. En verano, cuando el número de víctimas subió tanto como la temperatura de Baltimore, comprendí que estaba en realidad en una fábrica. Era investigación criminal en cadena, un sector en creciente expansión para el cinturón industrial de una América que había dejado de fabricarlo prácticamente todo, excepto corazones destrozados. Quiza, me dije, es precisamente lo ordinario que es todo esto lo que lo convierte en algo bueno, extraordinario.

Fueron a por el Pescadero por última vez en diciembre. No confesó. Latonya Wallace no sería vengada. Pero para entonces había visto suficiente para aceptar que el final ambiguo y vacío era el correcto. Llamé a John Sterling, mi editor en Nueva York, y le dije que era mejor así.

—Es real—dije—. Es así como funciona el mundo, o como no funciona.

Estuvo de acuerdo. De hecho, se había dado cuenta antes que yo. Me dijo que empezara a escribir y después de mirar la pantalla en blanco del portátil durante dos semanas, preguntándome cómo tecleas la primera jodida palabra de un jodido libro, volví al Market Bar con McLarney, que se balanceaba al ritmo de la novena lata de Miller Lite y me miró, divertido, cuando le conté mis apuros.

—¿Pero tú no te ganabas la vida escribiendo?

Algo así. Pero no un libro.

—Ya sé de qué vas a escribir.

Pues dímelo.

—La cosa no va de asesinatos. Quiero decir que tendrás que hablar de los muertos y eso para tener algo que decir. Pero eso es palabrería.

Le escuché atentamente.

—Vas a escribir sobre nosotros. Sobre los agentes y los inspectores de la brigada. Sobre cómo hablamos y lo que nos decimos y lo furiosos que nos ponemos y lo divertidos que somos a veces y toda la mierda que pasa en esa oficina.

Asentí. Como si lo hubiera sabido desde siempre.

—He visto que tomas notas cuando estamos tocándonos los huevos, sin nada que hacer. Nos quejamos y pateleamos como imbéciles y tú lo apuntas. Contamos un chiste verde y tú lo apuntas. Decimos o hacemos algo y ahí estas tú, tu jodido bolígrafo y tu libreta y esa cara rara que pones. Y joder, vaya si no te hemos dejado apuntar cosas.

Y luego se echó a reír. Se reía de mí, o conmigo. Jamás he estado muy seguro.

El libro vendió algunos ejemplares. No llegó a la lista de los más vendidos, pero vendió lo suficiente como para que Sterling estuviera dispuesto a pagarme si se me ocurría una idea para otro volumen. Roger Nolan me confiscó mi tarjeta de identificación policial y yo volví al *Baltimore Sun*. Los inspectores volvieron a un mundo dónde nadie les estudiaba. Y exceptuando algunas reacciones viscerales de pánico de los altos mandos del departamento, en las que amenazaron con acusar a toda la unidad de conducta no apropiada para un agente de policía —la cruda agudeza y la galopante blasfemia de sus subalternos dejó a los coroneles y a los comisionados adjuntos boquiabiertos: ¡qué escándalo, qué escándalo!—, *Homicidio* tuvo la misma y discreta acogida que suele saludar a la mayoría de la no ficción narrativa que se publica.

Desde luego, el hecho de que la historia transcurriera en Baltimore no ayudó. El editor de *The New York Times Book Review* al principio no quería reseñar el libro, porque declaró que era una obra regional. Unos pocos periodistas de sucesos de otros periódicos hicieron comentarios bastante elogiosos. Una noche, cuando estaba haciendo horas extra revisando una tabla de temperaturas para la sección meteorológica, William Friedkin llamó desde Los Ángeles para decirme lo mucho que le había gustado el libro.

—¿William qué?

—Friedkin. Dirigí *French Connection* y *Vivir y morir en Los Ángeles*.

—Álvarez, deja de tocarme las narices. Voy retrasado con la jodida tabla meteorológica.

Después de un par de incidentes por el estilo, los ejemplares en tapa dura desaparecieron de las mesas de novedades y pasaron a la sección de no ficción, en la estantería de criminología. Volví al *Baltimore Sun*, recuperé el ritmo de siempre y empecé a saludar a los inspectores desde el otro lado del precinto policial. Una vez, en un triple asesinato en el norte de Baltimore, perdí los estribos y me enfadé con Terry McLarney cuando éste no quiso salir de la escena del crimen, en el interior de una casa, para contarme lo que había pasado aunque yo iba retrasado en la entrega de mi artículo. Como al día siguiente, cuando me pasé por la brigada y debí de ponerme bastante pesado con el tema, porque Donald Waltemeyer explotó repentinamente y saltó de su silla como una ráfaga de balas del 45.

—Joderostiayá, Simon. Escúchate un poco. Eres como uno de esos abogados defensores que te sube al estrado y te pregunta si es verdad, Inspector Waltemeyer, que se tiró a una tía en 1929. ¿Y a quién le importa una mierda? McLarney estaba ocupado en la escena y no le importaba un higo tu jodida entrega. Así que vete a la mierda y dile a tu periódico que se vaya a la mierda y deja de portarte como un jodido abogaducho con nosotros.

Miré a McLarney, que se reía, tapándose la cara con el abrigo.

—Joder, un año entero aquí —concluyó Waltemeyer— y sigues siendo una puta remilgada.

La reconfortante normalidad.

Y todo habría seguido igual de no ser porque Barry Levinson compró los derechos del libro y lo transformó en una serie para la NBC, y eso revolucionó nuestro pequeño y autónomo mundo. De repente, Edgerton era un inspector orgulloso como un pavo real, de lo más intelectual, llamado Pembleton. A McLarney lo sacaron calvo, con un bigote divertido, y le colgaron una obsesión por el asesinato de Lincoln. Y a Worden lo encarnaba ese actor —¿cómo se llamaba?—, al que le daban por saco en *Deliverance*. ¿Y a Garvey? Joder, le pusieron pelo rojo y tetas. Lo convirtieron en una mujer.

Para mí, *Homicidio* fue un extraño ahijado, al principio. Admiraba su contenido dramático y la habilidad profesional de los que habían construido la serie; y recuerdo que defendí la voluntad de los creadores frente a los inspectores que la habían inspirado y su derecho a ficcionalizar la realidad como una licencia necesaria para una narración serializada. A mí, desde luego, me alegró que el libro fuera redescubierto gracias a la televisión. Antes de que la NBC terminara la emisión de los capítulos, se habían vendido unos doscientos cincuenta mil ejemplares. Pero la realidad era que yo albergaba sentimientos ambivalentes.

Después de leer los tres primeros capítulos guionizados de la serie, le escribí un largo memorándum a Barry Levinson y a Tom Fontana, donde les explicaba detalladamente diversos procedimientos y técnicas de investigación y otros requisitos legales. No se puede registrar el domicilio de un sospechoso en busca de un arma porque el inspector ha soñado que estará ahí. La causa probable es un elemento imprescindible para obtener una orden de registro firmada por un juez, y cosas así... Un largo etcétera.

Después de eso, Fontana empezó a llamarme «el chico de la no ficción», y no fue precisamente con mucho cariño.

Fui al estudio de rodaje un par de veces mientras grababan la serie, y me quedé mirándolos como un turista cualquiera. Los inspectores en persona también se presentaron por ahí, generalmente acompañados de sus esposas o de sus novias, que querían conocer a los protagonistas de la serie. A unos pocos les ofrecieron ser asesores técnicos y sentarse frente a los monitores de video para dar su consejo cuando se lo preguntaban y, a veces, para desconsuelo de la productora, también cuando no.

En este sentido, se produjo un momento entrañable cuando Harry Edgerton fue testigo de cómo Frank Pembleton —su álter ego en la serie— pedía un *whisky* con leche en un bar y gritó: «¡Corten!».

Barry Levinson se giró hacia su asesor técnico como si éste fuera una nueva especie digna de estudio. Los ayudantes de dirección y los productores ejecutivos júnior se apresuraron a arreglar el desaguisado.

—Pero es que yo jamás bebería esa porquería —insistió Edgerton, más tarde—¿*Whisky* con leche? Pero Dave, en serio, ¿qué va a pensar la gente que me conoce?

Con el tiempo, Gary D'Addario —un hombre conocido por su tacto y discreción— terminó convirtiéndose en el único asesor técnico de la serie y más adelante incluso interpretó un papel, el de comandante táctico. Y cuando la novedad de la serie se apagó, los demás inspectores perdieron interés. También yo, pues sentí que sobraba, como debe de pasarles a todos los autores cuando están en un estudio de rodaje.

Para ser justos, uno de los productores, Gail Mutrux, me preguntó si quería intentar escribir el guión del piloto. Como ignoraba hasta un extremo ridículo lo mucho que pagan por eso, le dije que no, explicándole a Gail —que era la que había leído *Homicidio* y se la había recomendado a Levinson— que lo mejor era que buscase a alguien que supiera de series de televisión, al menos para que el proyecto tuviera posibilidades serias de despegar. Si querían, yo me ofrecía a colaborar en algún guión posterior, cuando las bases del programa estuvieran fijadas y desarrolladas.

Fontana y Levinson aceptaron. Y luego, ese guión, que escribí a cuatro manos con David Mills, un amigo que conocí en la universidad, les pareció tan terriblemente oscuro y desesperanzador a los ejecutivos de la NBC que no permitieron que se rodara durante la primera temporada de la serie. Sólo un año después, durante los cuatro episodios de la segunda temporada, rodaron el episodio, y fue porque Robin Williams había aceptado ser la estrella invitada.

Aún tengo el primer borrador de ese guión, con las notas de Tom Fontana en espesa tinta roja. Nuestras escenas eran largas, los monólogos aún más largos, y las secciones descriptivas estaban contaminadas con las indicaciones típicas de un aprendiz novato. Después de que Tom y Jim Yoshimura añadieran escenas adicionales para la estrella —y cortaran los diálogos de los demás personajes— quizá la mitad del guión nos correspondía a Mills y a mí.

Pensé que era una derrota personal, incluso después de que el episodio ganara el premio del *Writer's Guild of America*, así que me recordé que yo pertenecía a otro lugar. En el *Baltimore Sun*, a mi ritmo, empecé a trabajar en el segundo libro, un año en la vida de una esquina de traficantes en Baltimore Oeste. Mills, en cambio, dejó su puesto en el *Washington Post* y se fue a Hollywood, y después de que le contrataran en *Canción triste de Hill Street* me llamó para contarme que cualquier *freelance* que logra meter la mitad de lo que escribe en un guión que vaya a rodarse puede estar más que satisfecho.

Así que después de escribir un segundo guión para *Homicidio* —esta vez, rodado con pocos cambios—, di el salto. Me ayudó que mi periódico —que una vez había sido una gran dama venerable, aunque algo recatada— se hubiera convertido en el terreno de juego de un par de sinvergüenzas de Filadelfia, dos imbéciles sin ningún tipo de preparación periodística para quiénes el apogeo de un reportaje constituía una crónica en cinco partes cuyo segundo párrafo empezaba: «Según ha podido descubrir *Baltimore Sun*» y luego ofrecía un par de páginas hinchadas como un buñuelo repletas de bestialidades simplificadoras y soluciones aún más simples.

Una fiebre de Pulitzer recorría los pasillos y se empezó a cimentar el mito de que nadie sabía hacer su trabajo hasta que el actual régimen no bajase las tablas de la ley del Monte Sinaí. Regresé de mi labor de documentación para *La esquina* a una redacción deprimida y deprimente, y aún más cuando los veteranos de más talento empezaron a emigrar a otros periódicos que les fichaban gustosamente. Por fin, la reducción de costes y la propiedad externa al periódico terminó por destrozarlo, pero aún a mediados de los noventa, había suficiente fraude y lujuria *pulitzeriana* en el *Sun* como para hacerme comprender que lo que había amado de ese periódico ya no existía y que al final, el artificio de una serie televisiva, en comparación con la campaña artificial en pos del ansiado Pulitzer, ya no era un pecado tan mortal.

Me fui con el ahijado: Tom Fontana y su equipo me enseñaron a escribir guiones para la televisión, y llegó el día en que me enorgullecí de trabajar con él. Y cuando se publicó *La esquina*, estaba listo, junto a Mills, para contarle esa historia a la HBO.

En cuanto a los inspectores, la mayoría aceptó que *La esquina* era una historia legítima, narrada con ecuanimidad. Después de un tiroteo en el cruce de Monroe con Fayette, Frank Barlow cruzó el precinto para charlar conmigo de los viejos tiempos y me preguntó cómo iba el nuevo proyecto, un acto de confraternización que tuve que explicar durante varios días a los drogadictos y camellos y matones con los que ahora me relacionaba diariamente para documentar el libro. Pero otros policías consideraban que el segundo libro era algo parecido a una traición: era una historia que no estaba escrita desde el punto de vista de los incólumes oficiales de Baltimore, sino que daba voz a los perseguidos.

A principios de los noventa, la persecución se había vuelto brutal y despiadada. Cinco años después de escribir *Homicidio*, la epidemia de la cocaína había calentado la economía del mercado de las drogas en Baltimore y transformado el centro urbano. Donde antes había un par de docenas de puntos de venta, ahora había cientos de esquinas con oferta de drogas. Y los 240 crímenes que la unidad de homicidios debía resolver al año se habían convertido en más de 300. El porcentaje de casos resueltos bajó ligeramente, los jefes se pusieron nerviosos y por fin, cundió el pánico.

Desde el reino de Donald Pomerleau, la jefatura del departamento de policía de Baltimore se había movido en términos más bien mediocres, pero sólo cuando llegaron las guerras de la cocaína se reveló lo catastrófico que eso había sido. Una cosa era tener un comisionado medio senil ocupándose de un departamento que funcionaba más o menos en 1981, cuando el *crack* y el *speedball* sólo eran un rumor en Baltimore. Una década después, el liderazgo firme era una necesidad fundamental y, por primera vez desde 1966, la ciudad contrató a un comisionado venido de otro lugar, lo cual implicó que había llegado el momento del borrón y la cuenta nueva.

Y así fue. Pero en el peor sentido posible, porque Thomas Frazier, que llegó con un aire de absoluta confianza desde San José, logró destrozar casi sin ayuda de nadie toda la unidad de homicidios del departamento de policía de la ciudad de Baltimore.

Para empezar, a Frazier le importaba un comino el hecho de que todo organismo policial en Estados Unidos cuente con dos estructuras jerárquicas. La primera es la cadena de mando, dónde lo que cuenta es el rango del oficial: los inspectores jefe saben que deben arrodillarse ante los tenientes, que se arrodillan delante de los mayores, que se postran frente a los coroneles, que besan el suelo que pisan los comisionados adjuntos. Esa jerarquía es imprescindible para guardar las formas y jamás puede dejarse a un lado.

Pero la jerarquía alternativa —igualmente esencial— es la experiencia, y existe para los técnicos del departamento, los que poseen habilidades concretas relativas a su trabajo cotidiano y a los que se debe respeto.

Esto es la definición de un inspector de homicidios.

Increíblemente, cuando Frazier llegó a Baltimore lo primero que hizo fue afirmar que la rotación de agentes de un destino a otro sería la espina dorsal de su plan de revitalización del departamento. No habría ningún policía que permaneciera más de tres años en un destino.

A un inspector de homicidios —por no mencionar al personal de investigación o laboratorio— le lleva más o menos ese tiempo aprender a hacer su trabajo de forma eficaz. Pero claro, eso no importa. Ni tampoco que la rotación amenazara la categoría profesional de todos los miembros de la unidad de homicidios. Frazier esgrimió el ejemplo de su propia carrera para justificarse: declaró que después de tres años en cada destino, él se aburría y quería nuevos retos.

La rotación sistemática expulsó a los mejores hombres de la ciudad, que se fueron en busca de mejores trabajos en el gobierno federal y los condados cercanos. Cuando, por ejemplo, Gary Childs y Kevin Davis decidieron irse antes de aceptar la nueva política de rotación activa, entrevisté a Frazier y le pregunté qué opinaba de la marcha de esos profesionales.

—Son hombres capaces de tirar del carro de una brigada —dije.

—¿Y por qué hace falta que uno tire del carro? ¿Por qué no tiran todos del carro y se convierte en una brigada de los mejores hombres?

Como hipérbole, suena genial. Pero la verdad de la unidad de homicidios de Baltimore —incluso en su mejor momento, los años 70 y 80, cuando el porcentaje de resolución de casos superaba la media nacional— es que algunos inspectores son brillantes, otros son competentes y algunos son notablemente incapaces.

Pero en cada brigada parecía haber un Worden, un Childs, un Davis o un Garvey que centraba a esa media docena de hombres y vigilaban la labor de sus colegas menos ágiles. Con treinta inspectores y seis inspectores jefes, los supervisores de brigada podían controlar a los inspectores que rendían menos, emparejarlos con los veteranos más aptos y asegurarse de que los casos no se perdían por las rendijas del sistema.

La otra estrategia de Frazier —aparte de expulsar a los mejores talentos del departamento— fue asignar más inspectores al sexto piso. Más brigadas. Más inspectores nuevos. Con el tiempo, la fuerza de choque de crímenes violentos se había mezclado con la unidad de homicidios en el sexto piso, y otros treinta policías iban y venían entre el papeleo y la confusión reinantes.

Más inspectores significa menos responsabilidad. Y ahora, cuando un inspector cogía una llamada, lo más probable era que no supiera qué brigada llevaba tal o cual caso, o cómo de bueno era el inspector de turno investigando. Siempre había habido novatos —uno o dos por brigada— y los veteranos los vigilaban, los educaban, se aseguraban de que no les tocaran huesos duros de roer hasta haber sido inspectores secundarios en al menos una docena de casos, o incluso les pasaban uno o dos casos de los más fáciles para que fueran cogiendo confianza. Ahora, había brigadas enteras compuestas por inspectores que no llevaban ni un año trabajando, y con la fuga de veteranos, el porcentaje de casos resueltos cayó en picado.

Unos pocos años después, estaba por debajo del 50 por ciento, y la tasa de condenas era de poco más de la mitad de esa cifra. Y como en cualquier empresa, una vez se van los que más saben, eso nunca vuelve.

—Nos han arruinado —me dijo Garvey antes de solicitar el traslado—. Era una unidad jodidamente buena y es como si hubieran planeado destrozarnos.

Por mi parte, yo sentía que sucedía lo mismo en mi propio mundo: algunos de los mejores periodistas del *Baltimore Sun* se habían ido al *New York Times*, al *Washington Post* y otros medios, expulsados por la arrogancia institucional de unos gestores inútiles que, al igual que en el departamento de policía de Baltimore, estaban echando a perder lo mejor de la casa.

Struck, Wooten, Álvarez, Zorzi, Littwin, Thompson, Lippman, Hyman... Marginaron a algunos de los mejores periodistas del *Baltimore*, luego los compraron y los reemplazaron por acólitos veinteañeros que al menos jamás cometerían el error de sostener una discusión honesta con los jefes de la redacción. En un momento en que había que crecer, cuando existía la posibilidad de desarrollar la institución que había sido el *Baltimore* y convertirla en mucho más, el nuevo régimen contrató a tantos profesionales como había echado. Y al final, cuando los gestores se fueron, con su mitología de la heroica renovación intacta, lograron conseguir tres premios Pulitzer en una docena de años. Exactamente la misma cantidad que las dos ediciones del periódico habían obtenido durante los doce años anteriores.

Al escuchar a Garvey mientras nos tomábamos unas cervezas, comprendí que sucedía algo sintomático: que en esta América posmoderna, cualquier institución en la que sirvas o te sirvan —un departamento de policía o un periódico, un partido político o una iglesia, Enron o Worldcom— terminará por traicionar y traicionarse.

Me parecía que tenía una textura de tragedia griega, cuanto más pensaba en ello. Eran Esquilo y Sófocles, excepto que los dioses no eran olímpicos, sino corporativos e institucionales. En todos los sentidos, nuestro mundo parece que se está convirtiendo en un lugar en donde los seres humanos, en tanto que individuos —ya sean inspectores de policía o prostitutas de Europa del Este víctimas de la trata de blancas— cada vez importan menos.

Después de ser testigo de lo que había sucedido con mi periódico, y con la unidad de homicidios de Baltimore, empecé a escribir el piloto para una nueva serie de la HBO. *The Wire*, para bien y para mal, ocupó casi todo mi tiempo desde ese momento.

Poco después de leer el manuscrito de *Homicidio*, Terry McLarney me envió una carta, una simple hoja blanca con una línea tecleada al principio de la solitaria página:

«El libro. Volumen II»

Y luego, la frase: «Por Dios. Los han trasladado a todos. Creo que ya entiendo qué intentan decirme».

Ese fue el único tiro que me alcanzó antes de que se publicara el libro, la única advertencia —aunque teñida de diversión— de que podría causarle problemas a los que aparecían en él.

Y a la sombra de la política de rotaciones de Frazier, junto con las demás huidas de los inspectores que optaron por irse, el lamento seco y cómico de McLarney ciertamente parecía profético.

Existe una verdad equivalente, que también merece la pena consignar: en 1998, cuando miré hacia atrás y recordé que había pasado una década desde que seguí a ese grupo de hombres con un boli y una libreta de notas, más de tres cuartas partes de los policías ya no estaban en la unidad de homicidios. Pero cuando en 1988 estudié los perfiles de los inspectores que habían llevado las riendas de la unidad en 1978, descubrí que tres cuartas partes tampoco estaban ahí. Y se habían ido sin que nadie escribiera ningún libro sobre ellos.

El tiempo es una forma de desgaste.

Y con el tiempo, Baltimore se acostumbró a la imagen que de ella daban *Homicidio*, tanto el libro como la serie de televisión. El alcalde apareció en el programa, y también el gobernador de Maryland. Los actores fueron considerados baltimorenses de adopción, o *baltimbéciles*,* como algunos de nosotros los llamamos. En los últimos quince años, he firmado ejemplares del libro para políticos, líderes sociales, abogados, policías y criminales de esta ciudad.

Sin embargo, en ciertos sectores me reciben con menos calidez, quizá porque tanto *La esquina* como *The Wire* ofrecen estampas mucho más oscuras de los problemas a los que se enfrenta Baltimore. Hay una cierta consternación ante el efecto publicitario de esta encarnación de Baltimore como un lugar de crimen sin castigo y cómo afectará al turismo, claro. Y al revés, también percibo un cierto orgullo entre los habitantes de una ciudad capaz de soportar tanto dolor y violencia.

Sé que sonará ridículo —una antediluviana referencia a que si quieres limonada, tendrás que exprimir limones— pero hay algo de cierto en eso. Desde el principio, *Homicidio* fue una respuesta honesta y directa al abandono nacional de ciertos problemas urbanos que empezaban a ser gravísimos; ya que no fuimos capaces de resolverlos,

* *Baltimorons*: juego de palabras con Baltimore y la palabra «*moron*», que quiere decir imbécil o estúpido *(N. de T.)*

al menos demostramos nuestra capacidad cívica para enfrentarnos a la verdad.

El anuncio de cerveza Natty Boh declara que Maryland es «La tierra de la buena vida», igual que el credo del orgullo local afirma que si no puedes vivir en Baltimore, no puedes vivir en ninguna parte.

Alguien podría pensar que *Homicidio* o *The Wire* se burlan de estos sentimientos grandilocuentes, a causa de su tono fuertemente político y hasta enfadado, pero nada más lejos de la realidad. Entre los habitantes de la ciudad no percibo que nadie se haya ofendido. Si vives aquí, sabes lo que hay, y también que un cierto ideal cívico ha logrado sobrevivir a tanta pobreza, violencia y desperdicio, a tantos malos gestores e indiferencia institucional.

Recientemente, la ciudad pagó medio millón de dólares a un asesor para encontrar un nuevo eslógan. «Baltimore. Atrévete».

Me gustó. Sugería que había algo secreto. Que para descubrir la realidad de lo que se está jugando esta ciudad, hace falta caminar por sus calles, entender por qué le importa a tanta gente.

Pero debo confesar que mi eslógan favorito lo encontré en un concurso que lanzó la página web del periódico, donde los lectores sugerían frases libremente a los bien pagados asesores de imagen. Uno de los habitantes de Baltimore, medio en broma, escribió:

—Es Baltimore, así que... ¡agáchate y esquiva!

Los inspectores de la unidad de homicidios sabrían reconocer ese sentido del humor. Joder, si pudieran comprar pegatinas con él, seguro que lo ponían en cada uno de los Cavaliers de la unidad.

Eran hombres que vivían y trabajaban sin ilusión y cada noche, a última hora, cuando reescribía párrafos enteros del libro por tercera o cuarta vez, comprendí que intentaba expresar una historia, una voz, quizá incluso una idea que ellos pudieran reconocer como verdadera.

No me importaba la demografía de los compradores de libros ni las sensibilidades de otros periodistas, ni, Dios no lo quiera, lo que pensara quien pudiera darle premios al libro cuando se publicase. Hace quince años, cuando me sentía atrapado frente a mi ordenador, las únicas opiniones que me importaban eran las de los inspectores. Si ellos leían el libro y lo declaraban sincero, no sentiría la vergüenza que procede de arrancar trozos de vidas humanas y ponerlas en el escaparate para que todo el mundo las vea.

Con esto no quiero decir que todo lo que escribí fuera halagüeño o ennoblecedor. Hay páginas del libro en las que estos hombres parecen racistas o racialmente insensibles, machistas u homófonos, en las que su humor se construye sobre la pobreza y la desgracia de otros. Y, sin embargo, con un cadáver en el suelo —negro, marrón o, en raras ocasiones, blanco— siempre hacían su trabajo igual. En esta edad nuestra en la que se ha perdido la elegancia, el mero sentido del deber es lo bastante notable como para que se perdone cualquier pecado menor. Y así los lectores aprenden a perdonar, igual que el escritor aprendió a perdonar, y setecientas páginas después la misma naturalidad de los inspectores se convierte en una cualidad positiva en lugar de una vergüenza.

En el prefacio de *Elogiemos ahora a hombres famosos*, James Agee pide la absolución para su allanamiento de morada periodístico, declarando que «estos sobre los que escribiré son seres humanos, que viven en este mundo, inocentes de las maniobras que tienen lugar por encima suyo; y vivieron, investigaron, espiaron y fueron reverenciados y amados por otros seres humanos bastante monstruosos, empleados de otros todavía más ajenos; y que ahora están siendo contemplados por otros diferentes, que han escogido a sus vivos con tanta indiferencia como si estuvieran en un libro.»

Hay muchos periodistas que creen que su arte debe realizarse con un tono aquiescente y analítico, que deben informar y escribir con una falsa objetividad muy ensayada y mantener la presunción de que saben de todo. Muchos están consumidos por la búsqueda del escándalo y de los defectos humanos y creen que no basta con contemplar a los seres humanos con una mirada escéptica pero cariñosa. Su trabajo es, por supuesto, preciso y justificable... y está tan lejos de la verdad profunda de las cosas como cualquier otro tipo de ficción.

Hace años leí una entrevista con Richard Ben Cramer en la que un colega periodista lo acusaba de tener un amor que no se atrevía a revelar, al menos no en las redacciones de los periódicos. Respecto a los candidatos a los que siguió por *What it Takes*, su magistral descripción de una campaña presidencial, a Cramer le preguntaron si le gustaban los hombres a los que había cubierto.

—¿Que si me gustan? —contestó—. Los adoro.

¿Cómo iba a escribir un tomo de novecientas páginas con sus voces si no amase hasta las verrugas del último de ellos? ¿Y qué clase de periodista sigue a seres humanos durante años y años, registrado sus mejores momentos y los peores, sin adquirir algún tipo de básico respeto por su individualidad, por su dignidad, por su valor?

Lo admito. Yo adoro a estos tíos.

Cuando escribo esto, Richard Fahlteich, que era uno de los inspectores de la brigada de Landsman en 1988, tiene el rango de mayor y es comandante de la unidad de homicidios, aunque tiene previsto jubilarse a final de mes después de más de treinta años de servicio.

El teniente Terrence Patrick McLarney, que comandó una brigada en el turno de D'Addario hace quince años, es ahora teniente y comandante de turno, después de haber luchado para volver a la unidad después de años de exilio en los distritos Oeste y Central, donde fue desterrado después de que su comandante de turno rechazara una invitación de McLarney a pelear con él a puñetazos en el garaje.

La razón que impulsó a McLarney a realizar una invitación así fue simplemente que el comandante de su turno ya no era Gary D'Addario, que había sido ascendido primero a capitán, y luego a mayor y comandante del Distrito Noreste. El hombre que reemplazó a D'Addario no comprendía, en opinión de muchos, la unidad de homicidios. Desde luego, a quien no entendía era a McLarney, quien, a pesar de sus protestas, su calculada apariencia y su actitud en general, resulta ser una de las almas más inteligentes, graciosas y honestas que he tenido el privilegio de conocer en mi vida.

Por su parte, D'Addario prosperó no sólo como comandante de distrito sino como asesor técnico de la serie *Homicidio* y de las producciones que siguieron. Su interpretación del teniente Jasper, el comandante táctico de la serie, le trajo, si no la aclamación general, sí la oportunidad de que muchos comandantes a sus órdenes le aconsejaran que no dejara su trabajo de policía.

Le obligó a dimitir repentinamente hace tres años un comisionado de policía que no le dio ningún motivo para ello, sino que se limitó a convocarlo a su despacho y exigirle la dimisión.

Puede que sea relevante que eso sucediera un par de días después de que D'Addario apareciera en una breve escena en *The Wire* interpretando el papel de un fiscal ante un gran jurado. Se sabe que a la actual administración de la ciudad no le gusta la serie de HBO y aunque D'Addario no era el único veterano del departamento que había aparecido en algún episodio, era el único oficial de alto rango que lo había hecho hasta entonces. Yo escribí una carta al alcalde, haciéndole notar que el papel que había interpretado era neutral y que el diálogo de D'Addario no atacaba ni dañaba en nada al departamento. Sugerí que si el reciente disgusto con el mayor procedía de su aparición en la serie se reconsiderara la decisión que se había tomado y que la administración municipal debería informar de una u otra forma que no aprobaba que oficiales del departamento de policía aparecieran en la serie.

No hubo respuesta.

En 1995 Donald Worden se retiró como le dio la gana después de más de tres décadas de servicio. Kevin Davis —el Worden del turno de Stanton— se retiró el mismo día. Yo quise acompañar a los dos veteranos en su último turno, en el que agarraron a un sospechoso de la cárcel municipal e intentaron sin éxito que confesara un viejo asesinato. La historia de su último día de trabajo fue el material para mi última columna en el *Sun*, una especie de metáfora personal de la que, por supuesto, no se dio cuenta nadie.

Al cabo de un año, conforme el número de asesinatos se disparó y el porcentaje de resolución de casos se hundió, el departamento volvió a contratar a Worden como asesor civil para que ayudase a solucionar los homicidios más antiguos. Sigue en ello, junto con el supervisor de sus antiguos casos, el inspector jefe Roger Nolan, poniendo nombres en negro en la pizarra a pesar de que no lleva ni placa ni pistola.

Cuando de vez en cuando veo a Worden, habitualmente para tomarnos una o dos cervezas en el bar irlandés que hay en la calle O'Donnell, siempre le ofrezco una moneda de veinticinco centavos. Él la rechaza educadamente, pero no puede evitar señalar que ahora deberían ser cuarenta y cinco centavos.

Junto con Fahlteich y McLarney, Worden y Nolan son los únicos miembros del turno de D'Addario que siguen en activo. Mucho de lo que queda de aquel turno está disperso en diversos departamentos de policía de la costa Este y la mayoría ha entregado los papeles de la jubilación para buscar puestos de investigador mejor pagados en otras agencias.

El compañero de Worden, Rick James, se fue a trabajar para la Agencia de Inteligencia del Departamento de Defensa de Estados Unidos. Rich Garvey y Bob McAllister aceptaron puestos de investigadores en la oficina federal de abogados de oficio, con Garvey trabajando en la oficina de Harrisburg, Pennsylvania, y McAllister en la de Baltimore.

Gary Childs se convirtió en investigador para la oficina del fiscal del Estado del condado de Carroll y luego en inspector de homicidios del condado de Baltimore. En el condado de Baltimore se reunió con Jay Landsman, que trabajaba allí con su hijo. Y con dos generaciones de Landsman trabajando en la misma oficina, inevitablemente había buen humor.

Hace poco, mientras hacía una vigilancia, Jay llamó por la radio para preguntar si su hijo, que es su superior, tenía contacto visual con el coche que seguían.

—Lo veo, papá —fue la lacónica respuesta por la radio, seguida por las risas del resto del equipo de vigilancia.

Sin Roger Nolan allí para protegerlo, Harry Edgerton pronto tuvo problemas con un departamento que toleraba mal a los iconoclastas.

En 1990 su compañero de toda la vida, Ed Burns, había vuelto de la exitosa investigación conjunta entre el FBI y la policía de Baltimore sobre la organización del tráfico de drogas de Warren Boardley e inmediatamente escribió una propuesta para la creación de una unidad especializada que pudiera realizar investigaciones a largo plazo de las bandas de traficantes más violentas. Cuando esa propuesta desapareció en el octavo piso sin recibir jamás respuesta, Burns prefirió retirarse mientras iba ganando y se jubiló en 1992 para empezar a trabajar como profesor en las escuelas de Baltimore, una carrera que yo detuve durante uno o dos años cuando le convencí para que se viniera conmigo a Baltimore Oeste a hacer de periodista y escribir *La esquina.* Esa colaboración continua hoy en día, pues Ed es guionista y productor de *The Wire.*

Solo, Edgerton abandonó el refugio de la brigada de Nolan, donde su inspector jefe siempre le había cubierto las espaldas y donde las quejas de sus compañeros de trabajo siempre se recibían con cierto escepticismo, y se trasladó de homicidios a una efímera brigada de investigación —la fuerza de choque contra crímenes violentos— que Edgerton creía que podía convertirse en la brigada encargada de los casos importantes que él y Burns habían imaginado.

La FCCV, sin embargo, resultó ser algo totalmente distinto y, conforme empezó a concentrarse en arrestos callejeros insignificantes y en registros en las esquinas, Edgerton inició una peculiar rebelión, trabajando a su manera, ignorando las órdenes de sus supervisores y cabreando a sus compañeros inspectores como sólo Harry Edgerton es capaz de hacer.

Entonces, un comisionado adjunto le asignó la quijotesca y absurda labor de recuperar el arma de un patrullero que había sido herido en el este de la ciudad. A las pocas semanas, Edgerton estaba negociando con un traficante de la parte Este para hacer precisamente eso. A cambio le ofrecía una serie de videos porno caseros envueltos en un estuche de piel que habían confiscado durante un registro. Reconociendo al traficante que los videos eran de naturaleza personal, Edgerton le ofrecía cambiarlos por el arma del policía. Pero en el ínterin, conforme avanzaban las negociaciones, un supervisor le acusó de no registrar ni los videos ni el estuche de piel en el departamento de control de pruebas y, a la espera de que su caso fuera estudiado por una comisión, Edgerton fue suspendido de empleo, aunque no de sueldo. Luego, antes de que la comisión se reuniese, lo encontraron en Baltimore Oeste, armado con su revólver reglamentario a pesar de estar suspendido, reuniéndose con un hombre que Edgerton definió como un informador.

A Donald Worden, un sabio entre los policías de homicidios, le gusta señalar a la enorme carpeta de anillas que contiene el Código de Conducta del Departamento de Policía de la Ciudad de Baltimore y declarar:

—Si van a por ti, te van a pillar.

El departamento iba a por Edgerton. Estaban cansados de su indiferencia hacia la cadena de mando y su decidido desprecio a todo lo que fuera trabajar en los casos. Estaba decidido, antes de que se reuniera la comisión, a esperar a cumplir los veinte años en el cuerpo y retirarse con su pensión íntegra. Ahora trabaja como experto en seguridad para varias empresas.

El compañero de Edgerton en el caso de Latonya Wallace, Tom Pellegrini, continuó con el caso de la niña asesinada durante años, pero no le sirvió de nada. Al final visitó al Pescadero una última vez y le dijo que escribiera en un trozo de papel si era culpable o inocente y luego escondiera el documento.

—De esa forma, si te mueres —le explicó Pellegrini—, encontraré el papel y al menos lo sabré.

Cuando el Pescadero se marchó de este valle de lágrimas, hace ya varios años, no se encontró ningún documento de ese tipo entre sus efectos. A veces la magia funciona, otras no.

Después de retirarse del departamento de Baltimore, Pellegrini aceptó trabajar para las Naciones Unidas en Kosovo, enseñando como se investigaba un asesinato a los poco experimentados policías de allí. Actualmente dirige una empresa de detectives privados en Maryland.

Entre otros, Gary Dunnigan es hoy investigador de una aseguradora. Eddie Brown se fue a trabajar en la seguridad de los Ravens de Baltimore, igual que Bertina Silver, del turno de Stanton. Rick *The Bunk* Requer se marchó a la oficina de servicios de jubilación del departamento, a pesar de que su encarnación como inspector de homicidios perdura en la interpretación que hace Wendell Pierce del legendario Bunk Moreland en *The Wire*, fiel hasta en el omnipresente puro. El resto de inspectores del turno de D'Addario —Donald Kincaid, Bob Bowman y David John Borwn— se han jubilado también, aunque Dave Brown se marchó de una forma especialmente frustrante, después de hacerse una grave herida en la pierna durante el registro de una casa vacía.

Danny Shea murió de cáncer en 1991. No le seguí en muchos casos, pues era un veterano del turno de Stanton, pero tengo el vivo recuerdo de haber estado junto a él en la más natural de las muertes, en un apartamento de Charles Village en el que una anciana profesora de piano había expirado en su cama escuchando música que sonaba suavemente en la radio.

En ese momento sonaba «Pavana para una infanta difunta», de Ravel. Y Shea, que era un hombre de conocimientos vastos y diversos supo identificar la pieza. Yo no.

—Una muerte tranquila y perfecta —dijo, asintiendo ante el cadáver y concediéndome un momento que recuerdo siempre al pensar en Danny Shea.

También Donald Waltemeyer murió de cáncer el año pasado, después de haberse marchado de Baltimore para convertirse en investigador del departamento de policía de Aberdeen, en el noreste de Maryland.

Cuando McLarney y los demás miembros de su vieja brigada se reunieron con los veteranos de Aberdeen en el funeral, se dieron cuenta rápidamente de que Digger Waltermeyer había conseguido enfurecer y hacerse querer por los departamentos de exactamente la misma manera. En el funeral, hombres que vestían uniformes distintos se aseguraron unos a otros que era un privilegio haber conocido y haber trabajado con un hombre que era a la vez un investigador consumado y un notorio grano en el culo.

Mientras tanto, el becario de policía de aquel año de hace tanto sigue en libertad. Su paradero es objeto de rumores y vagas conjeturas por parte de ciertos veteranos de la unidad. A veces se le ve en ciertas localizaciones de rodaje en Baltimore y hay quien cree haberlo encontrado en oficinas de producción y salas de guionistas abarrotadas. En ocasiones asiste a las reuniones de miembros y ex miembros de homicidios en Parkville, donde los inspectores retirados nunca dejan de soltar las mismas chorradas y de preguntarle cuando les van a mandar por correo la NBC o la HBO esos cheques con enormes sumas de dinero.

Sin comentarios respecto a eso. Pero el becario y su tarjeta de crédito están listas siempre para pagar pues sabe que, por muchos motivos, les debe a aquellos hombres —a todos y cada uno de ellos— si no toda su carrera, al menos más que unas pocas rondas.

David Simon
Baltimore
2006

ÍNDICE